经济科学译丛

"十三五"国家重点出版物出版规划项目

宏观经济学

第十一版

Macroeconomics

Eleventh Edition

N. Gregory Mankiw

N.格里高利·曼昆 / 著

卢远瞩 / 译

中国人民大学出版社
·北京·

总序

自新中国成立尤其是改革开放40多年来，中国经济的发展创造了人类经济史上不曾有过的奇迹。中国由传统落后的农业国变成世界第一大工业国、第二大经济体，中华民族伟大复兴目标的实现将是人类文明史上由盛而衰再由衰而盛的旷世奇迹之一。新的理论来自新的社会经济现象，显然，中国的发展奇迹已经不能用现有理论很好地加以解释，这为创新中国经济学理论、构建具有中国特色的经济学创造了一次难得的机遇，为当代学人带来了从事哲学社会科学研究的丰沃土壤与最佳原料，为我们提供了观察和分析这一伟大"试验田"的难得机会，更为进一步繁荣我国哲学社会科学创造了绝佳的历史机遇，从而必将有助于我们建构中国特色哲学社会科学自主知识体系，彰显中国之路、中国之治、中国之理。

中国经济学理论的创新需要坚持兼容并蓄、开放包容、相互借鉴的原则。纵观人类历史的漫长进程，各民族创造了具有自身特点和标识的文明，这些文明共同构成了人类文明绚丽多彩的百花园。各种文明是各民族历史探索和开拓的丰厚积累，深入了解和把握各种文明的悠久历史和丰富内容，让一切文明的精华造福当今、造福人类，也是今天各民族生存和发展的深层指引。

"经济科学译丛"于1995年春由中国人民大学出版社发起筹备，其入选书目是国内较早引进的国外经济类教材。本套丛书一经推出就立即受到了国内经济学界和读者们的一致好评和普遍欢迎，并持续畅销多年。许多著名经济学家都对本套丛书给予了很高的评价，认为"经济科学译丛"的出版为国内关于经济理论和经济政策的讨论打下了共同研究的基础。近三十年来，"经济科学译丛"共出版了百余种全球范围内经典的经济学图书，为我国经济学教育事业的发展和学术研究的繁荣做出了积极的贡献。近年来，随着我国经济学教育事业的快速发展，国内经济学类引进版图书的品种越来越多，出版和更新的周期也在明显加快。为此，本套丛书也适时更新版本，增加新的内容，以顺应经济学教育发展的大趋势。

"经济科学译丛"的入选书目都是世界知名出版机构畅销全球的权威经济学教材，被世界各国和地区的著名大学普遍选用，很多都一版再版，盛行不衰，是紧扣时代脉搏、论述精辟、视野开阔、资料丰富的经典之作。本套丛书的作者皆为经济学界享有盛誉的著名教授，他们对于西方经济学的前沿课题都有透彻的把握和理解，在各自的研究领域都做出了突出的贡献。本套丛书的译者大多是国内著名经济学者和优秀中青年学术骨干，他们不仅在长期的教学研究和社会实践中积累了丰富的经验，而且具有较高的翻译水平。

本套丛书从筹备至今，已经过去近三十年，在此，对曾经对本套丛书做出贡献的单位和个人表示衷心感谢：中国留美经济学会的许多学者参与了原著的推荐工作；北京大学、中国人民大学、复旦大学以及中国社会科学院的许多专家教授参与了翻译工作；前任策划编辑梁晶女士为本套丛书的出版做出了重要贡献。

愿本套丛书为中国经济学教育事业的发展继续做出应有的贡献。

中国人民大学出版社

推荐序

很高兴接到中国人民大学出版社的邀请,为经济学家N. 格里高利·曼昆（N. Gregory Mankiw）所著教材《宏观经济学》（第十一版）中文版作序。

曼昆教授是美国著名的宏观经济学家,他将凯恩斯理论与新古典主义中的供给学派和理性预期学派的精华进行融合,引入微观基础,在新凯恩斯经济学的发展中所做出的奠基性和开创性工作受到学界的认可。曼昆教授还是一位实践者,他曾担任美国华盛顿经济顾问委员会主席,同时,他还在美国国家经济研究局（National Bureau of Economic Research，NBER）、波士顿联邦储备银行、美国国会预算办公室等智库或机构担任职务。当然,曼昆教授最被经济领域公众所熟知的,还是其《经济学原理》和《宏观经济学》这两本畅销全球的经典教材。

曼昆教授的《宏观经济学》教材首次出版于1992年,于21世纪初引进中国。本书的特点在于深入浅出,将宏观经济学的基本理论框架简洁明快地介绍给读者,同时辅以精心准备的数据、图表、案例和习题加深读者的理解。此外,本书全面而综合,能够将不同的知识点甚至是不同的理论,像拼图一样整合在一起,同时又能客观地介绍不同理论之间的共识和分歧。当然,本书也具备相当程度的可拓展性,在特定章节介绍了当前宏观经济的前沿问题和前沿理论,为读者向更深层次的学习指引了方向。目前,本书已经成为全国财经专业本科生学习宏观经济学的重要参考教材之一,对财经人才的培养做出了贡献。

在阅读本书最新版时,笔者回顾了近年来几本畅销的经典经济学教材,一个令人欣喜的发现是,包括本书最近几版在内的很多国外教材中,与中国相关的案例逐渐增多,对中国的评价也愈发客观。但仍感遗憾的是,这些教材立足于西方经济学理论框架,对中国经济的解释仍存在很大不足。以本书中的宏观经济学理论为例,它难以充分解释中国经济发展所取得的伟大奇迹,更难以解释中国宏观经济所呈现出的结构性事实。例如,21世纪以来,中国需求结构、产业结构和收入分配结构都出现了明显的失衡,与经典经济增长理论分析的平衡增长路径并不一致。

事实上,当前流行的宏观经济学主要是从西方经济实践中高度凝练而出的理论,将其直接应用于中国实践,难免出现"水土不服"的问题。特别地,现代宏观经济学理论没有考虑中国的制度特征,缺乏对中国转型、发展、大国等重要结构性特征的刻画,更忽略了政府（包括地方政府）对经济增长、发展和波动所产生的重要作用，对中国宏观经济的解释力有限。作为学者，我们需要基于中国实践构建适用于中国的宏观经济学理论体系，不断开拓创新，为中国自主知识体系构建做出贡献。

对于教师而言，在财经人才的培养过程中，需要把经济学理论的传授和对中国现实问题的分析有机结合起来，引导学生理解理论和现实的关系。宏观经济学本质上是一门应用科学，其诞生的初始目的就是为了指导政策应对经济衰退的。本书作者曼昆教授在 2006 年发表于《经济展望杂志》(*The Journal of Economic Perspectives*) 上的一篇文章 "The Macroeconomist as Scientist and Engineer" 中就强调，"宏观经济学的存在，不是为了提出和检验优美的理论，而是为了解决实际问题。"在中国讲授宏观经济学，应该关注理论在中国本土的应用，深入思考宏观经济学理论能解释什么问题，能指导怎样的政策实践。

最后，希望阅读本书的同学们在深入学习本书精妙的宏观理论框架的同时，能够深入结合中国经验、中国特征和中国问题，树立问题意识，带着批判性的思维去考察这些理论在实践中的解释力和实用性，敢于挑战经典理论，提升理论创新能力。财经人才的培养体系的完善是一个任重道远的过程，中国经济学的自主知识体系构建更是如此，我们应当饱含希望并辛勤耕耘。

陈斌开

中央财经大学校长助理、经济学院院长

序 言　　　　　　　　　　　　　　　　　Preface

一个经济学家必须"在某种程度上是一个数学家、历史学家、政治家、哲学家……如艺术家般超尘脱俗；有时候又像政治家般贴近现实。"可以被称为宏观经济学之父的伟大的英国经济学家约翰·梅纳德·凯恩斯（John Maynard Keynes）这样评论道。没有一句话能更好地概括出做一个经济学家的意义了。

正如凯恩斯所指出的，学习经济学的学生必须利用许多不同的才能。帮助学生开发这些才能的工作落在授课教师与教科书作者身上。我撰写这本教科书的目的是使宏观经济学易于理解、显得重要并且有趣（信不信由你）。我们这些选择成为宏观经济学家的人之所以这样选择是因为这个领域令我们着迷。更重要的是，我们相信，宏观经济学研究能够阐明世界上的许多事情，而且，所得到的启示如果运用恰当，可以使世界更美好。我希望本书不仅能传达我们这个职业的智慧，而且还能传达我们这个职业的热情与坚定信念。

本书的方法

尽管宏观经济学家的知识体系相同，但他们对如何最好地传授这些知识的看法不尽相同。让我通过扼要重述我的目标来开始这一新版，这些目标共同定义了本书对这一领域采用的方法。

第一，我试图提供短期与长期主题之间的一种平衡。所有经济学家都同意，公共政策和其他事件在不同时间范围内影响经济。我们生活在我们自己的短期中，但我们也生活在我们的父母遗留给我们的长期中。因此，宏观经济学课程既需要涵盖诸如经济周期和稳定化政策等短期主题，也需要涵盖诸如经济增长、自然失业率、持续的通货膨胀以及政府债务的影响等长期主题。两种时间范围同等重要。

第二，我把凯恩斯主义和古典理论的观点整合在一起。尽管凯恩斯的《就业、利息和货币通论》（The General Theory of Employment, Interest and Money）是我们对经济波动的诸多理解的基础，但是，古典经济学也为许多问题提供了正确答案。在本书中，我纳入了凯恩斯之前的古典经济学家和过去几十年间新古典经济学家的贡献。例如，利率的可贷资金理论、货币数量论以及时间不一致性问题等都占了相当多的篇幅。同时，凯恩斯和新凯恩斯主义者的思想对理解经济波动是必要的。总需求的 IS—LM 模型、通货膨胀与失业之间的短期权衡以及经济周期动态学的现代模型等也占了相当多的篇幅。

第三，我运用多个简单的模型来介绍宏观经济学。我没有假装有一个全面到足以解释经济所有方面的模型，而是鼓励学生学会如何使用一组重要的模型。这种方法在教学上的价值是使每个模型保持简单并且可以在一或两章之内加以介绍。更重要的是，这种方法要求学生像经济学家一样思考，经济学家在分析经济事件或公共政策时总是把各个模型牢记于心。

第四，我强调，宏观经济学是一门经验学科，由广泛的经验推动和指导。本书包括许多用宏观经济理论说明现实世界数据和事件的案例研究。为强调理论的广泛适用性，我选取的案例研究既包括了世界经济当前面临的问题，也包括了重大历史事件。这些案例研究教会读者如何用经济学原理说明 14 世纪的欧洲、雅浦岛、奥兹国以及时下新闻中的问题。

第十一版新在何处？

本书有一些值得注意的改进和更新。特别地，
- 第 3 章包含了一个对收入不平等进行了延伸讨论的新附录。
- 第 6 章包含了一个关于特朗普总统的贸易政策的新案例研究。
- 第 7 章包含了一个关于 2020 年新冠疫情大流行期间的失业保障的新案例研究。
- 对关于长期经济增长的内容进行了重新安排，从两章延展到三章（第 8、9、10 章），把相关的主题更紧密地整合在一起了，从而使对长期经济增长这一主题的介绍更易于被学生理解。
- 第 10 章包含了一个关于印度和中国的资本和劳动错配的新案例研究。
- 第 11 章包含了关于 2020 年新冠疫情衰退的新的一节。

当然，本书所有的数据都尽可能做了更新。尽管有这些变动，但我的目的仍与之前版本的相同：用尽可能少的文字给学生提供最清晰、最现代和最容易理解的宏观经济学教程。

主题的安排

我讲授宏观经济学的策略是：首先考察弹性价格的长期，然后考察黏性价格的短期。这种做法有若干优点。第一，由于古典二分法分离了实际问题与货币问题，长期内容更易于被学生理解。第二，当学生开始学习短期波动时，他们懂得了经济波动所围绕的长期均衡。第三，从市场出清模型开始阐明了宏观经济学与微观经济学之间的联系。第四，学生先学习争议较少的内容。由于所有这些原因，从长期古

典模型开始的策略简化了宏观经济学的教学。

现在让我们从战略转向战术。下面是对本书各篇章主要内容的快速浏览。

第一篇：导言

第一篇的入门性内容是简要的，以便学生可以迅速地到达中心主题。第1章讨论宏观经济学家论述的广泛问题，以及经济学家为解释世界而建立模型的方法。第2章介绍宏观经济学的关键数据，强调国内生产总值、消费者价格指数以及失业率。

第二篇：古典理论：长期中的经济

第二篇考察弹性价格的长期。第3章介绍了国民收入的古典模型。在这个模型中，生产要素和生产技术决定了国民收入，要素的边际产量决定了收入向家庭的分配。此外，该模型说明了财政政策如何影响经济资源在消费、投资和政府购买之间的配置，并突出了实际利率如何使产品与服务的供给和需求达到均衡。

接下来介绍货币和价格水平。第4章考察了货币系统和货币政策工具。第5章开始讨论货币政策的影响。由于价格被假定为具有弹性（即灵活性），该章介绍的是古典货币理论的思想：货币数量论、通货膨胀税、费雪效应、通货膨胀的社会成本以及恶性通货膨胀的起因与成本。

第6章开始学习开放经济的宏观经济学。该章在保持充分就业假设的条件下，介绍了解释贸易余额和汇率的模型，讨论了各种政策问题：预算赤字与贸易赤字之间的关系、保护主义贸易政策的宏观经济影响以及货币政策对外汇市场上通货价值的影响。

第7章放宽了充分就业假设，讨论劳动市场的动态学和自然失业率。该章考察了失业的各种原因，包括工作搜寻、最低工资法、工会势力以及效率工资。该章还描述了有关失业模式的一些重要事实。

第三篇：增长理论：超长期中的经济

第三篇利用增长理论的工具使得对经济的古典分析具有了动态性。第8章介绍了基本的索洛模型，强调资本积累。第9章把人口增长和技术进步加入索洛模型。该章还对现代内生增长理论提供了一个简要的概览。第10章从理论转向实证，讨论了全世界的增长经验。最重要的是，它通过讨论影响人们长期生活水平及其增长的公共政策结束了对经济增长的讨论。

第四篇：经济周期理论：短期中的经济

第四篇考察价格黏性的短期。本篇一开始在第11章考察了描述经济活动短期波动的关键事实。该章接着介绍了总供给和总需求模型以及稳定化政策的作用。接下来的几章精炼了这一章所介绍的思想。

第12章和第13章更深入地研究了总需求。第12章介绍了凯恩斯交叉和流动性偏好理论，并把这些模型作为构建 IS—LM 模型的基石。第13章用 IS—LM 模型解释经济波动和总需求曲线。该章以一个对大萧条的案例研究结束。

第14章继续讨论短期经济波动，它集中关注开放经济中的总需求。该章介绍了蒙代尔-弗莱明模型，并说明了在浮动与固定汇率制度下货币政策与财政政策是如何影响经济的。该章还讨论了汇率应该浮动还是固定的问题。

第15章进一步研究了总供给。它考察了解释短期总供给曲线的多种方法，并讨论了通货膨胀与失业之间的短期权衡。

第五篇：宏观经济理论和政策专题

一旦学生掌握了标准模型，本书给他们提供了更加深入地讨论宏观经济理论和政策的几个可选章节。

第16章建立了一个动态总需求和总供给模型。它以学生已经接触到的思想为基础，利用这些思想作为阶梯，将学生带到关于短期经济波动的知识前沿。这里介绍的模型是现代动态随机一般均衡（DSGE）模型的简化版。警告：该章对数学的要求比本书其余各章更高一点。但是，在吸收了前面各章更简单的思想后，学生应该已经做好学习该章的准备了。

第17章考虑了对政策制定者应该如何应对短期经济波动的争论。本章强调了两个问题：货币政策与财政政策应该是积极的还是消极的？政策的实施应该根据固定规则还是应该斟酌处置？本章介绍了在这些问题上两方的观点。

第18章聚焦于有关政府债务和预算赤字的各种争论。该章给出了政府债务规模的概貌，讨论了为什么预算赤字的衡量并不总是直截了当的，扼要重述了对政府债务影响的传统观点，介绍了作为另一种观点的李嘉图等价，并考察了有关政府债务的各种其他观点。和前一章一样，该章并没有直接把结论告诉学生，而只是为学生提供工具，让他们自己去评价各种不同的观点。

第19章讨论了金融系统及其与总体经济的联系。该章首先考察金融系统的作用：为投资融资，分担风险，处理不对称信息和促进经济增长。然后讨论了金融危机的起因及其宏观经济影响以及可能降低其影响和减少其发生可能性的政策。

第20章分析了消费和投资背后的一些微观经济学。它讨论了消费者行为的各种理论，包括凯恩斯消费函数、莫迪利亚尼（Modigliani）的生命周期假说、弗里德曼（Friedman）的永久收入假说、霍尔（Hall）的随机游走假说以及莱布森（Laibson）的即时满足模型。它还考察了投资函数背后的理论，聚焦于企业固定投资，包括资本的实际成本、托宾 q 值和融资约束的作用等主题。

结束语

本书以一篇结束语收尾，这篇结束语回顾了大多数宏观经济学家都同意的广泛启示和一些重要的尚未解决的问题。无论授课教师选择涵盖哪些章节,最后一章都可以用来提醒学生宏观经济学的许多模型和主题是如何相互联系的。我在这里和全书其余部分中都强调,尽管宏观经济学家之间存在分歧,但我们对经济运行的了解还是很多的。

其他教学路线

中级宏观经济学的授课教师对主题的选择和组织有不同的偏好。在撰写本书时,我将这一点铭记在心,以便本书可以提供某种程度的灵活性。下面是授课教师可以考虑重新安排教学材料的几种方法:

- 一些授课教师急切地想涵盖短期经济波动。对这样的教师,我建议先讲第1~5章,以使学生对基本古典理论有一个很好的了解,然后跳到第11、12、13和15章,以涵盖总需求和总供给模型。
- 一些授课教师急切地想涵盖长期经济增长。这些教师可以在讲完第3章之后立即跳到第8、9、10章。
- 希望推迟(甚至跳过)开放经济宏观经济学的授课教师可以推迟第6章和第14章的教学而不失其连贯性。
- 希望强调货币政策和财政政策的授课教师可以略过第8、9、10和16章,以便更快地开始讲述第17和18章。
- 希望强调宏观经济学的微观经济基础的授课教师可以在课程早期讲第20章,甚至在第3章之后就可以讲。

数以百计的使用之前版本的授课教师的成功经验表明,本书对于宏观经济学的各种讲授方法都是一个很好的补充。

学习工具

学生发现本书的前几个版本使用起来很方便,这让我很高兴。我努力使第十一版更具这一特点。

案例研究

经济学一旦应用于现实事件就走向了生活。因此,大量案例研究是一种重要的学习工具,这些案例在每一章中都与理论内容紧密地整合在一起。这些案例研究出现的频率确保学生们在看到理论的运用之前无须全力去应付过量的理论。学生们反映案例研究是本书中他们最喜欢的部分。

参考资料栏目

这些栏目所提供的辅助材料是"供你参考的信息"。我用这些栏目来澄清一些困难的概念，提供关于经济学工具的更多信息并说明经济学如何影响我们的日常生活。

图　形

理解图形分析是学习宏观经济学的一个关键部分，我努力使图形易于理解。我在图形中常用一些解释性文字简要描述图形所说明的要点，并引起学生对这些要点的注意。虚实线、详细的标题和说明性文字等的使用可以帮助学生学习和复习这些图形。

数学注释

我偶尔也用数学注释来把困难的内容放在正文之外。这些注释使论述更加严谨或者给出对数学结果的证明。那些尚未掌握必要的数学工具的学生可以跳过这些注释。

快速测验

每章正文结尾都有 6 道选择题，学生可以用这些选择题来测试他们对刚刚学习过的内容的理解。快速测验的答案放在每章最后。

各章内容提要

每章都包括一个该章主要内容的简洁和非技术性的内容提要。学生们在归纳整理课程内容和考试前复习的时候可以使用这些内容提要。

关键概念

学习一个领域的术语是任何课程的一个主要部分。在各章中，每个关键概念在第一次引入时都用了黑体字。各章结尾也列出了这些关键概念，以供学生回顾。

复习题

学生被要求解答复习题来检查自己对各章基本内容的理解程度。

问题与应用

每一章都包括作为家庭作业而设计的"问题与应用"。其中一些是该章理论的数字运用；另一些则鼓励学生通过解决与本章主题密切相关的新问题来超越本章的内容。所有的"问题与应用"的自动评分版本都可以在本书的 Achieve 版本线上获得。此外，Achieve 提供了本书纸质版上没有的额外的线上问题和给学生逐个步骤讲解每章代表性问题的 Work It Out 辅导材料。

各章附录

有几章包括附录,这些附录的内容是对正文的补充。这些附录的设计使得授课教师可以根据他们的需要更深度地涵盖某些主题。这些附录也可以完全跳过而不会失去连贯性。

术语表

为了帮助学生熟悉宏观经济学的语言,书后提供了一些词条的术语表。

国际版本

本书英文版已被几十个国家采用。为了使世界各地的学生更容易学习本书,有18种其他语言的版本已经出版,现在可以买到的其他语言版本包括亚美尼亚文、中文(简体和繁体)、法文、德文、希腊文、意大利文、日文、韩文、葡萄牙文、西班牙文、土耳其文和越南文。此外,还有与威廉·斯卡思(William Scarth)(麦克马斯特大学)和让-保罗·林(Jean-Paul Lam)(滑铁卢大学)合作的加拿大改编本以及与马克·泰勒(Mark Taylor)(华威大学)合作的欧洲改编本。想得到有关这些译本信息的授课教师可以与沃斯出版公司(Worth Publishers)联系。

N. 格里高利·曼昆

2020年9月

目录 Contents

第一篇 导言

第1章 宏观经济学科学　　3

1.1 宏观经济学家研究什么?　　3
1.2 经济学家是如何思考的?　　7
1.3 本书的安排　　13

第2章 宏观经济学的数据　　16

2.1 衡量经济活动的价值：国内生产总值　　17
2.2 衡量生活成本：消费者价格指数　　29
2.3 衡量失业：失业率　　33
2.4 结论：从经济统计数字到经济模型　　37

第二篇 古典理论：长期中的经济

第3章 国民收入：源自何处? 去向何方?　　43

3.1 什么决定了产品与服务的总生产?　　44
3.2 国民收入如何分配给生产要素?　　46
3.3 什么决定了产品与服务需求?　　56
3.4 什么使产品与服务的供给和需求达到均衡?　　60
3.5 结论　　65
附录 不断加深的贫富差距　　70

第 4 章　货币系统：它是什么？如何起作用？　74

4.1　什么是货币？　74
4.2　银行在货币系统中的作用　80
4.3　中央银行如何影响货币供给　85
4.4　结论　91

第 5 章　通货膨胀：起因、影响和社会成本　95

5.1　货币数量论　96
5.2　货币铸造税：从发行货币得到的收益　102
5.3　通货膨胀与利率　103
5.4　名义利率与货币需求　106
5.5　通货膨胀的社会成本　108
5.6　恶性通货膨胀　113
5.7　结论：古典二分法　117

第 6 章　开放的经济　122

6.1　资本和产品的国际流动　123
6.2　小型开放经济中的储蓄与投资　127
6.3　汇率　135
6.4　结论：美国作为一个大型开放经济　147
附录　大型开放经济　152

第 7 章　失业和劳动市场　160

7.1　失去工作、寻找工作以及自然失业率　161
7.2　工作搜寻和摩擦性失业　163
7.3　实际工资刚性与结构性失业　166
7.4　劳动市场经验：美国　171
7.5　劳动市场经验：欧洲　175
7.6　结论　179

第三篇 增长理论：超长期中的经济

第 8 章 作为增长源泉之一的资本积累   185

    8.1   基本的索洛模型   186
    8.2   资本的黄金律水平   194
    8.3   结论   200

第 9 章 人口增长和技术进步   204

    9.1   索洛模型中的人口增长   204
    9.2   索洛模型中的技术进步   210
    9.3   超越索洛模型：内生增长理论   214
    9.4   结论   218

第 10 章 增长实证和政策   222

    10.1   从增长理论到增长实证   223
    10.2   经济增长源泉的核算   226
    10.3   促进增长的政策   232
    10.4   结论   242

第四篇 经济周期理论：短期中的经济

第 11 章 经济波动导论   247

    11.1   关于经济周期的事实   248
    11.2   宏观经济学的时间范围   253
    11.3   总需求   256
    11.4   总供给   259
    11.5   稳定化政策   263
    11.6   2020 年的新冠疫情导致的经济衰退   268
    11.7   结论   271

第 12 章　总需求 I：建立 IS—LM 模型　　274

12.1　产品市场与 IS 曲线　　276
12.2　货币市场与 LM 曲线　　287
12.3　结论：短期均衡　　291

第 13 章　总需求 II：应用 IS—LM 模型　　296

13.1　用 IS—LM 模型解释波动　　297
13.2　作为总需求理论的 IS—LM 模型　　303
13.3　大萧条　　307
13.4　结论　　316

第 14 章　重访开放经济：蒙代尔-弗莱明模型与汇率制度　　321

14.1　蒙代尔-弗莱明模型　　322
14.2　浮动汇率下的小型开放经济　　326
14.3　固定汇率下的小型开放经济　　330
14.4　利率差别　　335
14.5　汇率应该浮动还是固定？　　340
14.6　从短期到长期：价格水平变动的蒙代尔-弗莱明模型　　344
14.7　结论性提示　　346
附录　大型开放经济的短期模型　　351

第 15 章　总供给与通货膨胀和失业之间的短期权衡　　356

15.1　总供给的基本理论　　357
15.2　通货膨胀、失业和菲利普斯曲线　　363
15.3　结论　　375
附录　所有模型之母　　379

第五篇　宏观经济理论和政策专题

第 16 章　一个经济波动的动态模型　　385

16.1　模型的要素　　386

16.2	模型求解	392
16.3	运用模型	398
16.4	两个应用：对货币政策的启示	406
16.5	结论：向着 DSGE 模型迈进	413

第 17 章　关于稳定化政策的不同观点　　417

17.1	政策应该是积极的还是消极的？	418
17.2	政策应该按规则实施还是斟酌处置？	424
17.3	结论：在一个不确定的世界中制定政策	431
附录	时间不一致性和通货膨胀与失业之间的权衡	434

第 18 章　政府债务和预算赤字　　437

18.1	政府债务的规模	438
18.2	衡量问题	441
18.3	传统的政府债务观点	444
18.4	李嘉图学派的政府债务观点	446
18.5	关于政府债务的其他观点	451
18.6	结论	454

第 19 章　金融系统：机会与危险　　458

19.1	金融系统是做什么的？	459
19.2	金融危机	463
19.3	结论	477

第 20 章　消费和投资的微观基础　　481

20.1	什么决定消费支出？	481
20.2	什么决定投资支出？	495
20.3	结论：预期的关键作用	504

结束语	我们知道什么，我们不知道什么	509
术语表		517
译后记		530

第一篇

导言

第1章 宏观经济学科学

> 整个科学只不过是日常思考的精炼而已。
>
> ——阿尔伯特·爱因斯坦（Albert Einstein）

当阿尔伯特·爱因斯坦做出上述评论时，他很可能指的是物理和其他自然科学。但是，这一陈述也同样适用于社会科学，如经济学。作为经济中的参与者，作为民主社会中的公民，你在日常生活或走进投票站时不得不思考经济问题。你对经济学的日常思考很可能是随意的而不是严密的（或者至少在你学习第一门经济学课程之前是如此）。学习经济学的目的是精炼你的思考。本书致力于为你精炼日常思考提供帮助，它聚焦于**宏观经济学**（macroeconomics），即研究影响整体经济的力量的经济学领域。

1.1 宏观经济学家研究什么？

为什么在过去的一个世纪一些国家经历了收入的迅速增长而另一些国家仍然陷于贫困之中？为什么一些国家通货膨胀率居高不下而另一些国家却维持了价格的稳定？为什么所有国家都经历了衰退和萧条——周期性的收入下降和失业上升的时期——以及政府的政策如何才能减少这些事件发生的频率并减轻其严重程度？宏观经济学力图回答这些问题以及许多相关问题。

你只要访问某个新闻网站，就可以领略到宏观经济学的重要性。每天你都可以看到诸如收入增长反弹、美联储积极行动以应对通货膨胀或者就业报告促使股市下跌这类大字标题。这些宏观经济事件也许看起来是抽象的，但它们与我们所有人的生活息息相关。企业执行官在预测对自己产品的需求时必须猜测消费者收入增长有多快。依靠固定收入生活的老年人想知道价格上涨有多快。正在寻找工作的最近毕业的大学生希望经济繁荣和企业招人。

由于经济状况影响到每一个人，宏观经济问题在国家政治中占据着中心地位。选民能感知到经济运行状况如何，也知道政府政策强有力地影响着经济。因此，在位总统的支持率常常在经济状况好时上升，而在经济状况差时下降。

宏观经济问题对世界政治也至关重要，国际新闻常常关注宏观经济问题。许多欧洲国家采用统一货币是明智的吗？中国应当维持对美元的固定汇率吗？美国为什么有巨额贸易赤字？穷国如何提高其生活水平？当世界各国领导人会晤时，这些主题往往排在议事日程的显要位置。

尽管制定经济政策的工作落在世界各国领导人身上，但解释经济作为一个整体如何运行的工作却落在了宏观经济学家身上。为了达到这个目的，宏观经济学家收集不同时期和不同国家有关收入、价格、失业与其他许多变量的数据。然后他们试图形成理论来解释这些数据。像研究星体演变的天文学家或研究物种进化的生物学家一样，宏观经济学家通常不能在实验室中进行受控实验。相反，他们必须利用历史数据。宏观经济学家观察到各国经济互不相同，而且它们随着时间的推移会发生变化。这些观察既提供了发展宏观经济理论的动机，又提供了检验这些理论的数据。

的确，宏观经济学是一门不完美的科学。宏观经济学家预测未来经济事件的能力并不比气象学家预测下一个月天气的能力强。但是，正如你将要看到的，宏观经济学家对经济如何运行确实知之甚多。这种知识既有助于解释经济事件，又有助于制定经济政策。

每一个时代都有自己的经济问题，政策制定者必须应对他们面临的挑战。20 世纪 70 年代，理查德·尼克松（Richard Nixon）、杰拉尔德·福特（Gerald Ford）和吉米·卡特（Jimmy Carter）总统都竭力应对通货膨胀率的上升。20 世纪 80 年代，通货膨胀率下降了，但罗纳德·里根（Ronald Reagan）和乔治·H. W. 布什（George H. W. Bush）两位总统不得不积极解决巨额的联邦预算赤字问题。20 世纪 90 年代，当比尔·克林顿（Bill Clinton）担任总统时，经济和股市一派繁荣，联邦预算从赤字转变为盈余。但是，在克林顿总统执政的最后几个月里，股市掉头向下，经济步入衰退。2001 年，乔治·W. 布什（George W. Bush）总统实行减税来帮助结束衰退，但减税使预算赤字死灰复燃。

贝拉克·奥巴马（Barack Obama）总统 2009 年入主白宫时经济正处于高度动荡期。由房价下跌、按揭拖欠率上升以及许多大型金融机构的破产或接近破产导致的金融危机使得经济摇摇欲坠。这次金融危机的蔓延让人们想起了 20 世纪 30 年代的大萧条。在大萧条时期最糟糕的年份里，25% 的劳动力失业了。在 2008 年和 2009 年，财政部、美国联邦储备委员会（简称"美联储"）和其他政府部门的官员们全力以赴地采取各种措施来防止这种结果重现。

在某种程度上，政策制定者取得了成功。失业率最高值只是 2009 年的 10%。但是，这次经济低迷，现在称为大衰退（Great Recession），还是很严重，随后的复苏极其缓慢。在对通货膨胀进行调整之后，美国经济的总收入在 2006—2016 年期间平均增长率每年仅为 1.4%，远远低于历史正常水平的每年 3.2%。

这些事件促使唐纳德·特朗普（Donald Trump）在 2016 年总统竞选中提出了"让美国再次强大"的口号。特朗普总统的首批重大举措之一是大幅减税，特别是公司税。2020 年初，当他开始准备连任竞选时，美国经济正经历着有史以来最长的扩张。2020 年 2 月的失业率只有 3.5%，这是半个多世纪以来的最低水平。可是，在接下来的两个月里，新冠疫情大流行引起的深度经济低迷使得这次经济扩张戛然而止。

宏观经济的历史并不简单，但是它提供了建立宏观经济理论的充足动力。虽然宏观经济学的基本原理不会每十年就发生变化，但是，宏观经济学家必须灵活而有创造性地运用这些原理来应付不断变化的环境。

案例研究

美国经济历史上的表现

经济学家用多种类型的数据来衡量经济表现。三个至关重要的变量是实际国内生产总值、通货膨胀率和失业率。**实际国内生产总值**（real gross domestic product，real GDP）衡量经济中（对价格水平做了调整的）所有人的总收入。**通货膨胀率**（inflation rate）衡量价格上升的速度。**失业率**（unemployment rate）衡量没有工作的劳动力所占的比例。宏观经济学家研究这些变量如何决定，为什么它们会随着时间的推移而变化，以及它们是如何相互影响的。

图 1-1 显示了美国的人均实际 GDP。该图有两个方面值得注意。第一，人均实际 GDP 随时间的推移而增长。现在的人均实际 GDP 比 1900 年增长了 8 倍以上。平均收入的这种增长使得我们享受到的生活水平比我们的曾祖父母高得多。第二，虽然人均实际 GDP 在大多数年份是增长的，但这种增长并不是稳定的。存在人均实际 GDP 连续几个时期下降的情况，最严重的例子是 20 世纪 30 年代早期。如果人均实际 GDP 的下降不严重，这样的时期称为**衰退**（recessions）；如果人均实际 GDP 的下降很严重，这样的时期称为**萧条**（depressions）。毫不奇怪，收入下降的时期与严重的经济困难是联系在一起的。

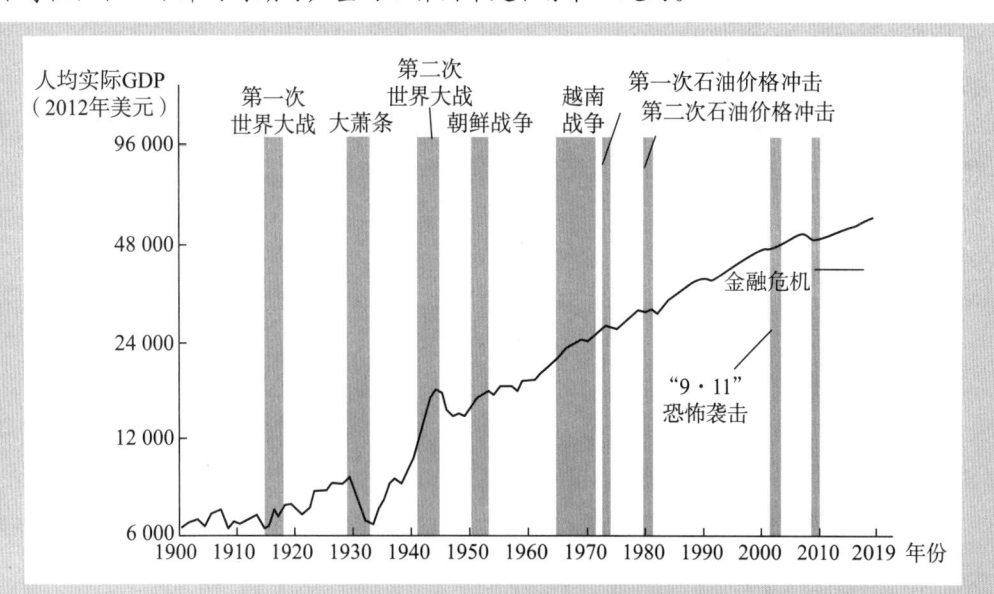

图 1-1 美国经济的人均实际 GDP

实际 GDP 衡量经济中所有人的总收入，人均实际 GDP 衡量经济中普通人的收入。图 1-1 显示，人均实际 GDP 往往随时间的推移而增长，这种正常增长有时候被称为衰退或萧条的收入下降的时期所打断。

说明：图中的实际 GDP 是根据对数刻度画出的。根据这种比例，纵轴上相等的距离代表相等的百分比变动。因此，6 000 美元与 12 000 美元之间的距离（100%的变动）和 12 000 美元与 24 000 美元之间的距离（100%的变动）是相同的。

资料来源：U. S. Department of Commerce, Measuring Worth Foundation.

图 1-2 显示了美国的通货膨胀率。你可以看到，通货膨胀随时间的变动相当大。在 20 世纪前半叶，通货膨胀率的平均值仅略高于零。价格下降称为**通货紧缩**（deflation），这样的时期与价格上升的时期几乎同样普遍。与此相反，1950 年以来，通货膨胀是常态。通货膨胀在 20 世纪 70 年代后期尤其严重，那时候，价格以几乎每年 10% 的比率上升。近年来，通货膨胀率约为每年 2%。这表明价格是相当稳定的。

图 1-3 显示了美国的失业率。注意在经济中总是存在着一些失业。此外，尽管不同年份

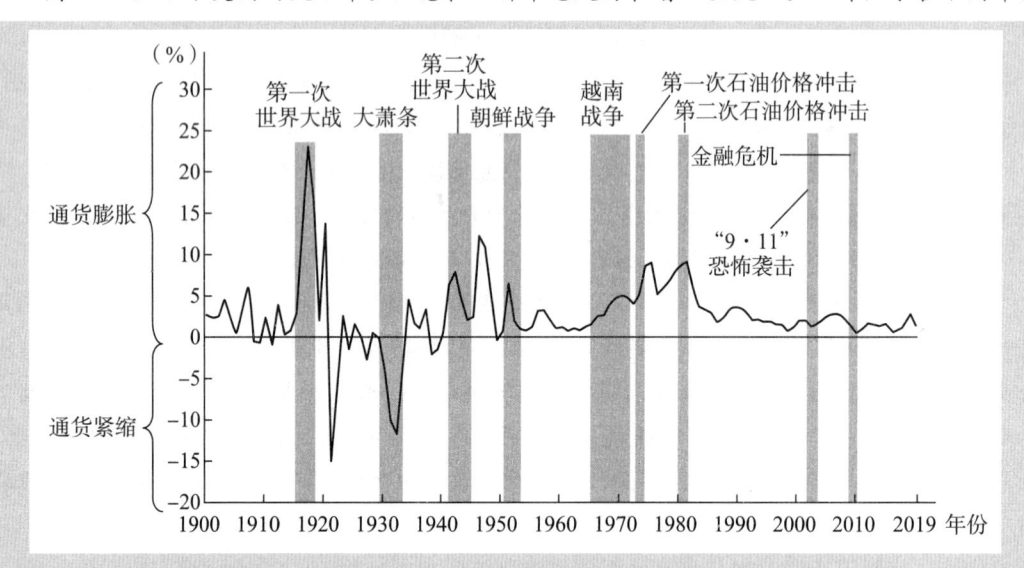

图 1-2 美国经济中的通货膨胀率

通货膨胀率衡量平均价格水平相对于上一年变动的百分比。当通货膨胀率高于零时，价格在上升。当通货膨胀率低于零时，价格在下跌。如果通货膨胀率下降但仍然是正值，价格在上升，但上升的速度放慢了。

说明：图中通货膨胀率用 GDP 平减指数衡量。

资料来源：U. S. Department of Commerce, Measuring Worth Foundation.

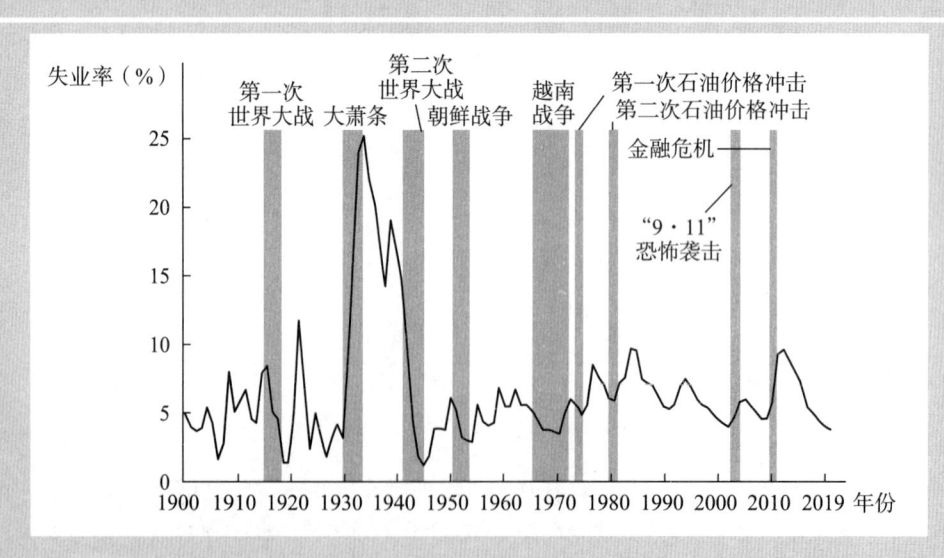

图 1-3 美国经济中的失业率

失业率衡量劳动力中没有工作的人的百分比。本图显示，经济中总是有一些人失业，不同年份的失业率有所波动。

资料来源：U. S. Department of Labor, U. S. Census Bureau.

的失业率差别很大，但不存在一种长期趋势。衰退和萧条与异常高的失业率相联系。在20世纪30年代的大萧条时期，失业率达到最高水平。大萧条以来最严重的经济低迷是2008—2009年的大衰退。失业率大幅上升并在随后几年仍维持在高位。直到2016年，失业率才回到2007年的水平。

这三幅图提供了美国经济的历史概况。在后面各章中，我们首先讨论这些变量是如何衡量的，然后建立理论来解释为什么它们这么运行。

1.2 经济学家是如何思考的？

尽管经济学家经常研究政治上可能引起激烈争论的问题，但他们力图以科学家的客观性来讨论这些问题。和任何科学一样，经济学有自己的一套工具——术语、数据以及思考方式——这些工具对外行来说看起来是陌生和神秘的。熟悉这些工具的最佳方法是运用这些工具进行实践，而本书提供了充分的机会让你这样做。但是，为了使这些工具不那么令人望而生畏，我们在这里讨论其中的一些。

作为模型构建的理论

小孩通过玩模仿实物的玩具学习认识世界。例如，他们经常组装乐高汽车模型、飞机模型或建筑物模型。这些模型与实物相差甚远，但模型组装者仍然从中学到了很多。模型表明了它试图模仿的实物的本质。（此外，对许多孩子来说，组装模型是很有趣的。）

经济学家也用**模型**（models）来理解世界，但经济学家的模型是由符号和方程构成的，而不是用塑料制成的。经济学家搭建他们的"玩具经济"来解释GDP、通货膨胀和失业等经济变量。经济模型常常用数学术语说明变量之间的关系。由于模型有助于我们省略无关紧要的细节，集中关注根本的联系，因此它们大有用途。（此外，对许多经济学家来说，构建模型是很有趣的。）

模型有两种变量：内生变量与外生变量。**内生变量**（endogenous variables）是一个模型要解释的变量。**外生变量**（exogenous variables）是一个模型视为给定的变量。模型的目的是说明外生变量如何影响内生变量。换言之，如图1-4所示，外生变量来自模型以外，是模型的投入，而内生变量则在模型之内决定，是模型的产出。

为了使这些想法更为具体，我们来回顾一下最著名的经济模型——供给和需求模型。设想一个经济学家想弄清楚什么因素影响比萨饼的价格和销售量。她可能建立一个描述比萨饼买者与卖者的行为以及他们在比萨饼市场上相互作用的模型。

```
外生变量  →  模型  →  内生变量
```

图1-4 模型如何起作用

模型是简化的理论,它表示经济变量之间的关键关系。外生变量是来自模型之外的变量。内生变量是模型所解释的变量。模型说明外生变量的变动如何影响内生变量。

该经济学家可能从假定消费者对比萨饼的需求量 Q^d 取决于比萨饼的价格 P 和总收入 Y 开始。这种关系可以用下面的方程来表示:

$$Q^d = D(P, Y)$$

该方程告诉我们,Q^d 是 P 和 Y 的函数。在函数的记号里,括号前的变量表示函数。在这个例子中,$D(\cdot)$ 为表达括号里的变量如何决定比萨饼需求量的函数。

类似地,该经济学家假定比萨饼店对比萨饼的供给量 Q^s 取决于比萨饼的价格 P 以及奶酪、西红柿、面粉和凤尾鱼等原料的价格 P_m。这种关系可以用下面的方程来表示:

$$Q^s = S(P, P_m)$$

式中,$S(\cdot)$ 为供给函数。

最后,该经济学家假设比萨饼的价格将进行调整,以使供给量与需求量达到平衡:

$$Q^s = Q^d$$

这三个方程——需求函数、供给函数和均衡条件——组成了比萨饼市场的模型。

经济学家用一幅供给和需求的图形来说明这个模型,如图1-5所示。需求曲线显示了总收入保持不变的情况下比萨饼的需求量与其价格之间的关系。需求曲线向下倾斜,这是因为更高的比萨饼价格鼓励消费者少购买比萨饼而转向其他食品(如汉堡和墨西哥卷饼)。供给曲线显示了原料价格保持不变的情况下比萨饼的供给量与其价格之间的关系。供给曲线向上倾斜,这是因为更高的比萨饼价格使销售比萨饼更为有利可图,这鼓励了比萨饼店多生产比萨饼。市场均衡是供给曲线和需求曲线的交点处的价格和数量。在均衡价格处,消费者选择购买的比萨饼量正好等于比萨饼店所选择的比萨饼生产量。

这个比萨饼市场模型有两个外生变量和两个内生变量。外生变量是总收入和原料价格。该模型并不解释这些变量,而将这些变量视为给定的(也许将用其他模型来解释)。内生变量是比萨饼的价格和比萨饼的交易量。这些是模型要解释的变量。

这个模型可以用来说明任意一个外生变量的变动如何影响两个内生变量。例如,如果总收入增加,那么,在每个价格水平,比萨饼的需求量都增加,因此需求曲线向右移动,如图1-6(a)所示。该模型表明,在这种情况下,比萨饼的均衡价格和均衡数量都上升。类似地,如果原料价格上升,那么,在每个价格水平,比萨饼的供给量都减少，因此供给曲线向左移动，如图1-6（b）所示。该模型表明，在这种情况下，比萨饼的均衡价格上升，而均衡数量减少。这样，该模型显示了总收入或原料价格的变动是如何影响比萨饼市场的价格和数量的。

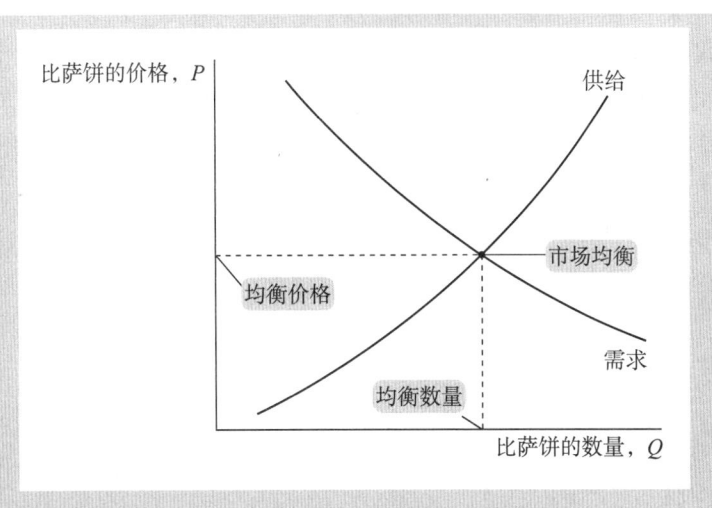

图1-5 供给和需求模型

最著名的经济模型是一种产品或服务——在这个例子中是比萨饼——的供给和需求模型。需求曲线是一条向下倾斜的曲线，它把比萨饼的价格和消费者对比萨饼的需求量联系在了一起。供给曲线是一条向上倾斜的曲线，它把比萨饼的价格和比萨饼店对比萨饼的供给量联系在了一起。比萨饼的价格将进行调整，直到供给量与需求量相等。这两条曲线的交点就是市场均衡，它显示了比萨饼的均衡价格和均衡数量。

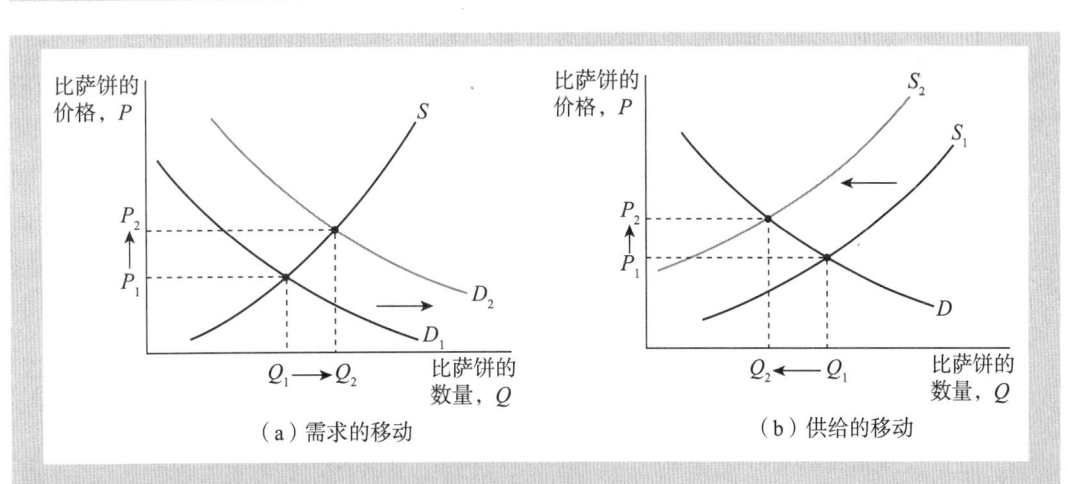

图1-6 均衡的变动

在图（a）中，总收入的增加引起比萨饼的需求增加：在任何给定价格下，消费者现在想购买更多的比萨饼。这用需求曲线从 D_1 向右移动到 D_2 来表示。市场移动到供给曲线与需求曲线的新交点。均衡价格从 P_1 上升到 P_2，比萨饼的均衡数量从 Q_1 增加到 Q_2。在图（b）中，原料价格上升使比萨饼的供给减少：在任何给定价格下，比萨饼店主发现，出售比萨饼不那么有利可图了，从而选择少生产比萨饼。这用供给曲线从 S_1 向左移动到 S_2 来表示。市场移动到供给曲线与需求曲线的新交点。均衡价格从 P_1 上升到 P_2，均衡数量从 Q_1 减少到 Q_2。

和所有模型一样，这个比萨饼市场模型做了许多简化假设。例如，它假设存在单一的比萨饼价格。这个假设忽略了不同比萨饼店处于不同位置的事实。对任何给定地方的顾客来说，总有一家比萨饼店比其他比萨饼店离得更近也更方便。因而比萨饼店具有一定的设定本店比萨饼价格的能力，不同的比萨饼店可能收取不同的价格，这与该模型中存在单一的比萨饼价格的假设相反。

我们应该如何对模型缺乏现实性做出反应呢？我们应该放弃这个简单的比萨饼供给和需求模型吗？我们应该建立一个有着多个比萨饼价格的更为复杂的模型吗？

答案取决于我们的目的。如果我们想解释奶酪的价格如何影响比萨饼的平均价格和销售量，那么，比萨饼价格的多样性大概就不重要了。简单的比萨饼市场模型可以很好地解决这个问题。但是，如果我们想解释为什么有 10 个比萨饼店的城镇的比萨饼价格比只有 2 个比萨饼店的城镇低，那么，这个简单模型就不是那么有用了。

经济学的艺术在于判断简化的假设（例如假设存在一个单一的比萨饼价格）什么时候阐明了我们的思考和什么时候会误导我们。简化对构建一个有用的模型是必要的：如果构建的模型完全反映现实，那么，这样的模型会复杂到任何人都无法理解的程度。不过，如果模型的假设抛弃了对要处理的问题至关重要的经济特征，那么，它们可能误导我们得出错误的结论。因此，构建经济模型要求我们小心谨慎，同时还要了解常识。

多个模型的使用

宏观经济学家研究经济的许多方面。例如，他们考察储蓄在经济增长中的作用，最低工资法对失业的影响，通货膨胀对利率的影响，以及贸易政策对贸易余额和汇率的影响。

经济学家用模型来处理所有这些问题，但没有一个单一的模型能回答所有问题。正如木匠用不同的工具做不同的任务一样，经济学家用不同的模型来解释不同的经济现象。学习宏观经济学的学生必须谨记，不存在回答了每个经济问题的单一的"正确"模型。相反，存在许多模型，每一个模型都有助于解释经济的某个方面。宏观经济学领域有些像瑞士军刀——一套相互补充而又互不相同的工具，它们以不同的方式应用于解决不同的问题。

本书呈现了许多模型，它们处理的问题各不相同，所做的假设也有差异。记住，一个模型几乎就是它所做的假设，一个对某些目的有用的假设对其他目的而言可能就有误导作用。经济学家在运用一个模型处理问题时必须了解模型的基础假设，判断这些假设对手头所要研究的问题是否合理。

价格：弹性 vs. 黏性

在本书通篇中，有一组假设将被证明是特别重要的：那些有关工资与价格对变动的条件做出调整的速度的假设。经济学家通常认为，产品或服务的价格迅速变动，使供给量与需求量达到平衡。换言之，他们假设市场通常处于均衡状态，因此任何产品或服务的价格都位于供给曲线和需求曲线的交点。这一假设被称为**市场出清**（market clearing），它对前面讨论的比萨饼市场模型至关重要。在回答大多数问题时，经济学家都使用市场出清模型。

但是，持续的市场出清的假设并不完全是现实的。市场要持续地出清，价格就必须对供给和需求的变动做出即时调整。事实上，许多工资和价格调整缓慢。劳动合约常常设定了长达三年的工资。许多企业的产品价格在长期内保持不变；例如，杂志出版商每三年或四年改变一次杂志的零售价格。虽然市场出清模型假设所有工资与价格都是有**弹性（灵活性）的**（flexible），但是，现实世界中一些工资和价格却是有**黏性的**（sticky）。

这种显而易见的价格黏性并不会使市场出清模型变得无用，毕竟价格并不总是无法变动的，最终，价格还是要对供给和需求的变动做出调整。市场出清模型也许没有描述每一时刻的经济，但是，它们表示了经济所趋近的均衡。因此，大多数宏观经济学家相信，弹性价格对研究诸如我们观察的每十年实际 GDP 的增长这些长期问题是一个好的假设。

对研究诸如实际 GDP 和失业的逐年波动这类短期问题而言，弹性价格的假设就不是那么合理了。在短期，许多价格固定在预先确定的水平上。因此，大多数宏观经济学家相信，对于研究短期经济行为，价格黏性是一个更好的假设。

微观经济思考与宏观经济模型

微观经济学（microeconomics）是关于家庭和企业如何做出决策以及这些决策者在市场上如何相互作用的一门科学。微观经济学的中心原理是家庭和企业进行**最优化**（optimize）——给定他们的目标和所面临的约束条件，他们尽其所能做到最好。在微观经济模型中，家庭选择自己的购买来最大化被称为效用的满足程度，企业做出生产决策来最大化它们的利润。

由于整体经济的事件源于许多家庭和企业的相互作用，所以，微观经济学和宏观经济学具有不可分割的联系。当我们把经济视为一个整体来研究时，我们必须考虑经济个体的决策。例如，为了理解什么因素决定消费者总支出，我们考虑一个家庭决定现在支出多少、为未来储蓄多少。为了理解什么因素决定总投资支出，我们考虑一家企业是否建立一个新工厂的决策。由于总量只是描述许多个别决策的变量之和，所以，宏观经济理论是建立在微观经济基础之上的。

尽管微观经济决策是所有经济模型的基础，但在许多模型中，家庭和企业的最优化行为是隐性的，而不是显性的。我们前面讨论的比萨饼市场模型就是一个例子。家庭购买多少比萨饼的决策是比萨饼需求的基础，比萨饼店生产多少比萨饼的决策是比萨饼供给的基础。很可能，家庭做出了效用最大化的决策，比萨饼店做出了利润最大化的决策。不过，该模型并不关注这些微观经济决策是如何做出的，它只是把这些决策作为背景。类似地,尽管宏观经济现象的基础是微观决策,但宏观经济模型不总是关注家庭和企业的最优化行为,而是把这种行为作为背景。

参考资料　一些宏观经济学家的早期生涯

宏观经济学家是怎么选择这个职业的呢?进入这个职业不存在单一的路径。下面是一些后来获得诺贝尔经济学奖的经济学家的故事。[①]

米尔顿·弗里德曼(Milton Friedman,1976年诺贝尔经济学奖获得者):"我1932年大学毕业,当时美国正处于历史上空前绝后的最严重的萧条的谷底。经济问题是当时的主要问题。如何摆脱萧条?如何降低失业?什么解释了一方面需求旺盛而另一方面资源闲置的矛盾?在这种情况下,成为经济学家看起来比成为应用数学家或精算师对当时这些急切需要解决的问题更为重要。"

詹姆斯·托宾(James Tobin,1981年诺贝尔经济学奖获得者):"出于两个原因我被经济学所吸引。一个原因是经济学理论是迷人的智力挑战,与数学或象棋相似。我喜欢分析和逻辑推理……另一个原因是经济学对于理解和(可能)战胜大萧条显而易见的重要性。"

弗朗哥·莫迪利亚尼(Franco Modigliani,1985年诺贝尔经济学奖获得者):"有一段时间人们都认为我应该学医,因为我父亲是一名医生……我到注册窗口去报名学习医学,但是,接着我双眼一闭,想到了血!仅仅想到血就令我面无血色。鉴于这种情况,我觉得我最好还是离医学远点……正在我想方设法要找些事干的时候,我碰巧参与了一些经济活动。我懂一点德语,有人要求我为一个贸易协会把一些文章从德语翻译成意大利语。就这样,我开始接触德文文献中的经济问题。"

罗伯特·索洛(Robert Solow,1987年诺贝尔经济学奖获得者):"我(从军队)回来(上了大学),几乎想都没想,就报名成为一个经济学专业的学生,并获得了本科学位。当时的形势迫使我匆忙做出决定。毫无疑问,我的行为就像我在最大化一期效用的无限期贴现之和,但你不能用我来证明它。我觉得就像我对自己说:'管它呢'。"

小罗伯特·卢卡斯(Robert Lucas, Jr.,1995年诺贝尔经济学奖获得者):"在公立中小学,科学是一个没有尽头的、别人很久以前就发现了的事情的清单,而且条理性也有所欠缺。在大学,我学到了一些科学发现的过程,但是我所学到的东西对我的吸引力没有达到作为我可能从事的事业的程度……我喜欢思考的是政治和社会问题。"

乔治·阿克洛夫(George Akerlof,2001年诺贝尔经济学奖获得者):"当我进入耶鲁大学时,我坚信我想成为经济学家或历史学家。实际上,对我而言两者并无区别。如果我去当历史学家,我就会成为经济史学家。如果我成为经济学家,我将把历史作为我经济学的基础。"

[①] 前5段引文来自William Breit and Barry T. Hirsch, eds. *Lives of the Laureates*, 4th ed. (Cambridge, MA: MIT Press, 2004)。第6、8和9段来自诺贝尔奖官方网站。第7段来自Arnold Heertje, ed., *The Makers of Modern Economics*, Vol. II (Aldershot, U.K.: Edward Elgar Publishing, 1995)。

埃德蒙德·费尔普斯（Edmund Phelps，2006年诺贝尔经济学奖获得者）："和大多数进入大学的美国学生一样，我在阿默斯特学院（Amherst College）开始学习的时候并没有事先确定好学科，甚至没有一个职业目标。我隐约认为我会进入商业界，与钱打交道，做非常聪明的事情。但是，在第一年，我对柏拉图、休谟和詹姆斯肃然起敬。如果不是我父亲用甜言蜜语诱惑和恳求我试着学习一门经济学课程，我很可能就读哲学去了。第二年我学习了经济学课程……我发现，我在报纸上读到的那些事件都可以得到一种正式的分析，这一点令我印象非常深刻。"

克里斯托弗·西蒙斯（Christopher Sims，2011年诺贝尔经济学奖获得者）："从我大约13岁开始，（我的叔叔）马克就经常激励我学习经济学。当我还在读高中时，他送给了我一本冯·诺依曼和摩根斯坦合著的《博弈论》（Theory of Games）作为圣诞礼物。我记得当我学习第一门经济学课程时，我和他争论，如果货币供给保持不变，那么通货膨胀率是否有可能爆炸性上升。我所持的观点是货币主义者的观点。他质疑我是否有合理的证据支持该观点。他这么说原本是为了激励我继续学习经济学，但是，在好几年时间里，我都没有明白他的本意，直到大学三年级都没有再学经济学。但是，当我开始怀疑我是否要在整个职业生涯中都与抽象的纯数学打交道时，马克的努力让我清楚地意识到我还有一个选择。"

罗伯特·希勒（Robert Shiller，2013年诺贝尔经济学奖获得者）："当我1960年在底特律附近的绍斯菲尔德高中刚开始读高中时，比我大四岁的哥哥约翰某次假期从大学回家，他带回了指定的教材——保罗·萨缪尔森（Paul Samuelson）的《经济学》。那次假期我读了该书的很多内容，这激发了我对经济学的兴趣。我感觉经济学真的是一门科学，至少萨缪尔森所践行的是这样。经济模型实际上能解释我们生活中发生的许多重要的事情，这令我着迷。"

1.3 本书的安排

本书共有5篇。本章和下一章构成第一篇：导言。第2章讨论经济学家如何衡量GDP、通货膨胀率和失业率等经济变量。

第二篇"古典理论：长期中的经济"介绍了关于经济如何运行的古典模型。古典模型的关键假设是价格具有弹性（灵活性）。这就是说，古典模型一般假设市场出清。弹性价格的假设简化了分析，这正是我们从它开始的原因。但是，由于这一假设准确地描述了长期中的经济，古典理论最适合用于分析至少是好几年的时间范围。

第三篇"增长理论：超长期中的经济"建立在古典模型基础之上。它保持了弹性价格和市场出清的假设，但新增了对决定长期增长的力量——企业设备和其他资本存量的增加、劳动力的增加和技术知识的进步——的强调。增长理论旨在解释经济在长达几十年的时期如何演进。

第四篇"经济周期理论：短期中的经济"考察了当价格具有黏性时经济的行为。这里建立的非市场出清模型的目的在于分析短期问题，例如，经济波动的原因以及政府政策对这些波动的影响。它最适于分析我们观察的月度之间或年度之间的经济变动。

第五篇"宏观经济理论和政策专题"涵盖了对我们的长期和短期分析起补充和精炼作用的内容。有两章介绍了稍微具有理论属性的高级内容，包括宏观经济动力学、消费者行为模型以及企业投资决策理论。还有两章讨论了政府在经济中的作用与关于稳定化政策、政府债务和金融危机的争论。

快速测验

1. 衰退是_____的时期。
  A. 收入上升　　　B. 收入下降
  C. 价格上升　　　D. 价格下降
2. 失业率衡量了_____所占的比例。
  A. 停止找工作的成年人口
  B. 没在工作的成年人口
  C. 停止找工作的劳动力
  D. 没在工作的劳动力
3. 在美国历史上，通货紧缩_____。
  A. 是常态
  B. 与通货膨胀差不多常见
  C. 罕见，但过去发生过
  D. 从来没有发生过
4. 经济学家使用模型的原因是它们_____。
  A. 阐明了我们的思考
  B. 说明了外生变量如何影响内生变量
  C. 有趣
  D. 以上所有
5. 市场出清模型假设价格是_____，它们最适合用于理解_____的经济。
  A. 有弹性的，长期　　B. 有弹性的，短期
  C. 黏性的，长期　　　D. 黏性的，短期
6. 微观经济学_____。
  A. 是对如何从个体观察构建宏观经济数据的一门科学
  B. 对理解宏观经济关系背后的决策是有用的
  C. 是与宏观经济学无关的另一个领域
  D. 是宏观经济学这个单词的误拼

内容提要

1. 宏观经济学是把经济视为一个整体进行的研究，包括收入的增长、价格的变动和失业率。宏观经济学家试图解释经济事件和设计提高经济表现的政策。

2. 为了理解经济，经济学家使用模型——为了揭示外生变量如何影响内生变量而简化现实的理论。经济科学的艺术在于判断模型是否抓住了所要处理的问题中的重要经济关系。由于没有一个单一的模型能回答所有问题，宏观经济学家运用不同的模型来研究不同的问题。

3. 宏观经济模型的关键特征是：它假设价格是有弹性的还是黏性的。根据大多数宏观经济学家的看法，弹性价格模型描述了长期中的经济，而黏性价格模型对短期中的经济提供了更好的描述。

4. 微观经济学是关于个体和企业如何做出决

策以及这些决策者如何相互作用的研究。由于宏观经济事件源于许多微观经济的相互作用,所以,所有宏观经济模型必须与微观经济基础一致,即便这些基础有时候是隐性的。

关键概念

宏观经济学 实际 GDP 模型 内生变量
通货膨胀与通货紧缩 失业 外生变量 市场出清
衰退 萧条 弹性价格和黏性价格 微观经济学

复习题

1. 解释宏观经济学和微观经济学之间的差别。这两个领域是如何相互关联的?

2. 为什么经济学家要建立模型?

3. 什么是市场出清模型?什么时候假设市场出清是合适的?

问题与应用

1. 列举最近的新闻中出现的三个宏观经济问题。

2. 你认为界定一门科学的特征是什么?你认为宏观经济学应该被称为一门科学吗?为什么?

3. 用供给和需求模型解释冰冻酸奶价格的下降会如何影响冰激凌的价格和销售量。在你的解释中,指出外生变量与内生变量。

4. 你支付的理发价格变动得多频繁?关于市场出清模型对分析理发市场的有用性,你的回答意味着什么?

> 为了得到在线学习资源,请访问 Achieve for Macroeconomics, 11e:https://achieve.macmillanlearning.com。

快速测验答案

1. B   2. D   3. C   4. D   5. A   6. B

第2章 宏观经济学的数据

> 在还没有资料之前就做推论是极大的错误。人们会不自觉地将事实歪曲以符合推论,而不是根据事实来认定推论。
>
> ——夏洛克·福尔摩斯(Sherlock Holmes)

科学家、经济学家和侦探可能穿着不同的工作服、在不同的地方工作,但他们有一个共同点:他们都想弄清楚自己周围的世界发生了什么。为了做到这一点,他们依赖理论和观察。他们建立理论以试图理解他们所看到的正在发生的事情。然后,他们转向更系统的观察,以便判断他们所建立的理论的正确性。只有在理论与事实一致时,他们才认为自己理解了事态。本章讨论用于创建和检验宏观经济理论的观察资料的种类。

非正式的观察是关于经济中正在发生什么的一个信息来源。当你去购物时,你会注意到价格是在上升、下降还是保持不变。当你找工作时,你会了解到企业是否雇用员工。每天,当我们在为生活奔波忙碌时,我们参与到经济的某个方面,得到一些对经济状况的直观认识。

一个世纪以前,除了这种非正式的观察之外,经济学家几乎没有更多的办法监测经济。这种零碎的信息使制定经济政策很困难。一个人的见闻表明经济正在向某一方向运行,而另一个人的见闻却表明是相反的方向。经济学家需要以某种方式把许多个体的经历结合成能够清楚表达意思的整体。有一个明显的解决办法:如俗话所说,"见闻"的复数是"数据"。

今天,经济数据提供了系统而客观的信息来源,几乎每天你都会听到或读到关于一些新近发布的统计数字的报道。这些统计数字多数是政府编制的。各种政府机构对家庭和企业进行调查,了解他们的经济活动——他们赚多少钱,他们购买什么物品,他们有工作还是正在找工作,他们收取什么价格,他们生产多少东西,等等。根据这些调查,这些机构计算出概括经济状况的统计数字。经济学家用这些统计数字研究经济,政策制定者用这些统计数字监控经济的发展并制定政策。

本章集中关注经济学家和政策制定者最常用的三个经济统计数字:国内生产总

值或 GDP 告诉我们一国的总收入及在产品和服务上的总支出；消费者价格指数（CPI）衡量价格水平；失业率告诉我们失业者占劳动力的比例。在以下各节中，我们将看到这些统计数字是如何计算的，它们告诉了我们有关经济的哪些信息。

2.1 衡量经济活动的价值：国内生产总值

国内生产总值（gross domestic product，GDP）常常被认为是对经济表现状况的最佳衡量指标。在美国，这个统计数字由商务部下属的经济分析局（Bureau of Economic Analysis，BEA）根据大量原始数据来源每三个月计算一次而得到。这些原始数据来源包括行政管理的数据和统计的数据。行政管理的数据是税收稽征、教育、国防和监管等政府职能的副产品，统计的数据则来自对零售店、制造企业和农场等各种经济主体的调查。GDP 的目的是用一个代表了某一给定时期经济活动的货币（美元）价值的单一数字来汇总所有数据。

看待这一统计数字有两种方式。一种方式是把 GDP 看作经济中所有人的总收入；另一种方式是把 GDP 看作在经济的产品和服务的产出上的总支出。从任何一个角度都很容易看出为什么 GDP 是经济表现的衡量指标。经济中人们赚取的收入越多，他们能买得起所需要的产品和服务也越多。类似地，一个有大量产品与服务产出的经济能够更好地满足家庭、企业和政府的需求。

GDP 如何既能衡量一个经济的收入，又能衡量在产出上的支出呢？原因是这两个量其实是相等的。对整个经济来说，收入必定等于支出。这个等式源于一个甚至更基本的事实：由于每笔交易都有一个买者和一个卖者，所以，买者支出的每 1 美元必然成为卖者的 1 美元收入。当杰克为了 10 000 美元给吉尔粉刷房子时，这 10 000 美元是杰克的收入，也是吉尔的支出。因此，无论我们是把所有收入加在一起还是把所有支出加在一起，这笔交易对 GDP 的贡献都是 10 000 美元。

为了更充分地理解 GDP 的含义，我们转向**国民收入核算**（national income accounting），即用于衡量 GDP 和许多相关统计数字的核算体系。

收入、支出与循环流

设想一个用劳动这种单一投入生产面包这种单一产品的经济。图 2-1 显示了这个经济中家庭和企业之间发生的所有经济交易。

图 2-1 中里面的循环代表面包和劳动的流动。家庭把他们的劳动卖给企业。企业使用工人的劳动生产面包，又把面包卖给家庭。因此，劳动从家庭流向企业，面包从企业流向家庭。

图 2-1 中外面的循环代表相应的美元流向。家庭从企业购买面包。企业用这些销售的一部分收入向工人支付工资，剩余的部分是属于企业所有者（他们本身是家庭部门的一部分）的利润。这样，对面包的支出从家庭流向企业，收入以工资和

利润的形式从企业流向家庭。

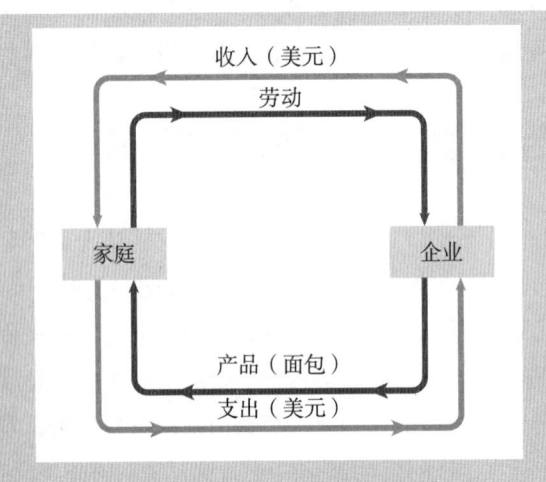

图 2-1　循环流

本图显示了用劳动这种投入生产面包这种产品的经济中企业和家庭之间的流动。里面的循环代表劳动和面包的流动：家庭把他们的劳动卖给企业，企业把它们生产的面包卖给家庭。外面的循环代表相应的美元流动：家庭为购买面包向企业支付，企业向家庭支付工资和利润。在这个经济中，GDP 既是对面包的总支出，又是从生产面包中得到的总收入。

GDP 衡量这个经济中美元的流量。我们可以用两种方法来计算。GDP 是从生产面包中得到的总收入，等于工资与利润之和——美元循环流的上半部分。GDP 也是购买面包的总支出——美元循环流的下半部分。为了计算 GDP，我们既可以考察美元从企业向家庭的流动，也可以考察美元从家庭向企业的流动。

这两种计算 GDP 的方法必然是等价的，这是因为，根据会计准则，买者在产品上的支出必然等于这些产品的卖者的收入。影响支出的每一笔交易必定同样地影响收入，影响收入的每一笔交易也必定同样地影响支出。例如，假定一家企业多生产了一块面包并卖给了家庭。显而易见，这笔交易增加了对面包的总支出，但它对总收入也有同样的效应。如果该企业没有多雇用劳动就多生产了这块面包（例如通过提高生产过程的效率），那么，利润就增加了。如果该企业通过雇用更多劳动而多生产了这块面包，那么，工资就增加了。在这两种情况下，支出与收入都等量增加。

参考资料　存量与流量

许多经济变量衡量某种东西的数量——货币的数量、产品的数量，等等。经济学家区分了两种类型的数量变量：存量与流量。**存量**（stock）衡量一个给定时点的数量，而**流量**（flow）衡量每一单位时间内的数量。

图 2-2 所示的浴盆是用于说明存量与流量的经典例子。浴盆中水的量是存量；它是在某一给定时点浴盆中水的数量。从水龙头中流出来的水的量是流量；它是每单位时间内加

到浴盆中的水的数量。注意，我们用不同的单位衡量存量和流量。我们说，浴盆中有 50 加仑水，但水龙头流出的水是每分钟 5 加仑。

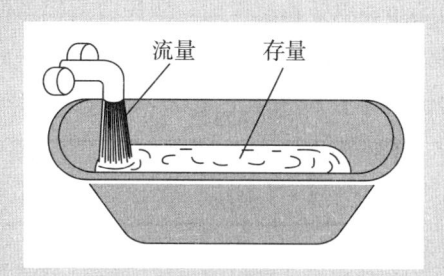

图 2-2 存量与流量
浴盆中水的数量是存量：它衡量给定时点的数量。水龙头中流出来的水的数量是流量：它衡量每一单位时间内的数量。

GDP 也许是经济学中最重要的流量变量。它告诉我们每一单位时间内经济中有多少美元在流动。当我们说美国的 GDP 是 22 万亿美元时，我们的意思其实是美国的 GDP 是每年 22 万亿美元。（等价地，我们可以说，美国的 GDP 是每秒钟 698 000 美元。）

存量和流量往往是相关的。在浴盆的例子中，这些关系是清楚的。浴盆中水的存量代表从水龙头流出的水的积累，水的流量代表存量的变动。在构建理论来解释经济变量时，确定变量是存量还是流量以及是否存在任何关系把它们联系起来往往是有用的。

下面是一些我们在以后各章中要学习的存量和流量的相关例子：
- 一个人的财富是存量；他的收入和支出是流量。
- 未被雇用的人的数量是存量；失去工作的人的数量是流量。
- 经济中的资本数量是存量；投资的数量是流量。
- 政府债务是存量；政府预算赤字是流量。

计算 GDP 的规则

在一个只生产面包的经济中，我们可以通过加总在面包上的总支出来计算 GDP。然而，现实中的经济包括大量产品与服务的生产和销售。为了计算这样一个复杂经济的 GDP，给它下一个更精确的定义是有帮助的：国内生产总值是给定时期内一个经济体生产的所有最终产品和服务的市场价值。为了理解这一定义是如何应用的，我们讨论一下经济学家在构建这个统计数字时所遵循的一些规则。

苹果与橘子相加 美国经济生产许多不同的产品与服务——汉堡包、理发、汽车、电脑，等等。GDP 把这些产品与服务的价值结合为一个单一的衡量指标。因为不同的产品有不同的价值，经济中产品的多样性使 GDP 的计算复杂化了。

例如，假定经济生产了 4 个苹果和 3 个橘子。我们如何计算 GDP 呢？我们可以简单地把苹果和橘子相加，并得出结论：GDP 等于 7 个水果。但这只有在我们认为苹果和橘子价值相等时才有意义，而一般情况下这并不正确。（如果该经济生产 4 个西瓜和 3 颗葡萄，这个问题就更清楚了。）

为了计算不同产品和服务的总价值，国民收入核算使用市场价格，因为市场价格反映了人们愿意为一种产品或服务支付多少。因此，如果每个苹果的价格为 0.50 美元，每个橘子的价格为 1.00 美元，那么，GDP 就是：

$$GDP = 苹果的价格 \times 苹果的数量 + 橘子的价格 \times 橘子的数量$$
$$= 0.50 \text{ 美元} \times 4 + 1.00 \text{ 美元} \times 3$$
$$= 5.00 \text{ 美元}$$

GDP 等于 5.00 美元——所有苹果的价值 2.00 美元加上所有橘子的价值 3.00 美元。

二手货 当托普斯公司（Topps Company）生产了一包棒球卡片，并以 2 美元出售时，这 2 美元就要计入国家的 GDP 中。但是，当一个收藏者把一张稀缺的米基·曼特尔卡（Mickey Mantle card）以 500 美元的价格卖给另一个收藏者时，这 500 美元并不是 GDP 的一部分。GDP 衡量现期生产的产品与服务的价值。那张米基·曼特尔卡的出售反映了两人之间资产的交换（那张卡和那 500 美元），并不是经济中收入的增加。因此，二手货的出售不包括在 GDP 中。

存货 设想一个面包店雇用工人生产了更多面包，支付了工人工资，然后未能把额外的面包卖出去。这次交易如何影响 GDP 呢？

答案取决于未销售出去的面包怎么样了。我们首先假设面包变质了。在这种情况下，企业已经支付了更多的工资，但并没有得到额外的收益，因此，企业利润减少了，减少的数量等于工资增加的数量。由于没有人购买额外的面包，经济中的总支出没有改变。总收入也没有改变——尽管更多的收入作为工资分配了，更少的收入作为利润分配了。由于这次交易既不影响支出又不影响收入，所以，它也就没有改变 GDP。

现在假设另一种情况，面包被作为存货（可能是作为冷冻的生面团）用于以后的销售。在这种情况下，国民收入账户对这次交易的处理方式就不同了。企业所有者被假定为"购买"面包作为企业的存货，企业的利润没有由于已经支付的额外工资而减少。由于付给该企业工人的更多工资增加了总收入，企业所有者对存货的更多支出增加了总支出，因此，经济的 GDP 增加了。

当企业以后出售存货中的面包时会发生什么情况呢？这种情况很像二手货的出售。面包的消费者有支出，但也存在企业存货的负投资。企业的这种负支出抵消了消费者的正支出，因此，出售存货中的产品并不影响 GDP。

一般规则是：当一家企业增加其产品的存货时，这种存货投资作为企业所有者的支出来计算。因此，和为最终出售而生产一样，存货的生产增加了 GDP。然而，出售存货是正支出（购买）和负支出（存货负投资）的结合，因此并不影响 GDP。这种处理存货的方式确保 GDP 反映了经济中产品与服务的现期生产。

中间产品 许多产品是分阶段生产的：原料被一家企业加工成中间产品，然后被出售给另一家企业进行最后加工。在计算 GDP 时，我们应该如何处理这些产品呢？例如，假设一个养牛的牧场主以 1 美元的价格把 1/4 磅牛肉卖给麦当劳（McDonald's），然后，麦当劳以 3 美元的价格卖给你一个汉堡包。GDP 是应该既包括牛肉又包括汉堡包（总计 4 美元），还是只包括汉堡包（3 美元）呢？

答案是 GDP 只包括最终产品的价值。因此，汉堡包包括在 GDP 中，但牛肉并没有包括在 GDP 中：GDP 增加了 3 美元，而不是 4 美元。原因是中间产品的价值已经包括在使用了它们的最终产品的市场价格中了。把中间产品加到最终产品上会产生重复计算——也就是说，牛肉会被计算两次。因此，GDP 是生产的最终产品和服务的总价值。

一种计算所有最终产品和服务的价值的方法是把每个生产阶段的增加值加总。一家企业的**增加值**（value added）等于该企业产出的价值减去该企业购买的中间产品的价值。在汉堡包的例子中，牧场主的增加值是 1 美元（假定牧场主没有购买中间产品），麦当劳的增加值是（3－1）美元，即 2 美元。总增加值是（1＋2）美元，等于 3 美元。对作为整体的经济来说，所有增加值之和必定等于所有最终产品与服务的价值。因此，GDP 也是经济中所有企业的总增加值。

估算价值　尽管在计算 GDP 时大多数产品与服务都按照其市场价格来计算，但一些产品不在市场上销售，从而也就没有市场价格。如果 GDP 要包括这些产品与服务的价值，我们就必须使用其价值的估计值。这种估计值被称为**估算价值**（imputed value）。

估算对决定住房的价值特别重要。一个租赁住房的人是在购买住房服务，为房东提供收入；租金是 GDP 的一部分，既作为租赁者的支出，也作为房东的收入。然而，许多人拥有自己的住房。尽管他们不向房东支付租金，但他们也享受着与租房者购买的住房服务相似的住房服务。为了考虑到自住房主享受的住房服务，GDP 把这些房主"支付"给自己的"租金"包括在内。当然，房主事实上并不向自己支付租金。商务部会估算一栋房子的市场租金是多少，把估算的租金作为 GDP 的一部分包括在内。这一估算的租金既包括在房主的支出中，也包括在房主的收入中。

在评价政府服务时也产生了估算问题。例如，警察、消防队员和参议员都向公众提供了服务。给这些服务赋予价值是困难的，因为这些服务并不在市场上出售，从而没有市场价格。国民收入核算通过按这些服务的成本来估值，把这些服务包括在 GDP 中。也就是说，这些公务人员的工资被用来衡量其产出的价值。

在许多情况下，在原则上需要估算，但为了简化，在实际上并不估算。由于 GDP 包括房主自住的房子的估算租金，人们可能预期 GDP 也包括汽车、割草机、珠宝以及家庭拥有的其他耐用品的估算租金。但这些租用服务的价值并没有被纳入 GDP。此外，经济中的一些产出是在家中生产与消费的，从未进入市场。例如，在家里做的饭菜和在餐馆做的饭菜是相似的，但人们在家准备饭菜时的增加值没有纳入 GDP。

最后，地下经济（underground economy）中销售的产品和服务的价值也没有做出估算。地下经济是人们避开政府的那部分经济，这或者是由于他们想逃税，或者是由于这些活动是非法的。例子包括支付给家政工人的"不入账"的支出和非法的毒品交易。地下经济的规模在不同国家间差别很大。据估计，美国的地下经济不到官方经济的10%，而在泰国、尼日利亚和玻利维亚等一些发展中国家则超过官方经济的一半。

由于为计算GDP所需做的估算只是近似的，并且许多产品与服务的价值完全没有纳入GDP，因此，GDP是经济活动的一个不完美的衡量指标。在比较各国之间的生活水平时，这些不完美性最成问题。但只要这些不完美性的程度随着时间的推移保持相当的稳定，那么，GDP对经济活动的逐年比较就是有用的。

实际GDP vs. 名义GDP

经济学家用刚刚描述的规则来计算GDP，GDP是经济中产品与服务总产出的价值。但是，GDP是衡量经济福利的一个好指标吗？再次考虑只生产苹果和橘子的经济。在这个经济中，GDP是生产的所有苹果的价值和生产的所有橘子的价值之和。即：

$$GDP = 苹果的价格 \times 苹果的数量 + 橘子的价格 \times 橘子的数量$$

经济学家把用现期价格衡量的产品与服务的价值叫做**名义GDP**（nominal GDP）。注意，名义GDP的增加可能是由于价格上升，也可能是由于数量增加。

容易看出，用这种方法计算出的GDP并不是衡量经济福利的好指标。也就是说，这种衡量指标没有确切反映出该经济可以在多大程度上满足家庭、企业和政府的需求。如果数量没有任何变化而每个价格都翻倍了，那么，名义GDP也将翻倍。但是，如果我们说经济满足需求的能力翻倍了，那么，这将是一种误导，因为所生产的每一种产品的数量仍然是相同的。

更好的经济福利衡量指标将计算经济中产品与服务的产出，它们不受价格变动的影响。出于这一目的，经济学家使用**实际GDP**（real GDP）。实际GDP是用一组不变价格衡量的产品与服务的价值。也就是说，实际GDP表明如果数量变化而价格不变时对产出的支出有什么变动。

为了说明实际GDP如何计算，设想我们要比较生产苹果和橘子的经济中2020年的产出和随后年份的产出。我们可以从选择一组价格开始。这样一组价格称为基年价格（base-year prices），例如2020年的价格。用基年价格来给每年不同的产品估值，然后把产品和服务加总。2020年的实际GDP是

$$实际GDP = 2020年苹果的价格 \times 2020年苹果的数量 + 2020年橘子的价格 \times 2020年橘子的数量$$

类似地，2021年的实际GDP是

$$实际GDP = 2020年苹果的价格 \times 2021年苹果的数量 + 2020年橘子的价格$$

×2021 年橘子的数量

2022 年的实际 GDP 是

实际 GDP＝2020 年苹果的价格×2022 年苹果的数量＋2020 年橘子的价格
×2022 年橘子的数量

注意，2020 年的价格被用来计算所有这三年的实际 GDP。由于价格是不变的，不同年份实际 GDP 的任何变动必然反映了产品和服务生产量的变动。由于一个社会向其成员提供经济上的满足的能力最终取决于所生产的产品与服务的数量，实际 GDP 比名义 GDP 提供了一个更好的经济福利衡量指标。

GDP 平减指数

利用名义 GDP 和实际 GDP，我们可以计算第三个统计指标：GDP 平减指数。**GDP 平减指数**（GDP deflator），又称 GDP 的隐性价格平减指数，定义为名义 GDP 与实际 GDP 的比率：

$$\text{GDP 平减指数} = \frac{\text{名义 GDP}}{\text{实际 GDP}}$$

GDP 平减指数反映了经济中总体价格水平所发生的变动。

为了更好地理解这个概念，再次考虑一下只有面包这一种产品的经济。如果 P 是去年面包的价格，而 Q 是去年面包的销售量，那么，名义 GDP 就是去年花费在面包上的美元总量，即 $P \times Q$。实际 GDP 是去年生产的面包的数量乘以某个基年的面包价格，即 $P_{基年} \times Q$。GDP 平减指数等于 $(P \times Q)/(P_{基年} \times Q)$，可简化为 $P/P_{基年}$，即相对于基年面包价格的去年面包价格。

GDP 平减指数的定义使我们能够把名义 GDP 分解为两部分：一部分衡量产量（实际 GDP），另一部分衡量价格（GDP 平减指数），即

$$\text{名义 GDP} = \text{实际 GDP} \times \text{GDP 平减指数}$$

名义 GDP 衡量经济中产出的现期美元价值。实际 GDP 衡量按不变价格估值的产出。GDP 平减指数衡量产出相对于其基年价格的价格。我们也可以把这一等式写为

$$\text{实际 GDP} = \frac{\text{名义 GDP}}{\text{GDP 平减指数}}$$

从这种形式，你可以看出平减指数的名字从何而来：它用于平减名义 GDP（即从中剔除通货膨胀），以得到实际 GDP。

实际 GDP 的链式加权衡量

我们一直在讨论实际 GDP，好像用来计算这一测度的基年价格从来不会变化。如果这种情况属实，那么，随着时间的推移，价格就会变得越来越过时。例如，近年来电脑的价格大幅度下降，而大学每年的学费却上升了。当我们为电脑和教育的

生产估值时，用 20 年或 30 年前的价格就会引起误导。

为了解决这个问题，经济分析局过去定期更新计算实际 GDP 所使用的价格。大约每五年选定一个新的基年。然后把价格固定下来，用于衡量产品与服务的生产的逐年变动，直至再一次更新基年为止。

1995 年，经济分析局宣布了一种处理基年变动的新政策。特别地，该局现在使用实际 GDP 的链式加权（chain-weighted，或称滚动加权、连锁加权）测度。在这些新的测度中，基年会随时间推移不断变化。本质上，2020 年和 2021 年的平均价格被用来衡量从 2020 年到 2021 年的实际增长，2021 年和 2022 年的平均价格被用来衡量从 2021 年到 2022 年的实际增长，等等。然后，这些不同的逐年增长率被放在一起，以形成一个可以用来比较任何两个时期之间产品与服务的产出的"链"。

这种新的实际 GDP 的链式加权衡量方式比传统的衡量方式更好，因为它确保了用来计算实际 GDP 的价格永远不会过于陈旧。然而，对大部分目的而言，差别并不显著。实际 GDP 的两种衡量方式被证实是高度相关的。作为一个实际问题，这两种实际 GDP 衡量指标都反映了同样的情况：产品与服务的生产在整体经济范围内的变动。

参考资料　用百分比变动进行运算的两个有用的提示

对运用经济学中的许多关系而言，存在一个有帮助的算术事实：两个变量乘积的百分比变动近似地等于每一个变量的百分比变动之和。

考虑一个例子。用 P 表示 GDP 平减指数，Y 表示实际 GDP。名义 GDP 为 $P \times Y$。应用这个算术事实，我们得到

$$P \times Y \text{ 的百分比变动} \approx P \text{ 的百分比变动} + Y \text{ 的百分比变动}$$

假定某一年的实际 GDP 是 100，GDP 平减指数是 2；下一年的实际 GDP 是 103，GDP 平减指数是 2.1。我们可以计算出实际 GDP 上升了 3%，而 GDP 平减指数上升了 5%。名义 GDP 从第一年的 200 上升到第 2 年的 216.3，即增加了 8.15%。注意，名义 GDP 的增长（8.15%）近似等于 GDP 平减指数的增长（5%）与实际 GDP 的增长（3%）之和。[1]

第二个算术事实是作为第一个事实的推论得出的：一个比率的百分比变动近似地等于分子的百分比变动减去分母的百分比变动。再次考虑一个例子。用 Y 表示 GDP，L 表示人口，这样一来，Y/L 是人均 GDP。第二个算术事实是说，

$$Y/L \text{ 的百分比变动} \approx Y \text{ 的百分比变动} - L \text{ 的百分比变动}$$

---

[1] 数学注释：对这个技巧的证明从微积分中的乘法法则开始：
$$d(PY) = YdP + PdY$$
方程两边同时除以 PY，得到：
$$d(PY)/(PY) = dP/P + dY/Y$$
注意，这个方程中的三项都是百分比变动。

现在，假定在第一年中，Y 是 100 000，L 是 100，因此，Y/L 是 1 000；第二年，Y 是 110 000，而 L 是 103，因此，Y/L 是 1 068。注意，人均 GDP 的增长 (6.8%) 近似等于收入的增长 (10%) 减去人口的增长 (3%)。

支出的组成部分

经济学家和政策制定者不仅关心经济中产品与服务的总产出，而且关心产出在不同用途中的配置。国民收入核算把 GDP 分为四大类支出：

- 消费（C）；
- 投资（I）；
- 政府购买（G）；
- 净出口（NX）。

于是，用 Y 代表 GDP，我们有

$$Y = C + I + G + NX$$

GDP 是消费、投资、政府购买和净出口之和。GDP 的每一美元都属于这四大类中的一类。这个等式是一个恒等式（identity）——由于变量定义的方式而必然成立的等式。这个等式被称为**国民收入核算恒等式**（national income accounts identity）。

消费（consumption）由家庭在产品与服务上的支出构成。产品是有形的东西，它们又分为耐用品和非耐用品。耐用品是持续时间长的产品，如汽车、电视机和洗衣机。非耐用品是持续时间短的产品，如食物和衣服。服务包括消费者购买的各种无形的东西，如理发、就医和大学教育。

投资（investment）由为未来使用而购买的产品构成。投资分为三个子类别：企业固定投资、住房固定投资以及存货投资。企业固定投资，也称为非住房固定投资，是企业对新建筑物、设备和知识产权产品的购买。（知识产权产品包括软件、研发以及娱乐、文学和艺术原创作品。）住房投资是家庭和房东对新住房的购买。存货投资是企业产品存货的增加（如果存货减少，那么存货投资为负。）

政府购买（government purchases）是联邦、州和地方政府购买的产品和服务。这个类别包括军事设备、高速公路和政府工作人员提供的服务等项目。它并不包括向个人的转移支付，例如社会保障和福利。由于转移支付是已有收入的再分配，并不用于交换产品与服务，所以不是 GDP 的一部分。

最后一个类别，**净出口**（net exports），是指与其他国家的贸易。净出口是一国卖给其他国家的产品与服务的价值（出口）减去外国卖给该国的产品与服务的价值（进口）。当出口值大于进口值时，净出口为正；当进口值大于出口值时，净出口为负。净出口代表其他国家在一国的产品与服务上的净支出，它为国内生产者提供了收入。

> **参考资料　什么是投资?**
>
> 宏观经济学的初学者有时对宏观经济学家如何以一些新鲜而特有的方式来使用熟悉的词汇感到困惑。一个例子是"投资"这个术语。困惑的产生是因为对个体来说似乎是投资的东西对作为整体的经济来说并不是投资。一般规则是:经济的投资并不包括仅仅在不同个体之间重新配置资产的购买。宏观经济学家所指的"投资"创造了被称为资本的新实物资产,资本可以被用在未来的生产中。
>
> 下面我们来考虑一些例子。假定我们观察到这样两个事件:
> - 史密斯为自己购买了一栋有百年历史的维多利亚式房子。
> - 琼斯为自己建造了一栋全新的现代房子。
>
> 这里的总投资是什么呢?是两栋房子,一栋房子,还是一栋都没有?
>
> 在一个宏观经济学家看来,这两次交易中只有琼斯的房子被计为投资。史密斯的交易并没有给经济创造出新住房;它仅仅是将已有的住房从之前的业主重新配置给了史密斯。与此形成对照的是,由于琼斯为经济增加了新住房,所以她的新房子被计为投资。
>
> 类似地,考虑这样两个事件:
> - 盖茨通过纽约股票交易所从巴菲特手里购买了 500 万美元的 IBM 股票。
> - 通用汽车公司(General Motors)向公众出售了 1 000 万美元的股票,并用收入建立了一个新汽车厂。
>
> 在这里,投资是 1 000 万美元。第一笔交易将 IBM 股票的所有权从巴菲特重新配置给了盖茨;经济的资本存量没有变化,因此没有宏观经济学家所说的投资。与此形成对照的是,由于通用汽车公司用经济中一部分产品和服务的产出来增加自己的资本存量,因此,它的新工厂被计为投资。

案例研究

美国 GDP 及其组成部分

2019 年,美国的 GDP 总计约 21.7 万亿美元。这个数字如此之大,以至几乎让人无法理解。为了使这个数字更加容易理解,我们可以用 GDP 除以 2019 年美国的人口数,3.28 亿。用这种方法,我们得到 2019 年的人均 GDP——平均每个美国人的支出数量,等于 66 199 美元。

这些 GDP 是如何使用的呢?表 2-1 显示,大约 2/3 的 GDP,或人均 45 074 美元,用于消费了。投资为人均 11 267 美元。政府购买为人均 11 619 美元,其中 2 626 美元被联邦政府用于国防。

表 2-1　　2019 年美国 GDP 和支出的组成部分

	总计(10 亿美元)	人均(美元)
国内生产总值	21 729	66 199
消费	14 795	45 074

续表

	总计（10亿美元）	人均（美元）
非耐用品	3 011	9 173
耐用品	1 548	4 715
服务	10 237	31 186
投资	3 698	11 267
非住房固定投资	2 863	8 721
住房固定投资	818	2 491
存货投资	18	55
政府购买	3 814	11 619
联邦政府	1 450	4 417
国防	862	2 626
非国防	588	1 790
州和地方政府	2 364	7 202
净出口	−578	−1 761
出口	2 498	7 609
进口	3 076	9 370

资料来源：U. S. Department of Commerce，U. S. Census Bureau.

平均每个美国人购买了 9 370 美元从国外进口的产品，生产了 7 609 美元向其他国家出口的产品。由于平均每个美国人的进口大于出口，所以净出口是负数。而且，由于平均每个美国人从向外国人销售中所赚到的钱少于花在外国产品上的钱，所以，他必然通过从外国人那里贷款（或者，等价地，向外国人出售自己的一些资产）来为这一差额融资。因此，2019 年平均每个美国人从国外借款 1 761 美元。

收入的其他衡量指标

国民收入核算包括与 GDP 定义略有不同的其他收入衡量指标。了解各种衡量指标是重要的，因为经济学家和出版物经常提到这些指标。

为了理解不同的收入衡量指标如何相互关联，我们从 GDP 开始，以多种方式进行修改。为了得到国民生产总值（gross national product，GNP），我们加上从其他国家得到的要素报酬（工资、利润和租金），并减去支付给世界其他国家的要素报酬：

GNP＝GDP＋来自国外的要素报酬－支付给国外的要素报酬

GDP 衡量在国内生产的总收入，而 GNP 衡量国民（一国居民）所赚取的总收入。例如，如果一个日本居民在纽约拥有一座公寓楼房，他赚取的租金收入是美国 GDP 的一部分，因为这种收入是在美国赚取的。但是，由于这一租金收入是支付给国外的要素报酬，它不是美国 GNP 的一部分。在美国，来自国外的要素报酬与支付给国外的要素报酬在规模上相近——都为 GDP 的大约 5%——因此，GDP 和

GNP 相当接近。

为了得到国民净产值（net national product，NNP），我们从 GNP 中减去资本折旧——在当年内经济中工厂、设备和住房的存量磨损的数额：

NNP＝GNP－折旧

在国民收入核算中，折旧被称为固定资本的消耗（consumption of fixed capital）。它约为 GNP 的 16%。由于资本折旧是生产经济中的产出的成本，所以，减去折旧后的值表示经济活动的净结果。

国民净产值近似等于被称为国民收入（national income）的另一个衡量指标。两者的差别只有被称为统计误差（statistical discrepancy）的小校正。这种统计误差的产生是由于不同的数据来源可能并不是完全一致的。

国民收入＝NNP－统计误差

国民收入衡量经济中的所有人一共赚了多少钱。

根据谁赚到了收入，国民收入核算把国民收入分为六个组成部分。这六个类别以及 2019 年每个类别在国民收入中所占的百分比如下：

● 雇员报酬（compensation of employees，63%）。工人赚到的工资和福利津贴。

● 业主收入（proprietors' income，9%）。小农场、夫妻店和合伙企业等非公司型企业的收入。

● 租金收入（rental income，4%）。房东得到的收入（包括房主向自己"支付"的估算租金）减去折旧等支出。

● 公司利润（corporate profits，12%）。公司在向工人和债权人支付报酬后的收入。

● 净利息（net interest，3%）。国内企业支付的利息减去它们得到的利息，加上从外国人那里赚到的利息。

● 生产和进口税（taxes on production and imports，8%）。企业的某些税收（如销售税）减去冲抵的企业补贴。这些税收在消费者为一种产品支付的价格和企业得到的价格之间嵌入了一个楔子。

一系列调整使我们从国民收入中得到个人收入（personal income），即家庭和非公司企业所得到的收入额。这些调整中有四项最重要。第一，我们减去了生产和进口税，这是由于这些税收从来没有进入任何人的收入。第二，我们从国民收入中减去了公司赚到但并没有支付出去的数额，这或者是由于公司保留了这一收入，或者是由于公司向政府交纳了税收。这一调整是通过减去公司利润（等于公司税收、股息和留存收益之和）再把股息加回来而做出的。第三，我们在国民收入中加上了政府支付的净转移支付。这项调整等于政府向个人的转移支付减去个人向政府交纳的社会保险费。第四，我们调整了国民收入，使其包括家庭得到的利息而不是企业支付的利息。这项调整是通过加上个人利息收入和减去净利息而做出的。（个人利息和净利息之间存在差别，部分是因为政府债务的利息是家庭得到的利息的一部分，但不是企业支付的利息的一部分。）这样，个人收入就是

个人收入＝国民收入－生产和进口税－公司利润－社会保险费－净利息
＋股息＋政府对个人的转移支付＋个人利息收入

接下来，如果减去个人税收，我们就得到个人可支配收入（disposable personal income）：

个人可支配收入＝个人收入－个人税收

我们对个人可支配收入感兴趣，其原因是它是家庭和非公司企业在履行了对政府的税收义务之后可以支出的收入。

季节性调整

由于实际 GDP 和其他收入衡量指标反映了经济当前的表现情况，经济学家有兴趣研究这些变量在各季度的波动。然而，当我们开始这种研究时，一个事实引起了我们的注意：所有这些收入衡量指标都表现出一种有规律的季节性变动模式。在一年间经济的产出逐步增加，在第四季度（10月、11月和12月）达到顶点，然后在下一年的第一季度（1月、2月和3月）下降。这些有规律的季节性变动是相当大的。从第四季度到第一季度，实际 GDP 平均下降约 8%。[1]

实际 GDP 遵循一种季节性周期并不奇怪。这些变动中有一些可以归因于我们生产能力的变动。例如，在寒冷的冬天，建筑房屋要比在其他季节困难。此外，人们具有季节性偏好：他们对度假和圣诞节购物等活动有自己喜好的时间。

当经济学家研究实际 GDP 和其他经济变量的波动时，他们常常想消除由于可预测的季节性变动所引起的那部分波动。你会发现，大多数报告的经济统计数字都进行了季节性调整（seasonally adjusted）。这意味着数据都进行了调整，以消除有规律的季节性波动。（所使用的精确的统计程序十分复杂，这里不予讨论，但是，本质上，这些程序涉及减去仅仅根据季节性变动就可以预测到的那些收入变动。）因此，当你观察到实际 GDP 或任何其他数据序列的上升或下降时，你必须寻找季节性周期以外的解释。[2]

2.2 衡量生活成本：消费者价格指数

今天的 1 美元买不到 20 年前 1 美元所能买的那么多东西。几乎每一种东西的成本都上升了。价格总体水平的这种上升称为通货膨胀（inflation），价格水平从一

---

[1] Robert B. Barsky and Jeffrey A. Miron, "The Seasonal Cycle and the Business Cycle," *Journal of Political Economy* 97 (June 1989): 503-534.

[2] 要想更多地了解 GDP 的构建，可参见 J. Steven Landefeld, Eugene P. Seskin, and Barbara M. Fraumeni, "Taking the Pulse of the Economy: Measuring GDP," *Journal of Economic Perspectives* 22, no.2 (2008): 193-216.

个时期到下一个时期的百分比变化称为通货膨胀率（inflation rate）。通货膨胀是经济学家和政策制定者关注的主要问题。在后面的章节中，我们考察通货膨胀的原因与影响。在这里我们讨论经济学家如何衡量生活成本的变动。

一篮子产品的价格

最常用的价格水平衡量指标是**消费者价格指数**（consumer price index，CPI）。劳工统计局使用成千上万种产品和服务的价格来计算 CPI。正如 GDP 把许多产品与服务的数量变成衡量生产的价值的单一数字一样，CPI 把许多产品与服务的价格变成衡量价格总体水平的单一指数。

经济学家应该如何把经济中的许多价格加总成一个可靠地衡量价格水平的单一指数呢？他们可以简单地计算所有价格的平均值。但是，这种方法把所有产品与服务等同处理。由于人们购买的鸡比鱼子酱多，所以，鸡的价格在 CPI 中的权重就应该大于鱼子酱价格的权重。劳工统计局通过计算一个典型的消费者所购买的一篮子产品与服务的价格来对不同的东西进行加权。CPI 是这一篮子产品与服务的价格相对于同一篮子产品与服务在某个基年的价格的比值。

例如，假定这个典型的消费者每月购买 5 个苹果和 2 个橘子。那么，这一篮子产品包括 5 个苹果和 2 个橘子，CPI 是

$$\text{CPI} = \frac{5 \times \text{现期苹果价格} + 2 \times \text{现期橘子价格}}{5 \times 2020 \text{ 年苹果价格} + 2 \times 2020 \text{ 年橘子价格}}$$

在这个 CPI 中，2020 年是基年。这个指数告诉我们，相对于 2020 年购买 5 个苹果和 2 个橘子的支出，现在购买同样一篮子水果要花多少钱。

消费者价格指数是受到最为密切关注的价格指数，但并不是唯一的价格指数。另一个价格指数是生产者价格指数（producer price index），它从卖者的角度计算通货膨胀。它衡量企业卖给消费者和其他企业的典型的一篮子产品的价格。除了这些价格总体水平指数外，劳工统计局还计算食物、住房和能源等特定类型的产品的价格指数。还有一个有时候被称为核心通货膨胀（core inflation）的统计数字。它衡量了一个不包括食物和能源产品的消费者篮子的价格增长。由于食物和能源价格表现出重大的短期波动性，核心通货膨胀有时候被认为是一个更好地衡量基础通货膨胀趋势的指标。

CPI 与 GDP 平减指数和 PCE 平减指数的比较

我们在本章早些时候看到了价格的另一个衡量指标：GDP 的隐性价格平减指数，它是名义 GDP 和实际 GDP 的比率。GDP 平减指数和 CPI 提供的有关经济中价格总体水平变动的信息略有不同。这两种衡量指标之间有三个关键的差别。

第一个差别是 GDP 平减指数衡量生产出来的所有产品与服务的价格，而 CPI 衡量的只是消费者购买的产品与服务的价格。因此，只有企业或政府购买的产品价格的上升将反映在 GDP 平减指数上，而不反映在 CPI 上。

第二个差别是 GDP 平减指数只包括国内生产的产品。进口品并不是 GDP 的一部分，也不反映在 GDP 平减指数上。因此，日本制造的丰田汽车的价格上升不影响 GDP 平减指数。但是，由于丰田汽车在消费者购买的产品篮子里，因此，其价格上升影响 CPI。

第三个也是最微妙的差别源于这两个指数对经济中许多价格加总的方法。CPI 给不同产品的价格分配固定的权重，而 GDP 平减指数分配变动的权重。换言之，CPI 是用固定的一篮子产品来计算的，而 GDP 平减指数允许一篮子产品在 GDP 组成成分变动时随时间推移而变动。下面的例子说明了这两种方法有什么不同。假定一场严重霜冻毁坏了一国的橘子收成。橘子的产量下降到零，杂货店货架上剩下的橘子价格就会上升到天价。由于橘子不再是 GDP 的一部分，橘子价格上升并不反映在 GDP 平减指数上。但是，由于 CPI 是用包括橘子在内的固定一篮子产品计算的，橘子价格的上升就会引起 CPI 的大幅度上升。

经济学家把用一篮子固定产品计算的价格指数称为拉氏指数（Laspeyres index，或称拉斯拜尔指数），而把用一篮子可变产品计算的价格指数称为帕氏指数（Paasche index）。理论经济学家研究了这些不同类型价格指数的性质，以决定哪一种指数能更好地衡量生活成本。结果，答案是哪一种都没有明显的优势。当不同产品价格的变动量不一样时，拉氏（固定的一篮子）指数倾向于夸大生活成本的上升，因为这一指数没有考虑到消费者可以用相对价格下降了的产品去替代相对价格上升了的产品。对通货膨胀的这种夸大被称为替代偏差。相反，帕氏（可变的一篮子）指数倾向于低估生活成本的增加。尽管这个指数考虑到不同产品的替代，但并没有反映出这种替代可能引起的消费者福利的减少。

被毁坏的橘子收成的例子说明了拉氏和帕氏价格指数的问题。由于 CPI 是一个拉氏指数，所以，它夸大了橘子价格上升对消费者的影响：通过使用固定的一篮子产品，它忽略了消费者用苹果替代橘子的能力。相反，由于 GDP 平减指数是一个帕氏指数，所以它低估了橘子价格上升对消费者的影响：GDP 平减指数显示价格没有上升，但是，毫无疑问，橘子价格提高恶化了消费者的境况。[①]

除了 CPI 和 GDP 平减指数外，另一个值得注意的通货膨胀衡量指标是个人消费支出（personal consumption expenditures，PCE）的隐性价格平减指数，简称 **PCE 平减指数**（PCE deflator）。PCE 平减指数的计算与 GDP 平减指数相似，但不是反映所有的 GDP，而是仅仅基于 GDP 中的消费这一组成部分。也就是说，PCE 平减指数是名义消费者支出与实际消费者支出的比值。

PCE 平减指数在某些方面与 CPI 相似，在另一些方面与 GDP 平减指数相似。和 CPI 一样，PCE 平减指数只包括消费者购买的产品和服务的价格，而将属于投资支出

---

① 由于拉氏指数夸大了通货膨胀而帕氏指数低估了通货膨胀，人们可能通过取这两种通货膨胀率的平均值达成妥协。这正是被称为费雪指数（Fisher index）的另一类指数所采取的方法。

和政府购买的产品和服务的价格排除在外。和 CPI 一样的另一点是，PCE 平减指数包括了进口品的价格。但是，与 GDP 平减指数一样，PCE 平减指数允许产品篮子随着消费者支出的构成变动而变动。由于 PCE 平减指数所具有的属性是 CPI 和 GDP 平减指数的混合，美联储使用 PCE 平减指数作为它偏好的通货膨胀衡量指标。

幸运的是，这些不同的通货膨胀衡量指标之间的差别在实际中通常并不大。图 2-3 显示了 1948—2019 年间每年用 CPI、GDP 平减指数和 PCE 平减指数测度的通货膨胀。这三个衡量指标告诉我们的关于价格上升得有多快的情况通常是相同的。

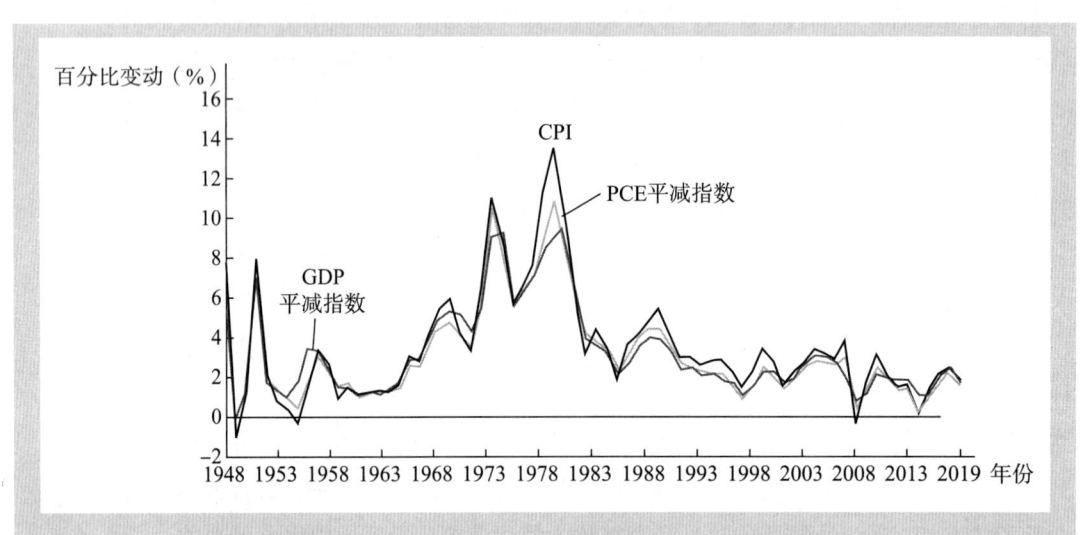

图 2-3 三个通货膨胀衡量指标

本图显示了 1948—2019 年间每年 CPI、GDP 平减指数和 PCE 平减指数的百分比变动。尽管这三个价格衡量指标有时候相互背离，但它们告诉我们关于价格上升得有多快的情况通常是相同的。CPI 和 GDP 平减指数都表明在 20 世纪 50 年代和 60 年代的大部分时间价格上涨缓慢，20 世纪 70 年代的价格上涨要快得多，从 20 世纪 80 年代中期以来价格上涨再度变得缓慢。

资料来源：U. S. Department of Commerce, U. S. Department of Labor.

CPI 夸大了通货膨胀吗？

消费者价格指数是受到密切关注的通货膨胀衡量指标。美联储的政策制定者在制定货币政策时监控着 CPI 和许多其他变量。此外，许多法律和私人合约都包含有生活成本津贴（cost-of-living allowances）的条款。生活成本津贴被简称为 COLAs，它用 CPI 来对价格水平的变动进行调整。例如，社会保障津贴每年自动进行调整，以防止通货膨胀使老年人的生活水平下降。

由于如此多的事项依赖于 CPI，所以，确保这个价格水平的衡量指标的准确性至关重要。许多经济学家相信，由于若干原因，CPI 倾向于夸大通货膨胀。

第一个问题是我们已经讨论过的替代偏差。由于 CPI 衡量固定的一篮子产品的价格，所以，它没有反映消费者用相对价格下降的产品进行替代的能力。因此，当相对价格变动时，真实生活成本的上升比 CPI 慢。

第二个问题是新产品的出现。当一种新产品进入市场时，消费者的境况变好了，因为消费者有了更多产品可供选择。实际上，新产品的出现提高了美元的实际价值。但这种美元购买力的提高并没有表现为 CPI 的下降。

第三个问题是无法衡量的质量变化。当一种产品的质量变化时，该产品价格的变化不仅反映了生活成本变化，还反映了质量变化。劳工统计局为考虑这一点做出了最大的努力。例如，如果某一特定型号汽车的马力相比上一年增加了，那么，劳工统计局在计算 CPI 时将注意到该事实：根据质量调整过的汽车价格上升不会像未调整的价格那样快。但是，舒适或安全性等许多质量变化很难衡量。如果无法衡量的质量改进比无法衡量的质量下降更为普遍，那么，我们衡量的 CPI 的上升就比应该上升的要快。

1995 年，参议院财政委员会任命一个由经济学家组成的专门小组来研究 CPI 衡量误差的规模。该小组的结论是：CPI 每年向上偏离了 0.8～1.6 个百分点，向上偏离的数量的"最佳估计"是 1.1 个百分点。这一报告导致了 CPI 计算方法的某些变化，因此现在人们认为误差低于 1 个百分点。CPI 仍然夸大了通货膨胀，但夸大程度没有以前那么多。①

2.3 衡量失业：失业率

经济表现的一个方面是经济利用其资源的程度。由于工人是一个经济的主要资源，所以，让工人们有工作是经济政策制定者关注的首要问题。失业率是衡量没有工作的人在整个经济的劳动力中所占比例的统计数字。美国劳工统计局每个月都计算失业率和许多其他的统计数字，经济学家与政策制定者用这些统计数字来监控劳动市场的状况。

家庭调查

失业率来自对大约 6 万个家庭的调查，这种调查被称为现期人口调查（Current Population Survey）。这些家庭包括大约 11 万人。根据对调查问题的回答，每个成年人（16 岁及以上）被归入三种类型之一：

- **就业者**：这一类包括那些在调查时作为有报酬的雇员在工作、在自有企业中工作或在家庭成员的企业中从事无报酬工作的人。它还包括当时没在工作但实际上有工作而只是由于假期、疾病或坏天气等原因而临时缺勤的人。
- **失业者**：这一类包括那些愿意工作但没有工作，并在此前 4 个星期中力图寻找工作的人。它还包括被临时解雇的正在等候召回的人。
- **不属于劳动力者**：这一类包括那些不属于前两类的人，例如全职学生、料理

---

① 对这个问题的进一步讨论，参见 Matthew D. Shapiro and David W. Wilcox, "Mismeasurement in the Consumer Price Index：An Evaluation," *NBER Macroeconomics Annual* 11 (1996)：93 - 142, 以及《经济展望杂志》1998 年冬季刊关于衡量 CPI 的专题论文集。

家务者或退休者。

注意，一个想工作但放弃寻找工作的人——**丧失信心的工人**（discouraged worker）——不被计入劳动力。

劳动力（labor force）是就业者与失业者之和，**失业率**（unemployment rate）是失业者在劳动力中所占的百分比。即：

$$劳动力 = 就业人数 + 失业人数$$

和

$$失业率 = \frac{失业人数}{劳动力} \times 100\%$$

一个相关的统计数字是**劳动力参与率**（labor-force participation rate），即成年人口中属于劳动力人数的百分比：

$$劳动力参与率 = \frac{劳动力}{成年人口} \times 100\%$$

对于全部人口以及人口中的各个群体（男人和女人、白人和黑人、青少年和壮年工人），劳工统计局都计算这些统计数字。

图2-4给出了2020年3月人口在这三种类型中的分布。统计数字的分析如下：

$$劳动力 = 1.558亿 + 0.071亿 = 1.629亿$$

$$失业率 = \frac{0.071}{1.629} \times 100\% = 4.4\%$$

$$劳动力参与率 = \frac{1.629}{2.598} \times 100\% = 62.7\%$$

因此，接近2/3的成年人属于劳动力，其中约有4.4%的人没有工作。

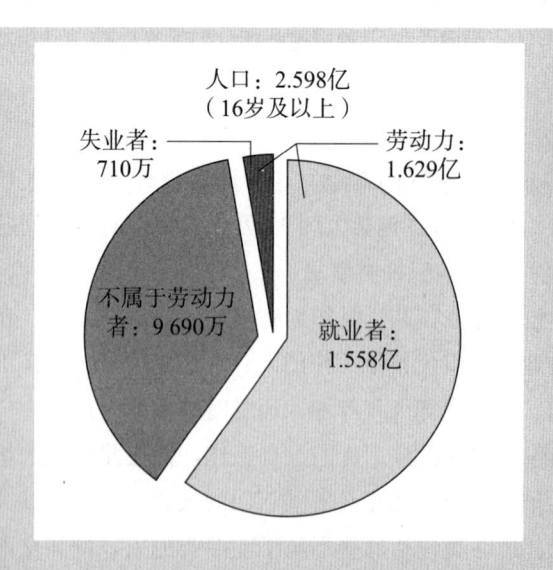

图2-4 三个人口群体

当劳工统计局调查人口时，它把所有成年人归入三种类型之一：就业者、失业者或不属于劳动力者。本图显示了2020年3月每种类型的人数。

资料来源：U. S. Department of Labor.

案例研究

劳动力参与的趋势

由劳工统计局收集的劳动市场上的数据不仅反映了经济发展，例如经济周期中的繁荣与不景气，还反映了各种随时间推移发生的社会变化和人口统计上的变化。

图 2-5 显示了 1950—2019 年美国男性和女性的劳动力参与率。第二次世界大战刚结束时，男性和女性的经济角色差异很大。只有 34% 的女性在工作或寻找工作，而男性的百分比是 86%。自那时起，随着越来越多的女性成为劳动力，一些男性则离开了劳动市场，男性与女性的劳动力参与率的差距逐渐缩小。2019 年的数据显示超过 57% 的女性成为劳动力，男性的百分比则是 69%。正如劳动力参与率所衡量的，男性和女性现在在经济中的角色更加平等了。

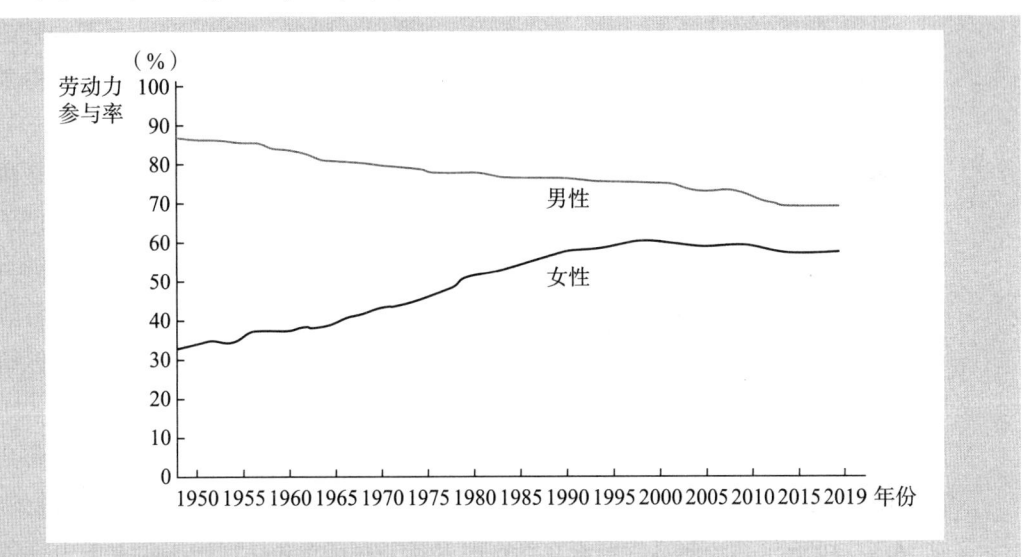

图 2-5 劳动力参与率

在过去的几十年里，女性的劳动力参与率上升了，而男性的劳动力参与率则下降了。

资料来源：U. S. Department of Labor.

这一变化有很多原因。部分地是由于洗衣机、烘干机、冰箱、冰柜、洗碗机等家政技术的不断发展，它们减少了日常家务工作所需的时间。部分地是由于生育控制的加强，这减少了一般家庭所生孩子的数量。部分地是由于政治与文化态度的改变。这些发展对女性在经济中的角色共同产生了深远的影响，正如这些数据所表明的那样。

虽然女性劳动力参与率的上升很容易解释，男性劳动力参与率的下降却似乎令人费解。有几个变化在起作用。第一，年轻男性现在比他们的父辈与祖父辈在校上学的时间更长。第二，老年男性现在退休更早而且更长寿。第三，由于更多女性就业了，更多的父亲现在留在家中抚养孩子。全职学生、退休人员、留在家中的父亲都不被算作劳动力。

图 2-5 还显示，在最近十年，男性和女性的劳动力参与率都下降了。这一现象主要是由于庞大的"婴儿潮"一代变老和退休。"婴儿潮"始于 1946 年（就在二战结束后，因为士兵返回家乡和成家），一直持续到 1964 年。到 2008 年，"婴儿潮"一代的第一批人 62 岁了，这是开始领取社会保障退休津贴的最早年龄。随着更多的"婴儿潮"一代在接下来的年份里达

到退休年龄，劳动力参与率很可能将继续下降。

机构调查

当劳工统计局每月报告失业率时，它还同时报告各种描述劳动市场状况的其他统计数字。其中一些统计数字，如劳动力参与率，是从现期人口调查中得来的。其他的统计数字来自另一个对代表了约70万个工作场所的约145 000个商业和政府机构的调查。当你读到一则大字标题新闻说经济在上个月创造了某一数量的工作岗位时，那个统计数字是雇主工资名单上工人人数的变化。

由于劳工统计局进行两个关于劳动市场状况的调查，所以它产生了两种就业总数的衡量。从家庭调查中，它得到了声称自己有工作的人数的估计。从机构调查中，它得到了雇主工资名单上工人人数的估计。

有人可能会预期这两种就业总数的衡量相同，但是情况并非如此。虽然这两种衡量正相关，但它们可能相互背离，特别是在短期内。出现大的背离的一个例子发生在21世纪初，当时经济从2001年的衰退中复苏了。从2001年11月至2003年8月，机构调查显示就业人数下降了100万，而家庭调查则显示就业人数增加了140万。一些评论家说，经济那时正在经历"失业型复苏"（jobless recovery），但是这一描述只适用于机构调查数据，而不适用于家庭调查数据。

为什么这两种就业的衡量指标会相互背离呢？部分的解释是由于这两种调查衡量了不同的东西。例如，一个经营自己生意的人自己雇用了自己。家庭调查把这个人算为正在工作，而机构调查没有，因为这个人并不在任何一家企业的工资名单上。另一个例子是，一个有两份工作的人在家庭调查中被算为一个就业者，但是在机构调查中被算了两次，因为这个人会出现在两家企业的工资名单上。

此外，由于调查并不完美，所以这两个就业测度相互背离。例如，当新的企业开业时，可能一段时间后它们才会被列入机构调查的范围。劳工统计局力图去估算初创企业中的就业人数，但是它用来得到这些估计量的模型是一个可能的误差来源。在家庭调查中怎样从被调查的家庭来推算整个人口的就业人数引出了一个不同的问题。如果劳工统计局使用了不正确的人口规模的估计，那么，这些误差将会被反映到它对家庭调查得到的就业人数的估计中。不正确的人口规模估计的一个可能来源是移民率的变化，其中包括合法移民与非法移民。

最后，2001—2003年家庭与机构调查之间的相互背离仍然是一个谜。有些经济学家认为机构调查更加准确，因为它有更大的样本。有一项研究表明，对于就业的最佳衡量是两种调查的平均值。①

---

① George Perry, "Gauging Employment: Is the Professional Wisdom Wrong?" *Brookings Papers on Economic Activity* no. 2 (2005): 285 – 321.

比这些调查的细节或两种调查相互背离这一特定的情形更重要的是一个更广泛的启示：所有的经济统计数字都是不完美的。虽然经济统计数字提供了关于经济中正在发生的事情的有价值的信息，但是，对每一个经济统计数字的解释都应该适度谨慎。

2.4 结论：从经济统计数字到经济模型

本章讨论的三个统计数字——国内生产总值、消费者价格指数和失业率——衡量了经济的表现。公共和私人决策者使用这些统计数字来监控经济的变动并制定适当的政策。经济学家用这些统计数字建立并检验有关经济如何运行的理论。

在接下来的各章中，我们将考察其中一些理论。也就是说，我们建立模型来解释这些变量是如何决定的以及经济政策如何影响这些变量。在学习了如何衡量经济表现之后，现在我们已经准备就绪来学习如何解释经济表现。

快速测验

1. _____ GDP 用现期价格衡量了产品与服务的价值，它是一个 _____ 变量。

A. 名义，存量　　　B. 名义，流量
C. 实际，存量　　　D. 实际，流量

2. GDP 的最大组成部分是 _____。

A. 消费　　　　　　B. 投资
C. 政府购买　　　　D. 净出口

3. 福特汽车公司 2020 年生产了一辆汽车，2021 年将其卖给了琼斯家。这一事件增加了 _____。

A. 2020 年的消费和 GDP
B. 2021 年的消费和 GDP
C. 2020 年的消费和 2021 年的 GDP
D. 2021 年的消费和 2020 年的 GDP

4. 如果名义 GDP 和实际 GDP 都上升 10%，那么，GDP 平减指数 _____。

A. 也上升 10%　　　B. 上升大约 20%
C. 下降 10%　　　　D. 不变

5. 以下哪个事件会影响 CPI 而不会影响 GDP 平减指数？

A. 美国飞机制造商波音公司提高了它卖给美国空军的战斗机的售价

B. 瑞典汽车制造商沃尔沃提高了它在美国的汽车售价

C. 美国谷物食品生产商凯洛格降低了玉米片的售价

D. 全国理发师提高了理发价格

6. 如果某人为了在家带孩子而辞职了，劳动力参与率 _____，失业率 _____。

A. 上升，上升　　　B. 上升，不变
C. 下降，上升　　　D. 下降，不变

内容提要

1. 国内生产总值（GDP）衡量经济中所有人的收入，等价地，衡量在经济中的产品与服务产出上的总支出。

2. 名义 GDP 用现期价格衡量产品与服务的价值，实际 GDP 用不变价格来衡量产品与服务的价值。只有当产品与服务的数量增加时，实际 GDP 才增加。而名义 GDP 的增加既可能是由于产出的增加，也可能是由于价格的上升。GDP 平减指数是名义 GDP 和实际 GDP 的比率，它衡量了总体价格水平。

3. GDP 是四种类型的支出之和：消费、投资、政府购买和净出口。这个关系被称为国民收入核算恒等式。

4. 消费者价格指数（CPI）衡量一个典型消费者购买的固定的一篮子产品与服务相对于基期的同一篮子的价格。与 GDP 平减指数和个人消费支出（PCE）平减指数一样，CPI 衡量价格总体水平。与这两个平减指数不同，当消费者对相对价格的变化做出反应时，CPI 不允许产品和服务篮子随时间推移而变化。

5. 劳动力参与率表示成年人中正在工作或正在积极找工作的人所占的比例。失业率表示劳动力中没有工作的人所占的比例。

关键概念

国内生产总值　　国民收入核算　　消费　　投资
存量与流量　　　增加值　　　　　政府购买　净出口
估算价值　　　　名义 GDP vs. 实际 GDP　消费者价格指数　PCE 平减指数
GDP 平减指数　　国民收入核算恒等式　失业率　劳动力参与率
劳动力

复习题

1. GDP 衡量了哪两样东西？GDP 怎么能同时衡量这两样东西呢？

2. GDP 的四个组成部分是什么？对每个组成部分举一个例子。

3. 消费者价格指数衡量什么？列举它与 GDP 平减指数不同的三个方面。

4. CPI 和 PCE 平减指数的相似和不同之处是什么？

5. 列出劳工统计局对经济中每个人归类所使用的三种类型。劳工统计局如何计算失业率？

6. 描述劳工统计局衡量就业总量的两种方法。为什么它们不相同？

问题与应用

1. 访问经济分析局的网站，找到最近一个季度的实际 GDP 增长率。访问劳工统计局的网站，找到去年的通货膨胀率和最近一个月的失业率。你如何解释这些数据？

2. 一个农民种植了 1 蒲式耳小麦，以 1 美元的价格把它卖给一个磨坊主。该磨坊主把小麦磨成面粉，然后以 3 美元的价格卖给一个面包师。该面包师用面粉制作面包，并以 6 美元的价格卖给一个工程师。该工程师吃了面包。每个人的增加值是多少？这个面包对 GDP 的贡献是多少？

3. 假定一个妇女嫁给了其男管家。在他们结婚之后，她的丈夫继续像以前一样照顾她，她也继续像以前一样养活他（但是把他作为丈夫而不是雇员）。他们的婚姻如何影响 GDP？你认为它应该如何影响 GDP？

4. 把下列交易归入支出的四个组成部分之一：

消费、投资、政府购买和净出口。

a. 苹果公司向肯塔基州巴黎市的一所公立学校出售一台电脑。

b. 苹果公司向伊利诺伊州巴黎市的一家会计师事务所出售一台电脑。

c. 苹果公司向法国巴黎市的一家面包店出售一台电脑。

d. 苹果公司向帕里斯·希尔顿*出售一台电脑。

e. 苹果公司制造了一台供明年出售的电脑。

5. 找到有关GDP及其组成部分的数据，计算在1950年、1990年和能得到数据的最近一年下列组成部分在GDP中所占的百分比。

a. 个人消费支出。

b. 私人国内总投资。

c. 政府购买。

d. 净出口。

e. 国防购买。

f. 进口。

你看出了这些数据中存在任何稳定的关系吗？你看出什么趋势了吗？〔提示：你可以在经济分析局的网站 www.bea.gov 找到这些数据。〕

6. （ Work It Out）蒂娜是蒂娜除草股份有限公司的唯一老板。某一年，该公司从客户那里得到了1 000 000美元的除草收入。公司设备价值折旧了125 000美元。公司支付给工人的报酬为600 000美元，工人交纳了140 000美元税收。公司交纳了50 000美元所得税，给蒂娜支付了150 000美元股息。蒂娜支付了60 000美元股息税。公司留存了75 000美元收入供未来扩张使用。这一经济活动对以下各项的贡献分别是多少？

a. GDP。　　　　b. NNP。

c. 国民收入。　　d. 雇员报酬。

e. 业主收入。　　f. 公司利润。

g. 个人收入。　　h. 个人可支配收入。

7. （ Work It Out）考虑一个生产和消费热狗与汉堡的经济。下表是两个不同年份的数据。

产品	2010年		2020年	
	数量	价格	数量	价格
热狗	200	2美元	250	4美元
汉堡	200	3美元	500	4美元

a. 把2010年作为基年，计算每年的以下统计指标：名义GDP、实际GDP、GDP的隐性价格平减指数，以及CPI。

b. 在2010—2020年间，价格上涨了多少百分比？对每种产品以及GDP平减指数和CPI这两个总体价格水平的衡量指标，给出你的答案。比较这两个拉氏和帕氏价格指数（以上两个价格指数分属拉氏和帕氏价格指数）给出的答案。解释其差别。

8. 阿贝只消费苹果。在第1年，红苹果的价格是每个1美元，青苹果每个2美元，阿贝买了10个红苹果。在第2年，红苹果的价格是每个2美元，青苹果每个1美元，阿贝买了10个青苹果。

a. 计算每年苹果的消费者价格指数。假设第1年是基年，即消费者篮子固定的年份。从第1年到第2年，你计算的指数如何变动？

b. 计算阿贝每年在苹果上的名义支出。从第1年到第2年，名义支出如何变动？

c. 把第1年作为基年，计算阿贝每年在苹果上的实际支出。从第1年到第2年，实际支出有什么变动？

d. 把隐性价格平减指数定义为名义支出除以实际支出，计算每年的价格平减指数。从第1年到第2年，价格平减指数如何变动？

e. 假定阿贝吃红苹果或青苹果同样快乐。阿贝的真实生活成本增加了多少？比较这一答案与你得到的问题a和d的答案。关于拉氏和帕氏价格指数，这个例子告诉了你什么？

---

* 美国模特、演员、歌手。——译者注

9. (Work It Out) 考虑一个由 100 人组成的经济。这 100 人分成如下几个群体：25 人有全职工作，20 人有一份兼职工作，5 人有两份兼职工作，10 人想工作且正在找工作，10 人想工作但丧失信心并放弃找工作了，10 人经营自己的生意，10 人退休了，还有 10 个人是小孩。

 a. 计算劳动力规模和劳动力参与率。

 b. 计算失业者人数和失业率。

 c. 用两种方法计算总就业量：一种是按家庭调查来衡量，另一种是按机构调查来衡量。

10. 当参议员罗伯特·肯尼迪（Robert Kennedy）1968 年竞选总统时，他在一篇演讲中就 GDP 讲了以下一段话：

 （GDP）没有考虑到孩子们的健康、他们的教育质量或者玩耍带给他们的快乐。它没有包括我们的诗歌之美好或婚姻之力量，没有包括我们关于公共问题争论的智慧或者我们公务员的正直。它既没有衡量出我们的勇气与智慧，也没有衡量出我们对祖国的热爱。简言之，它衡量一切，但并不包括使我们的生活有意义的东西，它可以告诉我们有关美国的一切，但没有告诉我们，为什么我们以作为美国人而骄傲。

 罗伯特·肯尼迪的话正确吗？如果正确，我们为什么要关注 GDP？

11. 考虑下列每一个事件可能如何增加或减少实际 GDP。对于每个事件，你认为社会中人均福利很可能与实际 GDP 同方向变动吗？为什么？

 a. 佛罗里达的飓风迫使迪士尼乐园停业一个月。

 b. 新的、更容易种植的小麦品种的发现增加了农场的收成。

 c. 工会和经理之间敌对状态的加剧引起了罢工的爆发。

 d. 整个经济中的企业都经历着需求的减少，导致企业解雇工人。

 e. 国会通过了新的环境法，该法禁止企业使用排放大量污染的生产方法。

 f. 更多的高中生辍学从事除草工作。

 g. 全国的父亲减少工作周数，把更多的时间用于与孩子相处。

对于标有 Work It Out 的题目，网上有答案并且给出了类似题目的在线指导。为了得到这些答案以及其他学习资源，请访问 Achieve for Macroeconomics, 11e：https://achieve.macmillanlearning.com。

快速测验答案

1. B   2. A   3. D   4. D   5. B   6. C

第二篇

古典理论：长期中的经济

第 3 章 国民收入：源自何处？去向何方？

> 一笔可观的收入是我所听说过的最好的获得幸福的诀窍。
>
> ——简·奥斯汀（Jane Austen）

最重要的宏观经济变量是国内生产总值（GDP）。正如我们已经看到的，GDP 既衡量一个国家产品与服务的总产出，又衡量这个国家的总收入。为了领会 GDP 的重要性，我们只需要快速浏览一下国际数据：相对于较穷的国家来说，人均 GDP 水平高的国家享受着更好的一切，从更好的儿童营养到更多的平均家庭电脑保有量。虽然高 GDP 并不能保证一个国家的所有公民都幸福，但它可能是宏观经济学家能够提供的获得幸福的最好诀窍。

本章将研究关于一国 GDP 的来源与用途的四组问题：

- 经济中的企业生产多少？什么决定了一个国家的总收入？
- 谁从生产中得到收入？有多少作为工人的报酬？有多少归资本所有者？
- 谁购买经济的产出？家庭购买多少用于消费？家庭和企业购买多少用于投资？政府购买多少用于公共目的？
- 什么使产品与服务的需求与供给达到均衡？什么确保在消费、投资和政府购买上的合意支出与生产水平相等？

为了回答这些问题，我们必须考察经济中各个不同部分是如何相互作用的。

一个理想的出发点是循环流程图。在第 2 章中，我们画出了用一种投入（劳动）生产一种产品（面包）的假想经济中美元的循环流动。图 3-1 更准确地反映了实际经济是如何运行的。它表明了经济活动参与者——家庭、企业和政府——之间的联系，以及美元如何通过经济中的各种市场在这些经济活动参与者之间流动。

我们从这些经济活动参与者的角度来看看美元的流动。家庭得到收入，用收入向政府纳税，消费产品与服务，以及通过金融市场进行储蓄。企业从销售产品与服务中得到收入，用它支付生产要素。家庭和企业在金融市场上借款来购买住房和工厂等投资品。政府从税收中得到收入，用其支付政府购买。任何超过政府支出的税收收入称为公共储蓄，它可能是正的（预算盈余），也可能是负的（预算赤字）。

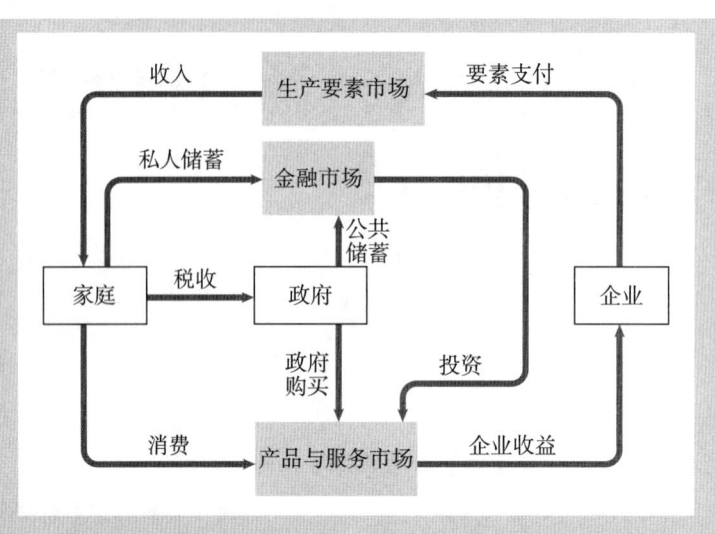

图 3-1　货币在经济中的循环流程图

本图是第 2 章中的循环流程图的一个更为现实的版本。每个白色方框代表一种经济活动参与者——家庭、企业和政府。每个灰色方框代表一种类型的市场——产品与服务市场、生产要素市场以及金融市场。箭头表示美元通过这三种类型的市场在经济活动参与者之间的流动。

在本章中，我们建立一个基本的古典模型来解释图 3-1 所描述的经济相互作用。我们从企业开始，看看是什么因素决定企业的生产水平（以及由此决定的国民收入水平）。然后我们考察生产要素市场如何把收入分配给家庭。接着我们讨论家庭把多少收入用于消费，多少收入用于储蓄。除了讨论家庭消费所引起的产品与服务的需求外，我们还讨论由投资和政府购买产生的需求。最后，我们得到了一个完整的循环，考察产品与服务的需求（消费、投资和政府购买之和）和产品与服务的供给（生产水平）如何实现平衡。

3.1　什么决定了产品与服务的总生产？

一个经济的产品与服务的产出——它的 GDP——取决于（1）它的投入数量，也就是生产要素的数量，以及（2）把投入转换为产出的能力，这种能力用生产函数来代表。

生产要素

生产要素（factors of production）是用于生产产品与服务的投入。两种最重要的生产要素是资本和劳动。资本是工人使用的工具集合，如建筑工人的起重机、会计师的计算器、本书作者的个人电脑等。劳动是人们用于工作的时间。我们用符号

K 表示资本量，用符号 L 表示劳动量。

在本章中我们把经济的生产要素视为给定。换句话说，我们假设经济的资本和劳动数量固定。我们写为

$$K = \bar{K}$$
$$L = \bar{L}$$

字母上方的横线表示每个变量固定在某个水平。在第 8 章和第 9 章中，我们考察当生产要素像它们在现实世界中那样随时间变化时会发生什么。现在，为了简化分析，我们假设资本和劳动的数量固定。

我们在这里还假设生产要素得到了充分利用——也就是说，没有资源浪费。再次地，在现实世界中，一部分劳动力失业，一些资本被闲置。在第 7 章中我们将考察失业的原因，但是，现在我们假设资本和劳动都得到充分利用。

生产函数

可使用的生产技术决定了给定数量的资本和劳动能够生产多少产出。经济学家用**生产函数**（production function）来表示这种关系。令 Y 为产出量，我们把生产函数写为

$$Y = F(K, L)$$

这个方程是说，产出是资本量和劳动量的函数。

生产函数反映了把资本和劳动变为产出的可使用的技术。如果某人发明了一种更好的生产某种产品的方法，那么，结果是同样数量的资本和劳动可以生产出更多的产出。因此，技术变革改变了生产函数。

许多生产函数具有被称为**规模报酬不变**（constant returns to scale）的性质。如果所有生产要素增加相同的百分比引起产出增加同样的百分比，那么，这个生产函数就具有不变的规模报酬。例如，如果生产函数是规模报酬不变的，那么，当资本和劳动都增加 10% 时，产量也增加 10%。数学上，如果对任何一个正数 z，有

$$zY = F(zK, zL)$$

那么生产函数就是规模报酬不变的。这个方程是说，如果我们用某个数 z 同时乘以资本量和劳动量，那么，产量也将是原来的 z 倍。规模报酬不变的假设将对生产收入如何分配有着重要的启示。

作为生产函数的一个例子，考虑面包店的生产。厨房和设备是面包店的资本，雇来生产面包的工人是劳动，而一块块面包是产出。面包店的生产函数表明，生产面包的数量取决于设备数量和工人数量。如果生产函数是规模报酬不变的，那么，当设备数量和工人数量都翻倍时，所生产的面包量也翻倍。

产品与服务的供给

生产要素和生产函数共同决定了产品与服务的供给量，而产品与服务的供给量

又等于经济的产出。我们在数学上表示为

$$Y = F(\overline{K}, \overline{L})$$
$$= \overline{Y}$$

在本章中，由于我们假设技术与资本和劳动的供给都是不变的，所以产出也是不变的（用 $\overline{Y}$ 表示）。当我们在第 8、9、10 章中讨论经济增长时，我们将考察资本和劳动的增加以及技术进步如何导致经济中产出的增长。

3.2 国民收入如何分配给生产要素？

正如我们在第 2 章中所讨论的，经济的总产出等于它的总收入。因为生产要素和生产函数共同决定了产品与服务的总产出，所以它们也决定了国民收入。图 3-1 的循环流程图表明，这一国民收入通过生产要素市场从企业流向家庭。

本节我们通过讨论这些要素市场如何运行来继续发展我们的经济模型。长期以来，经济学家研究要素市场以了解收入分配。例如，19 世纪著名经济学家卡尔·马克思用了大量时间力图解释资本与劳动的收入。

这里我们考察国民收入在生产要素之间分配的现代理论。它依赖于价格调整使供给和需求达到平衡这一古典的（18 世纪）思想（在这里应用于生产要素市场）和每一生产要素的需求取决于该要素的边际生产率这一较新的（19 世纪）思想。这种理论被称为新古典分配理论（neoclassical theory of distribution），在今天已被大多数经济学家认为是理解经济中的收入如何从企业向家庭分配的最好起点。

要素价格

国民收入的分配由要素价格决定。**要素价格**（factor prices）是支付给每单位生产要素的报酬数量。在一个只有资本和劳动两种生产要素的经济中，两种要素价格是资本所有者所收取的租金和工人所赚到的工资。

如图 3-2 所示，每种生产要素由于提供服务而得到的价格由该生产要素的供给和需求决定。由于我们假设经济中的生产要素是固定的，所以图 3-2 中要素的供给曲线是一条垂直线。无论要素价格为多少，向市场供给的要素量相等。向下倾斜的要素需求曲线与垂直的供给曲线的交点决定了均衡的要素价格。

为了理解要素价格和收入分配，我们必须考察生产要素的需求。由于要素需求产生于成千上万家使用资本和劳动的企业，所以我们从考察一家典型企业使用多少生产要素的决策问题开始。

竞争性企业面临的决策

关于一家典型企业所做的最简单假设是它是竞争性的。一家**竞争性企业**（competitive firm）相对于它进行交易的市场而言是微不足道的，因此它对市场价格没有

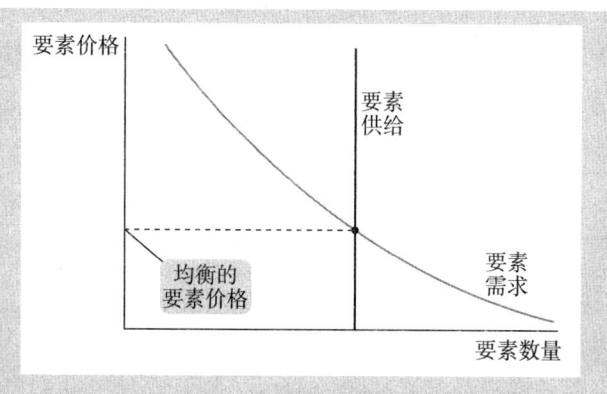

图 3-2 生产要素的报酬如何决定

任何一种生产要素支付的价格都取决于该要素的供给和需求。由于我们已经假设供给是固定的，所以供给曲线是一条垂直线。和通常一样，需求曲线向下倾斜。供给曲线与需求曲线的交点决定了均衡的要素价格。

什么影响。例如，我们的企业生产一种产品并按市场价格将其出售。由于许多企业都生产这种产品，我们的企业可以想卖多少就卖多少，不会引起该产品价格下降；或者它也可以一下停止所有销售，不会引起该产品价格上升。类似地，我们的企业也不能影响它所雇用的工人的工资，因为许多其他的当地企业也都雇用工人。企业没有理由支付高于市场水平的工资；如果它要少支付工资，它的工人就会到其他地方工作。因此，竞争性企业将产出和投入的价格都视为由市场条件决定。

为了生产产品，企业需要两种生产要素：资本与劳动。和我们讨论总体经济时一样，我们用下面的生产函数代表企业的生产技术：

$$Y = F(K, L)$$

式中，Y 为生产的产品单位数量（企业的产出）；K 为所用的机器数量（资本的数量）；而 L 为企业雇员工作的小时数量（劳动的数量）。在生产函数所表示的技术不变的条件下，只有在企业使用更多机器或者它的雇员工作更长时间时，它才能生产更多的产品。

企业以价格 P 出售其产品，以工资 W 雇用工人，并以租赁价格 R 租用资本。注意，当我们提到企业租用资本时，我们是在假设家庭拥有经济的资本存量。按照这种分析，家庭出租资本，就像出售自己的劳动一样。企业从拥有生产要素的家庭那里获得这两种生产要素。①

企业的目标是利润最大化。**利润**（profit）等于收益减去成本——它是企业所有者在卖掉产品和支付完生产成本后所留下来的收入。收益等于 $P \times Y$，即产品的

---

① 这句陈述是一种简化。在现实世界中，资本所有权是间接的，因为企业拥有资本而家庭拥有企业。也就是说，现实中的企业有两种职能：拥有资本和生产产出。然而，为了帮助我们理解生产要素的报酬是如何决定的，我们假设企业只生产产品和家庭直接拥有资本。

销售价格 P 乘以企业生产的产品数量 Y。成本既包括劳动成本，又包括资本成本。劳动成本等于 $W×L$，即工资 W 乘以劳动量 L。资本成本等于 $R×K$，即资本的租赁价格 R 乘以资本量 K。我们可以写为：

$$\text{利润} = \text{收益} - \text{劳动成本} - \text{资本成本}$$
$$= PY - WL - RK$$

为了说明利润如何取决于生产要素，我们用生产函数 $Y=F(K,L)$ 代替 Y，得到：

$$\text{利润} = PF(K,L) - WL - RK$$

这个方程说明，利润取决于产品价格 P、要素价格 W 和 R，以及要素量 L 和 K。竞争性企业将产品和要素价格视为给定，选择劳动和资本量以实现最大的利润。

企业的要素需求

现在我们知道了，我们的企业将雇用的劳动量和租赁的资本量是使利润最大化的数量。但是，这些利润最大化的数量是多少呢？为了回答这个问题，我们首先考虑劳动量，然后再考虑资本量。

劳动的边际产量 企业雇用的劳动越多，它生产的产出也就越多。**劳动的边际产量**（marginal product of labor，MPL）是在资本量不变的情况下，企业多雇用一单位劳动所得到的额外产量。我们可以用生产函数表述这一点：

$$MPL = F(K,L+1) - F(K,L)$$

右边第一项是用 K 单位资本和 $L+1$ 单位劳动所生产的产出量；第二项是用 K 单位资本和 L 单位劳动所生产的产出量。这个方程是说，劳动的边际产量是用 $L+1$ 单位劳动生产的产出量和仅用 L 单位劳动生产的产出量之间的差额。

大多数生产函数具有**边际产量递减**（diminishing marginal product）的性质：在资本量不变的情况下，随着劳动量的增加，劳动的边际产量递减。为了说明其中的原因，再次考虑一下面包店里面包的生产。当面包店雇用更多的劳动时，它生产的面包更多了。MPL 是当多雇用一单位劳动时多生产的面包量。但是，随着更多的劳动使用固定资本量，MPL 减少了。增加的面包数越来越少，因为当厨房里越来越拥挤时，工人的生产率下降了。换言之，在厨房大小固定的情况下，每增加一个工人所带来的面包数的增加越来越少。[因此，有一句谚语"厨子太多烧坏汤"（Too many cooks in the kitchen）。]

图 3-3 绘出了生产函数曲线。它说明，当我们保持资本量不变而变动劳动量时，产出量的变动情况。该图表明，劳动的边际产量是生产函数的斜率。随着劳动量的增加，生产函数变得更加平坦，这表明边际产量递减。

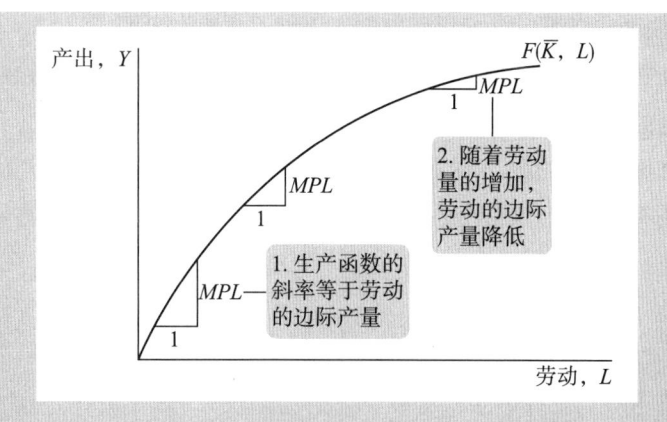

图 3-3 生产函数

这条曲线表示，在资本量不变的情况下，产出如何取决于劳动投入。劳动的边际产量（MPL）是当劳动投入增加 1 单位时产量的变动。随着劳动量的增加，生产函数变得更加平坦，这表明边际产量递减。

从劳动的边际产量到劳动需求　当竞争性的、利润最大化的企业决定是否多雇用一单位劳动时，它要考虑这个决策如何影响利润。也就是说，它比较多雇用一单位劳动生产的产出带来的额外收益与多雇用一单位劳动的额外成本。增加一单位劳动所增加的收益取决于两个变量：劳动的边际产量和产品价格。因为额外的一单位劳动生产了 MPL 单位的产出，而每单位产出以 P 美元的价格出售，所以，额外的收益是 $P \times MPL$。多雇用一单位劳动的额外成本是工资 W。因此，多雇用一单位劳动带来的利润变化是

$$\Delta 利润 = \Delta 收益 - \Delta 成本$$
$$= (P \times MPL) - W$$

符号 Δ（读作 delta）表示变量的变化。

现在我们可以回答我们在这一节开始时所提出的问题：企业雇用多少劳动？企业的管理者知道，如果额外的收益 $P \times MPL$ 超过工资 W，额外的一单位劳动会增加利润。因此，管理者会继续雇用劳动，直到下一单位劳动不再有利可图为止——也就是说，直到 MPL 减少到额外的收益等于工资这一点为止。竞争性企业对劳动的需求是由以下公式决定的：

$$P \times MPL = W$$

我们也可以把它写为

$$MPL = W/P$$

W/P 是**实际工资**（real wage）——用产出单位而不是美元衡量的劳动报酬。为了使利润最大化，企业雇用劳动，直到劳动的边际产量等于实际工资这一点为止。

例如，再次考虑面包店。假设面包的价格 P 是每块 2 美元，而工人赚到的工资是每小时 20 美元。实际工资 W/P 是每小时 10 块面包。在这个例子中，只要一个额外的工人每小时生产至少 10 块面包，企业就会继续雇用工人。当 MPL 减少到每

小时 10 块面包以下时，雇用额外的工人就不再有利可图了。

图 3-4 表明劳动的边际产量如何取决于所雇用的劳动量（在企业的资本存量保持不变的条件下）。也就是说，图 3-4 画出了 MPL 曲线。由于 MPL 随着劳动量的增加而递减，所以，这条曲线向下倾斜。对于任何给定的实际工资，企业雇用工人直到 MPL 等于实际工资为止。因此，MPL 曲线也是企业的劳动需求曲线。

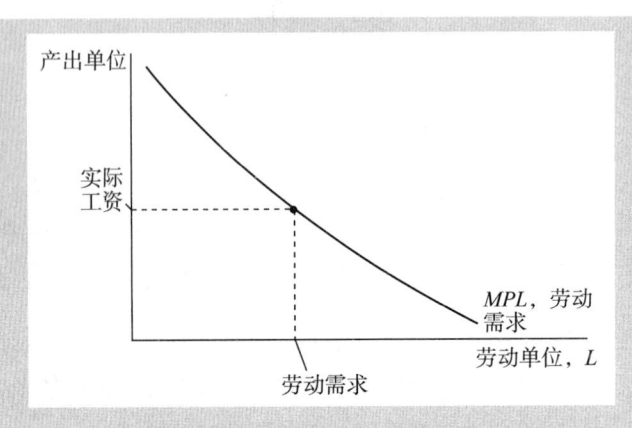

图 3-4　劳动的边际产量曲线
劳动的边际产量 MPL 取决于劳动量。由于 MPL 随着 L 的增加而减少，MPL 曲线向下倾斜。企业雇用工人直到实际工资等于 MPL 为止。因此，这条曲线也就是企业的劳动需求曲线。

资本的边际产量和资本需求　企业决定租赁多少资本所采用的方法和决定雇用多少劳动相同。**资本的边际产量**（marginal product of capital，MPK）是在劳动量不变的条件下，企业从一单位额外的资本得到的额外产出量：

$$MPK = F(K+1, L) - F(K, L)$$

因此，资本的边际产量是用 $K+1$ 单位资本所生产的产出量和仅用 K 单位资本所生产的产出量之间的差额。

和劳动一样，资本也受到边际产量递减的支配。再次考虑面包店里的面包生产。厨房里最先安装的几个烤箱生产率很高。然而，如果面包店安装的烤箱越来越多，而劳动保持不变，那么，最终，烤箱的数量将会超过雇员能有效率地操作的数量。因此，最后几个烤箱的边际产量比最初几个烤箱低。

多租用一台机器所带来的利润变化是租用那台机器的产出的额外收益减去那台机器的租赁价格：

$$\Delta 利润 = \Delta 收益 - \Delta 成本$$
$$= (P \times MPK) - R$$

为了使利润最大化，企业要一直租用更多的资本，直至 MPK 减少到等于实际租赁价格为止：

$$MPK = R/P$$

资本的实际租赁价格（real rental price of capital）是用产出单位而不是美元衡量的

租赁价格。

总之，竞争性的、追求利润最大化的企业关于雇用多少劳动和租用多少资本的决策都遵循一个简单的规则：企业需要每一种生产要素，直到该要素的边际产量减少到等于其实际要素价格为止。

国民收入的分配

在分析了企业如何决定每种生产要素的使用数量之后，我们现在就可以解释生产要素市场如何分配经济的总收入。如果经济中的所有企业都是竞争性的和追求利润最大化的，那么，每种生产要素的报酬等于它对生产过程的边际贡献。向每个工人支付的实际工资等于 MPL，向每个资本所有者支付的实际租赁价格等于 MPK。因此，向劳动支付的实际工资总额是 $MPL \times L$，而向资本所有者支付的实际回报总量是 $MPK \times K$。

企业支付了生产要素报酬之后留下来的收入是企业所有者的**经济利润**（economic profit）：

$$经济利润 = Y - (MPL \times L) - (MPK \times K)$$

注意此处收入 Y 和经济利润都是用实际值表示的，也就是用产出单位数而不是用美元表示的。由于我们想考察收入的分配，所以，我们将上式整理成如下形式：

$$Y = (MPL \times L) + (MPK \times K) + 经济利润$$

总收入被划分为劳动回报、资本回报以及经济利润。

经济利润有多大呢？答案是出人意料的：如果像经常认为的那样，生产函数具有规模报酬不变的性质，那么，经济利润必定是零。也就是说，在支付了生产要素的报酬之后，没有什么剩余。这个结论来自一个著名的数学结果：欧拉定理（Euler's theorem）。① 欧拉定理说，如果生产函数具有规模报酬不变的性质，那么：

$$F(K,L) = (MPK \times K) + (MPL \times L)$$

如果每种要素得到的支付为其边际产量，那么，这些要素报酬的总和等于总产出。换言之，规模报酬不变、利润最大化以及竞争性加在一起意味着经济利润为零。

如果经济利润为零，那么，我们如何能够解释经济中"利润"的存在呢？答案是平常所用的"利润"一词不同于经济利润。我们已经假设存在三种类型的主体：工人、资本所有者和企业所有者。总收入被划分为工资、资本回报和经济利润。但是，在现实世界中，大多数企业拥有而不是租赁它们所使用的资本。由于企业所有者和资本所有者二者合一，所以，经济利润和资本回报也往往混在一起。如果我们把利润的这种定义称为**会计利润**（accounting profit），我们就可以说：

---

① 数学注释：为了证明欧拉定理，我们需要用到一些多变量微分。从规模报酬不变的定义开始：$zY = F(zK, zL)$。现在对 z 求导，得到 $Y = F_1(zK, zL)K + F_2(zK, zL)L$，式中，$F_1$ 和 F_2 为对函数的第一个和第二个自变量的偏导数。注意到偏导数等于边际产量，将这个表达式在 $z=1$ 处取值，就得到了欧拉定理。

会计利润 ＝ 经济利润 ＋ ($MPK \times K$)

在我们的假设——规模报酬不变、利润最大化以及竞争性——下，经济利润为零。如果这些假设近似地描述了世界，那么，国民收入核算中的"利润"主要应该是资本回报。

现在我们可以回答本章开始时所提出的关于经济中的收入如何从企业分配给家庭的问题。每种生产要素得到的支付为其边际产量，这些生产要素报酬耗尽了总产出。总产出被划分为资本报酬和劳动报酬，两种要素的报酬取决于它们的边际生产率。

案例研究

黑死病和要素价格

根据新古典分配理论，生产要素价格等于其边际产量。由于每种要素的边际产量取决于所有要素的数量，因此，任何一种要素数量的变化都会改变所有要素的边际产量。所以，一种要素供给的变化就会改变均衡的要素价格和收入分配。

14世纪的欧洲为研究要素数量如何影响要素价格提供了一个令人毛骨悚然的自然实验。1348年淋巴腺鼠疫——黑死病——的爆发使欧洲人口在几年内减少了大约1/3。由于劳动的边际产量随着劳动量的减少而增加，所以，这种大规模的劳动力减少应该增加了劳动的边际产量和提高了均衡实际工资。（即经济应该发生了沿着图3-3与图3-4中的曲线向左的移动。）证据证实了这一理论：实际工资在黑死病肆虐的年份里大约翻了一番。那些幸存下来的农民享受到了经济繁荣。

这场瘟疫引起的劳动力减少应该也影响了土地——中世纪欧洲的另一种主要生产要素——的回报。随着可以耕种土地的工人的减少，一单位额外的土地生产所增加的产量应该会下降，因此地租应该下降了。理论再次得到证实：这一时期实际地租减少了50%或更多。农民阶级享受着经济繁荣的同时，地主阶级却饱受收入减少之苦。①

柯布-道格拉斯生产函数

什么生产函数描述了现实经济如何把资本和劳动转变为GDP呢？这个问题的一个答案来自一位美国参议员和一位数学家之间的历史性合作。

保罗·道格拉斯（Paul Douglas）是1949—1967年这一期间来自伊利诺伊州的美国参议员。1927年当他还是一位经济学教授时，他注意到了一个惊人的事实：国民收入在资本与劳动之间的分配在长时期内大体上不变。换言之，当随着时间的推移经济变得更加繁荣时，工人的总收入和资本所有者的总收入是按大致相同的速度增长的。这种观察引起了道格拉斯的兴趣，他想知道什么条件可能导致不变的要素份额。

---

① Carlo M. Cipolla, *Before the Industrial Revolution: European Society and Economy, 1000—1700*, 2nd ed. (New York: Norton, 1980), 200-202.

道格拉斯向数学家查尔斯·柯布（Charles Cobb）请教，如果生产要素的报酬总是等于它们的边际产量，那么，什么生产函数（如果有的话）能导致不变的要素份额？这个生产函数需要具备如下性质：

$$资本收入 = MPK \times K = \alpha Y$$

和

$$劳动收入 = MPL \times L = (1-\alpha)Y$$

式中，α 为介于 0 和 1 之间的一个常数，它衡量收入中资本的份额。也就是说，α 决定了收入中有多大份额分配给资本，有多大份额分配给劳动。柯布证明了具有这种性质的函数是

$$F(K,L) = AK^{\alpha}L^{1-\alpha}$$

式中，A 为一个大于 0 的参数，它衡量可利用技术的生产率。这个函数就是著名的**柯布-道格拉斯生产函数**（Cobb-Douglas production function）。

让我们更仔细地考察这个生产函数的某些性质。首先，柯布-道格拉斯生产函数具有规模报酬不变的性质。如果资本和劳动同比例增加，那么，产出也按相同的比例增加。[①]

接下来，考虑柯布-道格拉斯生产函数的边际产量。劳动的边际产量是[②]

$$MPL = (1-\alpha)AK^{\alpha}L^{-\alpha}$$

资本的边际产量是

$$MPK = \alpha AK^{\alpha-1}L^{1-\alpha}$$

回忆 α 的值介于 0 和 1 之间，我们可以从这些公式看出什么引起这两种生产要素的边际产量变化。资本量的增加提高了 MPL 并降低了 MPK。类似地，劳动量的增加降低了 MPL 并提高了 MPK。使参数 A 提高的技术进步同比例地提高了两种要素的边际产量。

---

① 数学注释：为了证明柯布-道格拉斯生产函数具有规模报酬不变的性质，考察当我们把资本和劳动都乘以一个常数 z 时会出现什么情况：
$$F(zK,zL) = A(zK)^{\alpha}(zL)^{1-\alpha}$$
把右边的各项展开，得到
$$F(zK,zL) = Az^{\alpha}K^{\alpha}z^{1-\alpha}L^{1-\alpha}$$
把相似的项放在一起重新排列，我们得到
$$F(zK,zL) = Az^{\alpha}z^{1-\alpha}K^{\alpha}L^{1-\alpha}$$
由于 $z^{\alpha}z^{1-\alpha} = z$，我们的函数变为
$$F(zK,zL) = zAK^{\alpha}L^{1-\alpha}$$
但是，$AK^{\alpha}L^{1-\alpha} = F(K,L)$。因此，
$$F(zK,zL) = zF(K,L) = zY$$
因此，产出 Y 增加了同样的倍数，即 z 倍，这意味着，这个生产函数具有规模报酬不变的性质。

② 数学注释：从生产函数中得到边际产量的公式需要使用一点微积分。为了找到 MPL，把生产函数对 L 求导：乘以指数 $(1-\alpha)$，而后从原有的指数中减去 1 得到新的指数 $-\alpha$。类似地，为了得到 MPK，把生产函数对 K 求导。

柯布-道格拉斯生产函数的边际产量也可以写为①

$MPL = (1-\alpha)Y/L$

$MPK = \alpha Y/K$

MPL 与每单位劳动的产出成比例，MPK 与每单位资本的产出成比例。Y/L 被称为平均劳动生产率（average labor productivity），Y/K 被称为平均资本生产率（average capital productivity）。如果生产函数是柯布-道格拉斯形式的，那么，一种要素的边际生产率与其平均生产率成比例。

现在我们可以验证，如果各种要素的报酬等于其边际产量，那么，参数 α 告诉了我们有多少收入分配给劳动，有多少收入分配给资本。我们已经看到支付给劳动的总报酬数量为 $MPL \times L$，它等于 $(1-\alpha)Y$。因此，$(1-\alpha)$ 是产出中劳动的份额。类似地，支付给资本的总报酬数量为 $MPK \times K$，它等于 αY，因此，α 是产出中资本的份额。正如道格拉斯所观察到的，劳动收入与资本收入的比率是不变的，等于 $(1-\alpha)/\alpha$。要素份额只取决于参数 α，而不取决于资本量或劳动量，也不取决于用参数 A 衡量的技术状况。

最近这些年美国的数据也与柯布-道格拉斯生产函数一致。图 3-5 给出了 1960—2019 年美国劳动收入占总收入的比率。尽管在过去 60 年里经济发生了许多变化，但这个比率仍然一直为大约 2/3。这种收入分配用柯布-道格拉斯生产函数可以容易地得到解释，只要参数 α 等于大约 1/3 就可以了。在这个生产函数所描述的经济中，资本得到了 1/3 的收入，劳动得到了 2/3 的收入。

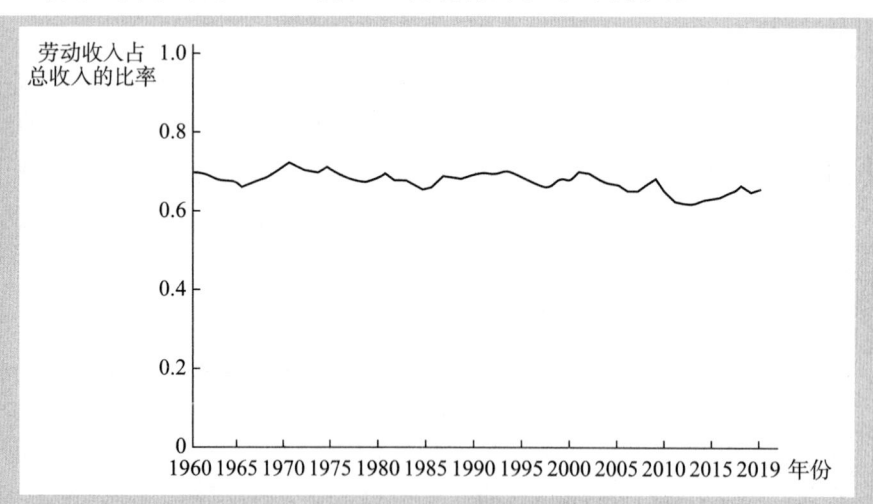

图 3-5 劳动收入占总收入的比率

长期以来劳动收入一直占总收入的大约 2/3。这种要素份额的近似稳定性与柯布-道格拉斯生产函数一致。
资料来源：U. S. Department of Commerce. 这幅图是根据美国国民收入核算的数据绘制的。劳动收入是雇员的报酬。总收入是劳动收入、公司利润、净利息、租金收入以及折旧之和。业主收入没有包括在这些计算中，因为这种收入是劳动收入与资本收入的结合。

---

① 数学注释：为了检验边际产量的这些表达式，在生产函数中代入 Y 就可以看到，这些表达式与前面的边际产量公式是等价的。

尽管资本和劳动份额近似不变，但是，它们并非完全不变。特别地，图3-5显示，劳动份额从1970年的高达73%下降到了2012年的低至63%。（资本份额在此期间从27%增加到了37%。）这一要素份额变化的原因还没有得到很好的理解。一种可能性是，过去几十年里的技术进步不只是提高了参数A，而且可能改变了生产过程中资本和劳动的相对重要性，从而改变了参数α。也可能有重要的收入决定因素没有被柯布-道格拉斯生产函数和要素市场的竞争性模型很好地体现出来，如企业或工会的市场势力的变化。本章附录更充分地讨论了这些问题。

柯布-道格拉斯生产函数不是解释经济中产品和服务的生产或者国民收入在资本和劳动之间分配的定论。但是，它是一个好的起点。

案例研究

作为实际工资关键决定因素的劳动生产率

新古典分配理论告诉我们实际工资W/P等于劳动的边际产量。柯布-道格拉斯生产函数告诉我们劳动的边际产量与平均劳动生产率Y/L成比例。如果这一理论是正确的，那么当劳动生产率强劲增长时，工人的生活水平应该迅速提高。这是真的吗？

表3-1呈现了美国经济的生产率和实际工资增长的一些数据。1960—2019年，用每工作小时的产出衡量的生产率每年增长约2.0%。实际工资增长1.8%——增长率几乎相同。以每年2%的增长率增长，生产率和实际工资大约每35年翻一番。

表3-1　　劳动生产率和实际工资的增长：美国的经验

时期（年）	劳动生产率增长率（%）	实际工资增长率（%）
1960—2019	2.0	1.8
1960—1973	3.0	2.7
1973—1995	1.5	1.2
1995—2010	2.7	2.2
2010—2019	0.9	1.0

资料来源：U. S. Department of Labor. 劳动生产率增长率在这里使用非农业的企业部门每小时产出的年变化率衡量。实际工资增长率使用非农业的企业部门每小时报酬除以该部门的隐性价格平减指数的年变化率衡量。

生产率的增长随着时间推移而变化。该表显示了经济学家认为经历着不同的生产率增长的四个较短时期的数据。1973年左右，美国经济经历了生产率增长的显著下降，这种下降一直持续到1995年。生产率增长减缓的原因还没有得到很好的理解，但生产率与实际工资之间的联系完全符合标准理论的预测。生产率增长从每年3.0%到1.5%的这种减缓与实际工资增长从每年2.7%到1.2%的减缓同时发生。

1995年左右生产率增长又开始回升，许多观察家欢呼"新经济"的到来。这一生产率增长的加速常常被归因于电脑和信息技术的普及。正如理论所预测的，实际工资的增长也上升了。1995—2010年，生产率每年增长2.7%，实际工资每年增长2.2%。2010年后，生产率和实际工资增长再度减缓，评论家对这种"新常态"感到悲伤。2010—2019年，生产率和实际工资平均增长率大约为每年1%。

生产率增长的这些变化大都是不可预测的，就算有了后见之明，事实证明它们也很难被解释。但理论和历史都证实了劳动生产率与实际工资之间的紧密联系。这一启示是理解今天的工人为什么比他们的前辈们生活得更幸福的关键。

3.3 什么决定了产品与服务需求？

我们已经看到了什么因素决定生产水平，以及生产收入如何分配给工人和资本所有者。现在我们继续研究图3-1的循环流程图，考察生产的产出是如何使用的。

在第2章中，我们确定了GDP的四个组成部分：

- 消费（C）；
- 投资（I）；
- 政府购买（G）；
- 净出口（NX）。

循环流程图只包括前三个组成部分。就目前而言，为了简化分析，我们假设我们在研究一个封闭经济——一个不与其他国家进行贸易往来的国家。这样净出口就总是零。（在第6章中我们将考察开放经济的宏观经济学。）

一个封闭经济中生产的产品与服务有三种用途。GDP的这三个组成部分可以表示为国民收入核算恒等式：

$$Y = C + I + G$$

家庭消费经济的部分产出；企业和家庭把一部分产出用于投资；政府为公共目的购买部分产出。我们要看看GDP是如何在这三种用途之间配置的。

消 费

当我们吃饭、穿衣或看电影时，我们就正在消费经济的部分产出。所有形式的消费总计占到GDP的大约2/3。由于消费如此之大，所以，宏观经济学家花费了大量精力来研究家庭如何做出消费决策。第20章将详细考察这个主题。在这里我们考虑最简单的消费者行为的故事。

家庭从他们的劳动和资本所有权得到收入，向政府纳税，然后决定把多少税后收入用于消费、多少用于储蓄。正如我们在3.2节中讨论的，家庭得到的收入等于经济的产出Y。然后，政府向家庭征收税额T。（虽然政府征收许多种税，例如个人和公司所得税以及销售税，但就我们的目的而言，我们可以把所有这些税收加在一起。）我们把支付了所有税收之后的收入，$Y-T$，定义为**可支配收入**（disposable income）。家庭把他们的可支配收入在消费和储蓄之间进行划分。

我们假设消费水平直接取决于可支配收入水平。可支配收入越高，消费也越多。因此有

$$C = C(Y - T)$$

这个等式是说，消费是可支配收入的函数。消费和可支配收入之间的关系称为**消费函数**（consumption function）。

边际消费倾向（marginal propensity to consume，MPC）是当可支配收入增加1美元时消费的变化量。MPC介于0和1之间：额外的1美元收入增加了消费，但增加额小于1美元。因此，如果家庭得到了额外的1美元收入，它们会储蓄一部分。例如，如果MPC是0.7，那么，家庭就把每增加的1美元可支配收入中的70美分用于产品与服务的消费，把剩余的30美分储蓄起来。

图3-6阐释了消费函数。消费函数的斜率告诉我们，当可支配收入增加1美元时，消费增加多少。也就是说，消费函数的斜率是MPC。

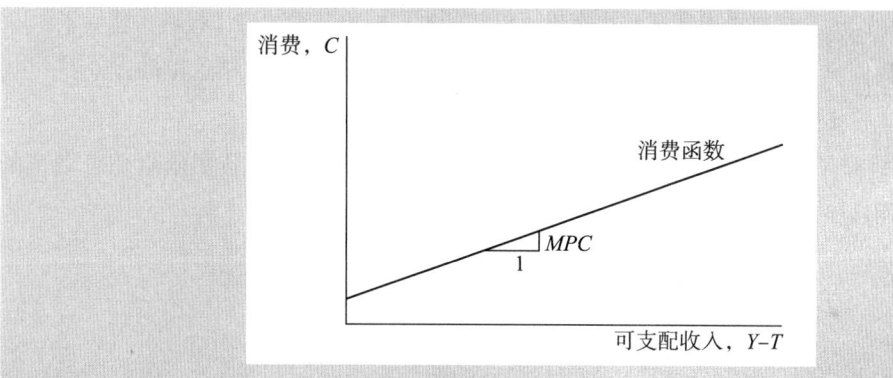

图3-6 消费函数
消费函数把消费C与可支配收入$Y-T$联系在一起。边际消费倾向（MPC）是当可支配收入增加1美元时消费的增加量。

投　资

企业和家庭都购买投资品。企业购买投资品是为了增加它们的资本存量和替代现有的耗损了的资本。家庭购买新住房，这也被认为是投资品。美国的总投资平均为GDP的大约15%。

投资品的需求量取决于**利率**（interest rate），利率衡量了为投资而融资的资金成本。一个投资项目要想有利可图，它的回报（从未来产品与服务的增加部分中得到的收益）必须大于其成本（为借入的资金支付的利息）。如果利率上升，融资就会更贵，有利可图的投资项目就会减少，投资品的需求量也就随之减少。

例如，假定一家企业正在考虑是否建造一个耗资100万美元的工厂，这个工厂建成后每年将会有10万美元的回报，即回报率为10%。该企业比较这一回报与借入100万美元的成本。如果利率低于10%，该企业就在金融市场上借款来进行这项投资。如果利率高于10%，该企业就放弃该投资机会而不建造工厂。

即使该企业不必借入 100 万美元而是用自己的资金投资时，它的投资决策也相同。该企业总是可以把这笔钱存入银行或货币市场基金从而赚取利息。当且仅当利率低于工厂的回报率 10% 时，建工厂才比存款更有利可图。

一个想购买一栋新住房的人面临着类似的决策问题。利率越高，持有抵押贷款的成本就越高。如果利率为 6%，100 000 美元抵押贷款的成本是每年 6 000 美元；如果利率是 8%，成本是每年 8 000 美元。随着利率上升，拥有一栋住房的成本增加，对新住房的需求也就减少了。

当研究利率在经济中的作用时，经济学家区分了名义利率和实际利率。当价格总体水平变动时，这种区分是重要的。**名义利率**（nominal interest rate）是通常所报道的利率，是投资者为借入资金支付的利率。**实际利率**（real interest rate）是对通货膨胀效应进行校正后的名义利率。如果名义利率是 8%，通货膨胀率是 3%，那么，实际利率就是 5%。在第 5 章中，我们将详细讨论名义利率与实际利率之间的关系。在这里，只要指出实际利率衡量了借款的真实成本从而决定了投资量就够了。

我们可以用一个把投资 I 与实际利率 r 联系起来的方程总结这里的讨论：

$$I = I(r)$$

图 3-7 显示了这个投资函数。它向下倾斜，这是因为投资需求量随着利率的上升而减少。

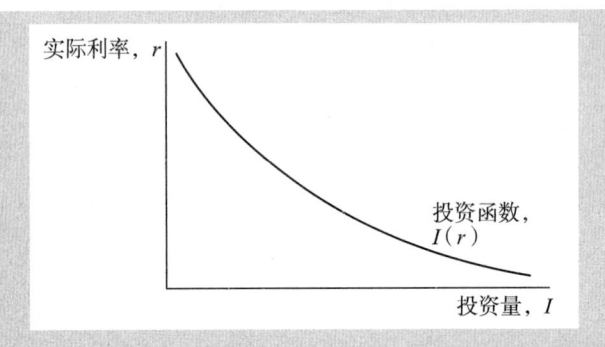

图 3-7　投资函数

投资函数把投资量 I 与实际利率 r 联系在一起。投资取决于实际利率，这是因为利率是借款的成本。投资函数向下倾斜；当利率上升时，有利可图的投资项目减少。

参考资料　许多不同的利率

如果你阅读新闻媒体或访问财经网站，你将发现报道中有许多不同的利率。为什么有这么多个利率呢？各个利率在四个方面存在差别：

● **期限**（term）。经济中的一些贷款是短期的，甚至短到只是隔夜。另一些贷款是 30 年或者更长的贷款。一笔贷款的利率取决于其期限。由于长期贷款占用了债权人资金更长的时间，所以，长期贷款利率通常比短期贷款利率高，但也并不总是这样。

● **信贷风险**（credit risk）。在决定是否发放一笔贷款时，债权人必须考虑债务人偿还的概率。法律允许债务人通过宣布破产而不偿还贷款。可以觉察到的不偿还的概率越高，利率就越高。由于政府的信贷风险最低，因此政府债券往往支付低利率。在另一个极端，财务上不可靠的公司只有通过发行垃圾债券（junk bonds）融资，这种债券支付高利率以补偿高的不偿还风险。

● 税收待遇（tax treatment）。不同类型债券的利息在征税时也有差别。最重要的是，当州政府和地方政府发行称为市政债券（municipal bonds）的债券时，债券持有人的利息收入不需缴纳联邦所得税。由于这种税收优势，市政债券的利率可能比其他债券更低。

● 通货膨胀保护（inflation protection）。对大部分债券来说，利息和本金是以通货（如美元）为单位来表示的。如果价格上升，从而每一美元能买的东西少了，那么，债券的实际价值下降。可是，有些债券包含了针对通货膨胀的保护，其方式是将利息和本金对某个价格指数（如CPI）进行指数化。由于这种通货膨胀保护具有价值，因此，有通货膨胀保护的债券提供的利率通常低于其他债券。

当你在报道中看到两个不同的利率时，你几乎总是可以通过考虑债券的期限、信贷风险、税收待遇和通货膨胀保护来解释这些差别。

虽然在经济中存在许多不同的利率，但宏观经济学家常常忽略这些差别，原因在于各个利率往往同时上升或下降。我们在本书所做的主要区分是名义利率（没有校正通货膨胀效应的利率）和实际利率（校正了通货膨胀效应的利率）。

政府购买

政府购买是产品与服务需求的第三个组成部分。联邦政府购买枪支、导弹以及政府雇员的服务。地方政府购买图书馆的书籍，建立学校，雇用教员。各级政府都修建道路和其他公共工程。所有这些交易构成了政府对产品与服务的购买，约占美国GDP的20%。

这些购买仅仅是政府支出的一种类型。另一种类型是对家庭的转移支付，例如给穷人的公共援助和给老年人的社会保障支付。与政府购买不同，进行转移支付并不是为了交换经济的部分产品与服务的产出。因此，转移支付不包括在变量G中。

转移支付确实对产品与服务的需求有着间接影响。转移支付与税收是相反的：正如税收减少可支配收入一样，转移支付增加家庭的可支配收入。因此，通过增税融资而增加的转移支付使可支配收入不变。现在我们可以把T的定义修改为等于税收减去转移支付。可支配收入，$Y-T$，既包括税收的负效应，也包括转移支付的正效应。

对政府购买和税收水平的选择被称为财政政策（fiscal policy）。如果政府购买等于税收减去转移支付，那么，$G=T$，政府有平衡的预算（balanced budget）。如果G大于T，政府就有预算赤字（budget deficit），要通过发行政府债券——也就是说，通过在金融市场上借款——来为这种赤字融资。如果G小于T，政府就有预算盈余（budget surplus），政府可以使用盈余偿还部分未清偿债务。

这里，我们不解释设定财政政策的政治程序。相反，我们把政府购买和税收作为外生变量。为了表示这些变量是固定的，不由国民收入模型决定，我们写为

$G = \bar{G}$

$T = \bar{T}$

然而，我们确实要考察财政政策对在模型内部决定的内生变量的影响。这里，内生变量是消费、投资和利率。

要了解外生变量如何影响内生变量，我们必须完成模型。这个任务是下一节的主题。

3.4 什么使产品与服务的供给和需求达到均衡？

现在我们已经在图 3-1 所示的循环流程图走了一圈。我们从考察产品与服务的供给开始，刚刚又讨论了产品与服务的需求。我们怎样才能确定所有流量都会实现平衡呢？换言之，什么确保了消费、投资和政府购买之和等于所生产的产出量呢？在这个古典模型中，利率是在实现供给和需求均衡中起到至关重要作用的价格。

有两种方法可用来考虑利率在经济中的作用。我们可以考虑利率如何影响产品或服务的供给和需求。或者我们也可以考虑利率如何影响可贷资金的供给和需求。正如我们将看到的，这两种方法是同一枚硬币的两面。

产品与服务市场的均衡：经济中产出的供给和需求

下列方程总结了 3.3 节关于产品与服务需求的讨论：

$Y = C + I + G$

$C = C(Y - T)$

$I = I(r)$

$G = \bar{G}$

$T = \bar{T}$

对经济中产出的需求来自消费、投资和政府购买。消费取决于可支配收入；投资取决于实际利率；政府购买和税收是由财政政策制定者设定的外生变量。

让我们把在 3.1 节中学到的有关产品与服务的供给的知识加入这一分析。在那一节中我们看到，生产要素和生产函数决定了向经济供给的产出量：

$Y = F(\bar{K}, \bar{L})$

$= \bar{Y}$

现在我们把这些描述产出供给和需求的方程结合在一起。如果把消费函数和投资函数代入国民收入核算恒等式，我们得到

$$Y = C(Y-T) + I(r) + G$$

由于变量 G 和 T 是由政策固定的，产出 Y 是由生产要素和生产函数固定的，所以，我们可以写成

$$\bar{Y} = C(\bar{Y}-\bar{T}) + I(r) + \bar{G}$$

这个方程是说，产出的供给等于其需求，需求是消费、投资和政府购买之和。

注意到利率 r 是上一个方程中唯一尚未决定的变量。这是因为利率还有一个重要的作用需要发挥：它必须进行调整，确保产品的需求等于供给。利率越高，投资水平越低，从而产品与服务的需求 $C+I+G$ 就越低。如果利率太高，那么，投资就会太低，产出的需求就会小于供给。如果利率太低，那么，投资就会太高，需求就会大于供给。在均衡利率下，产品与服务的需求等于供给。

这个结论可能看起来神秘：利率如何达到使产品与服务的供给和需求实现平衡的水平呢？回答这个问题的最佳方法是考虑如何把金融市场结合进来。

金融市场的均衡：可贷资金的供给和需求

由于利率是金融市场上借款的成本和贷款的回报，所以，我们可以通过考虑金融市场来更好地理解利率在经济中的作用。为此，把国民收入核算恒等式改写为

$$Y - C - G = I$$

$Y-C-G$ 这一项是满足了消费者和政府需求后剩余的产出，称为**国民储蓄**（national saving）或简称**储蓄**（saving，S）。在这种形式下，国民收入核算恒等式表明储蓄等于投资。

为了更充分地理解这个恒等式，我们可以把国民储蓄分为两部分——一部分代表私人部门的储蓄，另一部分代表政府储蓄：

$$S = (Y-T-C) + (T-G) = I$$

$Y-T-C$ 这一项是可支配收入减去消费，即**私人储蓄**（private saving）。$T-G$ 这一项是政府收入减去政府支出，即**公共储蓄**（public saving）。（如果政府支出大于政府收入，那么公共储蓄是负数，政府有预算赤字。）国民储蓄是私人与公共储蓄之和。图 3-1 中的循环流程图揭示了对这个方程的一个解释：这个方程是说，金融市场流入的流量（私人与公共储蓄）必定与金融市场流出的流量（投资）平衡。

为了理解利率如何使金融市场达到均衡，把消费函数与投资函数代入国民收入核算恒等式：

$$Y - C(Y-T) - G = I(r)$$

接下来，注意到 G 和 T 是由政策固定的，Y 是由生产要素和生产函数固定的：

$$\bar{Y} - C(\bar{Y} - \bar{T}) - \bar{G} = I(r)$$
$$\bar{S} = I(r)$$

这个方程的左边表示国民储蓄取决于收入 Y 及财政政策变量 G 和 T。对于固定的 Y、G 和 T 值，国民储蓄 S 也是固定的。方程的右边表示投资取决于利率。

图 3-8 画出了表示为利率的函数的储蓄和投资。由于在这个模型中储蓄不取决于利率（我们以后将放宽这个假设），储蓄函数是一条垂直线。投资函数则是向右下方倾斜的：随着利率的降低，更多的投资项目有利可图。

粗略地看一眼图 3-8，你也许会认为这是某一特定产品的供给和需求图。实际上，储蓄和投资可以用供给和需求来解释。在这种情况下，"产品"是**可贷资金**（loanable funds），其"价格"是利率。储蓄是可贷资金的供给——家庭把自己的储蓄贷给投资者，或者把自己的储蓄存在银行，由银行把资金贷出。投资是可贷资金的需求——投资者通过出售债券直接向公众借款，或者通过从银行贷款间接向公众借款。由于投资取决于利率，可贷资金的需求量也取决于利率。

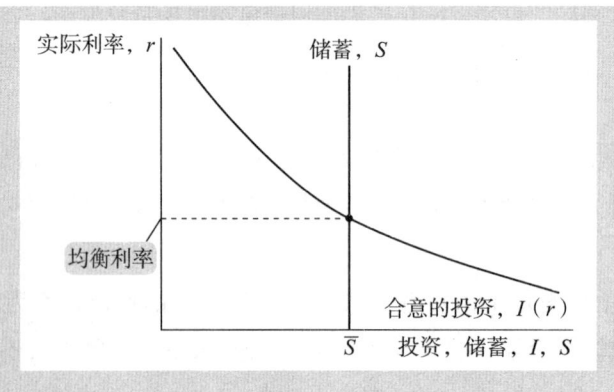

图 3-8 储蓄、投资和利率

利率调整使储蓄与投资平衡。垂直线代表储蓄——可贷资金的供给。向右下方倾斜的线代表投资——可贷资金的需求。这两条曲线的交点决定了均衡利率。

利率将进行调整，直到企业想要投资的量等于家庭想要储蓄的量为止。如果利率太低，那么投资者想要用于投资的经济中的产出会大于家庭想要储蓄的量。等价地，可贷资金的需求量会大于供给量。当这种情况发生时，利率会上升。相反，如果利率太高，那么家庭想储蓄的量会大于企业想投资的量。由于可贷资金的供给量大于需求量，利率会下降。均衡利率位于这两条曲线的相交处。在均衡利率，家庭储蓄的意愿与企业投资的意愿平衡，可贷资金的供给量等于需求量。

储蓄的变动：财政政策的效应

我们可以用我们的模型来说明财政政策如何影响经济。当政府改变其支出或税收水平时，它影响经济中产品与服务产出的需求，改变国民储蓄、投资和均衡利率。

政府购买的增加 考虑政府购买增加某一数量 ΔG 的效应。直接的影响是产品与服务的需求增加了 ΔG。但是，由于总产出是由生产要素固定的，所以，政府购买的增加必定伴随着某一其他类型需求的减少。由于可支配收入 $Y-T$ 不变，所以消费 C 也不变。因此，政府购买的增加必定伴随着投资的等量减少。

为了使投资减少，利率必须上升。因此，政府购买的增加引起利率上升和投资减少。我们说政府购买**挤出**（crowd out）了投资。

为了更好地理解挤出，考虑政府购买增加对可贷资金市场的影响。由于政府购买增加并没有伴随着税收的增加，所以，政府要通过借贷——也就是说，通过减少公共储蓄——来为增加的支出融资。由于私人储蓄不变，所以，这种政府借贷减少了国民储蓄。正如图 3-9 所示，国民储蓄的减少由可用于投资的可贷资金供给的向左移动来代表。在初始利率处，可贷资金的需求大于供给。均衡利率上升到投资曲线与新储蓄曲线的交点处。因此，政府购买的增加引起利率从 r_1 上升到 r_2。

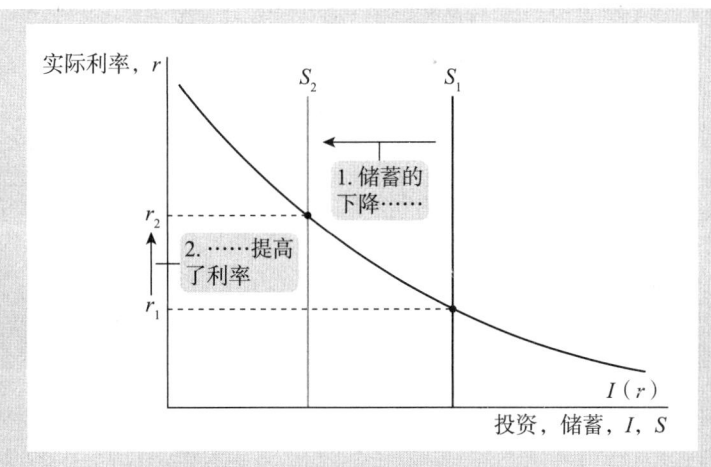

图 3-9 储蓄的减少
储蓄的减少（可能是财政政策变动的结果）使储蓄曲线向左移动。新均衡是新储蓄曲线与投资曲线的交点。储蓄的减少降低了投资量并提高了利率。我们说，减少储蓄的财政政策行动挤出了投资。

税收减少 现在考虑税收减少 ΔT 的情况。减税的直接影响是增加了可支配收入，从而增加了消费。可支配收入增加 ΔT，消费的增加量等于 ΔT 乘以边际消费倾向（MPC）。MPC 越高，减税对消费的影响就越大。

由于经济的产出是由生产要素固定的，且政府购买水平是由政府固定的，所以消费的增加必然伴随着投资的减少。要使投资下降，利率必须上升。因此，和政府购买增加一样，减税挤出了投资并提高了利率。

我们也可以通过考察储蓄和投资来分析减税的效应。由于减税使可支配收入增加了 ΔT，所以，消费增加了 $MPC \times \Delta T$。国民储蓄 S（等于 $Y-C-G$）减少的量等于消费增加的量。正如图 3-9 所示，储蓄减少使可贷资金供给向左移动，这提高了均衡利率并挤出了投资。

投资需求的变动

到现在为止，我们已经讨论了财政政策如何改变国民储蓄。我们也可以用我们的模型考察市场的另一边——投资需求。本节我们研究投资需求变动的原因和效应。

投资需求可能增加的一个原因是技术创新。例如，假定某人发明了一种新技术，例如铁路或者电脑。企业或家庭可以利用这种创新之前必须先购买投资品。在铁路机车生产出来和铁轨铺上之前，铁路的发明是没有价值的。在电脑被制造出来之前，有关电脑的思想也没有生产性。因此，技术创新导致了投资需求的增加。

投资需求也会由于政府通过税法鼓励或抑制投资而改变。例如，假定政府增加个人所得税，并用额外的收入为那些投资于新资本的人提供减税。这种税法的改变使更多的投资项目有利可图，而且，与技术创新一样，增加了投资品的需求。

图 3-10 表示投资需求增加的效应。在任何给定的利率下，投资需求（从而可贷资金需求）增加了。这种需求的增加由投资曲线向右移动来表示。经济从原来的均衡 A 点移动到新的均衡 B 点。

图 3-10 令人惊讶的结果是均衡投资量不变。在我们的假设下，固定的储蓄水平决定了投资量；换言之，存在固定的可贷资金供给。投资需求增加仅仅提高了均衡利率。

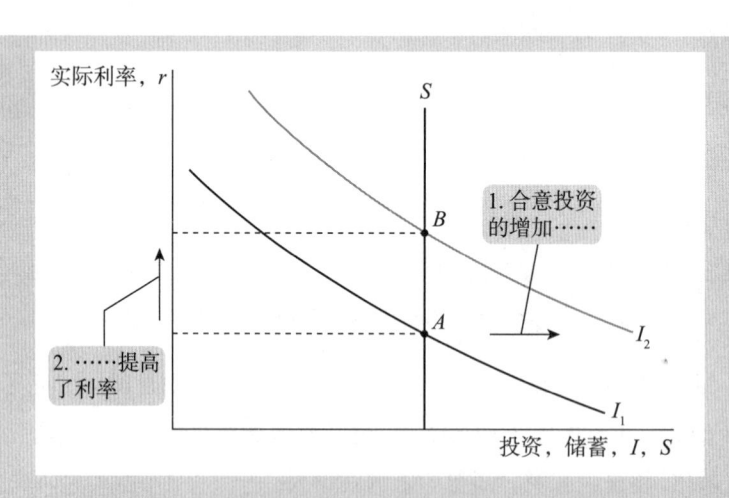

图 3-10　投资需求的增加

投资需求的增加使投资曲线向右移动。在任何给定的利率下，投资量增加了。均衡从 A 点移动到 B 点。由于储蓄量是固定的，投资需求的增加使利率上升，而均衡的投资量不变。

但是，如果我们修改一下我们的简单消费函数，并使消费（以及它的反面，储蓄）取决于利率，那么，我们就会得出不同的结论。由于利率是储蓄的回报（也是借款的成本），所以，更高的利率可能会减少消费并增加储蓄。如果是这样的话，储蓄曲线将向右上方倾斜，而不是垂直的。

当储蓄曲线向右上方倾斜时，投资需求的增加提高了均衡利率和均衡投资量。图 3-11 表示了这种变化。利率的上升使家庭消费得更少和储蓄得更多。消费的减少为投资释放了资源。

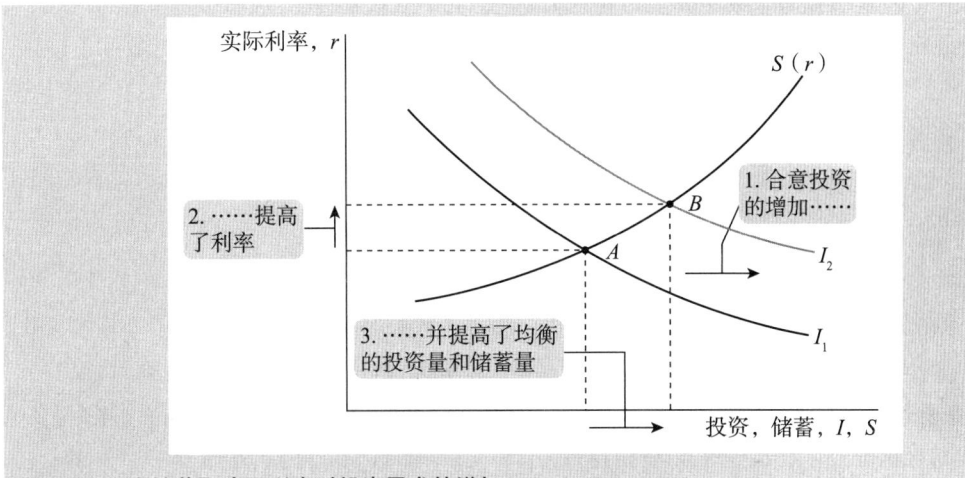

图 3-11　当储蓄取决于利率时投资需求的增加
当储蓄与利率正相关时，投资曲线向右移动提高了利率和投资量。更高的利率使人们增加储蓄，从而使投资增加。

3.5　结论

在本章中，我们建立了一个解释经济中产品与服务产出的生产、分配和配置的模型。这个模型依赖于价格调整使供给和需求平衡的古典假设。在这个模型中，要素价格使要素市场达到均衡，利率使产品与服务的供给和需求（或者等价地，可贷资金的供给和需求）达到均衡。因为这个模型纳入了图 3-1 中循环流程图所阐释的所有相互作用，所以，这个模型有时也被称为一般均衡模型（general equilibrium model）。

我们在本章讨论了这个模型的各种应用。这个模型可以解释收入如何在生产要素中进行分配，以及要素价格如何取决于要素供给。我们也用这个模型讨论了财政政策如何改变产出在其不同用途——消费、投资和政府购买——之间的配置以及财政政策如何影响均衡利率。

现在回顾一下这个模型的一些简化性假设是有帮助的。在后面的章节中，我们将放宽这些假设。

- 我们忽略了货币的作用，货币是用于买卖产品与服务的资产。在第 4 章和第 5 章中，我们讨论货币如何影响经济，以及货币政策的影响。
- 我们假设不存在与其他国家的贸易。在第 6 章中，我们讨论国际相互作用如何影响我们的结论。
- 我们假设劳动力是充分利用的。在第 7 章中，我们考察失业的原因，并会看到公共政策如何影响失业水平。

- 我们假设资本存量、劳动力和生产技术是固定的。在第 8、9、10 章中，我们将会看到这三项的每一项随时间的变化如何导致经济中产品与服务产出的增长。
- 我们忽略了短期黏性价格的作用。在第 11～15 章，我们将建立一个包括黏性价格在内的短期波动模型。

在继续学习这些章节之前，回到本章的开头，确保你能够回答我们开始提出的有关国民收入的问题。

快速测验

1. 一家完全竞争企业的经理观察到，劳动的边际产量是每小时 5 单位，资本的边际产量是每台机器 40 单位，工资为每小时 20 美元，资本的租赁价格是每台机器 120 美元，产出的价格是每单位 5 美元。为了最大化利润，该经理应该雇用_____劳动和租赁_____资本。

   A. 更多，更多 B. 更多，更少
   C. 更少，更多 D. 更少，更少

2. 某个经济有着这样的柯布-道格拉斯生产函数 $Y=10K^{1/3}L^{2/3}$。如果该经济的资本存量翻倍，支付给资本所有者的总收入所占份额将_____。

   A. 增加 10% B. 增加 1/3
   C. 增加 2/3 D. 保持不变

3. 如果移民增加了某个有着柯布-道格拉斯生产函数的经济中的劳动力，那么工资_____，资本的租赁价格_____。

   A. 增加，增加 B. 增加，减少
   C. 减少，增加 D. 减少，减少

4. _____利率的增加_____投资。

   A. 名义，增加 B. 名义，减少
   C. 实际，增加 D. 实际，减少

5. 如果国民收入为 1 200 美元，消费为 600 美元，政府购买为 300 美元，那么国民储蓄为_____美元。

   A. 300 B. 400
   C. 500 D. 600

6. 在税收保持不变的条件下，政府购买的产品和服务的减少将_____均衡实际利率和_____投资。

   A. 增加，增加 B. 增加，减少
   C. 减少，增加 D. 减少，减少

内容提要

1. 生产要素和生产技术决定了经济中产品与服务的产出。一种生产要素的增加或技术进步提高了产出。

2. 竞争性的、利润最大化的企业雇用劳动力，直到劳动的边际产量等于实际工资为止。类似地，这些企业租用资本，直到资本的边际产量等于实际租赁价格为止。因此，每一种生产要素获得的报酬都等于其边际产量。如果生产函数是规模报酬不变的，那么，根据欧拉定理，所有产出都用作投入的报酬，不存在经济利润。

3. 经济中的产出用于消费、投资和政府购买。消费取决于可支配收入，与可支配收入正相关。投资取决于实际利率，与实际利率负相关。政府购买和税收是由财政政策决定的外生变量。

4. 实际利率进行调整，使经济中产出的供给和需求达到均衡——或者，等价地，使可贷资金的供给（储蓄）与可贷资金的需求（投资）达到均衡。国民储蓄的减少（可能是由于政府购买的增加或者税收的减少）降低了可贷资金的供给，减少了均衡的投资量并提高了利率。投资需求的增加（也许是因为技术创新或者对投资的税收激励）提高了可贷资金的需求，也提高了利率。只有在更高的利率刺激储蓄增加时，投资需求的增加才会增加投资量。

关键概念

生产要素　　　　生产函数
规模报酬不变　　要素价格
竞争性企业　　　利润
劳动的边际产量　边际产量递减
实际工资　　　　资本的边际产量
资本的实际租赁价格　经济利润 vs. 会计利润
柯布-道格拉斯生产函数

可支配收入　　消费函数
边际消费倾向　利率
名义利率　　　实际利率
国民储蓄（储蓄）　私人储蓄
公共储蓄　　　可贷资金
挤出

复习题

1. 什么决定了一个经济生产的产出量？

2. 解释一个竞争性的、利润最大化的企业如何决定每种生产要素的需求量。

3. 在收入分配中规模报酬不变的作用是什么？

4. 写出资本回报是总收入的 1/4 的柯布-道格拉斯生产函数。

5. 什么决定了消费和投资？

6. 解释政府购买和转移支付之间的差别。每种情况各举两个例子。

7. 什么使经济中产品与服务的需求与供给相等？

8. 解释当政府增加税收时，消费、投资和利率会发生什么变动。

问题与应用

1. 用新古典分配理论预测下列每个事件对实际工资和资本实际租赁价格的影响：

 a. 移民潮增加了劳动力。

 b. 地震摧毁了部分资本存量。

 c. 技术进步改善了生产函数。

 d. 高通货膨胀令经济中所有要素和产出的价格翻倍。

2. (Work It Out) 假定中世纪欧洲的生产函数是 $Y = K^{0.5} L^{0.5}$，其中 K 是土地数量，L 是劳动数量。该经济一开始有 100 单位土地和 100 单位劳动。用计算器和本章的方程求出以下每个问题的答案：

 a. 该经济生产多少产出？

 b. 工资和土地租赁价格是多少？

 c. 劳动收到的产出份额是多少？

 d. 如果有一半的人口因为一场瘟疫而病死了，那么新的产出水平是多少？

 e. 新的工资和土地租赁价格是多少？

 f. 劳动现在收到的产出份额是多少？

3. 如果资本和劳动各增加 10% 而引起的产出

增加少于10%，我们说生产函数表现出规模报酬递减（decreasing returns to scale）的性质。如果资本和劳动各增加10%而引起的产出增加多于10%，我们说生产函数表现出规模报酬递增（increasing returns to scale）的性质。为什么生产函数可能表现出规模报酬递减或递增呢？

4. 假定某经济的生产函数是参数 $α=0.3$ 的柯布-道格拉斯生产函数。

　　a. 资本和劳动得到的收入比例是多少？

　　b. 假定移民使劳动力增加了10%。总产出会发生什么变化（用百分比表示）？资本的租赁价格呢？实际工资呢？

　　c. 假定来自国外的资本捐赠使资本存量增加了10%。总产出会发生什么变化（用百分比表示）？资本的租赁价格呢？实际工资呢？

　　d. 假定技术进步使参数 A 的值提高了10%。总产出会发生什么变化（用百分比表示）？资本的租赁价格呢？实际工资呢？

5. 图3-5显示，在美国的数据中，劳动收入在总收入中所占比例随着时间的推移大体保持不变。表3-1显示了实际工资的趋势和劳动生产率的趋势几乎同步。这些事实是如何联系的？如果第二个事实不是真实的，第一个事实可能是真实的吗？利用劳动份额的数学表达式对你的答案做出解释。

6. 根据新古典分配理论，一个工人的实际工资反映了他的生产率。让我们用这一见解考察两组工人的收入：农民和理发师。用 W_f 和 W_b 表示农民和理发师的名义工资，P_f 和 P_b 表示食物和理发的价格，A_f 和 A_b 表示农民和理发师的边际生产率。

　　a. 对于这6个变量中的每一个，尽可能精确地说出用来衡量它们的单位。（提示：每个答案的形式为"X/单位 Y"。）

　　b. 在过去的一个世纪中，由于技术进步，农民的生产率 A_f 大幅度提高。根据新古典分配理论，农民的实际工资 W_f/P_f 应该发生什么变动？这一实际工资是用什么单位来衡量的？

　　c. 在同一时期中（过去的一个世纪），理发师的生产率 A_b 没有改变。理发师的实际工资 W_b/P_b 应该发生什么变动？这一实际工资是用什么单位来衡量的？

　　d. 假定在长期工人可以在当农民和当理发师之间自由流动。这种流动性对农民和理发师的名义工资 W_f 和 W_b 意味着什么？

　　e. 你前面的回答对理发和食物的相对价格 P_b/P_f 意味着什么？

　　f. 假定理发师和农民消费相同的产品和服务篮子。谁从农业技术进步中受益更多——是农民还是理发师？解释你的答案与 b 和 c 两小问中实际工资的结果是如何保持一致的。

7. （本题要求运用微积分。）考虑有三种投入的柯布-道格拉斯生产函数。K 是资本（机器数量），L 是劳动（工人人数），H 是人力资本（工人中具有大学学位的人数）。生产函数是

$$Y = K^{1/3} L^{1/3} H^{1/3}$$

　　a. 推导出劳动的边际产量的表达式。人力资本量的增加怎样影响劳动的边际产量？

　　b. 推导出人力资本的边际产量的表达式。人力资本量的增加怎样影响人力资本的边际产量？

　　c. 支付给劳动的收入份额是多少？支付给人力资本的收入份额是多少？在这个经济的国民收入核算中，你认为工人会得到多大份额的总收入？（提示：考虑人力资本的回报出现在哪里。）

　　d. 一个非技能型工人的报酬等于劳动的边际产量，而一个技能型工人的报酬等于劳动的边际产量加上人力资本的边际产量。运用你得到的 a 与 b 小问的答案，找出技能型工人与非技能型工人工资的比率。人力资本量增加如何影响这个比率？请解释。

　　e. 一些人主张政府提供大学奖学金以创造一个更加平等的社会。另一些人则认为，大学奖学金只能帮助那些能上大学的人。你对前面问题的回答对这一争论提供了什么见解？

8. 政府增加税收1 000亿美元。如果边际消费倾向是0.6，以下各项会发生什么变化？它们会

增加还是减少？增加或减少的数量是多少？

  a. 公共储蓄。

  b. 私人储蓄。

  c. 国民储蓄。

  d. 投资。

9. 假定消费者信心的提高增加了消费者对未来收入的预期，从而增加了他们现在希望消费的数量。这可以解释为消费函数向上移动。这种移动如何影响投资和利率？

10. （ Work It Out）考虑由下列方程描述的一个经济：

$$Y = C + I + G$$
$$Y = 8\,000$$
$$G = 2\,500$$
$$T = 2\,000$$
$$C = 1\,000 + 2/3(Y - T)$$
$$I = 1\,200 - 100r$$

  a. 在这一经济中，计算私人储蓄、公共储蓄和国民储蓄。

  b. 找出均衡利率。

  c. 现在假定 G 减少了 500。计算私人储蓄、公共储蓄和国民储蓄。

  d. 找出新的均衡利率。

11. 假定政府等量地增加税收和政府购买。作为对这种保持预算平衡的变动的反应，利率和投资会发生什么变动？解释你的答案会如何取决于边际消费倾向。

12. 当政府通过投资税收抵免这类政策以补贴投资时，这种补贴常常只适用于某些类型的投资。请你考虑这种变动的效应。假定经济中有两种类型的投资：企业投资和住房投资。利率调整使得国民储蓄和总投资（企业投资和住房投资之和）达到平衡。现在假定政府实行只针对企业投资的税收抵免。

  a. 这一政策如何影响企业投资的需求曲线？如何影响住房投资的需求曲线？

  b. 画出经济中可贷资金的供给与需求曲线。该政策如何影响可贷资金的供给和需求？均衡利率会发生什么变动？

  c. 比较原来的均衡与新均衡。该政策如何影响总投资量？如何影响企业投资量？如何影响住房投资量？

13. 假定消费取决于利率。这会如何改变本章得到的关于政府购买的增加对投资、消费、国民储蓄和利率的影响的结论（如果会改变的话）？

14. 宏观经济数据没有显示投资与利率之间存在强相关。让我们考察一下为什么可能是这样。使用我们在本章建立的利率调整使可贷资金供给（向上倾斜）与可贷资金需求（向下倾斜）达到平衡的模型。

  a. 假定可贷资金的需求是稳定的但其供给逐年波动。什么可能造成供给的波动？在这种情况下，你会发现投资与利率之间有何种相关性？

  b. 假定可贷资金的供给是稳定的，但需求逐年波动。什么可能引起需求的波动？在这种情况下，现在你会发现投资与利率之间有何种相关性？

  c. 假定这个市场上的供给和需求都随时间推移而波动。如果你要绘出一幅投资与利率的散点图，你将发现什么？

  d. 你认为以上三种情况中哪一种在经验上最现实？为什么？

对于标有 Work It Out 的题目，网上有答案并且给出了类似题目的在线指导。为了得到这些答案以及其他学习资源，请访问 Achieve for Macroeconomics, 11e：https://achieve.macmillanlearning.com。

快速测验答案

1. A   2. D   3. C   4. D   5. A   6. C

附录　不断加深的贫富差距

本章考察了新古典分配理论，它说明了国民收入如何分配给生产要素（资本和劳动）。在这个附录中，我们考察国民收入分配的另一个方面：贫富差距。美国经济以及世界上许多其他经济引人注目的一个变化是20世纪70年代以来收入不平等的增加。

图3-12用基尼系数阐明了这个现象。基尼系数是收入差别的一个测度。关于这个统计数字如何构建的细节在这里并不重要，但是，注意基尼系数总是在0和1之间，0代表完全平等（所有的家庭收入相同），1代表完全不平等（所有的收入归一个家庭）。[①] 该图显示了1947—2018年家庭收入的基尼系数。这个测度从1947年的0.38降到了1968年的0.35，这说明在此期间收入变得稍微平等一点了。但是，此后，经济经历了收入不平等上升的时期。基尼系数上升到了2018年的0.45。

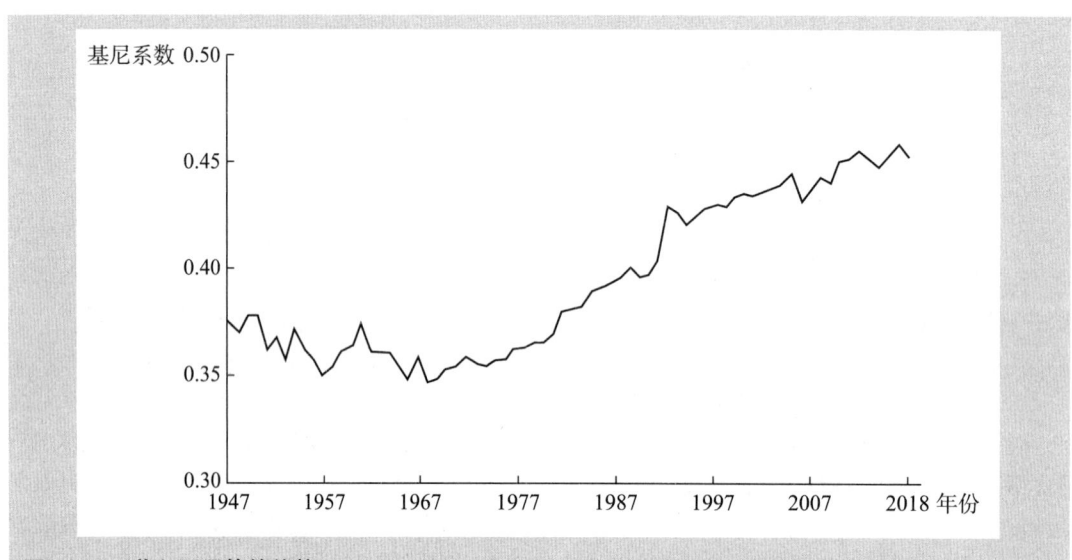

图3-12　收入不平等的趋势

基尼系数是收入差别的一个测度。本图表明，家庭收入不平等从1947年到1968年下降了，但此后开始上升。

资料来源：U. S. Department of Commerce.

用什么解释收入不平等的上升呢？经济学家付出了很多努力，试图解答这个问题。到目前为止，还没有确定性的答案，但已经有许多假说被提了出来。让我们讨论一些起作用的力量。

资本份额上升

故事的一部分是本章讨论的要素份额的变化。正如本章指出的那样，国民收入的劳动份额从1970年的高达73%下降到了2012年的低至63%，资本份额在此期间从27%增加到了

---

① 数学注释：对基尼系数常常做如下解释：如果你从人口中随机选择两个人的收入，它们的差的绝对值除以人口的平均收入，期望为基尼系数的两倍。

37%。由于资本收入比劳动收入更集中于更高收入的家庭,所以,劳动份额的下降和资本份额的上升倾向于增加收入不平等。

有两种可能的方法解释要素份额的这一变化。如果我们维持产品市场和要素市场是竞争性的这个假设,那么,自然的解释就是技术了。也许,近来的技术进步降低了劳动在产品和服务生产中的作用,提高了资本的作用。自动化这个术语指的是使用资本设备(如机器人)执行以前由工人执行的任务。人工智能——用计算机系统复制人类感知和决策——的进展可以说在近些年里已经加快了自动化的步伐。

对要素份额变化的另一个可能的解释背离了竞争市场的假设,考虑了各种形式的市场势力的可能性。有些企业在产品市场有垄断势力,这使得它们能够把价格提高到边际成本之上;有些企业在劳动市场有(买方)垄断势力,这使得它们能够把工资降低到劳动的边际产品价值之下。类似地,通过强有力的讨价还价,有些劳动力成员行使了一定程度的工人势力,这使得他们能获得比竞争市场上更高的工资。结果,国民收入在资本和劳动之间的分配取决于企业市场势力和工人市场势力的相对程度。有些经济学家的研究表明,在过去几十年里,企业的市场势力提高了,而工人势力下降了,这导致了劳动份额的减少。[①] 与这个假说相一致的一个证据是美国私人部门劳动力中工会会员比例的减少,从 20 世纪 50 年代最高时的超过 1/3 下降到了今天的大约 6%。

不管原因是什么,要素份额的变化仅仅是收入不平等上升之谜的一部分。如果我们观察劳动收入内部,我们发现,高工资工人的收入和低工资工人的收入之差自 20 世纪 70 年代以来大幅增加。这一情况不是关于国民收入在资本和劳动之间的分配,而是涉及劳动收入在技能型工人(如有大学学位的工人)和非技能型工人(没有大学学位的工人)之间的分配。技能型工人的工资一直高于非技能型工人,但是,在过去几十年里,技能型工人的工资比非技能型工人增长得更快,这加剧了收入不平等。

教育和技术的竞赛

收入不平等上升的另一个诊断来自克劳迪娅·戈尔丁(Claudia Goldin)和劳伦斯·卡茨(Lawrence Katz)这两位经济学家的著作《教育和技术的竞赛》(*The Race Between Education and Technology*)。[②] 他们的主要结论是:"收入不平等的急剧上升主要是由于受教育程度提高的速度减缓了"。

根据戈尔丁和卡茨的观点,技术进步在过去一个世纪一直是一个稳定的经济动力,不仅提高了平均生活水平,而且增加了对技能型工人相对于非技能型工人的需求。新技术的应用

---

① Thomas Philippon, *The Great Reversal: How America Gave Up on Free Markets* (Cambridge, MA: Belknap Press, 2019); Susanto Basu, "Are Price-Cost Markups Rising in the United States? A Discussion of the Evidence," *Journal of Economic Perspectives* 33, no. 3 (2019): 3-22; Anna Stansbury and Lawrence Summers, "Declining Work Power and American Economic Performance," *Brookings Papers on Economic Activity*, Spring 2020.

② Claudia Goldin and Lawrence F. Katz, *The Race Between Education and Technology* (Cambridge, MA: Belknap Press, 2011). 也可参见 David H. Autor, "Skills, Education, and the Rise of Earnings Inequality Among the 'Other 99 Percent'," *Science* 344, no. 6186 (May 23, 2014): 843-851.

需要技能型工人，而非技能型工人则更可能被淘汰。（例如，想想汽车制造中使用的机器人或银行的自动取款机。这些创新取代了非技能型工人但需要更多的电机工程师和软件开发人员。）这种技能偏向型技术变革本身往往会提高技能型工人相对于非技能型工人的工资水平，从而增加收入不平等。

然而，在 20 世纪的大部分时间里，受教育程度提高的速度超过了技能偏向型技术变革的速度。换言之，尽管技术进步增加了对技能型工人的需求，但是，我们的教育系统增加技能型工人供给的速度甚至更快。结果，技能型工人受益于经济增长的程度并没有出现不成比例的情况。确实，直到 20 世纪 70 年代，技能型工人的工资增长比非技能型工人更慢，从而减少了收入不平等。

此后，情况发生了改变。戈尔丁和卡茨称，在过去几十年里，技能偏向型技术变革在继续，但受教育程度的提高却减速了。1950 年出生的工人比 1900 年出生的工人平均多接受了 4.67 年的教育，平均每十年增加了 0.93 年。与此形成对照的是，1975 年出生的工人比 1950 年出生的工人平均多接受了 0.74 年的教育，平均每十年只增加了 0.30 年。也就是说，受教育程度提高的速度下降了 68%。由于技能型工人的供给增长减缓了，他们的工资相对于非技能型工人就增长了。（对个人决策的启示是：对大部分人来说，大学和研究生教育是值得进行的投资。）

如果戈尔丁和卡茨的结论是正确的，那么，逆转收入不平等的上升将要求把更多社会资源投入教育以增加经济学家所说的人力资本。教育改革这个主题超出了本书的范围，但是，值得指出的是，如果这一改革取得成功，那么，它对经济和收入分配可能会产生深远的影响。

全球化

解释收入不平等上升的另一个假说是国际贸易改变了技能型工人和非技能型工人的相对需求。近些年，美国与其他国家的贸易大幅增加。用占 GDP 的百分比来说，美国进口从 1969 年的 5% 上升到了 2019 年的 15%，美国出口从 1969 年的 5% 上升到了 2019 年的 12%。由于在许多其他国家非技能型劳动充足且廉价，所以，美国往往进口用非技能型劳动生产的产品，出口用技能型劳动生产的产品。于是，当国际贸易规模扩大时，对技能型劳动的国内需求增加，对非技能型劳动的国内需求减少。劳动需求的这些移动提高了技能型劳动的工资，减少了非技能型劳动的工资，这增加了收入不平等。

全球化的效应就像技能偏向型技术变革的效应。当工作自动化了时，非技能型工人可以被机器人取代，但运转日益复杂的生产过程需要技能型工人。当工作被外包给国外时，国内的非技能型工人可以被国外的非技能型工人取代，但监督日益复杂的全球供应链需要技能型经理人。在这两种情况下，对非技能型工人的需求都下降，对技能型工人的需求都上升。

与中国的贸易增加这个现象作为收入不平等上升的一个可能原因受到了许多关注。在中国制造的产品上的支出占美国总支出的百分比从 1991 年的 0.6% 上升到了 2007 年的 4.6%。贸易规模的这一扩大的原因是中国经济的快速增长和中国在 2001 年加入世界贸易组织。有研究已经证实，美国那些面临来自中国进口品最多竞争的地区因此出现了工资下降。于是，当美国各地的消费者因中国进口品带来的更低价格而获益时，某些地区的非技能型工人却忍受着收入的减少。①

为了避免有人就此下结论说全球化是有害的，必须强调，大多数经济学家认为总体上经济受益于国际贸易开放。（第 10 章的一个案例研究讨论了证据。）然而，贸易创造了赢家和输家。尽管全球化提高了经济繁荣程度，它仍旧可能是恶化收入不平等程度的一种力量。

婚姻作用的演变

收入不平等的变化也有各种文化原因。考虑如下事实：今天，配偶收入之间有正相关关系。换句话说，某个收入高于平均水平的人，其配偶的收入很可能也高于平均水平。这个现象也许并不奇怪。它有时候被称为同征择偶。可是，随着时间的推移，配偶收入之间的关系是有变化的。在 20 世纪 60 年代，配偶收入之间的相关关系是负的。过去女性的劳动力参与度比现在要低，男性赚的钱越多，他的妻子工作的可能性越低。配偶收入之间的关系由负变正增加了家庭收入的不平等。②

另一个起作用的力量是婚姻普遍性的变化。在过去几十年里，结婚率总体上在下降，但这个趋势对受教育水平低的人尤其明显。在有大学学位的群体中，25 岁及以上成年人的结婚率从 1990 年的 69% 下降到了 2015 年的 65%。而在高中毕业及以下学历的群体中，结婚率从 1990 年的 63% 下降到了 2015 年的 50%。结果，不但非技能型工人赚得比技能型工人少，而且非技能型工人找到配偶共同建设家庭的可能性比技能型工人低得也越来越多了。这个趋势也增加了家庭收入的不平等。

政策问题

正如我们已经看到的，对于我们观察到的收入不平等的上升，存在许多可能的解释。许多解释有某种程度的正确性，哪些起作用的力量最重要仍然有待争论。

政策制定者应该如何对这些趋势做出反应呢？有些起作用的力量，如技术变革的技能偏向型属性和婚姻作用的演变，可能超出了政策的范围。但我们选举出来的领导人常常对教育政策、反垄断法律、工会化的管制规则、国际贸易协议等议题进行辩论。关于这些议题的决策既影响国民收入的总体水平，也影响国民收入在富人和穷人之间的分配。

除了针对收入不平等的原因采取措施外，政策制定者还可以对收入不平等的症状采取措施。政府的税收和转移支付体系对经济资源进行了从高收入家庭到低收入家庭的再分配。结果，生活水平的不平等低于收入的不平等。再分配的适当程度不是一个纯粹经济学上的问题，它不可避免地基于关于政府作用的价值判断。随着收入不平等的增加，这个在政治辩论中频繁出现的主题将更加突出。

---

① David H. Autor, David Dorn, and Gordon H. Hanson, "The China Syndrome: Local Labor Market Effects of Import Competition in the United States," *American Economic Review* 103, no. 6 (October 2013): 2121-2168.

② Christine R. Schwartz, "Earnings Inequality and the Changing Association Between Spouses' Earnings," *American Journal of Sociology* 115, no. 5 (2010): 1524-1557.

第4章 货币系统：它是什么？如何起作用？

> 人类有史以来有三项伟大的发明：火、轮子和中央银行。
>
> ——威尔·罗杰斯（Will Rogers）

宏观经济政策的两个武器是货币政策和财政政策。财政政策包括政府关于支出和税收的决策，正如我们在上一章所看到的那样。货币政策是指关于一国硬币、通货和银行体系的决策。尽管财政政策通常是由民选代表做出的，如美国、英国、日本等国的国会（英文名称分别为Congress，Parliament，Diet），但货币政策是由中央银行做出的。中央银行一般是民选代表设立的，但允许其独立运作。例子包括美联储、英格兰银行和日本银行。当威尔·罗杰斯说中央银行是有史以来三项最伟大的发明之一时，他可能有些夸大其词，但是，他的话所表明的如下含义是对的：这些政策制定机构对世界各地人们的生活和生计会产生重大影响。

本书的诸多内容致力于解释货币政策和财政政策的效应及其应有的作用。本章我们开始对货币政策进行分析。我们讨论三个相关的问题。第一，什么是货币？第二，一国的银行体系在决定该经济中的货币量上的作用是什么？第三，一国的中央银行如何影响银行体系和货币供给？

本章对货币系统的介绍为理解货币政策提供了基础。在下一章中，与本书第二篇对长期的聚焦一致，我们考察货币政策的长期效应。货币政策的短期效应更加复杂。我们在第11章开始讨论该主题，但是，形成一个完整的解释需要好几章的篇幅。本章将为此做准备。货币政策的长期和短期分析都必须建立在对货币是什么、银行如何影响货币以及中央银行如何控制货币等的理解之上。

4.1 什么是货币？

当我们说一个人有许多钱时，我们通常是指他是富有的。与此相对照，经济学家以一种更特定的方式使用"货币"一词。对一个经济学家来说，货币并不是指所有财富，只是财富的一种类型：**货币**（money）是可以很容易地用于交易的资产存量。大体上说，公众手中的货币（在美国是美元，在其他地方是欧元、比索、英镑、日元等等）构成一个经济的货币存量。

货币的职能

货币有三种职能：价值储藏手段、计价单位和交换媒介。

作为一种**价值储藏手段**（store of value），货币提供了一种把购买力从现在转移到未来的方式。如果你今天工作赚到了 100 美元，那么，你就可以持有这些货币，在明天、下周或下个月花掉。货币不是一种完美的价值储藏手段：如果价格上升，你用任何既定数量的货币所能购买到的产品量就减少了。尽管如此，人们还是持有货币，因为他们可以在未来某个时间用货币交换产品与服务。

作为一种**计价单位**（unit of account），货币提供了人们用于标记价格和记录债务的度量单位。微观经济学告诉我们，资源是根据相对价格——一种产品相对于其他产品的价格——来配置的，但商店用美元和美分来表示它们的价格。一个汽车经销商告诉你一辆汽车的价格是 40 000 美元，而不说价格是 800 件衬衣（尽管这两者可能是等价的）。类似地，大多数债务都要求债务人在未来偿付一定量的美元，而不是一定量的某种商品。货币是我们衡量经济交易的标尺。

作为一种**交换媒介**（medium of exchange），货币是人们用于购买产品与服务的东西。美元上印有这么一句话："这张钞票是所有公共与私人债务的合法清偿手段。"当你走进商店时，你确信店主愿意接受你的货币来交换他们出售的东西。一种资产可以转变为交换媒介和用于交换其他东西（产品、服务或资本资产）的容易程度被称为该资产的流动性（liquidity）。由于货币是交换媒介，它是经济中流动性最高的资产。

为了更好地理解货币的职能，试着想象一个没有货币的经济：物物交换的经济。在这样一个世界中，交易要求需求的双向一致性（double coincidence of wants）——在合适的交易时间和地点，两个人各自有对方正好需要的东西，这是一种不太可能出现的情况。物物交换经济只允许简单的交易。

货币使更为复杂的交易成为可能。一个教授用他的薪水去买书；出版商用他卖书得到的收益去买纸；造纸公司用它卖纸的收益购买木材并将其磨成纸浆；木材商用销售木材的收益向伐木工人支付报酬；伐木工人用他的收入送孩子上大学；而大学用学费收入支付教授的薪水。在现代经济中，交易常常涉及多方，货币的使用促进了这样的交易。

货币的类型

货币有许多种形式。在美国经济中，我们用美元进行交易，其唯一功能是作为货币。这些印有著名美国人物小型肖像的绿色纸张如果不是作为货币被普遍接受的话，将一文不值。没有内在价值的货币称为**法定货币**（fiat money），因为它是由政府的规定或法令确定为货币的。

虽然法定货币在今天的大多数经济中是常态，但历史上大多数社会都曾把有某种内在价值的商品作为货币。这种货币称为**商品货币**（commodity money）。最普遍的商品货币的例子是黄金。当人们把黄金作为货币时（或者使用可兑换为黄金的纸币时），该经济被认为是在实行**金本位制**（gold standard）。黄金是一种商品货币，因为除了用于交易外，黄金可以用于多种目的——首饰、镶牙，等等。在19世纪末金本位制在全世界普遍存在。

案例研究

战俘营里的货币

在第二次世界大战期间的某些纳粹战俘营（prisoner of war，POW）中发展出了一种不同寻常形式的商品货币。红十字会向战俘提供各种产品——食物、衣服、香烟等。但分发这些配给品时并没有仔细考虑个人偏好，因此，配置常常是无效率的。一个战俘可能偏爱巧克力，另一个战俘可能偏爱奶酪，而第三个战俘可能想要件新衬衣。战俘不同的偏好与禀赋导致他们相互交易。

但是，物物交换被证明是配置这些资源的一种不方便的方法，因为它要求需求的双向一致性。换言之，物物交换体系不是确保每个战俘得到自己最想要的产品的最便利的方法。即便是战俘营这个有限的经济也需要某种形式的货币以促进交易。

最终香烟变成了用于标记价格和进行交易的通用"货币"。例如，一件衬衣价值80支香烟。服务也可以用香烟来标价：一些战俘为其他战俘提供洗衣服务，价格是每洗一件衣服2支香烟。甚至不吸烟的人在交换中也愿意接受香烟，因为他们知道可以在未来用香烟交换某种自己喜欢的产品。在战俘营内香烟成为价值储藏手段、计价单位和交换媒介。①

法定货币的演变

毫不奇怪，在任何社会，无论多么原始，总会出现某种形式的商品货币来促进交换：人们愿意接受黄金这样的商品货币是因为它有内在价值。但是，法定货币更令人困惑。是什么使得人们开始看重本身无用的某些东西呢？

为了理解从商品货币到法定货币的演变是如何发生的，设想一个经济：人们需要携带一袋袋黄金。当进行一笔购买时，买者要量取出准确的黄金量。如果卖者相

---

① R. A. Radford，"The Economic Organisation of a P. O. W. Camp," *Economica*（November 1945）：189-201. 用香烟作为货币并不限于这个例子。在20世纪80年代末的苏联，成包的万宝路香烟在庞大的地下经济中比卢布更受欢迎。

信黄金的重量和成色是正确的,那么交换就发生了。

政府也许会首先介入货币系统来帮助人们减少交易成本。把未处理过的黄金作为货币是有很高的成本的,因为检验黄金成色与衡量正确的数量需要时间。为了减少这些成本,政府可以铸造成色与重量可知的金币。由于金币的价值是被广泛认可和信任的,所以它们用起来比金块更方便。

下一步是政府接受公众拿来交换黄金券——可以兑换为一定量黄金的纸钞——的黄金。如果人们相信政府把纸钞兑换为黄金的承诺,钞票就和黄金本身同样有价值。此外,由于钞票比黄金(和金币)轻,所以更易于在交易中使用。最终,根本不会有人携带黄金,而这些以黄金为后盾的政府钞票就变成了货币本位。

最后,黄金后盾变成无关紧要的了。如果没有一个人再想把钞票兑换成黄金,也就没有一个人关心这种选择权是否被废弃了。只要每一个人在交换中都接受纸币,这些纸币就有了价值并发挥货币的作用。这样,商品货币系统就演变为法定货币系统。最后,在交换中使用货币成了一种社会习俗:由于人们预期其他人认为法定货币有价值,所以每个人都认为法定货币有价值。

案例研究

雅浦岛人的货币和社会习俗

雅浦是太平洋上的一个小岛,它的经济中曾有这么一种类型的货币,它是介于商品货币和法定货币之间的某种东西。雅浦传统的交换媒介是"费"(fei,石币),即一种直径达12英尺的石轮。这些石轮中央有洞,以便用杆子携带和用于交换。

大石轮并不是一种方便的货币形式。石轮很重,所以,"费"的新所有者在完成交易后把它们带回家要花费相当大的气力。尽管这种货币系统方便了交换,但这样做的代价也很高。

最后,"费"的新所有者无须保存实物石轮成为一种普遍的做法。替代的办法是:新所有者仅仅接受"费"的占有权而并不挪动它。在未来的交易中,他用这种占有权交换他想要的产品。拥有实物石轮变得不如拥有它的法定占有权重要。

当有价值的石轮被大风暴卷入海里时,这种惯例受到了考验。因为所有者丢失货币是偶然的,并不是由于过失,所以,每个人都同意所有者对"费"的占有权仍然有效。甚至在几代人以后,当没有一个活着的人见到过这个石轮时,对"费"的占有权在交换中仍然得到人们的重视。

甚至在今天,石头货币在雅浦岛上仍然受到重视。然而,它不是日常交易中使用的交换媒介。在日常交易中,雅浦岛上的 11 000 个当代居民使用更平淡一些的某样东西:美元。[①]

---

① Norman Angell, *The Story of Money* (New York: Frederick A. Stokes Company, 1929), 88-89.

> **参考资料** 比特币：一种奇怪的数字货币

2009年，世界上出现了一种称为比特币的不寻常的新资产，其创始人是一个化名中本聪（Satoshi Nakamoto）的计算机专家（或专家团队）。根据中本聪的设想，比特币将成为一种只以电子形式存在的货币。个人最初通过使用计算机解答复杂的数学问题来获得比特币。根据所设计的比特币协议，通过这种方式能够被"开采"的比特币的数量被限制在2 100万单位（尽管专家对比特币数量是否真正得到限制意见不一）。比特币被开采出来后，它们就能用于交换。它们可以在有序组织的比特币交易平台与美元和其他通货进行买卖，交换比率由供给和需求决定。你可以用比特币从愿意接受比特币的任何卖主那里买东西。

作为一种货币形式，比特币既非商品货币也非法定货币。不同于商品货币，它们没有内在价值。除了交换外，比特币没有任何用途。不同于法定货币，比特币不是由政府法令创造的。确实，这种电子现金独立于政府而存在这一事实令许多比特币的粉丝感到很兴奋。（一些比特币用户参与毒品交易等非法交易，因此，他们喜欢比特币交易提供的匿名性。）在人们接受比特币可以用于交易这一社会惯例的意义上，比特币才有价值。从这个角度来看，现代的比特币类似于雅浦岛上的原始货币。

比特币的价值（用以美元为单位表示的比特币价格来衡量）在其至今为止很短的历史上波动巨大。在2010年，一个比特币的价格在5美分到39美分之间波动。2011年，它的价格上升到超过1美元；2013年，其价格短暂地超过了1 000美元；2014年下降到了500美元以下。在接下来的几年里，它的价格飞涨，2017年达到了19 000美元以上，然后在2018年暴跌到4 000美元以下。黄金常常被认为是一种风险资产，但是，比特币价格的日常波动性一直是黄金价格波动性的好几倍。

比特币的长期成功取决于它能否成功地实现货币的职能：价值储藏手段、计价单位和交换媒介。许多经济学家怀疑它能否很好地起到这些作用。比特币价格的波动性使得以比特币的形式持有财富风险很高，用它来标价也不方便。至少到目前为止，极少有零售商在交易中接受它，那些接受它的零售商的比特币交易量也很小。

比特币的支持者认为它是未来的货币。但是，另一种可能性是它只是一股投机风潮，最终会自生自灭。①

如何控制货币量？

一个经济中可用的货币量称为**货币供给**（money supply）。在一个商品货币体系中，货币供给就是那种商品的数量。在一个使用法定货币的经济中，例如，今天的大多数经济中，政府控制货币供给：法律约束赋予了政府发行货币的垄断权。正

---

① 要想阅读更多关于比特币的内容，参见 David Yermack, "Is Bitcoin a Real Currency?" in David K. C. Lee ed., *The Handbook of Digital Currency* (London: Elsevier, 2015), 31-44。

如税收水平和政府购买水平是政府的政策工具一样，货币量也是政府的一种政策工具。政府对货币供给的控制被称为**货币政策**（monetary policy）。

在大多数国家，货币政策委托给一个称为**中央银行**（central bank）的部分独立的机构。美国的中央银行是**联邦储备系统**（Federal Reserve）——通常称为美联储（Fed）。如果你看一下美元钞票，你将看到它被称为联邦储备券（Federal Reserve Note）。关于货币政策的决策是由美联储的公开市场委员会做出的。这个委员会由两个群体的人组成：(1) 联邦储备委员会成员，他们是由总统任命并经参议院批准的；(2) 地区联邦储备银行行长，他们是由这些银行的理事会选出来的。美联储公开市场委员会大约每六周召开一次会议，讨论并制定货币政策。

传统上，美联储控制货币供给的主要方法是通过**公开市场操作**（open-market operations）——买卖政府债券。当美联储想增加货币供给时，它用美元从公众那里购买政府债券。由于美元从美联储流入公众手中，这种购买增加了流通中的货币量。相反，当美联储想减少货币供给时，它从自己的资产组合中出售一些政府债券。这种债券的公开市场出售就从公众手中拿走了部分美元，因此，减少了流通中的货币量。（在本章后面，我们将更详细地探究美联储如何控制货币供给。）

如何衡量货币量？

我们的目标之一是决定货币供给如何影响经济，下一章我们转向那个主题。作为该分析的背景，我们先讨论经济学家如何衡量货币量。

由于货币是用于交易的资产的存量，所以，货币量是那些资产的数量。在简单经济中，这一数量很容易衡量。在战俘营中，货币量是营中香烟的数量。在雅浦岛上，货币量是岛上"费"的数量。但我们如何衡量更为复杂的经济中的货币量呢？答案并不是显而易见的，因为没有一种单一的资产用于所有交易。人们可以用各种资产进行交易，例如他们钱包里的现金或支票账户里的存款，尽管一些资产用起来比另一些更方便。

包括在货币量中的最显而易见的资产是**通货**（currency），即未清偿的纸币与硬币之和。大多数日常交易使用通货作为交换媒介。

第二种用于交易的资产是**活期存款**（demand deposits），即人们在自己支票账户上持有的资金。如果大多数卖者接受个人支票或（使用支票账户余额的）借记卡，那么，支票账户上的资产几乎和通货一样方便。也就是说，这种形式的资产能够轻易地促进交易。因此，当衡量货币量时，要在通货上加入活期存款。

一旦我们承认在衡量货币存量时要包括活期存款的逻辑，许多其他资产就成为可包括在内的候选者。例如，储蓄账户的资金可以轻而易举地转到支票账户上或被借记卡使用，这些资产几乎可以同样方便地用于交易。货币市场共同基金允许投资者根据他们的账户签发支票，尽管对所签发支票的数额或支票数量有时候有一些限制。由于这些资产可以很容易地用于交易，所以，有理由认为它们应该被包括在货币量中。

由于判断哪些资产应该被包括在货币存量中很困难,所以就出现了不止一个衡量指标。表4-1列出了美联储计算美国经济货币存量的三个衡量指标,以及每个衡量指标包括的资产清单。从最小到最大,这些衡量指标分别用C、M1和M2来表示。研究货币对经济的效应最常用的衡量指标是M1和M2。

表4-1　　　　　　　　　　货币衡量指标

符号	包括的资产	2020年3月的数量（10亿美元）
C	通货	1 745
M1	通货加活期存款、旅行支票和其他可签发支票的存款	4 268
M2	M1加货币市场共同基金余额、储蓄存款（包括货币市场存款账户）以及小额定期存款	16 104

资料来源：Federal Reserve.

> **参考资料　信用卡和借记卡是如何适应货币系统的?**
>
> 许多人使用信用卡和借记卡购物。由于货币是交换媒介,人们也许自然会想知道这些卡是如何纳入对货币的度量和分析的。
>
> 让我们从信用卡开始。人们可能猜测信用卡是经济中货币存量的一部分。但是,实际上,货币存量的度量并没有把信用卡考虑在内。这是因为信用卡并不真的是一种支付方法,而是一种延期支付的方法。当你用信用卡购物时,发卡银行支付应付款额给商店。此后,你还款给银行。到你需要支付信用卡账单时,你可能通过从你的支票账户转账来支付,要么是电子转账,要么开一张支票。这一支票账户的余额是经济中货币存量的一部分。
>
> 借记卡的情况不同。借记卡从银行账户自动取款来为购物付款。借记卡不允许用户为购物延期付款,而是让用户立即动用其银行账户的存款。使用借记卡类似于开支票。借记卡背后的账户余额包括在货币量的测度中。
>
> 尽管信用卡不是货币的一种形式,它们对分析货币系统仍然是重要的。由于信用卡持有者可以在月末一次性支付许多账单,而不是在购物时分散支付,平均而言,他们可以比没有信用卡的人少持有货币。因此,信用卡的日益普及可能降低了人们选择持有的货币量。换言之,信用卡不是货币供给的一部分,但它们可以影响货币需求。

4.2　银行在货币系统中的作用

在上一节我们以一种高度简化的方式介绍了"货币供给"的概念。我们把货币量定义为公众手中持有的美元数量，我们假设美联储通过公开市场操作改变流通中的美元数量来控制货币供给。尽管这种解释对于理解什么决定了货币供给是一个好的起点，但并不完全，因为它忽略了银行体系在这一过程中的作用。

在本节我们将会看到，货币供给不仅由美联储的政策决定，而且由家庭（它们持有货币）和银行（货币被存放在银行中）的行为决定。首先，我们回忆一下，货币供给既包括公众手中的通货，又包括家庭存放在银行中在交易需要时可以使用的存款（比如支票账户余额）。如果 M 代表货币供给，C 代表通货，D 代表活期存款，我们可以写成

货币供给 ＝ 通货 ＋ 活期存款

$$M = C + D$$

为了理解货币供给，我们必须理解通货与活期存款之间的相互作用，以及银行体系和美联储的政策如何影响货币供给的这两个组成部分。

百分之百准备金银行制度

设想一个没有银行的世界。在这样一个世界，所有货币都表现为通货的形式，货币量就是公众持有的通货量。下面的讨论中假定该经济中有 1 000 美元的通货。

现在引进银行。最初，假定银行接受存款但不进行贷款。银行的唯一目的是为储户提供一个保存货币的安全场所。

银行收到的但没有贷放出去的存款称为**准备金**（reserves）。一些准备金存放在全国各地银行的金库中，但大部分存放在该国中央银行，如美联储。在我们假想的经济中，所有存款都作为准备金持有：银行只是接受存款，把货币作为准备金，直到储户提款或依据余额签发支票为止。这种系统称为**百分之百准备金银行制度**（100-percent-reserve banking）。

假定家庭把这个经济的全部 1 000 美元存入第一银行。第一银行的**资产负债表**（balance sheet）——有关资产和负债的会计报表——如下所示：

第一银行的资产负债表

资产	负债
准备金　1 000 美元	存款　1 000 美元

银行的资产是它作为准备金持有的 1 000 美元；银行的负债是它欠储户的 1 000 美元。与我们经济中的银行不同，这家银行并不放贷，因此它没有从自己的资产中赚到利润。这家银行很可能向储户收取少量费用，以弥补其成本。

这个经济中的货币供给是多少呢？在第一银行创立之前，货币供给是 1 000 美元通货。在第一银行创立之后，货币供给是 1 000 美元活期存款。在银行中存入 1 美元就减少了 1 美元通货而增加了 1 美元存款，因此，货币供给保持不变。如果银

行把百分之百的存款作为准备金,那么,银行体系就不影响货币供给。

部分准备金银行制度

现在设想银行开始将部分存款放贷,例如,向购买住房的家庭或投资于新工厂和设备的企业发放贷款。银行得到的好处是:它们可以对贷款收取利息。银行必须在手头持有一定的准备金,以便储户要提款的任何时候都有准备金可以用。但只要新存款的数量接近提款数量,银行就不必把所有存款都作为准备金。因此,银行家有放贷的激励。当它们这样做时,我们有了**部分准备金银行制度**(fractional-reserve banking),在这种制度下,银行只把它们的部分存款作为准备金。

下面是第一银行发放贷款之后的资产负债表:

第一银行的资产负债表

资产	负债
准备金 200 美元 贷款 800 美元	存款 1 000 美元

这个资产负债表假设,存款准备金率(reserve-deposit ratio)——存款中用作准备金的比率——是20%。第一银行把1 000 美元存款中的 200 美元作为准备金,并贷出其余的 800 美元。

注意当第一银行放出这笔贷款时,它就增加了 800 美元的货币供给。在发放贷款之前,货币供给是 1 000 美元,等于第一银行中的存款。在发放贷款之后,货币供给是 1 800 美元:储户仍然有 1 000 美元活期存款,但现在借款人持有 800 美元通货。因此,在一个部分准备金银行体系中,银行创造了货币。

货币的创造不会停止在第一银行。如果借款人把 800 美元存在另一家银行中(或者如果借款人把 800 美元支付给某人,这个人又把这笔钱存入银行),货币创造的过程就会继续下去。下面是第二银行的资产负债表:

第二银行的资产负债表

资产	负债
准备金 160 美元 贷款 640 美元	存款 800 美元

第二银行得到 800 美元存款,把 20%或 160 美元留作准备金,然后贷出 640 美元。这样,第二银行创造了 640 美元的货币。如果这 640 美元最后存入第三银行,第三银行把 20%或 128 美元作为准备金,贷出 512 美元,结果产生了第三银行的资产负债表:

第三银行的资产负债表

资产	负债
准备金　128美元 贷款　　512美元	存款　640美元

这个过程会一直继续下去。伴随着每一次存款和随后的贷款，更多的货币被创造出来了。

虽然这个货币创造过程可以永远继续下去，但是，它并不能创造无限数量的货币。令 rr 代表存款准备金率，初始的 1 000 美元创造的货币量是：

初始存款 = 1 000 美元
第一银行贷款 = $(1-rr) \times 1\,000$ 美元
第二银行贷款 = $(1-rr)^2 \times 1\,000$ 美元
第三银行贷款 = $(1-rr)^3 \times 1\,000$ 美元
总计货币供给 = $[1+(1-rr)+(1-rr)^2+(1-rr)^3+\cdots] \times 1\,000$ 美元
　　　　　　= $(1/rr) \times 1\,000$ 美元

每 1 美元准备金创造 $1/rr$ 美元的货币。在我们的例子中，$rr=0.2$，因此，初始的 1 000 美元创造了 5 000 美元货币。[①]

银行体系创造货币的能力是银行与其他金融机构之间的主要差别。正如我们在第 3 章中最早讨论的，金融市场的重要功能是把经济中的资源从那些希望把自己部分收入储蓄起来供未来使用的家庭转移到希望借款来购买用于未来生产的投资品的家庭和企业手中。从储蓄者向借款者转移资金的过程被称为**金融中介化**（financial intermediation）。许多机构的作用就是作为金融中介：最著名的例子是股票市场、债券市场和银行体系。然而，在这些金融机构中，只有银行在法律上有权创造作为货币供给一部分的资产（例如支票账户）。因此，银行是唯一直接影响货币供给的金融机构。

注意，尽管部分准备金银行制度体系创造了货币，但它并没有创造财富。当一家银行贷出一部分准备金时，它给了借款人进行交易的能力，从而增加了货币供给。但是，借款人承担了对银行的债务义务，因此，贷款并没有使他们变得更富有。换言之，银行体系的货币创造过程增加了经济的流动性，但并没有增加经济的财富。

银行资本、杠杆和资本要求

到目前为止所介绍的银行体系模型是一个简化了的模型。这不一定是一个问

---

① 数学注释：总货币供给推导的最后一步用了无穷等比数列之和的代数结果。根据这个结果，如果 x 是一个介于 -1 与 1 之间的数，那么，
　　　$1+x+x^2+x^3+\cdots = 1/(1-x)$
在这个应用中，$x=1-rr$。

题：毕竟，所有的模型都是简化了的。但是，有一个特定的简化假设值得注意。

在我们刚刚考察的银行资产负债表中，银行吸收存款和利用这些存款来发放贷款或作为准备金持有。根据这个讨论，你可能会认为开办银行不需要任何资源。但这并不是事实。开办银行有资本方面的要求。也就是说，银行的所有者必须有一些金融资源才能开业。这些资源被称为**银行资本**（bank capital），或者等价地，称为该银行的所有者权益。

下面是一个看起来更现实的银行资产负债表：

真实银行的资产负债表

资产		负债和所有者权益	
准备金	200 美元	存款	750 美元
贷款	500 美元	债务	200 美元
证券	300 美元	资本（所有者权益）	50 美元

银行从三个渠道获得资源：所有者提供资本、从客户手里吸收存款和通过发行债务向投资者募集资金。银行以三种方式来利用这些资源：一些作为准备金持有；一些被用于发放银行贷款；一些被用来购买金融证券，比如政府债券或公司债券。考虑到每种资产的风险和回报以及限制银行选择的各种监管，银行把资源分配到这些资产类别中。资产负债表左侧的准备金、贷款和证券必须在总和上与资产负债表右侧的存款、债务和资本相等。两者相等是源于如下事实：根据定义，所有者权益的数值等于银行资产（准备金、贷款和证券）的数值减去其负债（存款和债务）的数值。

银行体系的基础是一种称为**杠杆**（leverage）的现象。杠杆是指出于投资的目的，使用借来的钱补充现有的资金。杠杆率（leverage ratio）是银行的总资产（资产负债表的左侧之和）与银行资本（资产负债表右侧代表所有者权益的项目）之比。在这个例子中，杠杆率是 1 000 美元/50 美元，即 20。这意味着对于银行所有者所投入的每 1 美元资本，银行拥有 20 美元的资产。在这 20 美元资产中，有 19 美元是通过借来的钱融资的——要么通过接受存款，要么通过发行债务。

由于杠杆的存在，在艰难时期，银行会很快地丧失资本。为了看出是怎么回事，让我们继续上面这个例子。如果银行的资产价值仅仅下降 5%，那么，1 000 美元的资产现在仅值 950 美元。因为银行欠储户和债务持有者（且他们在法律上有被首先偿付的权利），因此所有者权益的价值降到零。也就是说，当杠杆率是 20 时，银行资产价值 5%的下降将会导致银行资本百分之百的下降。如果资产的价值下降超过 5%，那么，资产就会下降到少于债务，从而使银行资本成为负数。这时我们说银行资不抵债。在没有存款保险时，对于银行资本可能耗尽从而储户可能得不到全额偿付的恐惧是产生银行挤兑的原因。

银行监管机构要求银行必须持有足够的资本。**资本要求**（capital requirement）

的目标是保证银行能够偿付它们的储户和其他债权人。要求的资本数量取决于银行所持有的资产种类。如果银行持有政府债券之类的安全资产，监管机构对于其资本的要求就少于银行持有给信用水平可疑者的贷款之类的风险资产的情形。

银行资本和杠杆这些晦涩难懂的问题通常是银行家、监管机构和金融专家讨论的问题，但是，在2008—2009年金融危机期间和之后，这些问题变成了公众争论的突出问题。在这次金融危机期间，住房价格的下跌导致许多银行和其他金融机构在抵押贷款担保证券上遭受了损失。由于杠杆，银行资本的损失比例比银行资产的损失比例要大得多，有些机构变得资不抵债了。这些事件的影响并不限于金融体系，而是遍及整个经济。在这次危机之后，为了减少未来危机的可能性，立法和监管上的变化对许多银行施加了更高和日益复杂的资本要求。①

现在，我们可以把银行资产和杠杆这些问题放到一边。但是，当我们在第13和19章讨论金融危机时，它们就会重新浮现出来。

4.3 中央银行如何影响货币供给

明白了货币是什么和银行体系如何影响经济中的货币量，我们就为考察中央银行如何影响银行体系和货币供给做好了准备。这种影响是货币政策的本质。

一个货币供给模型

如果美联储加入1美元到经济中并且那1美元被作为准备金持有，那么，货币供给的增加量就正好是1美元。但是，正如我们已经看到的，如果那1美元被存入银行且银行只将存款的一部分作为准备金持有，那么，货币供给的增加就超过1美元。结果，为了理解是什么决定了部分准备金银行制度下的货币供给，我们需要考虑美联储、银行和家庭决策之间的相互作用：（1）美联储关于创造多少美元的决策，（2）银行关于将存款作为准备金持有还是作为贷款放贷的决策，（3）家庭关于将它们的货币以通货还是活期存款的形式持有的决策。本节建立一个包括所有这些因素的货币供给模型。

这个模型有三个外生变量：

- **基础货币**（monetary base）B 是公众以通货形式持有的美元 C 和银行以准备金形式持有的美元 R 的总量。它由美联储直接控制。
- **存款准备金率**（reserve-deposit ratio）rr 是银行持有的准备金占存款的比例。它由银行的经营政策和监管银行的法律决定。
- **通货存款比**（currency-deposit ratio）cr 是人们持有的通货量 C 对其活期存

---

① 关于更高资本要求的理由，参见 Anat Admati and Martin Hellwig, *The Bankers' New Clothes：What's Wrong with Banking and What to Do About It*（Princeton NJ：Princeton University Press, 2013）。

款量 D 的比例。它反映了家庭对其希望持有的货币形式的偏好。

通过说明货币供给如何取决于基础货币、存款准备金率以及通货存款比，这个模型对于理解美联储的政策以及银行与家庭的选择如何影响货币供给是有帮助的。

我们从货币供给和基础货币的定义开始：

$$M = C + D$$
$$B = C + R$$

第一个方程是说，货币供给是通货与活期存款之和。第二个方程是说，基础货币是通货与银行准备金之和。为了解出作为模型中三个外生变量（B、rr 和 cr）的函数的货币供给，我们用第一个方程除以第二个方程，得到

$$\frac{M}{B} = \frac{C+D}{C+R}$$

然后，我们把方程右边表达式的分子和分母同时除以 D：

$$\frac{M}{B} = \frac{\frac{C}{D}+1}{\frac{C}{D}+\frac{R}{D}}$$

注意 C/D 是通货存款比 cr，R/D 是存款准备金率 rr。进行这些替代，并把 B 从等式的左边移到右边，我们得到

$$M = \frac{cr+1}{cr+rr} \times B$$

这个方程说明了货币供给是如何取决于模型中的三个外生变量的。

现在我们可以看到，货币供给与基础货币是成比例的。比例因子 $(cr+1)/(cr+rr)$ 用 m 来表示，称为**货币乘数**（money multiplier）。我们可以写出

$$M = m \times B$$

每 1 美元基础货币产生 m 美元货币。由于基础货币对货币供给有乘数效应，所以，基础货币有时被称为**高能货币**（high-powered money）。

下面是一个数字例子。假定基础货币 B 是 8 000 亿美元，存款准备金率 rr 是 0.1，而通货存款比是 0.8。在这种情况下，货币乘数是

$$m = \frac{0.8+1}{0.8+0.1} = 2.0$$

货币供给是

$$M = 2.0 \times 8\,000 \text{ 亿美元} = 16\,000 \text{ 亿美元}$$

每 1 美元基础货币产生 2 美元货币，因此，总的货币供给是 16 000 亿美元。

现在我们可以看出三个外生变量（基础货币、存款准备金率和通货存款比）的变动如何引起货币供给变动。

1. 货币供给与基础货币是成比例的。因此，基础货币的增加引起货币供给按同样的百分比增加。

2. 存款准备金率越低，银行发放的贷款就越多，银行从每 1 美元准备金中创造

出来的货币也就越多。因此，存款准备金率的下降提高了货币乘数，增加了货币供给。

3. 通货存款比越低，公众作为通货持有的基础美元就越少，银行作为准备金持有的基础美元也就越多，银行能够创造的货币也就越多。因此，通货存款比的下降提高了货币乘数，增加了货币供给。

记住这个模型，我们就可以讨论美联储影响货币供给的方式了。

货币政策工具

尽管做出美联储直接控制货币供给这一简化的假设常常是适当的，但实际上美联储是通过多种工具间接地控制货币供给的。这些工具可以被分成两大类：一类影响基础货币，另一类影响存款准备金率从而影响货币乘数。

美联储如何改变基础货币？ 正如我们前面讨论的，公开市场操作是指美联储对政府债券的买卖。当美联储从公众手中购买债券时，它为债券支付的美元就增加了基础货币，从而增加了货币供给。当美联储向公众出售债券时，它收到的美元就减少了基础货币，从而减少了货币供给。公开市场操作是美联储传统上最经常使用的政策工具（尽管近些年里，一些其他工具起的作用更大了）。

美联储也通过将储备金借给银行来改变基础货币。当银行认为它们手头没有充足的准备金时，它们就从美联储借款，以满足银行监管机构、应对储户提款、发放新贷款或满足其他业务经营要求。当美联储贷款给那些难以从其他地方获得资金的银行时，我们就说它扮演了最后贷款者（lender of last resort）的角色。

银行可以通过多种方式从美联储借款。传统上，银行在美联储的所谓贴现窗口（discount window）借款。**贴现率**（discount rate）是美联储在这些贷款上收取的利率。贴现率越低，所借的准备金越便宜，银行在美联储贴现窗口所借的资金就越多。因此，贴现率的下降增加了基础货币和货币供给。

2008—2009年金融危机期间，陷入困境的银行不愿意从贴现窗口借款，因为它们担心这么做将向公众传达出自身疲弱的信号。作为对此的反应，美联储设立了几种新机制，以便银行从它那里借款。例如，在短期标售工具（Term Auction Facility）下，美联储设定它要贷给银行的资金数量，然后，符合条件的银行为借入这些资金而竞标。符合条件的银行中出价最高者，也就是拥有可接受的抵押品并且愿意支付的利率最高的银行，获得贷款。在贴现窗口，美联储设定贷款的价格，银行决定借款的数量；与此不同，在短期标售工具下，美联储设定借款数量，银行间的竞争性投标过程决定价格。最后一次短期标售工具拍卖发生在2010年，但是这一政策表明，美联储有多种方式改变基础货币和货币供给。

美联储如何改变存款准备金率？ 正如我们的货币供给模型所示，货币乘数在基础货币和货币供给之间建立了联系。货币乘数取决于存款准备金率，而存款准备金率又受到美联储的多种政策工具的影响。

法定准备金率（reserve requirements）是美联储施加给银行的最低存款准备金率。法定准备金率的上升往往会提高存款准备金率，从而降低货币乘数和货币供给。可是，银行可能持有**超额准备金**（excess reserves），即高于最低要求的准备金。法定准备金率的变动在历史上是美联储的政策工具中使用频率最低的。2020年3月，美联储完全取消了法定准备金率要求。

2008年10月，美联储开始支付**准备金利息**（interest on reserves）。也就是说，当一家银行以在美联储存款的形式持有准备金时，美联储就开始为这些存款向该银行支付利息。这一变化给美联储提供了又一种影响经济的工具。准备金利率越高，银行将选择持有的准备金就越多。因此，准备金利率的上升将倾向于提高存款准备金率、降低货币乘数和货币供给。对准备金支付的利率可以说是近些年里最重要的货币政策工具。

案例研究

量化宽松与基础货币的激增

图4-1显示了1960—2020年的基础货币。你可以看到，2007年后发生了非同寻常的事情。1960—2007年，基础货币随时间的推移逐渐增加。但是，在之后的2007—2014年，基础货币急剧增加，仅仅几年的时间内就增加了约4倍。

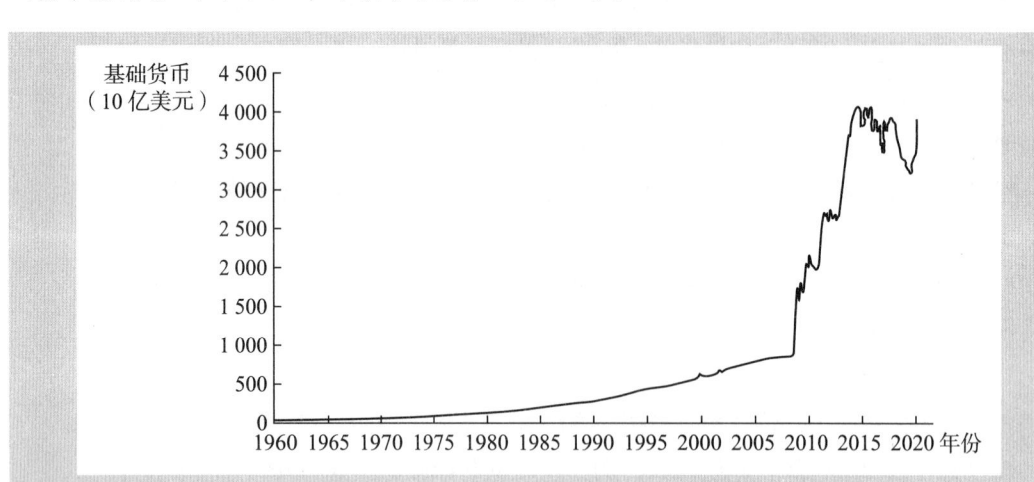

图4-1 基础货币

在历史上，基础货币随时间的推移增长相对平缓，但是，2007—2014年，它增加了近4倍。与此同时，基础货币的巨大增加并没有伴随着M1和M2的类似增加。

资料来源：U. S. Federal Reserve.

基础货币的这一巨大增加归因于美联储在金融危机和经济低迷时期采取的行动。在金融市场陷入动荡时，美联储史无前例地积极应对。起初，它购买大量的抵押贷款担保证券。它的目标是恢复抵押贷款市场的秩序，以便那些想购买自住房的人能够借款。后来，美联储实施了一项购买长期政府债券以推高其价格和降低长期利率的政策。这一政策被称为量化宽松（quantitative easing），它是一种公开市场操作。但是，美联储并不是像其通常在公开市场操作中那样购买短期国库券,而是购买更长期的和风险更高的证券。这些公开市场购买导致了基础货币的大幅增加。

但是,基础货币的巨大增加并没有导致更广泛的货币供给指标的类似增加。尽管基础货币在2007—2014年增加了约400%,但M1只增加了100%,M2只增加了55%。这些数字表明,伴随着基础货币的巨大增加的是货币乘数的大幅下降。为什么货币乘数会下降呢?

本章前面介绍的货币供给模型表明,货币乘数的一个关键决定因素是存款准备金率 rr。从2007年到2014年,存款准备金率大幅增加了,这是因为银行选择持有大量的超额准备金。也就是说,银行把许多可用资金作为准备金,而不是发放贷款。(超额准备金从2007年的约15亿美元上升到2014年的约2.5万亿美元。)这个决策阻碍了部分准备金银行制度下正常的货币创造过程。

为什么银行选择持有如此多超额准备金呢?部分原因是银行之前发放了导致这次金融危机的许多坏贷款;当这一事实变得很清楚时,银行家尽力收紧其信用标准,只给他们相信具有还款能力的人发放贷款。此外,利率下降到了如此低的水平,以致发放贷款不像过去那样有利可图。银行把它们的金融资源作为超额准备金并没有带来多大损失。

尽管基础货币的扩张并没有导致货币供给的类似扩张,但是,一些评论家担心仍有这种可能性。他们认为,随着经济从低迷中复苏和利率上升到正常水平,银行可能通过发放贷款来减少它们持有的超额准备金。货币供给将开始增长,其增速可能太快了。

然而,美联储的政策制定者意识到了这个潜在的问题并准备进行处理。从2015年到2017年,美联储将它支付的准备金利率从0.25%提高到了1.50%。更高的准备金利率使得持有准备金对银行变得更有利可图,从而抑制了银行放贷和将货币乘数维持在低水平。[①]

货币控制中的问题

美联储有相当大的影响货币供给的能力,但它并不能完美地控制货币供给。银行在如何经营上的斟酌处置和家庭关于个人财务的决策能够导致货币供给以美联储预期不到的方式变动。例如,如果银行选择持有更多的超额准备金,那么,存款准备金率就会增加,货币供给就会下降。类似地,如果家庭决定将更多货币以通货的形式持有,那么,通货存款比就会增加,货币供给就会下降。因此,货币供给有时以美联储不希望出现的方式变动。

案例研究

20世纪30年代的银行倒闭与货币供给

1929年8月—1933年3月间,货币供给下降了28%。正如我们在第13章中将要讨论

[①] 要想阅读更多关于量化宽松的材料,参见 Arvind Krishnamurthy and Annette Vissing-Jorgensen,"The Ins and Outs of LSAPs," Economic Policy Symposium, Jackson Hole, Wyoming, Federal Reserve Bank of Kansas, 2013。

的，一些经济学家相信，货币供给的这一大幅度下降是20世纪30年代的大萧条的主要原因。在大萧条期间，失业达到史无前例的水平，价格猛跌，经济普遍十分艰难。根据这个假说，有人会问：为什么货币供给会如此大幅下降？

表4-2显示了1929年和1933年决定货币供给的三个变量——基础货币、存款准备金率和通货存款比。你可以看到，货币供给的下降并不能归因于基础货币的下降：实际上，在这一时期，基础货币上升了18%。相反，货币供给下降是由于货币乘数下降了38%。货币乘数的下降是因为通货存款比和存款准备金率都大幅度上升了。

表4-2　　　　　　　货币供给及其决定因素：1929年与1933年

	1929年8月	1933年3月
货币供给	**26.5**	**19.0**
通货	3.9	5.5
活期存款	22.6	13.5
基础货币	**7.1**	**8.4**
通货	3.9	5.5
准备金	3.2	2.9
货币乘数	**3.7**	**2.3**
存款准备金率	0.14	0.21
通货存款比	0.17	0.41

资料来源：Milton Friedman and Anna Schwartz, *A Monetary History of the United States, 1867—1960* (Princeton, NJ: Princeton University Press, 1963), Appendix A.

大多数经济学家把货币乘数的下降归因于20世纪30年代早期银行的大量倒闭。1930—1933年，9 000多家银行中止营业，其中有许多拖欠储户的款项。通过改变储户和银行家的行为，银行倒闭引起了货币供给的下降。

通过降低公众对银行体系的信心，银行倒闭提高了通货存款比。人们担心银行倒闭会持续下去，他们开始把通货看作一种比活期存款更合意的货币形式。当他们提取自己的存款时，他们就消耗了银行的准备金。当银行通过减少未清偿的贷款余额来对准备金减少做出反应时，货币创造过程就反转了。

此外，通过使银行家更为谨慎，银行倒闭提高了存款准备金率。在看到许多银行遭到挤兑之后，银行家对只持有少量准备金的经营状况感到担忧。因此，他们把准备金的持有量提高到远高于法定最低水平。正如家庭通过持有更多的通货（相对于存款而言，即更大的通货存款比）来应对银行危机一样，银行家的反应是持有更多的准备金（相对于贷款而言，即更高的存款准备金率）。这些变动共同导致了货币乘数的大幅度下降。

尽管货币供给下降的原因容易解释，但要决定是否应该归罪于美联储却更为困难。有人可能认为，基础货币并没有减少，因此不应该归罪于美联储。美联储这个时期的政策的批评家提出了两个反驳这一观点的论据。第一，批评家认为，当银行在挤兑期间需要现金的时候，美联储本来应该通过作为最后贷款者在防止银行倒闭中扮演更积极的角色。这么做本来会有助于维持对银行体系的信心和防止货币乘数的大幅度下降。第二，他们指出，美联储本来可以通过更多地增加基础货币来对货币乘数的下降做出反应。这些行为中的任何一种都可能阻止货币供给如此大幅度下降，这又可能会降低大萧条的严重程度。

自20世纪30年代以来，许多政策已经被制定出来并付诸实施，它们使得现在不大可能出现货币供给如此大幅度的突然下降。最重要的是，联邦存款保险制度在银行倒闭时保护了储户。设计这一政策的目的是维持公众对银行体系的信心，从而防止通货存款比的大幅度波动。存款保险是有成本的：例如，在20世纪80年代末和90年代初，为了紧急救援许多无偿还能力的储蓄与贷款机构，联邦政府花费甚多。但存款保险有助于稳定银行体系和货币供给。这也是联邦存款保险公司在2008—2009年金融危机期间把每个储户的存款保险金额从100 000美元提高到250 000美元的原因。

4.4 结论

你现在应该理解什么是货币和中央银行如何影响货币供给了。然而，尽管这一成就有价值，但它仅仅是理解货币政策的第一步。下一步，也是更有趣的一步，是理解货币供给的变动如何影响经济。我们在下一章开始研究这个问题。当我们考察货币政策的效果时，我们开始理解中央银行家为了改善经济的运行能做什么和（同样重要的是）不能做什么。但是，需要预先告知的是，你将不得不等到本书的最后才会看到这个谜的所有部分各就其位。

快速测验

1. 以下哪项不是货币供给的一部分？
   A. 你口袋里的硬币
   B. 你钱包里的纸币
   C. 你的退休金账户上的余额
   D. 你的支票账户上的资金

2. 在部分准备金银行制度中，银行放贷增加了_____。
   A. 基础货币   B. 货币供给
   C. 超额准备金   D. 经济体的净值

3. 如果中央银行想增加货币供给，它可以在公开市场操作中_____债券，或者_____准备金要求。
   A. 买入，增加   B. 买入，降低
   C. 卖出，增加   D. 卖出，降低

4. 如果美联储降低它支付给准备金的利率，它将_____货币乘数，_____货币供给。
   A. 增加，增加   B. 增加，减少
   C. 减少，增加   D. 减少，减少

5. 由于杠杆的存在，某银行资产价值下降5%将导致该银行_____价值下降_____5%。
   A. 资本，超过   B. 资本，低于
   C. 存款，超过   D. 存款，低于

6. 假定交易技术的变革减少了人们想持有的通货相对于活期存款的数量。如果美联储什么都不做，那么，货币供给将_____。但是，美联储可以通过在公开市场操作中_____债券来维持货币供给不变。
   A. 增加，买入   B. 增加，卖出
   C. 减少，买入   D. 减少，卖出

内容提要

1. 货币是用于交易的资产存量。它可以用作价值储藏手段、计价单位和交换媒介。不同种类的资产被用作货币：商品货币体系使用具有内在价值的资产，而法定货币体系使用仅有货币职能的资产。在现代经济中，中央银行（如美联储）负责控制货币供给。

2. 部分准备金银行制度体系创造货币，因为每一美元准备金可产生超过一美元的活期存款。

3. 要开办一家银行，银行所有者必须贡献自己的部分金融资源作为银行资本。可是，由于银行采用杠杆，银行资产价值的变动对银行资本的价值有成比例地更大的影响。银行监管机构要求银行持有足够的资本来保证储户得到偿付。

4. 货币供给取决于基础货币、存款准备金率以及通货存款比。基础货币的增加引起货币供给成比例的增加。存款准备金率或通货存款比的下降提高了货币乘数，从而增加了货币供给。

5. 美联储要么通过改变基础货币要么通过改变存款准备金率从而改变货币乘数来影响货币供给。它可以通过公开市场操作或向银行发放贷款来改变基础货币。它可以通过改变法定准备金率或改变它付给银行持有的准备金的利率来影响存款准备金率。

关键概念

货币	价值储藏手段	资产负债表	部分准备金银行制度
计价单位	交换媒介	金融中介化	银行资本
法定货币	商品货币	杠杆	资本要求
金本位制	货币供给	基础货币	存款准备金率
货币政策	中央银行	通货存款比	货币乘数
联邦储备系统	公开市场操作	高能货币	贴现率
通货	活期存款	法定准备金率	超额准备金
准备金	百分之百准备金银行制度	准备金利息	

复习题

1. 描述货币的职能。
2. 什么是法定货币？什么是商品货币？
3. 什么是公开市场操作？它们如何影响货币供给？
4. 解释银行如何创造货币。
5. 美联储影响货币供给的方式有哪些？
6. 为什么银行危机可能导致货币供给的减少？

问题与应用

1. 货币的三种职能是什么？下列物品能满足哪些职能？不能满足哪些职能？

a. 信用卡。
b. 伦勃朗的油画作品。

c. 星巴克礼品卡。

2. 解释以下每一事件如何影响基础货币、货币乘数和货币供给。

a. 美联储在公开市场操作中购买债券。

b. 美联储提高它对银行持有的准备金支付的利率。

c. 美联储减少它通过短期标售工具向银行提供的贷款。

d. 关于电脑病毒对 ATM 的攻击的谣言增加了人们持有的通货（而不是活期存款）的数量。

e. 美联储驾驶直升机在纽约市第五大道空投新发行的面值 100 美元的钞票。

3. 某个经济的基础货币为 1 000 张面值 1 美元的钞票。计算情形 a 至 d 的货币供给，然后回答问题 e。

a. 所有货币都作为通货持有。

b. 所有货币都作为活期存款持有。银行持有 100% 的存款作为准备金。

c. 所有货币都作为活期存款持有。银行持有 20% 的存款作为准备金。

d. 人们持有相同数量的通货和活期存款。银行持有 20% 的存款作为准备金。

e. 中央银行想将货币供给增加 10%。在以上四种情形中的每一种，它应该增加多少基础货币？

4. (Work It Out) 在 Wiknam 国，人们持有 1 000 美元通货和 4 000 美元活期存款。所有的活期存款都存在威克银行，这是该国唯一的银行。存款准备金率为 0.25。

a. 货币供给、基础货币和货币乘数各为多少？

b. 假设威克银行是一家简单的银行：它吸收存款，发放贷款，没有资本。画出该银行的资产负债表。该银行未清偿的贷款的价值是多少？

c. Wiknam 国的中央银行想将货币供给增加 10%。它在公开市场操作中应该购买还是出售政府债券？假设货币乘数不变，计算中央银行需要进行交易的规模（用美元表示）。

5. (Work It Out) 在 Panicia 这个经济中，基础货币为 1 000 美元。人们以通货的形式持有 1/3 的货币（从而 2/3 的货币作为银行存款持有）。银行持有 1/3 的存款作为准备金。

a. 存款准备金率、通货存款比、货币乘数和货币供给各为多少？

b. 有一天，人们开始对银行体系感到担心，于是，现在人们想以通货的形式持有一半的货币。如果中央银行不采取任何措施，新的货币供给是多少？

c. 面对这一恐慌，如果中央银行想实施公开市场操作来将货币供给维持在原来的水平，它购买还是出售政府债券？计算中央银行需要进行交易的规模（用美元表示）。

6. 正如本章的一个案例研究所讨论的，因为通货存款比和存款准备金率都上升了，1929—1933 年货币供给出现了下降。运用货币供给模型和表 4-2 中的数据回答以下有关这一时期的假设性问题。

a. 如果通货存款比上升，但存款准备金率保持不变，货币供给会发生什么变动？

b. 如果存款准备金率上升，但通货存款比保持不变，货币供给会发生什么变动？

c. 这两种变动中哪一种要更多地对货币供给的下降负责？

7. 为了增加税收收入，美国政府在 1932 年对根据银行账户存款签发支票征收 2 美分的税收。（按今天的美元计，这一税收相当于每张支票大约 40 美分。）

a. 你认为这一支票税如何影响通货存款比？请解释。

b. 使用部分准备金银行制度下的货币供给模型讨论这一税收如何影响货币供给。

c. 许多经济学家认为，货币供给的下降对 20 世纪 30 年代大萧条的严重性负有部分责任。从这个视角来看，在大萧条中期征收这一支票税是一项好政策吗？

8. 给出一个杠杆率为 20 的银行资产负债表的例子。如果银行资产价值上升 2%，那么这家银行的所有者权益的价值会如何变化？若要使该银行的资本减少到零，银行资产价值要有多大的下降？

9. （🌐 Work It Out）吉米·保罗·米勒开办了自己的银行，取名JPM（其姓名首字母）。作为银行所有者，吉米投入了2 000美元自己的钱。然后，JPM从吉米的叔叔那里借了4 000美元长期贷款，从其邻居那里吸纳了14 000美元活期存款，购买了7 000美元美国国库券，将10 000美元借给本地企业用于新投资，剩下的银行资产被作为准备金存在美联储。

a. 画出JPM的资产负债表。该银行的杠杆率是多少？

b. 一场经济低迷导致5%的本地企业宣布破产和拖欠贷款。画出JPM的新资产负债表。JPM的资产价值下降了多少百分比？资本下降了多少百分比？

> 对于标有 🌐 Work It Out 的题目，网上有答案并且给出了类似题目的在线指导。为了得到这些答案以及其他学习资源，请访问 Achieve for Macroeconomics，11e：https：//achieve.macmillanlearning.com。

快速测验答案

1. C　　2. B　　3. B　　4. A　　5. A　　6. B

第 5 章　通货膨胀：起因、影响和社会成本

据说，列宁宣称，摧毁资本主义体系的最好方法是使其货币贬值……列宁无疑是正确的。没有什么手段能比使一个社会的货币贬值更微妙地、更可靠地颠覆现有的社会基础了。这个过程用到了所有经济规律的隐蔽力量来破坏现有的社会基础，而且是以一种不到百万分之一的人能觉察到的方式在进行。

——约翰·梅纳德·凯恩斯

从 1970 年到 2020 年，一份《纽约时报》（New York Times，日报）的价格从 15 美分上升到了 3 美元，一打鸡蛋的价格从 60 美分上升到了 1.60 美元，一栋独户住房的中位价格从 23 500 美元上升到了 327 100 美元，从事生产的工人的平均工资从每小时 3.40 美元上升到了 24 美元。这种价格水平的总体上升称为**通货膨胀**（inflation），这正是本章的主题。

通货膨胀率——价格总体水平的百分比变动——在不同时期和不同国家差异很大。在美国，根据消费者价格指数，20 世纪 60 年代价格平均每年上升 2.3%，70 年代平均每年上升 7.1%，80 年代平均每年上升 5.6%，90 年代平均每年上升 3.0%，2000—2019 年期间则是平均每年上升 2.1%。可是，即使在美国通货膨胀问题严重的 20 世纪 70 年代，与其他国家时不时就要经历的异常高的通货膨胀，即所谓的**恶性通货膨胀**（hyperinflation）相比，美国的通货膨胀问题就算不上什么了。恶性通货膨胀的一个经典例子是 1923 年的德国，当时价格平均每月上升 500%。类似的恶性通货膨胀也笼罩着 2008 年的津巴布韦和 2017 年的委内瑞拉，2020 年在津巴布韦又再次出现。

在本章中我们考察关于通货膨胀的起因、影响和社会成本的古典理论。在假设价格具有弹性的意义上，这种理论是"古典"的。正如我们在第 1 章中最早讨论的一样，大多数经济学家认为这个假设描述了长期中的经济行为。与此相对照，许多价格被认为在短期内是有黏性的，从第 11 章开始，我们要把这个事实纳入我们的

分析。就现在而言，我们忽略短期价格黏性。正如我们将要看到的，古典通货膨胀理论不仅提供了一个对长期的良好描述，而且为我们以后将要进行的短期分析提供了一个有用的基础。

导致通货膨胀的"经济规律的隐蔽力量"并不像本章开篇所引用的凯恩斯的那段话中所说的那么神秘。通货膨胀只不过是平均价格水平的上升，而价格是货币交换产品或服务的费用。为了理解通货膨胀，我们必须理解货币——什么是货币，什么影响货币的供给和需求，以及货币对经济有什么影响。在上一章中，我们介绍了经济学家所使用的"货币"概念，讨论了在大多数现代经济中政府设立的中央银行如何控制公众手中的货币量。本章的 5.1 节说明，货币量决定了价格水平，货币量增长率决定了通货膨胀率。

通货膨胀又对经济有许多影响。5.2 节讨论政府通过发行货币能得到的收益，有时候这被称为通货膨胀税（inflation tax）。5.3 节考察通货膨胀如何影响名义利率。5.4 节讨论名义利率如何影响人们希望持有的货币量，从而影响价格水平。

在分析了通货膨胀的原因和影响之后，在 5.5 节中，我们讨论一个也许是有关通货膨胀的最重要的问题：通货膨胀是一个重要的社会问题吗？也就是说，通货膨胀会像本章开篇的引语所表明的那样"破坏现有的社会基础"吗？

最后，在 5.6 节中，我们讨论恶性通货膨胀这种引人注目的情形。恶性通货膨胀之所以激发人们的研究兴趣，是因为它们清楚地说明了通货膨胀的起因、影响和成本。正如地震学家通过研究地震获得了许多关于板块构造的知识一样，经济学家也通过研究恶性通货膨胀如何开始和结束获得了许多关于货币和价格的知识。

5.1 货币数量论

在第 4 章，我们定义了什么是货币，知道了经济中可用的货币量被称为货币供给。我们还看到了货币供给是如何由银行系统和中央银行的政策共同决定的。有了这一基础后，我们现在可以开始考察货币政策的宏观经济影响了。为此，我们需要一个告诉我们货币量如何与价格和收入等其他经济变量相关的理论。我们本节要建立的理论称为货币数量论（quantity theory of money）。该理论植根于早期货币理论家的研究，其中包括哲学家和经济学家大卫·休谟（David Hume，1711—1776）。它现在仍然是有关货币在长期如何影响经济的最重要的解释。

交易与数量方程

如果你听到一个经济学家使用"供给"这个词，你可以确信不久他就会说到"需求"这个词了。确实，在充分探究了货币供给之后，我们现在聚焦于货币需求。

货币数量论的起点是人们为了购买产品与服务而持有货币这一见解。他们为进行这样的交易所需要的货币越多，他们持有的货币就越多。因此，经济中的货币量与交易中交换的美元量相关。

交易与货币之间的关系可以表示为如下方程，称为**数量方程**（quantity equation）：

货币×货币流通速度 = 价格×交易

$$M \times V = P \times T$$

让我们逐一考察这个方程中的四个变量。

数量方程的右边告诉我们的是关于交易的情况。T 代表某一时期（比如说一年）的交易总数。换言之，T 是在一年中用产品或服务交换货币的次数。P 是一次典型交易的价格——交换的美元数量。一次交易的价格和交易次数的乘积 PT 等于一年中交换的美元量。

数量方程的左边告诉我们的是关于用于交易的货币的情况。M 是货币量。V 称为**货币的交易流通速度**（transactions velocity of money），它衡量货币在经济中流通的速度。换言之，货币流通速度告诉我们，在一个给定的时期一张美元钞票转手的次数。

例如，假定在某一年中以每块 2 美元的价格出售了 50 块面包。那么，T 等于每年 50 块面包，P 等于每块面包 2 美元。交换的货币总量为

$$PT = 2 \text{美元} / \text{块} \times 50 \text{块} / \text{年} = 100 \text{美元} / \text{年}$$

数量方程的右边等于每年 100 美元，它是所有交易的美元价值。

进一步假定经济中的货币量是 20 美元。重新整理数量方程，我们可以计算出货币流通速度是

$$V = PT/M = (100 \text{美元} / \text{年})/(20 \text{美元}) = 5 \text{次} / \text{年}$$

也就是说，若要用 20 美元货币每年做 100 美元的交易，每一美元必须每年转手 5 次。

数量方程是一个恒等式（identity）：四个变量的定义确保了这个恒等式的正确。这种类型的方程之所以有用，是因为它表明如果一个变量变动了，那么为了保持等式成立，一个或更多个其他变量也要变动。例如，如果货币量增加而货币流通速度不变，那么，要么价格要么交易次数必须上升。

从交易到收入

当研究货币在经济中的作用时，经济学家通常采用与刚才介绍的数量方程略有不同的方程。第一个方程的问题是交易次数难以衡量。为了解决这个问题，交易次数 T 被替换为经济中的总产出 Y。

交易与产出是相关的，因为经济生产得越多，买卖交易的产品也就越多。但是，它们并不相同。例如，当一个人把一辆二手车卖给另一个人时，他们用货币进行交易，然而二手车并不是现期产出的一部分。不过，交易的美元价值大体上与产

出的美元价值成比例。

如果 Y 代表产出量，P 代表一单位产出的价格，那么，产出的美元价值是 PY。我们在第 2 章讨论国民收入核算时遇到过这些变量的衡量指标：Y 是实际 GDP，P 是 GDP 平减指数，PY 是名义 GDP。数量方程变为

$$\text{货币} \times \text{货币流通速度} = \text{价格} \times \text{产出}$$
$$M \times V = P \times Y$$

由于 Y 也是总收入，这个形式的数量方程中的 V 被称为**货币的收入流通速度**（income velocity of money）。货币的收入流通速度告诉我们，在一个给定时期一张美元钞票进入某个人收入的次数。这个形式的数量方程是最常见的，它也是我们从现在起使用的形式。

货币需求函数和数量方程

当我们分析货币如何影响经济时，把货币量表示成它可以购买的产品与服务的数量常常是有帮助的。这个量，即 M/P，称为**实际货币余额**（real money balances）。

实际货币余额衡量货币存量的购买力。例如，考虑一个只生产面包的经济。如果货币量是 20 美元，而一块面包的价格是 2 美元，那么，实际货币余额是 10 块面包。也就是说，按现期价格，经济中的货币存量能购买 10 块面包。

货币需求函数（money demand function）是一个表明人们希望持有的实际货币余额数量的决定因素的方程。以下是一个简单的货币需求函数：

$$(M/P)^d = kY$$

式中，k 为常数，它告诉我们对于每一美元的收入，人们想要持有的货币是多少。这个方程说明，实际货币余额需求量与实际收入成比例。

货币需求函数类似于产品的需求函数，只不过这里的"产品"是持有实际货币余额的方便性。正如拥有一辆汽车使一个人出行更容易一样，持有货币使进行交易更容易。因此，正如更高的收入导致更大的汽车需求一样，更高的收入也导致更高的实际货币余额需求。

这个货币需求函数提供了看待数量方程的另一种方式。为了理解这一点，给货币需求函数加上一个条件：实际货币余额需求 $(M/P)^d$ 必须等于供给 M/P。因此，

$$M/P = kY$$

简单整理各项后，这个方程变为

$$M(1/k) = PY$$

上式也可以写为

$$MV = PY$$

式中，$V=1/k$。这几步简单的数学过程显示了货币需求与货币流通速度之间的联系。当人们想对每一美元的收入持有大量货币时（即 k 大时），货币转手就不频繁

(V小)。相反，当人们只想持有少量货币时（k小），货币转手就频繁（V大）。换言之，货币需求参数k和货币流通速度V是同一枚硬币的两面。

货币流通速度不变的假设

数量方程可以被看成一个定义：它把货币流通速度V定义为名义GDP（即PY）与货币量M的比率。但是，如果我们再增加一个假设：货币流通速度不变，那么，数量方程就成为关于货币的影响的一个有用的理论，称为**货币数量论**（quantity theory of money）。

和经济学中的许多其他假设一样，货币流通速度不变的假设是一种简化。如果货币需求函数变动，货币流通速度确实在变动。例如，当引入自动取款机时，人们可以减少他们平均的货币持有量，这就意味着货币需求参数k的下降和货币流通速度V的上升。然而，经验表明，假设货币流通速度不变常常是有用的。因此，让我们假设货币流通速度不变，看一看这个假设在货币供给对经济的影响方面意味着什么。

一旦我们加入货币流通速度不变的假设，数量方程就可以看作是一个关于名义GDP的决定因素的理论。数量方程告诉我们：

$$M\bar{V} = PY$$

式中，V上的小横线意味着货币流通速度是固定的。因此，货币数量（M）的变动必定引起名义GDP（PY）的同比例变动。也就是说，如果货币流通速度是固定的，那么，货币量决定了经济中产出的美元价值。

货币、价格和通货膨胀

现在我们有了一个理论来解释什么决定了经济的价格水平。这个理论有三个组成部分：

1. 生产要素和生产函数决定产出Y。我们从第3章中借用了这个结论。

2. 中央银行设定的货币供给M决定产出的名义价值PY。这个结论来自数量方程和货币流通速度不变的假设。

3. 价格水平P是产出的名义价值PY与产出Y的比率。

换言之，经济的生产能力决定实际GDP，货币量决定名义GDP，GDP平减指数是名义GDP与实际GDP的比率。

这一理论解释了当中央银行改变货币供给时会发生什么。由于货币流通速度V是不变的，所以，货币供给M的任何变动都必定引起产出的名义价值PY的同比例变动。由于生产要素和生产函数已经决定了产出Y，所以，产出的名义价值PY只有在价格水平P变动时才会调整。因此，货币数量论意味着，价格水平与货币供给成比例。

由于通货膨胀率是价格水平的百分比变动，所以，这个价格水平的理论也是一

个通货膨胀率的理论。用百分比变动的形式表示的数量方程为

$$\%\Delta M + \%\Delta V = \%\Delta P + \%\Delta Y$$

逐一考虑这四项。第一，货币量 M 的百分比变动（$\%\Delta M$）由中央银行控制。第二，货币流通速度 V 的百分比变动（$\%\Delta V$）反映货币需求的移动；我们已经假设货币流通速度是不变的，所以，$\%\Delta V=0$。第三，价格水平 P 的百分比变动（$\%\Delta P$）是通货膨胀率，它是我们要解释的变量。第四，产出 Y 的百分比变动（$\%\Delta Y$）取决于生产要素的增长和技术进步。就我们现在的目的而言，我们把产出 Y 的百分比变动视为给定。这一分析告诉我们（除了一个取决于产出的外生增长的常数外），货币供给的增长决定了通货膨胀率。

因此，货币数量论说明，控制货币供给的中央银行能够最终控制通货膨胀率。如果中央银行保持货币供给稳定，价格水平也将稳定。如果中央银行迅速增加货币供给，价格水平将迅速上升。

案例研究

通货膨胀与货币增长

"通货膨胀时时处处都是一种货币现象。"1976 年诺贝尔经济学奖得主、著名的经济学家米尔顿·弗里德曼这样写道。货币数量论使得我们同意，货币量的增长是通货膨胀率的主要决定因素。不过，弗里德曼的观点是经验性的，而非理论性的。为了评价他的观点并判断我们理论的有用性，我们需要看一看货币与价格的数据（见图 5-1）。

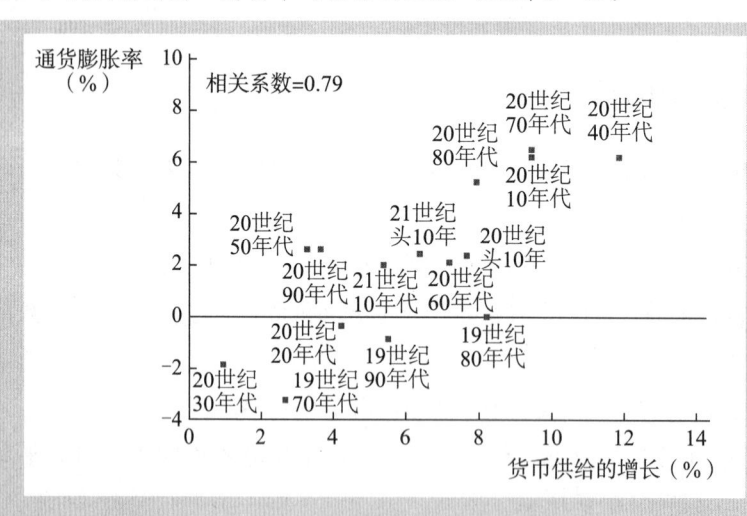

图 5-1 美国通货膨胀与货币增长的历史数据

在这个货币增长和通货膨胀的散点图中，每一个点代表 10 年。横轴表示 10 年间（用 M2 衡量的）货币供给的平均增长，纵轴表示（用 GDP 平减指数衡量的）平均通货膨胀率。货币增长与通货膨胀之间的正相关关系是货币数量论关于高货币增长导致高通货膨胀这一预测的证据。

资料来源：到 20 世纪 60 年代为止的数据：Milton Friedman and Anna J. Schwartz, *Monetary Trends in the United States and the United Kingdom：Their Relation to Income，Prices，and Interest Rates 1867—1975*（Chicago：University of Chicago Press，1982）。最近的数据：U. S. Department of Commerce 和 Federal Reserve Board。

弗里德曼和他的合作者、经济学家安娜·施瓦茨（Anna Schwartz）写了两本关于货币史的专著，这些专著记载了过去一个世纪以来货币量变动的来源与影响。① 图 5-1 使用了他们的数据和更近的几个年代（10 年）的数据，绘出了美国自 19 世纪 70 年代以来每 10 年的平均货币增长率和平均通货膨胀率。这些数据证实了货币数量论所阐述的通货膨胀与货币量增长之间的联系。高货币增长的年代（例如 20 世纪 70 年代）往往有高通货膨胀，低货币增长的年代（例如 20 世纪 30 年代）往往有低通货膨胀。

正如你也许已经在统计课程中学到的，两个变量间的关系可以用相关系数来衡量。如果两个变量的运动完全同步，那么相关系数为 +1；如果不相关，那么相关系数为 0；如果它们的运动完全相反，那么相关系数为 -1。在图 5-1 中，相关系数为 0.79，表明这两个变量的运动接近。

图 5-2 使用国际数据考察了同样的问题。它显示了 2007—2019 年这段时期 115 个国家的平均通货膨胀率以及平均货币增长率。再一次地，货币增长和通货膨胀之间的联系清楚可见。高货币增长的国家（例如马拉维和苏丹）往往有高通货膨胀，而低货币增长的国家（例如日本和美国）往往有低通货膨胀。本图中通货膨胀率和货币供给增长率之间的相关系数为 0.74。

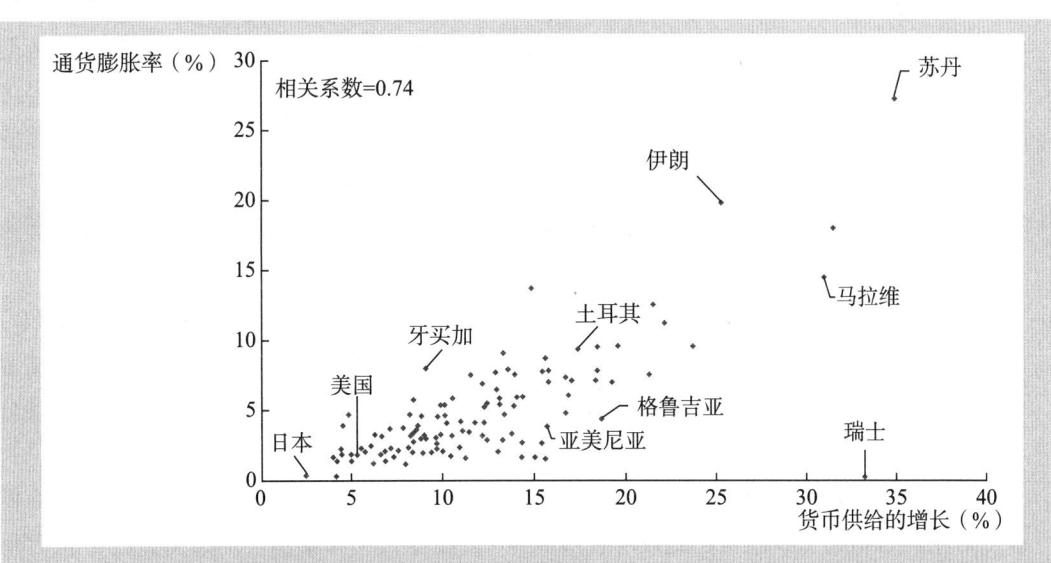

图 5-2 通货膨胀与货币增长的国际数据

在这个散点图中，每一点代表一个国家。横轴表示 2007—2019 年（用一个宽泛的货币总量衡量的）货币供给的平均增长，纵轴表示（用 CPI 衡量的）平均通货膨胀率。再一次地，两者之间的正相关关系是货币数量论关于高货币增长引起高通货膨胀这一预测的证据。

资料来源：International Monetary Fund.

---

① Milton Friedman and Anna J. Schwartz, *A Monetary History of the United States, 1867—1960* (Princeton, NJ: Princeton University Press, 1963); Milton Friedman and Anna J. Schwartz, *Monetary Trends in the United States and the United Kingdom: Their Relation to Income, Prices, and Interest Rates, 1867—1975* (Chicago: University of Chicago Press, 1982).

如果我们考察货币增长和通货膨胀的月度数据，而不是10年期的数据，我们就看不出这两个变量之间的联系会有这么密切。这一通货膨胀理论最适用于长期而非短期。当我们在本书第四篇转向经济波动时，我们将考察货币量变动的短期影响。

5.2 货币铸造税：从发行货币得到的收益

到现在为止，我们看到了货币供给增长如何引起通货膨胀。既然有通货膨胀这样的后果，是什么因素使得中央银行大量增加货币供给？这里我们考察对这个问题的一个解答。

让我们从一个无可争辩的事实出发：所有政府都支出货币。这种支出中的一些用于购买产品与服务（例如道路和警察），一些提供转移支付（例如，对穷人和老年人的转移支付）。政府可以用三种方法为其支出融资：第一，它可以通过税收筹集资金，例如，个人和公司所得税；第二，它可以通过出售政府债券向公众借贷；第三，它还可以发行货币。

通过发行货币筹集的收入称为**货币铸造税**（seigniorage）。这个词来自"seigneur"，一个意为"封建领主"的法语词。在中世纪，领主拥有在自己的领地铸造货币的排他性权利。今天创造货币的权利属于中央政府，它是一项收入来源。经济学家常常把发行货币的过程描述为印钞，尽管由于今天的大多数货币是活期存款的电子记录这种形式而不是通货形式，印钞机并非总是必需的。

当政府发行货币为支出融资时，它增加了货币供给。货币供给的增加又引起通货膨胀。发行货币筹集收入就像征收一种通货膨胀税（inflation tax）。

乍一看，通货膨胀或许不像一种税。毕竟没有一个人因为通货膨胀接到税单；政府仅仅是发行它需要的货币。谁支付通货膨胀税呢？答案是持有货币的人。随着价格上升，你口袋里货币的实际价值下降了。因此，当政府发行新货币供自己使用时，它使公众手中原有的货币不那么有价值了。本质上，通货膨胀是对持有的货币征收的税。

通过发行货币筹集到的收益数量在各国之间差别很大。在美国，这一数额很小：货币铸造税通常不到政府收入的3%。在意大利和希腊，货币铸造税常常占到政府收入的10%以上。[①] 在经历恶性通货膨胀的国家里，货币铸造税常常是政府的主要收入来源——确实，发行货币为支出融资的这种需要是恶性通货膨胀的主要原因。

案例研究

为美国革命支付费用

虽然在近来的历史上货币铸造税并不是美国政府收入的主要来源，但两个半世纪以前的

[①] Stanley Fischer, "Seigniorage and the Case for a National Money," *Journal of Political Economy* 90 (April 1982): 295-313.

局面非常不一样。从 1775 年开始，大陆会议需要找到一种方法为革命融资，但它通过税收筹集资金的能力有限。因此，它主要依靠发行法定货币来支付战争的费用。

大陆会议对货币铸造税的依赖一直在增加。1775 年新发行的大陆币大约为 600 万美元。1776 年为 1 900 万美元，1777 年为 1 300 万美元。这一数量在 1778 年增加到 6 300 万美元，1779 年增加到 12 500 万美元。

毫不奇怪，货币供给的这种迅速增长引起了巨大的通货膨胀。战争结束时，按大陆美元衡量的黄金价格达到了仅仅几年前的 100 多倍。大量的大陆币使大陆美元几乎一文不值。这种经历也产生了一种一度流行的说法：人们过去常说某种东西"不值一大陆美元"，意指该物品没有什么实际价值。

当美国赢得独立时，人们对法定货币产生了自然的怀疑。在第一任财政部长亚历山大·汉密尔顿（Alexander Hamilton）的建议下，国会通过了《1792 年铸币法案》（the Mint Act of 1792），该法案把黄金和白银作为新的商品货币体系的基础。

5.3 通货膨胀与利率

正如我们最早在第 3 章中讨论的，利率是最重要的宏观经济变量之一。本质上，利率是联系现在和未来的价格。在这里我们讨论通货膨胀和利率之间的关系。

两种利率：实际利率与名义利率

假定你把你的储蓄存到一个银行账户上，该账户每年支付给你 8% 的利息。下一年，你提取出你的存款和累积的利息。你比你一年前存款时富了 8% 吗？

答案取决于"富了"的含义是什么。当然，你比你以前多了 8% 的美元。但如果价格上升，那么，每一美元买到的东西减少了，你的购买力并没有增加 8%。如果这一年的通货膨胀率是 5%，那么，你可以买到的产品量只增加了 3%。如果通货膨胀率是 10%，那么，你的购买力下降了 2%。

银行支付的利率是**名义利率**（nominal interest rate），你的购买力的增加是**实际利率**（real interest rate）。如果 i 代表名义利率，r 代表实际利率，而 π 代表通货膨胀率，那么，这三个变量之间的关系可以写为

$$r = i - \pi$$

实际利率是名义利率和通货膨胀率之差。[①]

[①] 数学注释：这个把实际利率、名义利率和通货膨胀率联系起来的方程只是一种近似。准确的公式是 $(1+r) = (1+i)/(1+\pi)$。如果 r、i 和 π 相对较小（比如说，小于每年 20%），正文中的近似就有着不错的准确性。

费雪效应

重新整理实际利率方程,我们可以把名义利率表示为实际利率与通货膨胀率之和:

$$i = r + \pi$$

以这种方式写出的方程称为**费雪方程**(Fisher equation),它以经济学家欧文·费雪(Irving Fisher,1867—1947)的名字命名。费雪方程表明名义利率可以由于两个原因而变动:实际利率变动或通货膨胀率变动。

一旦把名义利率分为这两个部分,我们就可以用这个方程来建立一种解释名义利率的理论。第 3 章说明了实际利率的调整使储蓄与投资平衡。货币数量论说明了货币增长率决定通货膨胀率。费雪方程则告诉我们,把实际利率和通货膨胀率加在一起决定了名义利率。

货币数量论和费雪方程共同告诉我们货币增长如何影响名义利率。根据货币数量论,货币增长率提高 1 个百分点引起通货膨胀率上升 1 个百分点。根据费雪方程,通货膨胀率上升 1 个百分点又引起名义利率上升 1 个百分点。通货膨胀率和名义利率之间这种一对一的关系称为**费雪效应**(Fisher effect)。

案例研究

通货膨胀与名义利率

费雪效应对解释利率有多大用处呢?为了回答这个问题,我们看看有关通货膨胀率和名义利率的两类数据。

图 5-3 显示了 1954—2019 年美国的名义利率和通货膨胀率随着时间的变动。你可以看到,费雪效应很好地解释了这段时期名义利率的波动。当通货膨胀率高时,名义利率一般也高;当通货膨胀率低时,名义利率一般也低。通货膨胀率和名义利率之间的相关系数为 0.77。

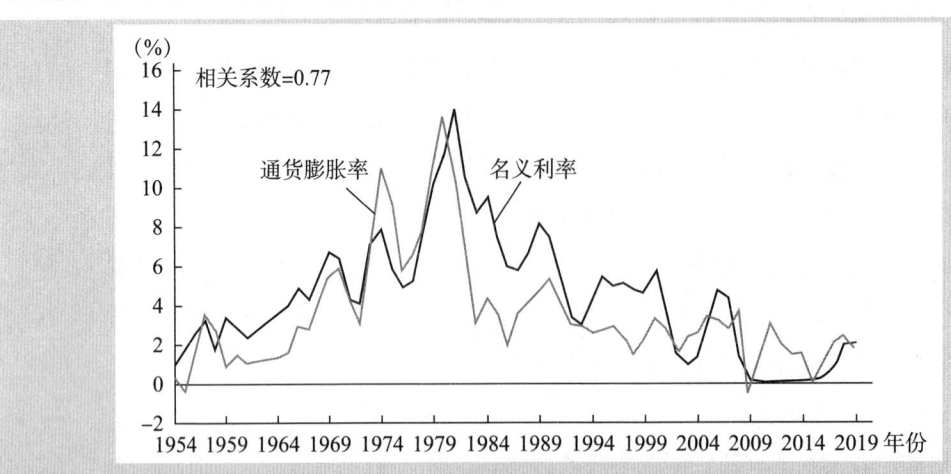

图 5-3　随时间变化的通货膨胀率与名义利率

本图绘出了 1954 年以来美国的(3 个月期国债)名义利率和(用 CPI 衡量的)通货膨胀率。它表明了费雪效应:更高的通货膨胀率导致了更高的名义利率。

资料来源:Federal Reserve.

对各国差异的考察也提供了类似的支持费雪效应的证据。正如图5-4所示,一个国家的通货膨胀率与其名义利率是相关的。通货膨胀率高的国家往往名义利率也高,通货膨胀率低的国家往往名义利率也低。这两个变量之间的相关系数为0.81。

华尔街的投资公司十分了解通货膨胀率与利率之间的联系。由于债券价格与利率反向运动,所以,人们可以通过正确地预测利率变动的方向而致富。为了预测利率的变动,许多华尔街公司都雇用美联储观察员来监控货币政策和有关通货膨胀的新闻。

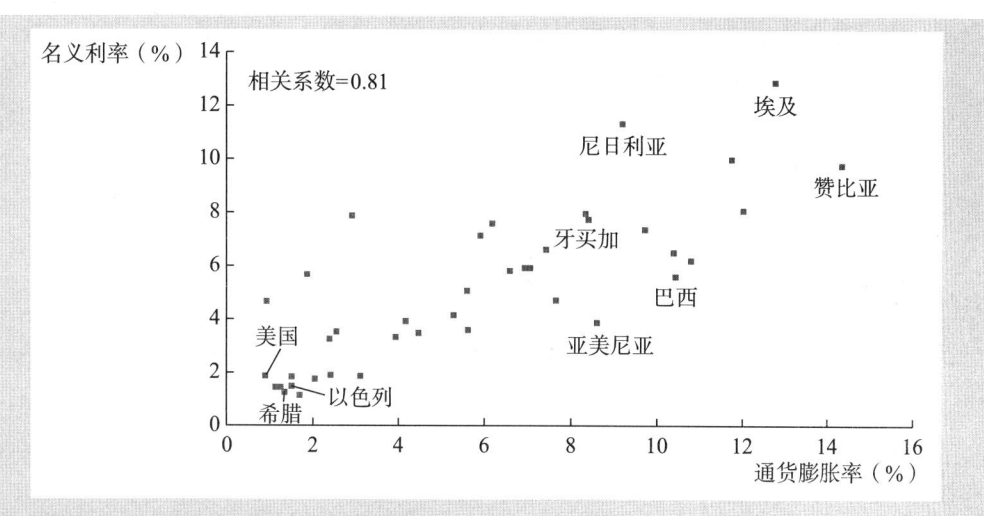

图 5-4　各国的通货膨胀率与名义利率

这幅散点图表示了2007—2019年间40个国家短期国债的平均名义利率和平均通货膨胀率。通货膨胀率和名义利率之间的正相关关系是费雪效应的证据。

资料来源:International Monetary Fund.

两种实际利率:事前的与事后的

当债务人和债权人就名义利率达成一致时,他们并不知道在贷款期限内通货膨胀率将是多少。因此,我们必须区分两个实际利率概念:我们进行贷款时债务人和债权人预期的实际利率称为**事前实际利率**(*ex ante* real interest rate),以及事实上实现的实际利率,称为**事后实际利率**(*ex post* real interest rate)。

虽然债务人和债权人不能确切地预测未来的通货膨胀率,但他们确实对通货膨胀率有某种预期。令 π 代表现实的未来通货膨胀率,$E\pi$ 代表预期的未来通货膨胀率。事前实际利率是 $i-E\pi$,事后实际利率是 $i-\pi$。当现实的通货膨胀率 π 不同于预期的通货膨胀率 $E\pi$ 时,这两个实际利率就不同。

现实的通货膨胀率与预期的通货膨胀率之间的这种区分会如何修正费雪效应呢?显然,名义利率不能对现实的通货膨胀率进行调整,因为在设定名义利率时现实的通货膨胀率是未知的。名义利率只能对预期的通货膨胀率进行调整。费雪效应可以更准确地写为

$$i = r + E\pi$$

正如第 3 章的模型所描述的，事前实际利率 r 是由产品与服务市场的均衡决定的。名义利率 i 随着预期通货膨胀率 $E\pi$ 的变动一对一地变动。

如果名义利率应该对预期通货膨胀做出反应，那么，为什么我们看到名义利率和现实通货膨胀率之间有图 5-3 和图 5-4 所示的那么强的相关性呢？原因是，现实通货膨胀通常是持续的，从而，高现实通货膨胀与高预期通货膨胀如影随形。但情况并非总是这样。在 19 世纪后期和 20 世纪早期，通货膨胀就没有什么持续性。当人们经历高通货膨胀时，他们没有理由预期高通货膨胀会持续下去。结果，名义利率和现实通货膨胀率之间的相关性就弱得多。费雪本人注意到了这个事实，他指出通货膨胀"令商人措手不及"。①

5.4 名义利率与货币需求

货币数量论以简单的货币需求函数为基础：它假设对实际货币余额的需求与收入成比例。虽然货币数量论在分析货币对经济的效应时是一个好的出发点，但它并不是故事的全部。在这里，我们加上货币需求量的另一个决定因素——名义利率。

持有货币的成本

你放在钱包里的钱赚不到利息。如果你不是持有货币而是用货币来购买政府债券或存放在储蓄账户上，你就可以赚到名义利率。名义利率是持有货币的机会成本：它是持有货币而不是持有债券所放弃的东西。

理解持有货币的成本等于名义利率的另一种方法是通过比较不同资产的实际回报。货币以外的资产，例如政府债券，可以赚到实际回报 r。货币赚到预期的实际回报 $-E\pi$，因为货币的实际价值下降的速度等于通货膨胀率。当你持有货币时，你放弃了这两种回报之间的差额。因此，持有货币的成本是 $r-(-E\pi)$，费雪方程告诉我们这是名义利率 i。

正如面包的需求量取决于面包的价格一样，货币的需求量也取决于持有货币的价格。因此，实际货币余额的需求既取决于收入水平又取决于名义利率。我们可以把一般的货币需求函数写为

$$(M/P)^d = L(i, Y)$$

字母 L 用来表示货币需求，这是因为货币是经济中最具流动性的资产（进行交易时最频繁使用的资产）。这个方程是说，对实际货币余额流动性的需求是收入和名义利率的函数。收入水平 Y 越高，实际货币余额需求越大；名义利率 i 越高，实

---

① Robert B. Barsky, "The Fisher Hypothesis and the Forecastability and Persistence of Inflation," *Journal of Monetary Economics* 19 (January 1987): 3-24.

际货币余额需求越小。

未来货币与现期价格

货币、价格与利率现在以几种方式相互关联。图 5-5 说明了我们已经讨论过的三者之间的联系。正如货币数量论所解释的，货币供给与货币需求共同决定均衡的价格水平。根据定义，价格水平的变动是通货膨胀率。通货膨胀率又通过费雪效应影响名义利率。但是现在，由于名义利率是持有货币的成本，所以名义利率影响货币需求，形成了一个反馈回路。

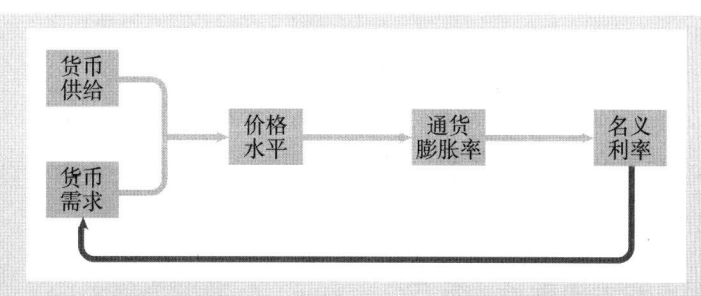

图 5-5 货币、价格和利率之间的联系
本图说明了货币、价格和利率之间的关系。货币供给和货币需求决定价格水平。价格水平的变化决定通货膨胀率。通货膨胀率影响名义利率。因为名义利率是持有货币的成本，所以，它可能会影响货币需求。最后一种联系（用黑线表示）在基本的货币数量论中被忽略了。

考虑最后一种联系的引入如何影响我们的价格水平理论。首先，令实际货币余额的供给 M/P 与需求 $L(i,Y)$ 相等：

$$M/P = L(i,Y)$$

然后，用费雪方程把名义利率写为实际利率与预期通货膨胀率之和：

$$M/P = L(r+E\pi,Y)$$

这个方程说明，实际货币余额的水平取决于预期通货膨胀率。

与货币数量论相比，上面最后一个方程告诉了我们一个关于价格水平决定因素的更复杂的故事。货币数量论认为，今天的货币供给决定今天的价格水平。这个结论仍然是部分正确的：如果名义利率和产出水平保持不变，那么，价格水平与货币供给成比例变动。但名义利率不是恒定的；它取决于预期通货膨胀率，预期通货膨胀率又取决于货币供给的增长。货币需求函数中名义利率的存在提供了货币供给影响价格水平的另一条渠道。

这个一般性的货币需求方程意味着，价格水平不仅取决于今天的货币供给，而且取决于预期的未来货币供给。为了理解其中的原因，假定美联储宣布它将在未来增加货币供给，但它并不改变今天的货币供给。这一声明导致人们预期未来会有更高的货币增长和更高的通货膨胀。通过费雪效应，预期通货膨胀的这种上升使得名义利率上升。更高的名义利率提高了持有货币的成本，从而减少了实际货币余额的需求。由于美联储没有改变今天可得到的货币供给量，所以，实际货币余额需求的减少就导致了更高的价格水平。由此，更高的未来货币增长的预期引起了今天更高的价格水平。

因此，货币对价格的影响比最简单的货币数量论所表明的更为复杂。正式的模型使用更一般的货币需求函数证明是什么决定了价格水平。这些模型超出了本书的范围，但它们的主旨简单：价格水平取决于现期货币供给与预期的未来货币供给的加权平均值。通货膨胀既受到现期货币供给增长的驱动，又受到预期的未来货币供给增长的驱动。

5.5 通货膨胀的社会成本

通货膨胀引起的社会问题在我们对通货膨胀原因和影响的讨论中并没有怎么提及。现在我们转向这些问题。

外行观点和古典理论的反应

如果你问一个普通人为什么通货膨胀是一个社会问题，她很可能会回答说，通货膨胀使她更穷了。"每年老板都会给我涨工资，但价格上升了，这抵消了我增加的部分工资。"这种说法隐含的假设是：如果不存在通货膨胀，她的工资会增加一样多，能购买更多的商品。

这种对通货膨胀的抱怨是一个常见的谬误。正如我们从第 3 章中知道的，劳动的购买力——实际工资——取决于劳动的边际生产率，并不取决于政府发行多少货币。如果中央银行通过放慢货币增长率来降低通货膨胀，那么，工人并不会看到他们的实际工资更快地增加。相反，当通货膨胀放慢时，每年企业产品价格的提高会少一些，同时，企业给工人的工资也会增长得少一些。

根据古典货币理论，价格总体水平的变动就像是度量单位的变动。这就像我们从用英尺衡量距离变成用英寸衡量距离一样：数字变大了，但实际上什么也没有变。设想明天早上你醒来时发现由于某种原因，经济中所有美元数字都变成了原来的 10 倍。你所购买的每样东西的价格上升到原来的 10 倍，你的工资和你的储蓄的数值也是如此。这种价格上涨会使你的生活产生什么变化吗？所有数字后面都加了个零，但没有其他的变化。你的经济福利取决于相对价格，而不取决于总体价格水平。

那么，为什么价格水平的持续上升是一个社会问题呢？原来，通货膨胀的成本是微妙的。使许多外行人吃惊的是，一些经济学家认为，通货膨胀的社会成本很小——至少对大多数国家近年来所经历的1%~5%之间的温和的通货膨胀而言是这样。①

案例研究

经济学家和公众对通货膨胀的看法

正如我们已经讨论过的,外行人和经济学家对通货膨胀的成本的观点迥异。1996年,经济学家罗伯特·希勒在对这两类人的一项调查中记载了这种观点差异。调查的结果是惊人的,因为调查结果表明,对经济学的研究如何改变了人的态度。

在一个问题中,希勒问人们"对通货膨胀最大的担心"是否为"通货膨胀伤害了我的实际购买力,使我变得更穷了"。一般公众中有77%的人同意这种说法,与此相对,经济学家中只有12%的人同意这一说法。希勒还问人们是否同意下面的说法:"当我看到关于在未来几十年中大学教育的成本要提高许多倍或者生活费用要高出许多倍的预测时,我感到不舒服;这些通货膨胀预测真的使我担心我自己收入的增加不会像这些支出增加得那么快。"一般公众中有66%的人完全同意这种说法,而经济学家中只有5%的人同意这一说法。

接受调查的人还被要求判断通货膨胀作为一个政策问题的严肃性:"你认为防止高通货膨胀是一个国家重要的优先问题,与防止吸毒和防止我们的教育质量恶化同样重要吗?"希勒发现,52%的外行人完全同意这种观点,但只有18%的经济学家完全同意这个观点。显而易见,通货膨胀给公众带来的担忧比经济学专业人士大得多。

公众讨厌通货膨胀可能是由于心理上的原因。希勒问这些接受调查的人是否同意以下说法:"我认为,如果我的工资上升,即使价格也上升同样的比例,我将对我的工作感到更满意、更有成就感。"公众中有49%的人完全或部分同意这种说法,而经济学家中只有8%的人同意这一说法。

这些调查结果意味着外行对通货膨胀成本的看法错误而经济学家的观点正确吗?不一定。但经济学家的确对这个问题做了更多的思考。因此,下面我们考虑一下通货膨胀的一些成本。②

预期的通货膨胀的成本

首先考虑预期的通货膨胀的情况。假定每个月价格水平上升0.5%。这种稳定和可预测的每年6%的通货膨胀的社会成本是什么呢?

第一种成本是通货膨胀税对人们持有的货币量的扭曲效应。正如我们已经讨论过的,更高的通货膨胀率导致更高的名义利率,更高的名义利率又导致更低的实际

---

① 例如,参见 Chapter 2 of Alan Blinder, *Hard Heads, Soft Hearts: Tough-Minded Economics for a Just Society* (Reading, MA: Addison Wesley, 1987)。

② Robert J. Shiller, "Why Do People Dislike Inflation?" in Christina D. Romer and David H. Romer, eds., *Reducing Inflation: Motivation and Strategy* (Chicago: University of Chicago Press, 1997): 13-65.

货币余额。但是，如果人们持有更低的货币余额而支出不变的话，他们就必然更频繁地去银行取款——例如，他们可能会一周去两次，每次取 50 美元，而不是一周一次性取 100 美元。这种减少货币持有量带来的不方便被形象地称为通货膨胀的**鞋底成本**（shoeleather cost），因为更经常地去银行导致皮鞋磨损得更快。

通货膨胀的第二种成本的产生是因为高通货膨胀引起企业更经常地改变它们的标价。改变价格有时是成本高昂的，例如，它要求印制和配送新的产品目录。这些成本称为**菜单成本**（menu cost），因为通货膨胀率越高，餐馆就必须更加经常地印制新菜单。

通货膨胀的第三种成本的产生是由于面临菜单成本的企业不会频繁改变价格。因此，通货膨胀率越高，相对价格的变动越大。例如，假定一家企业每年 1 月印制新的产品目录。如果没有通货膨胀，那么，在这一年内该企业的价格相对于价格总体水平而言就不会变。但如果通货膨胀率是每月 0.5%，那么，从年初到年末，该企业的相对价格就下降了 6%。由这个产品目录带来的销售额往往在年初时低（这时它的价格相对较高）而在年底时高（这时它的价格相对较低）。因此，当通货膨胀引起相对价格变动时，它会导致资源配置在微观上的无效率。

通货膨胀的第四种成本是税法的结果。税法的许多条款没有考虑通货膨胀的影响。通货膨胀常常会以法律制定者没有想到的方式改变个人的税收义务。

税法未能处理通货膨胀的一个例子是资本所得的税收处理。假定你今天购买了一些股票并在一年后以相同的实际价格出售了该股票。政府不征税看起来是合理的，因为你从这一投资中并没有赚到实际收入。确实，如果没有通货膨胀，结果就是没有税收义务。但是假定通货膨胀率是 6%，你购买这只股票最初每股支付了 100 美元；股价必须上涨到 106 美元才能使你一年后以相同的实际价格卖掉这只股票。在这种情况下，忽略了通货膨胀影响的税法认为你每股赚了 6 美元收入，政府对这一资本所得征税。问题在于税法是按名义资本所得而不是按实际资本所得来衡量收入。在这个例子以及许多其他例子中，通货膨胀扭曲了税收的征收。

通货膨胀的第五种成本是生活在一个价格水平变动的世界中的不方便。货币是我们衡量经济交易的标尺。当存在通货膨胀时，该标尺的长度也在变动。为了继续进行类比，假定国会通过一项法律，规定 1 码在 2022 年等于 36 英寸，在 2023 年等于 35 英寸，在 2024 年等于 34 英寸，等等。虽然该法律不会引起模糊不清，但它也是极不方便的。当一个人用码衡量距离时，必须说明这种衡量是用 2023 年的码还是 2024 年的码；为了比较在不同年份衡量的距离，人们需要进行"通货膨胀"校正。类似地，如果美元的价值总在变动，它作为一种衡量单位的用处就降低了。美元价值的变动要求我们在比较不同时期的美元数字时对通货膨胀进行校正。

例如，变化的价格水平使个人的金融计划复杂化了。所有家庭面临的一个重要决策是收入的多少用于现在的消费，多少用于为退休储蓄。今天按固定的名义利率储蓄和投资的 1 美元在未来产生的美元数是固定的。但该固定数量美元的实际值——它将决定退休者的生活水平——取决于未来的价格水平。如果人们期望 30 年后的价格水平与现在的价格水平相似，那么，决定储蓄多少将会简单得多。

未预期到的通货膨胀的成本

未预期到的通货膨胀有一种比稳定的、预期到的通货膨胀的任何一种成本都更有害的影响：它在人们之间任意再分配财富。你可以通过考察长期贷款来理解这种影响是如何发生的。大多数长期贷款协议规定了一个名义利率，这个名义利率是根据签订协议时预期的通货膨胀率确定的。如果现实的通货膨胀率与所预期的不同，债务人向债权人支付的事后实际回报就不同于双方所预期的。如果现实的通货膨胀高于预期，那么，债务人受益而债权人受损，因为债务人用价值更低的美元偿还贷款；如果现实的通货膨胀低于预期，那么债权人受益而债务人受损，因为偿还的价值比双方预期的高。

例如，考虑一个人在 1960 年获得了抵押贷款。当时的 30 年住房抵押贷款的利率大约为每年 6%。这一利率基于低预期通货膨胀率；之前 10 年的通货膨胀率平均仅为 2.5%。债权人也许期望得到大约 3.5% 的实际回报，债务人预期支付这一实际回报。事实上，在抵押贷款期间，通货膨胀率平均为 5%，因此，事后实际回报仅为 1%。这种未预期到的通货膨胀使债务人获益，代价是债权人的利益受损。

未预期到的通货膨胀还损害了靠固定养老金生活的人。工人和其雇主常常就工人退休时（甚至更早时候）固定的名义养老金达成协议。由于养老金是延期支付的收入，所以，本质上是工人向企业提供贷款：工人在年轻时向企业提供劳动服务，但直到老年时才得到全部报酬。与任何一个债权人一样，当通货膨胀高于预期时，工人受到损害。与任何一个债务人一样，当通货膨胀低于预期时，企业受到损害。

这些情形为反对变动的通货膨胀提供了清晰的论证。通货膨胀率变动越大，债务人和债权人所面临的不确定性就越大。由于大多数人是风险厌恶者——他们讨厌不确定性，所以，变动很大的通货膨胀引起的不可预测性伤害了几乎每一个人。

给定不确定的通货膨胀的这些影响，名义合约仍然如此常见就是一个谜。人们可能预期债务人和债权人会通过以实际量而非名义量——也就是说，根据价格水平的某种衡量指标来指数化——订立合约，以保护自己免受这种不确定性的伤害。在通货膨胀高而多变的经济中，指数化常常是普遍的；有时这种指数化采取了按照一种更为稳定的外国通货来订立合约的形式。在通货膨胀温和的经济中，例如美国，指数化就罕见了。但即使在美国，一些长期合同也指数化了。例如，对老年人的社会保障津贴每年会根据消费者价格指数的变动进行调整。1997 年，美国联邦政府第一次发行了按照通货膨胀指数化的债券。

最后，在考虑通货膨胀成本时，我们应该指出一个得到广泛证明但并未得到多少理解的事实：高通货膨胀是多变的通货膨胀。也就是说，平均通货膨胀高的国家往往各年的通货膨胀率变动也很大。由此所带来的启示是：如果一个国家决定实行高通货膨胀的货币政策，它可能不得不同时接受高度可变的通货膨胀。正如我们刚刚讨论过的，高度可变的通货膨胀通过使债务人和债权人遭受任意的、有可能很大的财富再分配而增加了借贷双方的不确定性。

案例研究

自由银币运动、1896年的大选与《奥兹国历险记》

未预期到的价格水平的变动引起的财富再分配常常是政治动乱的根源，19世纪末的自由银币运动就是一个证据。1880—1896年，美国的价格水平下降了23%。这种通货紧缩对债权人——主要是东北部的银行家——是好事，但对债务人——主要是南部和西部的农民——是坏事。当时提议的对这个问题的解决方案之一是用复本位取代金本位，在复本位之下，黄金和白银都可以铸造成钱币。向复本位的这种变动将会增加货币供给和制止通货紧缩。

银的议题主宰了1896年的总统大选。共和党候选人威廉·麦金利（William McKinley）的政治纲领是保持金本位。民主党候选人威廉·詹宁斯·布赖恩（William Jennings Bryan）则支持复本位。在一次著名的演讲中，布赖恩宣称："你不应该把这顶满是荆棘的皇冠硬扣在劳动者头上，你不应该把人类钉死在金十字架上。"毫不奇怪，麦金利是代表保守的东北部当权派的候选人，而布赖恩是代表南部和西部平民的候选人。

这场关于银的争论在一部儿童读物《奥兹国历险记》（*The Wizard of Oz*，又译《绿野仙踪》）中得到了最有纪念意义的表述。一位来自中西部的记者L. 弗兰克·鲍姆（L. Frank Baum）在1896年大选后立即写了这本书。该书讲述了桃丽丝的故事。桃丽丝是一个家乡在堪萨斯的小姑娘，她在一个远离家乡的陌生地方迷了路。桃丽丝（Dorothy，代表传统的美国价值观）交了三个朋友：稻草人（农民）、铁皮人（产业工人）和外强中干的狮子（威廉·詹宁斯·布赖恩）。他们四个沿着危险的黄砖路（金本位）行走，希望找到能帮助桃丽丝回家的巫师。最后他们到达了奥兹国（华盛顿），在这里每个人都通过绿色眼镜（货币）来看世界。巫师（威廉·麦金利）竭力要为所有人做一切事，结果是一场空。只有当桃丽丝了解到自己的银拖鞋的魔力时，她的问题才得到解决。[①]

虽然共和党赢得了1896年大选，美国继续采用金本位，但自由银币的倡导者也得到了他们想要的通货膨胀。大约在大选的时候，阿拉斯加、澳大利亚和南非发现了黄金。此外，黄金冶炼者也发明了氰化法，从而改进了从矿石中提炼黄金的方法。这些发展导致了货币供给的增加和价格的上升。1896—1910年，价格水平上升了35%。

[①] 40年以后拍的电影把桃丽丝的拖鞋由银的变成了红宝石的，这样做掩盖了许多寓意。要想更多地了解这个主题，参见 Henry M. Littlefield, "The Wizard of Oz: Parable on Populism," *American Quarterly* 16 (Spring 1964): 47-58; Hugh Rockoff, "The Wizard of Oz as a Monetary Allegory," *Journal of Political Economy* 98 (August 1990): 739-760. 应当说明的是，没有直接的证据说明鲍姆有意把他的作品作为货币寓言，因此一些人认为，这些类比是经济史学家的想象力过于丰富的结果。

通货膨胀的一个益处

到目前为止，我们已经讨论了通货膨胀的许多成本。这些成本促使许多经济学家得出结论：货币政策制定者应该以零通货膨胀为目标。然而，这个故事有它的另一面。一些经济学家相信，温和的通货膨胀——比如每年2%~3%——可能是一件好事。

支持温和通货膨胀的论证开始于这样一个观察：企业不愿削减其工人的名义工资，工人也不愿接受这种削减。零通货膨胀的世界中2%的减薪与5%的通货膨胀率下3%的加薪是等价的。但是工人们并不总是这么看。2%的减薪可能看起来是对他们的一种伤害，而3%的加薪毕竟是加薪。实证研究证实名义工资很少下降。

这一发现表明，一定程度的通货膨胀可能使劳动市场更好地运行。不同种类的劳动的供给和需求总是在变动。有时供给的增加或需求的减少导致某个群体工人的均衡实际工资的下降。如果名义工资不能削减，那么削减实际工资的唯一办法是让通货膨胀代劳。如果没有通货膨胀，实际工资将会停留在高于均衡的水平上，造成更高的失业。

由于这一原因，一些经济学家认为通货膨胀"润滑了劳动市场的车轮"。只需要一点点通货膨胀：2%的通货膨胀使实际工资每年下降2%，或每10年下降约20%，而不必削减名义工资。实际工资的这种自动下降在零通货膨胀下是不可能发生的。①

5.6 恶性通货膨胀

恶性通货膨胀常常被定义为每月超过50%的通货膨胀，这种情况下每天的通货膨胀率超过1%。按复利计算，经过许多个月后，这种通货膨胀率会使价格水平极大地上升。每月50%的通货膨胀率意味着一年内价格上升100多倍、三年内上升200万倍。在这里，我们考虑这种极端通货膨胀的成本与原因。

恶性通货膨胀的成本

尽管经济学家对于温和通货膨胀的成本是大还是小存在争论，但没有人怀疑恶性通货膨胀极大地危害了社会。它的成本在性质上与我们以前所讨论过的一样。但是，当通货膨胀达到极端水平时，这些成本由于极其严重而更加明显。

例如，在恶性通货膨胀下，由减少货币持有量引起的鞋底成本很严重。当现金

---

① 关于对通货膨胀的这种益处的考察，参见 George A. Akerlof, William T. Dickens, and George L. Perry, "The Macroeconomics of Low Inflation," *Brookings Papers on Economic Activity* no. 1 (1996): 1-76。支持正的通货膨胀的另一个论证是，正通货膨胀允许负实际利率的可能性。这个议题在第13章关于流动性陷阱的小节得到了讨论。

很快就丧失价值时，企业经营者把大量时间与精力用于现金管理。由于把这些时间和精力从用于生产和投资决策这类更有社会价值的活动中转移出来了，恶性通货膨胀使经济的运行效率降低。

在恶性通货膨胀下，菜单成本也变得更大了。企业不得不如此频繁地变动价格，以至正常的业务活动——例如印制和发送价格固定的产品目录——都变得不可能了。在20世纪20年代德国恶性通货膨胀期间的一家餐馆，服务员要每30分钟站在桌子上报出一次新价格。

类似地，在恶性通货膨胀期间，相对价格也不能正常地反映真实的稀缺性。当价格频繁地大幅度变动时，顾客很难四处逛商店以找到最合适的价格。大幅变动和迅速上升的价格能够在许多方面改变人们的行为。根据一份报道，在德国恶性通货膨胀期间，当顾客进入酒馆时，他们常常要买两扎啤酒。虽然第二扎啤酒由于温度随着时间升高而失去价值，但它失去价值的速度要比把钱留在钱包里慢一些。

恶性通货膨胀也扭曲了税收系统——但方式完全不同于温和通货膨胀的扭曲方式。在大多数税收系统中，征税的时间和向政府纳税的时间之间有一段间隔。例如，在美国，纳税人被要求每三个月缴纳一次估算的所得税。在低通货膨胀下，这种短暂的间隔无足轻重。但是，在恶性通货膨胀期间，即使是短暂的间隔也会大大减少实际税收收入。等到政府在纳税截止日得到税收收入时，钱的价值已经下降了。因此，一旦恶性通货膨胀开始，政府的实际税收收入往往会大幅度减少。

最后，没有人应该低估恶性通货膨胀给生活带来的明显不方便。当带着钱去杂货店和带着日用品回家的负担一样重时，货币体系就没有很好地实现促进交换的功能。政府力图通过在纸币上加越来越多的零来解决这个问题，但往往也无法赶上飞涨的价格水平。

最终，恶性通货膨胀的这些成本会变得无法忍受。随着时间的推移，货币失去了它作为价值储藏手段、计价单位和交换媒介的作用。物物交换变得更为普遍。更加稳定的非官方货币——香烟或美元——开始替代官方货币。

恶性通货膨胀的原因

恶性通货膨胀为什么会开始，又如何结束？对这个问题的回答可以有不同的层次。

最明显的回答是，恶性通货膨胀是货币供给过度增长的结果。当中央银行发行货币时，价格水平上升。当中央银行以足够快的速度发行货币时，结果就是恶性通货膨胀。为了制止恶性通货膨胀，中央银行必须降低货币增长率。

但是，这个回答并不完整，因为它没有回答这样一个问题：在恶性通货膨胀的经济中，中央银行为什么选择发行这么多货币？为了解决这个深层次的问题，我们必须把注意力从货币政策转向财政政策。大多数恶性通货膨胀都开始于政府税收收入不足以支付其支出的时候。虽然政府也许倾向于通过发行债券来为这种预算赤字融资，但它可能发现无法借到钱，也许是因为借贷者把政府看作不良的信贷风险。为了弥补赤字，政府转向它能支配的唯一机制：印钞机。结果是迅速的货币增长和恶性通货膨胀。

一旦恶性通货膨胀已经发生，财政问题将变得更加严重。由于收取税款的滞后，实际税收收入随着通货膨胀的上升而减少。这样，政府依赖货币铸造税的必要性就自我强化了。迅速的货币创造引起恶性通货膨胀，恶性通货膨胀又引起更大的预算赤字，更大的预算赤字又引起更快的货币创造。

恶性通货膨胀的结束总是与财政改革并行的。一旦问题严重到显而易见，政府就会激发出减少政府支出和增加税收的政治意愿。这些财政改革减少了对货币铸造税的需要，从而允许降低货币增长速度。因此，即使如米尔顿·弗里德曼所说"通货膨胀时时处处都是一种货币现象"，恶性通货膨胀的结束常常也是一种财政现象。[①]

案例研究

两次世界大战之间德国的恶性通货膨胀

第一次世界大战之后，德国经历了一次恶性通货膨胀。这是历史上最引人注目的恶性通货膨胀之一。在战争结束时，同盟国要求德国支付巨额赔款。这些赔偿导致了德国的财政赤字，德国政府最终通过大量发行货币来为赔款融资。

图5-6（a）表示德国1922年1月—1924年12月的货币量和价格总体水平。这一期间货币和价格都以惊人的速度上升。例如，一份日报的价格从1921年1月的0.3马克上升到1922年5月的1马克、1922年10月的8马克、1923年2月的100马克、1923年9月的1 000马克。然后，在1923年秋季，价格飞涨：10月1日一份报纸售价2 000马克，10月15日则是20 000马克，10月29日为100万马克，11月9日为1 500万马克，而11月17日达到7 000万马克。1923年12月，货币供给和价格突然稳定下来。[②]

正如财政问题引起了德国的恶性通货膨胀，财政改革结束了恶性通货膨胀。到1923年年底，政府雇员的人数裁减了1/3，赔款支付暂时中止并最终减少了。同时，新的中央银行Rentenbank取代了旧的中央银行Reichsbank。Rentenbank承诺不通过发行货币为政府融资。

根据我们对货币需求的理论分析，实际货币余额需求取决于预期通货膨胀率。图5-6（b）表明，德国的实际货币余额确实随着通货膨胀的上升而减少，然后，随着通货膨胀的下降再次增加。但实际货币余额的增加并不是即刻的。也许实际货币余额对持有货币成本的调整是

---

① 要想进一步了解这些议题，参见 Thomas J. Sargent, "The End of Four Big Inflations," in *Inflation: Causes and Effects*, edited by Robert Hall (Chicago: University of Chicago Press, 1983), 41-98; Rudiger Dornbusch and Stanley Fischer, "Stopping Hyperinflations: Past and Present," *Weltwirtschaftliches Archiv* 122 (April 1986): 1-47。

② 关于报纸价格的数据来源于 Michael Mussa, "Sticky Individual Prices and the Dynamics of the General Price Level," *Carnegie-Rochester Conference on Public Policy* 15 (Autumn 1981): 261-296。

一个渐进的过程。或者，也许德国人民花了一段时间才相信通货膨胀已经结束，从而预期通货膨胀比现实通货膨胀下降得更慢。

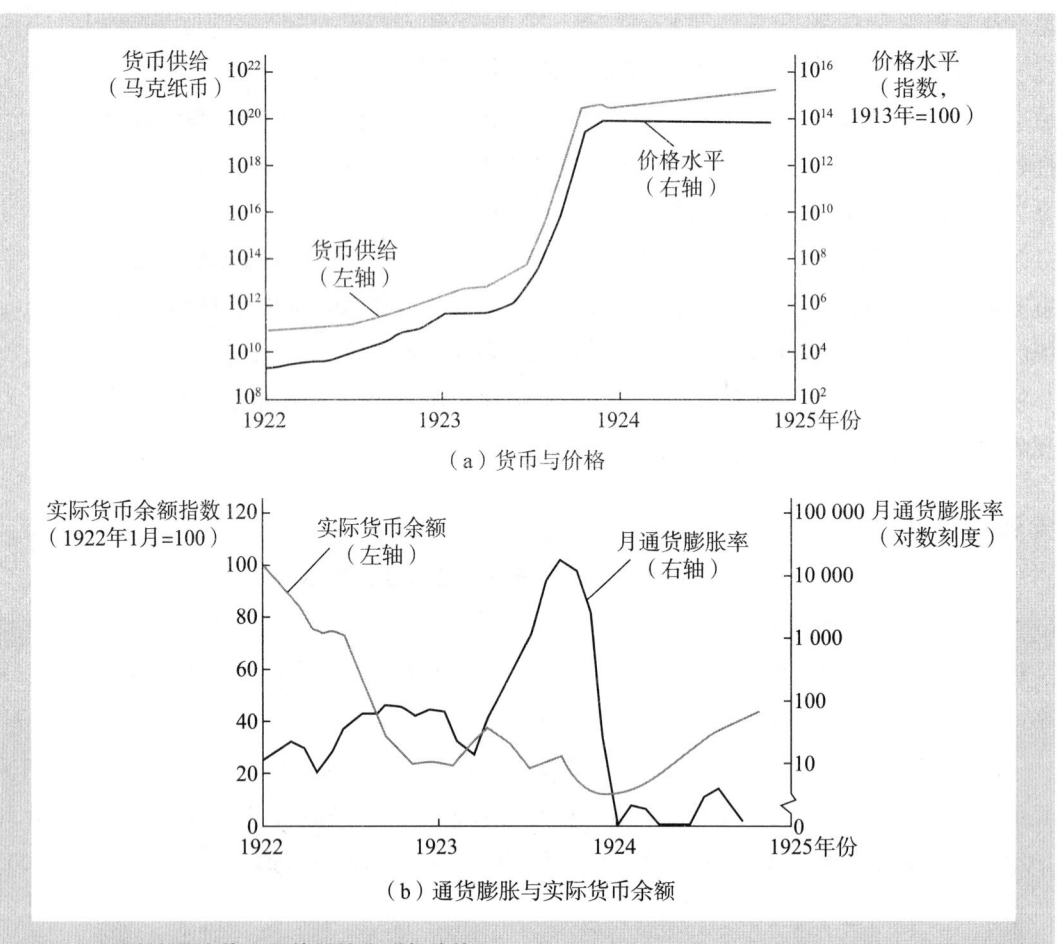

图 5-6　两次世界大战之间德国的货币与价格

图 (a) 显示了德国 1922 年 1 月—1924 年 12 月的货币供给和价格水平。货币供给和价格水平的极大增加对大量发行货币的影响做出了生动的说明。图 (b) 显示了通货膨胀和实际货币余额。随着通货膨胀上升，实际货币余额下降。当通货膨胀在 1923 年年底结束时，实际货币余额又上升了。

资料来源：Thomas J. Sargent, "The End of Four Big Inflations," in *Inflation*, edited by Robert Hall (Chicago: University of Chicago Press, 1983): 41-98.

案例研究

津巴布韦的恶性通货膨胀

1980 年，在结束了数年的殖民统治之后，原来的英国殖民地——罗得西亚——变成新的非洲国家津巴布韦。一种新的通货——津巴布韦元——被引入了，取代了罗得西亚元。这个新的国家在成立后第一个十年的通货膨胀并不高，为每年 10%～20%。但是，不久后情况就发生了变化。

罗伯特·穆加贝（Robert Mugabe）是津巴布韦独立运动的英雄。他在 1980 年的大选中当选为该国首任总理；后来，在政府改组后，他当上了总统。接下来很多年，他多次获得连任。可是，他 2008 年获得连任时，有报道说这是一场选举骗局并且支持其他候选人的选民受到了威胁。穆加贝不再像以前那么受欢迎了，但是他并不想放弃权力。

在穆加贝的整个当政期间，他的经济哲学是马克思主义，他的目标之一是财富再分配。在 20 世纪 90 年代，他的政府推行了一系列土地改革，目的是把土地从殖民时代统治津巴布韦的少数白人手里夺取过来再分配给历史上没有公民权的黑人。这些改革的一个结果是遍及各地的腐败。许多被遗弃和征用的、原来由白人拥有的农场最终都落到了内阁部长和高级政府官员的手里。另一个结果是粮食产量的大幅减产。由于有经验的白人农场主逃离了津巴布韦，生产力下降了。

经济产出的下降导致了政府税收收入的下降。对于这一收入缺口，政府的应对办法是通过发行货币来支付政府雇员的工资。正如经济理论所预测的，货币扩张导致了更高的通货膨胀。

穆加贝力图通过控制价格来应对通货膨胀。再一次地，结果是可以预测的：许多产品短缺和地下经济增长。地下经济规避了价格控制和税收征稽。政府的税收收入进一步下降，引起了甚至更大的货币扩张和更高的通货膨胀。2008 年 7 月，官方公布的通货膨胀率是百分之 2.31 亿（大约每天 4%），但一些观察家认为通货膨胀率更高。不久后官方不再公布通货膨胀率数据，但是非官方报告表明通货膨胀继续加速，到 2008 年底完全失去了控制。

恶性通货膨胀的影响遍及各地。在《华盛顿邮报》（*Washington Post*）的一篇文章中，一个津巴布韦公民对局面是这样描述的："如果你没有在 48 小时之内收到账，那么这笔账就不值得去收了，因为它没有价值了。无论我们什么时候拿到钱，我们必须马上把它花掉，出去买我们能买到的任何东西。我们的养老金体系在很多年前就被摧毁了。我们没有人留下任何储蓄。"

最后，2009 年 3 月，津巴布韦的政府放弃了本国货币，该国的恶性通货膨胀宣告结束。美元成为该国的官方通货。通货膨胀稳定下来并在后来的年份里维持在低位。穆加贝继续担任总统，直到 2017 年的一次政变中他被取代。他于 2019 年去世，享年 95 岁。

可是，津巴布韦并没有吸取这一历史事件的教训。2019 年，津巴布韦的财政部长引入了新津巴布韦元。一年以内，津巴布韦再次出现了恶性通货膨胀；在本书 2020 年即将付梓时，其通货膨胀率已经高达年率 790%。

5.7　结论：古典二分法

我们在本章和上一章学习了货币的含义与货币供给对通货膨胀和各种其他变量的影响。这一分析建立在第 3 章的国民收入模型的基础上。现在让我们回过头来考察我们的讨论中一直隐含的一个关键假设。

在第 3 章中，我们解释了许多宏观经济变量。其中一些变量是数量，如实际 GDP 和资本存量；另一些变量是相对价格，如实际工资和实际利率。但所有这些变量有一点是共同的——它们衡量一个确确实实的（而不是货币的）数量。实际 GDP 是某一年生产的产品与服务的数量，资本存量是在某个时间可以得到的机器与建筑物的数量。实际工资是一个工人每工作小时赚到的产出数量，实际利率是一个人今天出借一单位产出赚到的未来产出的数量。所有这些用确确实实的单位衡量的变量，如数量和相对价格，称为**实际变量**（real variables）。

在本章中，我们考察了**名义变量**（nominal variables）——用货币表示的变量。经济有许多名义变量，比如价格水平、通货膨胀率以及一个人赚取的货币工资。

我们没有引入名义变量或不用到货币也可以解释实际变量，乍一看这似乎有点令人惊奇。在第 3 章中，我们研究了经济中产出的水平与配置，而没有提及价格水平或通货膨胀率。我们的劳动市场理论解释了实际工资，而没有解释名义工资。经济学家把这种实际和名义变量在理论上的分离称为**古典二分法**（classical dichotomy）。这是古典宏观经济理论的标志。古典二分法是一个重要的见解，因为它简化了经济理论。特别地，它允许我们考察实际变量，同时忽略名义变量，正如我们所做的那样。古典二分法的产生是由于在古典经济理论中，货币供给的变动不影响实际变量。货币在实际变量的决定中的这种无关性称为**货币中性**（monetary neutrality）。对许多目的而言——特别是对研究长期问题而言——货币中性是近似正确的。

但货币中性并没完全描述我们生活的世界。从第 11 章开始，我们讨论对古典模型和货币中性的背离。这些背离对理解如短期经济波动之类的许多宏观经济现象是至关重要的。

快速测验

1. 某经济体生产 50 个装饰品，其售价为每个 4 美元。该经济体的货币供给为 100 美元。货币的流通速度是 _____ 。

   A. 1/8　　　　　B. 1/2
   C. 2　　　　　　D. 8

2. 某经济体的货币流通速度不变，实际 GDP 增长率为 3%，货币增长率为 7%，实际利率为 2%。名义利率为 _____ 。

   A. 2%　　　　　B. 6%
   C. 8%　　　　　D. 12%

3. 根据费雪效应，_____ 通货膨胀的增加导致 _____ 利率的等量增加。

   A. 预期，名义
   B. 预期，实际
   C. 未预期到的，名义
   D. 未预期到的，实际

4. 由于大多数贷款写明的是名义值，因此，_____ 通货膨胀损害了 _____ 。

   A. 预期，债务人
   B. 预期，债权人
   C. 未预期到的，债务人
   D. 未预期到的，债权人

5. 当 _____ 时，恶性通货膨胀往往会发生。

A. 垄断企业将价格提高到竞争水平以上
B. 价格变动的菜单成本变得太小
C. 中央银行为大量政府预算赤字融资
D. 货币政策制定者独立于财政政策采取行动

6. 如果实际货币余额需求取决于名义利率，那么，更高的通货膨胀率可能_____。
A. 增加实际货币余额数量
B. 减少名义利率
C. 由实际GDP增长率的加速引起
D. 由未来货币增长的预期引起

内容提要

1. 货币数量论假设货币流通速度是稳定的，并得出结论：名义GDP与货币存量是成比例的。由于生产要素和生产函数决定实际GDP，所以，货币数量论意味着，价格水平与货币量是成比例的。因此，货币量的增长率决定了通货膨胀率。

2. 货币铸造税是政府发行货币得到的收入。这是一种对持有的货币征收的税。虽然在大多数经济中，货币铸造税从数量上说较小，但它常常是正在经历恶性通货膨胀的经济中政府收入的一个主要来源。

3. 实际利率是对通货膨胀的影响进行了校正的名义利率（名义利率是通常报告的利率）。事后实际利率是基于现实的通货膨胀进行校正的，而事前实际利率是基于预期的通货膨胀进行校正的。费雪效应是说，名义利率与预期通货膨胀一对一地变动。

4. 名义利率是持有货币的机会成本。因此，人们可能预期货币需求取决于名义利率。如果是这样，那么，价格水平就既取决于现期的货币量，又取决于预期的未来货币量。

5. 预期通货膨胀的成本包括鞋底成本、菜单成本、相对价格可变性的成本、税收扭曲以及进行通货膨胀校正造成的不方便。此外，未预期到的通货膨胀引起财富在债务人和债权人之间的任意再分配。通货膨胀的一个可能的益处是：通过使实际工资在不削减名义工资的情况下达到均衡水平，它改善了劳动市场的运行。

6. 在恶性通货膨胀期间，大多数通货膨胀的成本变得大起来。恶性通货膨胀一般开始于政府通过发行货币为巨额预算赤字融资的时候。当财政改革消除了对货币铸造税的需要时，恶性通货膨胀也就结束了。

7. 根据古典经济理论，货币是中性的：货币供给并不影响实际变量。因此，古典理论允许我们不用涉及货币供给就可以研究实际变量如何被决定。货币市场均衡决定了价格水平，由此也决定了所有其他名义变量。这种实际变量与名义变量在理论上的分离被称为古典二分法。

关键概念

通货膨胀	恶性通货膨胀	费雪方程和费雪效应
数量方程	货币的交易流通速度	事前实际利率和事后实际利率
货币的收入流通速度	实际货币余额	鞋底成本　菜单成本
货币需求函数	货币数量论	实际变量与名义变量　古典二分法
货币铸造税	名义利率与实际利率	货币中性

复习题

1. 写出数量方程并解释。
2. 货币流通速度不变的假设意味着什么?
3. 谁支付通货膨胀税?
4. 如果通货膨胀率从 6% 上升到 8%,那么,根据费雪效应,实际利率和名义利率会发生什么变化?
5. 列出你可以想到的所有通货膨胀成本,根据你认为的重要程度进行排序。
6. 解释货币政策和财政政策在引起和结束恶性通货膨胀中的作用。
7. 定义术语"实际变量"和"名义变量",并各举一个例子。

问题与应用

1. (Work It Out) 在 Wiknam 国中,货币流通速度是不变的。实际 GDP 每年增长 3%,货币存量每年增长 8%,名义利率是 9%。以下各个变量是多少?

    a. 名义 GDP 的增长率;

    b. 通货膨胀率;

    c. 实际利率。

2. 假定一国的货币需求函数为 $(M/P)^d = kY$,式中,k 为一个常数。货币供给每年增加 12%,实际收入每年增长 4%。

    a. 平均通货膨胀率是多少?

    b. 如果实际收入增长更快,通货膨胀将会有什么不同?请解释。

    c. 你如何解释参数 k? 它与货币流通速度是什么关系?

    d. 假定货币需求函数不再是不变的,相反,该经济中货币流通速度由于金融创新而稳定地上升。这将会如何影响通货膨胀率?请解释。

3. (Work It Out) 某经济的货币需求函数为 $(M/P)^d = 0.2Y/i^{1/2}$。

    a. 推导货币流通速度的表达式。货币流通速度取决于什么?解释为什么会有这种依赖关系。

    b. 如果名义利率为 4%,计算货币流通速度。

    c. 如果产出 Y 为 1 000 单位,货币供给 M 为 1 200 美元,那么,价格水平 P 为多少?

    d. 假定新任中央银行行长有着对通货膨胀态度温和的声誉,一个关于新中央银行行长的公告使预期通货膨胀提高了 5 个百分点。根据费雪效应,新的名义利率为多少?

    e. 计算新的货币流通速度。

    f. 如果在这个公告后该经济的产出和现期货币供给都没有变化,那么,价格水平会怎么变化?为什么?

    g. 如果新中央银行行长要把该公告发布后的价格水平维持在公告前的水平,那么,她应该把货币供给设定在什么水平?

4. 假定货币需求函数的形式为 $(M/P)^d = L(i,Y) = Y/(5i)$。

    a. 如果产出增长速度为 g,名义利率恒定,那么,实际货币余额需求将会以什么速度增长?

    b. 这一经济的货币流通速度是多少?

    c. 如果通货膨胀和名义利率恒定,那么,货币流通速度将会以什么速度增长(如果有的话)?

    d. 利率水平的一个永恒的(一次性)增加将如何影响货币流通速度?它将如何影响随后的货币流通速度增长率?

    e. 如果中央银行要实现长期目标通货膨胀率 π,那么,货币供给应该以什么速度增长?

5. 一篇报纸文章曾经报道,美国经济正经历着低通货膨胀率。它说:"低通货膨胀有一个负面效应:4 500 万名社会保障和其他津贴的领取者将看到他们的支票在下一年中仅仅增加 2.8%。"

a. 为什么政策制定者将社会保障和其他津贴的增加与通货膨胀建立联系？

b. 津贴的小幅增加是否如该文所认为的那样是低通货膨胀的一个"负面效应"？为什么？

6. 在第二次世界大战期间，德国和英国都有纸武器的计划：它们各自印制对方国家的通货，打算用飞机大量空投。为什么这可能是一种有效的武器呢？

7. 对于以下每个场景，解释并对通货膨胀的成本进行归类。

a. 由于通货膨胀上升了，某服装公司决定每月而不是每个季度发行一个新的产品目录。

b. 爷爷从一家保险公司购买了 100 000 美元的年金，该公司承诺在爷爷的有生之年每年付给他 10 000 美元。在购买了该年金后，爷爷意外地发现在接下来的几年里高通货膨胀使价格上升到了原来的三倍。

c. 玛丽亚生活在一个有着恶性通货膨胀的经济中。每到发工资的那一天，她就尽可能快地跑到商店，以便能在钱丧失价值之前花掉。

d. 吉塔生活在一个通货膨胀率为 10% 的经济中。在过去一年里，她的价值百万美元的股票和债券组合给她带来了 50 000 美元的回报。由于她的税率为 20%，她给政府缴纳了 10 000 美元的税收。

e. 你的父亲告诉你，当他在你这个年龄时，他每小时工作的报酬只有 4 美元。他的言下之意是你有一份每小时 9 美元的工作已经很幸运了。

8. 一些经济史学家指出，在金本位时期，黄金的发现在长期通货紧缩之后最可能出现。（1896 年的发现是一个例子。）什么可能解释这一观察？

> 对于标有 ⓜ Work It Out 的题目，网上有答案并且给出了类似题目的在线指导。为了得到这些答案以及其他学习资源，请访问 Achieve for Macroeconomics，11e：https://achieve.macmillanlearning.com。

快速测验答案

1. C   2. B   3. A   4. D   5. C   6. D

第6章 开放的经济

> 没有一个国家毁于贸易。
>
> ——本杰明·富兰克林（Benjamin Franklin）

即使你从未离开过你的家乡，你也是全球经济的一个参与者。当你走进杂货店时，你可能会在当地产的苹果和智利产的葡萄之间进行选择。当你把钱存入当地的银行时，银行可能会把这些钱借给你的邻居，或者借给一家日本公司用于建设位于东京郊外的工厂。由于世界各地的经济一体化了，消费者有更多可选择的产品与服务，储蓄者也有更多投资他们财富的机会了。

在前面几章，我们通过假设一个封闭经济简化了我们的分析。但是，大多数现实的经济体都是开放的：它们向国外出口产品与服务，从国外进口产品与服务，在世界金融市场上借款与贷款。通过显示十个主要国家进口与出口占 GDP 的百分比，图 6-1 让我们对这些国际相互作用的重要性有了一些认识。正如该图所示，美国的出口占 GDP 的大约 12%，进口占 GDP 的大约 15%。对许多其他国家来说，贸易甚至更为重要：例如，在中国、加拿大和德国，进口和出口分别占 GDP 的大约 19%、33%和 44%。在这些国家，国际贸易在分析经济发展和制定经济政策时占据重要地位。

我们从本章开始对开放经济的宏观经济学进行研究。我们在 6.1 节中从衡量问题开始。为了理解一个开放经济是如何运行的，我们必须了解衡量国家间相互作用的宏观经济变量。核算恒等式揭示了一个关键见解：国家间产品与服务的流动总是与为资本积累融资的等量资金流动相匹配。

在 6.2 节中，我们考察这些国际流动的决定因素。我们建立了一个与第 3 章的封闭经济模型相对应的小型开放经济模型。这个模型表明了哪些因素决定一国在世界市场上是借款人还是贷款人，以及国内与国外政策如何影响资本和产品的流动。

在 6.3 节中，我们把这个模型进行扩展，讨论一国在世界市场上进行交换的价格。我们考察什么因素决定本国产品相对于外国产品的价格。我们还考察什么因素决定本国货币与外国货币交易的比率。我们的模型表明了贸易保护主义政策——为保护本国产业免受外国竞争而设计的政策——如何影响国际贸易量和汇率。

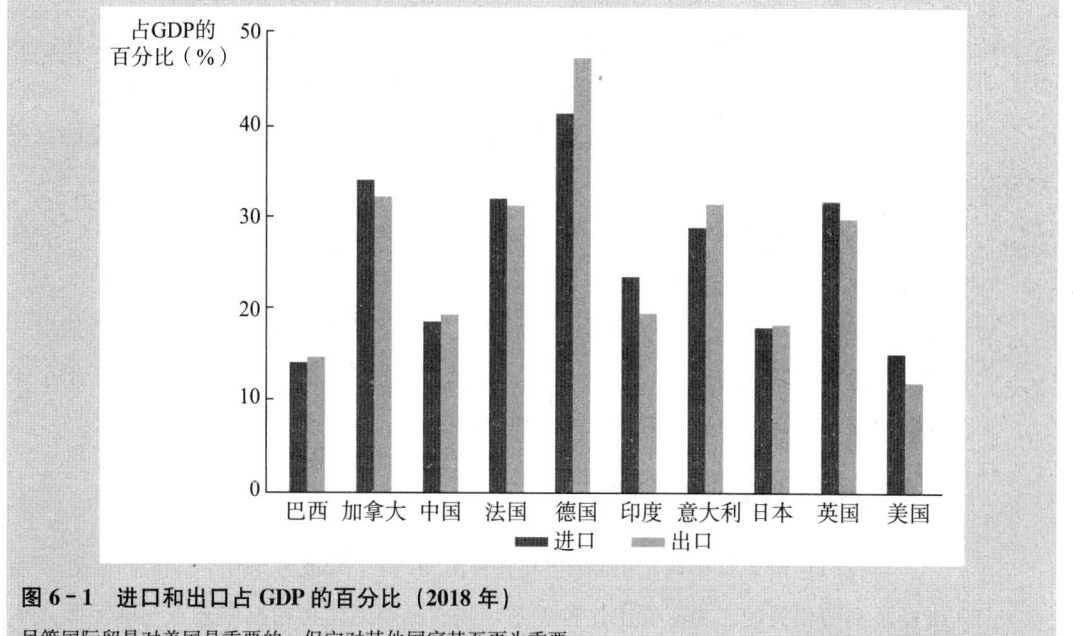

图 6-1　进口和出口占 GDP 的百分比（2018 年）
尽管国际贸易对美国是重要的，但它对其他国家甚至更为重要。
资料来源：World Bank.

6.1　资本和产品的国际流动

开放和封闭经济之间关键的宏观经济差别是：在一个开放经济的任何一个给定年份中，一国的支出无须等于其产品与服务的产出。一国可以通过从国外借款使支出大于生产，或者也可以使支出小于生产并把两者之间的差额贷给外国人。为了更充分地理解这一点，我们再来看看在第 2 章中首先讨论过的国民收入核算。

净出口的作用

考虑在一个经济的产品与服务产出上的总支出。在一个封闭经济中，所有产出都在国内出售，支出分为三个部分：消费、投资和政府购买。在一个开放经济中，一些产出在国内出售，一些出口到国外出售。此外，有些包含在消费、投资和政府购买中的产品与服务是国外生产的，是进口的。因此，我们可以把国民收入账户恒等式写成

$$Y = C + I + G + X - IM$$

其中，X 代表出口，IM 代表进口。由于进口包括在国内支出（$C+I+G$）中但并不是一国产出的一部分，所以，这个方程减去了进口。

定义**净出口**（net exports）为出口减去进口（$NX = X - IM$），我们可以将恒等

式写成

$$Y = C + I + G + NX$$

这个方程是说，在国内产出上的支出是消费、投资、政府购买以及净出口之和。从第 2 章起，这个形式的国民收入核算恒等式就应该为我们所熟悉了。

国民收入核算恒等式说明了国内产出、国内支出和净出口是如何相关的。特别地，

$$NX = Y - (C + I + G)$$

净出口 = 产出 − 国内支出

这个方程说明，在一个开放经济中，国内支出不必等于产品与服务的产出。如果一国的产出大于其国内支出，它出口这一差额，净出口是正的；如果一国的产出小于其国内支出，它进口这一差额，净出口是负的。

国际资本流动和贸易余额

与我们在第 3 章中讨论的封闭经济一样，在一个开放经济中，金融市场和产品市场是密切相关的。为了看出这种关系，我们必须用储蓄和投资来重写国民收入核算恒等式。让我们从以下恒等式开始：

$$Y = C + I + G + NX$$

两边同时减去 C 和 G，可得：

$$Y - C - G = I + NX$$

回忆一下第 3 章所讲过的，$Y-C-G$ 是国民储蓄 S，即私人储蓄（$Y-T-C$）和公共储蓄（$T-G$）之和（T 代表税收）。因此，

$$S = I + NX$$

将这个方程的两边同时减去 I，我们可以把国民收入核算恒等式写为

$$S - I = NX$$

这种形式的国民收入核算恒等式说明，一个经济的净出口必须总是等于其储蓄和投资之间的差额。

让我们来细看这个恒等式的每一部分。右边，NX，是产品与服务的净出口。净出口的另一个名字是**贸易余额**（trade balance），因为它告诉我们一国的产品与服务贸易如何偏离进口等于出口这种基准情形。

该恒等式的左边是国内储蓄和国内投资之间的差额 $S-I$，我们称之为**资本净流出** [net capital outflow，有时也称之为**国外净投资**（net foreign investment）]。资本净流出等于国内居民借给国外的数额减去外国人借给我们的数额。如果资本净流出是正的，那么，经济的储蓄大于其投资，余额被贷给外国人。如果资本净流出是负的，那么，经济经历着资本净流入：投资大于储蓄，经济通过从国外借贷来为这种额外投资融资。因此，资本净流出反映了为资本积累融资的资金国际流动。

国民收入核算恒等式表明，资本净流出总是等于贸易余额。也就是说，

资本净流出 ＝ 贸易余额

$S-I = NX$

如果 $S-I$ 和 NX 是正的，一国有**贸易盈余**（trade surplus）。在这种情况下，该国是国际金融市场上的净债权人，它的出口多于进口。如果 $S-I$ 和 NX 是负的，一国有**贸易赤字**（trade deficit）。在这种情况下，该国是国际金融市场上的净债务人，它的进口多于出口。如果 $S-I$ 和 NX 恰好等于零，那么，我们说一国**贸易平衡**（balanced trade），因为它的进口和出口价值相等。

国民收入核算恒等式表明，为资本积累融资的资金国际流动和产品与服务的国际流动是同一枚硬币的两面。假定在厄斯索斯国（Essos）*，储蓄大于投资。在这种情况下，厄斯索斯人多余的储蓄被用于向外国人放贷。因为厄斯索斯人向外国人提供的产品与服务多于外国人向厄斯索斯人提供的，所以外国人要求这些贷款。也就是说，厄斯索斯国有贸易盈余。反过来，假定在维斯特洛国（Westeros），投资大于储蓄。那么，维斯特洛国额外的投资就必须通过从国外借贷来融资。这些外国贷款使维斯特洛国能够进口比该国出口更多的产品与服务。也就是说，维斯特洛国有贸易赤字。表 6-1 总结了这些启示。

表 6-1　　　　　　　　　　　　产品与资本的国际流动：总结

贸易盈余	贸易平衡	贸易赤字
出口＞进口	出口＝进口	出口＜进口
净出口＞0	净出口＝0	净出口＜0
$Y>C+I+G$	$Y=C+I+G$	$Y<C+I+G$
储蓄＞投资	储蓄＝投资	储蓄＜投资
资本净流出＞0	资本净流出＝0	资本净流出＜0

说明：本表显示了在贸易余额上开放经济可能经历的三种结果。

资本的国际流动可以采取许多形式。最容易的是假设当一国有贸易赤字时外国人借贷给该国，就像我们到目前为止所假设的那样。这种借贷的例子之一是中国人购买美国公司或美国政府发行的债券。但是，资本流动也可以采取外国人购买国内资产的形式，例如，当德国人在纽约证券交易所从美国人手里购买股票时就是如此。无论外国人购买国内发行的债券还是国内拥有的资产，他们都得到了对国内资本未来回报的索取权。在这两种情况下，外国人最终都拥有一部分国内资本存量。

产品与资本的国际流动：一个例子

净出口和资本净流出的这一等式是一个恒等式：由于我们定义变量的方式和数字计算的方式，这一等式必定成立。但是这个重要关系背后的直觉很容易被忽略。

＊ 厄斯索斯和维斯特洛是乔治·R. 马丁（George R. Martin）的魔幻传奇故事《冰与火之歌》和美国家庭影院频道 HBO 的电视连续剧《权力的游戏》当中提到的大陆。——译者注

理解这一直觉最好的办法是考虑一个例子。

想象一下，比尔·盖茨以 10 000 日元的价格将 Windows 操作系统出售给一个日本消费者。因为盖茨先生是一位美国居民，这笔销售代表了美国的一项出口。在其他条件不变的情况下，美国的净出口上升。发生了什么其他变动以使该恒等式成立？这取决于盖茨先生如何处理这 10 000 日元。

假定盖茨先生决定把这 10 000 日元塞在床垫下。在这种情况下，盖茨先生就把他的一部分储蓄配置到了日本经济中的一笔投资（以日元的形式）而不是美国经济中的一笔投资。这样，美国的储蓄超过美国的投资。美国净出口的上升与美国资本净流出的上升相匹配。

但是，如果盖茨先生希望在日本投资，他不太可能把货币作为他所选择的资产形式。他可能会用这 10 000 日元买进股票，譬如说，日本的索尼公司的股票，或者可能购买日本政府发行的一种债券。在任何一种情况下，都有部分美国储蓄流到国外。再一次地，美国资本净流出正好平衡了美国净出口。

在日本发生的情况正好相反。当这个日本消费者购买了 Windows 操作系统时，日本购买的产品与服务（$C+I+G$）上升，但日本的产出（Y）并没有改变。日本的进口增加了，净出口下降了。此外，在投资水平（I）给定的情况下，这笔交易降低了日本的储蓄（$S=Y-C-G$）。当美国经历资本净流出的同时，日本经历着资本净流入。

现在我们改变这个例子。假定盖茨先生不把这 10 000 日元投资在日本资产上，而是用于购买日本制造的某种产品，比如一超大盒口袋妖怪卡片。在这种情况下，美国的进口上升。Windows 操作系统的出口和口袋妖怪卡片的进口共同代表了日本与美国之间的贸易平衡。因为出口和进口等量上升，净出口和资本净流出都没有改变。

最后一种可能是盖茨先生在一家当地的银行里把这 10 000 日元兑换成美元。但这并不会改变局面：现在银行得用这 10 000 日元做一些事。它可以购买日本的资产（美国的资本净流出）；可以购买日本的产品（美国的进口）；或者可以把日元卖给要做这样的交易的另一个美国人。如果你跟踪这笔钱，你会发现最后美国净出口必须等于美国资本净流出。

双边贸易余额的无关紧要性

我们一直讨论的贸易余额衡量了一国向世界其他地区出口和从世界其他地区进口之间的差额。有时你可能从媒体听到关于一国与另一国之间贸易余额的报道。经济学家把一国与另一国之间的贸易余额称为双边贸易余额。例如，美国对中国的双边贸易余额等于美国卖给中国的出口减去美国购自中国的进口。

正如我们所看到的，总体的贸易余额与一国的储蓄和投资密不可分。对双边贸易余额而言，情况却不是这样。确实，一国可能对特定贸易伙伴有巨额贸易赤字和盈余，而总体上保持贸易平衡。

例如，假定世界上有三个国家：美国、中国和澳大利亚。美国向澳大利亚出售价值 1 000 亿美元的机床，澳大利亚向中国出售价值 1 000 亿美元的小麦，中国向美国出售价值 1 000 亿美元的玩具。在这种情况下，美国对中国有双边贸易赤字，中国对澳大利亚有双边贸易赤字，澳大利亚对美国有双边贸易赤字。但是三国中的每一国都在总体上保持贸易平衡，各出口和进口价值 1 000 亿美元的产品。

双边贸易赤字在政治舞台上受到过多的关注。由于国际关系表现为国与国之间的关系，因此政治家和外交家自然被衡量国与国之间经济交易的统计数字所吸引。然而，多数经济学家相信双边贸易余额并没有很大意义。从宏观经济的角度看，一国与所有外国的总体贸易余额才是重要的。

同样的启示像适用于国家一样适用于个人。你自己的贸易余额是你的收入与支出之差，如果这两个变量不一致，你就会担心。但你不必为你从某人或某公司得到的收入与向某人或某公司的支出之差担心。经济学家、诺贝尔经济学奖获得者罗伯特·索洛曾经这样解释双边贸易余额的无关紧要性："我对我的理发师有长期的赤字，因为我的东西他什么也不买。"但索洛先生并没有因此入不敷出，也没有因此而拒绝理发。

6.2 小型开放经济中的储蓄与投资

到现在为止，在我们关于产品与资本的国际流动的讨论中，我们重新整理了核算恒等式。也就是说，我们定义了一些衡量开放经济中的交易的变量，我们说明了从这些变量的定义中得出的变量之间的联系。下一步是建立一个解释这些变量行为的模型。该模型将回答诸如贸易余额如何对政策变动做出反应等问题。

资本的流动性与世界利率

我们即将介绍一个资本与产品的国际流动的模型。由于贸易余额等于资本净流出，资本净流出又等于储蓄减去投资，所以，我们的模型集中关注储蓄和投资。为了建立这个模型，我们采用一些第 3 章就应该熟悉的元素。但与第 3 章模型不同的是，我们并不假设实际利率使储蓄与投资达到均衡。相反，我们允许经济存在贸易赤字和向其他国家借贷，或者存在贸易盈余和贷款给其他国家。

如果在这个模型中实际利率不会调整以使储蓄与投资达到均衡，那么，什么因素决定实际利率呢？在这里，我们通过考虑一种简单情况——具有完全资本流动性的**小型开放经济**（small open economy）——来回答这个问题。我们说的"小型"是指这个经济是世界市场的一小部分，从而它对世界利率的影响微不足道。我们说的"完全资本流动性"是指该国居民可以完全进入世界金融市场。特别地，政府不阻止国际借款或贷款。

由于完全资本流动性这个假设，我们这个小型开放经济中的利率 r 必定等于**世界利率**（world interest rate）r^*，即世界金融市场上的实际利率：

$$r = r^*$$

小型开放经济中的居民永远不需要以任何高于 r^* 的利率借入资金，因为他们总能够以 r^* 从国外得到贷款。类似地，这个经济的居民也永远不需要以低于 r^* 的利率贷出资金，因为他们总能够通过向外国贷款而赚到 r^*。因此，世界利率决定了小型开放经济中的利率。

让我们简短地讨论一下什么决定了世界实际利率。在一个封闭经济中，国内储蓄与国内投资的均衡决定了利率。除非存在星际间贸易，世界经济就是一个封闭经济。因此，世界储蓄与世界投资的均衡决定了世界利率。小型开放经济对世界实际利率的影响微不足道，因为作为世界的一小部分，它对世界储蓄和世界投资的影响是微不足道的。因此，小型开放经济把世界利率视为外生给定。

为什么假定小型开放经济？

本章正文中的分析假设被研究的国家是小型开放经济。（第 14 章考察开放经济的短期波动，采用了同样的方法。）这一假设提出了一些问题。

问题：小型开放经济的假设很好地描述了美国吗？

回答：不，这种假设至少没有完整地描述美国。美国确实在世界金融市场上借款和贷款，这些市场对美国的实际利率有着很强的影响，但如果说美国的实际利率仅仅由世界金融市场决定就言过其实了。

问题：那么为什么我们假设小型开放经济？

回答：一些国家，例如加拿大和荷兰，可以用小型开放经济的假设更好地描述。然而做出这一假设主要是为了获得对开放经济的宏观经济学的理解和直觉。回忆第 1 章讲过，模型是建立在简化的假设之上的。一个假设有用并不要求它是现实性的。假设一个小型开放经济极大地简化了分析，因此将有助于阐述我们的思想。

问题：我们能放宽这一假设并使模型更现实吗？

回答：对，我们能够也将这样做。本章附录考虑更现实和更复杂的大型开放经济情形（第 14 章附录也是如此）。一些教师在讲授这些主题时直接跳到这些材料，因为这些材料采用的方法对美国这样的经济更加具有现实性。其他教师从小型开放经济的简化假设开始。

模 型

为了建立小型开放经济模型，我们采用第 3 章中的三个假设：

- 经济的产出 Y 是由其生产要素和生产函数固定的。我们把这写为

$$Y = \bar{Y} = F(\bar{K}, \bar{L})$$

- 消费 C 与可支配收入 $Y-T$ 正相关。我们把消费函数写为

$$C = C(Y - T)$$

- 投资 I 与实际利率 r 负相关。我们把投资函数写为

$$I = I(r)$$

这三个关系是我们模型中的关键部分。如果你不理解它们，在继续学习之前复习一下第 3 章。

现在我们可以回到核算恒等式，把它写为

$$NX = (Y - C - G) - I$$
$$NX = S - I$$

代入上面简要提到的第 3 章的三个假设和利率等于世界利率的假设，我们得到

$$NX = [\bar{Y} - C(\bar{Y} - T) - G] - I(r^*)$$
$$= \bar{S} - I(r^*)$$

这个方程说明了贸易余额 NX 取决于决定储蓄 S 和投资 I 的那些变量。由于储蓄取决于财政政策（更低的政府购买 G 或更高的税收 T 增加了国民储蓄），投资取决于世界实际利率 r^*（更高的利率使一些投资项目无利可图），因此，贸易余额也取决于这些变量。

在第 3 章中我们画出了像图 6-2 中那样的储蓄和投资图。在该章所研究的封闭经济中，实际利率调整使储蓄与投资达到均衡——也就是说，实际利率位于储蓄与投资曲线相交之处。但是，在小型开放经济中，实际利率等于世界利率。贸易余额是由在世界利率水平时储蓄和投资之间的差额决定的。

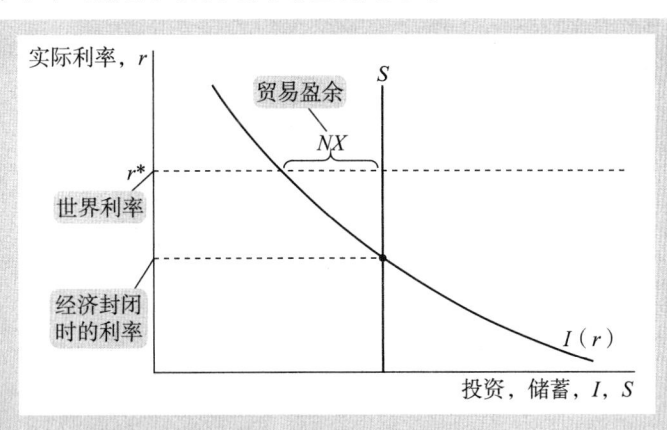

图 6-2　小型开放经济中的储蓄与投资

在一个封闭经济中，实际利率调整使储蓄与投资达到均衡。在一个小型开放经济中，利率由世界金融市场决定。储蓄与投资之间的差额决定了贸易余额。图中存在贸易盈余，因为在世界利率水平下储蓄大于投资。

现在，你可能想知道使贸易余额等于资本净流出的机制。资本流动的决定因素是容易理解的：当储蓄低于投资时，投资者从国外借款；当储蓄超过投资时，余额被贷给其他国家。但是，什么原因使那些从事进口与出口的人的行为确保产品的国际流动恰好与资本的国际流动相平衡呢？现在我们暂且不回答这个问题，但在 6.3

节中当我们讨论汇率时，我们再回到这个问题。

政策如何影响贸易余额？

假定经济开始时处于平衡贸易的位置。也就是说，在世界利率上，投资 I 等于储蓄 S，净出口 NX 等于零。让我们用我们的模型预测本国和外国政府政策的效应。

国内的财政政策 首先考虑，如果政府通过增加政府购买来扩大国内支出，小型开放经济会发生什么变动。因为 $S=Y-C-G$，G 的增加减少了国民储蓄。由于 $I=I(r^*)$ 且世界实际利率不变，所以投资保持不变。因此，储蓄降至投资以下，现在一些投资必须通过从国外借款来融资。由于 $NX=S-I$，所以，S 的下降意味着 NX 的下降。经济现在出现了贸易赤字。

类似的逻辑适用于税收的减少。减税降低了 T，增加了可支配收入 $Y-T$，刺激了消费，减少了国民储蓄。（即使部分减少的税收进入私人储蓄，但公共储蓄的减少量是全部的减税量；总体来看，储蓄减少。）由于 $NX=S-I$，国民储蓄的减少又降低了 NX。

图 6-3 说明了这些效应。一项增加了私人消费 C 或公共消费 G 的财政政策变动减少了国民储蓄 $(Y-C-G)$，因此，使代表储蓄的垂线从 S_1 移动到 S_2。由于 NX 是在世界利率水平上的储蓄曲线和投资曲线的距离，所以，这一移动就减少了 NX。因此，从平衡贸易出发，一项减少国民储蓄的财政政策变动引起了贸易赤字。

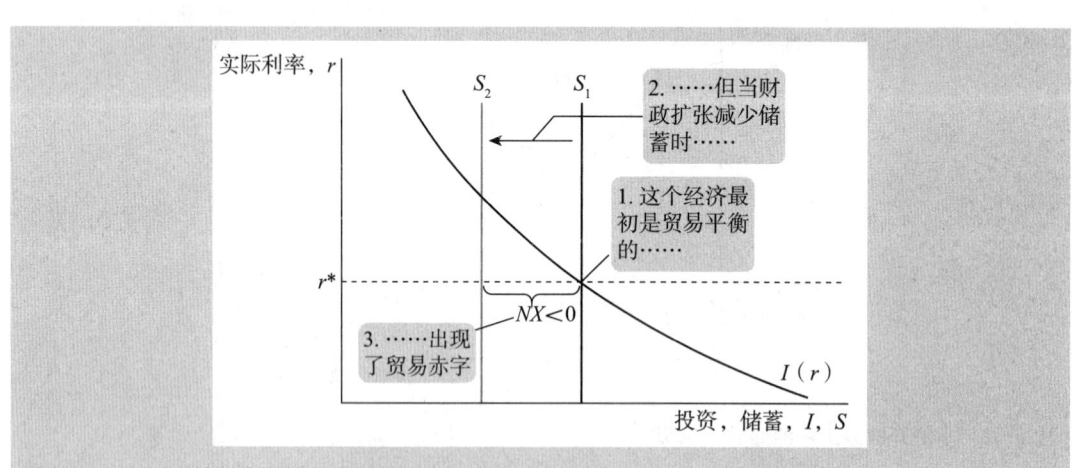

图 6-3 小型开放经济中的国内财政扩张
政府购买的增加或减税减少了国民储蓄，从而使储蓄曲线从 S_1 向左移动到 S_2。结果是出现了贸易赤字。

国外的财政政策 现在考虑当外国政府增加其政府购买时，小型开放经济会发生什么变动。如果这些外国是世界经济的一小部分，那么，它们的财政政策变动对其他国家的影响微不足道。但是，如果这些外国占世界经济的很大组成部分，它们的政府购买增加就减少了世界储蓄。世界储蓄的减少引起世界利率上升，正像我们在封闭经济模型中看到的（记住，地球是一个封闭经济）。

世界利率上升提高了借贷的成本，从而减少了小型开放经济中的投资。由于国内储蓄没有变化，储蓄 S 现在大于投资 I，该国的一部分储蓄开始流向国外。由于 $NX=S-I$，所以，I 减少也必然使 NX 增加。因此，国外储蓄的减少导致本国贸易盈余。

图 6-4 说明了一个从贸易平衡出发的小型开放经济如何对国外财政扩张做出反应。由于政策变动发生在国外，所以，国内储蓄与投资曲线保持不变。唯一的变动是世界利率从 r_1^* 上升到 r_2^*。贸易余额是储蓄和投资曲线之间的距离；因为 r_2^* 时的储蓄大于投资，所以，存在贸易盈余。因此，从贸易平衡开始，由于国外财政扩张引起的世界利率上升导致了贸易盈余。

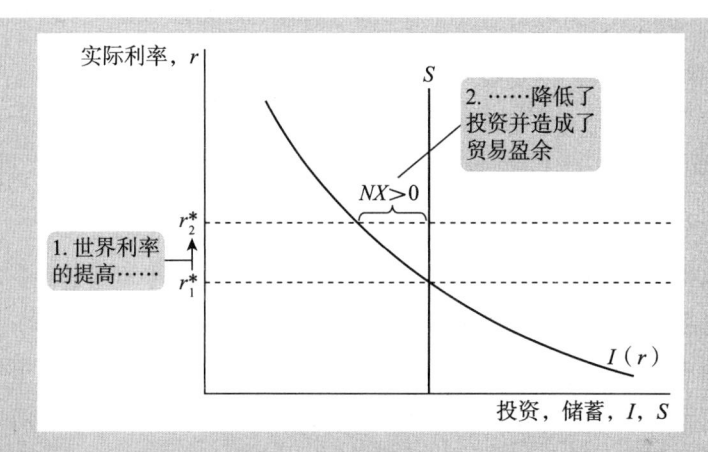

图 6-4 小型开放经济中的国外财政扩张
一个大到足以影响世界储蓄和投资的国外经济的财政扩张使世界利率从 r_1^* 上升到 r_2^*。较高的世界利率减少了这个小型开放经济中的投资，造成了贸易盈余。

投资需求的移动　考虑如果小型开放经济的投资曲线向外移动从而每一利率水平下的投资品需求都更多了，小型开放经济会发生什么变动。例如，如果政府以一种鼓励投资的方式减少了商业监管，就会出现这种需求的移动。图 6-5 说明了投资曲线移动的影响。在一个给定的世界利率处，投资现在更多了。由于储蓄不变，一些投资现在必须通过从国外借贷来融资。由于资本流入经济为增加的投资融资，因此资本净流出是负的。换个说法，由于 $NX=S-I$，I 的增加意味着 NX 的减少。因此，从平衡的贸易开始，投资曲线向外移动引起贸易赤字。

评价经济政策

我们的开放经济模型说明了用贸易余额衡量的产品和服务流动与用于资本积累的资金的国际流动是密切相关的。资本净流出是国内储蓄与国内投资之间的差额。因此，经济政策对贸易余额的影响总可以通过考察它们对国内储蓄和国内投资的影响来找到。增加投资或减少储蓄的政策往往会引起贸易赤字，而减少投资或增加储蓄的政策往往会引起贸易盈余。

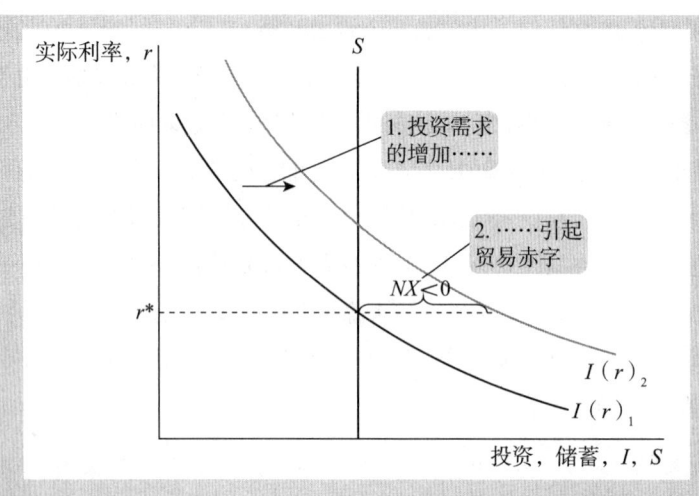

图 6-5 小型开放经济中投资曲线的移动

投资曲线从 $I(r)_1$ 向外移动到 $I(r)_2$ 增加了世界利率为 r^* 时的投资量。结果，现在投资大于储蓄，这意味着该经济要从国外借贷并出现了贸易赤字。

我们对开放经济的分析是实证的，而不是规范的。也就是说，它说明了各种政策如何影响资本与产品的国际流动，但并没有说明这些政策和结果是不是合意的。评价经济政策及其对开放经济的影响是经济学家和政策制定者常常争论的一个主题。

当一个国家有贸易赤字时，政策制定者必然要面对这样一个问题：贸易赤字是否代表全国性问题？大多数经济学家认为贸易赤字本身并不是一个问题，但也许是问题的征兆。贸易赤字可能反映了低储蓄。在一个封闭经济中，低储蓄导致低投资和未来较少的资本存量。在一个开放经济中，低储蓄导致贸易赤字以及外债增加，而外债最终是必须偿还的。在这两种情况下，现期的高消费导致未来的更低消费，这意味着，子孙后代要承担低国民储蓄的负担。

但贸易赤字并不总是经济弊病的体现。当贫穷的农业经济发展成现代工业经济时，有时要从外国借款来为增加的投资融资。在这些情况下，贸易赤字是经济发展的信号。例如，韩国在整个 20 世纪 70 年代和 80 年代初有巨额贸易赤字，但韩国已经成为经济增长的成功典范之一。这里的启示是：我们不能仅仅从贸易余额来判断经济表现。相反，我们应该考察国际流动背后的原因。

案例研究

美国的贸易赤字

1980 年后的 40 年，美国经历了巨额的贸易赤字。图 6-6（a）通过显示净出口占 GDP 的百分比记录了这段经历。贸易赤字的确切规模随时间波动，但在这段时期一直都很大。2019 年，贸易赤字达 6 320 亿美元，也就是 GDP 的 2.9%。正如核算恒等式所要求的，这个贸易赤字不得不通过从外国借贷（或者，等价地，通过向国外出售美国的资产）来融资。在这一时期，美国从世界最大的债权国变成世界最大的债务国。

是什么引起了美国的贸易赤字？没有单一的解释。但为了理解一些起作用的因素，看看图 6-6（b）所示的国民储蓄和国内投资是有用的。记住，贸易赤字是储蓄和投资之间的差额。

贸易赤字的开始与国民储蓄的下降恰好同时发生。20 世纪 80 年代的扩张性财政政策可以解释这个巧合。在里根总统的支持下，国会 1981 年通过了在此后三年大幅度削减个人所得税的立法。由于在减税的同时，政府支出并没有等量地削减，联邦预算出现了赤字。这些预算赤字是和平与繁荣时期所经历的最大赤字之一，而且在里根总统卸任后还持续了很长时间。根据我们的模型，这种政策应该减少国民储蓄，从而引起贸易赤字。事实上情况正是如此。由于政府预算和贸易余额大约同时出现赤字，这种情况被称为双赤字（twin deficits）。

图 6-6　贸易余额、储蓄和投资：美国的经历

图（a）显示了美国的贸易余额占 GDP 的百分比。正数表示盈余，负数表示赤字。图（b）显示了 1960—2019 年美国的国民储蓄和投资占 GDP 的百分比。贸易余额等于储蓄减去投资。

资料来源：U. S. Department of Commerce.

20 世纪 90 年代，美国联邦政府迈向平衡的预算，情况开始发生变化。乔治·H.W. 布什总统和比尔·克林顿总统都签署了增税计划，同时国会也控制了支出。除了这些政策变化，20 世纪 90 年代末快速增长的生产力提高了收入，从而进一步增加了税收。这些发展使得美国联邦预算从赤字变为盈余，而这又引起国民储蓄上升。

与我们可能预期的相反，国民储蓄的增加并不与贸易赤字的缩减并行发生，因为与此同时，国内投资也上升了。可能的解释是：20 世纪 90 年代信息技术的繁荣引起了美国投资函数的扩张性移动。即使财政政策推动贸易赤字向盈余移动，但是，投资的繁荣是一种推动贸易平衡向赤字方向移动的更强劲的力量。

21 世纪初，财政政策再次对国民储蓄产生了向下的压力。在乔治·W. 布什总统主政白宫期间，2001 年和 2003 年减税计划被签署成法律，而且反恐战争导致政府支出大幅度增加。联邦政府再次陷入预算赤字。国民储蓄下降到历史低点，贸易赤字达到历史高点。

几年后，随着经济经历了房价的大幅下降（这导致了大衰退——第 13 章将考察的一个现象），贸易赤字开始出现某种程度的缩减。更低的房价导致住房投资的大幅下降。贸易赤字从 2006 年高峰值时的占 GDP 的 5.6% 下降到 2009 年的 2.7%。从 2009 年到 2019 年，随着经济逐步从经济低迷中复苏，储蓄和投资都增加了，贸易余额几乎没有变动。

美国贸易赤字的历史表明，这一统计数据本身并不能告诉我们太多经济中发生的事情。我们不得不更严密地考察储蓄、投资，以及那些引起它们（从而引起贸易余额）随时间变化的政策和事件。[1]

案例研究

资本为什么不流向穷国？

前一案例研究所讨论的美国贸易赤字代表了资本从世界其他地区向美国的流动。这些资本流动的来源是哪些国家呢？由于世界是一个封闭经济，资本一定来自那些有贸易盈余的国家。在 2018 年，这个群体包括许多比美国穷的国家，例如泰国、安哥拉、伊拉克、斯洛文尼亚和俄罗斯。在这些国家，储蓄超过在国内资本上的投资。这些国家的资金流向在国内资本上的投资超过储蓄的国家，如美国。

从某种角度看，国际资本流动的这个方向是一个悖论。回忆我们在第 3 章对生产函数的讨论。在那里，我们证实了柯布-道格拉斯生产函数是在经验上具有现实性的：

$$F(K,L) = AK^{\alpha}L^{1-\alpha}$$

式中，K 为资本；L 为劳动；A 为代表技术状态的变量；α 为决定资本在总收入中份额的参数。对于这个生产函数，资本的边际产量为：

$$MPK = \alpha A(K/L)^{\alpha-1}$$

资本的边际产量告诉我们，额外 1 单位资本将生产多少额外的产出。由于 α 是资本的份额，它必须小于 1，因此 $\alpha-1<0$。这意味着 K/L 的增加使 MPK 减少。换言之，在其他变量保持不变的情况下，一国的工人人均资本越多，额外一单位资本的价值越小。这种边际产

---

[1] 要想对这一主题有更多的了解，参见 Catherine L. Mann, *Is the U. S. Trade Deficit Sustainable*? Institute for International Economics，1999。

量递减的现象说明，资本在资本稀缺的地方应当更有价值。

然而，这一预测看来与由贸易不平衡代表的国际资本流动相矛盾。资本看来没有流向那些资本应当最有价值的国家。我们常常观察到的不是像美国这样资本充裕的国家借款给资本欠缺的国家，而是正好相反。为什么会这样？

一个原因是，除了资本积累外，国家之间还有重要的差别。穷国不仅工人人均资本积累水平（由 K/L 代表）更低，而且生产技术（由 A 代表）也落后。与富国相比，穷国可能更难以得到先进技术，教育水平（或人力资本）更低，或经济政策的效率更低。在柯布-道格拉斯生产函数中，这些差别可能表现为参数 A 的值更小，意味着给定的资本和劳动投入只能生产出更少的产出。如果是这样，尽管资本在穷国是稀缺的，但穷国的资本不一定更有价值。

资本可能不会流向穷国的第二个原因是，在穷国，产权常常没有保障。腐败的存在要普遍得多，革命、政变和剥夺财产更常见。政府常常拖欠债务。即使资本在穷国更有价值，外国人也可能会因为害怕损失其投资而避免在穷国投资。而且，本地投资者也面临类似的激励。设想你生活在一个穷国但你碰巧运气好到有些财富要投资。你也可能决定，把它们投资在像美国这样安全的国家是你最好的选择，即使在那里资本的价值比在你的祖国要低。

无论这两个原因中哪一个是正确的，穷国面临的挑战是找到逆转这种局面的办法。如果这些国家提供了与美国经济相同的生产效率和法律保护，国际资本流动的方向将可能逆转。美国的贸易赤字将变为贸易盈余，资本将流向这些新兴国家。这种变化将帮助世界上的穷国摆脱贫困。[①]

6.3 汇率

在考察了资本以及产品与服务的国际流动之后，我们现在通过考虑适用于这些交易的价格来扩展分析。两个国家之间的汇率（exchange rate）是这些国家的居民相互进行贸易的价格。在本节，我们首先精确地考察汇率衡量了什么，然后讨论汇率是如何决定的。

名义与实际汇率

经济学家区分了两种汇率：名义汇率与实际汇率。我们依次讨论每一种汇率，看看它们是如何相关的。

名义汇率 名义汇率（nominal exchange rate）是两个国家通货的相对价格。例如，如果美元和日元之间的汇率是 1 美元兑 100 日元，那么，在世界外汇市场

---

① 要想对这一主题有更多的了解，参见 Robert E. Lucas, "Why Doesn't Capital Flow from Rich to Poor Countries?" *American Economic Review* 80 (May 1990): 92–96。

上，你可以用 1 美元换到 100 日元。一个想得到美元的日本人要为购买的每 1 美元支付 100 日元。一个想得到日元的美国人每支付 1 美元就会得到 100 日元。当人们提到两个国家之间的"汇率"时，他们通常是指名义汇率。

注意一种汇率可以用两种方法来报道。如果 1 美元可购买 100 日元，那么，1 日元可购买 0.01 美元。我们可以说汇率是 1 美元兑 100 日元，或者我们也可以说汇率是 1 日元兑 0.01 美元。这两种表示汇率的方法是等价的。

本书总是用 1 美元兑换的外国通货单位表示汇率。按照这一约定，汇率的上升——比如说，从每 1 美元兑 100 日元上升到兑 110 日元——被称为美元升值（appreciation）；汇率的下降被称为美元贬值（depreciation）。当本币升值时，它能买到更多的外币；当本币贬值时，它买到的外币更少。升值有时被称为货币坚挺（strengthening），贬值有时被称为货币疲软（weakening）。

实际汇率　实际汇率（real exchange rate）是两国产品的相对价格。也就是说，实际汇率告诉我们，我们能按什么比率用一国的产品交换另一国的产品。实际汇率有时被称为贸易条件（terms of trade）。

为了说明实际汇率与名义汇率之间的关系，考虑许多国家都生产的一种单一产品：汽车。假定一辆美国汽车价值 30 000 美元，一辆类似的日本汽车价值 6 000 000 日元。为了比较这两辆汽车的价格，我们必须把它们转换为一种共同的通货。如果 1 美元值 100 日元，那么，美国汽车价值 100×30 000＝3 000 000 日元。比较美国汽车的价格（3 000 000 日元）和日本汽车的价格（6 000 000 日元），我们得出结论：美国汽车的价格为日本汽车的一半。换言之，按照现期价格，我们可以用 2 辆美国汽车换 1 辆日本汽车。

我们可以把我们的计算总结如下：

$$\text{实际汇率} = 100 \text{ 日元} / \text{美元} \times \frac{30\ 000 \text{ 美元} / \text{美国汽车}}{6\ 000\ 000 \text{ 日元} / \text{日本汽车}}$$

$$= 0.5 \text{ 日本汽车} / \text{美国汽车}$$

在这些价格和这个汇率下，我们得出每辆美国汽车相当于 0.5 辆日本汽车。更一般地，我们可以把这种计算写为

$$\text{实际汇率} = \text{名义汇率} \times \frac{\text{国内产品的价格}}{\text{国外产品的价格}}$$

我们交换外国产品与本国产品的比率取决于用本国货币表示的产品价格和通货交换的比率。

这种对于单一产品的实际汇率计算方法为我们应该如何定义对于更广泛的一篮子产品的实际汇率提供了启示。令 e 代表名义汇率（每 1 美元的日元数量），P 代表美国的价格水平（用美元衡量），P^* 代表日本的价格水平（用日元衡量）。那么实际汇率 ϵ 就是：

$$\text{实际汇率} = \text{名义汇率} \times \text{价格水平比率}$$

$$\epsilon = e \times \frac{P}{P^*}$$

两国之间的实际汇率是从名义汇率和两国的价格水平计算的。如果实际汇率高,外国产品就相对便宜,国内产品就相对昂贵;如果实际汇率低,外国产品就相对昂贵,国内产品就相对便宜。

实际汇率和贸易余额

实际汇率有什么宏观经济影响呢?为了回答这个问题,记住实际汇率只不过是一种相对价格。正如汉堡包与比萨饼的相对价格决定了你午饭选择吃什么一样,国内与国外产品的相对价格影响这些产品的需求。

例如,假定美国的实际汇率低。在这种情况下,由于美国产品相对便宜,所以,美国人将购买更少的进口产品:他们将买福特汽车而不买丰田汽车,将喝百威(Budweiser)啤酒而不喝喜力(Heineken)啤酒,将去佛罗里达度假而不去意大利度假。由于同样的原因,外国人将购买许多美国产品。他们将购买福特汽车,喝百威啤酒,飞到奥兰多来度假。由于美国人和外国人的这些行为,美国的净出口将会提高。

如果美国的实际汇率高,就会出现相反的情况。在这种情况下,美国产品相对于国外产品昂贵。美国人将购买许多进口产品,外国人将购买很少的美国产品。因此,美国的净出口将会降低。

我们把实际汇率与净出口之间的这种关系写为

$$NX = NX(\epsilon)$$

这个方程是说,净出口是实际汇率的函数。图 6-7 说明了贸易余额与实际汇率之间的负相关关系。

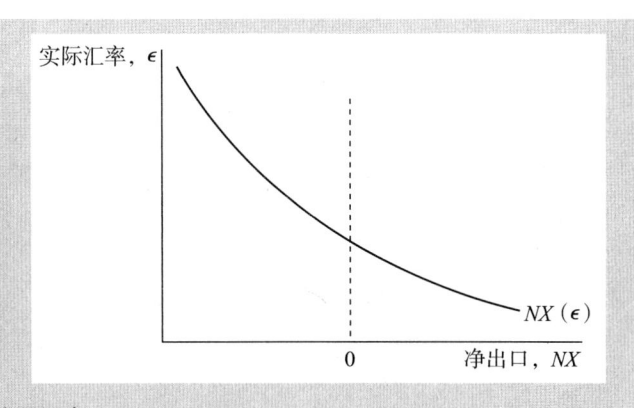

图 6-7 净出口与实际汇率

本图说明了实际汇率和净出口之间的关系:实际汇率越低,国内产品相对于国外产品越便宜,从而一国的净出口量越大。注意横轴有一部分衡量 NX 为负值的情况:由于进口可以大于出口,所以,净出口可以小于零。

实际汇率的决定因素

现在我们已经有了为建立一个解释实际汇率决定因素的模型所需要的一切组成部分。特别地,我们把净出口与实际汇率之间的这一新关系与在本章前面建立的贸易余额模型结合在一起。我们可以把这种分析归纳如下:

- 一种通货的实际价值与净出口负相关。当实际汇率降低时,国内产品相对于国外产品变得更便宜,净出口增加。

- 贸易余额(净出口)必须等于资本净流出,资本净流出等于储蓄减去投资。储蓄由消费函数和财政政策确定;投资由投资函数和世界利率确定。

图 6-8 说明了这两个条件。因为低实际汇率使国内产品相对便宜,所以,表示净出口与实际汇率之间关系的曲线是向右下方倾斜的。因为储蓄和投资都不取决于实际汇率,所以,代表储蓄超过投资部分($S-I$)的曲线是垂直的。这两条曲线的交点决定了均衡实际汇率。

图 6-8 看来像是普通的供给和需求图。实际上,你可以把这幅图看作代表对外汇交换的供给和需求。垂线($S-I$)代表资本净流出,从而就代表用于交换外汇和在国外投资的美元供给。向右下方倾斜的曲线 $NX(\epsilon)$ 代表想用美元从美国购买产品的外国人对美元的净需求。在均衡实际汇率处,来自资本净流出的美元供给与购买美国净出口的外国人的美元需求相平衡。

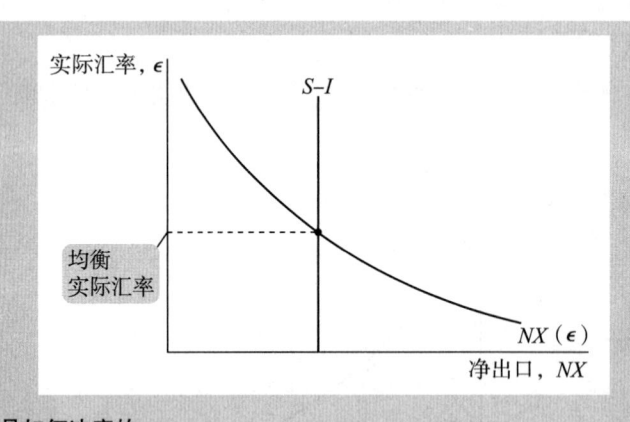

图 6-8 实际汇率是如何决定的
实际汇率是由代表储蓄减去投资的垂线和向右下方倾斜的净出口曲线的交点决定的。在交点,来自资本净流出的美元供给量等于购买产品与服务净出口的美元需求量。

政策如何影响实际汇率?

我们可以用刚刚建立的这个模型说明我们前面讨论的经济政策变动如何影响实际汇率。

国内的财政政策 如果政府通过增加政府购买或减税来减少国民储蓄,实际汇率会发生什么变动呢？正如我们以前讨论的，储蓄的这种减少降低了 $(S-I)$，从而降低了 NX。也就是说，储蓄的减少推动贸易余额走向赤字。

图 6-9 说明了均衡实际汇率如何调整以确保 NX 下降。政策变动使垂线 $(S-I)$ 向左移动，减少了可投资于国外的美元供给。美元供给的减少使均衡的实际汇率从 ϵ_1 上升到 ϵ_2——也就是说，美元变得更值钱了。由于美元的这一升值，国内产品相对于国外产品变得更加昂贵了，引起出口下降和进口上升。出口和进口的这些变动降低了净出口。

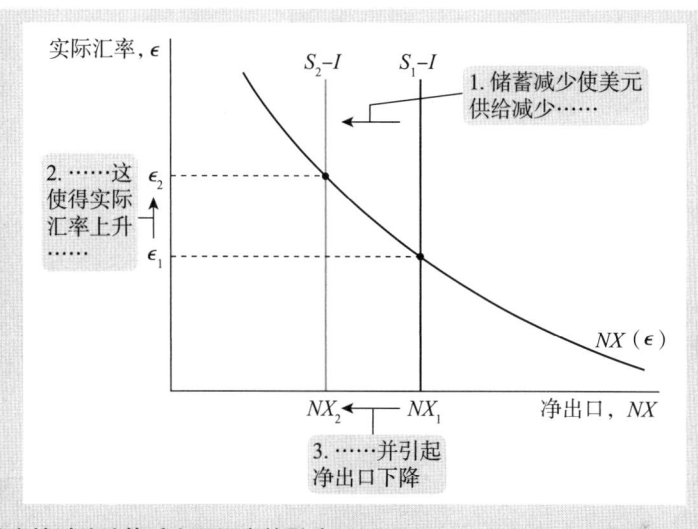

图 6-9　国内扩张性财政政策对实际汇率的影响

国内扩张性财政政策，例如政府购买增加或减税，减少了国民储蓄。储蓄的减少使可以换成外国通货的美元供给从 (S_1-I) 减少为 (S_2-I)。这种移动使均衡的实际汇率从 ϵ_1 上升到 ϵ_2。

国外的财政政策　如果外国政府增加政府购买或减税，实际汇率会发生什么变动呢？财政政策的这两种变动都降低了世界储蓄，使世界利率上升。世界利率的上升减少了国内投资 I，从而就增加了 $(S-I)$，导致 NX 增加。也就是说，世界利率的上升推动贸易余额走向盈余。

图 6-10 表明财政政策的这种变化使垂线 $(S-I)$ 向右移动，增加了可用于国外投资的美元供给。均衡的实际汇率下降了。也就是说，美元贬值了，美国国内产品相对于国外产品变得更加便宜了。

投资需求的移动　如果国内投资需求增加（也许是因为经营监管放松），实际汇率会有什么变动呢？在给定的世界利率下，投资需求增加导致更多的投资。更高的 I 值意味着 $(S-I)$ 和 NX 值更低。也就是说，投资需求的增加推动贸易余额走向赤字。

图 6-11 说明了投资需求增加使垂线 $(S-I)$ 向左移动，减少了用于国外投资的美元供给。均衡的实际汇率上升了。因此，当经营监管放松使美国投资需求增加

时*，它也提高了进行这些投资所需要的美元的价值。当美元升值时，国内产品相对于国外产品变得更加昂贵了，净出口下降。

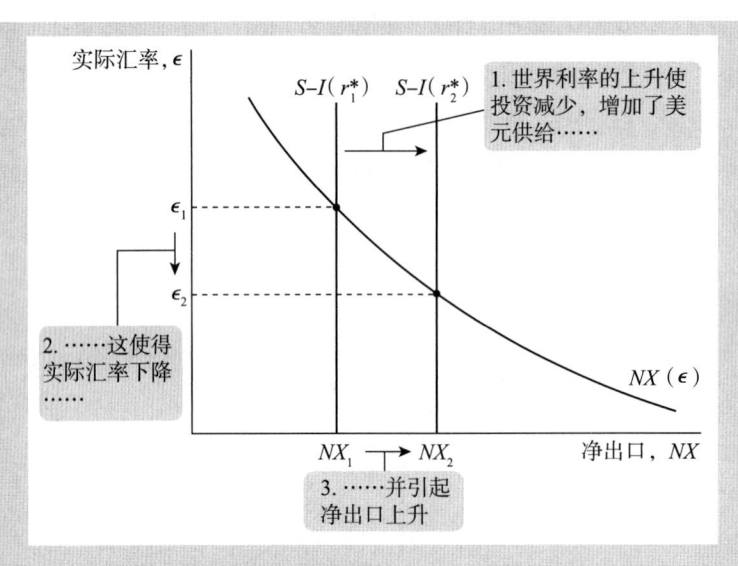

图6-10　国外扩张性财政政策对实际汇率的影响

国外扩张性财政政策减少了世界储蓄，使世界利率从 r_1^* 上升到 r_2^*。世界利率的上升减少了国内投资，这又增加了用于换成外国通货的美元供给。结果，均衡的实际汇率从 ϵ_1 下降到 ϵ_2。

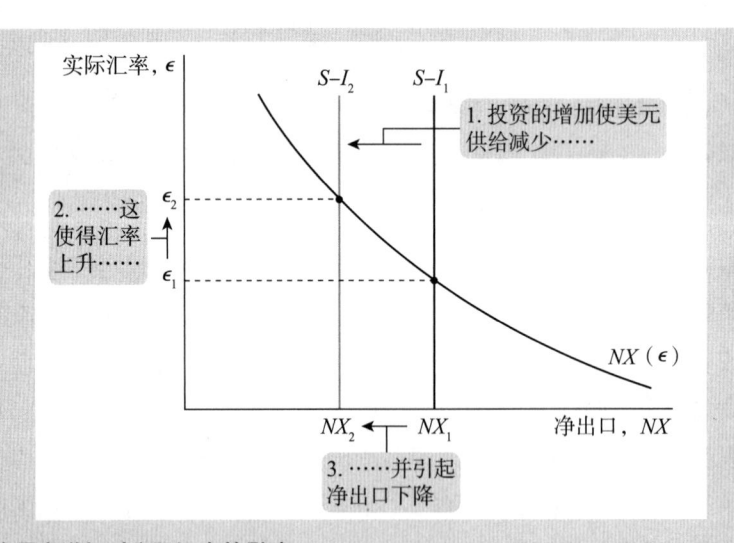

图6-11　投资需求增加对实际汇率的影响

投资需求的增加使国内投资量从 I_1 增加到 I_2。结果，用于兑换成外国通货的美元供给从 $(S-I_1)$ 减少为 $(S-I_2)$。美元供给的这种减少使均衡实际汇率从 ϵ_1 上升到 ϵ_2。

---

* 原文为"当投资税收抵免使在美国投资更有吸引力时"，翻译时进行了修改，以与前面写的"经营监管放松"相呼应。——译者注

贸易政策的影响

既然我们有了一个解释贸易余额和实际汇率的模型，我们就有了考察贸易政策的宏观经济影响的工具。贸易政策的广义定义是设计用于直接影响产品与服务进口与出口数量的政策。贸易政策通常采取保护国内产业免受国外竞争的形式——或者通过对外国进口品征税（关税），或者通过限制可以进口的产品与服务的数量（配额）。

作为一个保护主义贸易政策的例子，考虑如果政府禁止外国汽车的进口，经济会发生什么情况。对于任何给定的实际汇率，进口将会更低，这意味着净出口（出口减去进口）将会更高。因此，净出口曲线向外移动，如图6-12所示。为了看出这种政策的影响，我们比较原来的均衡与新的均衡。在新的均衡，实际汇率更高，净出口则保持不变。尽管净出口曲线移动了，但净出口的均衡水平仍然相同，这是因为保护主义政策既没有改变储蓄，也没有改变投资。

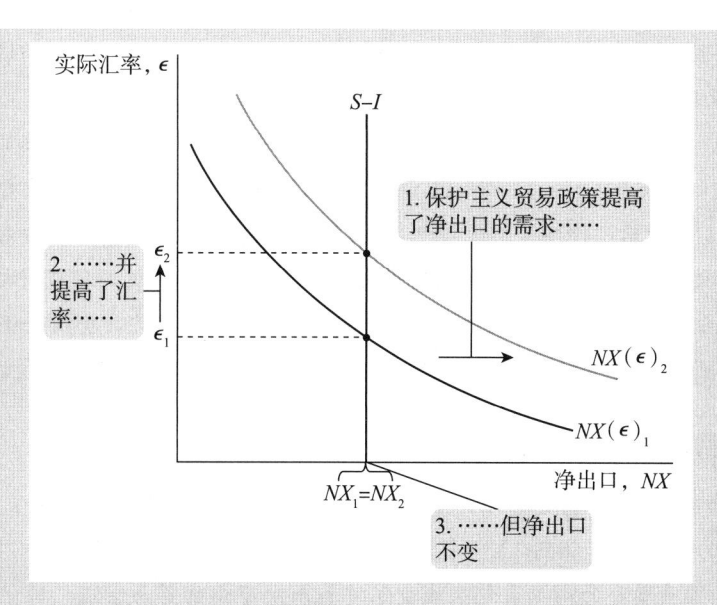

图 6-12 保护主义贸易政策对实际汇率的影响

一项保护主义贸易政策，如禁止进口汽车，使净出口曲线从 $NX(\epsilon)_1$ 移动到 $NX(\epsilon)_2$，这使实际汇率从 ϵ_1 上升到 ϵ_2。注意，尽管净出口曲线移动了，但均衡的净出口水平保持不变。

这一分析表明，保护主义贸易政策并不影响贸易余额。在关于贸易政策的普遍争论中，这个令人吃惊的结论常常被忽略。由于贸易赤字反映了进口超过出口的部分，所以人们可能会猜测，减少进口——例如通过禁止外国汽车的进口——会减少贸易赤字。但我们的模型说明，保护主义政策只是导致实际汇率上升。国内产品价格相对于国外产品价格的上升往往通过刺激进口和抑制出口而减少净出口。这样，汇率升值抵消了由于贸易限制而直接增加的净出口。

虽然保护主义贸易政策没有改变贸易余额，但它们确实影响了贸易量。正如我们已经看到的，由于实际汇率升值，一国生产的产品与服务相对于国外产品与服务变得更昂贵了。因此，在新的均衡处，该国的出口更少了。由于净出口不变，该国的进口也必然减少了。（汇率升值在某种程度上确实刺激了进口，但这仅仅部分抵消了由于贸易限制引起的进口减少。）因此，保护主义贸易政策既减少了进口又减少了出口。

贸易量的这种下降是经济学家通常反对保护主义政策的原因。通过允许每个国家专业化生产本国最具有比较优势的产品与服务以及为每个国家提供更多品种的产品与服务，国际贸易使所有国家受益。保护主义政策减少了这些来自贸易的获益。虽然这些政策使社会内的某些群体获益——例如，禁止进口汽车有利于国内的汽车生产者，但当这些政策减少了国际贸易量时，平均而言，整个社会的境况恶化了。

案例研究

特朗普先生的经济后果

当唐纳德·特朗普于2016年竞选总统时，贸易政策是他的特有议题之一。他常常援引持续性的贸易赤字作为美国是国际贸易输家的证据。他认为过去的贸易协定损害了美国的利益，主张对这些协定进行重新谈判并将此视为"美国优先"议程的一部分。这些论点在经济学家中几乎得不到什么支持，但它们对某些部门的选民很有吸引力。

特朗普总统一入主白宫就采取了比自1930年赫伯特·胡佛（Herbert Hoover）总统签署《斯姆特-霍利关税法案》（The Smoot-Hawley Tariff Act）以来的任何总统都更为保护主义的立场。从2018年开始，特朗普总统对包括太阳能电池板、洗衣机、钢铁和铝在内的大范围的外国产品征收关税。他声称当局采取这项政策是基于一条年代久远的但极少被援引的法规*，这条法规赋予总统对被认为威胁到国家安全的进口品征收关税的权力。美国关税被宣布后不久，包括加拿大、墨西哥、中国、印度和欧盟在内的一些美国贸易伙伴实施了报复，对美国生产的产品征收报复性关税。

基于初期的证据，特朗普总统的政策并没有像预期那样减少贸易赤字。从2017年到2019年，贸易赤字占GDP的百分比仍然维持在2.9%。但是，贸易量下降了。在这两年里，出口从占GDP的12.1%下降到11.7%，进口从占GDP的15.0%下降到14.6%。正如我们的理论预测的，贸易壁垒的增加看起来减少了贸易而没有影响贸易余额。

国际贸易经济学家花了很多时间考察特朗普总统的关税的影响。一项著名的研究证实，这些关税，加上其他国家征收的报复性关税，导致了进口和出口的大幅减少。这项研究还使用了一个贸易的一般均衡模型来估计这项政策的获益和损失。它发现，购买进口品的美国消费者和企业损失了510亿美元，即GDP的0.27%。可是，因外国竞争减少的国内企业获益了，政府也获得了关税收入。同时考虑获益和损失，据估计，净损失为72亿美元，即GDP的0.04%。

这项研究还发现了获益和损失模式的一个政治因素。特朗普总统征收的进口关税往往对集中在一些郡县的某些行业有利，这些郡县在政治上相互竞争（也就是支持共和党和民主党的选民数量接近的郡县）。报复性关税损害了位于高度支持共和党的郡县的行业，而对位于高度支持民主党的郡县的行业影响小得多。这些发现表明，对具体关税的选择有着政治动机

---

* 指美国《1962年贸易扩展法》第232条款。——译者注

而不只是经济动机。[①]

名义汇率的决定因素

在了解了什么因素决定了实际汇率之后,我们现在把注意力转向名义汇率——两国通货交换的比率。回忆实际汇率与名义汇率之间的关系:

实际汇率 = 名义汇率 × 价格水平的比率

$$\epsilon = e \times (P/P^*)$$

我们可以把名义汇率写为

$$e = \epsilon \times (P^*/P)$$

这个方程说明,名义汇率取决于实际汇率和两国的价格水平。在实际汇率的值给定时,如果国内价格水平 P 上升,那么,名义汇率 e 就将下降:因为 1 美元更不值钱了,1 美元将购买更少的日元。但是,如果日本价格水平 P^* 上升,那么,名义汇率就将上升:因为日元更不值钱了,1 美元可以买到更多的日元。

考虑汇率随时间的变动是有启发性的。汇率方程可以写为

e 的百分比变动 = ϵ 的百分比变动 + P^* 的百分比变动 - P 的百分比变动

ϵ 的百分比变动是实际汇率的变动,P 的百分比变动是国内通货膨胀率 π,P^* 的百分比变动是外国的通货膨胀率 π^*。因此,名义汇率的百分比变动是

e 的百分比变动 = ϵ 的百分比变动 + $(\pi^* - \pi)$

名义汇率的百分比变动 = 实际汇率的百分比变动 + 通货膨胀率之差

这个方程是说,两个国家的通货之间名义汇率的百分比变动等于实际汇率的百分比变动加上两国通货膨胀率之差。如果一个国家相对于美国而言通货膨胀率较高,那么,随着时间的推移,1 美元能购买的外国通货量将增加。如果一个国家相对于美国而言通货膨胀率较低,那么,随着时间的推移,1 美元能购买的外国通货量将减少。

这一分析说明了货币政策如何影响名义汇率。我们从第 5 章中知道,货币供给的高增长导致了高通货膨胀。在这里,我们刚刚看到了,高通货膨胀的一个后果是通货贬值:高 π 意味着 e 的下降。换言之,正如货币量的增长使按货币衡量的产品价格上升一样,它也往往会使按本国通货衡量的外国通货价格上升。

案例研究

通货膨胀与名义汇率

如果我们观察不同国家汇率和价格水平的数据,我们很快就能看到通货膨胀对解释名义汇率变动的重要性。最引人注目的例子来自通货膨胀极高的时期。例如,1983—1988 年,墨西哥的价格水平上升了 2 300%。由于这种通货膨胀,一个人用 1 美元可以买到的比索数量

[①] Pablo D. Fajgelbaum, Pinelopi K. Goldberg, Patrick J. Kennedy and Amit K. Khandelwal, "The Return to Protectionism," *The Quarterly Journal of Economics* 135, no. 1 (February 2020): 1-55.

从 1983 年的 144 增加到了 1988 年的 2 281。

同样的关系对有更温和的通货膨胀的国家也成立。图 6-13 是表示 15 个国家通货膨胀率与汇率之间关系的散点图。横轴是每个国家的平均通货膨胀率与美国的平均通货膨胀率之差 ($\pi^* - \pi$)。纵轴是每个国家的通货与美元之间汇率的平均百分比变动（e 的百分比变动）。在这幅图中，这两个变量之间的正相关关系是显而易见的。其相关系数（衡量变量相关程度的统计量，取值范围为 -1 到 $+1$）为 0.88。通货膨胀率较高的国家往往通货贬值（随着时间的推移，其通货相对于美元的价值下降），而通货膨胀率较低的国家往往通货升值（随着时间的推移，其通货相对于美元的价值上升）。

例如，考虑瑞士法郎和美元之间的汇率。过去这些年里，瑞士和美国都经历了通货膨胀，因此，瑞士法郎和美元买到的产品都比过去少了。但是，正如图 6-13 所示，瑞士的通货膨胀率一直低于美国。这意味着，瑞士法郎的价值下降得比美元少。因此，随着时间的推移，用 1 美元能买到的瑞士法郎的数量减少了。

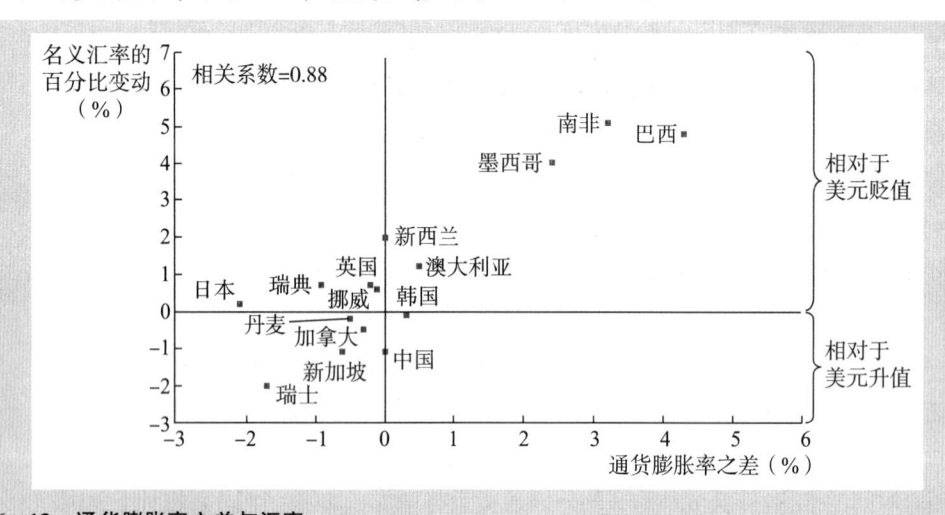

图 6-13　通货膨胀率之差与汇率

这幅散点图表示通货膨胀率与名义汇率之间的关系。横轴表示 2000—2018 年这段时期一国的平均通货膨胀率减去美国的平均通货膨胀率。纵轴表示同一期间一国汇率（每 1 美元）的平均百分比变动。这幅图表明，通货膨胀率较高的国家往往通货贬值，通货膨胀率较低的国家往往通货升值。

资料来源：St. Louis FRED.

购买力平价特例

一价定律（law of one price）是经济学上的一个著名假说。该定律是说，同样的产品在同一时间在不同地点不能以不同的价格出售。如果 1 蒲式耳小麦在纽约出售的价格低于在芝加哥出售的价格，那么，在纽约买小麦然后到芝加哥卖掉就可以获利。这种获利机会很快就会被精明的套利者——专门从事在一个市场低价买进和在另一个市场高价卖出的人——知晓。当套利者利用这种机会获利时，将增加在纽约的小麦需求和在芝加哥的小麦供给。他们的行动将驱使在纽约的小麦价格上升和在芝加哥的小麦价格下降，直到这两个市场上小麦价格相等。

应用于国际市场的一价定律被称为**购买力平价**（purchasing-power parity）。它是说，如果国际套利是可能的，那么，1 美元（或任何一种其他通货）在每个国家都必须有同样的购买力。推理如下：如果 1 美元在国内可以比在国外买到更多小麦，那么就存在通过在国内购买小麦和在国外卖出而获利的机会。追求利润的套利者将促使国内小麦价格相对于国外价格上升。类似地，如果 1 美元在国外可以比在国内买到更多小麦，套利者就会在国外购买小麦和在国内出售，这促使国内小麦价格相对于国外价格下降。因此，国际套利者追求利润的活动使小麦在所有国家的价格都相同。

我们可以用我们的实际汇率模型来解释购买力平价。这些国际套利者的迅速行动意味着净出口对实际汇率的微小变动都高度敏感。国内产品价格相对于国外产品的微小下降——也就是说，实际汇率的微小下降——将引起套利者在国内购买产品和在国外出售。类似地，国内产品相对价格的微小上升将引起套利者从国外进口产品。因此，正如图 6 - 14 所示，在使购买力在各国之间相等的实际汇率处，净出口曲线非常平坦：实际汇率任何微小的变动都会引起净出口的大幅度变动。这种净出口的极端敏感性保证了均衡的实际汇率总是接近于确保购买力平价的水平。

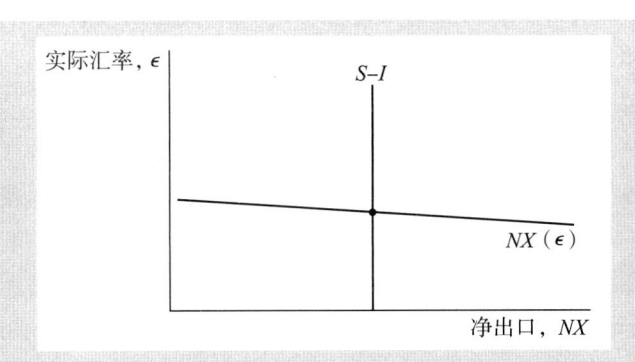

图 6 - 14　购买力平价
应用于国际市场的一价定律意味着净出口对实际汇率的微小变动高度敏感。这种高度敏感性在这里表现为非常平坦的净出口曲线。

购买力平价有两个重要的启示。第一，由于净出口曲线是平坦的，所以，储蓄或投资的变动并不影响实际或名义汇率。第二，由于实际汇率是固定的，所以，名义汇率的所有变动都产生于价格水平的变动。

购买力平价理论现实吗？大多数经济学家认为，尽管它的逻辑很让人感兴趣，但购买力平价并不是对世界完全准确的描述。原因之一是，许多产品和服务不易于交易。在东京理发可能比纽约贵，但并没有国际套利的余地，因为理发是不可能运输的。此外，即使可贸易的产品也并不总是完全替代品。由于一些消费者偏爱丰田汽车，而另一些偏爱福特汽车，因此，丰田汽车与福特汽车的相对价格可以在某种程度上变动而不会留下任何获利的机会。由于这些原因，随着时间的推移，实际汇率实际上确实在变动。

虽然购买力平价理论并没有完美地描述世界，但它为解释实际汇率的有限变动提供了一个理由。它的基本逻辑是令人信服的：实际汇率偏离购买力平价预测的水平越远，人们从事产品的国际套利的激励就越大。虽然我们不能靠购买力平价来消除实际汇率的所有变动，但是，这个理论让我们预期实际汇率的波动一般是很小的或是暂时的。①

案例研究

世界各地的巨无霸汉堡包

购买力平价理论认为，在根据汇率进行调整以后，我们应该发现产品在每一个地方都按相同的价格出售。反过来，它认为，两国（地区）通货（或称货币）之间的汇率应该取决于两国（地区）的价格水平。

为了看看这个理论的有用性如何，国际新闻杂志《经济学人》（*The Economist*）定期收集一种在许多国家（地区）出售的产品——麦当劳的巨无霸汉堡包——的价格数据。根据购买力平价，巨无霸的价格应该与一国（地区）的名义汇率密切相关。用本地通货表示的巨无霸价格越高，汇率（用每1美元兑换当地通货单位的数量衡量）也应该越高。

表6-2列出了2020年巨无霸的国际价格，当时，一个巨无霸在美国卖5.67美元（这是在纽约、旧金山、芝加哥和亚特兰大的平均价格）。有了这些数据，我们可以用购买力平价理论来预测名义汇率。例如，由于一个巨无霸在瑞典卖51.5瑞典克朗，我们将会预测美元和瑞典克朗之间的汇率为每1美元兑51.5/5.67＝9.08瑞典克朗。在这一汇率水平，巨无霸在瑞典和美国的价格是相同的。

表6-2按汇率预测值排序显示了36个国家或地区以及欧元区的汇率预测值和现实值。你可以看出，关于购买力平价的证据是混合的。正如最后两列所表示的，汇率现实值和预测值通常是大致相近的。例如，我们的理论预测，1美元买到的印度尼西亚卢比应该最多，买到的英镑应该最少，这被证明是正确的。就瑞典的情况而言，汇率预测值为每1美元兑9.08瑞典克朗，它接近于汇率现实值9.46。但该理论的预测也远远不够精确，在许多情况下，差别在30%或之上。因此，虽然购买力平价理论对汇率提供了一种粗略的指导，但它并不能完全解释汇率。

表6-2　　巨无霸价格和汇率：购买力平价的一个应用

国家或地区	货币	巨无霸价格预测值	汇率预测值（每1美元）	汇率现实值（每1美元）
印度尼西亚	印度尼西亚卢比	33 000	5 820	13 670
哥伦比亚	哥伦比亚比索	11 900	2 099	3 288
韩国	韩元	4 500	794	1 156
智利	智利比索	2 640	466	773
匈牙利	福林	900	159	299
巴基斯坦	巴基斯坦卢比	520	91.7	154.9

---

① 要想对购买力平价有更多的了解，参见 Kenneth A. Froot and Kenneth Rogoff, "Perspectives on PPP and Long-Run Real Exchange Rates," in *Handbook of International Economics*, vol. 3, edited by Gene M. Grossman and Kenneth Rogoff (Amsterdam: North-Holland, 1995).

续表

国家或地区	货币	巨无霸价格预测值	汇率预测值（每1美元）	汇率现实值
日本	日元	390	68.8	110
印度	印度卢比	188	33.2	70.9
阿根廷	阿根廷比索	171	30.2	60.1
菲律宾	菲律宾比索	142	25.0	50.6
俄罗斯	卢布	135	23.8	61.4
泰国	泰铢	115	20.3	30.3
捷克共和国	捷克克朗	85	15.0	22.6
中国台湾	新台币	72	12.7	29.9
挪威	挪威克朗	53	9.35	8.88
瑞典	瑞典克朗	51.5	9.08	9.46
墨西哥	墨西哥比索	50	8.82	18.82
埃及	埃及镑	42	7.41	15.88
南非	南非兰特	31	5.47	14.39
丹麦	丹麦克朗	30	5.29	6.72
中国	人民币元	21.5	3.79	6.89
中国香港	港元	20.5	3.62	7.78
巴西	雷亚尔	19.9	3.1	4.14
以色列	谢克尔	17	3.00	3.46
沙特阿拉伯	沙特阿拉伯里亚尔	13	2.29	3.75
土耳其	土耳其里拉	12.99	2.29	5.88
秘鲁	索尔	11.9	2.10	3.33
波兰	兹罗提	11	1.94	3.80
马来西亚	林吉特	9.5	1.68	4.07
加拿大	加拿大元	6.77	1.19	1.31
新西兰	新西兰元	6.5	1.15	1.51
瑞士	瑞士法郎	6.5	1.15	0.97
澳大利亚	澳大利亚元	6.45	1.14	1.45
新加坡	新加坡元	5.9	1.04	1.35
美国	美元	5.67	1.00	1.00
欧元区	欧元	4.12	0.73	0.90
英国	英镑	3.39	0.60	0.77

说明：汇率预测值是使一个巨无霸在某国的价格与其在美国的价格相等的汇率。

资料来源：*The Economist*.

6.4 结论：美国作为一个大型开放经济

在本章中，我们看到了一个小型开放经济是如何运行的。我们考察了为资本积累所用的资金的国际流动与产品和服务的国际流动的决定因素。我们还考察了一国的实际汇率与名义汇率的决定因素。我们的分析说明了各种政策——货币政策、财政政策和贸易政策——如何影响贸易余额和汇率。

我们研究的经济是"小型的",其含义是:它的利率是由世界金融市场固定的。也就是说,我们假设这种经济不影响世界利率和该经济可以按世界利率无限量地借款或贷款。这一假设与我们在第3章中研究封闭经济时所做的假设相反。在封闭经济中,国内利率使国内储蓄与国内投资达到均衡,这意味着,影响储蓄或投资的政策也会改变均衡利率。

我们应该运用这两种分析中的哪一种来分析像美国这样的经济呢?回答是这两种分析都有可用的部分。美国既没有大到也没有孤立到不受国外发生的事情影响的程度。1980年后的40年的巨额贸易赤字说明了国际金融市场对为美国投资提供资金的重要性。因此,第3章关于封闭经济的分析本身无法完全解释各种政策对美国经济的影响。

但是,美国也没有小到和开放到本章的分析完全适用的程度。首先,美国经济大到足以影响世界金融市场。其次,资本可能并非在各国间完全流动。如果个体偏好以本国资产而不是外国资产的形式持有自己的财富,那么,用于资本积累的资金就不会自由流动而使所有国家的利率相等。由于这两个原因,我们不能把我们的小型开放经济模型直接运用于美国。

当我们分析像美国这样的国家的政策时,我们需要把第3章封闭经济的逻辑与本章的小型开放经济的逻辑结合起来。本章的附录建立了一个介于这两种极端之间的经济的模型。在这种中间情况下,存在国际借贷,但利率不是由世界金融市场固定的。取而代之的是,该经济从国外借款越多,它必须向外国投资者提供的利率就越高。毫不奇怪,结果是我们已经考察过的两种极端情况的混合。

例如,考虑由于财政扩张引起的国民储蓄的减少。正如在封闭经济中一样,这种政策提高了实际利率并挤出了国内投资。正如在小型开放经济中一样,它减少了资本净流出,导致贸易赤字和汇率升值。因此,尽管我们这里考察的小型开放模型没有准确地描述像美国这样的经济,但它确实对政策如何影响贸易余额和汇率这一问题提供了一个大致正确的答案。

快速测验

1. 当一个国家有贸易赤字时,_____。
   A. 它有资本净流入
   B. 它的储蓄超过国内投资
   C. 它的产出超过消费、投资和政府购买之和
   D. 以上选项都对

2. 在其他条件相同的情况下,政府购买的产品与服务的增加推动贸易余额走向_____并导致通货_____。
   A. 盈余,升值   B. 盈余,贬值
   C. 赤字,升值   D. 赤字,贬值

3. 在其他条件相同的情况下,世界利率的增加推动贸易余额走向_____并导致通

货_____。

A. 盈余，升值　　B. 盈余，贬值
C. 赤字，升值　　D. 赤字，贬值

4. 如果进口限制不影响国内投资和储蓄，那么，它导致一国的通货_____。

A. 升值，进口不变
B. 贬值，进口不变
C. 升值，贸易余额不变
D. 贬值，贸易余额不变

5. 以下哪个事件将导致通货贬值？

A. 减税　　　　　B. 投资增加
C. 国外增税　　　D. 价格水平上升

6. 假定一杯咖啡的价格在波士顿为 3 美元，在柏林为 6 欧元。根据购买力平价理论，汇率为_____欧元/美元。

A. $\frac{1}{3}$　　　　B. $\frac{1}{2}$
C. 2　　　　　D. 3

内容提要

1. 一国的净出口是该国出口与进口之间的差额。一国的净出口也等于该国所生产的产品与服务和该国消费、投资和政府购买所需求的产品与服务之间的差额。

2. 资本净流出是国内储蓄超出国内投资的部分。贸易余额是一国产品与服务净出口所收到的金额。国民收入核算恒等式表明，资本净流出总是等于贸易余额。

3. 任何政策对贸易余额的影响都可以通过考察它对储蓄和投资的影响来确定。增加储蓄或减少投资的政策导致贸易盈余，减少储蓄或增加投资的政策导致贸易赤字。

4. 名义汇率是人们用一国通货交换另一国通货的比率。实际汇率是人们交换两国生产的产品的比率。实际汇率等于名义汇率乘以两国价格水平之比。

5. 由于实际汇率是国内产品相对于国外产品的价格，所以，实际汇率升值往往减少净出口。均衡的实际汇率是使净出口的需求量等于资本净流出的实际汇率。

6. 名义汇率由实际汇率和两国价格水平决定。在其他条件相同的情况下，高通货膨胀率导致通货贬值。

关键概念

净出口　　　　　贸易余额　　　　　　世界利率　　　　　名义汇率
资本净流出　　　贸易盈余与贸易赤字　实际汇率　　　　　购买力平价
贸易平衡　　　　小型开放经济

复习题

1. 定义资本净流出和贸易余额。解释它们是如何相关的。

2. 定义名义汇率与实际汇率。

3. 如果一个小型开放经济削减国防支出，则储蓄、投资、贸易余额、利率和汇率会发生什么变动？

4. 如果一个小型开放经济禁止日本视频游戏系统的进口，则储蓄、投资、贸易余额、利率和汇率会发生什么变动？

5. 根据购买力平价理论，如果日本有低通货膨胀而墨西哥有高通货膨胀，日元和墨西哥比索之间的汇率会怎么变化？

问题与应用

1. 用小型开放模型预测，作为对下列每个事件的反应，贸易余额、实际汇率和名义汇率会发生什么变动？

   a. 消费者对未来的信心下降引起消费者减少消费和增加储蓄。

   b. 一项税收改革增加了企业建立新工厂的激励。

   c. 丰田新推出一款时尚车型使一部分消费者偏好外国汽车而不是本国汽车。

   d. 中央银行将货币供给增加至原来的两倍。

   e. 限制信用卡使用的新规定增加了货币需求。

2. （ Work It Out）考虑一个由以下方程所描述的经济：

   $Y = C + I + G + NX$

   $Y = 8\,000$

   $G = 2\,500$

   $T = 2\,000$

   $C = 500 + 2/3(Y - T)$

   $I = 900 - 50r$

   $NX = 1\,500 - 250\,\epsilon$

   $r = r^* = 8$

   a. 在这个经济中，求出私人储蓄、公共储蓄、国民储蓄、投资、贸易余额以及均衡汇率。

   b. 假定现在 G 减少到 $2\,000$，求出私人储蓄、公共储蓄、国民储蓄、投资、贸易余额以及均衡汇率。解释你的结果。

   c. 现在假定世界利率从 8% 下降到 3%（G 还是 $2\,500$），求出私人储蓄、公共储蓄、国民储蓄、投资、贸易余额以及均衡汇率。解释你的结果。

3. Leverett 国是一个小型开放经济。突然，世界时尚的变动使该国的出口品不受欢迎。

   a. Leverett 国的储蓄、投资、净出口、利率和汇率会发生什么变动？

   b. Leverett 国的公民喜欢出国旅游。汇率的这种变动将如何影响他们？

   c. Leverett 国的财政政策制定者想调整税收，以把汇率维持在以前的水平上。他们应该做什么？这样的行动对储蓄、投资、净出口和利率的总体影响是什么？

4. 当政府购买增加时，例如在战争期间，一个小型开放经济的贸易余额和实际汇率会发生什么变动？你的回答是否取决于这是国内战争还是世界大战？

5. 本章的一个案例研究得出结论：如果穷国提供更高的生产效率和更好的法律保护，像美国这样的富国的贸易余额将走向盈余。让我们考虑为什么可能是这样。

   a. 如果世界的穷国提供更高的生产效率和更好的法律保护，这些国家的投资需求函数会发生什么变化？

   b. 你在 a 小问中描述的变化会如何影响世界金融市场的可贷资金需求？

   c. 你在 b 小问中描述的变化会如何影响世界利率？

   d. 你在 c 小问中描述的变化会如何影响富国的贸易余额？

6. 总统正考虑对日本豪华汽车的进口征收关税。利用本章介绍的模型，讨论这项政策的经济学与政治学。特别地，这项政策会如何影响美国的贸易赤字？如何影响汇率？谁会受到这项政策的损害？谁将获益？

7. （ Work It Out）下面是一个与表 6-2 类似的表格，它给出了四个假想国家（按字母顺序排序）的通货的信息。利用购买力平价理论填充表格，如果根据给出的信息无法确定某些数字，就填写 "N/A"。解释你的答案。

国家	通货	黄油啤酒的价格	汇率（每 Hagrid Fluffy）	
			预测值	现实值
Hagrid	Fluffy	5	—	—
Hermionia	Galleon	—	80	70
Potterstan	Sickle	60	—	10
Ronland	Knut	100	20	—

8. 假定中国出口电视机并使用人民币（元）作为其通货，而俄罗斯出口伏特加啤酒并使用卢布作为其通货。中国有稳定的货币供给，电视机生产的技术进步稳定，而俄罗斯有快速增长的货币供给，没有伏特加啤酒生产的技术进步。基于这一信息，你预测实际汇率（用每台电视机换取的伏特加啤酒瓶数来衡量）和名义汇率（用每一元人民币兑换的卢布数来衡量）会怎么变动？解释你的推理。（提示：对于实际汇率，思考稀缺性和相对价格之间的联系。）

9. Oceania 是一个小型开放经济。假定众多其他国家开始通过实行投资税收抵免来补贴投资（同时调整其他税收以保持税收收入不变），但是 Oceania 没有实行这样的投资补贴。

　　a. 作为世界利率函数的世界投资需求会发生什么变动？

　　b. 世界利率会发生什么变动？

　　c. Oceania 的投资会发生什么变动？

　　d. Oceania 的贸易余额会发生什么变动？

　　e. Oceania 的实际汇率会发生什么变动？

10. "在墨西哥旅游现在比 10 年前便宜得多"，一位朋友说，"10 年前，1 美元兑换 10 比索，今年，1 美元兑换 15 比索。"你朋友的话正确还是错误呢？给定这段时期总的通货膨胀在美国是 25%，而在墨西哥是 100%，在墨西哥旅行是变得更贵还是更便宜呢？用一个具体例子——例如，美国热狗 vs. 墨西哥玉米饼卷——写出将令你朋友信服的答案。

11. 你在某金融网站上看到，加拿大的名义利率是每年 12%，而美国是每年 8%。假定国际资本流动使得这两个国家的实际利率相等，购买力平价成立。

　　a. 利用（第 5 章中讨论的）费雪方程，关于加拿大和美国的预期通货膨胀，你能做出什么推断？

　　b. 关于加拿大元和美元之间汇率的预期变动，你能做出什么推断？

　　c. 一个朋友提议了一个迅速致富的计划：从一家美国银行以 8% 的利率借钱，存入利率为 12% 的一家加拿大银行，就可以赚到 4% 的利润。这个计划错在哪里？

对于标有 ⓦ Work It Out 的题目，网上有答案并且给出了类似题目的在线指导。为了得到这些答案以及其他学习资源，请访问 Achieve for Macroeconomics，11e：https://achieve.macmillanlearning.com。

快速测验答案

1. A　　2. C　　3. B　　4. C　　5. D　　6. C

附录　大型开放经济

当分析像美国这样的国家的政策时，我们需要把第 3 章封闭经济的逻辑与本章小型开放经济的逻辑结合起来。本附录介绍了一个介于这两种极端之间的经济——称为大型开放经济（large open economy）——的模型。

资本净流出

小型和大型开放经济之间的关键区别是资本净流出的行为。在小型开放经济模型中，在一个固定的世界利率 r^*，资本自由地流入该经济或从该经济流出。大型开放经济模型对资本的国际流动做了一个不同的假设。为了理解这个假设，牢记资本净流出是国内投资者向国外贷款的量减去国外投资者向国内贷款的量。

设想你是一个要决定把你的资金投在哪里的国内投资者——例如一个大学捐赠基金会的证券投资组合经理。你可以在国内投资（例如，通过贷款给美国公司），或者你也可以在国外投资（通过贷款给外国公司）。许多因素可以影响你的决策，但你可以赚到的利息肯定是其中之一。你在国内能赚到的利息越高，你会发现国外投资的吸引力越小。

国外投资者面临着类似的决策。他们要在投资于本国和向在美国的某人提供贷款之间进行选择。美国的利率越高，外国人就越愿意贷款给美国公司和购买美国的资产。

这样，由于国内与国外投资者的行为，资本向其他国家的净流动——我们将其标记为 CF——与国内实际利率 r 负相关。随着利率上升，流到国外的储蓄越来越少，从其他国家流入的用于资本积累的资金越来越多。我们可以把这个关系写为

$$CF = CF(r)$$

这个方程是说，资本净流出是国内利率的函数。图 6-15 说明了这种关系。注意 CF 既可以是正的，也可以是负的，这取决于该经济在世界金融市场上是债权人还是债务人。

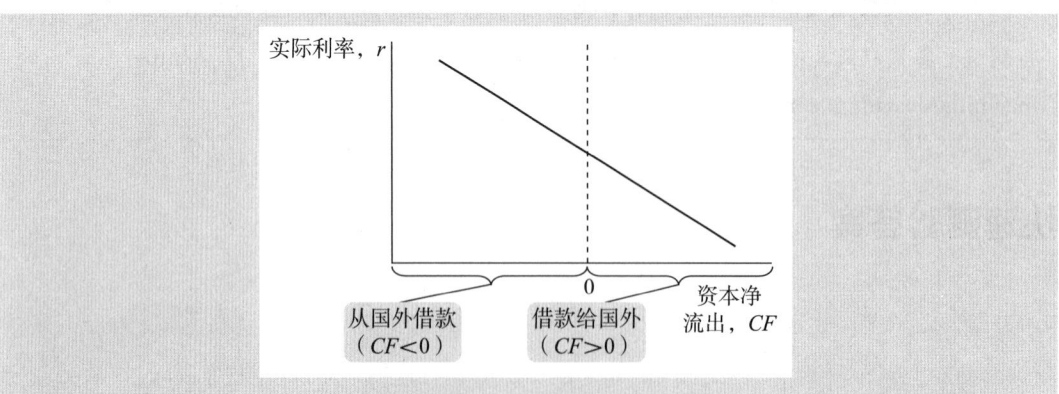

图 6-15　资本净流出如何取决于利率
更高的国内利率抑制国内投资者贷款给国外，鼓励国外投资者贷款给国内。因此，资本净流出 CF 与利率负相关。

为了看出这个 CF 函数如何与我们以前的模型相关，考虑图 6-16。这幅图显示了两个特例：垂直的 CF 函数和水平的 CF 函数。

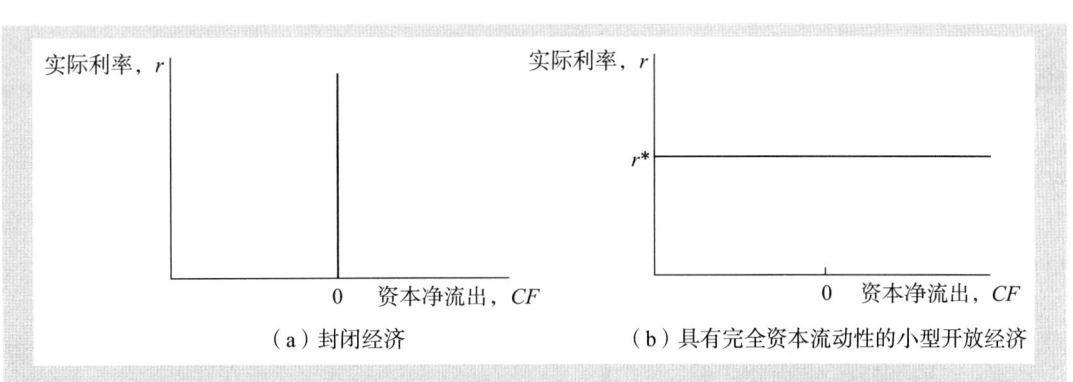

图 6-16 两个特例

在图（a）所表示的封闭经济中，对于所有利率，资本净流出都为零。在图（b）所表示的具有完全资本流动性的小型开放经济中，在世界利率 r^*，资本净流出是完全有弹性的。

封闭经济是图 6-16（a）中所表示的特例。在封闭经济中，在所有利率水平，$CF=0$；没有国际借贷，利率调整使国内储蓄与投资达到平衡。如果国内与国外投资者无论外国资产提供的回报如何都不愿意持有外国资产，就会出现这种情况。如果像一些政府所做的那样，政府禁止其公民在外国金融市场上进行交易，也会出现这种情况。

具有完全资本流动性的小型开放经济模型是图 6-16（b）所表示的特例。在这种情况下，在固定的世界利率 r^*，资本自由流入一个国家和从该国流出。如果国内与国外投资者购买回报最高的任何资产并且如果这个经济小到不影响世界利率，就会出现这种情况。该经济的利率将固定在世界金融市场现存的利率。

为什么像美国这样的大型开放经济的利率不由世界利率固定呢？原因有两个。第一，美国大到足以影响世界金融市场。美国给国外的贷款越多，世界经济中贷款的供给就越大，全世界的利率就越低。美国从国外借贷越多（也就是说，CF 负得越多），世界利率就越高。因为这个模型适用于一个大到足以影响世界利率的经济，所以我们给这个模型贴上了"大型开放经济"的标签。

但是，一个经济的利率可能不由世界利率所固定还有第二个原因：资本可能不能完全自由流动。也就是说，国内与国外投资者可能喜欢以国内资产而不是国外资产的形式持有自己的财富。由于对国外资产的不完美信息或由于政府对国际信贷的限制，这种对国内资产的偏好就产生了。在任何一种情况下，用于资本积累的资金不能自由流动使所有国家的利率都相等。相反，资本净流出将取决于国内利率相对于国外利率的水平。只有当美国的利率相对较低时，美国投资者才给国外提供贷款；只有当美国利率相对较高时，外国投资者才给美国提供贷款。因此，如果资本不能自由流入一个小型经济和从该经济流出，那么，大型开放经济模型甚至也会适用于这样的小型经济。

因此，无论是由于大型开放经济影响世界利率，还是由于资本不完全流动，或者也许是由于这两个原因，CF 函数向右下方倾斜。除了这个新的斜率为负的 CF 函数之外，大型开放经济模型与小型开放经济模型相似。在下一节，我们把这些内容整合起来。

模　型

为了理解大型开放经济如何运行，我们需要考虑两个关键市场：可贷资金市场（利率由此决定）和外汇市场（汇率由此决定）。利率和汇率是指导资源配置的两个价格。

可贷资金市场　一个开放经济的储蓄 S 用于两个方面：为国内投资 I 融资和为资本净流出 CF 融资。我们可以写为

$$S = I + CF$$

考虑这三个变量是如何决定的。国民储蓄由产出水平、财政政策和消费函数决定。投资和资本净流出都取决于国内实际利率。我们可以写为

$$\bar{S} = I(r) + CF(r)$$

图 6-17 表示可贷资金市场。可贷资金的供给是国民储蓄。可贷资金的需求是国内投资需求与国外投资需求（资本净流出）之和。利率调整到使供给和需求达到均衡。

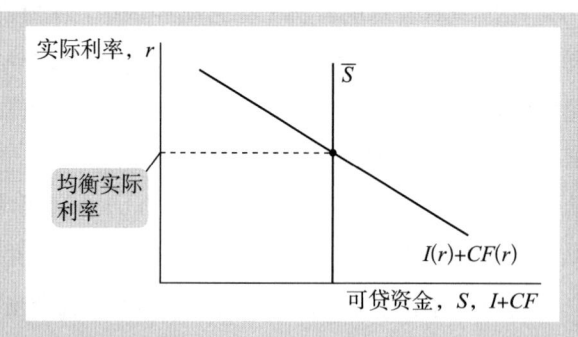

图 6-17　大型开放经济的可贷资金市场
在均衡利率处，来自储蓄 S 的可贷资金供给与来自国内投资 I 和国外资本投资 CF 的可贷资金需求达到平衡。

外汇市场　接下来，我们考虑资本净流出与贸易余额之间的关系。国民收入账户恒等式告诉我们：

$$NX = S - I$$

由于 NX 是实际汇率的函数且 $CF = S - I$，所以我们可以写出

$$NX(\epsilon) = CF$$

图 6-18 表示外汇市场的均衡。再一次地，实际汇率是使贸易余额与资本净流出达到平衡的价格。

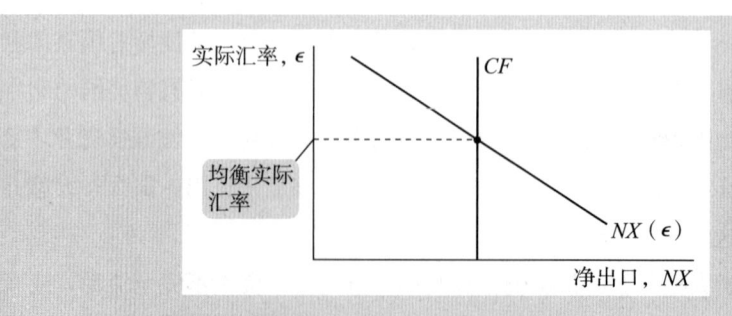

图 6-18　大型开放经济的外汇市场
在均衡汇率处，来自资本净流出 CF 的美元供给与来自一国的产品和服务净出口 NX 的美元需求达到平衡。

我们应该考虑的最后一个变量是名义汇率。和以前一样，名义汇率是实际汇率乘以价格水平的比率：

$$e = \epsilon \times (P^*/P)$$

实际汇率的决定如图 6-18 所示，价格水平是由国内与国外的货币政策决定的，正如我们在第 5 章中讨论的那样。使实际汇率或价格水平变动的力量也会使名义汇率变动。

大型开放经济中的政策

现在我们能够考虑经济政策如何影响大型开放经济。图 6-19 显示了我们分析所需要的三幅图形。图（a）表示可贷资金市场的均衡；图（b）表示均衡利率与资本净流出之间的关系；图（c）表示外汇市场的均衡。

国内财政政策 考虑扩张性财政政策——政府购买增加或减税——的影响。图 6-20 显示了所发生的变动。该政策减少了国民储蓄 S，从而减少了可贷资金的供给并提高了均衡利率 r。更高的利率减少了国内投资 I 和资本净流出 CF。资本净流出的减少降低了需要换成外国通货的美元供给。汇率升值，净出口减少。

注意，这个模型中财政政策的影响是封闭经济中财政政策的影响与小型开放经济中影响的结合。正如在封闭经济中一样，大型开放经济中的财政扩张提高了利率并挤出了投资。正如在小型经济中一样，财政扩张引起贸易赤字和汇率升值。

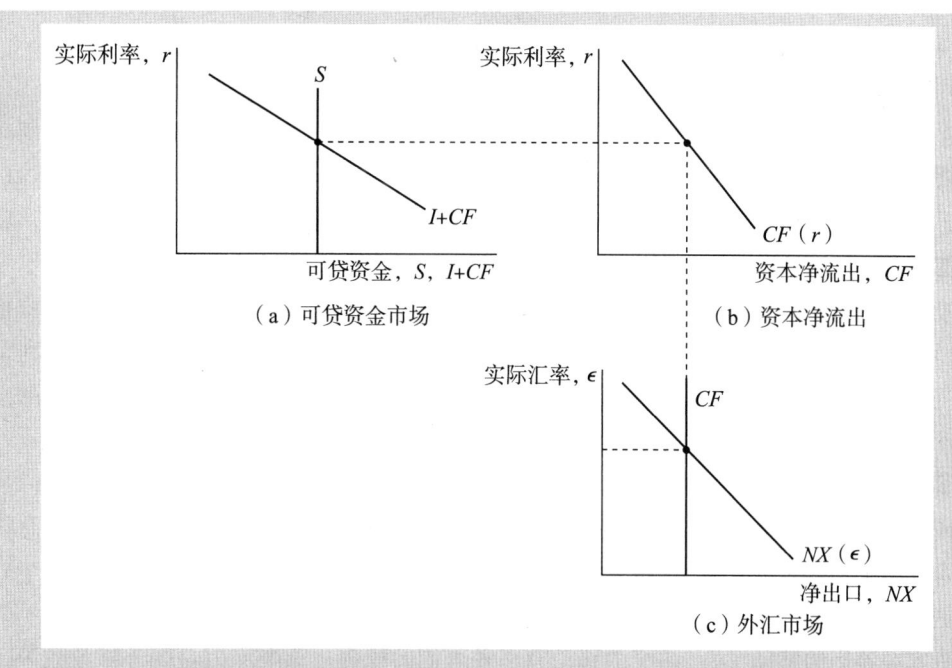

图 6-19 大型开放经济的均衡

图（a）表示可贷资金市场决定了均衡利率。图（b）表示利率决定了资本净流出，资本净流出又决定了需要换成外国通货的美元的供给。图（c）表示实际汇率进行调整，使美元供给和来自净出口的对美元的需求达到平衡。

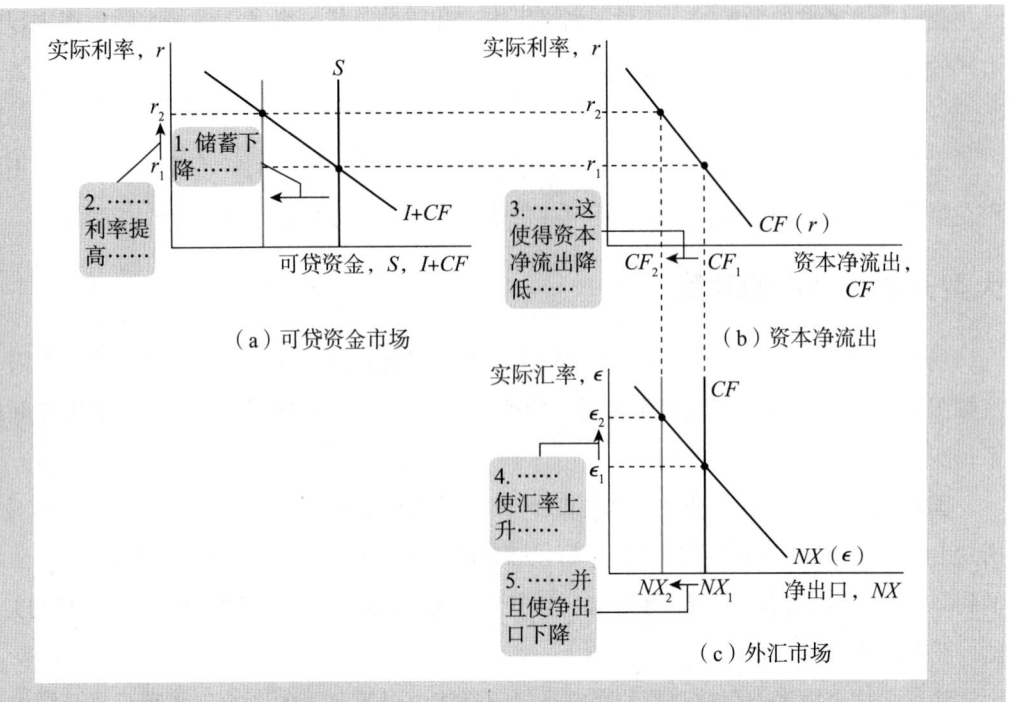

图6-20　大型开放经济中的国民储蓄减少
图（a）表示国民储蓄的减少降低了可贷资金的供给，均衡利率上升了。图（b）表示更高的利率减少了资本净流出。图（c）表示资本净流出的下降意味着外汇市场上美元供给的减少。美元供给的减少引起实际汇率升值和净出口下降。

一种理解这三种类型的经济如何相关的方法是考虑恒等式

$$S = I + NX$$

在所有这三种情况下，扩张性财政政策都减少了国民储蓄 S。在封闭经济中，S 的减少伴随着 I 的等量减少，NX 为常数 0。在小型开放经济中，S 的减少伴随着 NX 的等量减少，I 保持在由世界利率所固定的水平。大型开放经济是中间情况：I 和 NX 都减少，每一项的减少都小于 S 的减少。

投资需求的移动　假定投资需求曲线向外移动，这也许是由于国会通过了投资税收抵免规定。图6-21显示了它的影响。可贷资本需求增加了，这提高了均衡利率。更高的利率减少了资本净流出：美国人向国外贷款得更少，外国人向美国贷款得更多。资本净流出的减少降低了外汇市场上的美元供给。汇率升值，净出口减少。

贸易政策　图6-22显示了贸易限制（如进口配额）的影响。在图（c）中，进口需求的减少使净出口曲线向外移动。由于可贷资金市场没有发生变动，利率保持不变，这又意味着资本净流出也保持不变。净出口曲线的移动引起汇率升值。汇率升值使美国产品相对于外国产品更昂贵，这就抑制了出口并刺激了进口。结果，贸易限制没有影响贸易余额。

资本净流出的移动　CF 曲线的移动有多种可能的原因。一个原因是国外财政政策。例如，假定德国采用增加德国储蓄的财政政策。该政策降低了德国利率。更低的德国利率抑制了美国投资者贷款给德国，鼓励了德国投资者贷款给美国。对于任何给定的美国利率，美国的资本净流出减少了。

CF 曲线可能移动的另一个原因是国外政治的不稳定性。假定在另一个国家爆发了战争或革命。全世界的投资者都想从这个国家撤出他们的资产并在美国这样稳定的国家寻找一个"避风港"。结果是美国资本净流出减少。

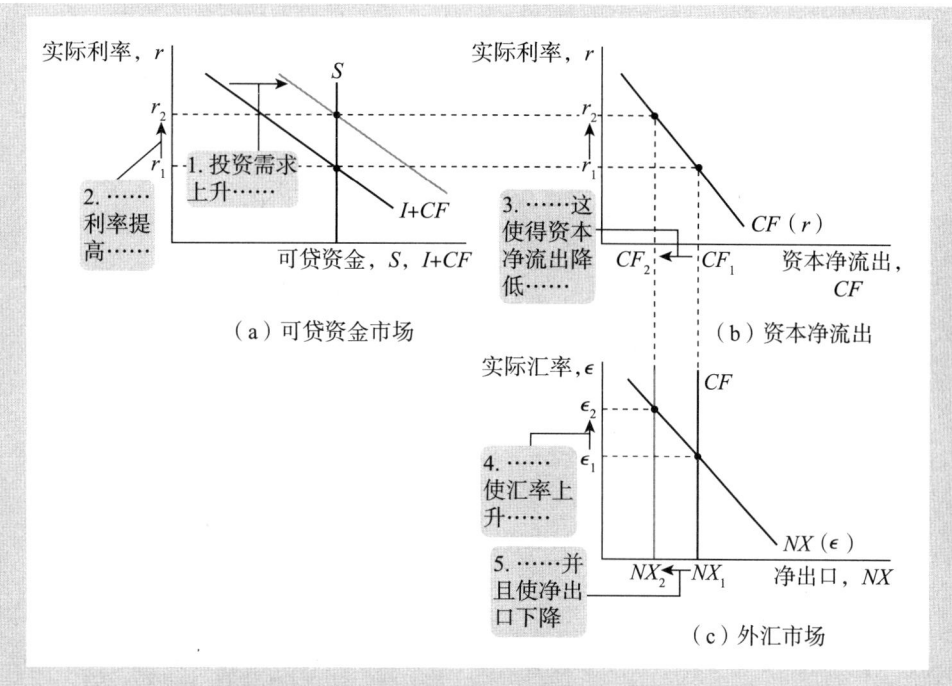

图 6-21 大型开放经济中的投资需求增加

图（a）表示投资需求的增加引起利率上升。图（b）表示更高的利率减少了资本净流出。图（c）表示资本净流出的减少引起实际汇率升值和净出口下降。

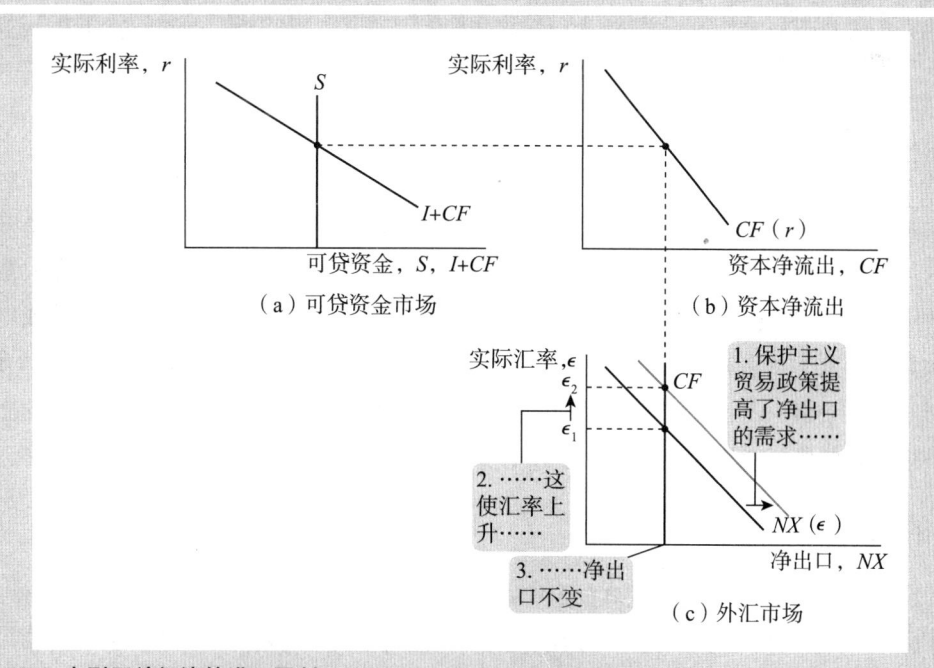

图 6-22 大型开放经济的进口限制

进口限制增加了净出口需求，如图（c）所示。实际汇率升值，而均衡贸易余额保持不变。图（a）所示的可贷资金市场和图（b）所示的资本净流出都没有变化。

图 6-23 表示 CF 曲线向左移动的影响。可贷资金需求的减少使均衡利率下降。更低的利率往往会增加资本净流出，但是，由于这只是部分抵消了 CF 曲线移动带来的 CF 的减少，因此，CF 仍然下降。资本净流出的减少降低了外汇市场上的美元供给。汇率上升，净出口下降。

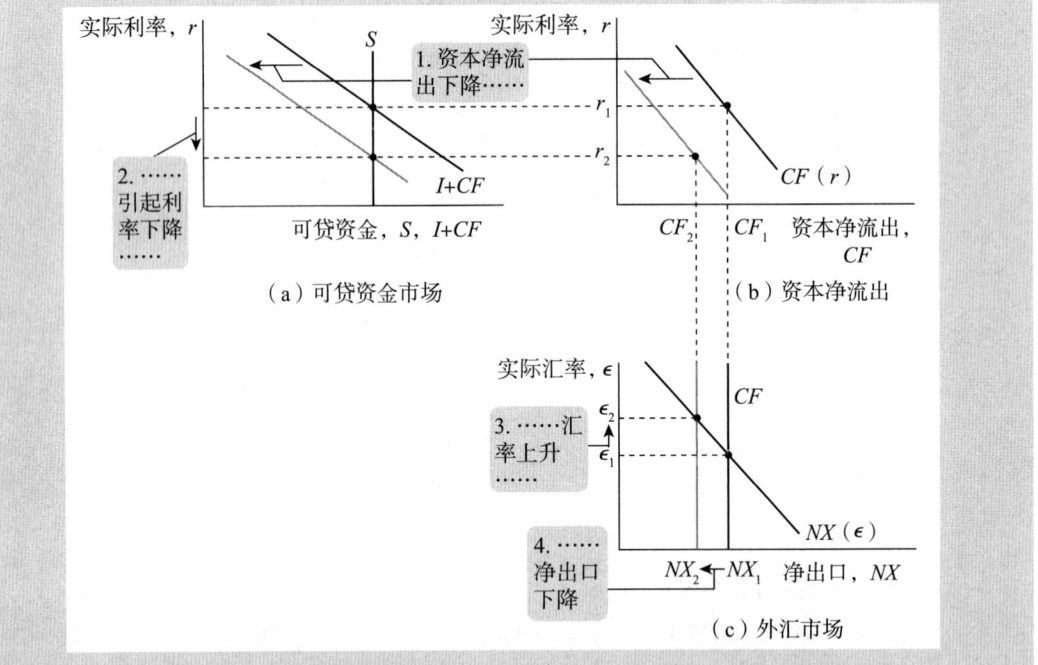

图 6-23 大型开放经济的资本净流出减少
图 (a) 表示 CF 曲线向下移动减少了贷款需求，从而使均衡利率下降。图 (b) 表示资本净流出水平下降；图 (c) 表示实际汇率上升，净出口下降。

结 论

大型开放经济与小型开放经济有什么不同呢？当然，政策会影响大型开放经济中的利率，这与小型开放经济不同。但是，在其他方面，两个模型得出了类似的结论。在大型和小型开放经济中，增加储蓄或减少投资的政策都导致了贸易盈余。类似地，减少储蓄或增加投资的政策都导致了贸易赤字。在这两种类型的经济中，保护主义贸易政策都引起汇率升值而并不影响贸易余额。由于结果如此相似，所以，对大多数问题，我们可以用更简单的小型开放经济模型，即使所考察的经济实际上并不小。

更多的问题与应用

1. 如果国外爆发了一场战争，它将在许多方面影响美国经济。用大型开放经济模型考察这样一场战争的如下影响：美国的储蓄、投资、贸易余额、利率以及汇率会发生什么变动？（为了简化，分别考察以下各项影响。）

   a. 美国政府由于担心需要介入战争，增加了对军事装备的购买。
   b. 其他国家增加了对高科技武器的需求，高科技武器是美国的一项主要出口。

c. 战争使美国企业无法确知未来，这些企业推迟了一些投资项目。

d. 战争使美国消费者无法确知未来，消费者做出的反应是增加储蓄。

e. 美国人变得害怕出国旅行，更多的人在美国本土度假。

f. 外国投资者为他们的投资组合在美国寻找一个避风港。

2. 1995 年 9 月 21 日，"众议院议长纽特·金里奇（Newt Gingrich）威胁说要让美国在历史上首次拖欠债务，以迫使克林顿政府按共和党的条件平衡预算"（*New York Times*，September 22，1995，p. A1）。同一天，美国政府 30 年期债券的利率从 6.46% 上升到 6.55%，而且，美元的价值从 102.7 日元下降到 99.0 日元。用大型开放经济模型解释这一事件。

第7章 失业和劳动市场

> 一个人想工作，而又找不到工作，这也许是世界上财富不平等所表现出来的最惨淡的景观了。
>
> ——托马斯·卡莱尔（Thomas Carlyle）

失业是最直接而又最严重地影响人们的宏观经济问题。对大多数人来说，失去工作意味着生活水平下降和心理折磨。毫不奇怪，失业常常是政治争论的一个主题，在政治争论中，政治家往往声称他们所建议的政策有助于创造工作岗位。

经济学家研究失业是为了确定其原因，帮助改善影响失业者的公共政策。其中的一些政策有助于人们找到工作，例如工作培训计划。另一些政策可以缓解失业者所面临的痛苦，例如失业保障。还有一些其他政策无意中影响了失业率。例如，规定了高的最低工资的法律被认为增加了劳动力中最缺乏技能和经验的那些人的失业。

到目前为止，我们对劳动市场的讨论中没有考虑失业。特别地，第3章的国民收入模型建立在经济总是处于充分就业的假设基础上。但是，在现实中，并不是劳动力中的每个人在所有时候都有一份工作：在所有的自由市场经济，在任何时刻，总有一些人处于失业状态。

图7-1表示美国1950—2020年初的失业率——劳动力中失业者的百分比。虽然失业率是逐年波动的，但还没有哪一年接近于零，平均为5%～6%，这意味着每18个想工作的人中大约有1个人没有工作。

在本章中，我们通过讨论为什么总会有一些失业以及什么因素决定了失业水平开始研究失业。在本书第四篇——该部分考察短期经济波动——之前，我们不研究什么因素决定失业的逐年波动。在这里我们考察**自然失业率**（natural rate of unemployment）——经济围绕其波动的正常失业率——的决定因素。给定所有阻碍工人立刻找到工作的劳动市场的不完美性，自然失业率是长期中经济趋近的失业率。

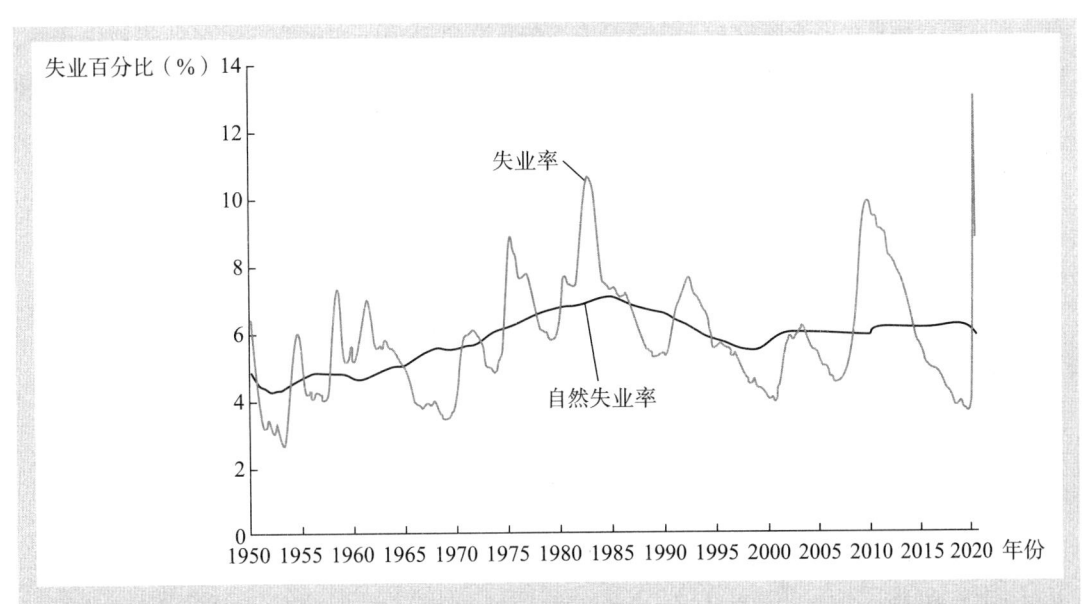

图 7-1 美国的失业率与自然失业率

失业总是在某种程度上存在着。自然失业率是失业率围绕其波动的正常水平。(在这里,任何一个月份的自然失业率是通过把从之前 10 年到之后 10 年的所有失业率进行平均估算出来的。未来的失业率设定为 5.5%。)

资料来源:Bureau of Labor Statistics.

7.1 失去工作、寻找工作以及自然失业率

每天都有一些工人失去工作或离职,也有一些失业工人被雇用。这种失业和就业状态的不断变化决定了劳动力中失业者的比例。在这一节中我们建立一个劳动力的动态模型,该模型说明了自然失业率的决定因素。[①]

我们首先给出一些符号。令 L 代表劳动力,E 代表就业工人人数,U 代表失业工人人数。由于每个工人不是就业者就是失业者,所以,劳动力是就业者与失业者之和:

$$L = E + U$$

利用这个符号,失业率就是 U/L。

为了模型化自然失业率,我们假设劳动力 L 是固定的,把注意力放在劳动力中的个体在就业 E 与失业 U 之间的转换上。图 7-2 对此进行了阐释。令 s 代表离职率(rate of job separation),即每个月失去或离开自己的工作的就业者的比例。令 f 代表入职率(rate of job finding),即每个月找到工作的失业者的比例。离职率 s 和入职率 f 共同决定了失业率。

---

① Robert E. Hall,"A Theory of the Natural Rate of Unemployment and the Duration of Unemployment," *Journal of Monetary Economics* 5 (April 1979): 153-169.

如果失业率既没有上升也没有下降，也就是说，如果劳动市场处于稳定状态，那么，找到工作的人数 fU 必定等于失去工作的人数 sE。我们可以把稳定状态条件写为

$$fU = sE$$

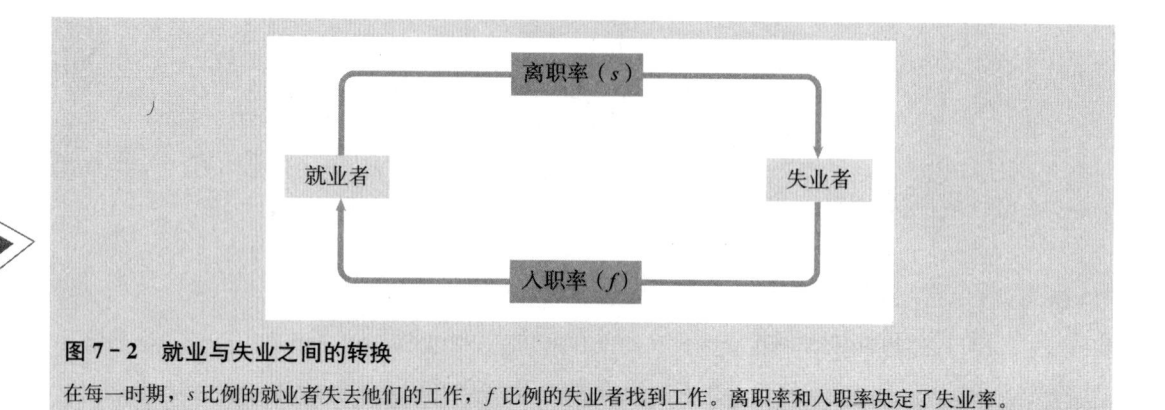

图 7-2　就业与失业之间的转换

在每一时期，s 比例的就业者失去他们的工作，f 比例的失业者找到工作。离职率和入职率决定了失业率。

我们可以用这个方程来找到稳定状态的失业率。根据劳动力的定义，我们知道，$E=L-U$；也就是说，就业人数等于劳动力减去失业人数。如果我们把稳定状态条件中的 E 用 $(L-U)$ 代替，我们得到

$$fU = s(L-U)$$

接下来，我们把等式两边同时除以 L，得到

$$f\frac{U}{L} = s(1-\frac{U}{L})$$

现在我们能够解出 U/L，得到

$$\frac{U}{L} = \frac{s}{s+f}$$

上式也可以写为

$$\frac{U}{L} = \frac{1}{1+f/s}$$

这个方程表明，稳定状态失业率 U/L 取决于离职率 s 和入职率 f。离职率越高，失业率就越高；入职率越高，失业率就越低。

这里是一个数值例子。假定每月有 1% 的就业者失去工作（$s=0.01$）。这就意味着，平均雇用时间为 100（$=1/0.01$）个月，即约为 8 年。进一步假定每月有 20% 的失业者找到工作（$f=0.20$），因此平均失业时间为 5 个月。那么，稳定状态的失业率是：

$$\frac{U}{L} = \frac{0.01}{0.01+0.20} = 0.0476$$

在这个例子中，失业率为大约 5%。

这个简单的自然失业率模型对公共政策有重要的启示。任何旨在降低自然失业

率的政策必须要么降低离职率，要么提高入职率。类似地，任何影响离职率和入职率的政策也会改变自然失业率。

尽管这个模型在把失业率与离职和入职联系起来这方面是有用的，但它未能回答一个中心问题：最初为什么存在失业？如果一个人总能很快找到工作，那么，入职率将很高，失业率就会接近于零。这个失业率模型假设工人不能立即找到工作，但它未能解释其原因。在接下来的两节中，我们考察失业的两个基本原因：工作搜寻和工资刚性。

7.2 工作搜寻和摩擦性失业

失业的一个原因是：使工人与工作岗位相匹配需要花时间。第3章中讨论的总体劳动市场的均衡模型假设所有工人和所有工作都是相同的，因此，所有工人都同等地适合所有工作岗位。如果这个假设是真的，而且劳动市场处于均衡，那么，失去工作并不会引起失业：被解雇的工人会在市场工资水平立即找到新工作。

然而，实际上，工人有不同的偏好与能力，工作有不同的属性。由于不同工作要求不同的技能和支付不同的工资，所以，失业工人可能不接受他们收到的第一个工作机会。而且，关于找工作者和空缺职位的信息流动是不完全的，工人在不同地区间的流动也不是即刻的。由于所有这些原因，找工作需要时间和努力，这降低了入职率。由于工人找工作需要花时间而引起的失业称为**摩擦性失业**（frictional unemployment）。

摩擦性失业的原因

在不断变化的经济中，一些摩擦性失业是难以避免的。由于许多原因，企业和家庭需要的产品类型随着时间的推移而变化。随着产品需求的移动，对生产这些产品的劳动的需求也在改变。例如，个人电脑的发明减少了对打字机的需求和打字机制造商对劳动的需求。同时，电子行业的劳动需求增加了。类似地，由于不同地区生产不同的产品，可能一国某个地方的劳动需求增加而另一个地方的劳动需求下降。石油价格上升引起像得克萨斯这样的产油州对劳动的需求增加，但由此导致的汽油价格上升使开车的吸引力降低，使像密歇根这样生产汽车的州对劳动的需求减少。经济学家把需求构成在不同行业和地区之间的变动称为**部门转移**（sectoral shift）。由于部门转移总在发生，且工人改变部门需要时间，所以，摩擦性失业总是存在。

部门转移并不是离职和摩擦性失业的唯一原因。当工人所在的企业破产了，当工人的工作业绩被认为无法接受，或者当工人的技能不再被需要时，工人也发现自己失去了工作。工人可能辞职以另谋职业或迁移到国内的其他地方。无论离职的原因是什么，工人找到新工作都需要花费时间和努力。只要劳动的供给和企业间的劳动需求在变动，摩擦性失业就是无法避免的。

公共政策与摩擦性失业

许多公共政策追求通过减少摩擦性失业来降低自然失业率。政府就业机构发布工作空缺信息，以便工作岗位和工人更有效地匹配。公共资金出资的再培训项目的目的也是为了使工人更容易地从萎缩行业转到成长行业。如果这些项目成功地提高了入职率，它们就降低了自然失业率。

另一些政府项目无意中增加了摩擦性失业。**失业保障**（unemployment insurance）就是一个例子。根据这一项目，失业工人在失去工作之后可以在一定时期内得到工资的一部分。尽管这一项目的准确内容在各年之间和各州之间都不同，但是，对于美国失业保障所覆盖的大部分工人来说，替代率（replacement rate）——政府提供的失业津贴相当于失业以前工资的百分比——为大约 50%，持续的时间为大约 26 周。这个项目的资金来源是对雇主工资总额征收的税收。许多欧洲国家的失业保障项目比美国的要慷慨得多。

通过减轻失业的经济困难，失业保障增加了摩擦性失业的数量，提高了自然失业率。那些得到失业保障津贴的失业者寻找新工作的压力小了，更有可能放弃没有吸引力的工作机会。这两种行为变化都降低了入职率。此外，由于工人知道他们的收入受到失业保障的部分保护，所以，他们寻找有稳定就业前景的工作的可能性降低了，就工作安全保障去讨价还价的可能性也降低了。这些行为变化提高了离职率。

尽管失业保障提高了自然失业率，但我们不应该由此推断这项政策是一个坏主意。这个项目的好处是减少了工人对自己收入的不确定性。而且，促使工人拒绝没有吸引力的工作机会也可能使得工人和工作之间更加匹配，这提高了生产率。

经济学家常常提议对失业保障体系进行能够降低失业量的改革。大多数现行项目都是部分经历定率的（partially experience rated）。在这种体系下，当一家企业解雇了一个工人时，它只缴纳工人的部分失业津贴；其余部分来自该项目的一般收入。一个建议是要求解雇工人的企业承担工人失业津贴的全部成本。这种制度称为百分之百经历定率的（100 percent experience rated），因为每家企业向失业保障体系支付的定额完全反映了它自己的工人的失业经历。如果这样一项改革得到实施，那么，当企业对劳动的需求暂时性降低时，它们将有更大的激励维持就业，这将降低暂时性解雇的流行。

案例研究

失业保障与求职率

许多研究考察了失业保障对寻找工作的效应。最有说服力的研究使用了有关失业者个体的数据，而不是整个经济范围内失业率的数据。个体数据往往得到鲜明的、备选解释更少的结果。

一项研究跟踪那些用光了失业保障津贴资格的个体工人的经历。这项研究发现,当失业工人不能再领取津贴时,他们更可能找到工作。特别地,当一个人的津贴用完时,她找到工作的概率提高了不止一倍。一种可能的解释是:没有津贴提高了失业工人找工作的努力程度。另一种可能性是:没有津贴的工人更可能接受那些在有失业保障津贴时由于工资低或工作条件差而不被接受的工作。①

关于经济激励如何影响工作搜寻的额外证据来自1985年在伊利诺伊州所进行的实验。随机选择的新的失业保障津贴申领者如果能在11周内找到工作,每个人将获得500美元奖金。把这组工人随后的经历与未提供该激励的对照组工人的经历进行对比发现,提供了500美元奖金的实验组工人平均失业持续时间为17周,而对照组为18.3周。因此,获得奖金的机会使平均失业时间减少了7%,这表明它增加了失业工人找工作的努力程度。这个实验清楚地说明,失业保障体系所提供的激励影响了入职率。②

案例研究

2020年大停摆期间的失业保障

在本书2020年即将付梓时,美国经济正处于由于新冠疫情大流行引起的深度低迷之中。为了阻止新冠病毒的传播,许多企业暂时关闭了,这导致了数以百万计的工人失业。在第11章,我们将讨论这次大停摆的更广泛的影响和政策反应。但是,值得在此处指出的是,政策反应的一部分是失业保障的暂时变动。2020年3月,国会通过了令失业津贴变得慷慨得多的法案。

这一变动的目的是帮助人们度过困难时期。尽管这些津贴减少了失业工人的工作搜寻努力,但是,这一效应在新冠疫情大流行期间可能不大甚至是合意的。确实,政策制定者想要人们待在家里而不是出门、找工作和传播病毒。

不过,这一新政策远非完美。貌似合理的变动本应该是把替代率从正常的50%提高到80%或90%甚至100%。但是,那被证明是困难的,原因在于失业保障系统是各州管理的,而各州的计算机系统形形色色且常常是过时的。因此,国会没有这么做,而是选择了给每个失业工人增加每周600美元失业津贴这一更简单的政策。这个数字是为确保平均替代率为大约100%而计算出来的。

但是,每个人都是个体而非平均。对于那些收入高于平均水平的工人,替代率低于100%,而对于那些收入低于平均水平的工人,替代率则高于100%。估计表明,2/3的工人收到的失业津贴高于失业前的工作收入。1/5的工人收到的失业津贴比失业前的工作收入的

---

① Lawrence F. Katz and Bruce D. Meyer, "Unemployment Insurance, Recall Expectations, and Unemployment Outcomes," *The Quarterly Journal of Economics* 105 (November 1990): 973-1002.

② Stephen A. Woodbury and Robert G. Spiegelman, "Bonuses to Workers and Employers to Reduce Unemployment: Randomized Trials in Illinois," *American Economic Review* 77 (September 1987): 513-530.

两倍还高。尽管平均替代率为大约100%，但中位数是134%，这意味着有一半的工人在开始领取失业津贴时发现他们的收入增加了34%或更多。

结果，这一政策引发了新的不平等。那些由于其生意被认为必不可少而仍旧经营的企业的看门人继续上班，领取正常的工资，尽管他们面临着更高的被病毒感染的风险。而那些停业了的企业的看门人可以待在家里，领取的失业津贴高达他们之前工作收入的158%。在这种偏离正常的奇怪情形下，在新冠疫情大流行期间被解雇对许多人来说是一种恩惠。

国会起初通过该法案时，失业津贴的增加设定于2020年7月31日过期。但是，随着该日期的临近，国会对延长该政策至2021年1月31日进行了辩论。在一封致参议院金融委员会主席查尔斯·格拉斯利（Charles Grassley）参议员的信中，国会预算办公室主任菲利普·斯瓦格尔（Phillip Swagel）写道，增加每周600美元失业津贴这一政策的延长将延缓就业的复苏，原因是"由于人们会比较失业期间可以得到的津贴和潜在的工作收入，它将弱化工作的激励"[①]。

7.3 实际工资刚性与结构性失业

失业的第二个原因是**工资刚性**（wage rigidity）——工资未能调整到劳动供给等于劳动需求的水平。在劳动市场均衡模型中，正如第3章概述的那样，实际工资的调整使劳动供给和需求达到均衡。但工资并不总是有弹性的。有时实际工资停滞在高于市场出清的水平。

图7-3表明了为什么工资刚性导致失业。当实际工资高于使供给和需求达到均衡的水平时，劳动的供给量超过需求量。企业必须以某种方式在工人中配给稀缺的工作岗位。实际工资刚性降低了入职率，提高了失业水平。

工资刚性与工作配给引起的失业称为**结构性失业**（structural unemployment）。工人失业并不是因为他们积极寻找最适合于他们个人技能的工作，而是因为愿意工作的人数与可以得到的工作数之间存在不匹配。在现行工资下，劳动供给量超过劳动需求量；许多工人只是在等待工作岗位的出现。

为了理解工资刚性和结构性失业，我们必须考察为什么劳动市场没有出清。当实际工资高于均衡水平和工人的供给超过需求时，我们可能预期企业会降低它们支付的工资。结构性失业的产生是因为尽管存在劳动的超额供给，企业也不能降低工资。现在我们转而论述这种工资刚性的三个原因：最低工资法、工会的垄断力量以及效率工资。

[①] Peter Ganong, Pascal J. Noel, and Joseph S. Vavra, "U. S. Unemployment Insurance Replacement Rates During the Pandemic," NBER Working Paper No. 27216, May 2020；菲利普·斯瓦格尔致查尔斯·格拉斯利的信于2020年6月4日发布在国会预算办公室的网站上。

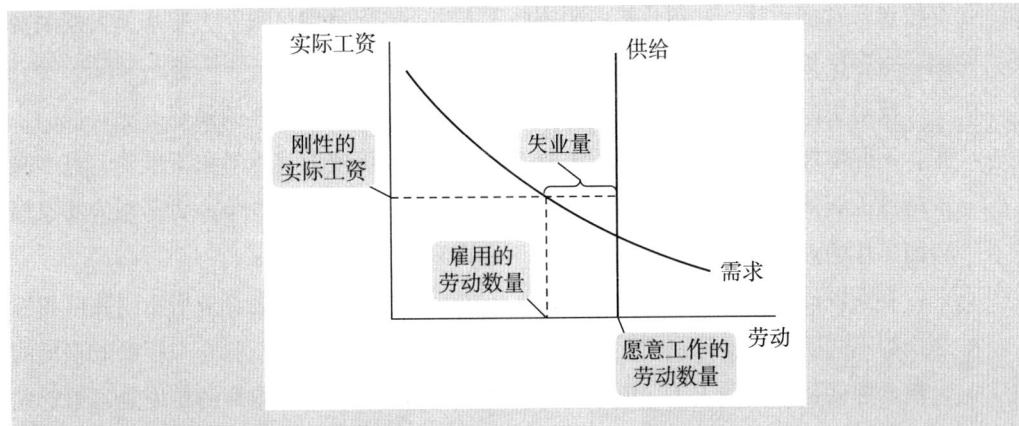

图 7-3　实际工资刚性引起工作配给

如果实际工资停滞在均衡水平以上，那么，劳动供给量就超过劳动需求量。结果就是失业。

最低工资法

当政府阻止工资下降到均衡水平时，政府就造成了工资刚性。最低工资法确定了企业支付给雇员的工资的法定最低水平。自 1938 年通过《公平劳动标准法案》(Fair Labor Standards Act) 以来，美国联邦政府强制实施最低工资，最低工资为制造业平均工资的 30%～50%。此外，许多州和城市颁布了比联邦规定的水平更高的最低工资：例如，2020 年联邦最低工资为每小时 7.25 美元，加州则为每小时 13 美元，西雅图规定大型雇主需要提供每小时 16 美元的最低工资。对大多数工人来说，法定的最低工资是没有约束力的，因为他们赚到的工资远高于该水平。但对一些工人，特别是对非技能型和缺乏经验的工人来说，最低工资将他们的工资提高到均衡水平之上。因此，最低工资减少了企业对这些人的劳动需求量。

经济学家认为，最低工资对十几岁的青少年失业的影响最大。由于两个原因，青少年的均衡工资往往较低。第一，由于青少年属于劳动力中技能最低和经验最少者，他们的边际生产率往往较低。第二，青少年常常以在职培训而不是直接工资的形式得到部分"补偿"。实习岗位是企业提供的以培训代替工资的一个经典例子。由于这两个原因，青少年工人的供给量等于需求量的工资就低。因此，最低工资对青少年有约束力的情形比它对其他劳动力有约束力的情形更为常见。实证研究通常发现，最低工资增加 10% 会导致青少年就业减少 1%～3%。[①]

最低工资永远是政治争论的一个来源。支持更高的最低工资水平的人把最低工资看作一种增加穷忙族的收入的手段。当然，最低工资仅仅提供了一种贫困的生活水平：在美国，如果养育一个小孩的单身父亲或母亲从事一份最低工资的全职工作，那么这个家庭的收入就在官方确定的两口之家的贫困线以下。尽管最低工资的

---

① Charles Brown, "Minimum Wage Laws: Are They Overrated?" *Journal of Economic Perspectives* 2 (Summer 1988): 133-146.

支持者常常都承认,这项政策引起一些工人失业,但他们争辩,为使其他人摆脱贫困,这种代价是值得承受的。

反对更高的最低工资水平的人声称,这并不是帮助穷忙族的最好方法。他们主张,不但增加的劳动成本提高了失业率,而且最低工资的目标对象不准确。许多赚取最低工资的人是中产阶级家庭中为赚点零花钱而工作的青少年,而不是为养家糊口而工作的家庭户主。

有人也许希望实证研究能够结束这一政治分歧。不幸的是,采用不同数据和方法论的不同研究常常得到相互矛盾的结论。西雅图从 2014 年到 2016 年最低工资的大幅增加就是一个例子。一项对西雅图食品服务行业的研究得到的结论是:工资大幅增加并未对就业产生显著影响。① 另一项研究得到的结论是:低薪岗位的总工时下降了约 9%,而工资只增加了 3%,这表明最低工资增加导致了工人收入的下降。② 大部分关于最低工资的研究的一个缺陷是:它们聚焦于短期影响(例如通过比较最低工资变化前一年和后一年的就业)。对就业的更长时期的影响无疑对评估这一政策是更重要的,但这样的影响更难估计。

当评价最低工资时,记住替代政策是有益的。许多经济学家认为,税收抵免是一种增加穷忙族收入的更好的方法。劳动收入所得税抵免(earned income tax credit)是穷忙族家庭可以从应纳税收中扣除的数量。对于收入很低的家庭来说,税收抵免超过其应纳税收,该家庭就从政府那里得到补助。与最低工资不同,劳动收入所得税抵免并没有增加企业的劳动成本,从而不会减少企业需求的劳动量。但是,它的不利之处是减少了政府的税收收入。

工会的垄断力量

工资刚性的第二个原因是工会的垄断力量。表 7-1 表明了在一些主要国家中工会的重要程度。在美国,只有 12% 的工人通过集体议价确定其工资。在大多数欧洲国家,工会起的作用大得多。

表 7-1　　　　　　　　集体议价涵盖的工人的百分比(%)

土耳其	7
美国	12
韩国	13
日本	17
智利	20

---

① Michael Reich, Sylvia Allegretton, and Anna Godoey, "Seattle's Minimum Wage Experience 2015—2016," University of California at Berkley, June 2017.

② Ekaterina Jardim, Mark C. Long, Robert Plotnick, Emma van Inwegen, Jacob Vigdor, and Hilary Wething, "Minimum Wage Increases, Wages, and Low-Wage Employment: Evidence from Seattle," NBER Working Paper No. 23532, June 2017.

续表

	希腊	26
	英国	26
	加拿大	28
	德国	56
	瑞士	58
	澳大利亚	60
	荷兰	79
	意大利	80
	西班牙	84
	瑞典	90
	比利时	96
	奥地利	98

资料来源：OECD, *Going for Growth*, 2019.

已加入工会的工人的工资不是由供给和需求均衡决定的，而是由工会领导人与企业管理层之间的谈判决定的。最终的协议常常把工资提高到均衡水平以上，允许企业决定雇用多少工人。结果是所雇用的工人数量减少了，入职率下降了，结构性失业增加了。

工会还能够影响那些工人没有组成工会的企业所支付的工资，因为工会化的威胁能够使工资保持在均衡水平之上。大多数企业都讨厌工会。工会不仅提高了工资，而且增加了工人在许多其他问题上的谈判力量，比如，工作时间和工作条件。企业可以选择向自己的工人支付让他们满意的高工资，抑制工人组成工会。

工会和工会化威胁引起的失业是不同群体的工人——**局内人**（insiders）与**局外人**（outsiders）——之间存在冲突的一个例子。那些已经被企业雇用的工人，即局内人，一般都想使企业的工资保持在高水平。失业者，即局外人，承担了高工资的部分代价，因为他们在较低工资水平时可能会被雇用。这两个群体的利益冲突是不可避免的。任何谈判过程对工资和就业的效应都取决于每个群体的相对影响。

局内人与局外人之间的冲突在不同国家的解决方式各异。在一些国家，如美国，工资谈判是在企业或工厂的层次进行的。在其他国家，如瑞典，工资谈判是在国家层次进行的，政府往往起着关键作用。尽管工会化程度高，但瑞典在历史上并没有经历过极高的失业。一种可能的解释是：工资谈判的集中化和政府在谈判过程中的作用给了局外人更大的影响力，这使工资更接近均衡水平。

效率工资

效率工资（efficiency-wage）理论提出了最低工资法和工会化之外的第三个工资刚性的原因。这些理论认为，高工资使工人的生产率更高。工资对工人效率的影响可以解释企业在面临超额劳动供给时却未能削减工资。即使削减工资减少了企业的工资总额，它还会——如果这些理论正确的话——降低工人的生产率和企业利润。

经济学家提出了各种理论来解释工资如何影响工人的生产率。一种主要适用于更穷国家的效率工资理论认为，工资影响营养。工资更高的工人能吃得起营养更丰富的食物，而更健康的工人生产效率更高。企业可能决定支付高于均衡水平的工资，以确保有健康的劳动力。这种考虑对美国和大多数欧洲国家这样更富裕国家的雇员并不重要，因为均衡工资远远高于维持良好健康所需要的水平。

第二种效率工资理论认为，高工资减少了劳动力的更替。对发达国家来说，这种理论比第一种更相关。工人由于许多原因而辞职——接受了其他企业更好的职位、改变职业或者迁移到一国的其他地方。企业给工人支付的工资越高，工人留在企业的激励越大。企业通过支付高工资减少了工人辞职的频率，从而减少了用于雇用和培训新工人所花费的时间和金钱。

第三种效率工资理论认为，一家企业的劳动力质量取决于它向雇员支付的工资。如果企业降低工资，最好的雇员就会到其他企业工作，留在企业的是那些其他机会更少的低质量雇员。经济学家把这种不利的分类作为逆向选择（adverse selection）——掌握更多信息的人（在这个例子中，是了解自己的外部机会的工人）以一种不利于信息更少的人（企业）的方式进行自我选择的倾向——的一个例子。企业通过支付高于均衡水平的工资可以减少逆向选择，提高其劳动力质量，从而提高生产率。

第四种效率工资理论认为，高工资提高了工人的努力程度。这种理论指出，企业不可能完全监督其雇员的努力程度，雇员必须自己决定工作的努力程度。工人可以努力工作，也可以冒着被抓住和解雇的风险偷懒。经济学家把这种可能性作为道德风险（moral hazard）——当人们的行为无法被完全监督时，他们会有不适当的行为倾向——的例子。企业可以通过支付高工资减少道德风险问题。工资越高，工人被解雇的代价越大。通过支付高工资，企业促使更多的雇员不偷懒，从而提高了生产率。

虽然这四种效率工资理论在细节上不同，但它们有一个共同的主题：由于企业向其工人支付高工资就能更有效地运行，所以，企业可能发现保持工资高于供给和需求相平衡的水平是有利可图的。这种高于均衡水平的工资导致了更低的入职率和更高的失业率。①

案例研究

亨利·福特的 5 美元日工资

1914 年福特汽车公司开始向其工人支付每天 5 美元的工资。当时流行的工资为每天 2～3

---

① 关于效率工资的更广泛讨论，参见 Janet L. Yellen, "Efficiency Wage Models of Unemployment," *American Economic Review Papers and Proceedings* (May 1984)：200 - 205；以及 Lawrence Katz, "Efficiency Wages: A Partial Evaluation," *NBER Macroeconomics Annual* (1986)：235 - 276。

美元,所以福特的工资远远高于均衡水平。毫不奇怪,求职者在福特工厂门外排起了长队,希望有机会赚到这种高工资。

福特的动机是什么呢?亨利·福特(Henry Ford)后来写道:"我们想支付这些工资,以便企业有一个持久的基础。我们在为未来而建设。低工资的企业总是不稳固的……为每天8小时支付5美元是我们所做出的最好的减少成本的行动之一。"

从传统经济理论的角度看,福特的解释似乎有点奇怪。他在暗示高工资意味着低成本。但也许福特已经发现了效率工资理论。也许他是用高工资来提高工人的生产率。

有证据表明,支付如此高的工资确实有利于公司。根据当时的一份工程报告:"福特的高工资除掉了惰性和生活中的阻力……工人绝对听话,可以很有把握地说,从1913年的最后一天以来,福特工厂的劳动成本每天都在大幅下降。"缺勤减少了75%,这表明工人的努力程度大大提高了。研究早期福特汽车公司的历史学家艾伦·内文斯(Alan Nevins)写道:"福特及其合伙人在许多场合公开宣称,高工资政策被证明是好的经营手段。他们这样说是指,这项政策提高了工人的纪律性,赋予工人对本企业更多的忠诚利益,提高了他们的个人效率。"[①]

7.4 劳动市场经验:美国

到现在为止,我们已经建立了自然失业率背后的理论。我们从证明经济稳定状态的失业率取决于离职率和入职率开始,然后讨论了无法迅速找到工作的两个原因:工作搜寻的过程导致摩擦性失业和工资刚性导致结构性失业。工资刚性产生于最低工资法、工会化和效率工资。

有了这些理论作为背景,我们现在考察有关失业的一些额外事实,首先我们聚焦于美国劳动市场的情况。这些事实将有助于我们评估我们的理论和评价旨在减少失业的公共政策。

失业的持续时间

当一个人失业时,失业持续的时间可能是短还是长?这个问题的答案是重要的,因为它表明失业的原因和什么样的政策反应是适当的。一方面,如果大多数失业是短期的,那么人们可能认为这是摩擦性失业,也许是无法避免的。失业工人可能需要一些时间来寻找最适合他们的技能和爱好的工作。另一方面,很难把长期失业归因于使工作与工人相匹配所需要的时间:我们不会期望这种匹配过程需要许多个月。长期失业更可能是结构性失业,代表可得的工作数量与寻找工作的人数之间

[①] Jeremy I. Bulow and Lawrence H. Summers, "A Theory of Dual Labor Markets With Application to Industrial Policy, Discrimination, and Keynesian Unemployment," *Journal of Labor Economics* 4 (July 1986): 376-414; and Daniel M. G. Raff and Lawrence H. Summers, "Did Henry Ford Pay Efficiency Wages?" *Journal of Labor Economics* 5 (October 1987, Part 2): S57-S86.

的不匹配。因此，有关失业持续时间的数据能够影响我们关于失业原因的观点。

这个问题的答案是微妙的，乍看起来还似乎是矛盾的。数据表明，大多数失业持续时间很短，但大多数失业周数要归因于长期失业者。为了理解这两个事实为什么可能都是真实的，考虑一个极端但是简单的例子。假定有 10 个人在某一年各有某部分时间失业了，其中，8 个人失业了 1 个月，2 个人失业了 12 个月，总计失业时间为 32 个月。在这个例子中，大部分失业持续时间很短：10 段失业持续时间中有 8 段，或者说 80%，在 1 个月后就结束了。但大多数失业的月数归因于长期失业者：32 个月的失业时间中有 24 个月，或者说 75%，是由失业 12 个月的 2 个工人经历的。大部分失业看起来既可以是短期的也可以是长期的，这取决于我们是根据每一段失业的持续时间还是平均失业月数进行判断。

这种关于失业持续时间的证据对公共政策有重要启示。如果目标是大幅度降低自然失业率，那么，政策应该聚焦于长期失业者，因为这些人占了大部分失业时间。但政策必须谨慎地确定目标，因为长期失业者只是失业者中的少数。大多数失业者在短时间内找到了工作。

案例研究

美国长期失业的增加和关于失业保障的争论

在 2008 年和 2009 年，随着美国经济出现深度低迷，劳动市场出现了一种显著的新现象：失业持续时间大幅增加。图 7-4 显示了 1967—2019 年失业工人失业持续时间的中位数。在图中，衰退用阴影表示。该图显示，失业持续时间在衰退期间通常上升。但是，2008—2009 年大衰退期间失业持续时间的剧增是近代历史上没有先例的。

什么解释了这一现象呢？在这个问题上，经济学家分成了两个阵营。

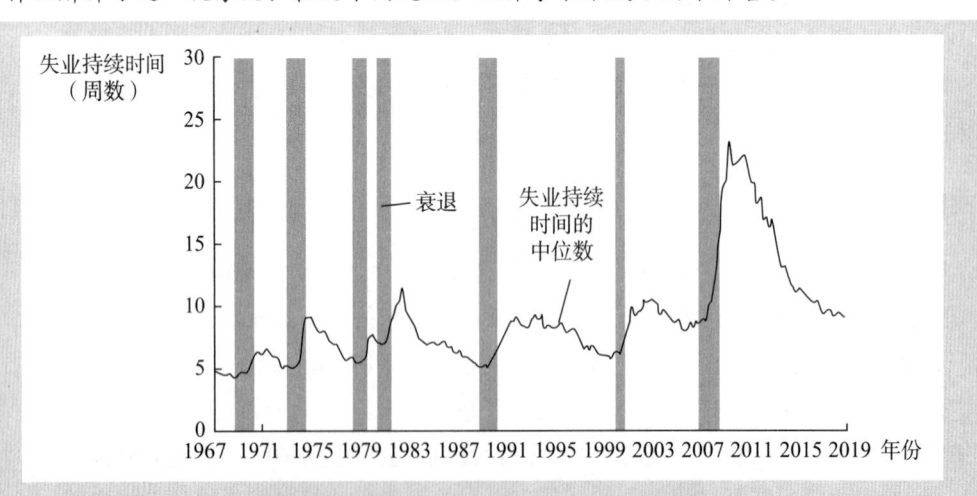

图 7-4 失业持续时间的中位数

失业持续时间的中位数在衰退期间（图中用阴影表示衰退）通常上升，但是，它在 2008—2009 年衰退期间的剧增是史无前例的。

资料来源：Bureau of Labor Statistics.

一些经济学家认为，长期失业的这一增加是政府政策的结果。在2009年2月，当这次衰退的深度变得显而易见时，国会将失业保障的领取资格从正常的26周延长到了99周，这个延长失业保障津贴的项目一直持续到2014年1月才结束。由于在衰退期间更难找到工作，延长失业保障津贴的做法是普遍的，但是，这次延长到接近两年则有些不同寻常了。

经济学家罗伯特·巴罗（Robert Barro）在2010年8月30日的《华尔街日报》上发表了一篇题为《对失业提供补贴的荒唐之举》(The Folly of Subsidizing Unemployment) 的文章。根据巴罗的观点，对于长期失业的上升，"失业保障领取资格大幅延长到99周几乎毫无疑问是罪魁祸首"。他指出，许多西欧国家的高失业率——和（特别是）高的长期失业率——常常被归因于这些国家慷慨的失业保障项目。巴罗得出了这样的结论："轻率地将失业保障范围延长到99周在经济上和政治上都是不明智的。"

然而，另外一些经济学家对将失业持续时间的剧增归咎于这些政府政策表示怀疑。根据他们的意见，失业保障领取资格的增加是对历史上少有的深度经济低迷和疲软的劳动市场做出的合理和有人情味的反应。在发表于2010年7月5日的《纽约时报》上的题为《惩罚失业者》(Punishing the Jobless) 的文章里，经济学家保罗·克鲁格曼（Paul Krugman）同意失业保障降低了找工作的激励，但认为这种效应与当前的局面无关。他写道："现在经济并不景气，平均每个工作机会有5个求职者。削减失业津贴会使失业人员更加迫切地想要工作，但是，他们不可能接受本来不存在的工作机会。"

巴罗和克鲁格曼都是享有盛誉的经济学家，但是他们对图7-4所示的现象有着相反的观点。美国长期失业剧增的原因仍然是一个没有解决的问题。在大衰退期间延长失业津贴是否明智仍没有定论。

各人口群体失业率的差别

人口中不同群体之间的失业率差别很大。表7-2给出了美国2019年不同人口群体的失业率，这一年的总体失业率是3.7%。

表7-2　　2019年不同人口群体的失业率（%）

年龄	白人男性	白人女性	黑人男性	黑人女性
16～19岁	12.9	10.1	22.3	19.6
20～24岁	6.5	4.9	13.8	9.3
25～54岁	2.7	2.8	5.4	4.7

资料来源：Bureau of Labor Statistics.

该表显示，年轻工人的失业率比年龄大一些的工人高得多。为了解释这种差别，回忆我们的自然失业率模型。该模型分别考虑了高失业率的两个可能原因：低入职率和高离职率。当经济学家研究关于个体在就业与失业之间转换的数据时，他们发现，那些有高失业率的群体往往也有高离职率，各群体之间在入职率上差别并不大。例如，对受雇的白人男性来说，青少年失业的可能性比中年人高出四倍。一旦失业了，他的入职率与年龄之间并没有密切的相关性。

这些发现有助于解释年轻工人的高失业率。年轻工人只是最近才进入劳动市场，他们往往对自己的职业规划并不确定。在决定长期从事某种职业之前尝试不同类型的工作，对他们来说可能是最好的。因此，我们应该预期这个群体有更高的离职率和更高的摩擦性失业。

表 7-2 中显示的另一个事实是，黑人的失业率比白人高得多。这种现象没有很好地被理解。关于就业与失业之间转换的数据表明，黑人更高的失业率，特别是对黑人青少年而言，是由更高的离职率和更低的入职率引起的。入职率低的可能原因包括更少有机会接触非正式的求职网络以及雇主的歧视。

进入与退出劳动力的转换

到现在为止，我们忽略了劳动市场动态学的一个重要方面：个体进入或退出劳动力的这种运动。我们的自然失业率模型假设，劳动力规模是固定的。在这种情况下，失业的唯一原因就是离职，而摆脱失业的唯一原因是找到工作（入职）。

但是，实际上，进入和退出劳动力的这种运动是重要的。大约有 1/3 的失业者只是最近才进入劳动力。这些进入者中，有一些是还在寻找第一份工作的年轻工人；其他人以前有工作，但暂时性地离开过劳动力。此外，并不是所有失业都以找到工作而结束：几乎有一半失业最终以失业者退出劳动市场而结束。

个体进入和离开劳动力使失业统计量更难解释。一方面，一些自称失业的人可能并不认真地找工作，也许应该最好不把这些人算在劳动力之内。他们的"失业"可能并不代表一个社会问题。另一方面，一些人可能想工作，但在搜寻不成功后放弃了找工作。这些**丧失信心的工人**（discouraged workers）被算在劳动力之外，并不反映在失业统计量上。虽然他们没有工作的情况没有被统计，但这可能是一个社会问题。

由于这些和其他许多使失业数据的解释复杂化的问题，劳工统计局计算了几种劳动力未充分利用的衡量指标。表 7-3 给出了这些衡量指标的定义和 2020 年 1 月的数值。这些衡量指标介于 1.2% 和 6.9% 之间，这突出了用什么特征将一个工人归类为未充分利用的重要性。

表 7-3　　劳动力未充分利用的几种衡量指标

变量	描述	比率（%）
U1	失业 15 周或更长时间的人，占民用劳动力的百分比（仅包括持续时间很长的失业者）	1.2
U2	失去工作和已完成了临时性工作的人，占民用劳动力的百分比（不包括辞职者）	1.6
U3	总失业者，占民用劳动力的百分比（官方失业率）	3.6

续表

变量	描述	比率（%）
U4	总失业者加上丧失信心的工人，占民用劳动力和丧失信心的工人的百分比	3.8
U5	总失业者加上所有准待业工人，占民用劳动力和所有准待业工人的百分比	4.4
U6	总失业者加上所有准待业工人再加上所有由于经济原因而从事兼职工作的雇工，占民用劳动力和所有准待业工人的百分比	6.9

说明：准待业工人（marginally attached workers）是指那些目前既没有在工作又没有在寻找工作，但表示想要工作、可以工作并且在最近的过去曾经有段时间找过工作的人。丧失信心的工人是准待业工人的一部分，他们所给出的目前没有在寻找工作的原因与工作市场相关。由于经济原因而从事兼职工作的雇工是指那些想要而且可以全职工作但不得不接受一份兼职工作的人。

资料来源：U. S. Department of Labor，2020 年 1 月的数据。

7.5 劳动市场经验：欧洲

虽然我们的讨论一直集中于美国，但是，当经济学家比较美国与欧洲的劳动市场经验时，有很多迷人而且有时令人困惑的现象就变得明白了。

欧洲失业的上升

图 7-5 显示了欧洲最大的 4 个国家——法国、德国、意大利和英国——从 1960 年到 2018 年的失业率。正如你可以看到的，这些国家的失业率大幅上升了。以法国为例，20 世纪 60 年代平均失业率低于 2%，近年来则在 10% 左右。

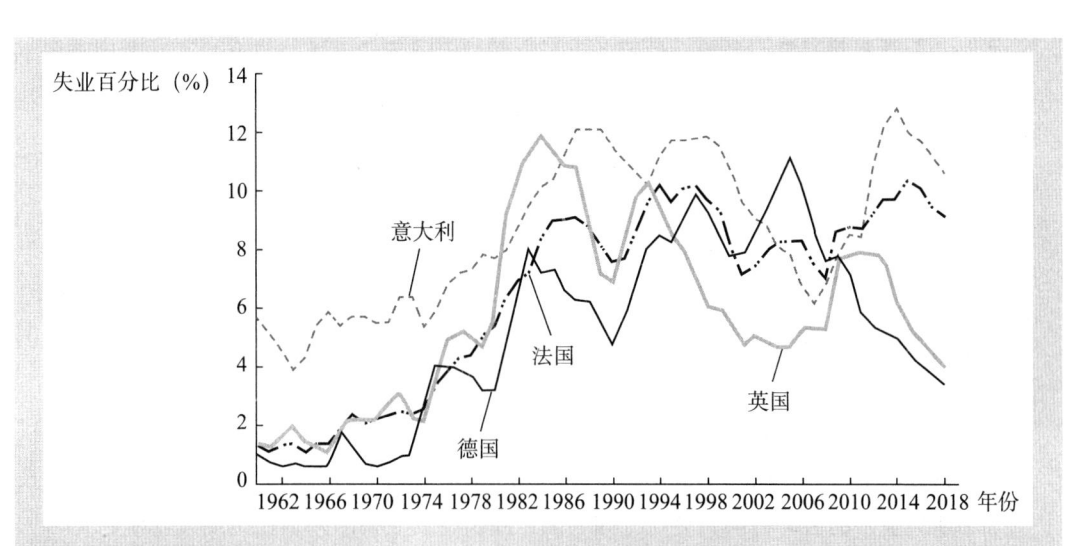

图 7-5 欧洲的失业率

本图表示欧洲最大的 4 个国家的失业率。本图表明，欧洲的失业率，特别是法国和德国，随着时间的推移大幅上升。

资料来源：OECD.

欧洲失业增加的原因是什么呢？没有一个人确切了解，但有一个主要理论。许多经济学家认为，这个问题可以追溯到一项长期实行的政策与一个近来的冲击的交互作用。这项长期实行的政策是给予失业工人慷慨的津贴。近来的冲击是由技术驱动的非技能型工人的需求相对于技能型工人的下降。

毫无疑问，大多数欧洲国家对没有工作的人有慷慨的津贴项目。这些项目名称各异：社会保障、福利制度或者简称"救济"。许多国家允许失业者领取津贴多年，而不是像美国那样只能在短期内领取津贴。从某种意义上说，这些靠救济生活的人实际上已经退出了劳动力市场：考虑到可以获得的工作机会，工作还不如不工作更有吸引力。但在政府统计中，这些人常常被算作失业者。

相对于对技能型工人的需求而言，对非技能型工人的需求减少了，这也是毫无疑问的。这种需求的变动可能是由于技术变动：例如，电脑增加了对能使用电脑的工人的需求，减少了对那些不会使用电脑的工人的需求。在美国，这种需求变动反映在工资上，而不是失业上：过去40年间，相对于技能型工人的工资而言，非技能型工人的工资大大下降了。但是，在欧洲，福利制度向非技能型工人提供了一个替代低工资工作的选择。随着非技能型工人工资的下降，更多的工人把接受救济作为他们可以获得的最好选择。结果是更高的失业。

对欧洲高失业的这种诊断并没有提出简单的补救措施。减少政府对失业者的津贴量会鼓励工人放弃救济和接受低工资工作。但这又会加剧经济不平等——而这正是福利制度政策旨在解决的问题。①

欧洲内部的失业差异

欧洲并不是一个单一的劳动市场，而是多国劳动市场的集合，这些劳动市场不仅被国界分割，而且被文化和语言差异所分割。由于这些国家的劳动市场的政策和制度不同，欧洲内部的差异提供了一个分析失业原因的有用视角。因此，许多实证研究关注这些国际差异。

第一个值得注意的事实是，失业率在国与国之间变动显著。例如，在2020年1月，当时美国的失业率为3.6%，德国和西班牙的失业率分别为3.2%和13.8%。虽然近年来欧洲的平均失业率比美国高，但是，许多欧洲人生活在失业率低于美国的国家中。

第二个值得注意的事实是，失业率的许多差别归因于长期失业者。失业率可以分成两部分——失业不到1年（短期失业）的劳动力的百分比和失业超过1年（长期失业）的劳动力的百分比。国与国之间长期失业率的差别比短期失业率更大。

一国的失业率与多种劳动市场政策相关。在失业保障更慷慨——慷慨程度由替

---

① 关于这些问题的更多讨论，参见 Paul Krugman, "Past and Prospective Causes of High Unemployment," in *Reducing Unemployment: Current Issues and Policy Options*, Federal Reserve Bank of Kansas City, August 1994。

代率来衡量——的国家中，失业率更高。此外，失业者能够领取失业津贴的时期越长，这类国家的失业率往往越高，特别是长期失业率越高。

尽管政府在失业保障上的支出看起来提高了失业率，在"积极"的劳动市场政策上的支出则看起来降低了失业率。这些积极的劳动市场政策包括职业培训、为工作搜寻提供协助和对就业提供补贴。例如，西班牙历史上一直有高失业率，这一事实可以由对失业者的慷慨支付和对帮助失业者找到新工作提供的协助很少这两个原因来解释。

如我们在表 7-1 中所看到的，各国工会的作用也不同。这一事实也有助于解释劳动市场结果的不同。一国的失业率与劳动力中工资由工会（和雇主）集体议价决定的工人所占的百分比正相关。然而，在与工会谈判的各雇主存在大力协调的那些国家中，工会对失业的逆向影响较小，也许是由于协调可以缓和工资向上的压力。

警告：相关并不意味着因果关系，因此，对这些经验结果的解释必须谨慎。但是这些结果确实表明一国的失业率不是不变的，而是该国所做出的选择的函数。[1]

欧洲闲暇的上升

欧洲更高的失业率是欧洲人一般比美国人工作的时间更少这一更大现象的一部分。图 7-6 显示了美国、法国和德国这三个国家的一个典型工人的工作小时数。20 世纪 70 年代初，这些国家中的典型工人的工作小时数大体相同。但是，从那时起，美国工人的工作小时数一直保持在差不多的水平，而欧洲工人的工作小时数则一直在下降。今天，典型美国人的工作小时数比这两个西欧国家的典型工人多很多。

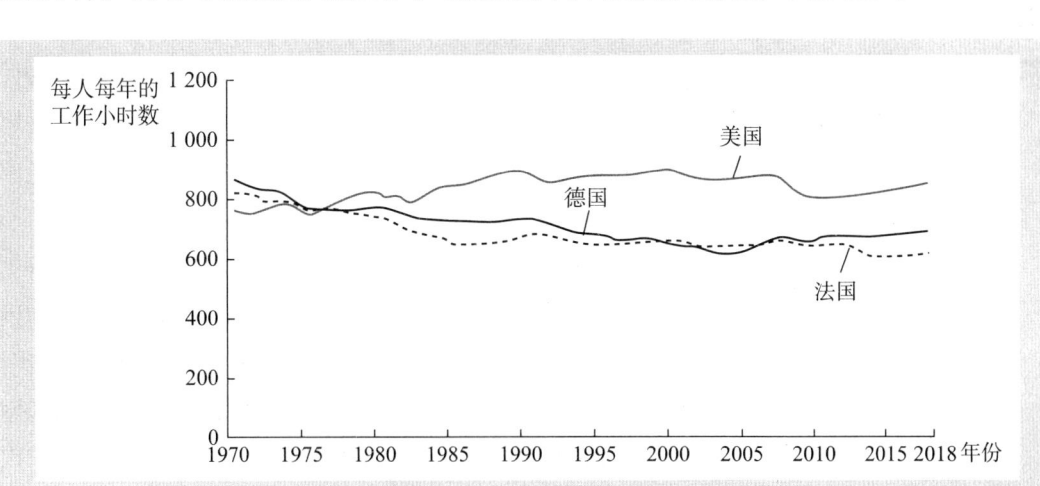

图 7-6　每人每年的工作小时数

随着时间的推移，许多欧洲人大幅减少了他们的工作小时数，而典型的美国人则没有。

资料来源：OECD. 将每个就业者平均每年的工作小时数乘以就业率计算得到。

---

[1] Stephen Nickell, "Unemployment and Labor Market Rigidities: Europe Versus North America," *Journal of Economic Perspectives* 11 (September 1997): 55-74.

工作小时数的差别反映了两个事实。第一，在美国的就业者每年平均工作的时间比欧洲的就业者要多。欧洲人一般享受了更短的工作周和更多的假期。第二，在美国更多的潜在工人就业了。也就是说，美国的就业人口比欧洲的多。更高的失业率是欧洲的就业人口比更低的原因。另一个原因是欧洲人更早退休，从而年长工人中的劳动力参与率更低。

这些工作模式差别的根本原因是什么呢？经济学家提出了几种假说。

2004年诺贝尔经济学奖获得者爱德华·普雷斯科特（Edward Prescott）做出的结论是："实际上，美国与德国和法国在劳动供给上的所有大的差别是由于税收系统的不同。"这一假说和两个事实相一致：（1）欧洲人比美国人面临更高的税率；（2）欧洲的税率在过去几十年中显著上升。一些经济学家把这些事实作为税收对工作努力的影响的证据。而另一些经济学家持怀疑态度，认为仅仅用税率来解释工作小时数的差别要求劳动供给的弹性高到不合理的程度。

一个相关的假说是：观察到的工作努力的差别可以归因于地下经济。当税率高时，为了避税，人们有更大的激励从事"不入账"的工作以逃避税收。地下经济的数据难以获得，但研究该问题的经济学家相信欧洲的地下经济比美国大。这一事实表明，把在地下经济中的工作时间包括在内的实际工作小时数的差别可能比衡量出来的劳动小时数的差别要小。

另一个假说强调工会的作用。正如我们已经看到的，集体议价在欧洲的劳动市场比在美国更重要。工会在合同谈判中常常推动获得更短的工作周，它们游说政府制定各种劳动市场管制规则，例如法定假日。经济学家奥伯托·阿莱希纳（Alberto Alesina）、爱德华·格拉泽（Edward Glaser）和布鲁斯·萨瑟多特（Bruce Sacerdote）得出结论："强制休假可以解释美国和欧洲工作周数差别的80%和两地区劳动总供给差别的30%。"他们认为普雷斯科特可能高估了税收的作用，因为考察各国的情况就会发现，税率与工会化率是正相关的，这使得税率的影响和工会化率的影响很难区分开来。

最后一个假说强调不同偏好的可能性。随着技术进步和经济增长使各国变得更加富裕，世界各地的人们需要选择是以增加产品和服务的消费的形式还是以增加闲暇的方式来享受更繁荣的经济带来的好处。经济学家奥利维尔·布兰查德（Olivier Blanchard）认为，"各大陆之间的主要差别是欧洲用生产率提高的一部分来增加闲暇而不是增加收入，而美国所做的正好相反。"布兰查德相信欧洲人只不过比美国人更偏好闲暇。（作为在美国工作的法国经济学家，他对这一现象可能有特别的洞察力。）如果布兰查德的解释是正确的，其提出了一个更难回答的问题：为什么不同地域的人们偏好不同？

关于这些不同假说的解释力，经济学家之间存在争论。最终，可能所有的假说都包含某些真理。①

7.6 结论

失业代表浪费的资源。失业工人有潜力对国民收入做出贡献，但没有这样做。那些搜寻适合自己技能的工作的人在搜寻结束时是幸福的；那些等待支付高于均衡工资的企业招聘的人在职位开放时也是幸福的。

遗憾的是，无论摩擦性失业还是结构性失业都不容易减少。政府不能使工作搜寻在瞬间完成，也不能轻易地使工资接近均衡水平。零失业不是自由市场经济的合理目标。

但在降低失业的努力上，公共政策并非无能为力。工作培训项目、失业保障制度、最低工资以及规范集体议价的法律往往都是政治争论的主题。我们选择的政策可能会对经济的自然失业率有着重要的影响。

快速测验

1. 失业保障体系的主要目的是降低_____。
   A. 入职率
   B. 离职率
   C. 摩擦性失业
   D. 工人对其收入的不确定性

2. 尽管并非失业保障体系的目的，但其影响之一是降低了_____。
   A. 入职率
   B. 离职率
   C. 摩擦性失业
   D. 工人对其收入的不确定性

3. 根据效率工资理论，支付高于均衡水平的工资可能增加以下各项，除了_____。
   A. 自然失业率
   B. 工人更替
   C. 工人努力水平
   D. 企业的劳动力质量

4. 工会和集体议价在_____的作用特别小。
   A. 意大利
   B. 瑞典
   C. 美国
   D. 澳大利亚

5. 如果某个经济有大量丧失信心的工人，那么，_____。
   A. 失业率将会提高，就业人口比将会降低
   B. 失业率将会提高，但就业人口比将不会受多大影响
   C. 就业人口比将会降低，但失业率将不会受多大影响
   D. 失业率和就业人口比都将不会受多大影响

6. 美国和西欧的工作小时数差别的解释之一是_____。
   A. 欧洲的税更高
   B. 美国的工会更强大
   C. 美国人更喜欢闲暇
   D. 欧洲的语言更多样

---

① 要想阅读关于这一主题的更多内容，参见 Edward C. Prescott, "Why Do Americans Work So Much More Than Europeans?" *Federal Reserve Bank of Minneapolis Quarterly Review* 28/1（July 2004）：2-13；Alberto Alesina, Edward Glaeser, and Bruce Sacerdote, "Work and Leisure in the U.S. and Europe：Why So Different?" *NBER Macroeconomics Annual*（2005）：1-64；and Olivier Blanchard, "The Economic Future of Europe," *Journal of Economic Perspectives* 18（Fall 2004）：3-26。

内容提要

1. 自然失业率是稳定状态的失业率，它取决于离职率和入职率。

2. 由于工人搜寻最适合他们的个体技能和爱好的工作需要时间，所以，摩擦性失业是不可避免的。各种政府政策，如失业保障，改变了摩擦性失业的数量。

3. 当实际工资保持在高于使劳动供给和需求达到均衡的水平时，结构性失业就产生了。最低工资法是工资刚性的一个原因。工会和工会化威胁是另一个原因。最后，效率工资理论认为，尽管存在劳动的超额供给，但企业可能发现维持高工资是有利可图的。

4. 我们对大多数失业是短期的还是长期的所做出的结论取决于我们如何观察数据。大多数失业的持续时间是短的。但大多数失业周数要归因于少数长期失业者。

5. 各人口群体之间的失业率差别很大。特别地，年轻工人的失业率远远高于年长工人。这是离职率的差别而不是入职率的差别产生的结果。

6. 新近进入劳动力的个体，包括新进入者和重新进入者，占失业者的大约 1/3。进入与退出劳动力的转换使失业统计更加难以解释。

7. 美国和欧洲的劳动市场表现出一些重要的差别。近年来，欧洲经历的失业比美国显著地多。此外，由于更高的失业、更短的工作周、更多的假期和更早的退休，欧洲人比美国人工作的小时数更少。

关键概念

自然失业率	摩擦性失业	局内人 vs. 局外人	效率工资
部门转移	失业保障	丧失信心的工人	
工资刚性	结构性失业		

复习题

1. 什么决定了自然失业率？

2. 描述摩擦性失业与结构性失业之间的差别。

3. 给出三种对实际工资可能保持在高于使劳动供给和需求达到均衡的水平的解释。

4. 大多数失业是长期的还是短期的？请解释。

5. 欧洲人工作的小时数高于还是低于美国人？列举三个解释这一差别的假说。

问题与应用

1. 回答下列关于你自己在劳动力中的经历的问题：

a. 当你或你的一个朋友找一份兼职工作时，一般需要几周？在你找到一份工作之后，该工作一般持续多少周？

b. 利用你的估计，计算你的入职率 f 与你的离职率 s（用每周的比率表示）。（提示：如果 f 是入职率，那么，平均的失业时间长度就是 $1/f$。）

c. 你所代表的人口的自然失业率是多少？

2. （ Work It Out）某个郊外住宅区的居民收集了以下数据：居住在这个住宅区的人可以分为在谈恋爱的或没在谈恋爱的。在谈恋爱的人中，每月有10%的人经历了分手。在没有谈恋爱的人中，每月有5%的人开始谈恋爱。在稳定状态，居民中没有谈恋爱的比例是多少？

3. 在本章中我们看到了稳定状态失业率是 $U/L = s/(s+f)$。假定失业率开始时并不位于这个水平。证明失业率将随时间变动并达到这一稳定状态。（提示：把失业人数的变动表示成 s、f 和 U 的函数。然后证明，如果失业高于自然失业率，那么失业下降；如果失业低于自然失业率，那么失业上升。）

4. 假定国会通过了使企业更难解雇工人的立法。（例如，法律要求向被解雇工人支付离职金。）如果这项法律降低了离职率而又不影响入职率，自然失业率会如何变动？你认为这项立法不影响入职率是合理的吗？为什么？

5. （ Work It Out）考虑一个由以下柯布-道格拉斯生产函数描述的经济：

$$Y = 5K^{1/3}L^{2/3}$$

a. 求出描述该经济中劳动需求的方程，将它表示为实际工资和资本存量的函数。（提示：回顾第3章。）

b. 该经济有27 000单位资本和1 000个工人。假设要素价格调整以使供给和需求达到均衡，计算实际工资、总产出和工人所赚到的工资总量。

c. 现在假定关注工人阶级福利的国会通过了一项法律，规定了比你在 b 部分求得的均衡工资高出10%的最低工资。假设国会不能强行规定企业以规定的工资雇用多少工人，这一法律的影响是什么？具体而言，计算实际工资、就业、产出以及工人赚到的工资总量会发生什么变动。

d. 国会成功地实现了帮助工人阶级的目的了吗？请解释。

e. 你认为这一分析为思考最低工资法提供了一种好方法吗？为什么？

6. 假定一个国家经历了生产率下降——也就是说，对生产函数的不利冲击。

a. 劳动需求曲线会有什么变动？

b. 如果劳动市场总处于均衡状态，生产率的这一变动会如何影响劳动市场——也就是说，会如何影响就业、失业和实际工资？

c. 如果工会阻止了实际工资下降，生产率的这一变动会如何影响劳动市场？

7. （ Work It Out）考虑一个有两个部门的经济：制造部门和服务部门。两个部门的劳动需求由如下方程描述：

$$L_m = 200 - 6W_m$$
$$L_s = 100 - 4W_s$$

式中，L 为劳动（工人人数）；W 为工资（美元数）；下标 m 和 s 分别代表制造部门和服务部门。该经济有100个愿意和能够在任意一个部门工作的工人。

a. 如果工人在部门间自由流动，W_m 和 W_s 之间会有什么关系？

b. 假定 a 小问中的条件成立且工资调整以使劳动供给和劳动需求达到均衡。计算每个部门的工资和就业。

c. 假定制造部门成立了工会，它将该部门的工资推高到25美元。计算该部门的就业。

d. 在制造部门工会化之后，所有得不到高工资工作的工人都流向服务部门。计算服务部门的工资和就业。

e. 现在假定工人的保留工资为15美元，也就是说，他们宁愿等待制造部门25美元的工作机会，也不接受工资在15美元以下的工作。计算每个部门的工资和就业。该经济的失业率为多少？

8. 如同你可能已经在微观经济学课程学到的那样，当工资上升时，有两种相互矛盾的效应决定了工人的工作时间决策。收入效应是当工资上升时少工作的欲望，因为更多的收入意味着工人可以负担消费更多的闲暇。替代效应是当工资上升时多工作的欲望，因为更高的工资意味着多工作1小时的报酬上升了（等价地说，闲暇的机会成本上升了）。把这些概念应用到布兰查德关于美国人和欧洲人对闲暇的偏好的假说上。在大西洋的哪一边，收入效应看来大于替代效应？在哪一边这两种效应大体相互抵消？你认为对闲暇的偏好随地域变化是一个合理的假说吗？为什么？

9. 在任何时间任何城市，总有一些可用的办公场所的存量是闲置的。这些闲置的办公场所是未被利用的资本。你如何解释这种现象？特别地，哪种对失业的解释可以最佳地被应用于解释未被利用的资本？你认为未被利用的资本是一个社会问题吗？请解释。

> 对于标有 ❷ Work It Out 的题目，网上有答案并且给出了类似题目的在线指导。为了得到这些答案以及其他学习资源，请访问 Achieve for Macroeconomics，11e：https：//achieve.macmillanlearning.com。

快速测验答案

1. D 2. A 3. B 4. C 5. C 6. A

第三篇

增长理论：
超长期中的经济

第 8 章　作为增长源泉之一的资本积累

> 增长问题并不是一个新问题，而是一个古老的问题——一个使经济学总是令人着迷和神往的问题：现在 vs. 未来——换上了新装。
>
> ——詹姆斯·托宾（James Tobin）

如果你曾与你祖父祖母聊过他们年轻时的生活情况，很有可能你就学到了一个关于经济增长的重要启示：随着时间的推移，大多数国家大多数家庭的物质生活水平已经大幅度改善。这种改善是由于不断增加的实际收入使人们可以消费更多的产品与服务。

为了衡量经济增长，经济学家使用国内生产总值的数据，它衡量一国经济中所有人的总收入。美国现在的实际 GDP 是其 1950 年水平的 7 倍以上，而人均实际 GDP 是其 1950 年水平的 3 倍以上。在任何一个给定的年份中，我们也可以观察到各国之间生活水平的差异很大。表 8-1 显示了 2019 年世界上 14 个人口最多的国家以及欧盟（加起来占世界人口的大约 2/3）的人均收入。美国以人均收入 65 281 美元名列榜首。埃塞俄比亚的人均收入仅为 2 312 美元——不到美国人均收入的 4%。

表 8-1　生活水平的国际差别

国别	人均收入（2019 年，美元）	国别	人均收入（2019 年，美元）
美国	65 281	埃及	12 251
欧盟	46 468	日本	43 236
菲律宾	9 277	俄罗斯	29 181
印度	7 034	墨西哥	20 411
尼日利亚	5 348	中国	16 785
孟加拉国	4 951	巴西	15 259
巴基斯坦	4 885	印度尼西亚	12 362
埃塞俄比亚	2 312		

资料来源：世界银行。数据是经过购买力平价（PPP）调整的，也就是说，表中的收入数字考虑了各国生活成本的差别。

本书第三篇的学习目的是理解什么原因引起不同时期和不同国家之间的这些收入差别。在第 3 章中，我们把生产要素——资本与劳动——和生产技术确立为经济的产出，也就是经济总收入的源泉。这样，不同时期和不同国家之间的收入差别必然产生于资本、劳动和技术的差别。

我们在本章和下一章的首要任务是建立一个被称为**索洛增长模型**（Solow growth model）的经济增长理论。我们在第 3 章的分析使我们能够描述在某一时点上经济如何生产和使用其产出。这种分析是静态的，就像经济的快照。为了解释为什么我们的国民收入在增长，以及为什么一些国家增长得比另一些国家快，我们必须拓宽我们的分析，以便描述经济随时间的推移发生的变化。通过建立这样一个模型，我们使分析动态化了，因此它更像电影而不是照片。索洛增长模型说明储蓄、人口增长和技术进步如何影响一个经济的产出水平及其随着时间的增长。在本章中，我们分析储蓄的作用。在下一章中，我们引入人口增长和技术进步。[①]

8.1 基本的索洛模型

索洛增长模型的设计是为了说明在一个经济中，资本存量的增长、劳动力的增长和技术进步如何相互作用，以及它们如何影响一国产品与服务的总产出。我们分几步来建立这个模型。目前，为了保持简单，我们假设劳动力和可获得的技术是固定不变的。我们聚焦于资本积累。

产品的供给和需求

在第 3 章的静态封闭经济模型中，产品的供给和需求起了中心作用。同样的情况出现在索洛模型中。通过考虑产品的供给和需求，我们可以决定在任何给定时间生产多少产出和产出如何配置在不同用途上。

产品的供给与生产函数 索洛模型中产品的供给是基于生产函数的。生产函数是说，产出取决于资本存量和劳动力：

$$Y = F(K, L)$$

索洛模型假设生产函数具有不变规模报酬。这个假设常常被认为是现实的，正如我们很快就要看到的，它简化了分析。回忆一下，如果生产函数对于任何正数 z 均满足

$$zY = F(zK, zL)$$

那么，生产函数就具有不变规模报酬。也就是说，如果资本和劳动变为原来的 z

[①] 索洛增长模型以经济学家罗伯特·索洛（Robert Solow）的名字命名，是在 20 世纪 50 年代和 60 年代发展出来的。1987 年，索洛由于在经济增长研究中的贡献获得了诺贝尔经济学奖。这个模型最早在下面的论文中提出：Robert M. Solow, "A Contribution to the Theory of Economic Growth," *The Quarterly Journal of Economics* (February 1956): 65 - 94.

倍，那么，产出量也变为原来的 z 倍。

规模报酬不变的生产函数使我们可以分析经济中所有数量相对于劳动力规模的值。为了看出这一点，设在前面的方程中 $z=1/L$，得到

$$\frac{Y}{L} = F\left(\frac{K}{L}, 1\right)$$

这个方程表示，人均产出 Y/L 是人均资本量 K/L 的函数。（数字"1"是常数，从而可以忽略。）规模报酬不变的假设意味着，经济的规模——用工人人数来衡量——不影响人均产出和人均资本量之间的关系。

由于经济规模是无关紧要的，所以，可以用人均值来表示所有数量，这种做法十分方便。我们用小写字母表示人均量，因此，$y=Y/L$ 是人均产出，$k=K/L$ 是人均资本量。这样，我们可以把生产函数写为

$$y = f(k)$$

式中，我们定义 $f(k)=F(k, 1)$。图 8-1 画出了这一生产函数。

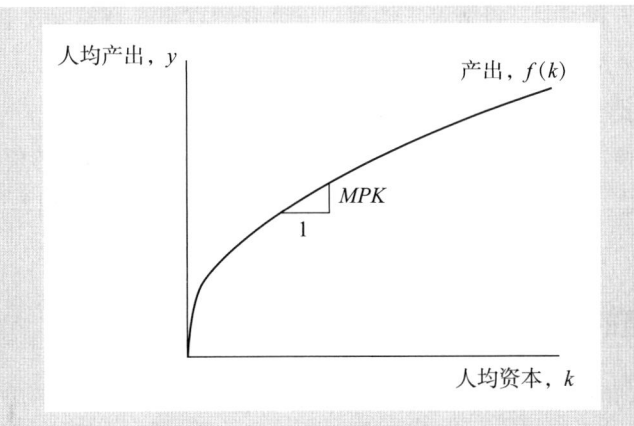

图 8-1　生产函数

生产函数表示人均资本量 k 如何决定人均产出量 $y=f(k)$。生产函数的斜率是资本的边际产量：如果 k 增加 1 单位，y 增加 MPK 单位。随着 k 的增加，生产函数变得越来越平坦，这表明资本的边际产量递减。

这一生产函数的斜率表示当给一个工人一单位额外资本时，他生产的额外产出是多少。这个量是资本的边际产量（MPK）。在数学上，我们写为

$$MPK = f(k+1) - f(k)$$

注意在图 8-1 中，随着资本量的增加，生产函数变得越来越平坦，这表明生产函数表现出资本的边际产量递减。当 k 较低时，平均每个工人只有很少的资本用于工作，因此额外的一单位资本是很有用的，能够生产出大量的额外产出。当 k 较高时，平均每个工人已经拥有大量资本，因此额外的一单位资本只能使产量略微增加。

产品的需求与消费函数　在索洛模型中，产品的需求来自消费和投资。换言之，人均产出 y 被划分为人均消费 c 和人均投资 i：

$$y = c + i$$

这个方程是经济的国民收入核算恒等式的人均形式。它忽略了政府购买（就现在的目的而言，我们可以忽略）和净出口（因为我们假设一个封闭经济）。

索洛模型假设每年人们储蓄 s 比例的收入，消费（$1-s$）比例的收入。我们可以用下面的消费函数表述这个思想：

$$c = (1-s)y$$

式中，s 为储蓄率，它是介于 0 和 1 之间的一个数。记住，政府政策都可以潜在地影响一国的储蓄率，因此，我们的目的之一是找出什么样的储蓄率是合意的。然而，就现在而言，我们只是把储蓄率 s 作为给定的。

为了看出这一消费函数对投资意味着什么，用 $(1-s)y$ 代替国民收入核算恒等式中的 c：

$$y = (1-s)y + i$$

整理后得到：

$$i = sy$$

这个方程表明，投资等于储蓄，正如我们在第 3 章第一次看到的那样。因此，储蓄率 s 也是用于投资的产出比例。

现在我们已经介绍了索洛模型中的两个主要组成部分——生产函数和消费函数，它们描述了任何一个时点上的经济。对于任何一个给定的资本存量 k，生产函数 $y=f(k)$ 决定了经济生产多少产出，储蓄率 s 决定了产出在消费和投资之间的配置。

资本存量的增长与稳定状态

在任何时刻，资本存量都决定着经济的产出，因此，资本存量的变动会引起经济增长。两种力量影响资本存量：投资和折旧。投资（investment）指用于新工厂和设备的支出，它引起资本存量增加。折旧（depreciation）指原有资本由于老化和使用造成的磨损，它引起资本存量减少。下面我们依次考虑这两种力量。

正如我们已经指出的，人均投资 i 等于 sy。通过用生产函数替代 y，我们可以把人均投资表示为人均资本存量的函数：

$$i = sf(k)$$

这个方程把现有资本存量 k 与新资本的积累 i 联系在一起。图 8-2 显示了这种关系。该图说明了，对任何一个 k 值，产出量如何由生产函数 $f(k)$ 决定以及那些产出在消费和储蓄之间的配置如何由储蓄率 s 决定。

为了把折旧纳入本模型，我们假设某个比例 δ 的资本存量每年会被磨损，这里的 δ（小写希腊字母 delta）称为折旧率（depreciation rate）。例如，如果资本平均使用 20 年，那么折旧率是每年 5%（$\delta=0.05$）。每年折旧的资本量是 δk。图 8-3 说明了折旧量是如何取决于资本存量的。

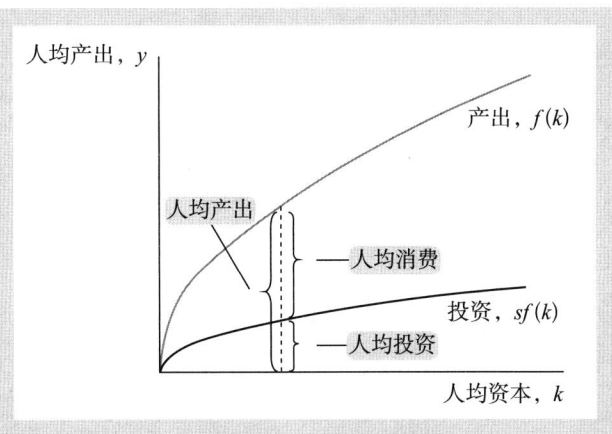

图 8-2　产出、消费和投资

储蓄率 s 决定了产出在消费和投资之间的配置。对于任意资本水平 k，产出是 $f(k)$，投资是 $sf(k)$，消费是 $f(k)-sf(k)$。

我们可以将投资和折旧对资本存量的影响表示为如下方程：

资本存量的变动 = 投资 − 折旧

$$\Delta k = i - \delta k$$

式中，Δk 为某年和下一年之间资本存量的变动。由于投资 i 等于 $sf(k)$，我们可以把这个方程写为

$$\Delta k = sf(k) - \delta k$$

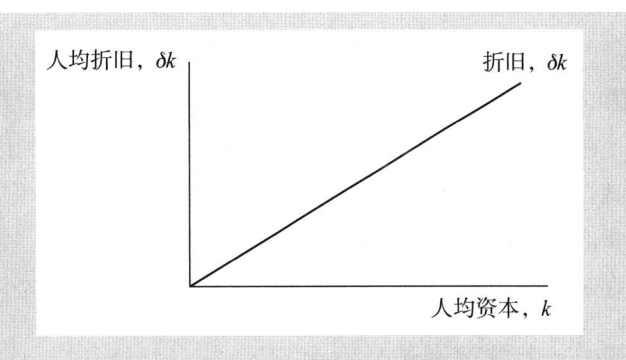

图 8-3　折旧

每年有不变比例 δ 的资本存量被磨损。因此，折旧与资本存量是成比例的。

图 8-4 画出了资本存量 k 为不同水平时这个方程的两项——投资和折旧。当资本存量更高时，投资量和折旧量都更高。

如图 8-4 所示，存在单一的资本存量 k^* 使得投资量等于折旧量。如果经济发现自身正处于这一资本存量水平，那么，资本存量就不会改变，因为作用于它的两种力量——投资和折旧——正好平衡了。也就是说，在 k^* 点，$\Delta k = 0$，因此，资本存量 k 和产出 $f(k)$ 随时间的推移是稳定的（既不增加也不减少）。因此，我们把 k^* 称为**稳定状态**（steady-state，以下简称"稳态"）资本水平。

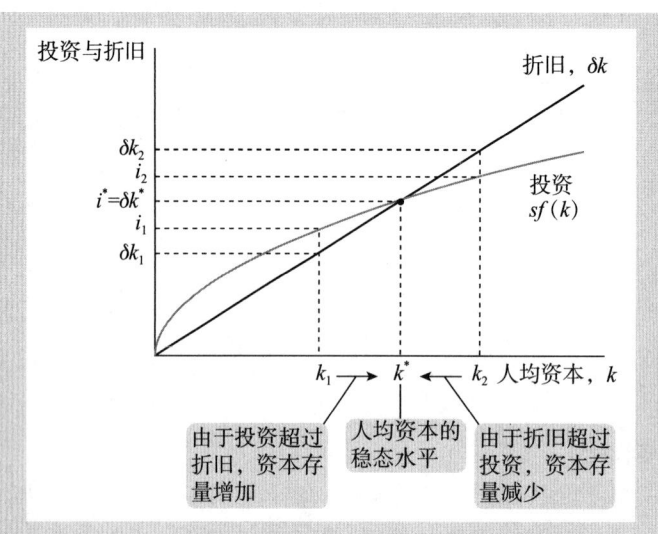

图 8-4 投资、折旧和稳态

稳态资本水平 k^* 是投资等于折旧的水平，表示资本量不随时间而变化。低于 k^*，投资大于折旧，因此资本存量增加；高于 k^*，投资小于折旧，因此资本存量减少。

  由于两个原因，稳态是重要的。正如我们刚刚看到的，一个处于稳态的经济会停留在那里。此外，同样重要的是，一个处于非稳态的经济将向稳态运动。也就是说，无论经济初始的资本水平如何，它最终会达到稳态资本水平。在这一意义上，稳态代表经济的长期均衡。

  为了看出为什么一个经济总是最终达到稳态，假定经济的初始资本水平低于稳态，例如图 8-4 中的 k_1。在这种情况下，投资超过折旧。随着时间的推移，资本存量将上升；它将继续上升——产出 $f(k)$ 也将一起上升——直到达到稳态 k^* 为止。

  类似地，假定经济的初始资本水平高于稳态，例如在水平 k_2。在这种情况下，投资小于折旧：资本的磨损快于更替。资本存量将减少，又一次向稳态水平趋近。一旦资本存量达到了稳态，投资等于折旧，资本存量增加或减少的压力都不存在。

趋近稳态：一个数字例子

  让我们用一个数字例子来看一看索洛模型如何起作用和经济如何接近稳态。在这个例子中，我们假设生产函数是

$$Y = K^{1/2} L^{1/2}$$

根据第 3 章学到的，你会认出这是资本份额参数 α 等于 $1/2$ 的柯布-道格拉斯生产函数。为了得到人均生产函数 $f(k)$，把生产函数的两边同时除以劳动力 L：

$$\frac{Y}{L} = \frac{K^{1/2} L^{1/2}}{L}$$

整理后得到

$$\frac{Y}{L} = \left(\frac{K}{L}\right)^{1/2}$$

由于 $y=Y/L$ 和 $k=K/L$，这个方程就变成

$$y = k^{1/2}$$

也可以写为

$$y = \sqrt{k}$$

这个形式的生产函数是说，人均产出等于人均资本量的平方根。

为了完成这个例子，我们假设产出的 30% 用于储蓄（$s=0.3$），每年有 10% 的资本存量折旧（$\delta=0.1$），经济的初始人均资本为 4 单位（$k=4$）。给定这些数字，我们现在可以考察经济随着时间的推移会发生什么变动。

我们从考察第 1 年产出的生产和配置开始，这时经济有 4 单位的人均资本。以下是我们采取的步骤。

- 根据生产函数 $y=\sqrt{k}$，4 单位人均资本（k）生产出 2 单位人均产出（y）。
- 由于 30% 的产出被储蓄起来并用于投资，70% 的产出用于消费，所以，$i=0.6$，$c=1.4$。
- 由于资本存量的折旧为 10%，所以，$\delta k=0.4$。
- 由于有 0.6 的投资和 0.4 的折旧，所以，资本存量的变动是 $\Delta k=0.2$。

这样，第 2 年开始时，该经济中人均资本存量为 4.2 单位。

我们对随后的每一年可以做同样的计算。表 8-2 显示了经济是如何发展的。每一年，由于投资超过折旧，所以，资本存量增加，产出增长。许多年后，经济达到人均资本为 9 单位的稳态。在这一稳态，0.9 单位的投资正好抵消了 0.9 单位的折旧，因此，资本存量和产出不再增长。

跟踪经济许多年的发展过程是找出稳态资本存量的一种方法，但还有另一种只要求更少量计算的方法。回忆一下

$$\Delta k = sf(k) - \delta k$$

表 8-2　　　　　　　　　　　　趋近稳态：一个数字例子

假设：$y=\sqrt{k}$；$s=0.3$；$\delta=0.1$；初始 $k=4.0$

年份	k	y	c	i	δk	Δk
1	4.000	2.000	1.400	0.600	0.400	0.200
2	4.200	2.049	1.435	0.615	0.420	0.195
3	4.395	2.096	1.467	0.629	0.440	0.189
4	4.584	2.141	1.499	0.642	0.458	0.184
5	4.768	2.184	1.529	0.655	0.477	0.178
⋮						
10	5.602	2.367	1.657	0.710	0.560	0.150
⋮						
25	7.321	2.706	1.894	0.812	0.732	0.080
⋮						
100	8.962	2.994	2.096	0.898	0.896	0.002
⋮						
∞	9.000	3.000	2.100	0.900	0.900	0.000

这个方程表明 k 随着时间的推移如何演化。由于稳态（根据定义）是使 $\Delta k = 0$ 的 k 值，所以我们知道

$$0 = sf(k^*) - \delta k^*$$

或者等价地，

$$\frac{k^*}{f(k^*)} = \frac{s}{\delta}$$

这个方程提供了一种找出稳态人均资本水平 k^* 的方法。代入我们这个例子中的数字和生产函数，得到

$$\frac{k^*}{\sqrt{k^*}} = \frac{0.3}{0.1}$$

现在将这个方程两边同时平方，得到

$$k^* = 9$$

稳态人均资本存量是 9 个单位。这个结果证实了表 8-2 中关于稳态的计算。

案例研究

日本和德国增长的奇迹

日本和德国是两个经济增长的成功范例。虽然它们今天是经济上的超级大国，但在 1945 年这两个国家的经济却是步履蹒跚。第二次世界大战摧毁了它们的大量资本存量。两国 1946 年的人均产出大约仅为战前水平的一半。然而，在接下来几十年中，这两个国家所经历的增长率位居世界经济史上有记录的最快增长率之列。1946—1972 年，日本人均产出的增长率平均为每年 8.0%，德国为 6.5%，而美国仅为 2.1%。受到第二次世界大战破坏的其他几个欧洲国家的经济在战后这段时期也经历了快速增长，法国的人均产出增长率为每年 4.6%，意大利为 5.5%。但是，日本和德国这两个国家既是在第二次世界大战中受到的破坏最大的，又是战后增长最快的。

从索洛模型的角度看，这些战后经历如此令人吃惊吗？考虑一个处于稳态的经济。现在假定战争摧毁了一些资本存量。（也就是说，假定资本存量从图 8-4 中的 k^* 减少到 k_1。）毫不奇怪，产出水平立即下降了。但是，如果储蓄率——产出中用于储蓄和投资的比例——不变，那么，经济将经历一个高增长的时期。因为在资本存量更低时，投资带来的资本增加超过折旧引起的资本减少，所以，产出就会增长。这种高增长持续到经济达到它以前的稳态。因此，尽管一个经济的部分资本存量被摧毁时其产出即刻下降，但随后其增长会快于正常水平。财经报刊上常常描述的日本和德国迅速增长的"奇迹"正是索洛模型对那些资本存量因为战争而大大减少了的国家所做的预测。

在战后增长奇迹之后，日本和德国的经济增长率都稳定在了与美国更为相似的普通水平。从 1972 年到 2000 年，日本的人均产出增长率为每年 2.4%，德国为 1.8%，美国为 2.1%。这个现象也是索洛模型的预测。随着一个经济体越来越接近其稳态，它不再经历向稳态过渡期间那种高于正常水平的增长。

为了避免人们从上述历史情节得出错误的启示,需要指出战时破坏不应该被看成是合意的。日本和德国在战后时期经历的快速增长仅仅是让其经济达到了本来就能达到的水平。而且,与日本和德国不同,许多受到战争摧残的国家陷入内乱和政局不稳,其后续的增长也因而受到了限制。

储蓄如何影响增长?

对第二次世界大战后日本和德国增长的解释并不像以上案例研究中所说的那样简单。另一个重要的事实是,日本和德国的产出中储蓄和投资的比例都高于美国。为了更充分地理解经济表现的国际差别,我们必须考虑不同储蓄率的效应。

考虑当一个经济的储蓄率提高时所出现的情况。图8-5显示了这种变动。假设该经济在开始时处于稳态,储蓄率为 s_1,资本存量为 k_1^*。由于经济处于稳态,所以,投资量正好与折旧量相互抵消。当储蓄率从 s_1 提高到 s_2 时,$sf(k)$ 曲线向上移动。储蓄率提高后,投资立即变得更高了,但资本存量和折旧量仍然未变。因此,投资现在超过折旧。资本存量将逐步增加,直至经济达到新的稳态 k_2^* 时为止,在新的稳态,资本存量和产出水平都高于原来的稳态。

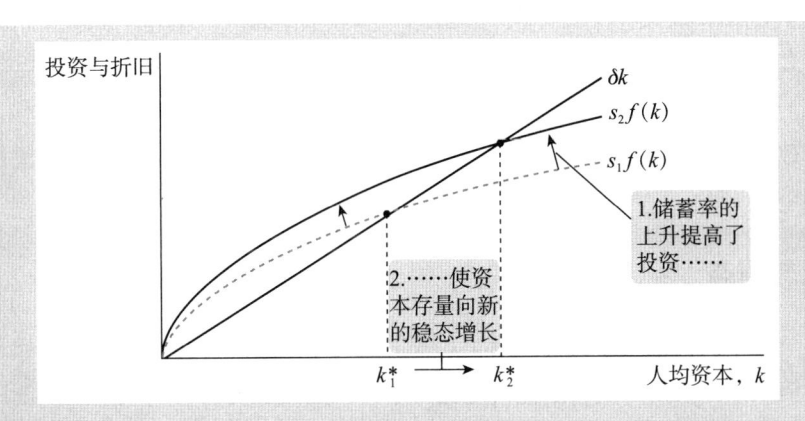

图8-5 储蓄率的提高

储蓄率 s 的提高意味着对于任何给定的资本存量,投资量都更高了。因此,它使储蓄函数向上移动。在初始均衡状态 k_1^*,投资现在超过折旧。资本存量一直增加,直至经济达到资本和产出都更高的新稳态 k_2^*。

索洛模型表明,储蓄率是稳态资本存量的关键决定因素。如果储蓄率高,经济的稳态将会有大的资本存量和高的产出水平。如果储蓄率低,经济的稳态将会有小的资本存量和低的产出水平。这个结论能够解释有关财政政策的许多讨论。正如我们在第3章中看到的,政府预算赤字会减少国民储蓄并挤出投资。现在我们可以看到,储蓄率下降的长期后果是更低的资本存量和更低的国民收入。这个推理就是许多经济学家批评持续性大额预算赤字的原因。

关于储蓄和经济增长之间的关系,索洛模型说了些什么呢?根据索洛模型,更高的储蓄导致更快的增长，但只是暂时性的。储蓄率的提高加快了增长，但只是在经济达到新的稳态之前。如果经济保持高储蓄率，它会保持大的资本存量和高的产出水平，但它不会永远保持高经济增长率。改变人均收入的稳态增长率的政策被说成是有增长效应（growth effect），我们在下一章将看到这种政策的例子。相反，储蓄率的增加被说成是有水平效应（level effect），因为只有人均收入水平——而不是其增长率——受到稳态储蓄率的影响。

既然我们理解了储蓄与增长如何相互作用，我们就可以更充分地解释德国和日本在第二次世界大战后惊人的经济表现。不仅仅是由于战争导致它们的初始资本存量低，而且是由于它们的高储蓄率使得它们的稳态资本存量高。这两个事实都有助于解释这两个国家经济在20世纪50年代和60年代的高速增长。

8.2 资本的黄金律水平

到现在为止，我们已经用索洛模型考察了一个经济的储蓄率和投资是如何决定其稳态资本和收入水平的。这种分析可能导致你认为更高的储蓄总是一件好事，因为它导致了更高的收入。然而假定一国的储蓄率为100%，那将会导致最高的资本存量和最高的收入。但如果所有这些收入都用于储蓄，没有一点用于消费，这又有什么好处呢？

本节使用索洛模型讨论最大化经济福利的资本积累量。在第10章，我们将讨论政府政策如何影响一国的储蓄率。但在本节我们首先要介绍这些政策决策背后的理论。

比较稳态

为了使我们的分析简单明了，我们假设政策制定者可以把经济的储蓄率设定在任何水平。政策制定者通过设定储蓄率来决定经济的稳态。政策制定者应该选择什么样的稳态呢？

政策制定者的目的是使组成社会的个体的福利最大化。个体本身并不关心经济中的资本量，甚至也不关心产出量。他们关心的是他们可以消费的产品与服务的数量。因此，一个仁慈的政策制定者要选择消费水平最高的稳态。使消费最大化的稳态 k 值被称为**资本的黄金律水平**（Golden Rule level of capital），记为 k^*_{gold}。①

我们怎么才能知道一个经济是不是处于黄金律水平呢？为了回答这个问题，我们必须首先决定稳态的人均消费，然后我们就可以看出哪一个稳态提供了最多的消费。

为了找到稳态的人均消费，我们从国民收入核算恒等式开始：

---

① Edmund Phelps, "The Golden Rule of Accumulation: A Fable for Growthmen," *American Economic Review* 51 (September 1961): 638-643. 费尔普斯2006年获得了诺贝尔经济学奖。

$$y = c + i$$

把它整理为：

$$c = y - i$$

消费是产出减去投资。由于我们想找到稳态的消费，所以我们代入产出和投资的稳态值。稳态的人均产出是 $f(k^*)$，其中，k^* 是稳态的人均资本存量。而且，由于稳态资本存量是不变的，所以投资等于折旧 δk^*。用 $f(k^*)$ 替代 y，并用 δk^* 替代 i，我们可以把稳态的人均消费写为

$$c^* = f(k^*) - \delta k^*$$

根据这个方程，稳态的消费是在扣除了稳态折旧之后所剩余的稳态产出。该方程表明，稳态资本的增加对稳态消费有两种相反的效应。一方面，更多的资本意味着更多的产出；另一方面，更多的资本也意味着更多的产出必须被用于替换损耗的资本。

图 8-6 画出了作为稳态资本存量的函数的稳态产出和稳态折旧。稳态消费是产出与折旧之差。该图表明，存在一个使消费最大化的资本存量水平——黄金律水平 k^*_{gold}。

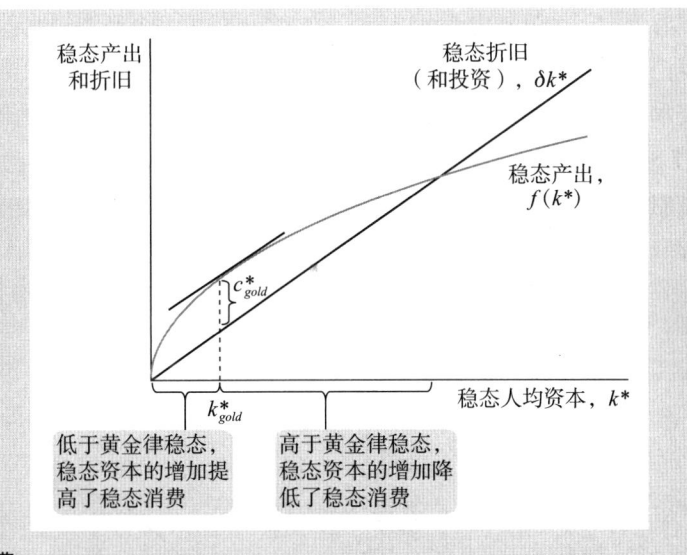

图 8-6 稳态消费

经济的产出用于消费或投资。在稳态，投资等于折旧。因此，稳态消费是产出 $f(k^*)$ 和折旧 δk^* 之差。在黄金律稳态，稳态消费达到最大。黄金律资本存量用 k^*_{gold} 来表示，黄金律消费用 c^*_{gold} 来表示。

在比较稳态时，我们必须记住，更高的资本水平既影响产出又影响折旧。如果资本存量低于黄金律水平，那么，资本存量的增加所引起的产出的增加大于折旧的增加，因此消费会上升。在这种情况下，生产函数比 δk^* 线陡峭。因此，两条曲线之间的距离——等于消费——随着 k^* 的上升而增长。相反，如果资本存量高于黄金律水平，资本存量的增加减少了消费，这是因为产出的增加小于折旧的增加。在这种情况下，生产函数比 δk^* 线平坦，因此，两条曲线之间的距离——消费——随着 k^* 的上升而缩小。在资本的黄金律水平，生产函数和 δk^* 线的斜率相同，消费位于其最高水平。

我们现在可以得出刻画资本的黄金律水平的一个简单条件。回忆生产函数的斜率是资本的边际产量（MPK）。δk^*线的斜率是δ。由于这两个斜率在k^*_{gold}处相等，所以，黄金律可以用下面的方程来表示：

$$MPK = \delta$$

在资本的黄金律水平，资本的边际产量等于折旧率。

我们可以用略有不同的方式来得到同样的结论。假定经济从某一稳态资本存量k^*开始，政策制定者正在考虑把资本存量增加到k^*+1。资本的这一增加所带来的额外产出是$f(k^*+1)-f(k^*)$，即资本的边际产量（MPK）。增加1单位资本所需要的额外折旧量是折旧率δ，从而这额外的1单位资本对消费的净效应是（$MPK-\delta$）。如果（$MPK-\delta$）>0，那么，资本的增加会提高消费，因此，k^*必定低于黄金律水平。如果（$MPK-\delta$）<0，那么，资本的增加会减少消费，因此，k^*必定高于黄金律水平。下列条件描述了黄金律：

$$MPK - \delta = 0$$

在资本的黄金律水平，资本的边际产量减去折旧（$MPK-\delta$）等于零。正如我们将要看到的，政策制定者可以使用这一条件找出一个经济的黄金律资本存量。[①]

要记住，经济并不会自动地趋向于黄金律稳态。如果我们想要任何一个特定的稳态资本存量，例如黄金律水平，那么，我们就需要一个特定的储蓄率来支持它。图8-7显示了储蓄率被设定为产生黄金律资本水平的情况下的稳态。如果储蓄率高于该图所使用的水平，稳态资本存量就太高了；如果储蓄率低于这个水平，稳态资本存量就太低了。在任何一种情况下，稳态消费都低于在黄金律稳态的水平。

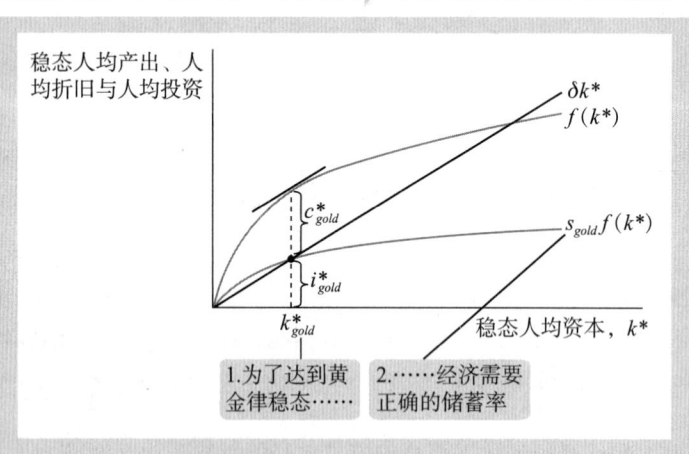

图8-7 储蓄率和黄金律

只有一个储蓄率能够产生资本黄金律水平k^*_{gold}。储蓄率的任何变动都会使$sf(k)$曲线移动，使经济运动到消费水平更低的稳态。

---

① 数学注释：推导出黄金律条件的另一种方法要运用微积分。回忆$c^*=f(k^*)-\delta k^*$。为了找出使c^*最大化的k^*，求导得出$dc^*/dk^*=f'(k^*)-\delta$，令这个导数等于零。注意到$f'(k^*)$是资本的边际产量，我们就得到了正文中的黄金律条件。

找到黄金律稳态：一个数字例子

考虑一个选择如下经济的稳态的政策制定者。生产函数与我们早些时候的例子中一样：

$$y = \sqrt{k}$$

人均产出是人均资本的平方根。折旧 δ 仍然是资本的 10%。这次政策制定者选择储蓄率 s，从而选择了经济的稳态。

为了看出政策制定者可以得到的结果，回忆下列方程在稳态时成立：

$$\frac{k^*}{f(k^*)} = \frac{s}{\delta}$$

在这个经济中，该方程变为

$$\frac{k^*}{\sqrt{k^*}} = \frac{s}{0.1}$$

将这个方程两边同时平方，就得到了稳态资本存量：

$$k^* = 100\, s^2$$

我们可以用这个结果计算任何一个储蓄率水平下的稳态资本存量。

表 8-3 给出了储蓄率为多个不同值时的稳态的计算结果。我们看到，更高的储蓄导致更高的资本存量，这增加了产出和折旧。稳态消费，即产出与折旧之差，先随储蓄率的提高而上升，而后随储蓄率的提高而下降。当储蓄率为 0.5 时，消费最高。因此，0.5 的储蓄率产生了黄金律稳态。

回忆另一种确定黄金律稳态的方法是找到使资本的净边际产量（$MPK-\delta$）等于零的资本存量。对于这个生产函数，边际产量是[①]：

表 8-3   找出黄金律稳态：一个数字例子

假设：$y=\sqrt{k}$，$\delta=0.1$

s	k^*	y^*	δk^*	c^*	MPK	$MPK-\delta$
0.0	0.0	0.0	0.0	0.0	∞	∞
0.1	1.0	1.0	0.1	0.9	0.500	0.400
0.2	4.0	2.0	0.4	1.6	0.250	0.150
0.3	9.0	3.0	0.9	2.1	0.167	0.067
0.4	16.0	4.0	1.6	2.4	0.125	0.025
0.5	**25.0**	**5.0**	**2.5**	**2.5**	**0.100**	**0.000**
0.6	36.0	6.0	3.6	2.4	0.083	−0.017
0.7	49.0	7.0	4.9	2.1	0.071	−0.029
0.8	64.0	8.0	6.4	1.6	0.062	−0.038
0.9	81.0	9.0	8.1	0.9	0.056	−0.044
1.0	100.0	10.0	10.0	0.0	0.050	−0.050

---

① 数学注释：为了推导出这一公式，注意资本的边际产量是生产函数对 k 的导数。

$$MPK = \frac{1}{2\sqrt{k}}$$

使用这个公式,表 8-3 最后两栏给出了不同稳态下 MPK 和 ($MPK-\delta$) 的值。注意当储蓄率在其黄金律值 0.5 时,资本的净边际产量刚好等于零。由于边际产量递减,只要经济中的储蓄小于这个数量,资本的净边际产量就大于零;只要经济中的储蓄大于这个数量,资本的净边际产量就小于零。

这个数字例子证实了找到黄金律稳态的两种方法——考察稳态的消费或考察资本的边际产量——给出了相同的答案。如果我们想知道一个现实经济现在是处于、高于还是低于其黄金律资本存量,第二种方法通常更方便,因为估算资本的边际产量相对更为直截了当。与此相对,用第一种方法评估一个经济要求估算许多不同储蓄率下的稳态消费,这样的信息更难得到。因此,当我们在第 10 章把这种分析运用到美国经济时,我们将通过考察资本边际产量来评估美国的储蓄。然而,在这样做之前,我们需要进一步发展索洛模型。

向黄金律稳态的过渡

现在让我们使政策制定者的问题更加现实。到现在为止,我们一直假设政策制定者能够简单地选择经济的稳态,并立即跳到这种状态。在这种情况下,政策制定者会选择有最高消费的稳态——黄金律稳态。但是,现在假定经济已经达到了一个不同于黄金律稳态的稳态。当经济从现在的稳态向黄金律稳态过渡时,消费、投资和资本会发生什么变动呢?过渡所产生的影响会阻碍政策制定者尽力去达到黄金律吗?

我们必须考虑两种情况:经济初始状态的资本可能比黄金律稳态更多,或者更少。结果是这两种情况向政策制定者提出了非常不同的问题。(正如我们将在第 10 章中看到的,第二种情况——资本太少——描述了大多数现实经济,包括美国经济在内。)

从资本过多开始 我们首先考虑这样一种情况:经济一开始所处的稳态所拥有的资本多于黄金律水平。在这种情况下,为了减少资本存量,政策制定者应该采取旨在降低储蓄率的政策。假定这些政策成功了,在某个时点——称为时间 t_0——储蓄率下降到最终将导致黄金律稳态的水平。

图 8-8 显示了储蓄率下降时,产出、消费和投资会发生什么变动。储蓄率下降造成消费的即刻增加和投资的即刻减少。由于投资和折旧初始是相等的,所以投资现在就会小于折旧,因此经济不再处于稳态。资本存量逐渐减少,导致产出、消费和投资的减少。这些变量一直下降,直到经济达到新的稳态为止。由于我们假设新的稳态是黄金律稳态,所以,尽管产出和投资都更低了,但消费必然会高于储蓄率变动之前。

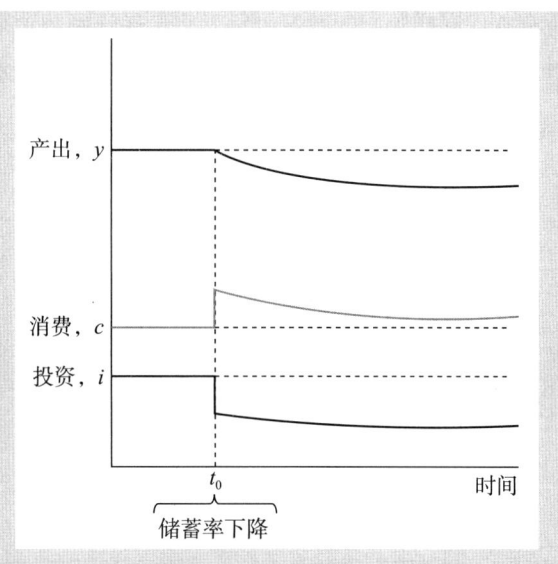

图 8-8　当经济从资本大于黄金律稳态开始时储蓄率下降

本图显示了当经济从资本大于黄金律稳态开始时储蓄率下降,且产出、消费和投资随着时间的变动。(在时间 t_0)储蓄率的下降引起消费的即刻增加和投资的等量即刻减少。随着时间的推移,当资本存量减少时,产出、消费和投资同时减少。由于经济初始有太多的资本,所以,在新的稳态,消费水平高于初始稳态。

注意,与原来的稳态相比,消费不仅在新的稳态更高,而且在整个过渡路径上都更高。当资本存量超过黄金律水平时,降低储蓄率显然是一种好政策,因为这种政策增加了每一个时点的消费。

从资本过少开始　当经济从资本少于黄金律水平开始时,为了达到黄金律水平,政策制定者必须提高储蓄率。图 8-9 显示了所发生的情况。在时间 t_0 储蓄率的提高导致了消费的即刻减少和投资的即刻增加。随着时间的推移,更高的投资引起资本存量的增加。随着资本的积累,产出、消费和投资逐渐增加,向新的稳态水平趋近。由于初始稳态低于黄金律,储蓄的增加最终导致消费水平高于初始水平。

导致黄金律稳态的储蓄率提高增加了经济福利吗?它最终增加了经济福利,因为稳态的消费水平高于初始水平。但是,达到新的稳态要求在开始时期减少消费。注意这与经济初始状态的资本高于黄金律水平的情况相反。当经济从资本高于黄金律水平开始时,达到黄金律水平会使所有时点的消费都更高。当经济从资本低于黄金律水平开始时,达到黄金律水平要求最初减少消费以增加未来的消费。

在决定是否要力图达到黄金律稳态时,政策制定者必须意识到现在的消费者和未来的消费者并不总是同一批人。达到黄金律水平实现了最高的稳态消费水平,从而子孙后代是受益的。但是,当经济的资本最初低于黄金律水平时,达到黄金律水平要求增加投资,从而降低现在这一代人的消费。因此,当选择是否增加资本积累时,政策制定者要面对不同世代人的福利之间的取舍。那些对现在这一代人的关心超过对子孙后代的关心的政策制定者可能决定不采取达到黄金律稳态的政策。相反，那些对所有各代同样关心的政策制定者将选择达到黄金律水平。尽管现在这一代人将消费得更少，但无数的子孙后代都将从移动到黄金律水平中受益。

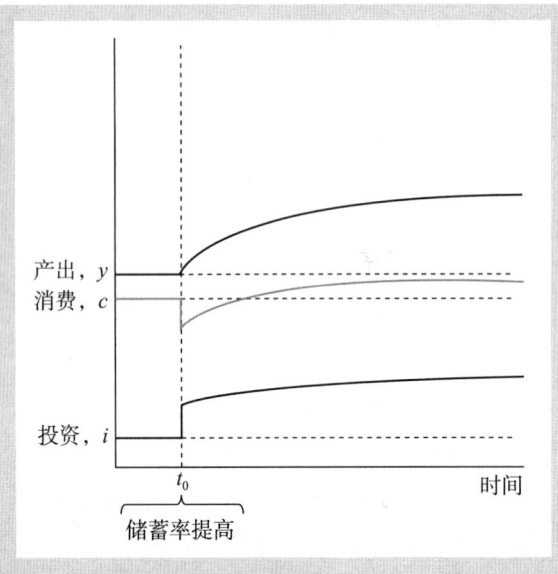

图 8-9　当经济从资本小于黄金律稳态开始时储蓄率提高

本图显示了当经济从资本小于黄金律稳态开始时储蓄率提高，且产出、消费和投资随着时间的变动。（在时间 t_0）储蓄率的提高引起消费的即刻减少和投资的等量即刻增加。随着时间的推移，当资本存量增长时，产出、消费和投资同时增加。由于经济从资本小于黄金律稳态开始，所以，新的稳态比初始稳态的消费水平高。

因此，最优资本积累关键取决于我们如何权衡现在这一代人与子孙后代的利益。《圣经》提到的黄金律（黄金规则）告诉我们："你们愿意人怎样待你们，你们也要怎样待人。"如果我们留心这一建议，我们就会对各代人同样重视。在这种情况下，达到黄金律的资本水平是最优的——这就是它被称为"黄金律"的原因。

8.3　结论

本章引入了索洛增长模型。到现在为止所建立的基本模型说明了储蓄如何决定经济的稳态人均资本存量以及稳态人均收入水平。它解释了现实增长经验的许多特征——为什么德国和日本在被第二次世界大战摧毁之后增长如此迅速？为什么那些将更高比例的收入用于储蓄和投资的国家比那些将更少比例的收入用于储蓄和投资的国家更富裕？

然而，这个模型并不能解释我们在大多数国家所观察到的生活水平的持续增长。在现在这个模型中，当经济达到其稳态时，产出就停止增长了。为了解释持续的增长，我们需要把人口增长和技术进步引入这个模型。这正是我们下一章开始要做的事。

快速测验

1. 下面哪个生产函数的规模报酬不变？
   A. $Y = K+L$
   B. $Y = K^2+L$
   C. $Y = K^2L$
   D. $Y = K^{1/3}L^{1/3}$

2. 某既没有人口增长也没有技术进步的经济的生产函数为 $y = 20\,k^{1/2}$。当前资本存量为 100，折旧率为 12%。要使人均收入增长，储蓄率必须超过_____。
   A. 6%
   B. 8%
   C. 10%
   D. 12%

3. 在基本的索洛模型的稳态，投资等于_____。
   A. 人均产出
   B. 资本的边际产量
   C. 消费
   D. 折旧

4. 根据索洛模型，如果一个经济增加其储蓄率，那么，新的稳态与原来的稳态相比，资本的边际产量将_____，增长率将_____。
   A. 相同，更低
   B. 相同，更高
   C. 更低，相同
   D. 更高，相同

5. 在基本的索洛模型的黄金律稳态，资本的边际产量等于_____。
   A. 储蓄率
   B. 折旧率
   C. 人均产出
   D. 人均消费

6. 如果某经济的资本多于黄金律稳态水平，那么，降低储蓄率将_____稳态收入，_____稳态消费。
   A. 增加，增加
   B. 增加，减少
   C. 减少，增加
   D. 减少，减少

内容提要

1. 索洛增长模型说明，在长期，一个经济的储蓄率决定其资本存量规模，从而决定其生产水平。储蓄率越高，资本存量和产出水平也越高。

2. 在索洛模型中，储蓄率的提高对人均收入有水平效应：它引起一个迅速增长的时期，但最终当达到新的稳态时增长减缓。因此，虽然高储蓄率产生了高的稳态产出水平，但储蓄本身不能造成持续的经济增长。

3. 使稳态消费最大化的资本水平被称为黄金律水平。如果一个经济的资本大于黄金律稳态水平，那么，减少储蓄就会增加所有时点上的消费。相反，如果经济的资本小于黄金律稳态水平，那么，达到黄金律水平就要求增加投资，从而减少现在一代人的消费。

关键概念

索洛增长模型　　稳定状态（稳态）　　资本的黄金律水平

复习题

1. 在索洛模型中，储蓄率是如何影响稳态收入水平的？它是如何影响稳态增长率的？

2. 为什么经济的政策制定者可能会选择黄金律资本水平？

3. 政策制定者会选择一个资本高于黄金律稳态水平的稳态吗？会选择一个资本低于黄金律稳

态水平的稳态吗？请解释。

问题与应用

1. （@ Work It Out）A 国与 B 国的生产函数都是 $Y = F(K, L) = K^{1/3} L^{2/3}$。

   a. 这个生产函数是规模报酬不变的吗？请解释。

   b. 人均生产函数 $y = f(k)$ 是什么？

   c. 假设两个国家都没有人口增长和技术进步，资本折旧为每年 20%。进一步假设 A 国每年储蓄 10% 的产出，B 国每年储蓄 30% 的产出。用你得到的 b 小问的答案和投资等于折旧这一稳态条件，找出每个国家的稳态人均资本水平，然后找出稳态人均收入水平和人均消费水平。

   d. 假定两国开始的人均资本存量都为 1。人均收入水平和人均消费水平是多少？

   e. 记住资本存量的变动是投资减去折旧，用一个计算器（或电子表格）来显示这两个国家的人均资本存量将如何随时间变动。计算每一年的人均收入和人均消费。B 国的消费要过多少年才会高于 A 国的消费？

2. 在有关德国和日本战后增长的讨论中，正文描述了当部分资本存量在战争中被摧毁时所出现的情况。相反，假定战争并没有直接影响资本存量，但导致了许多人员死伤从而减少了劳动力。假设经济在战前处于稳态，储蓄率没有变化，战后的人口增长率与战前相同。

   a. 战争对总产出和人均产出的即刻影响是什么？

   b. 随后，战后经济中的人均产出会发生什么变动？战后人均产出增长率比战前快还是慢？

3. （@ Work It Out）考虑用以下生产函数描述的一个经济：$Y = F(K, L) = K^{0.4} L^{0.6}$。

   a. 人均生产函数是什么？

   b. 假设没有人口增长和技术进步，找出稳态人均资本存量、人均产出和人均消费，把它们表示成储蓄率和折旧率的函数。

   c. 假设折旧率是每年 15%。制作一个表格，表示出储蓄率为 0、10%、20%、30% 等时的稳态人均资本、人均产出和人均消费。（你或许发现使用电子表格是最容易的。）使人均产出最大化的储蓄率是多少？使人均消费最大化的储蓄率是多少？

   d. 使用第 3 章的知识求出资本的边际产量。对于每个储蓄率，在你在 c 小问得到的表格中增加一项——资本的边际产量减去折旧。关于资本的净边际产量（即资本的边际产量减去折旧）和稳态消费之间的关系，你的表格说明了什么？

4. "把更大比例的国民产出用于投资将有助于恢复快速的生产率增长和提高生活水平。"你同意这种说法吗？请用索洛模型进行解释。

5. 考虑失业会如何影响索洛增长模型。假定生产函数为 $Y = K^{\alpha}[(1-u)L]^{1-\alpha}$，式中，$K$ 为资本；L 为劳动；u 为自然失业率。国民储蓄率为 s，资本折旧率为 δ。

   a. 把人均产出（$y = Y/L$）表示为人均资本（$k = K/L$）和自然失业率的函数。

   b. 写出描述该经济的稳态的方程。用图形表示稳态，就像我们在本章对标准的索洛模型所做的那样。

   c. 假定政府政策的某些变化降低了自然失业率。运用你在 b 小问中所画的图形，描述这一变化对产出的即刻影响和随着时间的推移对产出的影响。对产出的稳态的影响大于还是小于对产出的即刻影响？请解释。

> 对于标有 ❷ Work It Out 的题目，网上有答案并且给出了类似题目的在线指导。为了得到这些答案以及其他学习资源，请访问 Achieve for Macroeconomics，11e：https：//achieve.macmillanlearning.com。

快速测验答案

1. A   2. A   3. D   4. C   5. B   6. C

第9章 人口增长和技术进步

> 增长来源于更好的食谱,而不只是更多的烹饪。
>
> ——保罗·罗默(Paul Romer)

我们在本章继续对长期经济增长进行分析。从上一章介绍的基本的索洛模型出发,我们开展两项新任务。

首先,我们使索洛模型更为一般化和现实化。在第3章中,我们看到了资本、劳动和技术是一国产品与服务生产的关键决定因素。在第8章中,我们建立了基本的索洛模型来说明资本的变动(通过储蓄和投资的变动)如何影响经济的产出。现在我们已经准备就绪,要纳入另外两个增长源泉:人口增长和技术进步。索洛模型没有解释人口增长率和技术进步率,而是把它们视为外生给定的。该模型显示了它们在经济增长过程中是如何与其他变量相互作用的。

其次,我们迈出了超越索洛模型的一步。正如我们以前已经讨论过的,模型通过简化世界来帮助我们理解世界。在完成了对一个模型的分析以后,考虑一下我们是否过分简化了问题是重要的。在本章最后一节,我们考察一组新理论,称为内生增长理论(endogenous growth theories),这些理论有助于解释被索洛模型视为外生的技术进步。2018年诺贝尔经济学奖获得者保罗·罗默是内生增长理论的著名支持者之一,本章开篇引语就是出自他。

9.1 索洛模型中的人口增长

索洛模型表明,资本积累本身并不能解释持续的经济增长:高储蓄率只能导致暂时的高增长,但经济最终达到资本与产出都保持不变的稳态。为了解释我们所观察到的世界大多数国家的持续经济增长,我们必须扩展索洛模型,将另外两个经济增长的源泉——人口增长和技术进步——纳入进来。在本节,我们把人口增长加到模型中。

现在,我们不像第8章中那样假设人口是固定的,而是假设人口和劳动力按一

个不变的速率 n 在增长。例如，美国人口每年增长大约 1%，因此，$n=0.01$。如果某一年有 1.5 亿人在工作，那么，下一年就有 1.515 亿人（$=1.01\times1.5$ 亿）在工作，再下一年就有 1.530 15 亿人（$=1.01\times1.515$ 亿）在工作，依此类推。

存在人口增长的稳态

人口增长如何影响稳态呢？为了回答这个问题，我们必须讨论人口增长如何与投资和折旧一起影响人均资本积累。和之前一样，投资增加了资本存量，折旧则减少了资本存量。但现在有第三种改变人均资本量的力量：工人数量的增加引起人均资本下降。

我们继续用小写字母表示人均数量。因此，$k=K/L$ 是人均资本，$y=Y/L$ 是人均产出。不过，记住工人数量随时间的推移而增长。

人均资本存量的变动是

$$\Delta k = i - (\delta + n)k$$

这一方程表明了投资、折旧和人口增长是如何影响人均资本存量的。投资使 k 增加，而折旧和人口增长使 k 减少。在第 8 章，我们已经看到了这个方程在人口不变（$n=0$）这种特殊情形下的形式。

我们可以认为 $(\delta+n)k$ 项定义了收支相抵的投资（break-even investment）——保持人均资本存量不变所需要的投资量。在这里，收支相抵的投资包括取代折旧的资本所需要的数量，它等于 δk。它还包括为新工人提供资本所需要的投资量。这一目的所需要的投资量是 nk，因为对于每个现存工人都有 n 个新工人，而 k 是人均资本量。这个方程表明，人口增长减少人均资本积累的方式与折旧类似。折旧通过磨损资本存量减少 k，而人口增长通过把资本存量更稀疏地分配给更多的工人而减少 k。①

我们现在对存在人口增长情形的分析步骤与前面所做的相同。首先，我们用 $sf(k)$ 替换 i。这个方程就可以写为

$$\Delta k = sf(k) - (\delta + n)k$$

为了看出什么决定了稳态的人均资本水平，我们使用图 9-1，该图把图 8-4 的分析扩展到包括人口增长的影响。如果人均资本 k 是不变的，那么，经济就处于稳态。与以前一样，我们用 k^* 表示稳态的 k 值。如果 k 小于 k^*，投资就大于收支相抵的投资，因此 k 增加；如果 k 大于 k^*，投资就小于收支相抵的投资，因此 k 减少。

在稳态，投资对人均资本存量的正效应正好与折旧和人口增长的负效应平衡。也就是说，在 k^*，有 $\Delta k=0$ 和 $i^*=\delta k^* + nk^*$。一旦经济处于稳态，投资就有两个

---

① 数学注释：正式推导出 k 的变动的公式需要用到微积分。注意每单位时间 k 的变动是 $dk/dt = d(K/L)/dt$。在运用标准的微积分运算法则之后，我们可以把其写为 $dk/dt = (1/L)(dK/dt) - (K/L^2)(dL/dt)$。现在把下列事实代入这个方程：$dK/dt = I - \delta K$ 和 $(dL/dt)/L = n$。再做一些简单的处理就得出了正文中的方程。

目的。一部分投资（δk^*）替代折旧的资本，其余的投资（nk^*）为新工人提供稳态的资本量。

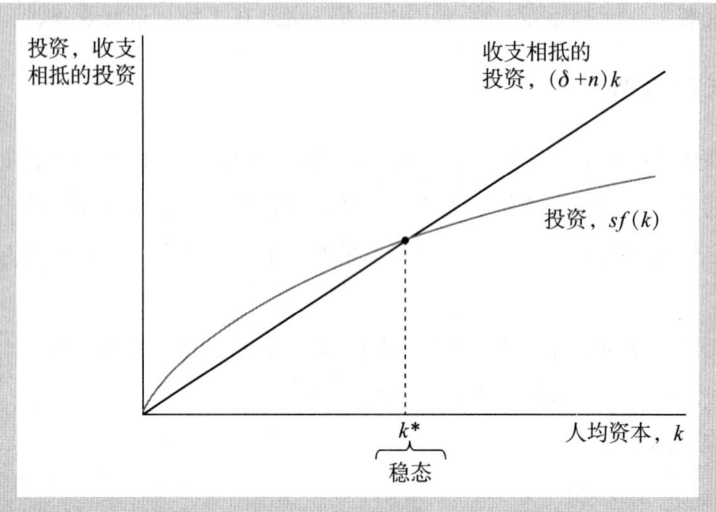

图 9-1 索洛模型中的人口增长

折旧和人口增长是人均资本存量减少的两个原因。如果 n 是人口增长率，δ 是折旧率，那么，$(\delta+n)k$ 就是收支相抵的投资——保持人均资本存量 k 不变所需的投资量。要使经济处于稳态，投资 $sf(k)$ 必须抵消折旧和人口增长的效应 $(\delta+n)k$。这由两条曲线的交点来代表。

人口增长的影响

人口增长在三个方面改变了基本的索洛模型。第一，它让我们离解释持续的经济增长更接近了。在有人口增长的稳态中，人均资本和人均产量是不变的。然而，由于工人数量以 n 的速率增长，总资本和总产出必定也以 n 的速率增长。因此，尽管人口增长不能解释生活水平的持续增长（由于稳态人均产出为常数），但它有助于解释总产出的持续增长。

第二，人口增长对为什么一些国家富有而另一些国家贫困给出了另一个原因。考虑人口增长率增加的影响。图 9-2 显示，人口增长率由 n_1 提高到 n_2 使稳态人均资本水平从 k_1^* 下降为 k_2^*。由于 k^* 更低了，又由于 $y^* = f(k^*)$，人均产出水平 y^* 也更低了。因此，索洛模型预测人口增长率更高的国家将会有更低的人均 GDP 水平。注意，与储蓄率的变动一样，人口增长率的变动对人均收入有水平效应，但不影响人均收入的稳态增长率。

第三，人口增长影响我们决定黄金律（消费最大化）资本水平的标准。为了看出这个标准是如何变动的，注意人均消费是

$$c = y - i$$

由于稳态的产量是 $f(k^*)$，稳态的投资是 $(\delta+n)k^*$，我们可以把稳态消费表示为

$$c^* = f(k^*) - (\delta + n)k^*$$

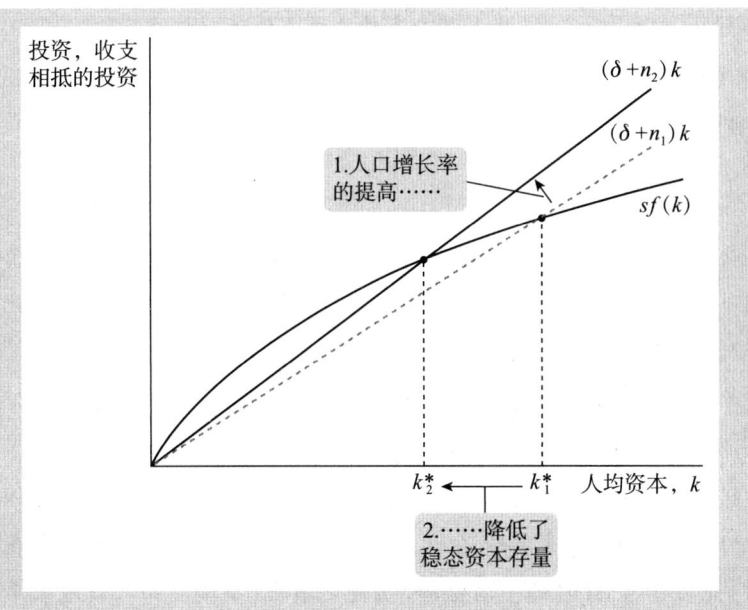

图 9-2 人口增长的影响

人口增长率由 n_1 提高到 n_2 使代表收支相抵的投资的直线向上移动。新的稳态人均资本存量水平 k_2^* 低于初始稳态 k_1^*。因此,索洛模型预测人口增长率更高的经济体将会有更低的人均资本水平,从而人均收入水平也更低。

用与以前大致相同的推理,我们得出结论:使消费最大化的 k^* 的水平满足

$$MPK = \delta + n$$

或者等价地,

$$MPK - \delta = n$$

在黄金律稳态,资本的边际产量减去折旧等于人口增长率。

案例研究

世界各地的投资和人口增长

我们以一个重要的问题开始对增长的研究:为什么一些国家如此富有,而另一些国家却陷入贫困之中?我们的分析给出了一些答案。根据索洛模型,一个把大比例收入用于储蓄和投资的国家将会有高的稳态资本存量和收入水平;一个储蓄和投资只是其收入的一个小比例的国家将会有低的稳态资本存量和收入水平。此外,人口增长率高的国家将会有低的稳态人均资本存量,因而人均收入水平也低。换言之,高人口增长率往往导致国家贫困,这是因为,当工人数量迅速增长时,维持高水平的人均资本很困难。

为了更确切地看出这些结论,回忆在稳态 $\Delta k = 0$,从而稳态由如下方程描述:

$$sf(k) - (\delta + n)k = 0$$

现在假定生产函数是柯布-道格拉斯形式的:

$$y = f(k) = k^a$$

其反函数为

$$k = y^{1/a}$$

将上述 $f(k) = y$ 和 $k = y^{1/a}$ 代入稳态条件,该条件可以被写为

$$sy = (\delta + n) y^{1/a}$$

求解 y,我们得到

$$y = \left(\frac{s}{\delta + n}\right)^{a/(1-a)}$$

这个方程表明,稳态收入 y 与储蓄和投资率 s 正相关,与人口增长率 n 负相关。我们可以把变量 $s/(\delta+n)$ 看作有效投资率。它不但考虑了储蓄和投资的收入百分比,还考虑了为了抵消折旧和人口增长所需要的投资的程度。

现在我们考察一些数据来看看这一理论结果是否有助于解释世界各地生活水平的巨大差别。图 9-3 是使用大约 160 个国家或地区的数据绘制的散点图。(该图包括了世界上大部分经济体,但不包括主要收入来源是石油的国家,如科威特和沙特阿拉伯,原因在于它们的增长经验要用它们不寻常的环境来解释。)纵轴代表 2017 年人均收入。横轴代表有效投资率 $s/(\delta+n)$,其中 s 是投资占 GDP 的平均份额,n 是之前 20 年期间的人口增长率。各国和地区的折旧率 δ 被假设为相同,其值设定为 5%。该图表明,有效投资率 $s/(\delta+n)$ 和人均收入水平之间存在强正相关关系。因此,数据与索洛模型的如下预测相一致:投资和人口增长是决定一国生活水平的关键因素。

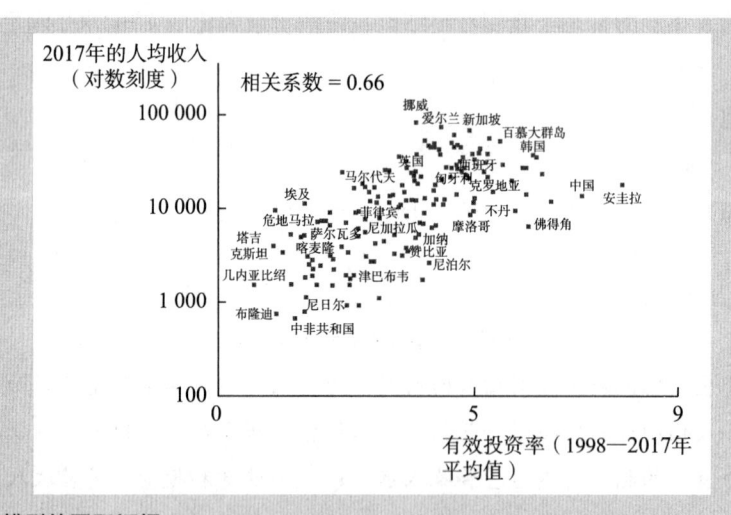

图 9-3 索洛模型的国际证据

这幅散点图显示了约 160 个国家或地区的经验,每个点代表一个国家或地区。纵轴表示一国(或地区)的人均收入,横轴表示该国(或地区)的有效投资率 $s/(\delta+n)$。正如索洛模型所预测的,这两个变量正相关。

资料来源:Robert C. Feenstra, Robert Inklaar, and Marcel P. Timmer, Penn World Table Version 9.0, The Center for International Data at the University of California, Davis and Groningen Growth and Development Center at the University of Groningen, December 2018.

该图所显示的正相关性是一个重要事实,但它提出的问题和它解决的问题一样多。例如,有人可能自然会问,为什么各国储蓄率和投资率各不相同?有许多可能的答案,例如,

税收政策、退休模式、金融市场的发展以及文化差别。此外，政治稳定性可能起了作用：毫不奇怪，在经常发生战争、革命和政变的国家里，储蓄率和投资率往往低。在政治制度运行糟糕（用估算的官员腐败程度来衡量）的国家里，储蓄率和投资率往往也低。

此外，存在反向因果关系的可能性。也许高收入水平在某种程度上促成了高储蓄和投资率。类似地，高收入可能降低了人口增长，这也许是因为控制生育的技术在更富裕的国家更容易获得。由于国际证据向我们展示了理论的预测究竟是否得到证实，因此有助于我们评价诸如索洛模型等增长理论。但往往有不止一种理论可以解释同样的事实。

关于人口增长的其他观点

索洛模型突出了人口增长与资本积累之间的相互作用。在该模型中，高人口增长降低了人均产出，这是由于工人数量的迅速增长使资本存量不得不在更多工人之间进行分配，从而在稳态，每个工人得到的资本更少。该模型忽略了人口增长的一些其他影响。这里我们考虑两个——一个强调人口与自然资源的相互作用，另一个强调人口与技术的相互作用。

马尔萨斯模型　早期的经济学家托马斯·罗伯特·马尔萨斯（Thomas Robert Malthus, 1766—1834）在他的题为《人口原理》（*An Essay on the Principle of Population as It Affects the Future Improvement of Society*）的著作中，提出了史上最令人战栗的预测。马尔萨斯认为，不断增长的人口将持续地限制社会供养自己的能力。他预测，人类将永远生活在贫困中。

马尔萨斯在开篇指出："食物对人类的生存是必需的"，"两性之间的情欲是必需的，而且与现在的状态相比也不会有什么大的变化"。他得出结论说："人口的力量比地球上生产人类生存所需的力量要大无限倍。"根据马尔萨斯的观点，抑制人口增长的只有"痛苦和罪恶"。他认为，慈善团体或政府减少贫困的努力只会适得其反，因为它们只是让穷人有更多的子女，给社会的生产能力造成了更多的限制。

尽管马尔萨斯的模型也许描述了他那个时代的世界，但是，他关于人类将永远生活在贫困之中的预测已被证明大错特错。在过去两个世纪中，虽然世界人口增加了约6倍，但是平均生活水平要高得多了。由于经济增长，现在长期饥饿和营养不良的现象比马尔萨斯的时代更少见。饥荒时而发生，但是，它们由收入分配不均或政治动荡引起比由食物生产不足引起更为常见。

马尔萨斯未能预见到人类的创造性增长足以抵消人口增长的影响。马尔萨斯从未想象过的农药、化肥、机械化的农场设备、新作物品种和其他技术进步使每一个农民能够养活越来越多的人。甚至，虽然要养活更多的人口，但由于每一个农民的生产率比以前高得如此之多，需要的农民反而更少了。今天，只有大约1%的美国人在农场工作，但是他们生产的食物不但足以养活全国人口，而且还有多余的食物用于出口。

此外，尽管现在"两性之间的情欲"和马尔萨斯时代同样强烈，但现代生育控制手段打破了情欲与人口增长之间的联系。许多先进国家，例如西欧国家，现在的出生率低于人口置换率。* 在下一个世纪，人口减少比人口迅速增加更有可能。现在，几乎没有理由认为人口增长会使得食物生产不堪重负并注定使人类陷入贫困。①

克雷默模型 马尔萨斯把人口增长看作生活水平提高的威胁，而经济学家迈克尔·克雷默（Michael Kremer）提出世界人口增长是经济繁荣的关键驱动力。克雷默认为，如果有更多的人口，就会有更多的科学家、发明家和工程师对创新和技术进步做出贡献。

作为这一假说的证据，克雷默首先指出，在人类历史长河中，世界增长率与世界人口一起在增加。例如，当世界人口为 10 亿时（公元 1800 年左右）的世界增长率比人口仅仅为 1 亿时（公元前 500 年左右）更快。这一事实与更多的人口促进更多的技术进步的假说是一致的。

克雷默的第二个也是更强有力的证据来自对世界各地区的比较。公元前 1 万年冰河时期末期极地冰帽的融化冲断了大陆桥，把世界分成五个不同的地区，这些地区在数千年中失去了相互联系。如果有更多人口进行科学发现时技术进步更快，那么更大的地区应当经历更快的增长——确实如此。在公元 1500 年哥伦布重新建立起各地区联系的时候，各地区的大小排序和技术进步状况排序相同。最成功的地区是由欧洲、亚洲、非洲组成的广阔的"旧世界"。在技术发展方面，紧随其后的是美洲的阿兹特克和玛雅文明（Aztec and Mayan civilizations），再次是澳大利亚的聚集狩猎者（hunter-gatherers），接下来是塔斯马尼亚（Tasmania）的原始人，这些原始人甚至缺乏取火和大多数石制与骨制工具。最小的孤立地区是弗林德斯岛（Flinders Island），位于塔斯马尼亚与澳大利亚之间的一个非常小的岛。由于能够对创新做出贡献的人很少，弗林德斯岛的技术进步最慢，事实上，看起来还在退步。大约公元前 3000 年，弗林德斯岛上的人类社会完全绝迹了。

克雷默根据这些证据得出结论：大量人口是技术进步的先决条件。②

9.2 索洛模型中的技术进步

到现在为止，我们对索洛模型的介绍假设资本和劳动的投入与产品和服务的产

---

* 人口置换率是指维持人口数量稳定的生育率。——译者注

① 关于马尔萨斯模型的现代分析，参见 Oded Galor and David N. Weil, "Population, Technology, and Growth: From Malthusian Stagnation to the Demographic Transition and Beyond," *American Economic Review* 90（September 2000）: 806 - 828; and Gary D. Hansen and Edward C. Prescott, "Malthus to Solow," *American Economic Review* 92（September 2002）: 1205 - 1217.

② Michael Kremer, "Population Growth and Technological Change: One Million B. C. to 1990," *The Quarterly Journal of Economics* 108（August 1993）: 681 - 716. 克雷默于 2019 年获得了诺贝尔经济学奖。

出之间的关系是不变的。然而，我们可以修改这个模型，以便包括外生的技术进步。随着时间的推移，技术进步扩大了社会的生产能力。

劳动效率

为了纳入技术进步，我们必须回到把总资本 K 和总劳动 L 与总产出 Y 联系起来的生产函数。到现在为止，生产函数一直是

$$Y = F(K, L)$$

现在我们把生产函数写为

$$Y = F(K, L \times E)$$

式中，E 为一个新的（有点抽象的）变量，称为**劳动效率**（efficiency of labor）。劳动效率被认为反映了社会拥有的关于生产方法的知识：随着可获得的技术不断改善，劳动效率提高了，每小时工作生产了更多的产品和服务。例如，当 20 世纪早期装配线生产改变了制造业时，劳动效率提高了。当 20 世纪后期计算机化被采用时，劳动效率又一次提高了。当劳动力的健康、教育或技能得到改善时，劳动效率也提高了。

$L \times E$ 这一项可以被解释为衡量工人的有效数量（effective number of workers）。它考虑了实际工人数量 L 和每个工人的效率 E。换句话说，L 衡量了劳动力中工人的数量，而 $L \times E$ 衡量了工人的数量和技术赋予典型工人的效率。这个新生产函数是说，总产出 Y 取决于资本投入 K 和有效工人（$L \times E$）。

这一模型化技术进步的方法的本质是：劳动效率 E 提高的作用与劳动力 L 的增加是类似的。例如，假定 1985—2020 年生产方法的进步使劳动效率 E 翻倍。这意味着，在 2020 年一个工人的生产率实际上相当于 1985 年两个工人的生产率。就是说，即使从 1985 年到 2020 年工人的实际数量（L）不变，但工人的有效数量（$L \times E$）翻倍了，经济从产品和服务生产的增加中受益。

关于技术进步最简单的假设是：它引起劳动效率 E 以某种不变的速率 g 增长。例如，如果 $g=0.02$，那么每单位劳动每年的效率提高 2%：产出增加了，就像劳动力的增加比其实际增加值还多 2% 一样。这种形式的技术进步被称为劳动改善型（labor augmenting），g 被称为**劳动改善型技术进步**（labor-augmenting technological progress）率。由于劳动力 L 是按 n 的速率增长，每单位劳动的效率 E 是按 g 的速率增长，所以，有效工人的数量按（$n+g$）的速率增长。

有技术进步的稳态

由于技术进步在这里被模型化为劳动改善，所以它适合于本模型的方式和人口增长一样。虽然技术进步没有使工人的实际数量增加，但是，由于随着时间的推

移,每个工人实际上有了更多单位的劳动,因此,技术进步导致工人的有效数量增加。从而,我们早前研究有人口增长的索洛模型时所使用的分析工具可以在稍作改动后用于研究有劳动改善型技术进步的索洛模型。

首先我们对符号稍作修改。没有技术进步的时候,我们用人均数量来分析经济;现在我们推广该方法,用有效工人的人均数量来分析经济。我们用 $k = K/(L \times E)$ 代表有效工人的人均资本,用 $y = Y/(L \times E)$ 代表有效工人的人均产出。利用这些定义,我们可以再次写出 $y = f(k)$。

我们的分析步骤与我们考察人口增长时一样。表示 k 随时间变动的方程现在变为

$$\Delta k = sf(k) - (\delta + n + g)k$$

像以前一样,资本存量的变动 Δk 等于投资 $sf(k)$ 减去收支相抵的投资 $(\delta + n + g)k$。但是,现在由于 $k = K/(L \times E)$,收支相抵的投资包括三项:为了使 k 不变,δk 是替代折旧的资本所需要的,nk 是为新工人提供资本所需要的,gk 是为技术进步所创造的新的有效工人提供资本所需要的。①

正如图 9-4 所示,纳入技术进步并没有在实质上改变我们对稳态的分析。仍然有一个用 k^* 表示的 k 的水平,在这一水平,有效工人的人均资本和有效工人的人均产出保持不变。与以前一样,这一稳态代表长期均衡。

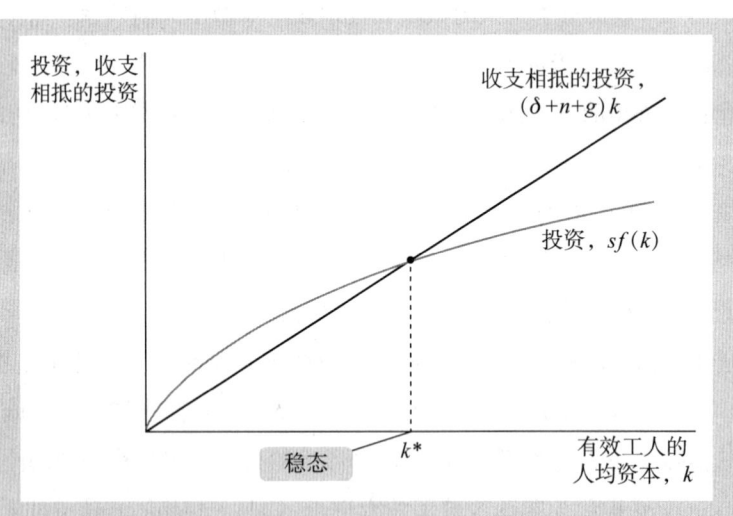

图 9-4 技术进步与索洛增长模型

将速率为 g 的劳动改善型技术进步加入我们对索洛增长模型的分析,其进入的方式和速率为 n 的人口增长进入的方式相同。由于把 k 定义为有效工人的人均资本,由技术进步导致的工人有效数量的增加倾向于减少 k。在稳态,投资 $sf(k)$ 正好抵消了由于折旧、人口增长和技术进步所引起的 k 的减少。

---

① 数学注释:这个有技术进步的模型是本章早前分析的模型的推广。特别地,如果劳动效率为常数 $E=1$,那么 $g=0$,k 和 y 的定义与我们先前的定义相同。在这种情况下,这里考虑的更一般的模型恰好简化为 9.1 节的索洛模型。

技术进步的影响

表9-1显示了在有技术进步的稳态下四个关键变量的行为是什么样的。正如我们刚刚看到的,在稳态,有效工人的人均资本 k 是不变的。由于 $y = f(k)$,有效工人的人均产出也是不变的。

表9-1 在有技术进步的索洛模型中的稳态增长率

变量	符号	稳态增长率
有效工人的人均资本	$k = K/(E \times L)$	0
有效工人的人均产出	$y = Y/(E \times L) = f(k)$	0
人均产出	$Y/L = y \times E$	g
总产出	$Y = y \times (E \times L)$	$n+g$

从这一信息我们还可以推断出不是用有效工人的人均单位表示的变量会发生什么变动。例如,考虑每个实际工人的产出 $Y/L = y \times E$。由于 y 在稳态下是不变的,E 以速率 g 增长,因此,工人的人均产出在稳态下必定也以速率 g 增长。类似地,经济的总产出为 $Y = y \times (E \times L)$。由于 y 在稳态下不变,E 以速率 g 增长,L 以速率 n 增长,所以,总产出在稳态下以速率 $(n+g)$ 增长。

加入了技术进步后,我们的模型终于可以解释我们所观察到的生活水平的持续提高。也就是说,我们已经证明,技术进步会导致人均产出的持续增长。与此相对,只有在达到稳态之前,高储蓄率才能导致高增长率。一旦经济处于稳态,人均产出的增长率就只取决于技术进步的速率。根据索洛模型,只有技术进步才能解释持续增长和生活水平的持续上升。

技术进步的引入也修改了黄金律的标准。资本的黄金律水平现在被定义为使有效工人人均消费最大化的稳态。沿用我们前面所用的同样的推理,我们可以证明,有效工人的人均稳态消费是

$$c^* = f(k^*) - (\delta + n + g)k^*$$

如果

$$MPK = \delta + n + g$$

或写为

$$MPK - \delta = n + g$$

那么,稳态的消费就最大化了。也就是说,在黄金律资本水平,资本的净边际产量($MPK - \delta$)等于总产出增长率($n+g$)。由于现实经济既有人口增长,又有技术进步,所以,我们必须用这个标准来评价经济的资本大于还是小于黄金律稳态水平。

9.3 超越索洛模型：内生增长理论

一个化学家、一个物理学家和一个经济学家同时被困在一个荒岛上，他们试图找出打开一个食品罐头的方法。

"让我们把罐头放在火上烤到它爆裂。"化学家说。

"不，不"，物理学家说，"让我们从一棵高树顶上把罐头扔到岩石上。"

"我有一个主意"，经济学家说，"首先，我们假设有一个开罐器……"

这个古老笑话的目的是说明经济学家如何用假设来简化他们面临的问题——有时是过分简化了。在评价经济增长理论时，这个笑话特别合适。增长理论的一个目的是解释我们所观察到的世界上大多数地方生活水平的持续提高。索洛增长模型表明这种持续增长必定来自技术进步。但技术进步来自哪里呢？在索洛模型中，只是假设存在技术进步！

为了充分理解经济增长的过程，我们需要超越索洛模型并建立解释技术进步的模型。解释技术进步的模型是**内生增长理论**（endogenous growth theory）的例子，因为这些模型抛弃了索洛模型的外生技术变革的假设。尽管内生增长理论这一研究领域范围广阔而且有时还很复杂，下面我们还是快速地简单介绍一下这一现代研究。①

基本模型

为了说明内生增长理论的内在思想，让我们从一个特别简单的生产函数开始：

$$Y = AK$$

式中，Y 为产出；K 为资本存量；A 为衡量每一单位资本所生产的产出数量的常数。注意，这个生产函数并没有表现出资本回报递减的性质。无论资本量有多少，额外的一单位资本生产 A 单位额外的产出。不存在资本回报递减是这个内生增长模型和索洛模型之间的关键差别。

现在我们来看看这个生产函数就经济增长说了些什么。与以前一样，我们假设比例为 s 的收入用于储蓄和投资。因此，我们用来描述资本积累的方程与以前所用的方程相似：

$$\Delta K = sY - \delta K$$

这个方程是说，资本存量的变动 ΔK 等于投资 sY 减去折旧 δK。把这个方程与

---

① 本节对有关内生增长理论的大量的和吸引人的文献做了简单的介绍。早期对这类文献的重要贡献包括 Paul M. Romer, "Increasing Returns and Long-Run Growth," *Journal of Political Economy* 94（October 1986）：1002-1037；and Robert E. Lucas, Jr., "On the Mechanics of Economic Development," *Journal of Monetary Economics* 22（1988）：3-42. 读者可以在戴维·韦尔（David N. Weil）所著的本科生教材《经济增长》（*Economic Growth*，3rd ed, New York：Pearson, 2013）中学习到更多关于这个主题的内容。

生产函数 $Y=AK$ 结合在一起，稍做调整之后我们得到

$$\Delta Y/Y = \Delta K/K = sA - \delta$$

这个方程表明是什么决定了产出增长率 $\Delta Y/Y$。注意，如果 $sA>\delta$，那么，即使没有外生技术进步的假设，经济的收入也会永远增长下去。

因此，生产函数的一个简单变化就可以显著地改变对经济增长的预测。在索洛模型中，储蓄暂时性地导致增长，但资本回报递减最终迫使经济达到稳态，而稳态增长只取决于外生技术进步。相反，在这个内生增长模型中，储蓄和投资可以导致持续增长。

但放弃资本回报递减的假设是合理的吗？答案取决于我们如何解释生产函数 $Y=AK$ 中的变量 K。如果我们接受 K 只包括经济中的工厂与设备存量的传统观点，那么假设回报递减就是自然而然的。给一个工人配 10 台电脑并不会使该工人的生产率达到只有 1 台电脑时的 10 倍。

然而，内生增长理论的支持者认为，如果对 K 做出更广义的解释，那么，资本回报不变（而不是回报递减）的假设就更合意。也许把知识看作一种资本是支持这个内生增长模型的最佳理由。显然，知识是经济中生产——无论是产品与服务的生产还是新知识的生产——的一种重要投入。然而，与其他形式的资本相比，假设知识表现出回报递减的性质就不那么自然了。（确实，过去几百年来科学与技术创新的不断加速使一些经济学家认为存在知识的回报递增。）如果我们接受知识是一种类型的资本这一观点，那么，这个假设资本回报不变的内生增长模型就更合理地描述了长期经济增长。

两部门模型

虽然 $Y=AK$ 模型是内生增长最简单的例子，但内生增长理论已经远远超越了这个模型。一个研究方向是力图建立有多于一个生产部门的模型，以便对支配技术进步的力量提供更好的描述。为了说明我们可能从这种模型中学到什么，下面概述一个例子。

假定某经济有两个部门：制造业企业和研究型大学。企业生产产品与服务，这些产品与服务用于消费和实物资本投资。大学生产一种被称为"知识"的生产要素，随后这种生产要素在两个部门免费使用。这个经济由企业的生产函数、大学的生产函数以及资本积累方程来描述：

$Y = F[K,(1-u)LE]$（制造业企业的生产函数）

$\Delta E = g(u)E$（研究型大学的生产函数）

$\Delta K = sY - \delta K$（资本的积累）

式中，u 为大学的劳动力比例（$1-u$ 为制造业的劳动力比例）；E 为知识存量（它又决定了劳动效率）；g 为表明知识增长如何取决于大学的劳动力比例的函数。其

他符号都是标准符号。和往常一样,制造业企业的生产函数被假设为规模报酬不变:如果我们使制造业的实物资本量(K)和工人的有效数量$[(1-u)LE]$翻倍,那么,产品与服务的产出(Y)也翻倍。

这个模型与$Y=AK$模型类似。最重要的是,只要把资本广义地定义为包括知识在内,这个经济就表现出资本回报不变(而不是递减)的性质。特别地,如果我们把实物资本K和知识E都翻倍,那么,这个经济中两个部门的产出就都翻倍。因此,与$Y=AK$模型一样,这个模型也可以在没有生产函数的外生移动的假设下产生持续增长。在这里,持续增长是内生产生的,因为大学里的知识创造永远不会放慢。

然而,这个模型同时也与索洛增长模型类似。如果大学的劳动力比例u保持不变,那么,劳动效率E就按不变的比率$g(u)$增长。这个劳动效率以不变的速率g增长的结果正是有技术进步的索洛模型所做的假设。而且,这个模型的其余部分——制造业生产函数和资本积累方程——也与索洛模型的其余部分类似。结果,对任何一个给定的u值,这个内生增长模型的运行都跟索洛模型一样。

这个模型有两个关键的决策变量。正如在索洛模型中一样,用于储蓄和投资的产出比例s决定了稳态的实物资本存量。此外,大学中劳动力的比例u决定了知识存量的增长。尽管只有u影响稳态的收入增长率,但s和u都影响收入水平。因此,这个内生增长模型在说明哪些社会决策决定技术进步率这个方向迈出了一小步。

研究与开发的微观经济学

刚刚介绍的两部门内生增长模型使我们离理解技术进步更加接近了,但它仍然只讲述了有关知识创造的一个初步的故事。如果我们考虑一下研究与开发的过程,哪怕只是考虑很短的时间,那么,有三个事实是显而易见的。第一,尽管知识主要是一种公共产品(即在使用上不具竞争性且每个人都可以无阻碍地得到的产品),但有许多研究是由受利润动机驱动的企业进行的。第二,研究之所以有利可图,是因为创新能给予企业暂时的垄断地位,这或者是由于专利制度,或者是由于用一种新产品进入市场的第一家企业具有优势。第三,当一家企业进行创新时,其他企业以这种创新为基础进行下一代创新。要把这些(本质上是微观经济的)事实与迄今为止我们所讨论的(本质上是宏观经济的)增长模型联系起来并不容易。

一些内生增长模型试图把这些有关研究与开发的事实纳入进来。这样做要求模型化企业在从事研究时所面临的决策以及对本企业的创新有某种垄断力量的企业之间的相互作用。这些模型的细节超出了本书的范围,但是,有一点应该是显而易见的:这些内生增长模型的一个优点是,它们对技术创新过程提供了更为全面的阐述。

这些模型希望讨论的一个问题是,从社会的角度看,追求利润最大化的私人企业所进行的研究是太少还是太多了？换言之，研究的社会回报（这是社会所关心的）是大于还是小于私人回报（这是个体企业所关心的）？作为一个理论问题，存在两个方向的效应。一方面，当一家企业创造了一种新技术时，它通过给其他企业的未来研究提供一个可以依靠的知识基础而使这些企业的境况变好。正如艾萨克·牛顿（Isaac Newton）的名言所说："如果说我比其他人看得更远，那是因为我站在了巨人的肩膀上。"另一方面，当一家企业投资于研究时，如果它除了首先发明了另一家企业本来在适当的时候也会发明的技术之外没有做出更多的贡献，那么，它也能使其他企业的境况变坏。这种研究努力的重复被称为"踩踏"效应。企业自行决定从事的研究是太少还是太多，取决于是正的"站在肩膀上"的外部性还是负的"踩踏"的外部性更为普遍。

尽管理论自身不能确定研究努力多于还是少于最优，但关于这一主题的实证研究通常并不是这么含糊不清。许多研究表明，"站在肩膀上"的外部性是重要的，因此，研究的社会回报很高——常常超过每年40%。这个回报率令人印象深刻，特别是在与实物资本的回报（在第10章我们将说明其为每年大约6%）进行比较时。一些经济学家的判断证明了政府大量补贴研究这一措施的正确性。[①]

创造性毁灭的过程

经济学家约瑟夫·熊彼特（Joseph Schumpeter）在他1942年的著作《资本主义、社会主义与民主》（*Capitalism, Socialism, and Democracy*）中提出，经济进步是通过一个**创造性毁灭**（creative destruction）过程来实现的。熊彼特认为，进步背后的驱动力是那些拥有新产品、生产旧产品的新方法或某种其他创新等创意的企业家。当企业家的企业进入市场时，它对其创新拥有某种程度的垄断力量；确实，正是垄断利润的前景推动企业家进行创新。新企业的进入对消费者是有益的，消费者现在的选择范围更宽了，但是对现存的生产者常常是不利的，他们不得不与新进入者竞争。如果新产品比旧产品好得足够多，现存企业可能被逐出市场。随着时间的推移，这一过程不断地自我重复。企业家的企业变成了现存企业，享受着高利润，直至它的产品被拥有下一代创新的另一个企业家的产品所替代。

历史确认了熊彼特关于技术进步中既有赢家也有输家的论点。例如，在19世纪初的英国，一项重要的创新就是能够由非技能型工人操作的纺织机的发明和推广，这使得制造企业能够以低成本生产纺织品。这一技术进步对消费者是有益的，消费者的穿着更便宜了。然而，英国纺织业的技能型工人看到自己的工作受到了新技术的威胁，他们通过组织暴乱来应对。暴乱的工人，被称为卢德派（Luddites），砸烂了毛纺厂和棉纺厂使用的纺织机，烧毁了企业主的房屋（一种不那么具有创造

---

① 关于研究的影响的实证性文献综述，可以参见 Zvi Griliches, "The Search for R&D Spillovers," *Scandinavian Journal of Economics* 94 (1991): 29-47.

性的破坏)。今天，"卢德派"一词用来指任何对抗技术进步的人。

创造性毁灭的一个例子涉及零售的演变。尽管零售可能看起来像是一种相对静态的活动，但实际上它是一个在过去几十年中技术进步率相当可观的部门。通过更好的存货控制、市场营销和人事管理技术，沃尔玛等零售巨头发现了以比传统零售商更低的成本把商品提供给消费者的方法。这些变化使消费者和这些新零售企业的股东受益，前者可以用更低的价格购物，后者可以分享这些新零售企业的盈利能力。但是这些变化对小的夫妻店有不利影响，当沃尔玛这样的商店在附近开店时，这些小店很难与之竞争。更近些年来，随着亚马逊等线上零售商比实体店提供了更低廉的价格和更多的便利，零售生产率得到了进一步提高。许多实体店被挤出了市场。

面临成为创造性毁灭的牺牲品这样一种前景，现存生产者常常求助于政治程序来阻止新的更有效率的竞争者进入。最初的卢德派要求英国政府通过限制新的纺织技术的推广来拯救他们的工作；议会反而派军队镇压卢德派暴乱。类似地，近年来，地方零售商有时试图利用本地土地使用的管制来阻止沃尔玛进入本地市场。然而，这些限制进入的成本是减缓了技术进步的步伐。在进入管制比美国更严格的欧洲，经济中没有出现像沃尔玛那样的零售巨头；因此，零售业的生产率增长更低。①

熊彼特关于资本主义经济如何运作的见解作为经济史上的一个主题有其功绩。而且，这一见解还激发了经济增长理论的一些近期研究。以经济学家菲利浦·阿吉翁（Philippe Aghion）和彼得·豪伊特（Peter Howitt）为先驱的一个内生增长理论研究方向就是以熊彼特的观点为基础，把技术进步作为一个企业家创新和创造性毁灭的过程来将其模型化。②

9.4 结论

我们已经完成了对经济增长理论的学习。在下一章，我们从理论转到实践。我们讨论经济学家考察不同国家的增长经验时发现的一些实证结果。我们还讨论从对增长的研究中得到的见解如何能影响那些想促进经济繁荣的政策制定者。

快速测验

1. 在索洛模型中，人口增长率的增加提高了稳态的哪一项？
　A. 人均产出　　B. 人均资本　　C. 人均消费　　D. 资本的边际产量

2. 托马斯·马尔萨斯认为，_____。
　A. 由于更大规模的人口将会有更多的科学家

---

① Robert J. Gordon, "Why Was Europe Left at the Station When America's Productivity Locomotive Departed?" NBER Working Paper No. 10661, 2004.

② Philippe Aghion and Peter Howitt, "A Model of Growth Through Creative Destruction," *Econometrica* 60 (1992): 323-351.

和发明家，因而会更有创新性

B. 更大规模的人口将对经济提供充足食物的能力形成限制

C. 更快的人口增长将减少稳态人均资本量

D. 更快的人口增长将使经济能利用规模经济

3. 假定某个经济由索洛模型所描述。人口增长率为1%，技术进步率为3%，折旧率为5%，储蓄率为10%。在稳态，人均产出以_____的速率增长。

A. 1% B. 2%
C. 3% D. 4%

4. 在人口增长和技术进步的索洛模型的黄金律稳态，资本的边际产量 MPK 等于_____。

A. n B. g
C. $n+g$ D. $n+g+\delta$

5. _____增长理论的目的是解释技术进步。有一些这类模型通过质疑索洛模型中资本回报_____的假设来解释技术进步。

A. 内生，递减 B. 内生，不变
C. 外生，递减 D. 外生，不变

6. 熊彼特的创造性毁灭模型旨在解释_____。

A. 为什么经济在遭受战争破坏后迅速增长
B. 推出新产品的企业家如何取代现存生产者
C. 原有资本如何最优地报废和被新资本取代
D. 为什么似是而非的技术进步可能降低平均收入

内容提要

1. 索洛模型说明了一个经济的人口增长率是决定生活水平的另一个长期因素。根据索洛模型，人口增长率越高，稳态人均资本水平和人均产出水平越低。

2. 其他理论突出了人口增长的其他可能的影响。马尔萨斯认为人口增长将使生产食物所必需的自然资源变得紧张；克雷默提出大量人口可以促进技术进步。

3. 在索洛增长模型的稳态，人均收入增长率仅仅由外生的技术进步率决定。

4. 在有人口增长和技术进步的索洛模型中，黄金律（消费最大化）稳态由资本的净边际产量（$MPK-\delta$）与稳态的总收入增长率（$n+g$）相等来刻画。

5. 现代内生增长理论试图解释在索洛模型中作为外生变量的技术进步率。这些模型力图解释那些决定通过研究与开发进行知识创造的决策。

关键概念

劳动效率 劳动改善型技术进步 内生增长理论 创造性毁灭

复习题

1. 在索洛模型中，人口增长率是如何影响稳态收入水平的？它是如何影响稳态增长率的？

2. 在索洛模型中，什么决定了稳态的人均收入增长率？

3. 在没有外生技术进步假设的情况下，内生增长理论如何解释长期增长？这种解释与索洛模型有什么不同？

问题与应用

1. 画一幅图说明有人口增长（但是没有技术进步）的索洛模型的稳态，清楚地标注横轴、纵轴、各条曲线和直线。利用该图形找出以下各种外生变动会引起稳态人均资本和人均收入发生什么变动。

   a. 消费者偏好的某种变化增加了储蓄率。

   b. 天气模式的某种变化提高了折旧率。

   c. 更好的生育控制手段降低了人口增长率。

   d. 技术的一次性永久进步增加了利用任何给定数量的资本和劳动能够生产的产出量。

2. 许多人口统计学家预言，在接下来的年代里，美国的人口增长将为零，而历史上的平均人口增长率是每年大约1%。用索洛模型预测人口增长的这种下降对总产出增长和人均产出增长的影响。在考虑这些影响时，既要包括稳态又要包括从原来的稳态到新稳态的过渡。

3. 在索洛模型中，人口增长导致稳态总产出增长，但人均产出并不增长。如果生产函数表现出规模报酬递增或递减，你认为还是如此吗？请解释。（关于规模报酬递增和递减的定义，参见第3章"问题与应用"第3题。）

4. 假定索洛增长模型描述的一个经济有以下生产函数：

   $$Y = K^{1/2}(LE)^{1/2}$$

   a. 对于这个经济，$f(k)$ 的形式是什么？

   b. 利用a小问的答案解出稳态的 y 值，把它表示成 s、n、g 和 δ 的函数。

   c. 两个邻国经济体都有如上的生产函数，但它们的参数值不一样。Atlantis 的储蓄率为28%，人口增长率为每年1%。Xanadu 的储蓄率为10%，人口增长率为每年4%。在这两个国家中，都有 $g = 0.02$，$\delta = 0.04$。找出每个国家稳态的 y 值。

5. (Work It Out) 某经济有如下形式的柯布-道格拉斯生产函数：

   $$Y = K^{\alpha}(LE)^{1-\alpha}$$

   该经济中资本的份额为1/3，储蓄率为24%，折旧率为3%，人口增长率为2%，劳动改善型技术进步率为1%。它处于稳态。

   a. 总产出、人均产出和有效工人人均产出的增长率分别为多少？

   b. 求出有效工人人均资本、有效工人人均产出以及资本的边际产量。

   c. 该经济的资本比黄金律稳态水平多还是少？你是如何知道的？为了达到黄金律稳态，储蓄率需要增加还是减少？

   d. 假定你在c小问中描述的储蓄率变动发生了。在向黄金律稳态过渡期间，人均产出的增长率将比你在a小问中得到的高还是低？在该经济达到新的稳态后，人均产出的增长率将比你在a小问中得到的高还是低？请解释。

6. (Work It Out) 在美国，GDP 中资本的份额大约为30%；产出的平均增长为每年大约3%；折旧率为每年大约4%；资本-产出比率为大约2.5。假定生产函数是柯布-道格拉斯生产函数且美国已经处于稳态。

   a. 在初始稳态，储蓄率必须是多少？[提示：使用稳态的关系式 $sy = (\delta + n + g)k$。]

   b. 在初始稳态，资本的边际产量是多少？

   c. 假定公共政策改变了储蓄率，从而使经济达到了资本的黄金律水平。在黄金律稳态，资本的边际产量将是多少？比较黄金律稳态资本的边际产量和初始稳态资本的边际产量，并解释。

   d. 在黄金律稳态，资本-产出比率将是多少？（提示：对柯布-道格拉斯生产函数来说，资本-产出比率与资本的边际产量是相关的。）

   e. 要达到黄金律稳态，储蓄率必须是多少？

7. 证明下列关于有人口增长与技术进步的索洛模型的稳态的每一条表述。

   a. 资本-产出比率是不变的。

   b. 资本和劳动各自赚取了经济的一个不变份

额的收入。〔提示：回忆定义 $MPK = f(k+1) - f(k)$。〕

c. 资本总收入和劳动总收入的增长率都等于人口增长率加技术进步率（$n+g$）。

d. 资本的实际租赁价格是不变的，实际工资以技术进步率 g 增长。（提示：资本的实际租赁价格等于资本总收入除以资本存量，实际工资等于劳动总收入除以劳动力。）

8. 两个国家，Richland 和 Poorland，都由索洛增长模型描述。它们有相同的柯布-道格拉斯生产函数，$F(K, L) = AK^{\alpha}L^{1-\alpha}$，但是资本量和劳动量不同。Richland 储蓄其收入的 32%，而 Poorland 储蓄 10%。Richland 的人口增长率每年为 1%，而 Poorland 的人口增长率每年为 3%。（本问题的数字选取近似为对富国和穷国的现实性描述。）两国的技术进步率均为每年 2%，折旧率均为每年 5%。

a. 人均生产函数 $f(k)$ 是什么？

b. 解出 Richland 的稳态人均收入与 Poorland 的稳态人均收入的比率。（提示：参数 α 在你的答案中将扮演一个角色。）

c. 如果柯布-道格拉斯参数 α 为常用值的约 1/3，Richland 的人均收入比 Poorland 应当高多少？

d. Richland 的人均收入实际上是 Poorland 人均收入的 16 倍。你能通过改变参数 α 的值来解释这一事实吗？它必须等于什么？你可以想象出任何方式来解释该参数这一取值的适当性吗？你可能用什么其他办法来解释 Richland 与 Poorland 之间巨大的收入差距？

9. 这个问题要求你更详细地分析正文中介绍的两部门内生增长模型。

a. 用有效工人的人均产出和有效工人的人均资本重新写出制造业的生产函数。

b. 在这个经济中，收支相抵的投资（保持有效工人人均资本量不变所需要的投资量）是多少？

c. 写出 k 变动的方程，该方程把 Δk 表示成储蓄减去收支相抵的投资。用这个方程画出表示稳态 k 如何决定的图形。（提示：这幅图看起来很像我们用来分析索洛模型的图。）

d. 在这个经济中，人均产出 Y/L 的稳态增长率是多少？储蓄率 s 和在大学中的劳动力比例 u 如何影响这一稳态增长率？

e. 用你的图表示出 u 提高的影响。（提示：这一变动对两条曲线都会产生影响。）描述即刻效应和稳态效应。

f. 根据你的分析，u 的提高对经济肯定是一件好事吗？请解释。

对于标有 ⓦ Work It Out 的题目，网上有答案并且给出了类似题目的在线指导。为了得到这些答案以及其他学习资源，请访问 Achieve for Macroeconomics, 11e：https：//achieve.macmillanlearning.com。

快速测验答案

1. D   2. B   3. C   4. D   5. A   6. B

第10章　增长实证和政策

> 有没有印度政府可以采取的某种行动使印度经济像印度尼西亚或埃及的经济那样增长呢？如果有，确切地说，这种行动是什么呢？如果没有，造成没有这种行动的"印度特性"是什么呢？在这类问题中所涉及的人类福利的结果是非常令人震惊的：一旦你开始思考这些问题，就很难再思考任何其他问题。
>
> ——小罗伯特·E. 卢卡斯（Robert E. Lucas, Jr.）

本章的开篇引语写于1988年。从那时起，印度经济开始快速增长，这使数以百万计的人摆脱了极端贫困。与此同时，另外一些穷国，包括撒哈拉以南非洲地区的许多国家，几乎没有增长，这些国家的公民继续生活在贫困之中。增长理论需要对这些截然不同的结果进行解释。一些国家成功地推动了长期经济增长而另一些国家则失败了，其中的原因并非显而易见，但是，正如小罗伯特·E. 卢卡斯所说的那样，对人类福利的影响是令人震惊的。

本章我们开展三项新任务，就此结束对长期增长的分析。

我们的第一项任务是从理论转向实证。特别地，我们考虑索洛模型在多大程度上符合事实。在过去几十年里，大量文献考察了索洛模型和其他经济增长模型的预测。我们将会看到，索洛模型虽然可以对国际增长经验提供很多解释，但对增长这个主题的解释还远远不够。

我们的第二项任务是学习一种称为**增长核算**（growth accounting）的实证方法。增长核算的目的是把观察到的产出增长分解为资本的增长、劳动的增长以及技术的进步。它提供了一种衡量技术进步速度的方法。

我们的第三项任务是考察一国的公共政策如何影响该国公民的生活水平和增长。我们要讨论多个问题：我们的社会应该储蓄更多还是更少？政策会如何影响储蓄率？是否存在某些政策应该特别鼓励的投资类型？什么样的制度能保证经济的资源用于最佳用途？文化的变化能促进增长吗？政策会如何提高技术进步率？索洛增长模型为我们考虑这些政策问题提供了一个理论基础。

10.1 从增长理论到增长实证

在前两章，我们建立了索洛模型来解释不同时期和不同国家之间生活水平的差别。现在让我们讨论当我们要求这个理论面对现实时会发生什么。

平衡的增长

根据索洛模型，技术进步引起许多变量在稳态的数值一起上升。这一性质被称为平衡的增长（balanced growth），它很好地描述了美国经济的长期数据。

首先考虑人均产出 Y/L 和人均资本存量 K/L。根据索洛模型，在稳态，这两个变量都以技术进步的速率 g 增长。过去半个世纪的美国数据显示人均产出和人均资本存量实际上都以大体相同的速率增长——大约每年2%。换言之，资本-产出比率随着时间的推移一直保持大体不变。

技术进步也影响要素价格。第9章"问题与应用"第7题要求你证明，在稳态，实际工资以技术进步的速率增长。然而，资本的实际租赁价格随着时间的推移是不变的。再一次，这些预测对美国而言是正确的。在过去的50年间，实际工资每年增长约2%，与人均实际GDP增长率大体相同，而（以实际资本收入除以资本存量来衡量的）资本的实际租赁价格大致保持不变。

趋　同

如果你周游世界，你就会看到生活水平的天壤之别。美国的人均收入大约是巴基斯坦的13倍。德国的人均收入大约是尼日利亚的10倍。这些收入差别反映在大部分生活质量指标上，如电视机、手机和互联网接入的普及程度，洁净水的可得性，婴儿死亡率，预期寿命等。

关于经济体是否随着时间的推移相互趋同的问题的研究已经有很多了。特别地，开始时贫穷的经济体是否比开始时富裕的经济体增长得更快？如果是这样，那么贫穷的经济体将趋向于赶上富裕的经济体。这种"赶上"的性质被称为趋同（convergence）。如果没有趋同，那么开始时落后的国家可能会保持贫穷。

索洛模型对什么情况下趋同应该发生做出了预测。根据该模型，两个经济体是否趋同取决于它们最初为什么是不同的。一方面，假定两个经济体开始时有着不同的资本存量，但是有着由它们的储蓄率、人口增长率和劳动效率所决定的相同的稳态。在这种情况下，我们应该预期两个经济体将趋同；在达到稳态的过程中，有着更少的资本存量的更穷经济体自然将增长得更快。（在第8章，我们应用这一逻辑来解释德国和日本在第二次世界大战后的高速增长。）另一方面，如果两个经济体有着不同的稳态（也许是由于这些经济体有着不同的储蓄率或人口增长率），那么我们就不应当预期它们会趋同。相反，每个经济体将达到各自的稳态。

经验与这一分析是一致的。在有着类似文化和政策的经济体样本中，研究发现，各经济体以每年约 2% 的速率趋同。也就是说，富裕与贫穷的经济体之间的差距每年缩小约 2%。一个例子是美国单个州的经济体。由于历史原因，如 19 世纪 60 年代的南北战争，19 世纪末各州的收入水平差别很大。然而这些差别随着时间的推移已经缓慢地消失了。在那些州的经济体有不同的起点但趋向于一个共同的稳态这一假设下，上述趋同就可以用索洛模型来解释了。

在国际数据中则出现了更为复杂的情景。当研究人员只考察人均收入的数据时，他们没有发现多少趋同的证据：开始时贫穷的国家平均而言并不比开始时富裕的国家增长得快。这一发现暗示不同国家有着不同的稳态。如果使用统计技术控制稳态的一些决定因素，例如储蓄率、人口增长率和人力资本的积累（教育），那么数据再次显示了速率约为每年 2% 的趋同。换言之，世界上的各经济体显示出有条件的趋同（conditional convergence）：它们看起来向各自的稳态趋同，其稳态又由投资率、人口增长率和人力资本积累率等变量决定。①

要素积累 vs. 生产效率

作为一个核算问题，人均收入的国际差别可以被归因于生产要素的差别，例如实物和人力资本数量的差别，或者各经济体使用其生产要素的效率的差别。也就是说，一个穷国的工人之所以贫穷，可能是由于他缺乏工具和技能，或者是由于他拥有的工具和技能没有得到最好的使用。这个议题用索洛模型来描述的话，就是这样一个问题：要解释富国与穷国之间的巨大差距，究竟是用（1）资本积累（包括人力资本）的差别还是（2）生产函数的差别？

许多研究尝试估算收入差距的这两个源泉的相对重要性。不同研究得到的确切答案各不相同，但要素积累和生产效率看来都是重要的。而且，一个共同的发现是，它们是正相关的：有着更高的实物和人力资本水平的国家也倾向于更有效率地使用这些要素。②

有几种方式来解释这一正相关。一种假说是，一个有效率的经济可能鼓励资本积累。例如，在运行良好的经济中的人可能有更多的资源和激励待在学校积累人力资本。另一种假说是，资本积累可能引致更高的效率。如果存在对实物和人力资本的正的外部性，那么储蓄和投资更多的国家看来会有更好的生产函数（除非这些研

---

① Robert Barro and Xavier Sala-i-Martin, "Convergence Across States and Regions," *Brookings Papers on Economic Activity* 1 (1991): 107-182; and N. Gregory Mankiw, David Romer, and David N. Weil, "A Contribution to the Empirics of Economic Growth," *The Quarterly Journal of Economics* (May 1992): 407-437.

② Robert E. Hall and Charles I. Jones, "Why Do Some Countries Produce So Much More Output per Worker Than Others?" *The Quarterly Journal of Economics* 114 (February 1999): 83-116; Peter J. Klenow and Andres Rodriguez-Clare, "The Neoclassical Revival in Growth Economics: Has It Gone Too Far?" *NBER Macroeconomics Annual* 12 (1997): 73-103.

究考虑了这些外部性,但这一点是很难做到的)。因此,更高的生产效率可能引起更高的要素积累,或者更高的要素积累也可能引起更高的生产效率。

最后一个假说是,要素积累与生产效率都受共同的第三个变量驱动。也许共同的第三个变量是一国制度的质量,包括政府的政策制定过程。正如一个经济学家所说,当政府把事情搞糟时,它们就彻底搞糟了。坏政策,如导致高通货膨胀、过度的预算赤字、普遍的市场干预和猖獗的腐败之类的那些政策,常常是如影随形的。我们不应感到奇怪,有着这些弊病的经济体不但积累的资本更少,而且也未能尽可能有效地使用它们拥有的资本。

案例研究

作为生产率源泉的良好管理

世界各国的收入各异的部分原因是一些国家的生产效率高于另一些国家。类似的现象在国家内部也能观察到:一些企业的生产效率高于另一些企业。为什么会这样呢?

一个可能的因素是管理实践。一些企业治理得好,另一些则不然。治理得好的企业使用最先进的经营方式,监督工人的表现,设定富有挑战性但又合理的绩效目标,并为工人提供激励以促使他们付出最佳努力。良好的管理意味着企业从其使用的生产要素中得到尽可能高的产出。

尼古拉斯·布鲁姆(Nicholas Bloom)和约翰·范雷南(John Van Reenen)所做的一项有影响力的研究证明了良好管理的重要性,以及并非所有企业都有良好管理的一些原因。布鲁姆和范雷南首先调查了法国、德国、英国和美国这四个国家的732家中型制造企业。他们询问了关于企业如何管理的各种问题,然后就每家企业与最佳实践的符合程度给每家企业打分。例如,以雇员的绩效为依据提拔雇员的企业就比以雇员在本企业的工作时间为依据提拔雇员的企业得分要高。

也许不令人惊奇的是,布鲁姆和范雷南发现各企业的管理质量有着很大的异质性。在每个国家,都既有一些企业治理得好,也有一些企业治理得差。更值得指出的是,布鲁姆和范雷南发现管理质量的分布在这四国间有着很大的差别。美国的企业平均得分最高,紧随其后的是德国,然后是法国,最后是英国。许多跨国差别来自治理特别差的企业的普遍程度上的差异:企业管理得分最低的企业在英国和法国要比在美国和德国普遍得多。

这项研究的另一个发现是,这些管理得分与企业绩效的测度是相关的。在其他条件(如企业资本存量和劳动力的规模)相同的情况下,管理好的企业有着更高的销售额、更多的利润、更高的股票市值以及更低的破产率。

如果良好的管理导致了所有这些合意的结果,那么,为什么并非所有企业都采用了最佳实践呢?布鲁姆和范雷南对糟糕管理的持续性提出了两个解释。

首先是缺乏竞争。当一家有着糟糕管理实践的企业不会面临有力的竞争时,其管理者就无须付出艰辛努力去改善企业管理且不会有多少后果。相反,当一家企业在高度竞争性的市场经营时,差的管理往往导致亏损,这最终将导致企业要么改变其实践要么破产。结果,在竞争市场，只有管理良好的企业才能生存。竞争的一个决定因素是贸易开放程度：当企业不得不与世界各地的类似企业竞争时，它就难以维持糟糕的管理实践。

对糟糕管理的持续性的另一个解释是长子继承制，即一些家族企业任命家庭的长子为首席执行官（CEO）这种传统。这一实践意味着 CEO 的职位可能不会归于最胜任的人。而且，如果长子知道仅凭出生顺序而无须跟职业经理人或至少无须跟其他家庭成员竞争就能得到这个职位，那么，他可能就没有多少激励去为成为一个好的管理者付出必要的努力。确实，布鲁姆和范雷南报告称，由长子担任 CEO 的企业更有可能得到差的管理评分。他们还发现，长子继承制在英国和法国比在美国和德国要常见得多，或许是由于经久不衰的诺曼传统（Norman tradition）的影响。

布鲁姆和范雷南这项研究的要旨是：管理实践的差别有助于解释为什么一些国家比另一些国家有着更高的生产率从而有着更高的收入。这些管理上的差别又可能被追溯到竞争程度和历史传统上的差别。[①]

10.2 经济增长源泉的核算

在过去半个世纪中，美国的实际 GDP 平均每年增长大约 3%。什么解释了这一增长？在第 3 章中，我们把经济的产出与生产要素——资本和劳动——以及生产技术联系在一起。在这里我们发展一种称为增长核算（growth accounting）的技术，它把产出的增长分为三种不同的来源：资本的增加、劳动的增加以及技术的进步。这种分解为我们提供了一个对技术进步率的衡量。

生产要素的增加

我们首先考察生产要素的增加如何促进产出的增加。为此，我们从假设没有技术变化开始，因此，把产出 Y 与资本 K 和劳动 L 联系起来的生产函数随着时间的推移保持不变：

$$Y = F(K, L)$$

在这种情况下，产出量的变动仅仅是由于资本量或劳动量的变动引起的。

资本的增加 考虑资本的变动。如果资本量增加 ΔK 单位，产出量会增加多少呢？为了回答这个问题，我们需要回忆资本的边际产量（MPK）的定义：

$$MPK = F(K+1, L) - F(K, L)$$

[①] Nicholas Bloom and John Van Reenen, "Measuring and Explaining Management Practices Across Firms and Countries," *The Quarterly Journal of Economics* 122（2007）：1351-1408. 在更近期的研究中，布鲁姆和范雷南及其合作者将他们的调查拓展到了其他国家。他们报告称，平均而言，美国、日本和德国企业的管理最好，而巴西、中国和印度等发展中国家企业的管理往往糟糕。参见 Nicholas Bloom, Christos Genakos, Raffaella Sadun, and John Van Reenen, "Management Practices Across Firms and Countries," NBER Working Paper No. 17850，February 2012。

资本的边际产量告诉我们,当资本增加 1 单位时,产出增加多少。因此,当资本增加 ΔK 单位时,产出的增加近似为 $MPK \times \Delta K$。①

例如,假定资本的边际产量是 1/5。也就是说,1 单位额外的资本会使生产的产出量增加 1/5 单位。如果增加 10 单位资本,我们可以计算出增加的产出量:

$$\Delta Y = MPK \times \Delta K$$

$$= \frac{1}{5} \frac{\text{单位产出}}{\text{单位资本}} \times 10 \text{ 单位资本}$$

$$= 2 \text{ 单位产出}$$

通过增加 10 单位资本,我们增加了 2 单位产出。这样,我们用资本的边际产量把资本的变动转变为产出的变动。

劳动的增加 接下来考虑劳动的变动。如果劳动量增加 ΔL 单位,产出增加多少?我们用上面回答关于资本的问题所使用的相同的方法来回答这个问题。劳动的边际产量(MPL)告诉我们,当劳动增加 1 单位时,产出变动多少,即:

$$MPL = F(K, L+1) - F(K, L)$$

因此,当劳动量增加 ΔL 单位时,产出的增加近似为 $MPL \times \Delta L$。

例如,假定劳动的边际产量是 2,这意味着 1 单位额外的劳动使生产的产出增加 2 单位。如果增加 10 单位劳动,我们就可以这样计算出增加的产出量:

$$\Delta Y = MPL \times \Delta L$$

$$= 2 \frac{\text{单位产出}}{\text{单位劳动}} \times 10 \text{ 单位劳动}$$

$$= 20 \text{ 单位产出}$$

通过增加 10 单位劳动,我们多得到了 20 单位产出。这样,我们用劳动的边际产量把劳动的变动转变为产出的变动。

资本与劳动的增加 最后,让我们考虑两种生产要素都变动这种更现实的情况。假定资本量增加 ΔK 而劳动量增加 ΔL。那么,产出的增加既来自资本的增加又来自劳动的增加。我们可以用这两种投入的边际产量把这一增加分为这两种源泉:

$$\Delta Y = (MPK \times \Delta K) + (MPL \times \Delta L)$$

第一个括号中的项是资本增加所导致的产出增加,第二个括号中的项是劳动增加所导致的产出增加。这个方程向我们表明了如何把增长归因于每一种生产要素。

现在我们想把最后一个方程变成更加容易解释的形式,并运用于可获得的数

---

① 注意这里的"近似"一词。这种回答只是一种近似,因为资本的边际产量是变动的:它随资本量的增加而减少。准确的回答要考虑到每单位资本有不同的边际产量。但是,如果 K 的变动并不太大,那么,用不变的边际产量来近似就是很准确的。

据。首先，通过一些代数整理，这个方程变为①

$$\frac{\Delta Y}{Y} = \left(\frac{MPK \times K}{Y}\right) \times \frac{\Delta K}{K} + \left(\frac{MPL \times L}{Y}\right) \times \frac{\Delta L}{L}$$

这一形式的方程把产出增长率 $\Delta Y/Y$ 与资本增长率 $\Delta K/K$ 和劳动增长率 $\Delta L/L$ 联系在一起了。

接下来，我们需要找出某种方法来衡量最后一个方程里两个括号中的项。在第 3 章中，我们证明了资本的边际产量等于其实际租赁价格。因此，$MPK \times K$ 是资本的总回报，$(MPK \times K)/Y$ 是资本在产出中的份额。类似地，劳动的边际产量等于实际工资。因此，$MPL \times L$ 是劳动得到的总报酬，而 $(MPL \times L)/Y$ 是劳动在产出中的份额。在生产函数为规模报酬不变的假设下，（我们在第 3 章中讨论过的）欧拉定理告诉我们，这两个份额之和为 1。在这种情况下，我们可以写出

$$\frac{\Delta Y}{Y} = \alpha \frac{\Delta K}{K} + (1-\alpha) \frac{\Delta L}{L}$$

式中，α 为资本的份额；而 $(1-\alpha)$ 为劳动的份额。

最后这个方程给了我们一个简单的公式来表示投入的变动如何导致产出的变动。该方程说，我们必须用要素的份额作为投入增长率的权重。在美国，资本的份额约为 30%，即 $\alpha=0.30$。因此，资本量增加 10%（$\Delta K/K=0.10$）使产出增加 3%（$\Delta Y/Y=0.03$）。类似地，劳动量增加 10%（$\Delta L/L=0.10$）使产出增加 7%（$\Delta Y/Y=0.07$）。

技术进步

在迄今为止对增长源泉的分析中，我们一直假设生产函数不随时间变动。在实践中，技术进步改善了生产函数。对于任何给定的投入量，我们现在能够生产比过去更多的产出。现在我们把分析扩展到包括技术进步。

我们通过把生产函数写为如下形式来包括技术变动的影响：

$$Y = AF(K, L)$$

式中，A 为技术水平的衡量指标，被称为全要素生产率（total factor productivity）。现在资本和劳动增加与全要素生产率的提高都会导致产出增加。如果全要素生产率提高 1% 而投入保持不变，那么产出也增加 1%。

将技术变动包括进来使我们的经济增长核算方程增加了一项：

$$\frac{\Delta Y}{Y} = \alpha \frac{\Delta K}{K} + (1-\alpha) \frac{\Delta L}{L} + \frac{\Delta A}{A}$$

产出增长 ＝ 资本的贡献 ＋ 劳动的贡献 ＋ 全要素生产率的增长

---

① 数学注释：为了看出这个方程与前一个方程等价，注意我们可以用 Y 乘以这个方程的两边，从而在 Y 出现的三个地方消去 Y。我们可以消去右边第一项上面和下面的 K，消去右边第二项上面和下面的 L。这些代数整理就把这个方程变成了前一个方程。

这是增长核算的关键方程。它确定了并且使我们可以衡量增长的三个源泉：资本量的变动、劳动量的变动和全要素生产率的变动。

由于全要素生产率无法直接观察到，所以要间接地衡量。我们有产出、资本和劳动增长的数据；我们也有资本在产出中所占份额的数据。根据这些数据和增长核算方程，我们可以计算得到全要素生产率的增长：

$$\frac{\Delta A}{A} = \frac{\Delta Y}{Y} - \alpha \frac{\Delta K}{K} - (1-\alpha) \frac{\Delta L}{L}$$

$\Delta A/A$ 是不能用投入变动解释的产出变动。因此，全要素生产率的增长是作为一个余量计算出来的：它是我们考虑了可以直接衡量的增长决定因素后剩余的产出增长量。确实，$\Delta A/A$ 有时被称为索洛余量（Solow residual），以第一个说明如何计算这个量的经济学家罗伯特·索洛的名字命名。①

全要素生产率可能由于许多原因而变动。产出变动最经常的原因是有关生产方法的知识的增加，因此索洛余量也常常作为技术进步的衡量指标。但其他因素，例如教育和政府管制，也会影响全要素生产率。例如，如果更高的公共支出提高了教育质量，那么，同样数量的工人可能能够生产更多的产出，这就意味着全要素生产率的增加。在另一个例子中，如果政府管制要求企业购买资本以减少污染或提高工人的安全性，那么，资本存量可能增加，而衡量出来的产出却没有增加，这意味着全要素生产率的减少。全要素生产率体现了改变所衡量的投入与所衡量的产出之间关系的任何因素。

美国增长的源泉

在了解了如何衡量经济增长的源泉之后，现在我们来看看数据。表 10-1 使用美国的数据来衡量 1948—2019 年间增长的三种源泉的贡献。

该表显示，在这一时期，非农产业部门的产出平均每年增长 3.4%。在这 3.4% 中，1.3% 是由于资本存量的增加，1.0% 是由于劳动投入的增加，还有 1.1% 是由于全要素生产率的提高。这些数据表明，资本增加、劳动增加和生产率的提高对美国经济增长所做出的贡献几乎相等。

表 10-1 还表明，在 1973 年左右，全要素生产率的增长大大减缓了。1973 年以前，全要素生产率每年增长 1.9%；1973 年以来，其增长率每年只有 0.7%。经过多年的积累之后，哪怕是增长率的微小变动也会对经济福利有很大的影响。如果生产率增长率一直保持在原先的水平，2019 年美国的实际收入将会比现实值高大约 70%。

---

① Robert M. Solow, "Technical Change and the Aggregate Production Function," *Review of Economics and Statistics* 39 (1957): 312-320. 有人自然会问这么一个问题：劳动效率 E 的增长与全要素生产率的增长有何关系？我们可以证明 $\Delta A/A = (1-\alpha) \Delta E/E$，式中，$\alpha$ 为资本的份额。因此，用索洛余量衡量的技术变动与用劳动效率的增长来衡量的技术变动是成比例的。

表 10-1　　　　　　　　　　　　　美国经济增长的核算

年份	增长的源泉			
	产出的增长 $\Delta Y/Y=$	资本 $\alpha\Delta K/K+$	劳动 $(1-\alpha)\Delta L/L+$	全要素生产率 $\Delta A/A$
	(年均增长百分比，%)			
1948—2019	3.4	1.3	1.0	1.1
1948—1973	4.2	1.3	1.0	1.9
1973—2019	3.1	1.3	1.1	0.7

资料来源：U. S. Department of Labor. 数据为非农业部门的数据。

案例研究

生产率增长的减缓

为什么1973年左右生产率增长会开始减缓呢？有许多假说解释这个现象。以下是其中的三个。

衡量问题　一种可能性是生产率减缓并没有真正发生，仅仅是数据存在缺陷。你可以回忆第2章，衡量通货膨胀的一个挑战是对产品与服务的质量变化进行校正。当衡量产出和生产率时也产生了同样的问题。例如，如果技术进步导致更多的电脑被生产出来，那么，产出和生产率的提高是易于衡量的。但是，如果技术进步导致运行速度更快的电脑被生产出来，那么，产出和生产率提高了，但这种提高更为微妙和难以衡量。政府的统计人员努力校正质量的变动，但尽管他们做了最大的努力，得出的数据仍然远远不够完美。

无法衡量的质量改进意味着，我们的生活水平比官方数据所表示的提高得更快。这个问题应该让我们对官方数据有所怀疑，但这个问题本身并不能解释生产率的减缓。为了解释增长的减缓，我们必须证明衡量问题变得更糟。有理由相信可能是这样。随着时间的推移，在农业和制造业这样的生产产品的行业的就业减少了，这些行业的产出是有形的而且易于衡量，在教育和卫生保健这样的服务性行业的就业增加了，这些行业的产出是无形的而且不那么容易衡量。但是，很少有经济学家认为衡量问题就是故事的全部。

工人素质的下降　一些经济学家提出，生产率的减缓可能是由劳动力的变动造成的。在20世纪70年代初，大批"婴儿潮"一代离开学校并参加工作。同时，社会规范的变化鼓励许多妇女改变全职家庭主妇的角色和进入劳动力队伍。这两种新情况都降低了工人的平均经验水平，从而降低了平均生产率。

另一些经济学家指向了由人力资本来衡量的工人素质的变化。虽然劳动力的受教育程度在这一时期一直在提高，但在最近几十年提高得并不像过去那样快。此外，一些标准化考试的成绩下降表明教育质量在下降。这两个因素都可以解释生产率增长的减缓。

思想的枯竭　有一些经济学家提出，20世纪70年代初，世界上关于如何生产的新思想已经开始枯竭，使经济进入了一个技术进步减缓的时代。这些经济学家常常认为，这种异常情况不是 20 世纪 70 年代以来的生产率增长减缓，而是在此之前的 20 年里（即 20 世纪 50 年代和 60 年代）生产率增长的加速。在 20 世纪 40 年代末，经济中有大量由于 20 世纪 30 年代的大萧条和 40 年代上半期的第二次世界大战而未能充分实施的思想储备。这种论证继续说，在经济用完这些思想储备之后，生产率增长减缓就是可能的了。的确，尽管 1973 年以后的增长率与 20 世纪 50 年代和 60 年代相比令人失望，但并不比 1870—1950 年的平均增长率低。

不幸的是，生产率增长的减缓仍然是一个谜。在 20 世纪 90 年代中期，生产率增长加速了，这一新情况常常被归功于计算机和信息技术的发展，但事实证明生产率增长加速只是暂时的。在 21 世纪 10 年代，全要素生产率的增长率只有每年 0.7%。始于 1973 年左右、令人难以理解的生产率增长减缓仍然是当代经济的特征之一。[1]

短期的索洛余量

当罗伯特·索洛引入他的著名的余量时，他的目标是解释决定长期技术进步和经济增长的力量。但是经济学家爱德华·普雷斯科特把索洛余量看作更短时期间技术变化的衡量指标。他得出结论：技术的波动是经济活动短期变化的一个主要源泉。

图 10-1 显示了 1960—2019 年间用美国的年度数据得到的索洛余量和产出增长。注意索洛余量波动很大。如果普雷斯科特的解释是正确的，那么我们可以根据这些短期波动得出结论，例如 1982 年技术变差了和 1984 年技术改善了。还要注意索洛余量和产出的运动很接近：在产出下降的年份，索洛余量常常是负的。根据普雷斯科特的观点，这一事实意味着萧条是由对技术的逆向冲击驱动的。技术冲击是短期经济波动背后的驱动力这一假说，以及货币政策对解释这些波动不起作用这一补充假说，是被称为真实经济周期理论的方法的基础。

可是，普雷斯科特对这些数据的解释是有争议的。许多经济学家相信，索洛余量没有精确地代表短时期之间的技术变化。对索洛余量周期行为的标准解释是，它是源于两个衡量问题的人工产物。

第一，在衰退期间，企业可能继续雇用它们不需要的工人，以便当经济复苏时那些工人立即可以为之所用。这一现象被称为劳动储备（labor hoarding）。因为在衰退期间储备的工人很有可能没有和通常一样努力工作，所以劳动投入的衡量被高估了。在衰退期间，由于产出下降而所衡量的劳动投入没有相称的下降，所以，用索洛余量衡量的生产率增长即使在技术没有变动时也会下降。结果，索洛余量比可获得的生产技术周期性更强。

---

[1] 要想了解有关生产率趋势及其衡量的各种观点，参见《经济展望杂志》1988 年秋季刊、2000 年秋季刊和 2017 年春季刊。关于支持思想枯竭假说的近来的研究，参见 Nicholas Bloom, Charles I. Jones, John Van Reenen, and Michael Webb, "Are Ideas Getting Harder to Find?" *American Economic Review* 110, no. 4 (April 2020): 1104-1144.

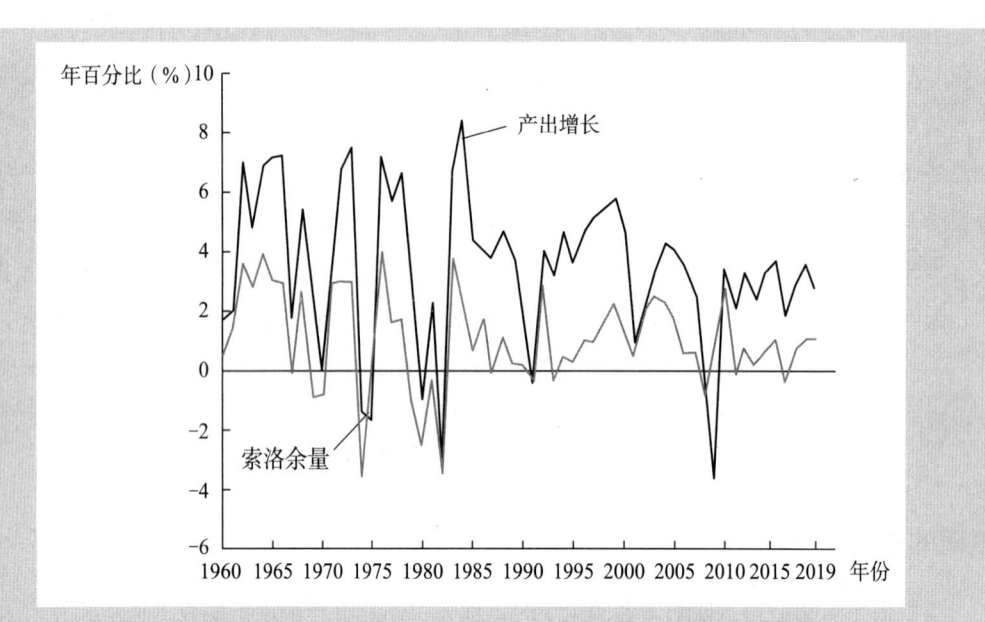

图 10-1 产出增长和索洛余量

索洛余量被一些经济学家解释为技术冲击的一个衡量指标,它随着经济中产品和服务的产出而波动。

资料来源:U. S. Department of Commerce.

第二,当需求低时,企业可以生产不易衡量的东西。在衰退期间,工人可能清扫工厂,组织存货,接受一些培训,以及做其他有用的但不被标准的产出衡量指标包括在内的任务。如果情况是这样,那么,产出在衰退期间被低估了,这使得衡量出来的索洛余量因为技术以外的原因而具有周期性。

因此,经济学家能够用不同的方式解释索洛余量的周期性行为。一些经济学家把衰退期间的低生产率作为逆向技术冲击的证据。其他经济学家则相信,衰退期间衡量出来的生产率低是因为工人没有和通常一样努力工作以及更多的工人产出没有被衡量。遗憾的是,关于劳动储备和产出的周期性错误衡量的重要性,尚没有清晰的证据。因此,对图 10-1 的不同解释仍在继续。①

10.3 促进增长的政策

到现在为止我们已经使用了索洛模型来揭示经济增长的不同源泉之间的理论关系,我们已经讨论了描述实际增长经验的一些实证研究。现在我们可以用理论和证

---

① 要想阅读更多关于这个主题的内容,参见 Edward C. Prescott, "Theory Ahead of Business Cycle Measurement," and Lawrence H. Summers, "Some Skeptical Observations on Real Business Cycle Theory," 这两篇文章都发表在 *Federal Reserve Bank of Minneapolis Quarterly Review* 10 (Fall 1986); N. Gregory Mankiw, "Real Business Cycle: A New Keynesian Perspective," *Journal of Economic Perspectives* 3 (Summer 1989): 79-90; and Charles I. Plosser, "Understanding Real Business Cycles," *Journal of Economic Perspectives* 3 (Summer 1989): 51-77。

据来指导我们思考经济政策。

对储蓄率的评价

根据索洛增长模型，一国的储蓄和投资量是该国公民生活水平的一个关键决定因素。因此，我们从一个自然而然的问题开始我们对政策的讨论：美国经济的储蓄率是太低、太高还是大体合适？

正如我们已经看到的，储蓄率决定了稳态的资本和产出水平。一个特定的储蓄率产生了黄金律稳态，该稳态使人均消费最大化，从而使经济福利最大化。黄金律为我们提供了一个可以用来与美国经济相比较的基准。

为了确定美国经济处于、高于还是低于黄金律稳态，我们需要比较减去折旧后的资本的边际产量（$MPK-\delta$）与总产出增长率（$n+g$）。正如我们在上一章所证明的，在黄金律稳态，$MPK-\delta=n+g$。一方面，如果经济现在运行所使用的资本小于黄金律稳态，那么，边际产量递减就告诉我们，$MPK-\delta>n+g$。在这种情况下，提高储蓄率将增加资本积累和加快经济增长，最终达到有更高消费的稳态（尽管在向新的稳态过渡的部分时间里消费会降低）。另一方面，如果经济拥有的资本多于黄金律稳态，那么，$MPK-\delta<n+g$。在这种情况下，资本积累过多：降低储蓄率将导致消费增加，在长期也会导致更高的消费。

为了对现实经济，如美国经济，进行这种比较，我们需要估计产出的增长率（$n+g$）和资本的净边际产量（$MPK-\delta$）。美国的实际GDP平均每年增长3%，因此，$n+g=0.03$。我们可以根据以下三个事实来估算资本的净边际产量：

1. 资本存量约为一年GDP的3倍。
2. 资本折旧约为GDP的15%。
3. 资本收入约为GDP的33%。

运用我们的模型中用到的符号（以及第3章得出的资本所有者每单位资本赚取的收入为MPK），我们可以把这些事实表示为

1. $k=3y$。
2. $\delta k=0.15y$。
3. $MPK\times k=0.33y$。

我们通过用方程2除以方程1解出折旧率δ：

$\delta k/k=(0.15y)/(3y)$

$\delta=0.05$

我们用方程3除以方程1解出资本的边际产量（MPK）：

$(MPK\times k)/k=(0.33y)/(3y)$

$MPK=0.11$

因此，资本存量的折旧率为每年大约5%，资本的边际产量为每年大约11%。

资本的净边际产量，即 $MPK-\delta$，为每年大约 6%。

现在我们可以看到，资本的回报（$MPK-\delta=$ 每年 6%）高于经济的平均增长率（$n+g=$ 每年 3%）。这个事实与我们以前的分析相结合就表明，美国经济的资本存量低于黄金律水平。换言之，如果美国把其收入的更大比例用于储蓄和投资，它会更迅速地增长，并最终达到有着更高消费的稳态。

这一结论不仅适用于美国经济，在对其他经济体进行类似的计算时，结果也几乎相同。超过黄金律水平的过度储蓄和资本积累的可能性作为一个理论问题令人感兴趣，但看来不是现实经济体面临的问题。在实践中，经济学家常常更担心的是储蓄不足。以上计算为这种担心提供了逻辑基础。[1]

改变储蓄率

前面的计算表明，要使美国经济向黄金律稳态移动，政策制定者应该实行鼓励国民储蓄的政策。但是，政府怎样才能做到这一点呢？我们在第 3 章中看到，作为一个简单的核算问题，更高的国民储蓄意味着更高的公共储蓄、更高的私人储蓄或者两者的某种结合。许多关于促进增长的政策争论的焦点正是这些选项中哪一个最有效率的问题。

政府影响国民储蓄最直接的方式是通过公共储蓄——政府所得到的税收收入和它的支出之间的差额。当政府支出大于其收入时，政府有预算赤字（budget deficit），这代表负的公共储蓄。正如我们在第 3 章中看到的，预算赤字提高了利率，并挤出了投资；所引起的资本存量的减少是加在子孙后代身上的国债负担的一部分。反过来，如果政府支出小于其收入，政府有预算盈余（budget surplus），可以用于偿还部分国债和刺激投资。

政府还可以通过影响私人储蓄——家庭和企业所进行的储蓄——来影响国民储蓄。人们决定储蓄多少取决于他们所面临的激励，而这些激励可以被多种公共政策改变。一方面，许多经济学家认为，对资本的高税率——包括公司所得税、联邦所得税、房地产税以及许多州的所得税和房地产税——通过降低储蓄者所赚取的回报率抑制了私人储蓄。另一方面，像 IRA（individual retirement account）这样的免税退休金账户，其设计的目的就是通过给予储蓄在这些账户中的收入以优惠待遇来鼓励私人储蓄。一些经济学家提出把目前的所得税系统变更成消费税系统以提高储蓄的激励。

关于公共政策的许多分歧的根源在于人们对私人储蓄会在多大程度上对激励做出反应持有不同的观点。例如，假定政府增加免税的退休金账户的可存入金额，人

---

[1] 要想更多地了解这个主题和一些国际证据，参见 Andrew B. Abel, N. Gregory Mankiw, Lawrence H. Summers, and Richard J. Zeckhauser, "Assessing Dynamic Efficiency: Theory and Evidence," *Review of Economic Studies* 56 (1989): 1-19。

们对这一激励做出的反应是储蓄更多吗？或者，人们仅仅是把以其他形式进行的储蓄转入这些账户——减少了税收收入，从而减少了公共储蓄，而对私人储蓄没有任何刺激？政策的合意性取决于对这些问题的答案。遗憾的是，尽管关于这一问题有许多研究，但并没有形成共识。

配置经济的投资

索洛模型做出了一个简单化的假设：只存在一种类型的资本。现实中存在许多类型的资本。私人企业既投资于传统类型的资本，例如推土机和钢铁厂，也投资于更为新型的资本，例如电脑和机器人。政府投资于被称为基础设施（infrastructure）的各种形式的公共资本，例如道路、桥梁和城市排水系统。

此外，还有人力资本（human capital）——工人从包括启智（Head Start）等早期儿童教育项目到劳动力中成年人的在职培训等教育中所获得的知识和技能。尽管索洛模型中的资本变量通常被解释为仅仅包括实物资本，但人力资本在许多方面与实物资本类似。与实物资本一样，人力资本提高了我们生产产品与服务的能力。提高人力资本水平需要以教师、图书馆和学生学习时间为形式的投资。关于经济增长的研究强调，在解释生活水平的国际差别上，人力资本至少与实物资本同样重要。模型化这一事实的一种方法是扩大我们称为"资本"的定义范围，使其既包括人力资本也包括实物资本。①

想要促进经济增长的政策制定者必定会遇到经济最需要哪些种类的资本的问题。换言之，哪些种类的资本产生了最高的边际产量？在很大程度上，政策制定者可以依靠市场把储蓄配置给不同类型的投资。资本的边际产量最高的那些行业自然最愿意按市场利率为新投资融资。许多经济学家主张，政府应该只是为不同类型资本创造一种"公平竞争的环境"——例如，通过确保税收体系公平地对待所有形式的资本。然后政府就可以依靠市场来有效地配置资本。

另一些经济学家建议，政府应该积极地促进某些特定形式的资本。例如，假定技术进步是作为某些活动的副产品出现的。如果在增加资本的过程中发明了新的改进了的生产流程［这种现象被称为"干中学"（learning by doing）］，并且如果这些思想成为社会知识体系的一部分，那么，这种情况就可能出现。这种副产品被称为技术的外部性（technological externality），或者被称为知识溢出（knowledge spillover）。存在这种外部性时，资本的社会回报大于私人回报，资本积累对社会的好处

---

① 在第9章，当我们把 K 仅仅解释为实物资本时，人力资本被包括在劳动效率变量 E 中。这里提出的另一种方法是把人力资本作为 K 的一部分，从而 E 代表技术而不是人力资本。如果对 K 给出更广义的解释，那么我们所说的劳动收入就有许多实际上反映了人力资本的报酬。结果，真正的资本份额就比传统的大约 1/3 的柯布-道格拉斯值大得多。要想更多地了解这一主题，参见 N. Gregory Mankiw, David Romer, and David N. Weil, "A Contribution to the Empirics of Economic Growth," *The Quarterly Journal of Economics* 107 (May 1992): 407-437。

比索洛模型所认为的更大。① 此外，某些类型的资本积累产生的外部性可能大于其他类型的资本。例如，如果安装机器人产生的技术外部性大于建一个新钢铁厂，那么，也许政府就应该用税法来鼓励对机器人的投资。这种政策有时被称为产业政策（industrial policy），其成功取决于政府精确衡量不同经济活动的外部性从而正确激励每种经济活动的能力。

大多数经济学家对产业政策持怀疑态度，这有两个原因。第一，衡量不同部门的外部性是很困难的。如果政策是基于糟糕的衡量而做出的，那么，它的效果有可能是接近于随机的，从而比根本没有政策还糟。第二，政策过程远非完美。一旦政府开始用补贴和税收优惠来奖励某些行业，那么，这种奖励基于政治影响力与基于外部性就具有同等可能性。

一种必然涉及政府的资本类型是公共资本。地方、州和联邦政府总是要决定何时通过借贷来为新的公路、桥梁和公共交通系统筹集资金。例如，2016 年，唐纳德·特朗普在承诺增加 1 万亿美元基础设施支出后被选举为总统（到 2020 年年中，增加 1 万亿美元基础设施支出的提案尚未获得通过）。这一提议得到了一些经济学家的支持，也受到了其他一些经济学家的批评。但所有经济学家都同意，衡量公共资本的边际产量是困难的。私人资本给拥有资本的企业带来的利润率易于衡量，而公共资本的好处更为分散。此外，私人投资是投资者花费自己的资金，而公共资本的资源配置涉及政治过程和纳税人的资金。仅仅因为某国会议员拥有政治力量能够让所需的资金获批就修建"通向荒野之桥"（bridges to nowhere），这是我们经常能够看到的稀松平常的事。

案例研究

实践中的产业政策

长期以来，政策制定者和经济学家一直就政府是否应该促进可能对经济具有战略重要性的某些行业和企业的发展争论不休。在美国，这样的争论可以追溯到两个多世纪以前。美国首任财政部长亚历山大·汉密尔顿支持对某些进口品征收关税以鼓励国内制造业的发展。《1789 年关税法案》（the Tariff of 1789）是新联邦政府通过的第二个法案。这样的关税帮助了制造商，但损害了农民的利益，他们不得不为进口品支付更高的价格。由于大多数制造商位于美国北方，而南方则有更多的农民，因此，这样的关税是最终导致了南北战争的区域紧张局势的原因之一。

支持政府在促进技术发展中扮演重要角色的人可以用近来的一些成功作为证据。例如，现代互联网的前身是一个称为"阿帕网"（Arpanet）的系统，该系统是美国国防部的一个部门为了各军事基地间的信息传播而建立的。互联网带来了生产率的重大提高，政府在互联网

---

① Paul Romer, "Crazy Explanations for the Productivity Slowdown," *NBER Macroeconomics Annual* 2 (1987): 163–202.

的创造中起到了作用，这些都是毫无疑问的。根据产业政策支持者的观点，这个例子说明了政府可以如何帮助启动一项新兴技术。

但是，政府在力图取代私人企业决策时也可能犯错误。日本的通商产业省（Ministry of International Trade and Industry，MITI）有时被认为是成功实行产业政策的典范，但是，它曾经竭力阻止本田公司将其业务从摩托车扩展到汽车。日本通商产业省认为，本国已经有了足够的汽车制造商。幸运的是，日本政府的阻止行动失败了，本田成为世界上最大的、利润最高的汽车公司之一。

更近些年来，政府政策致力于推动"绿色技术"。特别地，为了减少人类对全球气候变化的影响，美国联邦政府对相比传统方法碳排放更少的能源生产方法提供了补贴。评估这项政策的长期成功还为时过早，但是，短期内已经出现了难堪的事情。2011年，一家叫做Solyndra的太阳能电池板制造商在联邦政府给其提供一笔5.35亿美元的贷款担保仅仅两年后就宣布破产了。

毫无疑问，对产业政策的争论在未来的时间里仍将继续。关于政府对市场的这种干预的最终评判要求既评估自由市场的效率，又评估政府机构识别值得支持的技术的能力。

案例研究

印度和中国的错配

在完美运行的市场经济中，资本和劳动将自然而然地流向其最佳用途。结果，各企业间资本的边际产量的值将会相等，劳动的边际产量的值也会相等。

然而，现实的经济远非完美。运行糟糕的资本市场或设计糟糕的政府监管有时候会阻碍最具生产性的企业扩张。这些企业的资本和劳动的边际生产率可能很高但却不能加以利用，这是一个事实。有时候，国家对经济的拙劣控制使得那些不怎么有生产性的企业得以维持运营，其方式可能是通过受到优待的企业提供便宜的信贷。这些企业的资本和劳动的边际生产率可能很低，但由于企业的所有者具有政治力量，因而并不会缩减其规模，也就不能释放资源以供更具生产性的企业使用。结果，该经济的资本和劳动可能存在错配，这降低了总体的生产率水平。

在一项重要的研究中，经济学家谢长泰（Chang-Tai Hseih）和彼得·J.克莱诺（Peter J. Klenow）研究了印度和中国相较于美国而言的资本和劳动错配。他们使用这三个国家的制造工厂的详细数据，衡量了每个工厂的资本和劳动的边际生产率。谢长泰和克莱诺发现这三个国家的工厂层次的边际生产率存在相当大的异质性。更重要的是，他们发现，印度和中国的生产率离散程度比美国大得多；也就是说，最佳工厂与最差工厂之间的边际生产率之差在印度和中国比美国要大得多。这一发现表明，印度和中国的资源错配比美国更大。

这一资源错配有多要紧呢？通过估计如果中国和印度的边际生产率离散程度和美国的相同制造业的总体生产率水平将会提高多少，谢长泰和克莱诺回答了这个问题。如果运行得更好的市场或设计得更好的政策能够使更多的资源从生产率低的企业流向生产率高的企业，那么,边际生产率离散程度的降低就会出现。谢长泰和克莱诺发现,这样的变化将使中国的总体生产率提高30%~50%,使印度的总体生产率提高40%~60%。这项研究的要旨是,通过降低那些阻碍资本和劳动向其最佳用途流动的壁垒,发展中国家可以显著提高其生产率和生活水平。①

建立适当的制度

如我们此前所讨论的,研究生活水平的国际差异的经济学家把这些差异部分归因于实物资本和人力资本的投入差别,部分归因于使用这些投入的生产率。各国生产效率水平不同的一个原因是,指导稀缺资源配置的制度不同。创建适当的制度对保证资源配置于最佳用途是至关重要的。

也许说明制度重要性的一个最清晰的最新实例是朝鲜和韩国的对比。在许多个世纪里,这两个国家曾经有着共同的政府、传统、文化和经济。但是,二战后,美国和苏联达成的协定将朝鲜半岛分成了两个国家。在北纬38度线以北,朝鲜建立了以苏联的社会主义模式为基础的制度。在北纬38度线以南,韩国建立了以美国的资本主义模式为基础的制度。到了今天,北纬38度线南北两边经济发展的差别已经再鲜明不过了。朝鲜的人均GDP还不到韩国的1/10。这一差别在晚上拍摄的卫星地图上非常明显。韩国灯火通明——电的广泛使用是经济发达的标志,而朝鲜则笼罩在黑暗之中。

在民主的资本主义国家中,也存在重要但又微妙的制度差别。一国的法律传统就是例子。一些国家,例如美国、澳大利亚、印度和新加坡,是英国的前殖民地,有着英式的普通法法系。其他国家,例如意大利、西班牙和大多数拉丁美洲国家,有从法国《拿破仑法典》发展出来的法律传统。研究发现,英式法律体系比法式法律体系对股东和债权人的法律保护更强,因此,英式国家的资本市场得到了更好的发展。有着更发达的资本市场的国家又经历了更快的增长,因为小公司和初创公司可以更容易地为其投资项目筹集资金,导致该国资本的更有效配置。②

不同国家之间的另一个重要的制度差别是政府的质量和政府官员的正直。理想情况是,政府应当通过保护产权、强制执行合同、促进竞争、起诉欺诈等方式对市场体系施以"援手"。然而政府有可能背离这一理想,其行为更像"掠夺之手",它们使用国家权威以广大民众的利益为代价使当权者致富。实证研究显示了一国腐败

---

① Chang-Tai Hsieh and Peter J. Klenow, "Misallocation and Manufacturing TFP in China and India," *The Quarterly Journal of Economics* 124 (November 2009): 1403-1448.

② Rafael La Porta, Florencio Lopez-de-Silanes, Andrei Shleifer, and Robert Vishny, "Law and Finance," *Journal of Political Economy* 106 (1998): 1113-1155; and Ross Levine and Robert G. King, "Finance and Growth: Schumpeter Might Be Right," *The Quarterly Journal of Economics* 108 (1993): 717-737.

的程度确实是经济增长的一个重要决定因素。①

18世纪伟大的经济学家亚当·斯密清楚地认识到了制度在经济增长中的作用。他曾经写道:"除了和平、轻税和过得去的执法,使一国从最原始的状态发展到最富裕的状态几乎不需要其他东西,所有其他东西就自然而然都有了。"②可悲的是,许多国家不具有这三个简单的条件。

案例研究

现代制度的殖民地渊源

国际数据显示,纬度与经济繁荣之间存在着显著的相关关系:靠近赤道的国家通常比离赤道更远的国家有更低的人均收入。这一事实在北半球和南半球都存在。

什么能解释这一相关性?一些经济学家提出,靠近赤道的热带气候对生产率有着直接的负面影响。在热带的炎热气候下,农业更难以发展,疾病更流行。这些环境妨碍了产品和服务的生产。

尽管地理的直接影响是热带国家往往贫穷的一个原因,但这可能并不是故事的全部。达龙·阿西莫格鲁(Daron Acemoglu)、西蒙·约翰逊(Simon Johnson)和詹姆斯·罗宾逊(James Robinson)的研究提出了一个间接的机制:地理对制度的影响。以下是他们的解释,分四步表述如下:

1. 在17—19世纪,赤道气候给欧洲殖民者增加了患病危险,特别是疟疾和黄热病。结果,当欧洲人对世界上许多其他地方进行殖民化时,他们没有选择移居到赤道(包括非洲和中美洲的大部分地方)。欧洲殖民者偏爱气候更温和、卫生条件更良好的地区,例如现在的美国、加拿大和新西兰这些地区。

2. 在大量欧洲人移居的地区,殖民者建立了欧洲风格的包容性制度(inclusive institutions),这些制度普遍地分散权力、保护产权和尊重法治。与此相对,在赤道气候下,殖民权力机构常常建立掠夺性制度(extractive institutions),包括独裁政府,以便他们能够利用该地区的土著居民和自然资源。这些掠夺性制度养肥了殖民者,但对促进经济增长没什么作用。

3. 尽管现在殖民统治时代早已结束了,但欧洲殖民者建立的早期制度与这些前殖民地的现代制度存在强烈的相关性。在殖民政权建立了掠夺性制度的热带国家,甚至到了今天,对产权的保护通常仍然少见。殖民者离开时,掠夺性制度被保留下来,不过是由新的统治精英接管了。

4. 制度的质量是经济表现的关键决定因素。在产权和法治得到尊重的地区,人们有更多的激励进行导致经济增长的投资。在产权和法治较少得到尊重的地区,就像热带国家通常的情况那样,投资和增长常常滞后。

---

① Paulo Mauro, "Corruption and Growth," *The Quarterly Journal of Economics* 110 (1995): 681-712.

② Dugald Stewart, *Account of the Life and Writings of Adam Smith*, LL. D., collected in *Biographic Memoirs* (Edinburgh: Royal Society of Edinburgh, 1811).

这一研究表明，我们今天观察到的生活水平的国际差别有许多是历史长期作用的结果。①

支持促进增长的文化

一国的文化是指该国人民的价值观、态度和信念。许多社会科学家认为文化可能对经济增长有着重要影响。例如，社会学家马克斯·韦伯（Max Weber）在其1905年出版的经典著作《新教伦理与资本主义精神》（*The Protestant Ethic and the Spirit of Capitalism*）中论证了北欧16世纪开始的经济增长加速可以被归因于加尔文教派的兴起，加尔文教派是新教的一支，它强调勤劳和节约。

文化有很多方面，它难以量化。但是，文化差别以一些明确的方式有助于解释为什么一些国家富裕而另一些国家贫穷。下面是四个例子：

● 不同社会中女性的待遇不同。在一些国家，盛行的文化规范不让女性接受良好的教育，不让女性参加工作，这降低了生活水平。

● 不同社会对待儿童的态度不同——包括生多少个孩子和让孩子接受多少教育。更高的人口增长可能减少收入，更多的人力资本会增加收入。

● 不同社会对新思想，特别是来自海外的思想，所持的开放程度不同。更开放的国家能迅速地吸纳任何地方的技术进步，而欠开放的国家则发现它们离世界技术前沿越来越远。

● 不同社会中人们相互信任的程度不同。由于司法系统是一种成本高昂并且不完美的执行协议的机制，因此，当信任程度高时，协调经济活动更为容易。确实，调查中报告的信任水平和一国的人均收入存在正相关关系。信任与一些经济学家所称的社会资本相关，社会资本是指人们之间合作关系的网络，包括教堂和保龄球队等各种各样的团体。

一国文化产生于不同的历史、人类学和社会学力量，不能轻易被政策制定者控制。但是，文化随时间演化，政策能够起到支持作用。过去一个世纪里美国对女性态度的改变就是一个例子。今天的女性比过去接受的教育更多，更有可能进入劳动力，这些变化导致美国家庭的生活水平提高了。公共政策不是这些变化的主要原因，但是扩大女性的受教育机会和保护女性在职场的权利的法律与文化的演化是相辅相成的。

鼓励技术进步

索洛模型表明，人均收入的持续增长必定来自技术进步。然而，索洛模型没有

---

① Daron Acemoglu, Simon Johnson, and James A. Robinson, "The Colonial Origins of Comparative Development: An Empirical Investigation," *American Economic Review* 91, no. 5 (December 2001): 1369-1401. 对这项研究的一个评论，参见 David Y. Albouy, "The Colonial Origins of Comparative Development: Comment," *American Economic Review* 102, no. 6 (October 2012): 3059-3076.

解释技术进步，而是将其视为外生的。上一章讨论的内生增长理论对技术如何进步提供了一些见解。但是，技术进步的决定因素仍然没有得到很好的理解。

尽管理解有限，许多公共政策仍然被设计出来以促进技术进步。这些政策中的大多数鼓励私人部门把资源用于技术创新。例如，专利制度给新产品发明者以暂时的垄断地位；税法为进行研究与开发的企业提供税收优惠；还有像国家科学基金委员会这样的政府机构资助大学里的基础研究。此外，正如上面所讨论的，产业政策的支持者主张，对于那些对迅速的技术进步至关重要的行业，政府应该在促进这些行业的发展中起到更积极的作用。

近年来，对技术进步的鼓励开始显现出国际维度。许多从事推动技术进步的研究公司位于美国和其他发达国家。一些发展中国家存在通过不严格保护知识产权从而搭这些研究的便车的激励。也就是说，这些发展中国家的公司常常使用国外研发出来的创意，而不对专利持有者进行补偿。美国反对这种行为，有些发展中国家也已经承诺加强对知识产权的保护。如果知识产权在全世界得到更好的保护，那么，企业将有更多的激励从事研究，这将促进世界范围的技术进步。

案例研究

自由贸易有利于经济增长吗？

至少从亚当·斯密以来，经济学家就提倡把自由贸易作为一项促进国家繁荣的政策。斯密在他 1776 年的经典著作《国富论》（*The Wealth of Nations*）中是这样论证的：

> 每一个精明持家的高手都会遵循的准则是，如果自制的成本高于购买，就一定不要试图自制。裁缝不会试图自己做鞋，而是从鞋匠处买鞋。鞋匠不会试图自制衣服，而是雇裁缝做衣服……
>
> 每一个私人家庭的行为之中的精明做法对一个伟大的王国来说也几乎不会是愚蠢的。如果外国能够以比我们自制还便宜的价格为我们提供一种产品，我们最好用我们具有某种优势的行业所生产的部分产品来购买外国提供的便宜产品。

今天，经济学家依赖大卫·李嘉图的比较优势理论和更现代的国际贸易理论更为严密地论证了这一点。根据这些理论，开放贸易的国家可以通过专业化生产该国具有比较优势的产品来达到更高的生产效率和更高的生活水平。

怀疑者可能会说这仅仅是理论。证据呢？允许自由贸易的国家实际上更繁荣吗？大量文献正好讨论了这一问题。

一种方法是考察国际数据，看看开放贸易的国家通常是否更繁荣。证据显示确实如此。经济学家安德鲁·沃纳（Andrew Warner）和杰弗里·萨克斯（Jeffrey Sachs）研究了这一问题，他们所考察的时期是从 1970 年到 1989 年。他们报告说，在发达国家中，开放经济每年增长 2.3%，而封闭经济每年增长 0.7%。在发展中国家中，开放经济每年增长 4.5%，而封闭经济每年也是增长 0.7%。这些发现与斯密关于贸易促进繁荣的观点是一致的，但这些发现并不是结论性的。相关并不能证明因果关系。也许封闭贸易的政策是与多种其他限制性的政府政策相关的，正是这些其他政策损害了增长。

第二种方法是考察当封闭经济去除贸易限制时发生了什么。斯密的假说再次很成功。纵观历史，当一国向世界经济开放时，通常的结果是经济增长加速。这种情形发生在19世纪50年代的日本、20世纪60年代的韩国、20世纪90年代的越南。但是，再次地，相关不能证明因果关系。贸易自由化常常伴随着其他旨在促进增长的改革，很难把贸易的效应与其他改革的效应区分开来。

经济学家杰弗里·弗兰克尔（Jeffrey Frankel）和戴维·罗默（David Romer）提出了衡量贸易对增长的影响的第三种方法：考察地理的影响。一些国家的贸易少于其他国家，仅仅是因为它们在地理上处于不利地位。例如，新西兰与比利时相比处于不利地位，因为新西兰与其他人口稠密的国家距离更远。类似地，内陆国家与拥有港口的国家相比也处于不利地位。由于这些地理特征与贸易相关，但是可以论证它们与经济繁荣的其他决定因素不相关，所以，它们能够用于确定贸易对收入的因果关系。（为了这个目的所采用的统计技术被称为工具变量，你可能在计量经济学课程里学过。）在分析了数据之后，弗兰克尔和罗默得出结论："贸易与GDP之比上升1个百分点使人均收入上升至少0.5%。看来贸易通过刺激人力资本和实物资本的积累及增加给定资本水平的产出增加了收入。"

这些研究提供的证据压倒性地证明了亚当·斯密是正确的：开放国际贸易对于经济增长是有益的。这正是经济学家常常对妨碍贸易的政策——例如，特朗普总统2018年征收的关税（第6章的一个案例研究讨论的主题）——持怀疑态度的原因。[①]

10.4 结论

长期经济增长是一国公民经济福利的最重要的决定因素。宏观经济学家研究的其他任何主题——失业、通货膨胀、贸易赤字等等——与之相比都黯然失色。

幸运的是，经济学家对支配经济增长的力量知之甚多。我们讨论的模型和实证研究没有提供灵丹妙药来保证生活水平快速上升，但是，它们提供了很多洞察力。它们为理解关于如何最佳地促进长期经济增长的政策辩论提供了一个智力框架。

快速测验

1. 在包含技术进步的索洛模型的稳态，下面哪个变量不是常数？

A. 有效工人人均资本
B. 资本-产出比率

---

① Jeffrey D. Sachs and Andrew Warner, "Economic Reform and the Process of Global Integration," *Brookings Papers on Economic Activity* (1995): 1-95; and Jeffrey A. Frankel and David Romer, "Does Trade Cause Growth?" *American Economic Review* 89, no. 3 (June 1999): 379-399.

C. 资本的实际租赁价格
D. 实际工资

2. Macro Island 的经济由如下数据描述：劳动收入份额为 1/3，产出每年增长 8%，资本存量每年增长 9%，劳动力每年增长 3%。给定这些数据，我们知道全要素生产率每年增长_____。

A. 1%   B. 2%
C. 3%   D. 4%

3. 在衰退期间，全要素生产率通常_____，这可能是由于劳动储备或_____技术冲击。

A. 下降，有利的   B. 下降，不利的
C. 上升，有利的   D. 上升，不利的

4. 如果资本存量为年度 GDP 的 2 倍，折旧为 GDP 的 8%，资本收入为 GDP 的 20%，那么，净资本边际产量是多少？

A. 0.02   B. 0.04
C. 0.05   D. 0.06

5. 美国经济的资本_____黄金律稳态，这表明_____储蓄率可能是合意的。

A. 多于，提高   B. 多于，降低
C. 少于，提高   D. 少于，降低

6. 朝鲜和韩国经济发展的鲜明对比说明了一国_____的重要性。

A. 制度   B. 储蓄率
C. 历史传统   D. 语言

内容提要

1. 许多实证研究考察了索洛模型在何种程度上可以帮助解释长期经济增长。该模型可以解释我们从数据上看到的很多东西，例如平衡的增长和有条件的趋同。近来的研究还发现，生活水平的国际差异可以归因于资本积累和资本使用效率两者的结合。

2. 增长核算把增长分解成三个来源，得出了一个被称为全要素生产率的技术进步率衡量指标。在美国的数据中，增长核算显示，全要素生产率在 1973 年左右出现了显著的减缓。

3. 在美国经济中，资本的净边际产量大大超过了增长率，这表明美国经济的储蓄率和资本都低于黄金律稳态。美国和其他国家的政策制定者常常声称，它们的国家应该把更大比例的产出用于储蓄和投资。增加公共储蓄和给私人储蓄以税收激励都鼓励资本积累和经济增长。

4. 政策制定者还可以通过建立适当的法律和金融制度使资源得到有效配置，通过支持有利于增长的文化及通过给予正确的激励以鼓励研究和技术进步来促进经济增长。

关键概念

增长核算

复习题

1. 在索洛模型的稳态，人均产出以什么速率增长？人均资本以什么速率增长？美国的经验是什么情况？

2. 为了确定一个经济的资本大于还是小于黄金律稳态，你需要什么数据？

3. 政策制定者可以怎样影响一国的储蓄率？

4. 全要素生产率的增长衡量什么？

5. 举一个可能解释两国人均收入差别的制度

差别例子。

问题与应用

1. 各国之间一个典型个人所获得的教育量差别很大。假定你要比较一个劳动力受教育较多的国家和一个劳动力受教育较少的国家。假设教育只影响劳动效率的水平。再假设这两个国家在其他方面是相同的：它们有相同的储蓄率、相同的折旧率、相同的人口增长率和相同的技术进步率。这两个国家都可以用索洛模型来描述，都处于各自的稳态。你预测这两个国家的以下变量会有什么差别？

  a. 总收入增长率。

  b. 人均收入水平。

  c. 资本的实际租赁价格。

  d. 实际工资。

2. 在 Solovia 这个经济中，资本所有者得到了 2/3 的国民收入，而工人得到了 1/3。

  a. Solovia 的男人留在家里从事家务劳动，而妇女在工厂工作。如果一些男人开始走出家门工作，以至劳动力增加了 5%，该经济衡量出来的产出会发生什么变动？劳动生产率——定义为工人的人均产出——是提高了、下降了，还是保持不变？全要素增长率是提高了、下降了，还是保持不变？

  b. 在第 1 年中，资本存量为 6，劳动投入为 3，产出为 12。在第 2 年中，资本存量为 7，劳动投入为 4，产出为 14。在这两年间，全要素生产率发生了什么变动？

3. 把劳动生产率定义为 Y/L，即产出量除以劳动投入量。从本章得到的增长核算方程开始，证明：劳动生产率的增长取决于全要素生产率的增长和资本与劳动之比的增长。特别地，证明：

$$\frac{\Delta\left(\frac{Y}{L}\right)}{\frac{Y}{L}} = \frac{\Delta A}{A} + \alpha \frac{\Delta\left(\frac{K}{L}\right)}{\frac{K}{L}}$$

提示：你会发现下面的数学技巧是有所帮助的。如果 $z=wx$，那么，z 的增长率近似等于 w 的增长率加上 x 的增长率。也就是说，

$$\Delta z/z \approx \Delta w/w + \Delta x/x$$

4. 假定索洛模型所描述的一个经济处于稳态。人口增长率 n 为每年 1.8%、技术进步率 g 为每年 1.8%、总产出和总资本的增长率为每年 3.6%。再假定产出中资本的份额为 1/3。如果你用增长核算方程把产出的增长分为三个源泉——资本、劳动以及全要素生产率，那么，你认为每一个源泉所贡献的产出增长是多少？比较你的结果和表 10-1 中美国的数字。

5. 选择你感兴趣的两个国家——一个富国和一个穷国。每个国家的人均收入是多少？找一些可能有助于解释收入差距的国家特征的数据：投资率、人口增长率、受教育程度等等。（提示：世界银行的网站 www.worldbank.org 是找到这类数据的一个地方。）你将如何弄清楚这些因素中的哪一个对观察到的收入差距最为重要？在你的判断中，索洛模型作为一个分析工具对你理解你选择的两个国家之间的收入差距有多大用处？

> 为了得到在线学习资源，请访问 Achieve for Macroeconomics, 11e：https://achieve.macmillanlearning.com。

快速测验答案

1. D 2. A 3. B 4. D 5. C 6. A

第四篇

经济周期理论：
短期中的经济

第 11 章 经济波动导论

> 现代社会看待经济周期就像古代埃及人看待尼罗河洪水泛滥一样。这种现象间歇性发生，它与每个人都息息相关，但它的根本原因还未被认清。
>
> ——约翰·贝茨·克拉克（John Bates Clark），1898

经济波动给经济学家和政策制定者呈现了一个反复出现的问题。美国的实际GDP平均每年约增长3%。但这一长期平均值掩盖了经济中产品与服务的产出并非平稳增长这一事实。一些年份的增长高于平均值；另一些年份的增长低于平均值，甚至可能为负。增长为负反映了经济活动的减少。产出的这些波动与就业的波动紧密相连。当经济经历产出下降和失业上升的时期时，我们称经济处于衰退（recession）。

最近的一次严重经济低迷开始于2007年末，它被称为大衰退。它发生在许多金融机构发生危机之后。从2007年第四季度到2009年第三季度，实际GDP下降了4%。失业率从2007年11月的4.7%上升到2009年10月的10.0%。当2009年6月经济重新恢复增长时，衰退正式结束了，但是，这次复苏很疲软，接下来的几年里失业率仍然维持在高位。直到2016年失业率才回落到5%以下。

在本书2020年即将付梓时，经济正在经历另一次深度低迷，它是由新冠疫情大流行引起的。失业率从2020年2月的3.5%上升到两个月后的14.7%，这么快的上升速度是历史性的。经济在2020年下半年开始复苏，到8月时失业率下降到了8.4%。但是，未来经济扩张的速度远不确定。

经济学家把这样的产出与就业短期波动称为经济周期（business cycle）。虽然这个词表明经济波动是定期的和可以预测的，但实际并不是这样。衰退就像它是常见的那样，是没有规则的。有时衰退一次接着一次，有时则相隔甚远。例如，1982年，美国陷入了衰退，与前一次经济低迷仅隔了两年。在该年年底，失业率达到了10.8%——在当时看来是20世纪30年代大萧条以来的最高水平。但在1982年衰退之后，时隔8年经济才经历了又一次衰退。

这些历史事件提出了许多问题：什么导致了短期波动？我们应当用什么模型来解释它们？政策制定者能够避免衰退吗？如果能，他们应当使用什么政策工具？

在本书第二篇和第三篇中，我们建立了解释经济在长期中的行为的理论。在这一部分，也就是第四篇，我们来看看经济学家们怎样解释短期波动。在本章，我们要完成三项任务。第一，我们考察描述短期波动的数据。第二，我们讨论经济的长期行为和短期行为之间的关键区别。第三，我们引入总供给和总需求模型，大多数经济学家使用该模型来解释短期波动。更详尽地建立这一模型是我们在接下来几章中的主要任务。

正如现代埃及人用阿斯旺水坝控制了尼罗河谷的洪水一样，现代社会也力图用适当的经济政策控制经济周期。我们在以下几章中建立的模型说明了货币政策与财政政策如何影响经济周期。我们将会看到，这些政策如何潜在地稳定经济，或者，如果处理失当，又如何使经济更加不稳定。

11.1 关于经济周期的事实

在思考经济周期理论之前，我们先看看描述经济活动中短期波动的一些事实。

GDP 及其组成部分

经济的国内生产总值（GDP）衡量经济的总收入和总支出。由于 GDP 是衡量经济状况的最概括的指标，它是分析经济周期的自然出发点。图 11-1 显示了从 1970 年到 2020 年实际 GDP 的增长。水平线表示约 3% 的年均增长率。你可以看到经济增长不是稳定的，增长率偶尔变为负值。

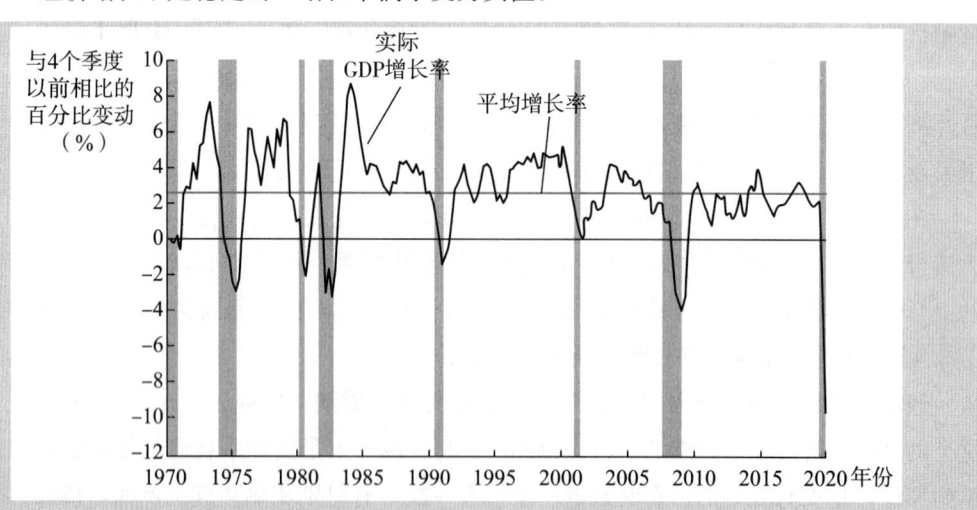

图 11-1　美国的实际 GDP 增长

实际 GDP 平均每年增长大约 3%，但围绕这个平均值波动相当大。阴影部分表示衰退时期。

资料来源：U.S. Department of Commerce, National Bureau of Economic Research.

图 11-1 中阴影部分表示衰退时期。衰退何时开始和何时结束的官方裁决者是国家经济研究局（NBER），一个非营利经济研究组织。NBER 的经济周期日期确

定委员会（本书作者曾是该委员会成员）选择每次衰退的开始日期，称为经济周期波峰，以及结束日期，称为经济周期波谷。

什么决定经济低迷严重到被确定为衰退的程度呢？没有简单的答案。根据一个旧的经验规则，衰退是一段有着至少连续两个季度实际 GDP 下降的时期。然而，这一规则并不总是成立的。例如，2001 年的衰退有两个季度负增长，但这两个季度并不是连续的。实际上，NBER 的经济周期日期确定委员会在确定衰退的开始和结束日期时，并不遵循任何固定的规则，相反，该委员会观察各种数据并运用自己的判断。①

图 11-2 显示了 GDP 的两个主要组成部分——图（a）中的消费和图（b）中的投资——的增长。这两个变量的增长在衰退中都下降了。然而，注意纵轴上的刻度。在经济周期中投资比消费的波动要大得多。当经济进入衰退时，家庭对其收入下降的反应是减少消费，但在企业设备、建筑、新住房和存货等方面支出的下降更大。

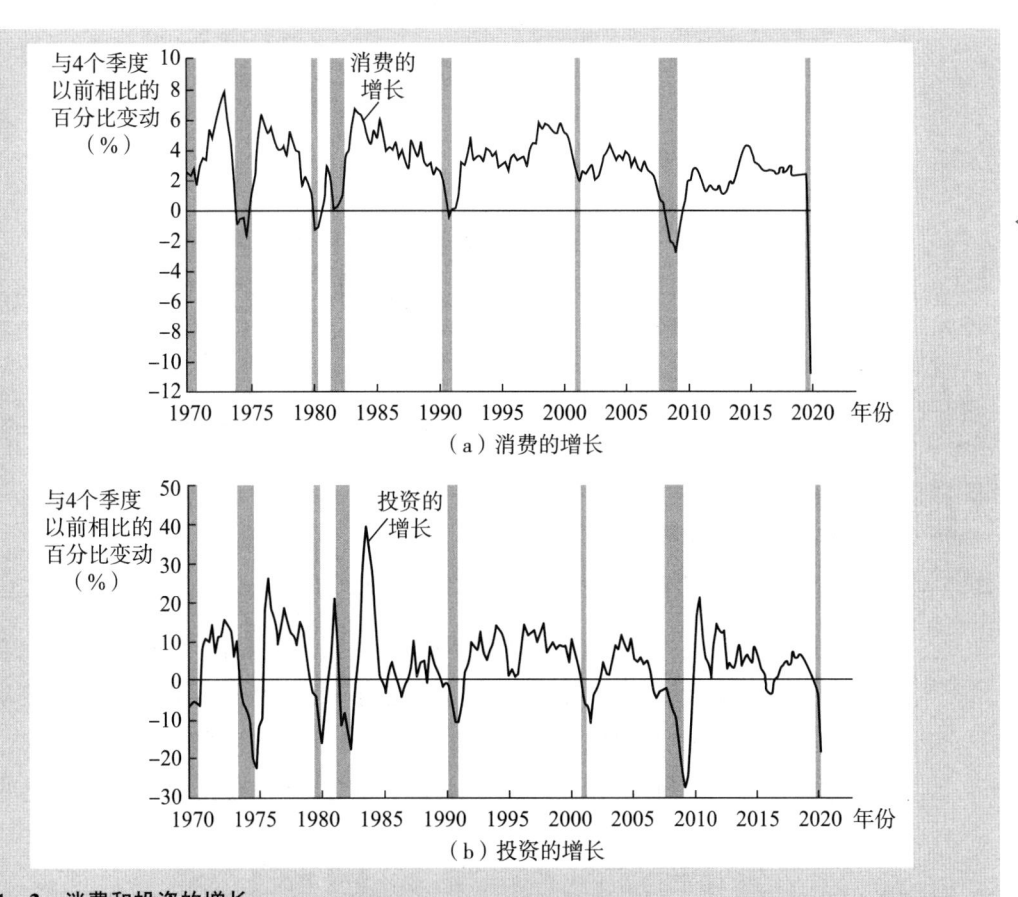

图 11-2 消费和投资的增长

当经济陷入衰退时，实际消费和投资支出的增长都下降了。图（b）显示的投资支出比图（a）显示的消费支出波动要大得多。阴影部分表示衰退时期。

资料来源：U. S. Department of Commerce, National Bureau of Economic Research.

---

① 注意图 11-1 绘出了与 4 个季度以前相比实际 GDP 的增长，而不是与前一季度相比。在 2001 年的衰退中，这一指标下降但并未变为负值。

失业与奥肯定律

经济周期显然不仅清楚地反映在国民收入账户的数据中，也清楚地反映在表示劳动市场状况的数据中。图11-3表示从1970年到2020年的失业率，阴影部分表示衰退时期。你可以看到，失业率在每一次衰退中都上升。劳动市场的其他衡量指标反映了类似的情况。例如，用公司发布的招聘广告数量衡量的工作空缺在衰退期间下降了。简单地说，经济低迷时期更难找到工作。

我们应当期望发现在失业与实际GDP之间有着什么关系呢？因为就业的工人正在生产产品和服务而失业工人不起作用，失业率的上升应当与实际GDP的下降相联系。失业与GDP之间的这一负相关关系被称为**奥肯定律**（Okun's law），以首先研究这一问题的经济学家阿瑟·奥肯（Arthur Okun）的名字命名。①

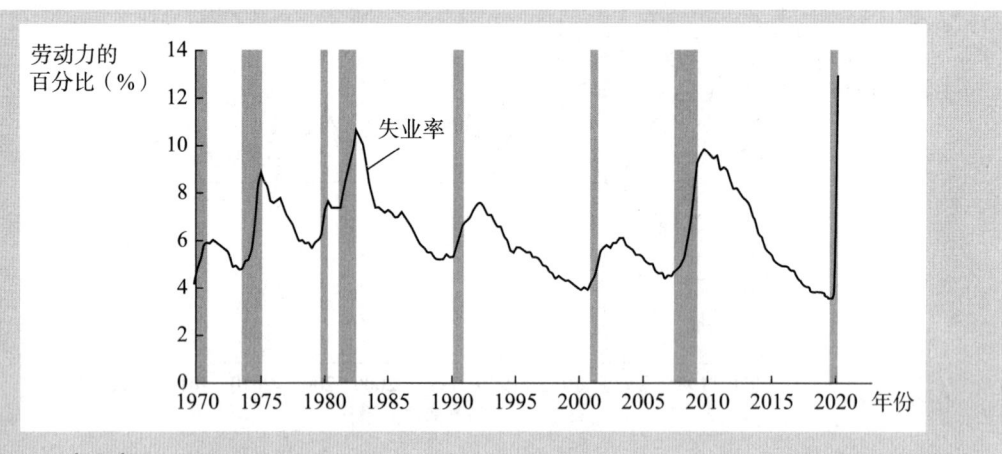

图11-3 失业率

衰退时期失业率显著上升，这里衰退时期用阴影部分表示。

资料来源：U.S. Department of Labor, National Bureau of Economic Research.

图11-4用美国的年度数据来说明奥肯定律。在这幅散点图中，每一点表示一年的数据。横轴衡量与上年相比的失业率变动，纵轴衡量GDP的百分比变动。该图清楚地显示了失业率的逐年变动与实际GDP的逐年变动紧密相关。

关于奥肯定律所述关系的大小，我们可以更精确一些。通过散点画出的线意味着

$$\text{实际GDP的百分比变动} = 3\% - 2 \times \text{失业率的变动}$$

如果失业率保持不变，实际GDP增长约3%。产品与服务生产的这一正常增长

---

① Arthur M. Okun, "Potential GNP: Its Measurement and Significance," in Proceedings of the Business and Economics Statistics Section, American Statistical Association (Washington, D.C.: American Statistical Association, 1962), 98-103; reprinted in Arthur M. Okun, *Economics for Policymaking* (Cambridge, MA: MIT Press, 1983), 145-158.

来自劳动力的增长、资本积累和技术进步。此外，失业率每上升一个百分点，实际 GDP 增长通常下降 2%。因此，如果失业率从 5% 上升到 7%，那么，实际 GDP 增长将为

$$实际 GDP 的百分比变动 = 3\% - 2 \times (7\% - 5\%) = -1\%$$

在本例中，奥肯定律告诉我们 GDP 将下降 1%，表示经济正处于衰退。

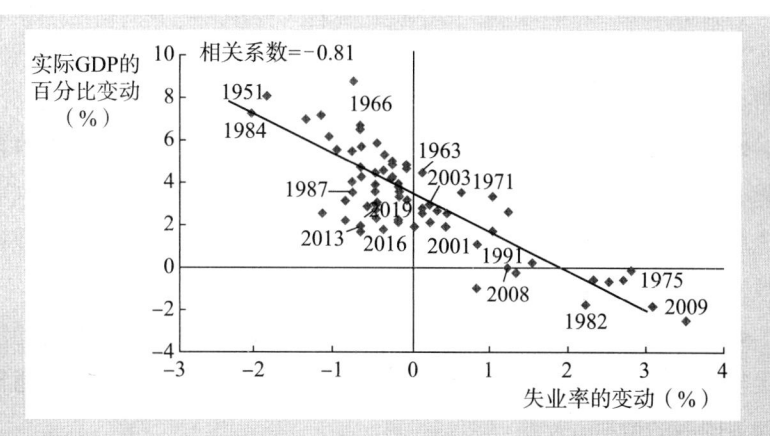

图 11-4 奥肯定律

本图是一幅使用美国经济的数据绘制的横轴表示失业率的变动、纵轴表示实际 GDP 的百分比变动的散点图。每一点代表一年。本图显示，失业率的上升往往与实际 GDP 低于正常水平的增长相联系。

资料来源：U. S. Department of Commerce，U. S. Department of Labor.

奥肯定律提醒我们，支配短期经济周期的力量与决定长期经济增长的力量很不相同。如同我们在第 8～10 章看到的，GDP 的长期增长主要由技术进步决定。导致一代比一代的生活水平更高的长期趋势与失业率的任何长期趋势无关。相反，GDP 的短期波动与经济的劳动力使用情况密切相关。衰退期间发生的产品与服务生产的下降总是与失业增加相联系。

领先经济指标

许多经济学家，特别是那些在企业和政府中工作的经济学家，有着预测经济的短期波动的任务。企业的经济学家做预测是为了帮助公司对经济环境的变化做出计划。政府的经济学家对预测感兴趣出于两个原因。第一，经济状况通过影响包括政府的税收收入在内的很多方面直接影响政府。第二，预测是政策规划的一项投入。政府可以使用货币政策和财政政策影响经济活动，但是这些政策起作用都存在滞后。因此，政策制定者在决定采取什么行动时必须预测未来。

经济学家得到预测结果的一种方法是观察**领先指标**（leading indicators），领先指标是那些常常在更宽泛的经济活动指标显示波动之前先显示波动的变量。由于经济学家对哪些领先指标更可靠所持的意见不一致，所以预测可能各不相同。

每月，美国经济咨商局（Conference Board）——一个私立经济研究机构——

都公布领先经济指标指数（index of leading economic indicators）。这一指数包括预测未来 6～9 个月经济活动的变化所常用的 10 个数据序列。下面是数据序列的清单。

- 制造业平均每周工作小时数。由于企业在雇用新工人或解雇工人之前常常调整现有工人的工作小时数，平均每周工作小时数是就业变动的领先指标。更长的工作周表明企业要求其雇员长时间工作，因为它们正经历着产品需求旺盛的情形；因此，它表明企业在未来可能要多雇工人和增加生产。更短的工作周显示需求疲软，表明企业更可能解雇工人和削减生产。

- 平均每周初次申请失业保障的人数。向失业保障系统提出新申请的人数是最快能够得到的劳动市场状况的指标之一。在计算领先指标时这一序列要用倒数，以便该序列的增加使指数下降。初次申请失业保障人数的上升表明企业在解雇工人和削减生产，这将很快在就业和生产数据中显示出来。

- 制造业消费品和原材料新订单。这个指标是对企业正在经历的消费品需求的直接衡量。由于订单的增加消耗了企业的存货，这一统计量的增加通常预示着生产和就业随后的增加。

- 制造业非国防资本品（不包括飞机）新订单。这是上一个指标的对应指标，不过针对的是投资品而不是消费品。当企业的订单增加时，它们增加生产和雇佣。飞机订单被排除在外的原因是，这样的订单常常在企业生产很久以前就下了，从而它们几乎不包含关于近期经济活动的信息。

- ISM 新订单指数。这个指数来自美国供应管理协会（the Institute for Supply Management），它是另一个新订单指标。它的依据是报告订单增加的公司数量减去报告订单减少的公司数量。与前两个指标不同，这个指标衡量了报告订单增加的公司的比例，从而显示了变化的涉及面有多广泛。当许多企业的订单都增加时，更高的生产和就业很可能随后就会到来。

- 新私人住宅单位的建筑开工许可证。新建筑物的建设是投资的一部分，它也是 GDP 中波动特别大的一个组成部分。建筑物开工许可证的增加意味着计划中的建设增加，这预示整体经济活动的上升。

- 股票价格指数。股票市场反映了对未来经济状况的预期，这是由于股市投资者在预期公司盈利时会抬高价格。股价上升预示着投资者预期经济会快速增长，股价下降预示着投资者预期经济下行。

- 领先信贷指数。这个指数本身是投资者情绪（基于对股市投资者的调查）和贷款状况（基于对银行信贷员的调查）等 6 个财务指标的合成指标。当信贷状况不利时，消费者和企业发现更难为他们采购所需的资金融资。因此，信贷状况的恶化预示着支出、生产和就业的下降。这个指数是最近才增加到领先指标中的。2008—2009 年金融危机和随后的深度衰退凸显了信贷状况对经济活动的重要性。

- 利率差：10 年期国债收益率减去联邦基金利率。这一利率差，有时被称为收益曲线的斜率，反映了市场对未来利率的预期，后者又反映了经济状况。大的利率差意味着利率预计会上升，利率上升通常在经济活动增加时发生。

● 对商业环境和经济状况的平均消费者预期。这是一个衡量预期的直接指标，它基于对家庭的两个调查（一个是密歇根大学做的，另一个是美国经济咨商局做的）。消费者对未来经济状况更加乐观增加了消费者对产品和服务的需求，表明企业将扩大生产和雇佣以满足需求。

由于短期经济波动大体上是不可预测的，所以，领先经济指标指数远不是对未来的精确预测。但是，它是企业规划和政府规划的一种有用的投入。

11.2 宏观经济学的时间范围

学习了一些描述短期经济波动的事实后，我们回到我们在本书这一篇的主要任务：建立解释这些波动的理论。结果是，这不是一个简单的任务。我们将在本章的剩余部分和接下来的四章里建立完整的短期波动模型。

然而，在我们开始建立模型之前，让我们先退一步，考虑一个基本问题：为什么经济学家对不同的时间范围需要不同的模型？为什么我们不能在这里结束课程，满足于第3章到第10章建立的古典模型？答案是，正如我们此前常常指出的那样，古典宏观经济理论适用于长期但不适用于短期。但为什么是这样？

短期和长期有什么不同？

大多数宏观经济学家认为，短期与长期之间的关键差别是价格行为。在长期，价格是有弹性的，能对供给或需求的变动做出反应。在短期，许多价格是"黏性的"，固定在某个前定水平上。由于价格在短期与在长期有不同的行为，所以，各种经济事件和政策在不同时间范围中有不同的影响。

为了看出短期与长期有什么不同，考虑货币政策变动的影响。假定美联储突然将货币供给降低5%。根据古典模型，货币供给影响名义变量——用货币衡量的变量——但不影响实际变量。正如你可能从第5章回忆起来的，实际变量和名义变量理论上的分离被称为古典二分法，货币供给对实际变量决定的无关性被称为货币中性。大部分经济学家相信，这些古典思想描述了经济在长期如何运行：货币供给减少5%使所有价格（包括名义工资）下降5%，而产出、就业和其他实际变量仍然相同。因此，在长期，货币供给的变动并没有引起产出或就业的波动。

但是，在短期，许多价格并不对货币政策做出反应。货币供给减少不会立即引起所有企业削减它们支付的工资，不会立即引起所有商店更换它们产品的价格标签，也不会立即引起所有餐馆更换新菜单。相反，许多价格很少会发生立即变动；也就是说，许多价格是黏性的。这种短期价格黏性意味着货币供给变动的短期影响与长期影响并不相同。

经济波动模型必须考虑这种短期价格黏性。我们将看到，价格不能迅速和完全地对货币供给变动（以及经济状况的其他外生变动）做出调整意味着，在短期，产出和就业等实际变量必须做出某种调整。换言之，在价格为黏性的时间范围内，古典二分法不再成立：名义变量会影响实际变量，经济会背离古典模型所预测的均衡。

案例研究

如果你想知道为什么企业有黏性价格，询问它们

价格的黏性有多大？为什么价格具有黏性？在一个令人感兴趣的研究中，经济学家艾伦·布林德（Alan Blinder）通过调查企业的价格调整决策直接着手研究这些问题。

布林德首先询问企业经理改变价格的频率。汇总在表11-1中的答案产生了两个结论。第一，黏性价格是常见的。经济中典型的企业一年调整价格1次或2次。第二，在价格调整频率上，企业之间存在很大的差别。约有10%的企业改变价格的频率超过1周1次，大约有同样多的企业改变价格的频率少于1年1次。

表11-1　价格调整的频率

频率	企业的百分比（%）
1次以下	10.2
1次	39.3
1.01～2次	15.6
2.01～4次	12.9
4.01～12次	7.5
12.01～52次	4.3
52.01～365次	8.6
365次以上	1.6

本表基于对下列问题的回答：在一个典型年份中，你最重要的产品改变价格的频率是多少？
资料来源：Alan S. Blinder, "On Sticky Prices: Academic Theories Meet the Real World," in N. G. Mankiw, ed., *Monetary Policy* (Chicago: University of Chicago Press, 1994), 117-154, Table 4.1.

然后布林德询问企业经理为什么不更经常地改变价格。特别地，他向经理解释了几种黏性价格的经济理论，请他们判断这些理论的每一种对他们的企业描述得有多贴切。表11-2汇总了这些理论，并对这些理论进行了排序，排序的依据是接受该理论作为对其企业定价决策的准确描述的经理的百分比。注意，每种理论都有一些经理赞同，但是，每种理论也被许多经理拒绝。也许不同的理论适用于不同的企业，这要视行业的特征而定。价格黏性可能是一种不存在单一的微观经济解释的宏观经济现象。

表11-2　价格黏性理论

理论与简单描述	接受这种理论的经理的百分比（%）
协调失灵： 企业对调价踌躇不前，等其他企业先行调价	60.6
有时滞的基于成本的定价： 价格的上升要等到成本增加之后	55.5

续表

理论与简单描述	接受这种理论的经理的百分比（%）
滞后交货时滞、服务等： 企业偏好改变产品的其他属性，例如，交货时滞、服务或产品质量	54.8
隐性合约： 企业心照不宣地同意稳定价格，也许是出于对顾客的"公平"考虑	50.4
名义合约： 价格由显性的合约所固定	35.7
价格调整成本： 企业改变价格产生成本	30.0
顺周期弹性： 需求曲线向左移动时弹性下降	29.7
定价点： 某些价格（如9.99美元）有特别的心理意义	24.0
存货： 企业改变存货量而不改变价格	20.9
固定边际成本： 边际成本平坦且加成不变	19.7
等级制延误： 官僚主义延误使决策迟缓	13.6
根据价格判断质量： 企业担心顾客把降价误解为质量下降	10.0

资料来源：Alan S. Blinder, "On Sticky Prices: Academic Theories Meet the Real World," in N. G. Mankiw, ed., *Monetary Policy* (Chicago: University of Chicago Press, 1994), 117-154, Tables 4.3 and 4.4.

在这12种理论中，协调失灵排在首位，这表明企业缺乏协调改变价格的能力在解释价格黏性中起到关键作用，从而在解释短期经济波动中起着关键的作用。布林德得出结论说："该模型最明显的政策启示是，以某种方式实现的更为协调的工资和价格设定可以改善福利。但如果这被证明是困难的或不可能的，那么，采用积极的货币政策来遏制衰退就有必要了。"[①]

总供给与总需求模型

黏性价格的引入会怎样改变我们关于经济如何运行的观点呢？我们可以通过考

[①] 要更多地了解这一研究，参见 Alan S. Blinder, "On Sticky Prices: Academic Theories Meet the Real World," in N. G. Mankiw, ed., *Monetary Policy* (Chicago: University of Chicago Press, 1994), 117-154。要想获得关于价格调整频率的更新近的证据，参见 Emi Nakamura and Jon Steinsson, "Five Facts About Prices: A Reevaluation of Menu Cost Models," *The Quarterly Journal of Economics*, 123 (November 2008): 1415-1464。中村（Nakamura）和斯坦森（Steinsson）考察了作为消费者和生产者价格指数的基础的微观经济数据。他们报告称，包括暂时性促销在内，每月有19%~20%的价格发生变化。但是，如果促销被排除在外，那么，价格调整的频率就下降到了每月9%~12%。后一发现与布林德的结论"典型企业大约每年调整一次价格"大体一致。

虑经济学家最喜欢的两个词——供给与需求——来回答这个问题。

在古典宏观经济理论中，一个经济的产出取决于它供给产品与服务的能力，这种能力又取决于资本和劳动的供给以及可获得的生产技术。这是第 3 章中基本古典模型的精髓，也是第 8 章和第 9 章中索洛增长模型的精髓。弹性价格是古典理论至关重要的假设。该理论有时隐含地假设价格调整确保产出的需求量与供给量相等。

当价格具有黏性时，经济的运行很不相同。在这种情况下，正如我们将会看到的，产出也取决于经济对产品与服务的需求。需求又取决于许多因素：消费者对经济前景的信心，企业对新投资项目盈利性的了解，货币政策和财政政策。由于货币政策与财政政策可以影响需求，需求可以影响经济在价格为黏性的时间范围内的产出，所以，价格黏性就为这些政策为什么在短期对稳定经济可能有用提供了一种理论依据。

在本章的其余部分，我们开始建立一个使这些思想更精确的模型。起点是我们在第 1 章讨论比萨饼市场时所用到的供给和需求模型。这个基本模型提供了一些经济学中最基本的见解。它说明了供给和需求如何共同决定一种产品的价格和销售量，以及供给和需求的移动如何影响价格和销售量。我们现在介绍该模型的"整体经济层次"（economy-size）版本：总供给与总需求模型。这个宏观经济模型使我们可以研究价格总体水平和总产出数量在短期是如何决定的。它还提供了一种比较经济的长期行为和短期行为的方法。

虽然总供给与总需求模型类似于单一产品的供给和需求模型，但这个类比是不确切的。单一产品的供给和需求模型只考虑大经济中的一种产品，但是，正如我们将在后面几章中看到的，总供给与总需求模型是纳入了许多市场之间的相互作用的一个更为复杂的模型。在本章的剩余部分，我们通过考察该模型的最简单形式，初步认识一下这些相互作用。在这里，我们的目标不是完整地解释模型，而是介绍模型的关键要素并说明它如何有助于解释短期经济波动。

11.3 总需求

总需求（aggregate demand，AD）是产出需求量与价格总体水平之间的关系。换言之，总需求曲线告诉我们，在任何给定的价格水平人们想购买的产品与服务的数量。在第 12～14 章中我们将详细考察总需求理论。在这里，我们用货币数量论提供一个对总需求曲线的简单但不完全的推导。

作为总需求的数量方程

回忆第 5 章中的货币数量论，根据该理论，

$$MV = PY$$

式中，M 为货币供给；V 为货币流通速度；P 为价格水平；Y 为产出量。如果货币

流通速度是不变的，那么，这个方程是说，货币供给决定产出的名义值，产出的名义值又是价格水平与产出量的乘积。

在解释这一方程时，回忆下面这一点是有帮助的：数量方程可以被改写为用实际货币余额的供给和需求表示：

$$M/P = (M/P)^d = kY$$

式中，$k=1/V$，它是代表人们对于每一美元收入想持有多少货币的一个参数。这种形式的货币数量方程是说，实际货币余额的供给 M/P 等于实际货币余额的需求 $(M/P)^d$，该需求与产出 Y 是成比例的。货币流通速度 V 是货币需求参数 k 的倒数。不变流通速度的假设等价于每单位产出对实际货币余额的需求不变的假设。

如果我们假设流通速度 V 是常数，货币供给 M 由中央银行固定，那么数量方程得出了价格水平 P 和产出 Y 之间的负相关关系。图 11-5 描绘了 M 和 V 保持不变时，满足数量方程的 P 和 Y 的组合。这条向右下方倾斜的曲线被称为总需求曲线。

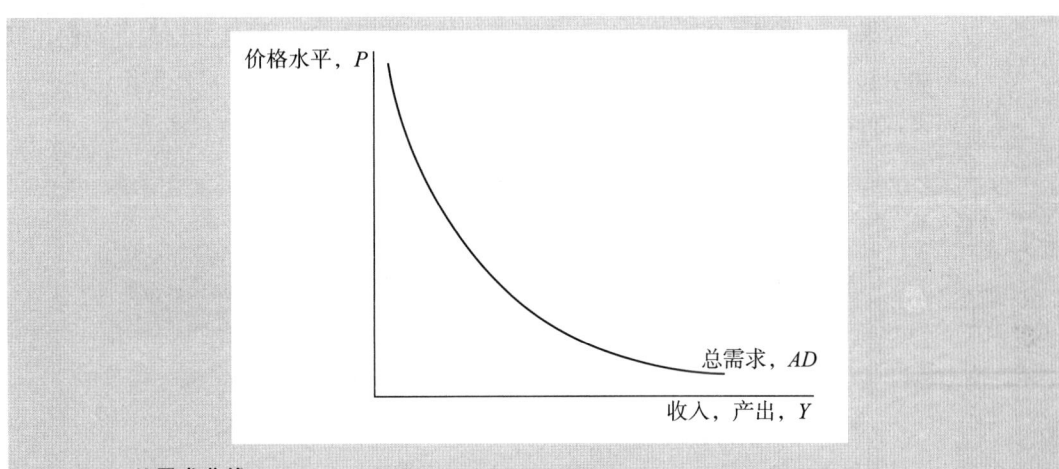

图 11-5 总需求曲线

总需求曲线 AD 表示价格水平 P 与产品和服务的需求量 Y 之间的关系。它是在货币供给 M 为一个给定值时绘出的。总需求曲线向右下方倾斜：价格水平 P 越高，实际货币余额水平 M/P 越低，从而产品与服务需求量 Y 越低。

为什么总需求曲线向右下方倾斜？

作为一个严格的数学问题，数量方程很简单地解释了总需求曲线为什么向右下方倾斜。货币供给 M 和货币流通速度 V 决定了产出的名义值 PY。一旦 PY 是固定的，如果 P 上升，Y 必定下降。

这种数学关系背后的经济学直觉是什么呢？对于总需求曲线向右下方倾斜的完整解释，我们必须等到再学习两章之后给出。然而，就现在而言，考虑以下逻辑：由于我们假设货币流通速度是固定的，所以，货币供给决定了经济中所有交易的美元价值（根据第 5 章，这个结论应该为我们所熟悉）。如果价格水平上升，那么，每次交易都需要更多美元，因此，交易次数从而产品与服务的购买量必定下降。

我们还可以通过思考实际货币余额的供给和需求来解释总需求曲线为什么向右下方倾斜。如果产出越高，人们进行的交易就越多，需要的实际货币余额 M/P 就越多。对于一个固定的货币供给 M，实际货币余额越高意味着价格水平就越低。反过来，如果价格水平越低，实际货币余额就越高。实际货币余额水平越高就允许有更大的交易量，这就意味着产出的需求量越高。

总需求曲线的移动

总需求曲线是在货币供给固定的条件下绘制的。换言之，它告诉我们，对于一个给定的 M 值，P 和 Y 可能的组合。如果美联储改变了货币供给，那么，P 和 Y 可能的组合也就改变了，这就意味着总需求曲线移动了。

例如，考虑如果美联储减少货币供给会发生什么。数量方程 $MV=PY$ 告诉我们，货币供给减少导致产出的名义值 PY 同比例减少。对任何给定的价格水平而言，产出的数量更低了；对任何给定的产出而言，价格水平更低了。正如图11-6（a）所示，联系着 P 与 Y 的总需求曲线向左移动。

如果美联储增加货币供给，那么相反的情况就会出现。数量方程告诉我们，M 增加引起 PY 增加。对任何给定的价格水平而言，产出更高了；对任何给定的产出而言，价格水平更高了。正如图11-6（b）所示，总需求曲线向右移动。

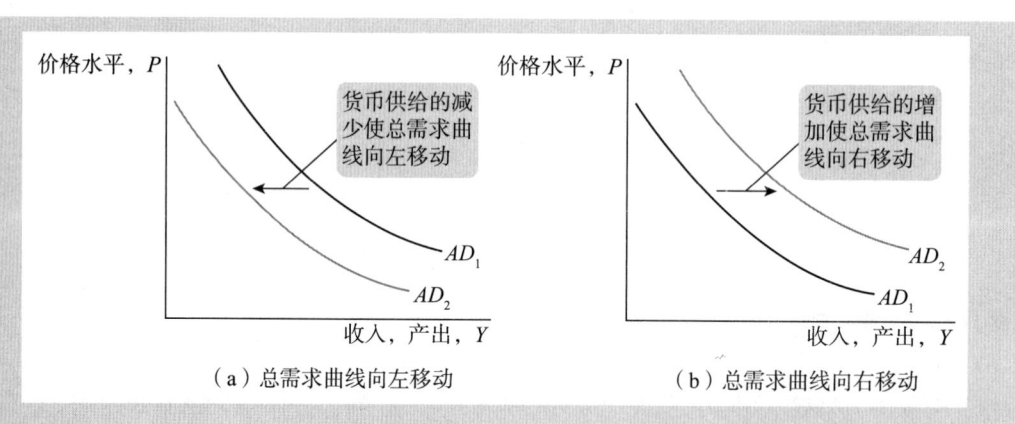

图11-6 总需求曲线的移动

货币供给的变动引起总需求曲线的移动。在图（a）中，货币供给 M 的减少降低了产出的名义值 PY。对任何给定的价格水平 P 而言，产出更低了。因此，货币供给的减少使总需求曲线向左移动，从 AD_1 移动到 AD_2。在图（b）中，货币供给 M 的增加提高了产出的名义值 PY。对任何给定的价格水平 P 而言，产出 Y 更高了。因此，货币供给的增加使总需求曲线向右移动，从 AD_1 移动到 AD_2。

尽管货币数量论提供了一个对总需求曲线的简单解释，但我们要预先警告，现实更为复杂。货币供给的波动并不是总需求波动的唯一来源。即使货币供给保持不变，如果某种事件引起货币流通速度变动，总需求曲线也会移动。在接下来的两章中，我们将建立更一般的总需求模型，称为 IS—LM 模型，它将使我们能够考虑总需求曲线移动的许多可能的原因。

11.4 总供给

就其本身而言，总需求曲线并没有告诉我们经济中将出现的价格水平或产出数量，它仅仅给出了这两个变量之间的关系。为了使总供给与总需求模型完整，我们需要 P 与 Y 之间的另一种关系——总供给曲线——与总需求曲线相配合。总需求曲线与总供给曲线的交点决定了经济的均衡价格水平与产出数量。

总供给（aggregate supply，AS）是产品与服务的供给量和价格水平之间的关系。由于供给产品与服务的企业在长期中有着弹性价格，但在短期中价格是黏性的，总供给关系取决于时间范围。我们需要引入两种不同的总供给曲线：长期总供给曲线（LRAS）与短期总供给曲线（SRAS）。我们还需要讨论经济如何从短期向长期过渡。

长期：垂直的总供给曲线

由于古典模型描述了经济在长期的行为，所以我们从古典模型中推导长期总供给曲线。回忆第 3 章中所讲的，生产的产出数量取决于固定的资本与劳动量以及可获得的技术。为了说明这一点，我们写成

$$Y = F(\bar{K}, \bar{L})$$
$$= \bar{Y}$$

根据古典模型，产出并不取决于价格水平。为了说明不管价格水平如何，产出都固定在这一水平，我们绘出一条垂直的总供给曲线，如图 11-7 所示。在长期，总需求曲线与这条垂直的总供给曲线的交点决定了价格水平。

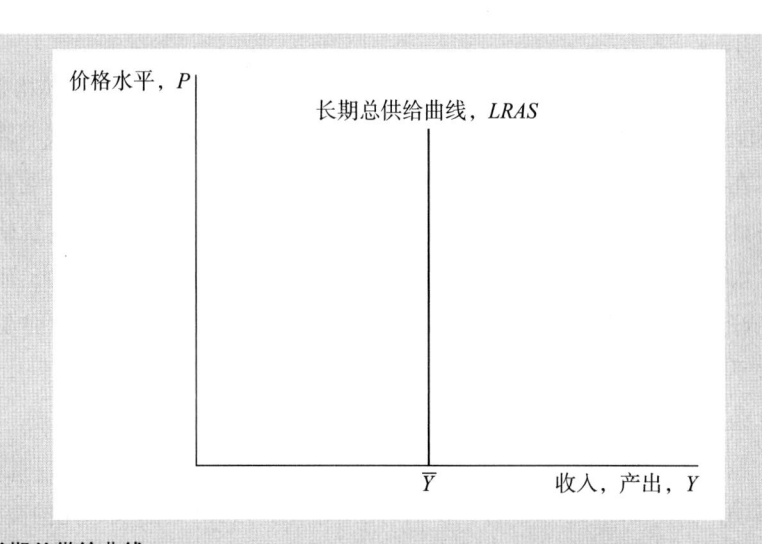

图 11-7 长期总供给曲线

在长期，产出是由资本量、劳动量以及可获得的技术决定的；它不取决于价格水平。因此，长期总供给曲线（LRAS）是垂直的。

如果总供给曲线是垂直的，那么，总需求的变动影响价格但不影响产出。例如，如图 11-8 所示，如果货币供给减少，总需求曲线向下移动。经济从总供给与总需求原先的交点 A 点移动到新交点 B 点。总需求的移动只影响价格。

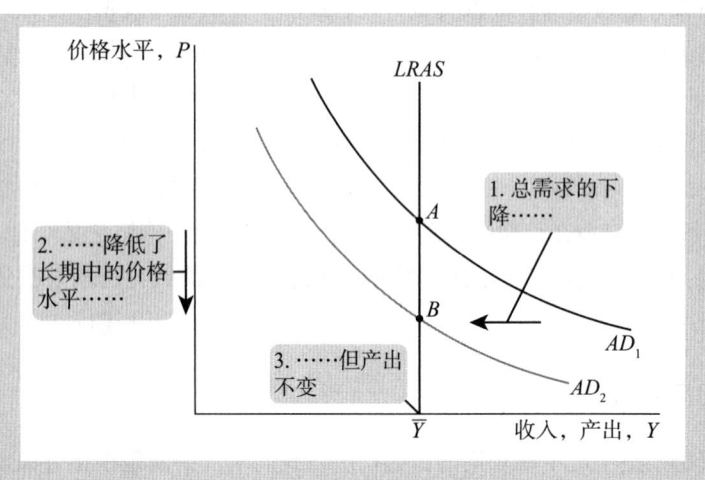

图 11-8　长期总需求曲线的移动

货币供给的减少使总需求曲线向下移动，从 AD_1 移动到 AD_2。经济的均衡从 A 点移动到 B 点。由于总供给曲线在长期中是垂直的，总需求的减少影响价格水平但不影响产出。

垂直的总供给曲线满足古典二分法，因为它意味着货币供给不影响产出。长期产出水平，$\bar{Y}$，被称为产出的充分就业（full-employment）或自然（natural）水平。它是经济的资源得到充分利用，或者更现实地说，失业为其自然率时的产出水平。

短期：水平的总供给曲线

古典模型和垂直的总供给曲线只在长期中适用。在短期中，一些价格是黏性的，因而不能根据需求的变动做出调整。由于这种价格黏性，短期总供给曲线不是垂直的。

在本章，我们将通过假设一个极端的例子简化分析。假定所有企业都印发产品的价格目录，而且，印发新价格目录对它们来说是昂贵的。因此，所有价格都被固定在前定水平上。在这些价格，顾客愿意购买多少，企业就愿意出售多少。而且，它们雇用刚好充足的劳动来生产需求的数量。由于价格水平是固定的，我们在图 11-9 中用水平的总供给曲线来代表这种情况。

经济的短期均衡是总需求曲线与这条水平的总供给曲线的交点。在这种情况下，总需求的变动影响产出。例如，如果美联储突然减少货币供给，总需求曲线向左移动，如图 11-10 所示。经济从总需求曲线与总供给曲线原先的交点 A 点移动到新交点 B 点。从 A 点移动到 B 点代表了在固定价格水平上产出的减少。

因此，因为价格并不立即进行调整，短期中总需求的减少使产出下降。在总需求突然减少之后，企业被固定在太高的价格上。在需求低和价格高的情况下，企业卖出的产品减少了，因此，它们减少生产并解雇工人。经济经历着一次衰退。

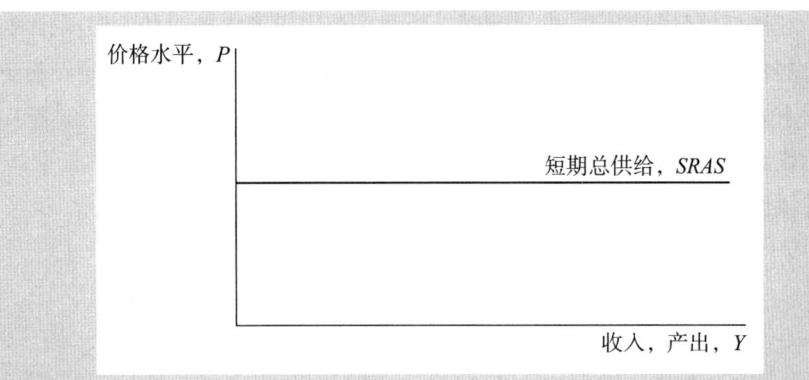

图 11-9 短期总供给曲线

在这个极端的例子中，短期中所有价格都是固定的。因此，短期总供给曲线（SRAS）是水平的。

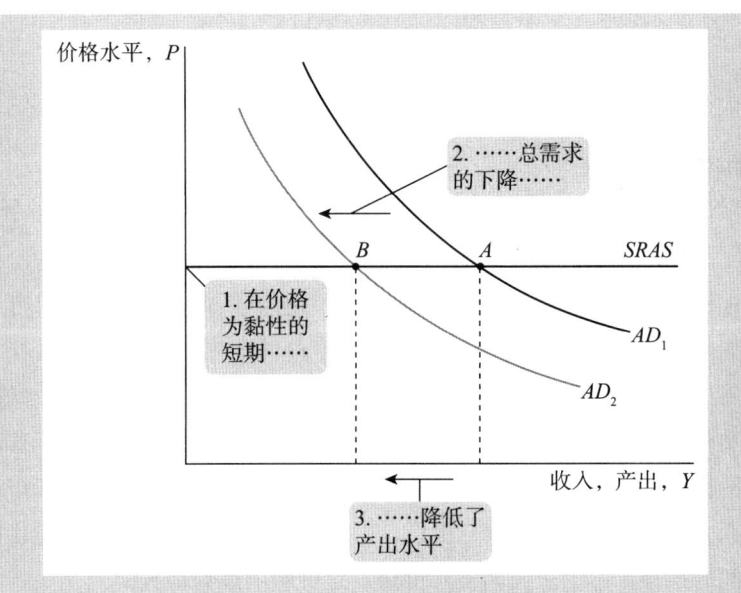

图 11-10 短期中总需求曲线的移动

货币供给的减少使总需求曲线向左移动，从 AD_1 移动到 AD_2。经济的均衡从 A 点移动到 B 点。由于短期中总供给曲线是水平的，所以，总需求的下降减少了产出。

需要再次预先警告的是，现实比这里所说明的更为复杂。虽然许多价格在短期具有黏性，但其他价格能够对变化的环境迅速做出反应。如我们将在第 15 章看到的，在一个一些价格具有黏性和一些价格具有弹性的经济中，短期总供给曲线是向上倾斜的而不是水平的。图 11-10 显示了所有价格都具有黏性的极端情况。由于这种情况更简单，对于思考短期总供给曲线来说，它是一个有用的起点。

从短期到长期

我们可以把到现在为止的分析概括如下：在长期，价格是有弹性的，总供给曲线是垂直的，总需求变动影响价格水平但不影响产出水平。在短期，价格是有黏性的，总供给曲线是平坦的，总需求变动确实影响经济中产品与服务的产出。

经济如何从短期向长期过渡呢?让我们追踪总需求减少随着时间推移产生的影响。假定经济最初处于图11-11中所示的长期均衡。在这幅图中,有三条曲线:总需求曲线、长期总供给曲线以及短期总供给曲线。长期均衡位于总需求曲线与长期总供给曲线的交点。价格调整达到了均衡。因此,当经济处于其长期均衡时,短期总供给曲线必定也经过这一点。

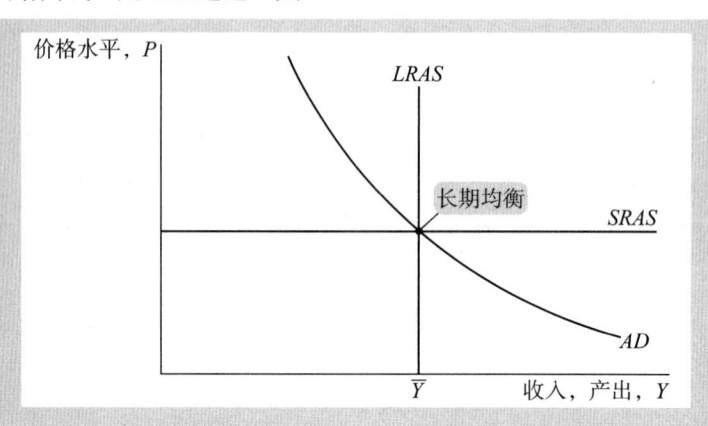

图11-11 长期均衡

在长期,经济处于长期总供给曲线和总需求曲线的交点。由于价格调整达到了这个均衡,所以短期总供给曲线也经过这一点。

现在假定美联储减少货币供给,总需求曲线向下方移动,如图11-12所示。在短期中,价格是黏性的,因此经济从 A 点移动到 B 点。产出和就业下降到其自然水平以下,这意味着经济处于衰退中。随着时间的推移,作为对低需求的反应,工资和价格下降。价格水平的逐渐下降使经济沿着总需求曲线向下移动到 C 点,这是新的长期均衡。在新的长期均衡(C 点),产出和就业又回到其自然水平,但价格比原先的长期均衡(A 点)更低。因此,总需求的移动在短期中影响产出,但随着时间的推移,由于企业调整其价格,这种影响逐渐消失。

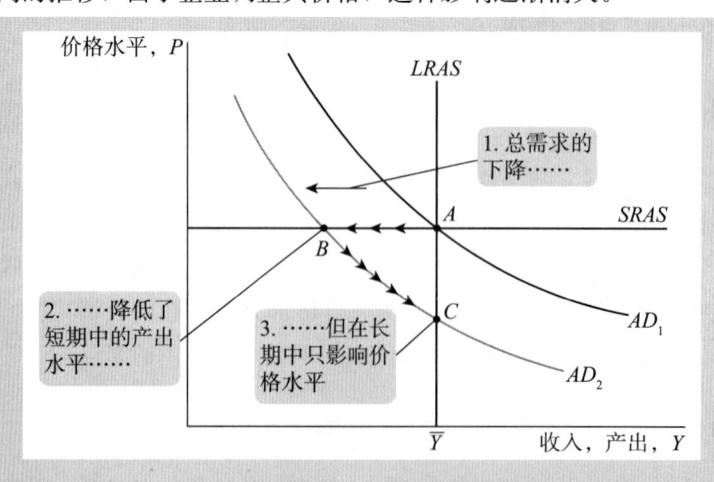

图11-12 总需求的减少

经济开始时位于长期均衡的 A 点。(也许是由于货币供给减少引起的。)总需求减少使经济从 A 点移动到 B 点。在 B 点产出低于其自然水平。随着价格下降,经济逐渐从衰退中复苏,从 B 点移动到 C 点。

案例研究

一个来自法国历史的货币教训

找到现代的例子来说明从图 11-12 得到的启示是困难的。现代的中央银行太过聪明了，若没有好的理由不会大幅减少货币供给。它们知道这样做会引起衰退，通常它们会尽最大的努力防止衰退发生。幸运的是，当近来的经验未能提供恰当的实验时，历史常常填补了这一空白。

关于货币紧缩的影响的一个生动例子发生于 18 世纪的法国。2009 年，美国联邦储备银行芝加哥分行的一个经济学家弗朗西斯·维尔德（François Velde）研究了法国经济史上的这么一个事件。

这个故事要从当时法国货币异乎寻常的属性开始讲起。当时法国的货币存量包括各种金币和银币。与现代货币不同，这些硬币上没有标记具体的货币价值。相反，每个硬币的货币价值由政府法令来设定，政府能够轻易地改变货币价值，从而改变货币供给。这种事有时甚至隔夜就会发生。情况几乎就好像是这样：当你还在熟睡时，你钱包里的每 1 美元钞票就被只值 80 美分的钞票替换了。

确实，这正是 1724 年 9 月 22 日发生的事情。每个法国人醒来后都发现，他们的钱比前一天晚上少了 20%。在七个月时间里，货币存量的名义价值减少了大约 45%。这些变化的目标是把经济中的价格降低到一个政府认为合适的水平。

这一政策的结果是什么呢？维尔德报告了如下后果：

> 尽管价格和工资确实下降了，但它们并没有下降 45%；而且，这一下降花了好几个月的时间（如果不是好几年的话）。实际工资事实上上升了，至少一开始时是这样。利率上升了。唯一即刻和充分调整的市场是外汇市场。即使是人们能够想象的接近于充分竞争的市场，如谷物市场，一开始也没能做出反应……

与此同时，经济的产业部门（或者，至少纺织行业）出现了严重的萎缩，幅度大约为 30%。衰退可能在这一通货紧缩型政策开始之前就已经出现了，但是当时普遍认为经济衰退的严重性是由于货币政策，特别地，是由于"信贷紧缩"（观察家经常谴责的"货币不足"）。信贷紧缩的产生是因为货币持有者因预见到未来的价格下降而停止为交易提供信贷。同样地，（基于过去的经验，）人们普遍认为通货膨胀的政策将使衰退结束；不知是否为巧合，当名义货币供给在 1726 年 5 月增加 20% 时，经济立即复苏了。

对法国历史事件的这一描述与我们从主流宏观经济理论中得到的启示吻合得很好。[①]

11.5 稳定化政策

作为一个整体的经济中的波动来自总供给或总需求的变动。经济学家把使这些

---

① François R. Velde, "Chronicles of a Deflation Unforetold," *Journal of Political Economy* 117（August 2009）: 591-634.

曲线移动的外生事件称为对经济的**冲击**（shock）。使总需求曲线移动的冲击称为**需求冲击**（demand shock），使总供给曲线移动的冲击称为**供给冲击**（supply shock）。这些冲击通过把产出与就业推离自然水平而扰乱了经济。总需求与总供给模型的一个目的是说明这些冲击如何引起经济波动。

这个模型的另一个目的是评价宏观经济政策可以如何对这些冲击做出反应。经济学家用**稳定化政策**（stabilization policy）这个术语来指代旨在减少短期经济波动严重性的政策行动。由于产出和就业围绕其长期自然水平而波动，所以，稳定化政策通过使产出与就业尽可能接近其自然水平而减弱了经济周期。

在接下来的几章中，我们将详细考察稳定化政策如何发挥作用，以及在其运用中产生了什么实际问题。在这里，我们使用总需求和总供给模型的简化版本开始对稳定化政策的分析。特别地，我们考察货币政策可能如何对冲击做出反应。货币政策是稳定化政策的一个重要组成部分，原因是货币政策对总需求有强大的影响，正如我们已经看到的那样。

对总需求的冲击

考虑一个需求冲击的例子：信用卡的引入及其使用的日益增加。由于信用卡常常比现金提供了一种更方便的购物方式，所以信用卡减少了人们选择持有的货币量。货币需求的这种减少等价于货币流通速度的提高。当每一个人持有更少的货币时，货币需求参数 k 下降了。这意味着每一美元货币转手更快了。因此，货币流通速度 $V(=1/k)$ 提高了。

如果货币供给保持不变，那么，货币流通速度的提高引起名义支出的增加和总需求曲线的向外移动，如图 11-13 所示。在短期，需求的增加提高了经济的产出。在原来的价格，企业现在出售的产品更多。作为对销量增加的反应，企业通过雇用更多工人，要求现有工人工作更长时间，并更充分地使用厂房与设备，来增加生产。也就是说，总需求的增加导致经济出现了繁荣。

随着时间的推移，高的总需求水平拉高了工资与价格。随着价格水平上升，产出的需求量减少了，经济逐渐接近生产的自然水平。但在向更高价格水平过渡的期间，产出高于其自然水平。

为了减弱这种经济繁荣和使产出更接近于自然水平，美联储可以做些什么呢？美联储可能会减少货币供给以抵消货币流通速度的提高。抵消货币流通速度的变动将会稳定总需求。因此，在理论上，美联储能够通过巧妙地调整货币供给，降低甚至消除需求冲击对产出和就业的影响。美联储在实践中是否具有所需的技能是一个更为困难的问题，我们将在第 17 章中进行讨论。

对总供给的冲击

对总供给的冲击也会引起经济波动。供给冲击是这样一种对经济的冲击：它改

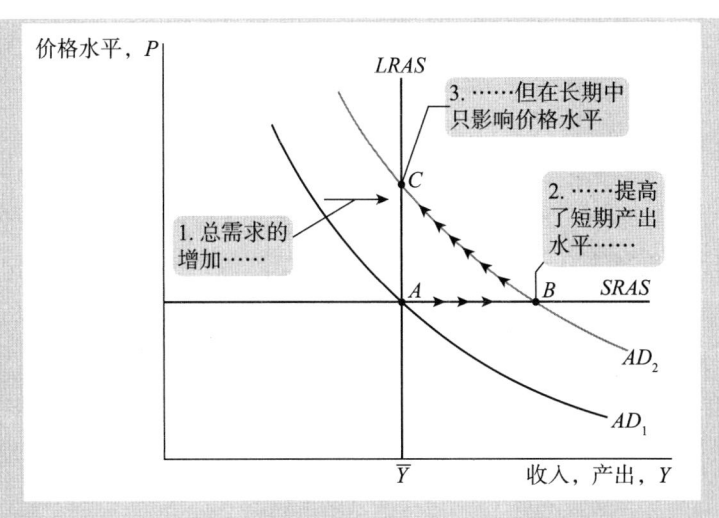

图 11-13 总需求的增加

经济开始时处于长期均衡 A 点。(也许是由于货币流通速度的提高引起的)总需求增加使经济从 A 点移动到 B 点，在 B 点产出高于其自然水平。随着价格上升，产出逐渐回到其自然水平，经济从 B 点移动到 C 点。

变生产产品与服务的成本，从而改变企业收取的价格。由于供给冲击直接影响价格水平，所以它们有时被称为**价格冲击**（price shocks）。下面是一些例子：

- 一场摧毁了农作物的干旱。食物供给的减少提高了食物价格。
- 要求企业减少排污量的新环境保护法。企业以更高价格的形式把增加的成本转嫁给顾客。
- 工会激进程度的增强。这推高了工资和工会工人生产的产品的价格。
- 国际石油卡特尔组织。通过限制竞争，主要石油生产者提高了世界石油价格。

这些事件，称为不利的（adverse）供给冲击，提高了成本和价格。诸如国际石油卡特尔解体这种有利的（favorable）供给冲击则降低了成本和价格。

图 11-14 显示了一种不利的供给冲击如何影响经济。短期总供给曲线向上移动。(供给冲击也可能降低产出的自然水平，从而使长期总供给曲线向左移动，但我们这里不考虑这种影响。)如果总需求保持不变，经济从 A 点移动到 B 点：价格水平上升，产出下降到其自然水平以下。这样的经历被称为滞胀（stagflation），原因是它是经济停滞（产出下降）与通货膨胀（价格上升）的结合。

面对不利的供给冲击，具有影响总需求能力的政策制定者，如美联储，会在两个选项之间做出困难的选择。隐含在图 11-14 中的第一个选项是保持总需求不变。在这种情况下，产出和就业低于自然水平。最终，价格会下降，在原来的价格水平上（A 点）恢复充分就业，但这个调整过程的代价是痛苦的衰退。

图 11-15 说明的第二个选项是扩大总需求，使经济更快地回到产出的自然水平。如果总需求的增加与总供给冲击是同步的，经济立即从 A 点移动到 C 点。在这种情况下，我们说美联储适应（accommodate）了供给冲击。这个选项的缺点是：价格水平永久性地更高了。调整总需求以维持充分就业并保持价格水平稳定是不可能的。

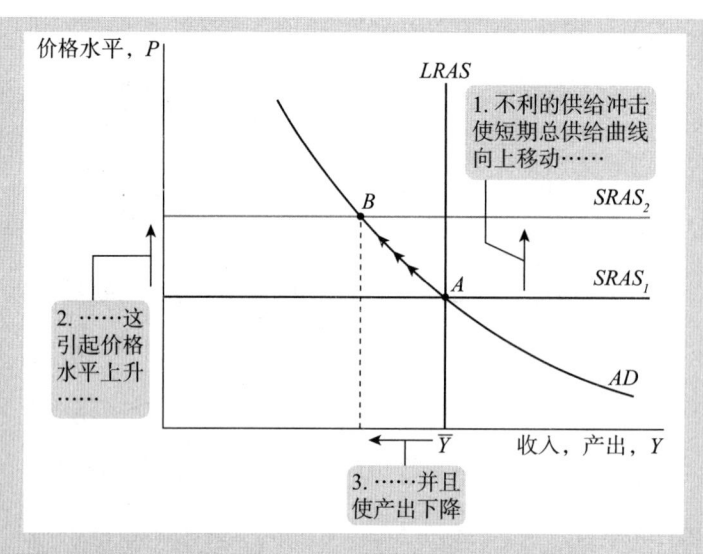

图 11-14 不利的供给冲击

不利的供给冲击推高成本，从而推高价格。如果总需求保持不变，经济从 A 点移动到 B 点，这就导致了滞胀——价格上升与产出下降的结合。最终，随着价格下降，经济回到产出的自然水平，A 点。

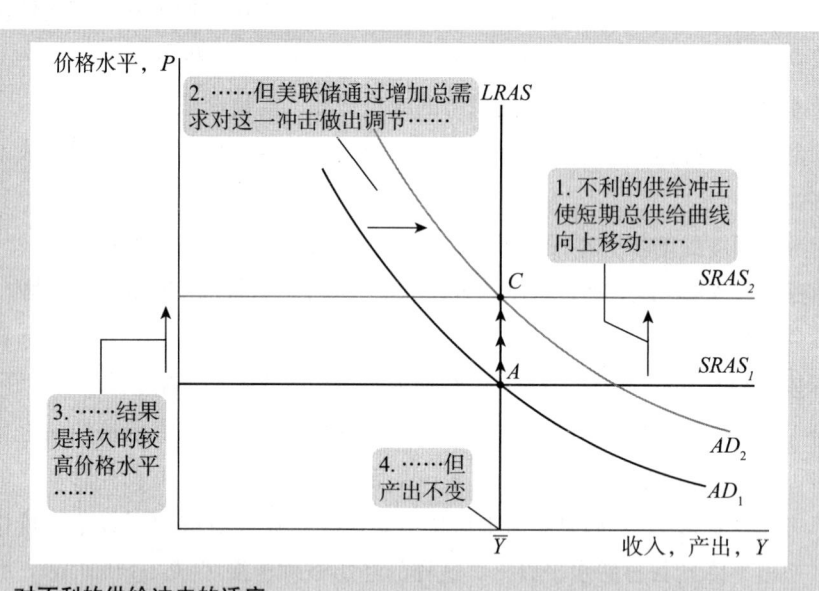

图 11-15 对不利的供给冲击的适应

在对一种不利的供给冲击做出反应时，美联储可以增加总需求来防止产出的下降。经济从 A 点移动到 C 点。这种政策的代价是永久性的更高的价格水平。

案例研究

欧佩克如何促成了 20 世纪 70 年代的滞胀和 80 年代的欣欣向荣？

近来的历史中最具破坏性的供给冲击是由欧佩克（OPEC），即石油输出国组织（Organization of Petroleum Exporting Countries）所引起的。欧佩克是一个卡特尔（卡特尔是由供给者组成的协调并决定生产水平和价格的组织）。在 20 世纪 70 年代初，欧佩克石油供给的减少使世界石油价格几乎翻倍。这次石油价格的上升在大多数工业国家中引起了滞胀。下面这些统计数字表明了美国发生的情况：

年份	石油价格变动（%）	通货膨胀率（CPI）（%）	失业率（%）
1973	11.0	6.2	4.9
1974	68.0	11.0	5.6
1975	16.0	9.1	8.5
1976	3.3	5.8	7.7
1977	8.1	6.5	7.1

1974 年石油价格上升 68% 是大幅度的不利供给冲击。正如我们所预期的，它既引起了更高的通货膨胀率，又引起了更高的失业率。

几年之后，当世界经济几乎已经从第一次欧佩克引起的衰退中复苏时，几乎同样的事情又发生了。欧佩克提高石油价格，引起了进一步的滞胀。下面是美国的统计数字：

年份	石油价格变动（%）	通货膨胀率（CPI）（%）	失业率（%）
1978	9.4	7.7	6.1
1979	25.4	11.3	5.8
1980	47.8	13.5	7.0
1981	44.4	10.3	7.5
1982	−8.7	6.1	9.5

1979 年、1980 年和 1981 年的石油价格上升又导致了两位数的通货膨胀和更高的失业率。

在 20 世纪 80 年代中期，阿拉伯国家之间的政治动荡削弱了欧佩克限制石油供给的能力。石油价格下降，扭转了 70 年代和 80 年代初的滞胀。下面是所发生的情况：

年份	石油价格变动（%）	通货膨胀率（CPI）（%）	失业率（%）
1983	−7.1	3.2	9.5
1984	−1.7	4.3	7.4
1985	−7.5	3.6	7.1
1986	−44.5	1.9	6.9
1987	18.3	3.6	6.1

在 1986 年，石油价格下降了将近一半。这种有利的供给冲击导致了美国的低通货膨胀以及失业率下降。该年的通货膨胀率是美国那个年代所经历的最低的通货膨胀率之一。

更近的这些年来，欧佩克没有成为经济波动的主要原因。储备方面的努力和提高了能源效率的技术变革已经使美国经济对石油冲击不那么脆弱了。而且，今天的美国经济不再那么依靠制造业，而是更多地以服务业为基础，服务业的生产所使用的能源更少。从 1980 年到 2019 年，每单位实际 GDP 消耗的石油数量下降了 58%。因此，石油价格的波动现在对经济的影响比过去要小。[1]

---

[1] 一些经济学家提出，甚至在 20 世纪 70 年代之前，石油价格的波动也在经济波动中起了主要作用。参见 James D. Hamilton, "Oil and Macroeconomy Since World War II," *Journal of Political Economy* 91 (April 1983): 228-248。

11.6 2020年的新冠疫情导致的经济衰退

在本书2020年即将付梓时，美国经济（以及世界上大多数其他经济）正在经历着一次在以下三个方面不同寻常的经济低迷。

2020年的经济低迷的第一个不同寻常的特征是它的起因。引起新冠疫情的新型冠状病毒肆虐着全世界。2019年12月31日中国武汉市报告了首批新冠疫情病例。2020年1月21日华盛顿州报告了美国首例新冠疫情病例。该病毒的传染性和危险性都被证明是特别高的。截至2020年9月1日，该病毒在美国导致的死亡人数超过18 000人，在全球超过85 000人。为了减缓该病毒的传播，在该病毒大流行早期，卫生专家建议人们避免相互密切接触。美国各地的领导人，主要是各州州长和城市市长，命令大量经济场所关门和经济活动停业，包括影剧院、体育馆、音乐会、餐厅（外带除外）、非必需的零售商店等等。乘飞机出行人数减少了95%以上。

2020年的经济低迷的第二个不同寻常的特征是它罕见的速度和深度。从2020年2月到4月，就业率从成年人口的61.1%下降到51.3%，这是迄今为止有记录以来最大的两个月下降量。2020年4月的失业率是14.7%，这是大萧条以来的最高水平（1933年的失业率达到了25%）。

2020年的经济低迷的第三个不同寻常的特征是它在某种意义上是故意的。典型的衰退最好被视为一场意外：某一未预期到的事件使总供给或总需求发生移动，减少了生产和就业。当衰退发生时，政策制定者急切地采取措施，以便经济尽可能快地回归到生产和就业的正常水平。相反，2020年的经济低迷是一场设计出来的衰退。为了抑制新冠疫情大流行，政策制定者强制人们和各行各业改变他们的行为，这些行为的改变减少了生产和就业。当然，新冠疫情大流行本身既不是故意的也不是合意的。但是，给定大流行这样的形势，大量的、暂时性的经济活动减少可以说是能够实现的最佳结果了。

模型化大停摆

我们可以用总供给与总需求模型来考察2020年的经济低迷。但是，给定这一事件不同寻常的性质，总需求与总供给曲线的移动与典型衰退期间发生的曲线移动有所不同。图11-16模型化了2020年经济低迷事件。

让我们首先考虑对总需求的影响。从2020年3月开始，按照政府规定，人们买东西的许多地方（如餐厅和零售商店）关门了。为了减少感染风险，人们规避了许多仍然营业的商业场所。这些行为变化降低了货币流通速度：由于人们在产品和服务上的支出减少，美元在人们的钱包里和银行账户上待的时间更久了。（从2019年第四季度到2020年第二季度，M2的流通速度下降了23%。）结果，在每个价格水平，产品和服务的需求量更低了，总需求曲线向左移动。

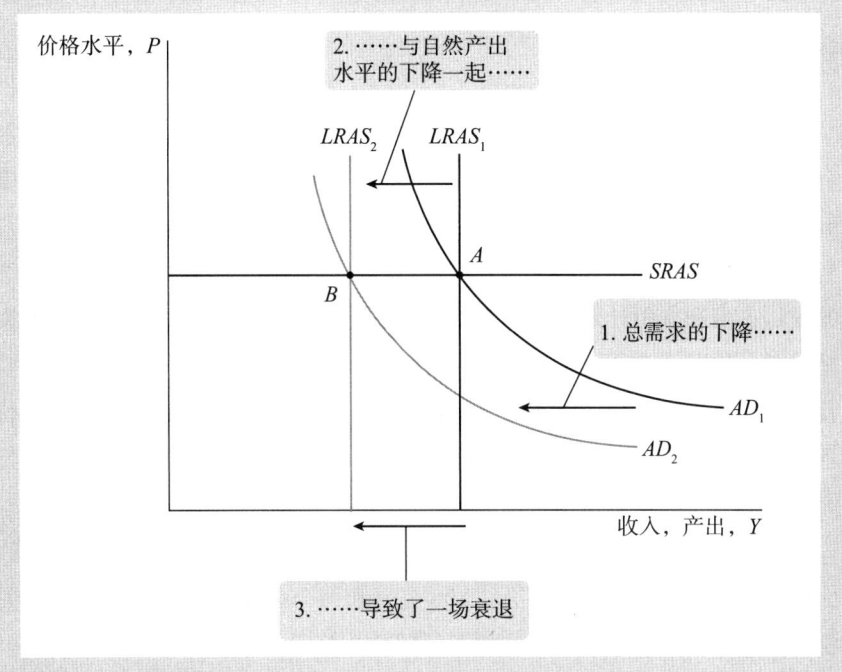

图 11-16　2020 年的新冠疫情经济衰退

当新冠疫情大流行和许多企业暂时关闭时，由于人们待在家里而不是在那些企业提供的产品和服务上花钱，所以总需求下降。由于那些企业不能生产产品和服务，所以，长期总供给曲线所代表的经济的潜在产出也下降。经济从 A 点移动到 B 点。

接下来，我们考虑对总供给的影响。我们需要考虑短期总供给曲线和长期总供给曲线。但是，我们需要先给一个附加说明：给定大停摆期间不同寻常的形势，"短期"和"长期"这两个术语的使用在这种背景下有些不恰当。为了前后一致，我们仍然保留短期总供给曲线（SRAS）和长期总供给曲线（LRAS）的说法，但是我们最好把注意力少放在时间范围上，多放在这些曲线所代表的经济现象上。

短期总供给曲线代表企业愿意在什么样的价格销售它们的产品。新冠疫情大流行对标价没有产生任何即刻的影响。结果，短期总供给曲线保持不变。

长期总供给曲线代表自然产出水平，即当失业率处于其自然水平时产品和服务的生产量。正常情况下，自然失业率是稳定的，随着时间的推移，自然产出水平因人口增长和技术进步而平滑增长。2020 年的衰退是一个例外。当健康危机导致许多企业暂时停业和解雇工人时，它导致了自然失业率突然大幅提高。也就是说，许多企业被迫停业导致的失业可以被认为是一种新的结构性失业类型。由长期总供给曲线所代表的经济生产产品和服务的潜力降低了，至少是暂时性地降低了。在图 11-16 中，长期总供给曲线的向左移动代表了潜在产出的下降。

正如图 11-16 所示，2020 年的美国经济从 A 点移动到了 B 点。产出下降了，在这个意义上，美国经济经历了一场衰退。但是，不同于典型衰退期间的情况，这次衰退不存在生产能力过剩,原因是,给定经济停摆,经济的自然产出水平也下降了。

政策反应

一旦这次经济低迷的严重性变得很明显,政策制定者就迅速做出应对,以缓和它带来的苦难。2020年3月27日,《新冠病毒援助、救济和经济安全法案》(Coronavirus Aid, Relief and Economic Security Act,以下简称CARES法案)被签署成为法律。与大约同一时间通过的其他法律一起,这个法案批准了高达约2万亿美元的增加支出和减税计划,其规模大体为美国GDP的10%,是历史上对衰退做出的规模最大的财政应对。CARES法案有时候被称为一个刺激法案,但是,实际上,其目的并非刺激经济和结束衰退。政策制定者明白,给定新冠疫情大流行,衰退是不可避免的。他们的目的是缓解人们在困难时期面临的苦难,防止这次经济低迷在大流行结束后给经济留下永恒的创伤。

这个政策反应的很大一部分可以被称为社会保障或灾难纾困。除高收入家庭外的所有家庭收到了每个成年人1 200美元和每个小孩500美元的退税。失业保障的资格扩大了,失业津贴暂时增加了每周600美元。小企业被提供了贷款,而且,如果它们在接下来的两个月不解雇工人,那么,贷款就会被免除,从而变成补助。

为了防止这次衰退带来永恒的伤害,CARES法案中有各种帮助工商业界渡过难关的条款。这是为小企业提供可免除的贷款的部分动机。工人们不但可以继续拿薪水,而且与雇主保持联系,这样的话,一旦危机结束,正常的商业就可以快速恢复。CARES法案还提供了资金供美联储给规模更大的企业以及各州、市提供贷款。于是,该法案扩大了美联储作为最后贷款者的角色。CARES法案还增加了财政部长为符合条件的企业、州、市提供贷款和贷款担保的职权。

经济学家普遍为这些政策行动欢呼,但批评家指出了该法案潜在的缺点。对许多人来说,提高后的失业保障支付的津贴比他们之前的工作收入还高,这使他们没什么理由回归职场。拨给小企业专用的款项并不充足,这导致了小企业纷纷争先去申请贷款。有些并非真的需要钱的企业从这些可被免除的贷款中获得了不正当的意外之财。(有些获得可被免除的贷款的公司因此被媒体曝光,这导致它们归还了贷款。例如,连锁餐厅Shake Shack和Sweetgreen都归还了1 000万美元的贷款。)批评家还担心赋予财政部长的斟酌处置权会导致官僚资本主义,信贷的提供会基于政治力量而非经济基本面。最后,批评家认为该法案本应该为州政府和地方政府提供更多的救济。这些政府常常有着要求平衡预算的规章制度,人们担心,如果联邦政府不介入和提供帮助,经济低迷导致的税收收入下降将迫使这些政府削减基本的公共服务。

CARES法案大幅扩大了联邦政府的预算赤字,在该法案通过之前,联邦政府的预算赤字已经很大了。2020年9月,国会预算办公室估计,2020年的预算赤字将达到 3.3 万亿美元，大体为 GDP 的 16%，这是第二次世界大战以来最大的财政失衡。据预计，政府债务占 GDP 的百分比将达到历史最高水平。正如我们将在第 18 章讨论的那样，大部分经济学家认为，政府在危机期间（如战争和衰退）举债是合适的。尽管如此，高债务还是将给未来各代人留下潜在地令人烦恼的遗产。

复苏和前路

在美国，每天的新冠疫情死亡病例数在 2020 年 4 月下旬达到峰值，然后开始缓慢下降。到 6 月，各州官员和地方官员开始放宽对经济活动的部分限制。重新开放的速度充满了争议。由于担忧停摆的经济成本，特朗普总统推动重新开放的速度比许多卫生专家建议的要快。

限制的放松产生了迅速的经济影响。就像 2020 年经济低迷的头两个月里支出、生产和就业出现了不同寻常的快速下降一样，接下来几个月里出现了不同寻常的快速上升。失业率从 2020 年 2 月的 3.5% 上升到 4 月的 14.7%，到 8 月就下降到了 8.4%。到 8 月，经济活动从 4 月的低位复苏了一半，但与年初相比仍然不景气。

在本书即将付梓时，未来的复苏速度仍然不确定。乐观主义者也许会指出，2020 年经济低迷期间大部分人失去工作只是暂时被解雇，因此，一旦可以安全回归工作岗位时，他们就会迅速回归。悲观主义者也许会指出，如果新冠疫情大流行持续且很多企业破产，那么，暂时的解雇可能变成永久性的失业。等你阅读到本书此处时，你可能知道了哪一方的观点有更多的先见之明。

最后，答案将需要更多地由微生物学而非宏观经济学给出。除非新冠疫情大流行的蔓延因为有更好的检测病毒的方法或开发出疫苗而得到控制，否则，我们就不能预期人们将回归正常的经济活动。

11.7 结论

本章介绍了研究经济波动的一个框架：总供给与总需求模型。这个模型是建立在价格在短期具有黏性和在长期具有弹性这一假设基础上的。它说明了对经济的冲击如何引起产出暂时背离古典模型所意味的水平。

这个模型还突出了货币政策的作用。一方面，糟糕的货币政策可能是造成经济不稳定的冲击的来源。另一方面，实施良好的货币政策能够对冲击做出反应并稳定经济。

在接下来的几章中，我们将进一步加深对这个模型的理解和对稳定化政策的分析。第 12～14 章将超越数量方程来深化我们的总需求理论。第 15 章将更详细地考察总供给。然后，本书的其余部分将以这个模型为平台，潜心研究宏观经济理论和政策的更高级的主题。

快速测验

1. 在典型的衰退中，消费_____。投资与消费同向运动，但其变动比例_____。
   A. 上升，更大
   B. 上升，更小
   C. 下降，更大
   D. 下降，更小

2. 以下哪个变化对领先指标指数的下降有贡献，表明衰退发生的可能性更大？
   A. 股票价格的上升
   B. 建筑开工许可证的增加
   C. 初次申请失业保障人数的下降
   D. 收益曲线的斜率的下降

3. 如果信用卡公司的电脑故障使得商店开始只接受现金付款，那么，货币需求将_____。如果货币供给保持不变，那么，总需求曲线将向_____移动。
   A. 增加，右
   B. 增加，左
   C. 减少，右
   D. 减少，左

4. 总需求的扩张在短期增加了_____。但是，在长期，它只提高了_____。
   A. 实际GDP，价格水平
   B. 实际GDP，货币流通速度
   B. 失业率，价格水平
   D. 失业率，货币流通速度

5. 滞胀——产出下降和价格上升——是由_____导致的。
   A. 总需求的扩张
   B. 总需求的收缩
   C. 有利的总供给冲击
   D. 不利的总供给冲击

6. 如果美联储通过扩大货币供给来应对不利的总供给冲击，那么，它将_____。
   A. 把总需求稳定在之前的水平
   B. 使由此产生的衰退比原本更严重
   C. 使经济更接近产出和就业的自然水平
   D. 使价格水平回到冲击发生前的水平

内容提要

1. 经济经历着经济活动的短期波动（衡量经济活动的最概括的指标是实际GDP）。这些波动与许多宏观经济变量的运动相联系。特别地，当GDP增长下降时，消费增长下降（通常下降的幅度更小），投资增长下降（通常下降的幅度更大），失业上升。尽管经济学家通过观察各种领先指标来预测经济的运动，但这些短期波动大体上是不可预测的。

2. 经济在长期和在短期如何运行之间的关键区别是：价格在长期具有弹性而在短期具有黏性。总供给与总需求模型为分析经济波动和理解不同时间范围内政策和事件的影响有什么不同提供了一个框架。

3. 总需求曲线向右下方倾斜。它告诉我们，价格水平越低，产品与服务的总需求量越多。

4. 在长期，总供给曲线是一条垂线，这是因为产出由资本与劳动量和可获得的技术决定，而不由价格水平决定。因此，总需求的移动影响价格水平，但既不影响产出，也不影响就业。

5. 在短期，总供给曲线是水平的，这是因为工资和价格黏在预定的水平上。因此，总需求的移动影响产出和就业。

6. 对总需求和总供给的冲击引起经济波动。因为美联储可以使总需求曲线移动，所以，它可以努力抵消这些冲击，以使产出和就业维持在其自然水平。

关键概念

奥肯定律　　　　领先指标　　　　总需求　　　　总供给

冲击　　　　　　　需求冲击　　　　　　供给冲击　　　　　　稳定化政策

复习题

1. 当在衰退期间实际 GDP 下降时，消费、投资和失业率通常会怎样变动？

2. 举出一个在短期具有黏性和在长期具有弹性的价格的例子。

3. 为什么总需求曲线向右下方倾斜？

4. 解释货币供给增加的短期和长期影响。

5. 为什么美联储对付需求冲击比对付供给冲击容易？

问题与应用

1. 一个经济开始时处于长期均衡，然后，政府监管的某个变化允许银行开始为支票账户支付利息。回忆货币存量是通货和包括支票账户在内的活期存款之和，因此，这个监管变化会使持有货币更有吸引力。

   a. 这种变动如何影响货币需求？

   b. 货币流通速度会发生什么变动？

   c. 如果美联储使货币供给保持不变，短期和长期中产出与价格水平将发生什么变动？

   d. 如果美联储的目标是稳定价格水平，美联储应该使货币供给保持不变以应对这一监管变化吗？如果不是，它应该做些什么？为什么？

   e. 如果美联储的目标是稳定产出，你对 d 小问的回答会如何改变？

2. 假定美联储把货币供给减少 5%。假设货币流通速度不变。

   a. 总需求曲线会发生什么变动？

   b. 短期和长期中产出与价格水平会发生什么变动？给出确切的数字答案。

   c. 根据 b 小问的答案，由奥肯定律，短期和长期中失业会发生什么变动？给出确切的数字答案。

   d. 在短期和长期，实际利率会向什么方向运动？（提示：用第 3 章的实际利率模型来看看当产出变动时会发生什么。）

3. 让我们来考察美联储的目标如何影响它对冲击的反应。假定在情景 A 中美联储只关心维持价格水平的稳定，而在情景 B 中美联储只关心把产出与就业维持在其自然水平。解释在每种情景中美联储将如何对下列情况做出反应。

   a. 货币流通速度的外生下降。

   b. 石油价格的外生提高。

4. 衰退何时开始和何时结束的官方裁决者是国家经济研究局，一个非营利性经济研究组织。访问 NBER 的网站（www.nber.org），找到最新的经济周期转折点。它是什么时候发生的？是从扩张到紧缩，还是反过来？列出在你有生以来所发生的所有衰退（紧缩）以及它们开始和结束的时间。

为了得到在线学习资源，请访问 Achieve for Macroeconomics, 11e：https://achieve.macmillanlearning.com。

快速测验答案

1. C　　2. D　　3. B　　4. A　　5. D　　6. C

第12章　总需求 I：建立 IS—LM 模型

> 我将论证古典学派的假设条件只适用于一种特殊情形，而不适用于普遍情形……而且，古典理论所假设的特殊情形的特征恰恰不为我们实际生活在其中的经济社会所具备。结果是，如果我们企图把古典理论应用于经验事实，它的教诲不仅会把人们引入歧途，而且会导致灾难性的后果。
>
> ——约翰·梅纳德·凯恩斯，《就业、利息和货币通论》

在世界史上的所有经济波动中，最痛苦、在思想上影响最深远的一次是20世纪30年代的大萧条。在此期间，美国和许多其他国家经历了大规模失业和收入的大幅度下降。在最严重的年份1933年，美国有1/4的劳动力失业，实际GDP比1929年的水平低30%。

这种破坏性事件使许多经济学家质疑古典经济理论——我们在第3~7章中考察的理论——的正确性。古典理论看起来不能解释大萧条。根据该理论，国民收入取决于要素供给和可获得的技术，而在1929—1933年间，这些条件都没有发生重大变动。在大萧条爆发之后，许多经济学家认为，需要一个新模型来解释这种大的和突发性的经济低迷以及提供可能减轻这么多人所面临的经济困难的政策建议。

1936年，英国经济学家约翰·梅纳德·凯恩斯出版了其著作《就业、利息和货币通论》（以下简称《通论》），使经济学发生了革命性的变化。凯恩斯提议了一种分析经济的新方法，作为对古典理论的一种替代方法。他关于经济如何运行的观点很快成为争论的中心。不过，随着经济学家对《通论》展开争论，对经济波动的一种新理解逐渐形成了。

凯恩斯认为，总需求不足是经济低迷期间低收入和高失业的罪魁祸首。他批评古典理论假设国民收入只由总供给——反映了资本、劳动和技术——决定。现在的经济学家用第11章中介绍的总需求与总供给模型调和了这些观点。在长期，价格是有弹性的，总供给决定收入。但在短期，价格是黏性的，因此总需求的变动影响收入。

在本章和下一章，我们通过更深入地考察总需求继续研究经济波动。我们的目的是确定使总需求曲线移动从而引起国民收入波动的变量。我们还要更充分地考察政策制定者可以用来影响总需求的工具。在第 11 章，我们从货币数量论推导出了总需求曲线，说明了货币政策可以使总需求曲线移动。在本章中，我们将看到政府既可以用货币政策也可以用财政政策来影响总需求。

本章中建立的总需求模型称为 **IS—LM 模型**（IS—LM model），它是对凯恩斯理论的主流解释。这个模型的目的是说明对于一个给定的价格水平，什么决定了国民收入。有两种方法来解释这种做法。我们可以把 IS—LM 模型看作说明在价格水平由于所有价格具有黏性而固定的短期，什么引起收入变动。或者我们可以把这个模型看作说明什么引起总需求曲线移动。对这个模型的这两种解释是等价的：正如图 12-1 所示，在价格水平固定的短期，总需求曲线的移动导致了国民收入均衡水平的变动。

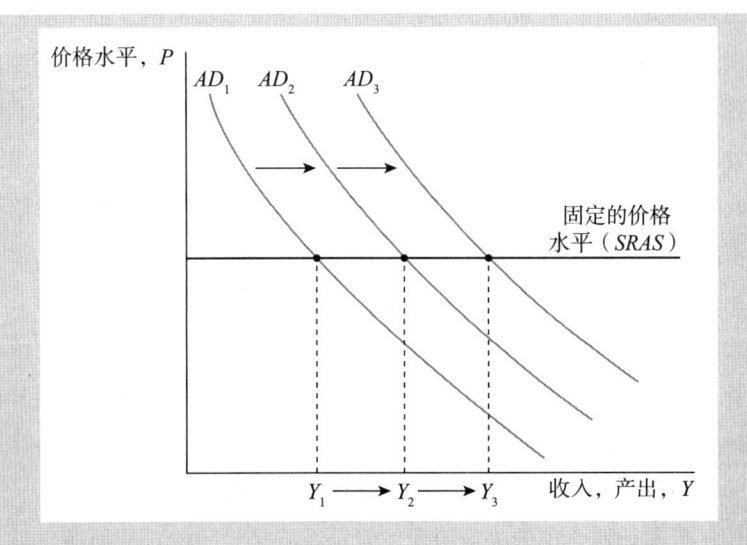

图 12-1 总需求曲线的移动

对于一个给定的价格水平，国民收入由于总需求曲线的移动而波动。IS—LM 模型把价格水平视为给定，说明什么引起了收入变动。因此，该模型说明什么引起了总需求曲线移动。

毫不奇怪，IS—LM 模型的两部分是 **IS 曲线**（IS curve）和 **LM 曲线**（LM curve）。IS 代表"投资"（investment）和"储蓄"（saving），IS 曲线描述了产品与服务市场的情况（我们在第 3 章中第一次讨论了产品与服务市场）。LM 代表"流动性"（liquidity）和"货币"（money），LM 曲线描述了货币供给和需求的情况（我们在第 5 章中第一次讨论了货币供给和需求）。由于利率既影响投资又影响货币需求，所以，正是这个变量把 IS—LM 模型的两个部分联系起来了。这个模型说明了产品和货币这两个市场之间的相互作用如何决定总需求曲线的位置和斜率，从而决定短期国民收入。[①]

---

① IS—LM 模型是由诺贝尔经济学奖获得者约翰·R. 希克斯（John R. Hicks）在下面这篇经典文章中提出的，John R. Hicks, "Mr. Keynes and the Classics: A Suggested Interpretation," *Econometrica* 5 (1937): 147-159。

12.1 产品市场与 IS 曲线

IS 曲线描绘了产品与服务市场上产生的收入与利率之间的关系。为了建立这种关系，我们从称为**凯恩斯交叉**（Keynesian cross）的基本模型开始。这个模型是对凯恩斯的国民收入决定理论的最简单解释，是构成更复杂和更现实的 IS—LM 模型的基石。

凯恩斯交叉

在《通论》中，凯恩斯提出，在短期中经济的总收入主要由家庭、企业和政府的支出计划决定。人们希望支出的越多，企业可以卖出的产品与服务就越多。企业可以卖出去的越多，它们生产的产出就越多，它们雇用的工人也就越多。因此，凯恩斯相信，衰退和萧条期间的问题是支出不足。凯恩斯交叉模型化了这种见解。

计划支出 我们对凯恩斯交叉的推导从区分实际支出和计划支出开始。实际支出（actual expenditure）是家庭、企业和政府花在产品和服务上的数额。如我们在第 2 章最先看到的那样，它等于整个经济的国内生产总值。计划支出（planned expenditure）是家庭、企业和政府想花在产品和服务上的数额。

为什么实际支出会与计划支出不同？答案在于企业在销售不及预期时有计划外的存货投资。如果企业销售的产品比计划少，它们的存货就自动上升；相反，如果企业销售的产品比计划多，它们的存货就下降。由于这些计划外的存货变化被记为企业的投资支出，实际支出可能会比计划支出高或者低。

现在考虑计划支出的决定因素。假设经济是封闭的，从而净出口为零，我们把计划支出 PE 写为消费 C、计划投资 I 和政府购买 G 之和：

$$PE = C + I + G$$

我们把如下消费函数加入这个方程中：

$$C = C(Y - T)$$

这个方程是说，消费取决于可支配收入（可支配收入等于总收入 Y 减去税收 T，即 $Y-T$）。为了简化，现在我们把计划投资视为外生固定的：

$$I = \bar{I}$$

最后，与第 3 章一样，我们假设财政政策——政府购买和税收水平——是固定的：

$$G = \bar{G}$$
$$T = \bar{T}$$

把这五个方程结合起来，我们得到：

$$PE = C(Y - \bar{T}) + \bar{I} + \bar{G}$$

这个方程说明，计划支出是收入 Y、计划投资 $\bar{I}$ 及财政政策变量 $\bar{G}$ 和 $\bar{T}$ 的函数。

图 12-2 绘出了作为收入的函数的计划支出。因为更高的收入导致更高的消费，从而导致更高的计划支出，所以，这条线向右上方倾斜。这条线的斜率是边际消费倾向（marginal propensity to consume，MPC）；它表明当收入增加 1 美元时计划支出增加多少。这一计划支出函数是被称为凯恩斯交叉模型的第一个部分。

处于均衡的经济　凯恩斯交叉的下一个部分是如下假设：当实际支出等于计划支出时，经济处于均衡。这个假设基于这样一个思想：当人们的计划都被实现了时，他们没有理由改变他们的行为。由于 Y（即 GDP）不仅等于总收入，还等于在产品与服务上的总实际支出。我们可以把这个均衡条件写为：

实际支出 = 计划支出
$$Y = PE$$

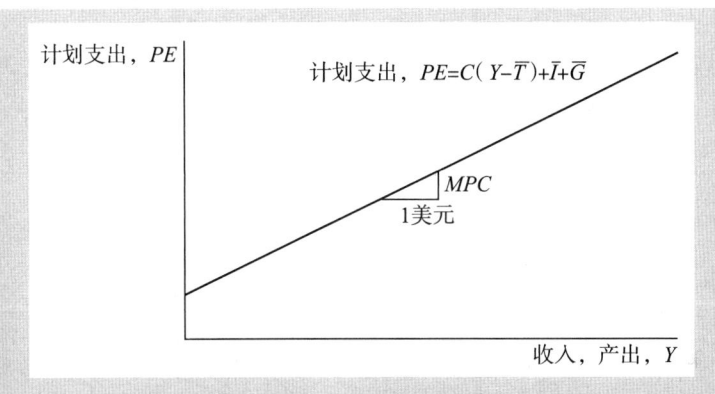

图 12-2　作为收入的函数的计划支出

因为更高的收入引起更高的消费，而消费是计划支出的一部分，所以，计划支出（PE）取决于收入。计划支出函数的斜率是边际消费倾向（MPC）。

图 12-3 中的 45°线画出了所有满足这个条件的点。加上计划支出函数，这个图就变成了凯恩斯交叉。这个经济的均衡是 A 点，即计划支出函数与 45°线的交点。

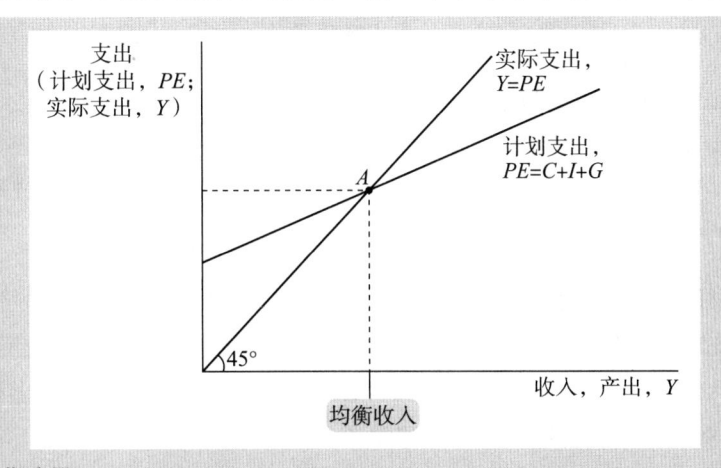

图 12-3　凯恩斯交叉

凯恩斯交叉的均衡是收入（实际支出）等于计划支出的点（A 点）。

经济如何达到均衡呢？在这个模型中，存货在调整过程中起着重要的作用。只要经济不处于均衡，企业就会有存货的计划外变动，这引起企业改变生产水平。然后，生产的变动影响总收入和总支出，使经济向均衡运动。

例如，假定经济的 GDP 水平大于均衡水平，如图 12-4 中的 Y_1 水平。在这种情况下，计划支出 PE_1 小于生产 Y_1，因此，企业销售的量少于其生产的量。企业把没有卖出去的产品加入其存货存量。存货的这种计划外增加引起企业解雇工人和减少生产，这些行为又减少了 GDP。这种计划外的存货积累和收入下降的过程一直继续，直到收入 Y 下降到均衡水平为止。

类似地，假定 GDP 水平低于均衡水平，如图 12-4 中的 Y_2 水平。在这种情况下，计划支出 PE_2 大于生产 Y_2。企业通过减少存货来满足顾客。但当企业看到自己的存货存量在减少时，它们就雇用更多工人和增加生产。GDP 上升，经济趋向均衡。

总之，凯恩斯交叉说明了对于给定的计划投资 I 和财政政策 G 与 T，收入 Y 是如何决定的。我们可以用这个模型来说明，当这些外生变量之一改变时，收入如何变动。

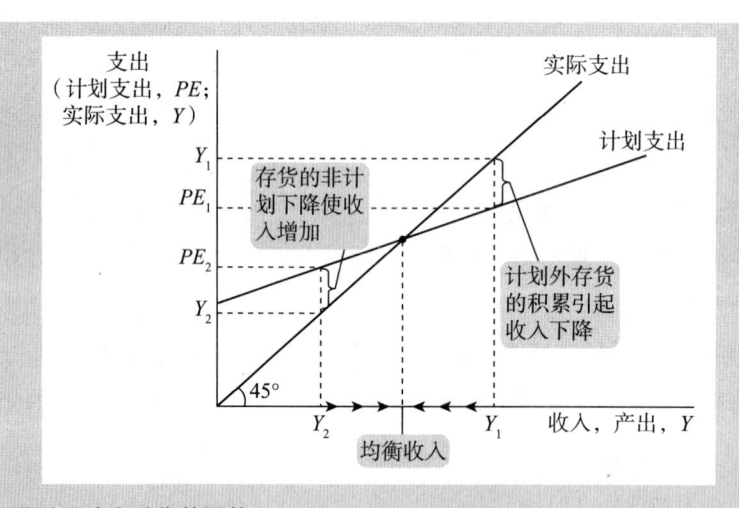

图 12-4　凯恩斯交叉中向均衡的调整
如果企业的生产处于水平 Y_1，那么，计划支出 PE_1 小于生产，企业在积累存货。这种存货积累引起企业减少生产。类似地，如果企业的生产处于水平 Y_2，那么，计划支出 PE_2 大于生产，企业的存货在减少。这种存货的减少引起企业增加生产。在这两种情况下，企业的决策都使经济向均衡移动。

财政政策与乘数：政府购买　考虑政府购买的变动如何影响经济。由于政府购买是支出的一个组成部分，所以，对于任何给定的收入，更高的政府购买都导致更高的计划支出。如果政府购买增加了 ΔG，那么，计划支出曲线向上移动 ΔG，如图 12-5 所示。经济的均衡从 A 点移动到 B 点。

图 12-5 说明，政府购买的增加引起收入甚至更大幅度的增加。也就是说，ΔY 大于 ΔG。$\Delta Y/\Delta G$ 这一比率称为**政府购买乘数**（government-purchases multiplier）；

它告诉我们，政府购买增加 1 美元会使得收入增加多少。凯恩斯交叉的一个启示是：政府购买乘数大于 1。

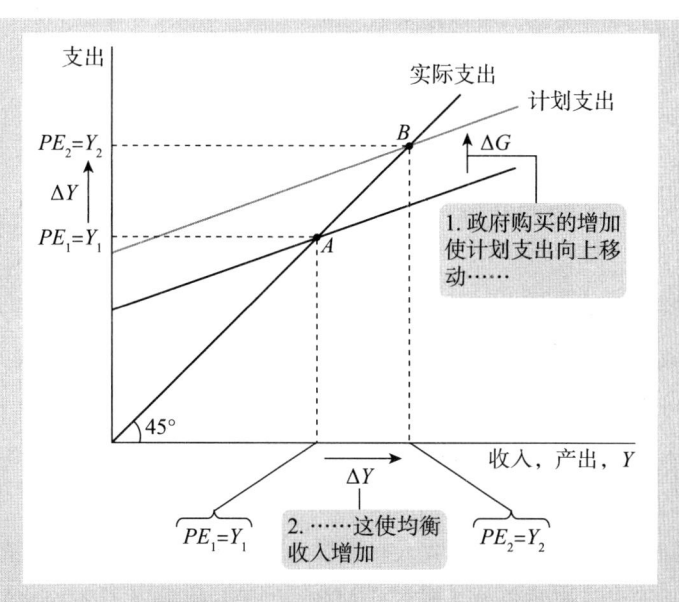

图 12-5　凯恩斯交叉中政府购买的增加

对于任何给定的收入，政府购买增加 ΔG 使计划支出等量增加。均衡从 A 点移动到 B 点，收入从 Y_1 上升到 Y_2。注意，收入的增加 ΔY 大于政府购买的增加 ΔG。因此，财政政策对收入有乘数效应。

为什么财政政策对收入有乘数效应呢？原因在于，根据消费函数 $C = C(Y - T)$，更高的收入引起更高的消费。当政府购买的增加提高了收入时，它也提高了消费，这进一步增加了收入，收入的增加进一步提高了消费，等等。因此，在这个模型中，政府购买的增加引起了收入的更大增加。

乘数有多大呢？为了回答这个问题，我们追踪收入变动的每一步。当支出增加 ΔG 时，这个过程就开始了，这意味着收入也增加了 ΔG。收入的这一增加使消费提高了 $MPC \times \Delta G$，其中 MPC 是边际消费倾向。消费的这一增加又一次提高了支出和收入。这第二轮增加的收入，$MPC \times \Delta G$，又提高了消费，这次消费的增加量是 $MPC \times (MPC \times \Delta G)$，它又提高了支出和收入，如此等等。消费和收入之间的这种反馈会无限期地继续。对收入的总影响是：

政府购买的最初增加 $= \Delta G$

消费的第一轮变动 $= MPC \times \Delta G$

消费的第二轮变动 $= MPC^2 \times \Delta G$

消费的第三轮变动 $= MPC^3 \times \Delta G$

$$\Delta Y = (1 + MPC + MPC^2 + MPC^3 + \cdots)\Delta G$$

政府购买乘数是

$$\Delta Y/\Delta G = 1 + MPC + MPC^2 + MPC^3 + \cdots$$

乘数的这个表达式是无穷等比数列（infinite geometric series）的一个例子。代数中的一个结果使我们可以把乘数写为[1]

$$\Delta Y/\Delta G = 1/(1-MPC)$$

例如，如果边际消费倾向是 0.6，乘数就是

$$\Delta Y/\Delta G = 1 + 0.6 + 0.6^2 + 0.6^3 + \cdots$$
$$= 1/(1-0.6)$$
$$= 2.5$$

在这个例子中，政府购买增加 1 美元使均衡收入增加 2.50 美元。[2]

财政政策与乘数：税收 现在考虑税收变动如何影响均衡收入。税收减少 ΔT 立即使可支配收入 $Y-T$ 增加了 ΔT，从而使消费增加了 $MPC \times \Delta T$。对于任何给定的收入 Y，计划支出现在更高了。正如图 12-6 所示，计划支出曲线向上移动了 $MPC \times \Delta T$。经济的均衡从 A 点移动到 B 点。

正如政府购买的增加对收入有乘数效应一样，税收的减少也有乘数效应。与以前一样，支出最初的变动（现在是 $MPC \times \Delta T$）被乘以了 $1/(1-MPC)$。税收变动对收入的总影响是：

$$\Delta Y/\Delta T = -MPC/(1-MPC)$$

这个表达式是**税收乘数**（tax multiplier），即 1 美元税收变动引起的收入变动量（负号表示收入与税收的变动方向相反）。例如，如果边际消费倾向是 0.6，那么，税收乘数就是：

$$\Delta Y/\Delta T = -0.6/(1-0.6) = -1.5$$

---

[1] 数学注释：对这个代数结果，我们证明如下。对于 $|x|<1$，记
$$z = 1 + x + x^2 + \cdots$$
方程两边同时乘以 x：
$$xz = x + x^2 + x^3 + \cdots$$
从第一个方程中减去第二个方程：
$$z - xz = 1$$
整理上式得出：
$$z(1-x) = 1$$
这就意味着：
$$z = 1/(1-x)$$
证毕。

[2] 数学注释：最容易得出政府购买乘数的方法是运用一点儿微积分。从下式开始：
$$Y = C(Y-T) + I + G$$
固定 T 和 I，求导得出：
$$dY = C'dY + dG$$
然后整理上式得出：
$$dY/dG = 1/(1-C')$$
这与正文中的方程相同。

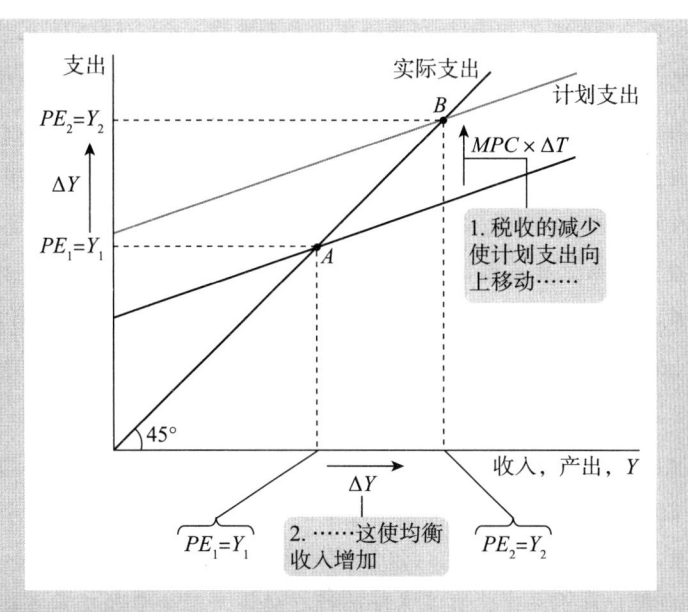

图 12-6 凯恩斯交叉中税收的减少

对于任何给定的收入,税收减少 ΔT 使计划支出增加了 $MPC \times \Delta T$。均衡从 A 点移动到 B 点,收入从 Y_1 增加到 Y_2。再一次地,财政政策对收入有乘数效应。

在这个例子中,税收减少 1 美元使均衡收入增加 1.50 美元。①

案例研究

减税以刺激经济:从肯尼迪到特朗普

当约翰·F. 肯尼迪(John F. Kennedy)1961 年成为美国总统时,他聘请了一些当时最聪明的青年经济学家在他的经济顾问委员会任职。这些经济学家把凯恩斯主义思想带到了最高层次的经济政策讨论中。

该委员会的第一批建议之一是通过减税来提高国民收入。这最终导致了 1964 年个人和公司所得税的大幅度削减。减税的目的是刺激消费和投资支出,进而导致更高水平的收入和就业。当一个记者问肯尼迪为什么主张减税时,肯尼迪回答:"为了刺激经济。难道你不记得经济学 101* 了吗?"正如肯尼迪的经济顾问们所预测的,减税通过之后,经济繁荣接踵而至。1964 年实际 GDP 增长了 5.8%,1965 年实际 GDP 增长了 6.5%。失业率从 1963 年的 5.6%下降到 1964 年的 5.2%,再到 1965 年的 4.5%。

---

① 数学注释:与前面一样,最容易得出该乘数的方法是运用一点儿微积分。从下式开始:
$$Y = C(Y-T) + I + G$$
固定 I 和 G,求导得出:
$$dY = C'(dY - dT)$$
然后整理上式得出:
$$dY/dT = -C'/(1-C')$$
这与正文中的方程相同。

* 大学一年级经济学入门课程。——译者注经济学家在争论20世纪60年代初经济快速增长的源泉。称为供给学派（supply-siders）的一群经济学家认为，经济繁荣是由于所得税税率降低的激励效应。根据供给学派的观点，当工人能保留自己更高比例的收入时，他们供给的劳动大大增加了，从而扩大了产品与服务的总供给。但是，凯恩斯主义者强调减税对总需求的影响。最有可能的是，这两种观点都有正确之处：减税通过提高工人的激励刺激了总供给，通过提高家庭的可支配收入扩大了总需求。

自从肯尼迪政府以来，政策制定者常常借助减税来使停滞不前的经济恢复活力。减税是罗纳德·里根总统在1981年和乔治·W. 布什总统在2001年的经济议程的很大一部分。（本书作者是布什在2003—2005年期间的经济顾问之一。）减税的倡导者通常结合供给学派和凯恩斯主义者的观点来为减税寻找依据。

近来的一次大规模减税发生在2017年末，2017年是唐纳德·特朗普总统入主白宫的第一年。这项政策充满了争议。支持者指出，美国法定的公司税比欧洲高得多，认为高税率阻止了企业创办、资本积累和经济增长。《2017年减税与就业法案》把美国的公司税从35%降到了21%，个人所得税也下降了，只是下降的幅度较小。该法案的反对者认为，经济已经很强劲，不需要财政刺激。经济已经八年没经历过衰退，2017年12月的失业率只有4.1%，这比自然失业率的大部分估计值还低。反对者还认为，公司税税率下降的主要受益对象是富有的股东；支持者回应称，更强劲的经济增长将让民众普遍受益。（公司所得税的影响范围在经济学家中存在着激烈的辩论，因此难以判断哪方的理由更令人信服。）该法案在国会以微弱的优势获得通过，大部分共和党议员投了赞成票，所有民主党议员都投了反对票。该法案通过后的2018年和2019年实际GDP平均增长率为2.6%，而此前两年只有2.0%。2019年底，失业率下降到了3.5%，这是半个世纪以来最低的失业率。

为什么减税会如此经常地导致经济繁荣呢？尽管供给侧的影响可能是重要的，但是，总需求在短期总是起着关键作用。当布什总统签署2003年减税法案时，他是这么说的："当人们更有钱时，他们可以用钱购买产品和服务。在我们的社会，当人们需要更多的产品或服务时，就会有人生产这些产品或服务。当有人生产这些产品或服务时，这意味着有人更可能找到工作。"这一解释与来自经济学101课程的考试没什么两样。

为了避免有人认为减税是灵丹妙药，应该指出减税通常导致预算赤字增加，这给未来各代人留下了更多政府债务的遗产。我们将在第18章讨论这一主题。

案例研究

增加政府购买以刺激经济：奥巴马的刺激计划

当贝拉克·奥巴马总统于2009年1月上台时，经济正遭受着严重的衰退。（下一章将讨论这次衰退的起因，第19章还会进行更详细的讨论。）甚至在他就职之前，奥巴马总统和他的顾问们就提议了一个大规模的刺激方案以增加总需求。该提案将花费联邦政府大约8 000亿美元，相当于年度GDP的约5%。该方案包括一些减税和增加转移支付，但是，许多部分都是通过增加政府对产品和服务的购买来完成。

职业经济学家就奥巴马总统的该项计划的优点展开了辩论。该计划的支持者主张，增加支出比减税更好，因为根据标准的凯恩斯理论，政府购买乘数大于税收乘数。这一差别的原因很简单：当政府花费1美元时，这1美元就被花掉了，而当政府给家庭减掉1美元税收时，这1美元的一部分可能会变成储蓄。根据奥巴马政府的经济学家的分析，政府购买乘数是1.57，而税收乘数只有0.99。因此，他们主张，增加政府对道路、学校和其他基础设施的支出是增加需求和创造工作的更好方式。这个逻辑的精髓是凯恩斯主义：当经济陷入衰退时，政府充当最后需求者（the demander of last resort）。

出于各种原因，奥巴马的刺激提案在经济学家中存在争议。2009年3月，经济学家保罗·克鲁格曼在《纽约时报》上写道："这个计划规模太小了、太谨慎了。"他认为，鉴于这次经济低迷的深度，需要一个更大规模的刺激方案。

还有一些经济学家认为，尽管奥巴马政府的经济学家使用了传统的凯恩斯模型预测，但是，基于支出的财政刺激不如基于税收的计划有效。一项关于1970年以来几十个主要国家的财政政策的研究考察了哪些种类的财政刺激在促进经济活动的增长上最成功。该项研究发现，主要涉及企业税和所得税削减的财政刺激最成功，而主要涉及政府支出增加的财政刺激最不成功。[①]

最后，国会通过了奥巴马总统提议的刺激计划，只做了较小的修改。奥巴马总统于2009年2月17日签署了总额达7 870亿美元的法案。它有效果吗？经济从衰退中复苏了，但比奥巴马政府的经济学家起初预测的要慢。这一缓慢复苏是反映了刺激政策设计得不够完美还是反映了经济衰退的严重性比这些经济学家最初所认为的更为严重？这是一个尚无定论的问题。

案例研究

用区域数据估计乘数

正如前两个案例研究所显示的，政策制定者常常改变税收和政府支出以影响经济。这样的政策行动的短期影响可以用凯恩斯主义的理论来理解。但是，这些政策在实践中的效果真的像理论预测的那么好吗？

这个问题难以回答。当政策制定者改变财政政策时，他们通常有很好的理由这么做。由于许多其他事情同时发生，因此，没有容易的办法把财政政策的影响和其他事件的影响分离开来。例如，奥巴马总统之所以提出他的2009年刺激计划，就是因为当时的经济正在遭受金融危机的后果。我们可以观察该刺激计划通过后经济发生了什么变化，但是，要把这个刺激计划的影响与该次金融危机残留的影响分离开来是一项艰巨的任务。

经济学家越来越多地通过使用一国内各州或省的区域数据来力图估计财政政策的乘数。区域数据的使用有两个优势。第一，它增加了观测值的数量。例如，美国只有一个全国经济体但有50个州一级的经济体。第二，也是更重要的，有可能找到可以合理地认为与影响区

[①] Alberto Alesina and Silvia Ardagna, "Large Changes in Fiscal Policy：Taxes Versus Spending," *Tax Policy and the Economy* 24（2010）：35-68。另一项发现税收乘数大于支出乘数的研究是 Robert J. Barro and Charles J. Redlick, "Macroeconomic Effects from Government Purchases and Taxes," *The Quarterly Journal of Economics* 126 （2011）：51-102。

域经济的其他事件无关的区域性政府支出的变动。通过考察这样的政府支出随机变动，研究人员能够识别其经济影响而不被其他干扰变量引入歧途。

在一项这样的研究中，埃米·纳卡穆拉（Emi Nakamura）和乔恩·斯坦森（Jon Steinsson）考察了国防支出对州经济体的影响。他们从这样一个事实开始：各州的国防产业的规模差别相当大。例如，军事承包商在加州就比在伊利诺伊州更为重要：当美国联邦政府增加相当于1%的美国GDP的国防支出时，加州的国防支出平均上升的量为加州GDP的大约3%，而伊利诺伊州的国防支出平均上升的量只有该州GDP的大约0.5%。通过考察当美国进行军事建设时加州经济相对于伊利诺伊州经济发生了什么，我们可以估计政府支出的影响。利用美国所有50个州的数据，纳卡穆拉和斯坦森得到政府购买乘数为1.5。也就是说，政府在一个州增加1美元的国防支出会使该州的GDP增加1.5美元。①

但是，如何使用这些来自区域经济体的估计值对全国经济体进行推断尚不清楚。第一个问题是，区域性政府支出并不是用区域性税收融资的。加州的国防支出主要是由对其他49个州征收的联邦税支付的。相反，当一个国家增加其政府支出时，它不得不（要么现在要么未来）增加税收来支付。无论是现在征收更高的税收还是对未来税收增加的预期都可能会抑制经济活动，导致乘数变小。第二个问题是，区域性政府支出的变动不影响货币政策，原因是中央银行聚焦于全国的经济状况而非区域的经济状况。相反，全国性政府支出的变动很可能引起货币政策的变动。中央银行在稳定经济的尝试中可能抵消财政政策的部分影响，这也使乘数变小。

尽管这两个问题都表明全国性政府支出的乘数可能比区域性政府支出的乘数小，但是，第三个问题的作用方向相反：在一个小的区域性经济体中（如州），人们购买的许多产品和服务是从邻近的州进口的，而进口只占大的全国经济体的一个更小的份额。当进口起的作用更大时，在（一州境内生产的）境内产品上的边际消费倾向更小。正如凯恩斯交叉模型所描述的，在境内产品上的边际消费倾向越小，第二轮和第三轮影响就越小，从而乘数就越小。由于这个原因，全国性政府支出的乘数可能比区域性政府支出的乘数大。

从对区域性经济体的研究得到的要旨是，政府购买这部分需求对经济活动可能有很强的影响。但是，在全国层面，该影响的大小尚无定论。

利率、投资以及 IS 曲线

凯恩斯交叉只是我们通往 IS—LM 模型路上的一个阶梯。它之所以有用，是因为它说明了家庭、企业和政府的支出计划如何决定国民收入。但凯恩斯交叉做了一

---

① Emi Nakamura and Jon Steinsson, "Fiscal Stimulus in a Monetary Union：Evidence from US Regions," *American Economic Review* 104（March 2014）：753-792. Antonio Acconcia, Giancarlo Corsetti, and Saverio Simonelli, "Mafia and Public Spending：Evidence on the Fiscal Multiplier from a Quasi-experiment," *American Economic Review* 104（July 2014）：2185-2209 也报告了类似的结果。要想阅读这方面的文献综述，参见 Gabriel Chodorow-Reich, "Geographic Cross-Sectional Fiscal Spending Multipliers：What Have We Learned?" *American Economic Journal：Economic Policy* 11（May 2019）：1-34。

个简化假设：计划投资 I 固定不变。正如我们在第 3 章中所看到的，一个重要的宏观经济关系是：计划投资取决于利率 r。

为了把利率与投资之间的这种关系加到我们的模型中，我们把计划投资水平写为

$$I = I(r)$$

该投资函数绘于图 12-7（a）中。由于利率是为投资项目融资而借贷的成本，利率的上升降低了计划投资。因此，投资函数向右下方倾斜。

为了确定当利率变动时收入如何变动，我们可以把投资函数与凯恩斯交叉图结合起来。由于投资与利率呈负相关，利率从 r_1 上升到 r_2 使投资量从 $I(r_1)$ 减少到 $I(r_2)$。计划投资的减少又使计划支出函数向下移动，如图 12-7（b）所示。计划支出函数的移动使收入由 Y_1 下降到 Y_2。因此，利率的上升减少了收入。

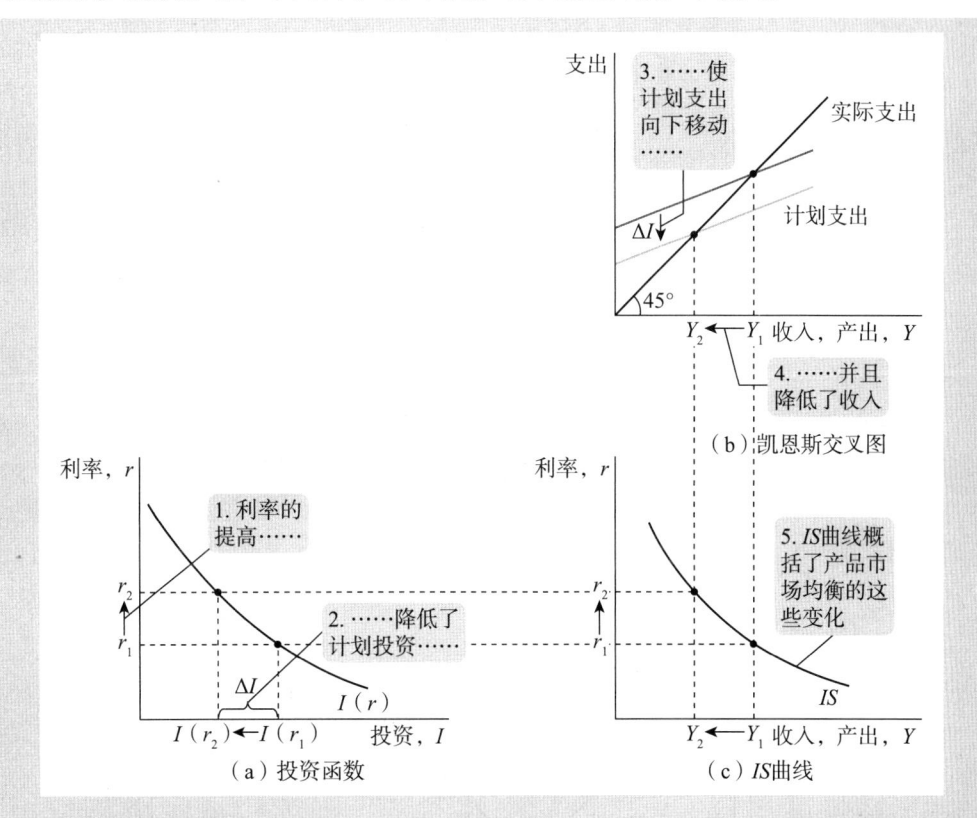

图 12-7 推导出 IS 曲线

图（a）表示投资函数：利率从 r_1 上升到 r_2 使计划投资从 $I(r_1)$ 减少到 $I(r_2)$。图（b）表示凯恩斯交叉：计划投资从 $I(r_1)$ 减少到 $I(r_2)$ 使计划支出函数向下移动，从而使收入从 Y_1 下降到 Y_2。图（c）表示总结了利率和收入之间的这种关系的 IS 曲线：利率越高，收入水平越低。

图 12-7（c）所表示的 IS 曲线概括了利率和收入之间的关系。实质上，IS 曲线结合了投资函数所表示的 r 和 I 之间的相互作用以及凯恩斯交叉所表示的 I 和 Y 之间的相互作用。IS 曲线上的每一点都代表产品市场的均衡，该曲线显示了均衡收入如何依赖于利率。由于利率上升引起计划投资下降进而引起收入的下降，所以，IS 曲线向右下方倾斜。

财政政策如何使 IS 曲线移动?

IS 曲线向我们展示了对于任何一个给定的利率水平使产品市场达到均衡的收入水平。正如我们从凯恩斯交叉中所知道的,均衡收入水平还取决于政府支出 G 和税收 T。IS 曲线是根据既定的财政政策绘制的;也就是说,在构建 IS 曲线时,我们令 G 和 T 固定不变。当财政政策变动时,IS 曲线也移动。

图 12-8 用凯恩斯交叉说明了政府购买增加 ΔG 如何使 IS 曲线移动。该图是根据一个给定的利率 $\bar{r}$ 从而也是根据一个给定的计划投资水平绘制的。图 (a) 中的凯恩斯交叉表示财政政策的这种变动提高了计划支出,从而使均衡收入由 Y_1 增加到 Y_2。因此,在图 (b) 中,政府购买的增加使 IS 曲线向外移动。

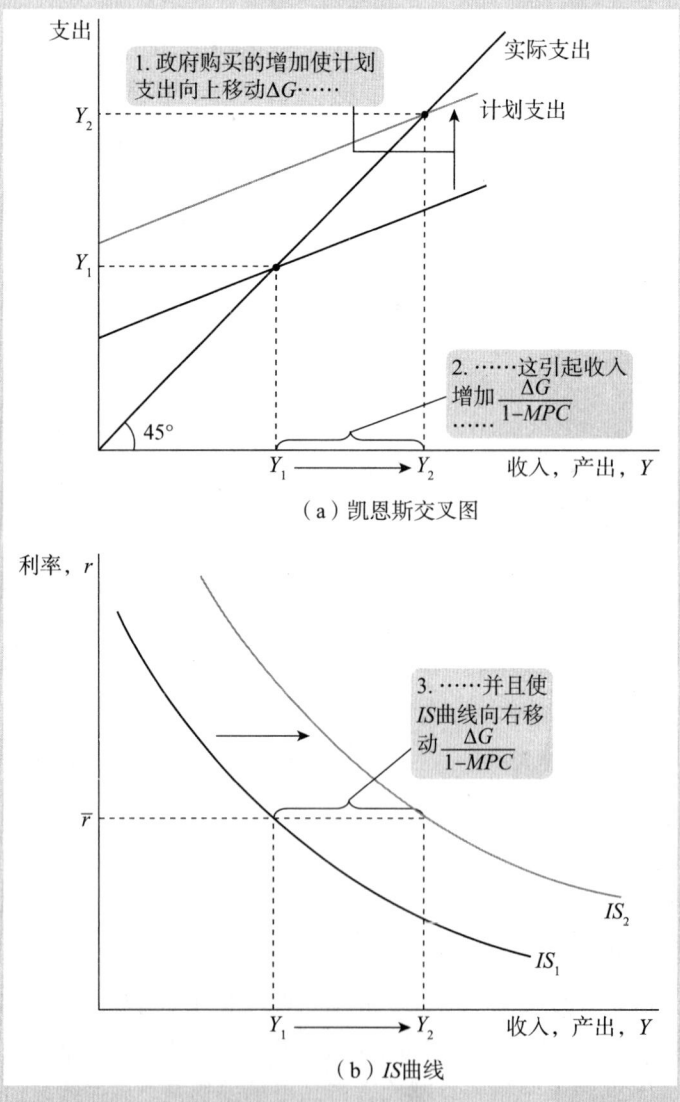

图 12-8 政府购买的增加使 IS 曲线向外移动

图 (a) 表示政府购买的增加提高了计划支出。对于任何给定的利率,计划支出向上移动 ΔG 使收入 Y 增加了 $\Delta G/(1-MPC)$。因此,在图 (b) 中,IS 曲线向右移动了这一数量。

我们可以用凯恩斯交叉来分析财政政策的其他变动如何使 IS 曲线移动。由于税收的减少也扩大了支出和收入，所以它也使 IS 曲线向外移动。政府购买的减少或税收的增加降低了收入，使 IS 曲线向内移动。

总之，IS 曲线表示与产品和服务市场均衡相一致的利率与收入的组合。IS 曲线是根据给定的财政政策绘制的。提高产品与服务需求的财政政策变动使 IS 曲线向右移动。减少产品与服务需求的财政政策变动使 IS 曲线向左移动。

12.2 货币市场与 LM 曲线

LM 曲线描绘了货币余额市场上产生的收入与利率之间的关系。为了理解这种关系，我们从考察一种称为**流动性偏好理论**（theory of liquidity preference）的利率理论开始。

流动性偏好理论

凯恩斯在《通论》中提出了他关于短期中利率如何决定的观点。他的解释被称为流动性偏好理论，因为它假设利率调整使经济中最具流动性的资产——货币——的供给和需求平衡。正如凯恩斯交叉是 IS 曲线的基石一样，流动性偏好理论是 LM 曲线的基石。

为了建立这一理论，我们从实际货币余额的供给开始。如果 M 代表货币供给，P 代表价格水平，那么，M/P 是实际货币余额的供给。流动性偏好理论假设存在一个固定的实际余额供给，即，

$$(M/P)^s = \overline{M}/\overline{P}$$

货币供给 M 是由中央银行（如美联储）选择的一个外生政策变量。在这个模型中，价格水平 P 也是一个外生变量。（我们把价格水平视为给定，因为 IS—LM 模型解释的是价格水平固定不变的短期。）这些假设意味着实际货币余额的供给是固定的，特别地，它不取决于利率。因此，当我们在图 12-9 中画出作为利率函数的实际货币余额供给时，我们得到一条垂直的供给曲线。

接下来考虑实际货币余额的需求。流动性偏好理论假设利率是人们选择持有多少货币的一个决定因素。其根本原因是利率是持有货币的机会成本：它是你把一部分资产作为不能生息的货币而不是作为生息的银行存款或债券所放弃的东西。当利率上升时，人们想以货币形式持有的财富更少了。我们可以把实际货币余额需求写为

$$(M/P)^d = L(r)$$

式中，函数 $L(r)$ 表示货币需求量取决于利率。图 12-9 中的需求曲线向右下方倾

斜，这是因为更高的利率减少了实际货币余额需求量。①

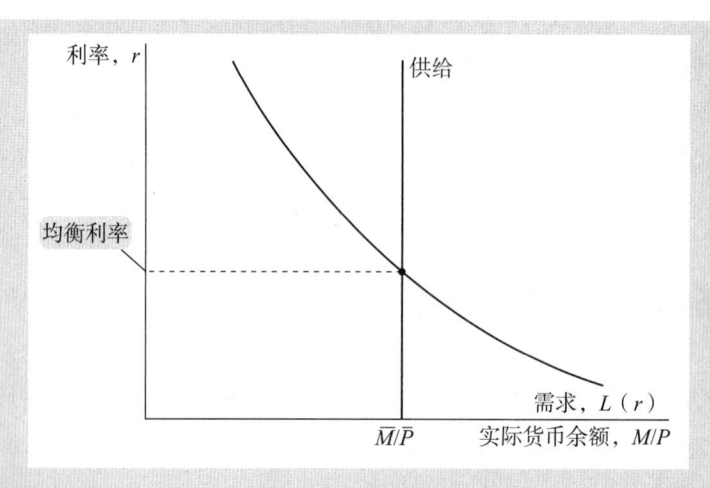

图 12-9　流动性偏好理论

实际货币余额的供给和需求决定了利率。实际货币余额的供给曲线是垂直的，这是因为供给并不取决于利率。需求曲线向右下方倾斜，这是因为更高的利率提高了持有货币的成本，从而降低了需求量。在均衡利率，实际货币余额的需求量等于供给量。

根据流动性偏好理论，对实际货币余额的供给与需求决定了经济中现行的利率。也就是说，利率的调整使货币市场达到均衡。正如图 12-9 所说明的，在均衡利率，实际货币余额需求量等于供给量。

利率如何调整以平衡货币供给和货币需求呢？因为只要货币市场不是处于均衡，人们就力图改变他们的资产组合，从而在这一过程中，利率发生改变，所以，调整就发生了。例如，如果利率高于均衡水平，实际货币余额供给量就超过需求量。持有超额货币供给的人就会力图把他们的部分不能生息的货币换为生息的银行存款或债券。那些偏好支付更低利率的银行和债券发行者对这种超额货币供给的反应是降低它们所提供的利率。相反，如果利率低于均衡水平，货币需求量就会超过供给量。在这种情况下，人们力图通过出售债券或从银行提款而得到货币。为了吸引现在更为稀缺的资金，银行和债券发行者的反应是提高它们所提供的利率。最终，利率达到均衡水平，在这一水平，人们对他们的货币与非货币资产的组合感到满意。

既然我们已经看到了利率是如何决定的，我们就可以用流动性偏好理论来说明利率如何对货币供给的变动做出反应。例如，假定美联储减少了货币供给。因为在本模型中 P 是固定的，所以 M 的下降使 M/P 减少。实际货币余额的供给向左移动，如图 12-10 所示。

---

① 注意，r 表示利率，与我们讨论 IS 曲线时一样。更准确地说，决定货币需求的是名义利率，而决定投资的是实际利率。为了简单起见，我们不考虑使实际利率和名义利率产生差别的预期通货膨胀。对短期分析而言，假设预期通货膨胀为常数经常是现实的，在这种情况下，实际利率和名义利率一起移动。预期通货膨胀率在 IS—LM 模型中的作用将在第 13 章探讨。

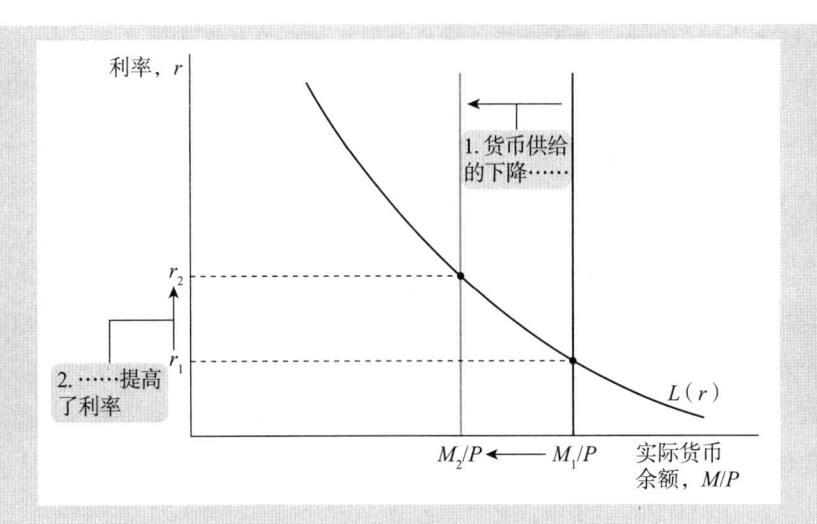

图 12-10　流动性偏好理论中货币供给的减少
如果价格水平是固定的，货币供给从 M_1 减少为 M_2 降低了实际货币余额的供给。因此，均衡利率从 r_1 上升到 r_2。

均衡利率从 r_1 上升到 r_2，更高的利率使人们满足于持有更少量的实际货币余额。如果美联储增加货币供给，就会出现相反的情况。因此，根据流动性偏好理论，货币供给的减少引起利率上升，货币供给的增加则使利率下降。

案例研究

货币紧缩提高还是降低了利率？

货币政策的紧缩如何影响名义利率呢？根据我们已经建立的理论，答案取决于时间范围。我们在第 5 章对费雪效应的分析表明，在价格有弹性的长期，货币增长的减少将降低通货膨胀，导致更低的名义利率。而流动性偏好理论预测，在价格有黏性的短期，反通货膨胀的货币政策将导致实际货币余额的下降和利率的上升。

这两个结论都与经验相符。在 20 世纪 80 年代初，当时美国经济出现了一次大且快的通货膨胀下降，这提供了一个好的例证。

以下是背景情况：到 20 世纪 70 年代末，美国经济中的通货膨胀已经达到两位数水平，被普遍认为是一个主要的全国性问题。在 1979 年，根据消费者价格指数计算的通货膨胀率达到了年率 11.3%。该年 10 月，担任美联储主席才刚两个月的保罗·沃尔克（Paul Volcker）下决心改变通货膨胀走向。他宣布货币政策将以降低通货膨胀为目标。这一宣告开启了一个货币紧缩时期，到 1983 年，货币紧缩已使通货膨胀率降至 3.2%。

在 1979 年 10 月宣布紧缩性货币政策后紧接着的时期，实际货币余额下降，利率上升——正如流动性偏好理论所预测的那样。3 个月期国债的名义利率从 1979 年 10 月紧缩政策宣布之前的 10% 上升到 1980 年的 11.4% 和 1981 年的 14.0%。然而，这些高利率仅仅是暂时性的。随着沃尔克实行的货币政策的改变降低了通货膨胀和通货膨胀预期，名义利率逐渐下降，在 1986 年达到 6%。

这一历史事例说明了一个普遍的启示：要理解货币政策与名义利率的关系，我们既要牢记流动性偏好理论，也要牢记费雪效应。货币紧缩在短期导致更高的名义利率，在长期则降低名义利率。

收入、货币需求和 LM 曲线

在建立了用来解释利率如何决定的流动性偏好理论之后，我们现在可以用这一理论来推导出 LM 曲线。我们从考虑以下问题开始：经济中收入 Y 的变动如何影响实际货币余额市场？答案（根据第 5 章，这个答案应该为我们所熟悉了）是收入影响货币需求。当收入高时，支出也高，人们进行更多需要使用货币的交易。这样，更高的收入意味着更高的货币需求。我们可以通过把货币需求函数写为下式来表达这些思想：

$$(M/P)^d = L(r, Y)$$

实际货币余额的需求量与利率负相关，与收入正相关。

利用流动性偏好理论，我们可以弄清楚当收入变动时均衡利率会发生什么变动。例如，考虑图 12-11 中当收入从 Y_1 增加到 Y_2 时会发生什么变动。正如图 12-11（a）所示，收入增加使货币需求曲线向右移动。由于实际货币余额的供给不变，利率必定从 r_1 上升为 r_2，以使货币市场实现均衡。因此，根据流动性偏好理论，更高的收入导致更高的利率。

图 12-11（b）所示的 LM 曲线概括了收入与利率之间的这种关系。LM 曲线上的每一点都代表货币市场的均衡，该曲线表示均衡利率如何依赖于收入。收入水平越高，实际货币余额的需求就越高，均衡利率也越高。由于这个原因，LM 曲线向右上方倾斜。

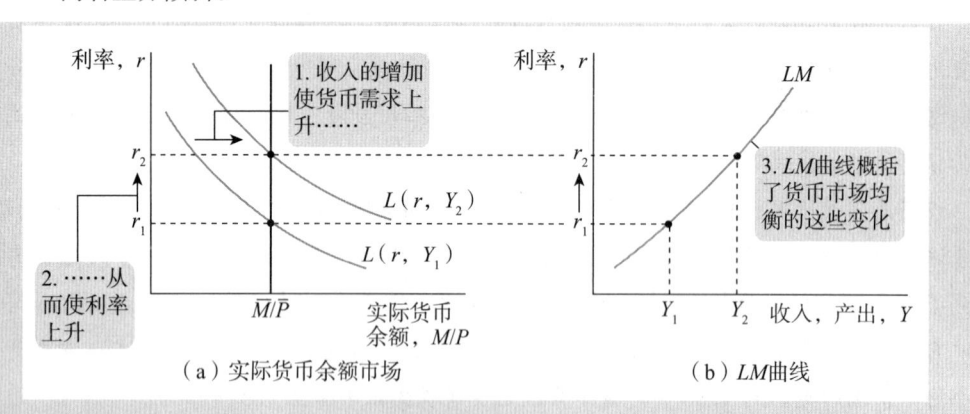

图 12-11 推导出 LM 曲线

图（a）表示实际货币余额市场：收入从 Y_1 增加到 Y_2 提高了货币需求，从而使利率从 r_1 上升为 r_2。图（b）表示概括了利率与收入之间的这种关系的 LM 曲线：收入水平越高，利率越高。

货币政策如何使 LM 曲线移动？

对于任何收入水平，LM 曲线显示了使货币市场达到均衡的利率。但正如我们以前所看到的，均衡利率也取决于实际货币余额的供给 M/P。这意味着 LM 曲线是根据给定的实际货币余额的供给绘制的；也就是说，当我们绘制 LM 曲线时，我们固定了 M 和 P。如果实际货币余额发生变动，例如，如果美联储改变货币供给，LM 曲线就会移动。

我们可以用流动性偏好理论来理解货币政策如何使 LM 曲线移动。假定美联储把货币供给从 M_1 减少到 M_2，这使实际货币余额供给从 M_1/P 减少为 M_2/P。图 12-12 表示了所发生的变动。在收入不变从而实际货币余额需求曲线不变的条件下，我们看到，实际货币余额供给的减少提高了使货币市场达到均衡的利率。因此，货币供给的减少使 LM 曲线向上移动。

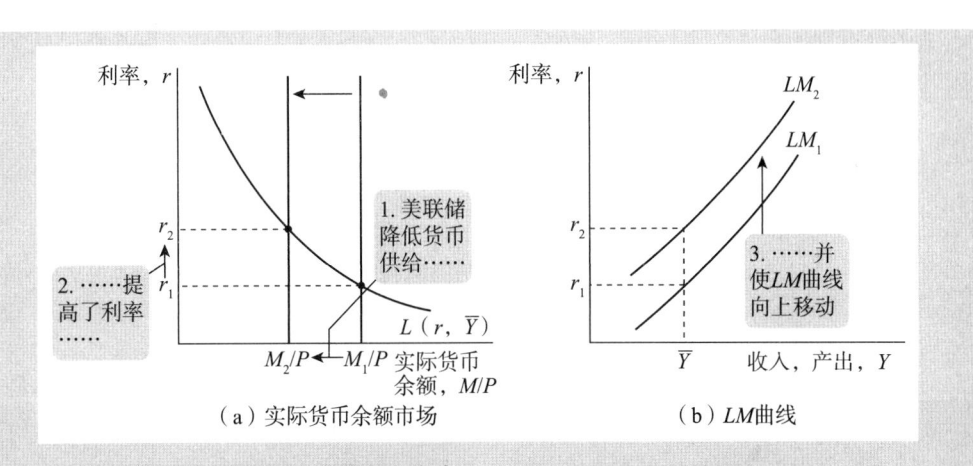

图 12-12 货币供给的减少使 LM 曲线向上移动

图 (a) 表示在任何给定的收入，货币供给的减少提高了使货币市场达到均衡的利率。因此，图 (b) 中的 LM 曲线向上移动。

总之，LM 曲线表示与实际货币余额市场的均衡相一致的利率和收入的组合。LM 曲线是根据给定的实际货币余额的供给绘制的。实际货币余额供给的减少使 LM 曲线向上移动。实际货币余额供给的增加使 LM 曲线向下移动。

12.3 结论：短期均衡

我们现在有了 IS—LM 模型的所有组成部分。这个模型的两个方程是：

$$Y = C(Y-T) + I(r) + G \qquad \text{IS}$$
$$M/P = L(r, Y) \qquad \text{LM}$$

这个模型把财政政策 G 和 T、货币政策 M 和价格水平 P 作为外生变量。给定这些外生变量，IS 曲线给出了满足代表产品市场的方程的 r 与 Y 的组合，而 LM 曲线给出了满足代表货币市场的方程的 r 与 Y 的组合。这两条曲线一起绘于图 12-13 中。

经济的均衡是 IS 曲线与 LM 曲线的交点。该交点给出了既满足产品市场均衡条件又满足货币市场均衡条件的利率 r 与收入 Y。换言之，在这个交点，实际支出等于计划支出，对实际货币余额的需求等于供给。

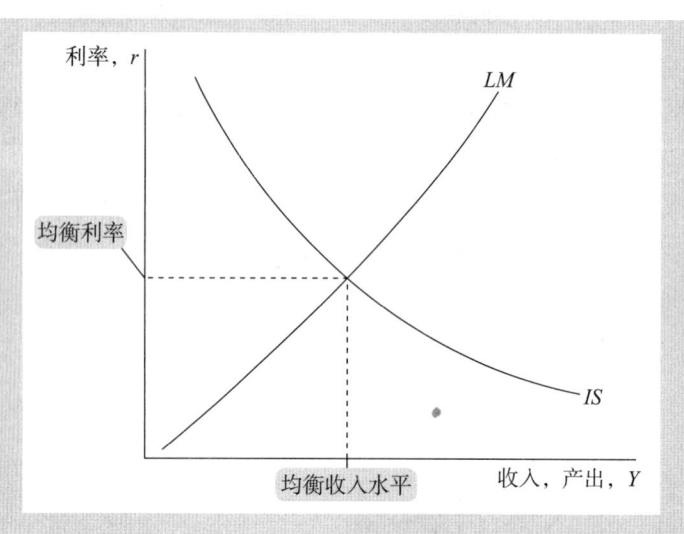

图 12-13　IS—LM 模型中的均衡

IS 曲线与 LM 曲线的交点代表了在政府支出、税收、货币供给和价格水平为给定值的情况下产品和服务市场与实际货币余额市场的同时均衡。

在我们结束本章之际，让我们回忆一下，我们建立 IS—LM 模型的目标是分析经济活动中的短期波动。图 12-14 说明了我们的理论的不同组成部分是如何组成一个整体的。在本章中，我们建立了凯恩斯交叉和流动性偏好理论作为 IS—LM 模型的基石。正如我们在下一章中将要讨论的那样，IS—LM 模型有助于解释总需求曲线的位置和斜率。总需求曲线又是总供给与总需求模型的一部分，经济学家用这个模型来解释政策变动和其他事件对国民收入的短期影响。

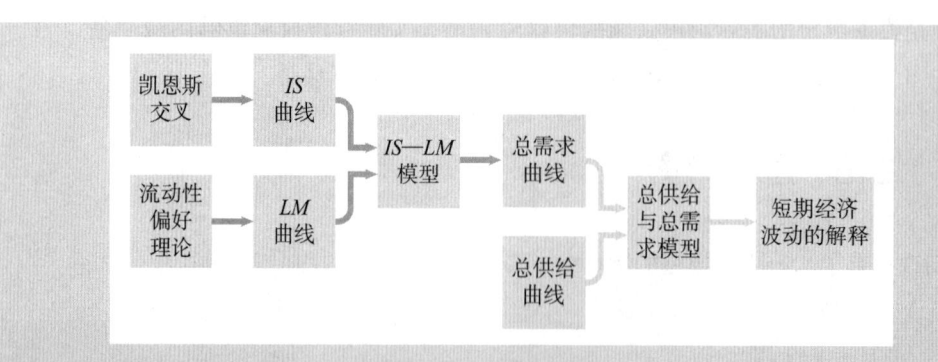

图 12-14　短期波动理论

这幅示意图说明了短期波动理论的不同部分是如何组成一个整体的。凯恩斯交叉解释了 IS 曲线，流动性偏好理论解释了 LM 曲线。IS 曲线与 LM 曲线共同组成了 IS—LM 模型，该模型解释了总需求曲线。总需求曲线是总供给与总需求模型的一部分，经济学家用这个模型解释经济活动中的短期波动。

快速测验

1. 根据凯恩斯交叉模型，如果边际消费倾向为 2/3，那么，政府购买增加 1 200 亿美元将会使均衡收入增加_____亿美元。
   A. 1 600   B. 1 800
   C. 2 400   D. 3 600

2. 根据凯恩斯交叉模型，如果边际消费倾向为 2/3，那么，减税 1 200 亿美元将会使均衡收入增加_____亿美元。
   A. 1 600   B. 1 800
   C. 2 400   D. 3 600

3. 由于_____的利率减少了_____从而减少了收入，所以 IS 曲线向右下方倾斜。
   A. 更高，计划投资   B. 更高，货币需求
   C. 更低，计划投资   D. 更低，货币需求

4. 根据流动性偏好理论，中央银行可以增加货币_____和（从而）_____利率。
   A. 供给，提高   B. 供给，降低
   C. 需求，提高   D. 需求，降低

5. 由于_____的收入增加了货币_____从而增加了利率，所以 LM 曲线向右上方倾斜。
   A. 更高，供给   B. 更高，需求
   C. 更低，供给   D. 更低，需求

6. 在 IS 曲线和 LM 曲线的交点，_____。
   A. 经济实现了充分就业
   B. 经济实现了通货膨胀和失业之间的正确平衡
   C. 产品市场和货币市场都处于均衡
   D. 产品市场的非均衡抵消了货币市场的非均衡

内容提要

1. 凯恩斯交叉是一个基本的收入决定模型。它把财政政策和计划投资作为外生的，说明存在一个使实际支出等于计划支出的国民收入水平。它说明财政政策的变动对收入有乘数效应。

2. 一旦我们允许计划投资取决于利率，凯恩斯交叉就得出了利率与国民收入之间的一种关系。更高的利率降低了计划投资，从而降低了国民收入。向右下方倾斜的 IS 曲线概括了利率与收入之间的这种负相关关系。

3. 流动性偏好理论是一个基本的利率决定模型。它把货币供给和价格水平作为外生的，假设利率调整使实际货币余额的供给和需求达到均衡。这一理论意味着货币供给的增加降低了利率。

4. 一旦我们允许实际货币余额的需求取决于国民收入，流动性偏好理论就得出了收入与利率之间的一种关系。更高的收入提高了实际货币余额需求，从而提高了利率。向右上方倾斜的 LM 曲线概括了收入与利率之间的这种正相关关系。

5. IS—LM 模型结合了凯恩斯交叉的成分和流动性偏好理论的成分。IS 曲线表示满足产品市场均衡的各点，LM 曲线表示满足货币市场均衡的各点。IS 曲线与 LM 曲线的交点表示对于给定的某一价格水平，满足这两个市场的均衡的利率与收入。

关键概念

IS—LM 模型   IS 曲线   LM 曲线   凯恩斯交叉

政府购买乘数　　　　　税收乘数　　　　　流动性偏好理论

复习题

1. 用凯恩斯交叉解释为什么财政政策对国民收入有乘数效应。

2. 用流动性偏好理论解释为什么货币供给增加降低了利率。这种解释对价格水平做出了什么假设？

3. 为什么 IS 曲线向右下方倾斜？

4. 为什么 LM 曲线向右上方倾斜？

问题与应用

1. 用凯恩斯交叉预测以下事件对均衡 GDP 的影响。对于每种情况，指出变动的方向，并用公式表示影响的大小。

  a. 政府购买增加。

  b. 税收增加。

  c. 政府购买与税收等量增加。

2. （ Work It Out）在凯恩斯交叉模型中，假设消费函数为

$$C = 120 + 0.8(Y - T)$$

计划投资是 200；政府购买和税收都是 400。

  a. 绘出作为收入函数的计划支出。

  b. 均衡收入是多少？

  c. 如果政府购买增加到 420，新的均衡收入是多少？政府购买乘数是多少？

  d. 假设税收仍为 400，为了达到 2 400 的收入，需要的政府购买水平是多少？

  e. 假设政府购买仍为 400，为了达到 2 400 的收入，需要的税收水平是多少？

3. 虽然我们在本章建立凯恩斯交叉模型时假设税收是一个固定量，但是，大多数国家征收的税收中有些随国民收入自动上升。（美国的例子包括所得税和工资税。）让我们通过将税收收入表示为下式来代表税制：

$$T = \bar{T} + tY$$

式中，$\bar{T}$ 和 t 为税法的参数。参数 $\bar{T}$ 是一次性总付税（或一次性总转移支付，如果为负的话）。参数 t 是边际税率：如果收入上升 1 美元，税收上升 t 美元。

  a. 这种税制如何改变消费者对 GDP 变动做出反应的方式？

  b. 在凯恩斯交叉中，这种税制如何改变政府购买乘数？

  c. 在 IS—LM 模型中，这种税制如何改变 IS 曲线的斜率？

4. 考虑凯恩斯交叉模型中节俭程度提高的影响。假定消费函数是

$$C = \bar{C} + c(Y - T)$$

式中，$\bar{C}$ 为一个被称为自主消费（autonomous consumption）的参数，它代表对消费的外生影响；c 为边际消费倾向。

  a. 当社会变得更加节俭——表现为 $\bar{C}$ 的下降——时，均衡收入会发生什么变动？

  b. 均衡储蓄会发生什么变动？

  c. 你认为为什么这一结果被称为节俭悖论（paradox of thrift）？

  d. 这种悖论在第 3 章的古典模型中会产生吗？为什么？

5. （ Work It Out）假定货币需求函数是

$$(M/P)^d = 800 - 50r$$

式中，r 为以百分之一为单位表示的利率。货币供给 M 是 2 000，价格水平 P 固定在 5。

  a. 画出实际货币余额的供给与需求。

  b. 均衡利率是多少？

  c. 如果货币供给从 2 000 减少到 1 500，均衡

利率会发生什么变动？

d. 如果中央银行希望利率为 4%，它应该将货币供给设定为多少？

6. (　Work It Out) 某经济体由如下方程描述：

$$Y = C + I + G$$
$$C = 50 + 0.75(Y - T)$$
$$I = 150 - 10r$$
$$(M/P)^d = Y - 50r$$
$$G = 250$$
$$T = 200$$
$$M = 3\,000$$
$$P = 4$$

a. 指出每个变量并简单解释其含义。

b. 利用以上方程中相关的方程推导出 IS 曲线。绘图表示 IS 曲线。

c. 利用以上方程中相关的方程推导出 LM 曲线。在 b 部分绘出的图中画出 LM 曲线。

d. 均衡收入水平和均衡利率是多少？

对于标有　Work It Out 的题目，网上有答案并且给出了类似题目的在线指导。为了得到这些答案以及其他学习资源，请访问 Achieve for Macroeconomics，11e：https://achieve.macmillanlearning.com。

快速测验答案

1. D　　2. C　　3. A　　4. B　　5. B　　6. C

第13章 总需求 II：应用 IS—LM 模型

> 科学是一种寄生菌：病人群体越大，生理学和病理学发展得越好；从病理学中就会产生治疗方法。1932 年是大萧条的谷底，我们今天称为宏观经济学的新学科正是从大萧条的腐坏的土壤中产生的，虽然它有些姗姗来迟了。
>
> ——保罗·萨缪尔森

作为走向理解短期经济波动的一步，在第 12 章中我们把 IS—LM 模型的各部分结合在一起。我们看到 IS 曲线代表产品与服务市场的均衡，LM 曲线代表实际货币余额市场的均衡，IS 与 LM 曲线共同决定了在价格水平固定的短期中的利率和国民收入。现在我们把注意力转向应用 IS—LM 模型来分析三个问题。

第一，我们考察国民收入波动的潜在原因。我们应用 IS—LM 模型，看看在给定的价格水平下外生变量（政府购买、税收和货币供给）的变动如何影响内生变量（收入和利率）。我们还考察对产品市场（IS 曲线）和货币市场（LM 曲线）的各种冲击如何影响短期的收入和利率。

第二，我们讨论 IS—LM 模型如何与我们在第 11 章中介绍的总供给与总需求模型相适合。特别地，我们考察 IS—LM 模型如何解释总需求曲线的斜率和位置。在这里，我们放松了价格水平固定的假设，证明 IS—LM 模型意味着价格水平与国民收入之间的负相关关系。该模型还揭示了什么事件使总需求曲线发生移动以及向什么方向移动。

第三，我们考察 20 世纪 30 年代的大萧条。正如本章开头的引语所表明的，从这一历史事件诞生了短期宏观经济理论，因为它导致凯恩斯和他的许多追随者主张总需求是理解国民收入波动的关键。利用事后思考的好处，我们可以用 IS—LM 模型讨论对那次破坏性经济低迷的各种解释。

IS—LM 模型在经济思想史中起着中心作用，它为看待经济历史提供了一个强有力的工具，但是它也有许多现代意义。我们在本章通篇都会看到，该模型也可以解释经济中更近时期的衰退；本章的两个案例研究使用该模型考察了 2001 年开始和 2008 年开始的衰退。而且，正如我们将在第 16 章看到的，IS—LM 模型的逻辑为理解更新和更复杂的经济周期理论提供了基础。

13.1 用 IS—LM 模型解释波动

IS 曲线与 LM 曲线的交点决定了国民收入。当这两条曲线中的一条移动时，经济的短期均衡变动了，收入发生了波动。本节我们考察政策变动和对经济的冲击会如何引起这些曲线移动。

财政政策是如何使 IS 曲线移动并改变短期均衡的？

让我们首先考察财政政策（政府购买与税收）的变动如何影响经济的短期均衡。回忆上一章讲过，财政政策的变动影响计划支出，从而使 IS 曲线移动。IS—LM 模型说明了 IS 曲线的这些移动是如何影响收入和利率的。

政府购买的变动 考虑政府购买增加 ΔG。根据凯恩斯交叉得到的政府购买乘数告诉我们，在任何给定的利率，财政政策的这一变动都使收入增加 $\Delta G/(1-MPC)$。因此，正如图 13-1 所示，IS 曲线向右移动 $\Delta G/(1-MPC)$。经济的均衡从 A 点移动到 B 点。政府购买的增加既提高了收入又提高了利率。

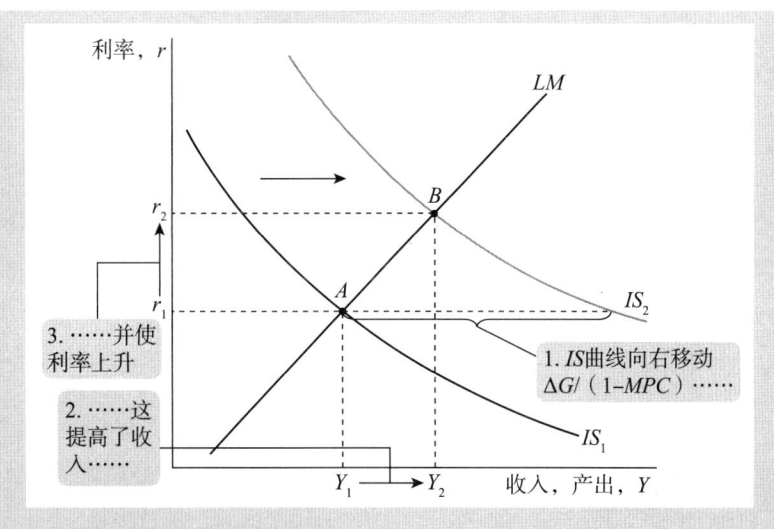

图 13-1 IS—LM 模型中政府购买的增加
政府购买的增加使 IS 曲线向右移动。均衡从 A 点移动到 B 点。收入从 Y_1 增加到 Y_2，利率从 r_1 上升到 r_2。

为了充分理解图 13-1 中所发生的事情，回忆上一章中讲到的 IS—LM 模型的基石：凯恩斯交叉和流动性偏好理论。当政府增加产品与服务的购买时，经济的计划支出增加了。计划支出的增加刺激了产品与服务的生产，这引起收入 Y 的增加。我们已经学习了凯恩斯交叉，这些影响应该已经熟悉了。

现在考虑流动性偏好理论所描述的货币市场。由于经济的货币需求取决于收入，收入的增加提高了每一利率水平上的货币需求量。然而，货币供给并没有改变，因此，更高的货币需求使均衡利率 r 上升。

货币市场上出现的更高的利率又在产品市场上造成了后果。当利率上升时，企业削减其投资计划。投资的这种减少部分抵消了政府购买增加的扩张效应。因此，在 IS—LM 模型中财政扩张引起的收入增加小于凯恩斯交叉中的收入增加（凯恩斯交叉假设投资是固定的）。你可以在图 13-1 中看到这一点。IS 曲线的水平移动等于凯恩斯交叉中均衡收入的增加。IS—LM 模型中均衡收入的增加量（从 A 点到 B 点的变化）更小。两者之间的差别反映了由于更高的利率所挤出的投资。

税收的变动 在 IS—LM 模型中，税收变动对经济的影响与政府购买变动对经济的影响大体相同，不同的只是税收通过消费影响支出。例如，考虑税收减少 ΔT 的情况。这一减税鼓励消费者花费更多，从而增加了计划支出。根据凯恩斯交叉得到的税收乘数告诉我们，在任何给定的利率下，这一政策变动使收入提高了 $\Delta T \times MPC/(1-MPC)$。因此，正如图 13-2 所示，IS 曲线向右移动了这一数量。经济的均衡从 A 点移动到 B 点。这一减税既提高了收入又提高了利率。再一次地，由于更高的利率抑制了投资，所以，IS 模型中均衡收入的增加小于凯恩斯交叉中均衡收入的增加。

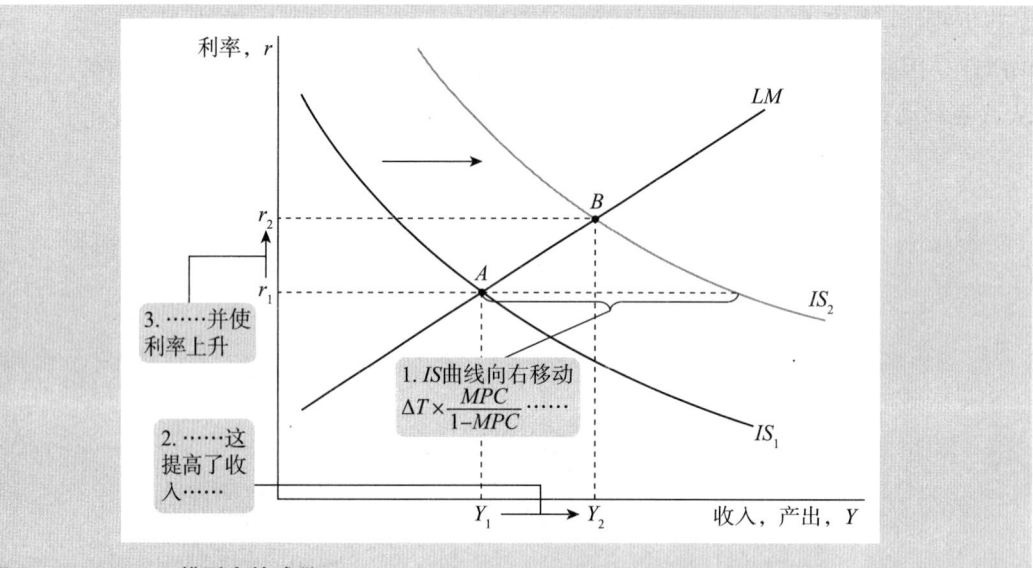

图 13-2 IS—LM 模型中的减税

减税使 IS 曲线向右移动。均衡从 A 点移动到 B 点。收入从 Y_1 增加到 Y_2，利率从 r_1 上升到 r_2。

货币政策是如何使 LM 曲线移动并改变短期均衡的？

我们现在考察货币政策的影响。回忆上一章讲过，货币供给的变动改变了任何给定收入下货币市场的均衡利率，从而使 LM 曲线移动。IS—LM 模型说明了 LM 曲线的移动是如何影响收入和利率的。

考虑货币供给的增加。M 的增加导致实际货币余额 M/P 增加，这是因为在短期价格水平 P 是固定的。流动性偏好理论表明，对于任何给定的收入，实际货币余额的增加导致了更低的利率。因此，LM 曲线向下移动，如图 13-3 所示。均衡从 A 点移动到 B 点。货币供给的增加降低了利率，提高了收入。

再一次地，为了解释经济从 A 点到 B 点的调整，我们依靠 IS—LM 模型的基石：凯恩斯交叉和流动性偏好理论。这一次，我们从货币政策行动发生的地方——货币市场——开始。当美联储增加货币供给时，人们所持有的货币比他们在现行利率水平想持有的要多。因此，他们开始购买债券或把这些额外的货币存入银行。于是，利率 r 开始下降，直到人们愿意持有美联储所创造的额外货币为止；这将货币市场带到一个新的均衡。更低的利率又在产品市场产生了后果。更低的利率刺激了计划投资，从而增加了计划支出、生产和收入 Y。

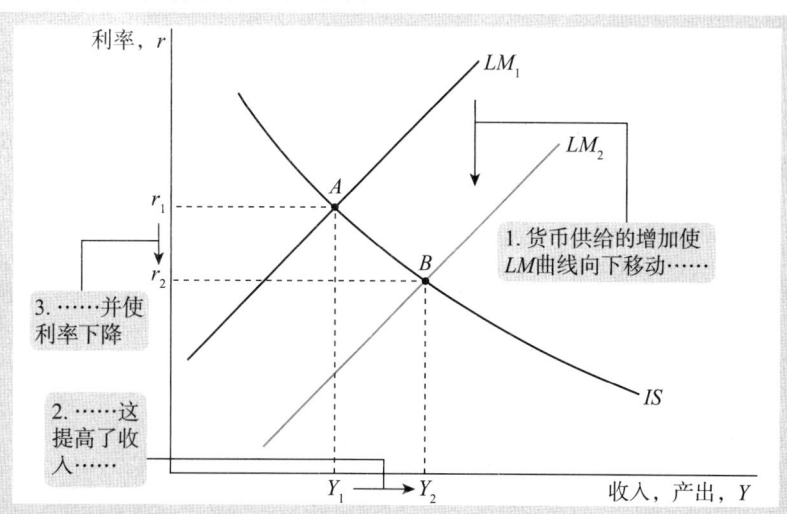

图 13-3　IS—LM 模型中货币供给的增加

货币供给的增加使 LM 曲线向下移动。均衡从 A 点移动到 B 点。收入从 Y_1 增加到 Y_2，利率从 r_1 下降到 r_2。

因此，IS—LM 模型表明货币政策通过改变利率而影响收入。这个结论解释了我们在第 11 章中对货币政策的分析。在那一章中，我们说明了，当价格有黏性时，货币供给的扩张提高了收入。但是，我们并没有讨论货币扩张如何引起在产品与服务上的支出增加——一个被称为**货币传导机制**（monetary transmission mechanism）的过程。IS—LM 模型说明了这一机制的一个重要部分：货币供给的增加降低了利率，这刺激了投资，从而扩大了产品与服务的需求。下一章说明在开放经济中，汇率在货币传导机制中也有作用。不过，对于像美国这样的大型经济体来说，利率起着主导作用。

货币政策与财政政策之间的相互作用

在分析货币政策或财政政策的任何变动时，牢记控制这些政策工具的政策制定者知晓其他政策制定者的行动是重要的。因此，一项政策的变动可能会影响另一项政策，这种相互依赖可能会改变一项政策变动的效果。

例如，假定国会提高税收。这项政策对经济有什么影响呢？根据 IS—LM 模型，答案取决于美联储对增税如何做出反应。

图 13-4 显示了三种可能的结果。在图 13-4（a）中，美联储保持货币供给不变。税收的增加使 IS 曲线向左移动，收入减少（由于更高的税收减少了消费者的支出），利率下降（由于更低的收入减少了货币需求）。收入的减少表明增税引起了衰退。

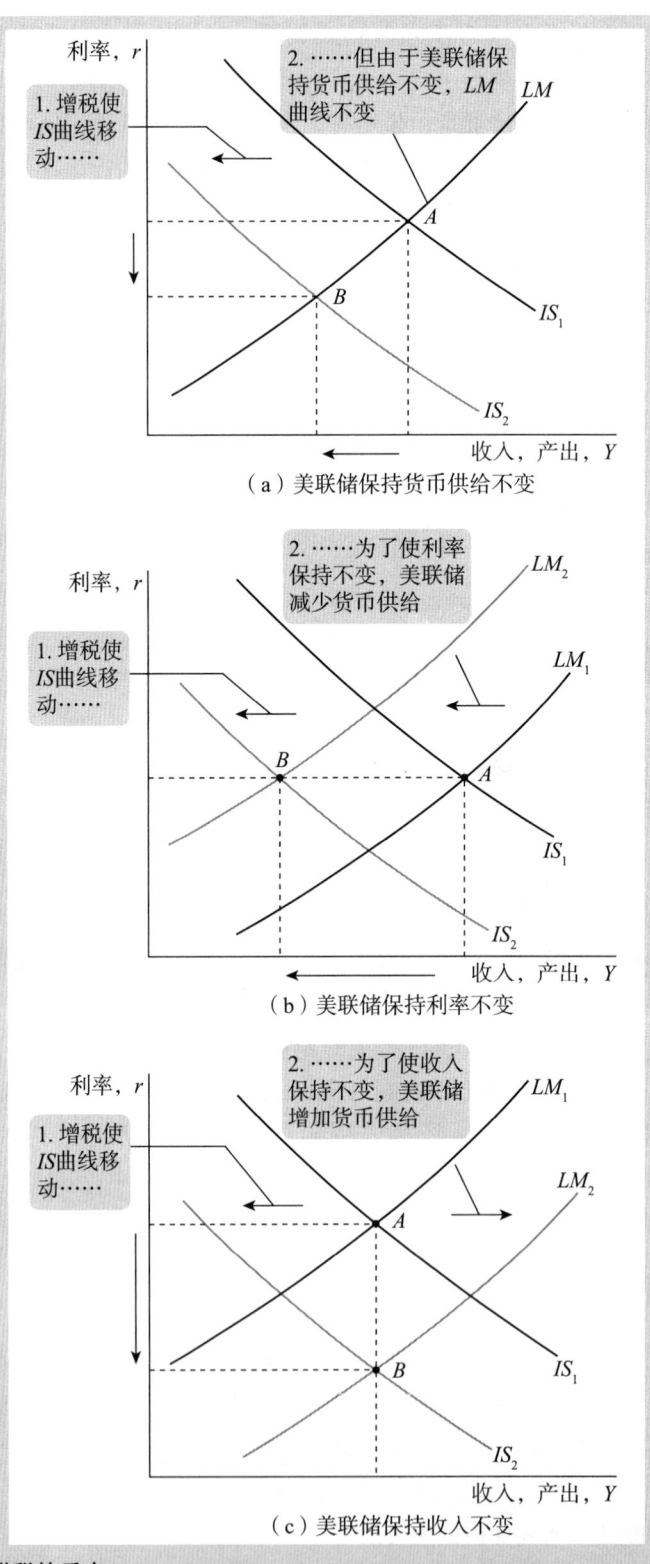

图 13-4 经济对增税的反应

经济对增税如何做出反应取决于中央银行如何做出反应。在图（a）中，美联储保持货币供给不变。在图（b）中，美联储通过减少货币供给保持利率不变。在图（c）中，美联储通过增加货币供给保持收入不变。在每种情况下，经济都从 A 点移动到 B 点。

在图 13-4（b）中，美联储想保持利率不变。在这种情况下，当增税使 IS 曲线向左移动时，美联储必须减少货币供给，以使利率保持在初始水平。货币供给的这一减少使 LM 曲线向上移动。利率没有下降，但收入的减少要超过如果美联储保持货币供给不变的情形。在图 13-4（a）中，更低的利率刺激了投资，部分抵消了增税的紧缩效应，而在图 13-4（b）中，美联储通过保持高利率而加深了衰退。

在图 13-4（c）中，美联储想防止增税引起的收入下降。因此，它必须增加货币供给，使 LM 曲线向下移动足够多，以抵消 IS 曲线的移动所产生的影响。在这种情况下，增税并没有引起衰退，但它确实使利率大幅度下降。虽然收入不变，但税收增加和货币扩张的结合改变了经济中的资源配置。更高的税收抑制了消费，更低的利率刺激了投资。因为正如美联储想要的那样，这两种效应正好相互平衡了，所以收入不受影响。

从这个例子中我们可以看到，财政政策的影响取决于美联储所采取的政策——取决于它是保持货币供给不变、利率不变还是收入不变。更一般地说，在分析一项政策的变动的任何时候，我们都必须对它对其他政策的影响做出假设。最合适的假设取决于所处理的情况，以及在经济政策制定背后的许多政治考虑。

IS—LM 模型中的冲击

由于 IS—LM 模型说明了国民收入在短期是如何决定的，我们可以用这个模型来考察各种经济扰动是如何影响收入的。到现在为止，我们已经了解了财政政策的变动如何使 IS 曲线移动，以及货币政策的变动如何使 LM 曲线移动。类似地，我们可以把其他扰动归为两类：对 IS 曲线的冲击和对 LM 曲线的冲击。

对 IS 曲线的冲击是产品与服务需求的外生变动。包括凯恩斯在内的一些经济学家强调，这种需求变动可能产生于投资者的动物精神（animal spirits）——外生的、也许是自我实现的乐观和悲观的情绪波动。例如，假定企业对经济的未来变得悲观并通过减少新工厂设立数量做出应对。投资品需求的这种减少引起投资函数的紧缩性移动：在每一利率水平，企业想进行的投资更少了。投资的下降使计划支出减少了并使 IS 曲线向左移动，从而降低了收入和就业。均衡收入的这种下降部分证明了企业最初悲观的合理性。

对 IS 曲线的冲击也可能产生于消费品需求的变动。例如，假定一个受欢迎的总统的当选增加了消费者对经济的信心。这使得消费者为未来而储蓄得更少，现在消费得更多。我们可以把这种变动解释为消费函数的向上移动。消费函数的这种移动增加了计划支出，使 IS 曲线向右移动，提高了均衡收入。

对 LM 曲线的冲击产生于货币需求的外生变动。例如，假定对信用卡可获得性的新限制增加了人们想持有的货币量。根据流动性偏好理论，当货币需求增加时，使得货币市场达到均衡所必需的利率更高了（对于任何给定的收入和货币供给而言）。因此，货币需求的增加使 LM 曲线向上移动，这提高了利率并降低了收入。

总之，若干种事件可以通过使 IS 曲线或 LM 曲线移动而引起经济波动。然而，记住，这种波动并不是不可避免的。政策制定者可以力图运用货币政策和财政政策工具去抵消外生冲击。如果政策制定者反应足够迅速而且足够有技巧的话（必须承认，可能性很小），那么，对 IS 曲线或 LM 曲线的冲击并不一定会导致收入或就业的波动。

案例研究

2001 年美国经济的衰退

2001 年美国经济经历了经济活动的显著减缓。失业率从 2000 年 9 月的 3.9% 上升到 2001 年 8 月的 4.9%，然后在 2003 年 6 月达到 6.3%。在许多方面，这一减缓看来像是总需求下降驱动的一次典型衰退。

三个值得注意的冲击解释了这一事件。第一个是股票市场的下跌。在 20 世纪 90 年代，由于投资者对新信息技术前景的乐观，股市经历了创历史纪录的繁荣。一些经济学家在当时就认为这种乐观过度了，这个观点后来得到了证实。当乐观不再时，从 2000 年 8 月到 2001 年 8 月，平均股票价格下跌了约 25%。股市的下跌减少了家庭财富，从而减少了消费者支出。此外，对新技术盈利能力预期的下跌导致投资支出的下降。用 IS—LM 模型的语言来说，IS 曲线向左移动。

第二个冲击是 2001 年 9 月 11 日恐怖分子对纽约和华盛顿的袭击。在袭击后的那个星期，股市又下跌了 12%，在当时来看，这是 20 世纪 30 年代大萧条以来最大的单周下跌。而且，袭击增加了对未来将会如何发展的不确定性。因为家庭和企业在不确定性解除之前会推迟部分支出计划，所以，不确定性会降低支出。因此，恐怖袭击使 IS 曲线进一步向左移动。

第三个冲击是全美最著名公司——包括安然（Enron）、世通公司（WorldCom）等——的一系列会计丑闻。这些丑闻导致一些欺骗性地做假账夸大盈利的公司的破产、对欺骗承担责任的公司高管的刑事定罪和旨在更彻底地监管公司会计标准的新法律。这些事件进一步降低了股价并抑制了企业投资——IS 曲线第三次向左移动。

货币政策和财政政策制定者迅速对这些事件做出了反应。国会在 2001 年通过了一次大规模减税，包括即刻的退税，在 2003 年通过了又一次大规模减税。这些减税的目的之一是刺激消费者支出。（参见第 12 章的案例研究"减税以刺激经济：从肯尼迪到特朗普"。）此外，在 2001 年的恐怖袭击之后，国会还通过拨款协助纽约复苏和救助陷入困境的民航业而增加了政府支出。这些财政措施都使 IS 曲线向右移动。

与此同时，美联储实行了扩张性货币政策，这使 LM 曲线向右移动。货币增长加速，利率下降。3 个月期国债的利率从 2000 年 11 月的 6.2% 下降到（恐怖袭击前）2001 年 8 月的 3.4%。在恐怖袭击和公司丑闻对经济造成重创后，美联储增加了货币刺激，国债利率降到了 2003 年 7 月的 0.9%，这是几十年里的最低水平。

扩张性货币政策和财政政策取得了预期的效果。2003 年下半年经济增长回升，整个 2004 年增长强劲。到 2005 年 7 月失业率回落到 5.0%，在接下来的几年里失业率维持在 5%

或更低的水平。然而，2008年经济经历了又一次衰退，失业率再次上升。2008年衰退的起因将在本章另一个案例研究中予以考察。

美联储的政策工具是什么——货币供给还是利率？

我们对货币政策的分析一直假设美联储通过控制货币供给来影响经济。与此相对照的是，当媒体报道美联储的政策变动时，它们常常只是说美联储提高或降低了利率。哪一个是正确的呢？即使这两种描述货币政策的方式看起来可能不同，但两者都是正确的，重要的是理解为什么。

近年来，美联储使用了联邦基金利率（federal funds rate）——银行之间收取的隔夜贷款利率——作为其短期政策工具。当联邦公开市场委员会（Federal Open Market Committee，FOMC）大约每6周开会制定货币政策时，它投票选出一个联邦基金利率目标，选出的利率目标将会生效，直到下一次会议为止。会议结束后，美联储的债券交易商（位于纽约）接到指令，进行必要的公开市场操作以实现该目标。这些公开市场操作改变了货币供给，使 LM 曲线移动，从而使（由 IS 曲线与 LM 曲线的交点决定的）均衡利率等于联邦公开市场委员会选择的目标利率。

作为这一操作程序的结果，人们常常从改变利率的角度来讨论货币政策。然而，牢记利率的这些变动背后是货币供给的必要变动。媒体可能会报道："美联储降低了利率。"这句话的意思应该被解释成"为了增加货币供给、使 LM 曲线移动和降低均衡利率以达到一个新的更低的利率目标，联邦公开市场委员会指示美联储债券交易商在公开市场操作中买进债券。"

为什么美联储选择使用利率而不是货币供给作为其短期政策工具呢？一个可能的答案是，对 LM 曲线的冲击比对 IS 曲线的冲击更普遍。当美联储以利率为目标时，它通过调整货币供给自动抵消了对 LM 曲线的冲击，尽管该政策恶化了对 IS 曲线的冲击产生的影响。如果对 LM 曲线的冲击是更普遍的类型，那么以利率为目标的政策比以货币供给为目标的政策会产生更高的经济稳定性。（本章末"问题与应用"第8题要求你更充分地分析这一问题。）

在第16章，我们扩展了短期波动理论，使其明确地包括以利率为目标并且根据经济状况改变其目标的货币政策。这里介绍的 IS—LM 模型对于该章中更复杂和更具现实性的分析来说是一个有用的基础。从 IS—LM 模型学到的一个启示是，当中央银行设定货币供给时，它就决定了均衡利率。因此，从某种意义上说，确定货币供给和确定利率是同一枚硬币的两面。

13.2 作为总需求理论的 IS—LM 模型

我们已经用 IS—LM 模型解释了在价格水平固定的短期中的国民收入。为了了解 IS—LM 模型如何与我们在第 11 章中介绍的总供给与总需求模型相适应，我们现在考察当价格水平变动时 IS—LM 模型会发生什么变化。通过考察价格水平变动的影响，我们可以给读者交付我们学习 IS—LM 模型之初时承诺过的东西了：一种解释总需求曲线的位置和斜率的理论。

从 IS—LM 模型到总需求曲线

回忆一下第 11 章中讲过，总需求曲线描述了价格水平与国民收入之间的关系。在第 11 章中这一关系是从货币数量论推导出来的。该分析表明，对于给定的货币供给，更高的价格水平意味着更低的收入。货币供给的增加使总需求曲线向右移动，货币供给的减少使总需求曲线向左移动。

为了更充分地理解总需求的决定因素，我们现在使用 IS—LM 曲线而不是货币数量论来推导总需求曲线。第一，我们用 IS—LM 模型说明为什么国民收入随着价格水平的上升而下降——也就是说，为什么总需求曲线向右下方倾斜。第二，我们考察是什么引起总需求曲线的移动。

为了解释为什么总需求曲线向右下方倾斜，我们考察 IS—LM 模型的均衡如何对价格水平的变动做出反应。图 13-5 表示了会发生什么。对于任何给定的货币供给 M，更高的价格水平 P 降低了实际货币余额的供给 M/P。更低的实际货币余额的供给使 LM 曲线向上移动，从而提高了均衡利率并降低了均衡收入，如图 13-5（a）所示。在这里，价格水平从 P_1 上升到 P_2，收入从 Y_1 下降到 Y_2。图 13-5（b）中的总需求曲线画出了收入与价格水平之间的这种负相关关系。换言之，当我们变动价格水平和观察收入发生了什么变动时，总需求曲线显示了 IS—LM 模型中产生的均衡点的集合。

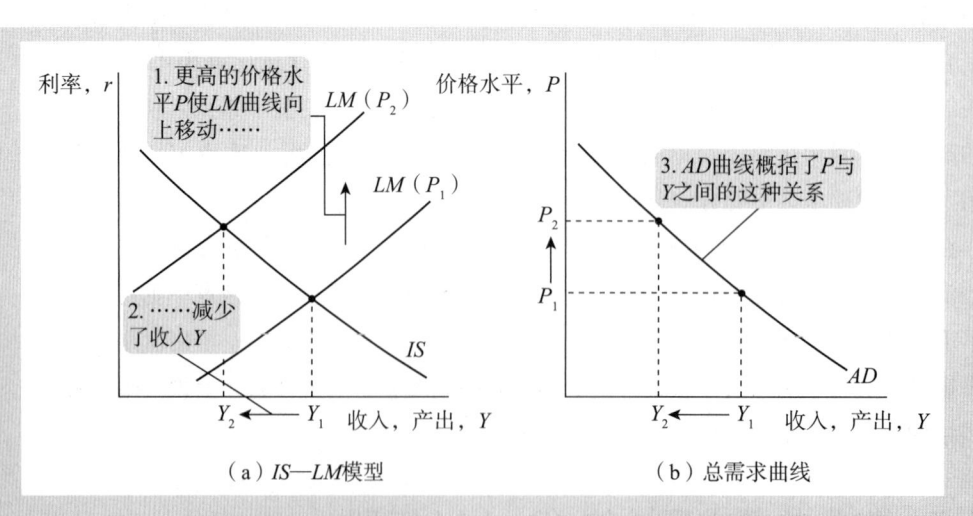

图 13-5 用 IS—LM 模型推导出总需求曲线

图 (a) 表示 IS—LM 模型：价格水平从 P_1 上升到 P_2 使实际货币余额下降，从而使 LM 曲线向上移动。LM 曲线的移动使收入从 Y_1 下降到 Y_2。图 (b) 表示概括了价格水平与收入之间这种关系的总需求曲线：价格水平越高，收入水平越低。

是什么引起总需求曲线的移动呢？由于总需求曲线概括了从 IS—LM 模型中得到的结果，（对于给定的价格水平）使 IS 曲线或 LM 曲线移动的事件引起了总需求曲线的移动。例如，对于任何给定的价格水平，货币供给的增加提高了 IS—LM 模型中的收入，使总需求曲线向右移动，如图 13-6（a）所示。类似地，对于给定的价格水平，政府购买的增加或税收的削减提高了 IS—LM 模型中的收入，也使总需求曲线向右移动，如图 13-6（b）所示。相反，货币供给的减少、政府购买的减少或税收的增加降低了 IS—LM 模型中的收入，使总需求曲线向左移动。除了价格水平的变化之外，任何改变 IS—LM 模型中收入的事件都使总需求曲线移动。使总需求曲线移动的因素不仅包括货币政策和财政政策，而且包括对产品市场（IS 曲线）的冲击和对货币市场（LM 曲线）的冲击。

我们可以把这些结论总结如下：价格水平变动引起的 IS—LM 模型中的收入变动代表着沿着总需求曲线的运动。对于给定的价格水平，IS—LM 模型中的收入变动代表着总需求曲线的移动。

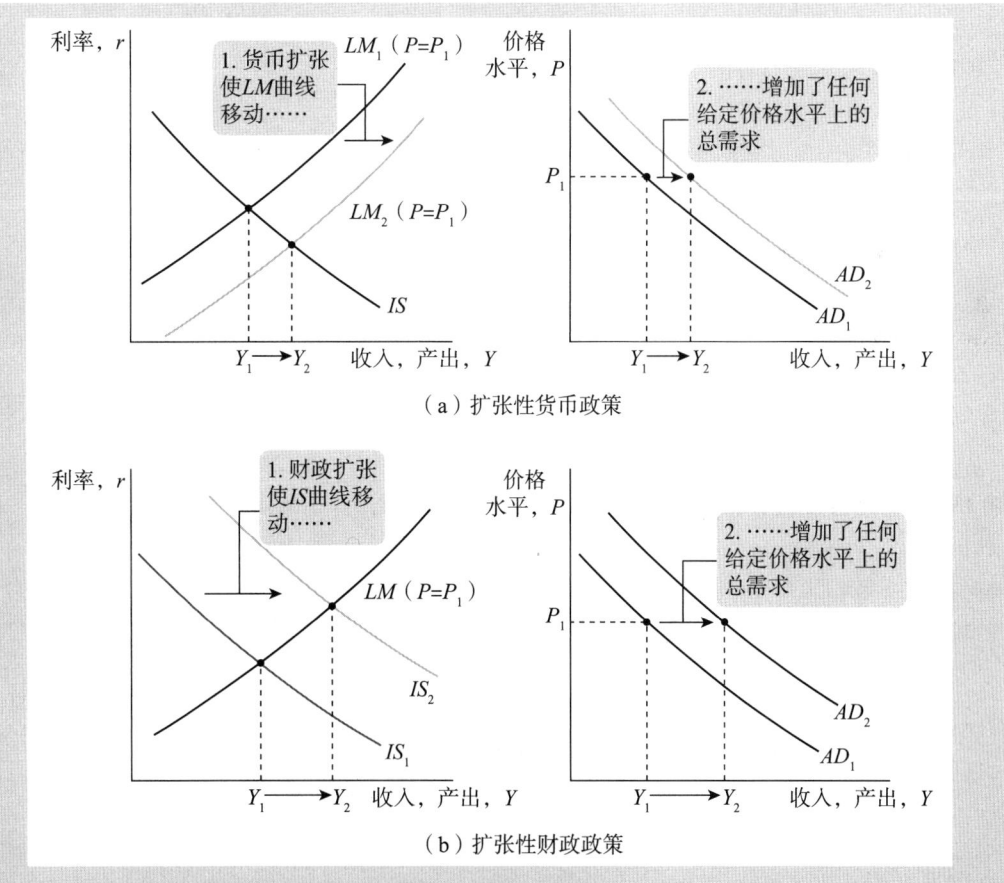

图 13-6　货币政策与财政政策如何使总需求曲线移动

图（a）表示货币扩张。对于任何给定的价格水平，货币供给的增加提高了实际货币余额，使 LM 曲线向右移动，提高了收入。因此，货币供给的增加使总需求曲线向右移动。图（b）表示财政扩张，例如政府购买的增加或税收的削减。财政扩张使 IS 曲线向右移动，对于任何给定的价格水平，收入增加了。因此，财政扩张使总需求曲线向右移动。

短期和长期的 IS—LM 模型

IS—LM 模型旨在解释价格水平固定的短期经济。然而，既然我们已经看到了价格水平的变动如何影响 IS—LM 模型中的均衡，我们也可以用这个模型来描述价格水平调整从而确保经济在其自然水平生产的长期经济。通过用 IS—LM 模型来描述长期，我们可以清楚地说明凯恩斯收入决定模型与第 3 章描述的古典模型有什么不同。

图 13-7（a）显示了理解短期与长期均衡所需的三条曲线：IS 曲线、LM 曲线以及代表自然产出水平 $\bar{Y}$ 的垂线。与往常一样，LM 曲线是针对一个固定的价格水平 P_1 绘制出来的。经济的短期均衡是 K 点，在这一点 IS 曲线与 LM 曲线相交。注意，在这一短期均衡，经济的收入低于其自然水平。

图 13-7（b）在总供给与总需求图形中显示了同一情形。在价格水平 P_1 上，产出需求量低于自然水平。换言之，在现行价格水平上，对产品和服务的需求不足以使经济在其潜在水平上生产。

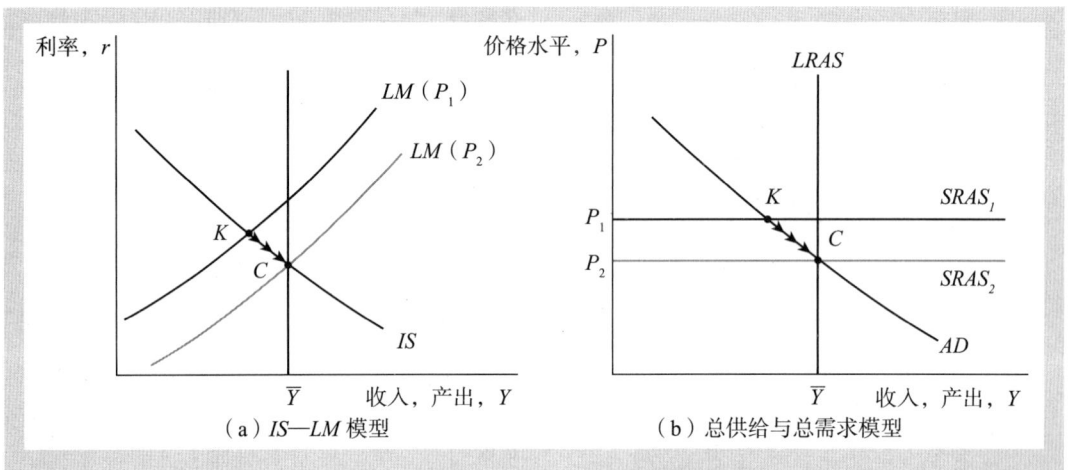

图 13-7 短期与长期均衡

我们可以用图（a）中的 IS—LM 模型或图（b）中的总供给与总需求图形来比较短期与长期均衡。在短期，价格水平固定在 P_1。因此，经济的短期均衡是 K 点。在长期，价格水平的调整使经济在自然产出水平上生产。因此，长期均衡是 C 点。

在这两幅图中，我们可以考察经济所处的短期均衡和经济趋向的长期均衡。K 点表示短期均衡，这是因为它假设价格水平固定在 P_1。最终，产品与服务的低需求引起价格下降，经济向其自然水平运动。当价格水平达到 P_2 时，经济处于 C 点，即长期均衡。总供给与总需求图形表明，在 C 点，产品与服务的需求量等于自然产出水平。这一长期均衡在 IS—LM 图形中通过 LM 曲线的移动而实现：价格水平的下降提高了实际货币余额，从而使 LM 曲线向右移动。

我们现在可以看出凯恩斯主义的国民收入决定方法与古典方法之间的关键差别。凯恩斯主义的假设（用 K 点代表）是价格水平具有黏性。视货币政策、财政政策以及总需求的其他决定因素而定，产出可能偏离其自然水平。古典方法的假设（用 C 点代表）是价格具有弹性。价格水平的调整确保国民收入总是处于自然水平。

为了用略有不同的方法说明同样的观点，我们可以设想经济由三个方程描述。前两个方程是 IS 和 LM 方程：

$$Y = C(Y-T) + I(r) + G \qquad\qquad IS$$

$$M/P = L(r, Y) \qquad\qquad LM$$

IS 方程描述产品市场的均衡，LM 方程描述货币市场的均衡。这两个方程包含了三个内生变量：Y、P 和 r。为了使该系统完整，我们需要第三个方程。凯恩斯主义的方法是用固定价格的假设来完成模型，因此，凯恩斯主义方法的第三个方程是

$$P = P_1$$

这个假设意味着，剩下的两个变量 r 与 Y 必须做出调整，以满足 IS 与 LM 这两个方程。古典方法是用产出达到自然水平的假设完成模型，因此古典方法的第三个方程是

$$Y = \bar{Y}$$

这个假设意味着，剩下的两个变量 r 与 P 必须做出调整，以满足 IS 和 LM 这两个方程。因此，古典方法固定了产出，允许价格水平调整以满足产品市场和货币市场均衡条件，而凯恩斯主义方法固定了价格水平，让产出运动来满足均衡条件。

哪一个假设最恰当呢？答案取决于时间范围。古典假设最好地描述了长期。因此，我们第 3 章中对国民收入的长期分析和第 5 章中对价格的长期分析假设产出等于自然水平。凯恩斯主义假设最好地描述了短期。因此，我们对经济波动的分析依赖于价格水平固定的假设。

13.3 大萧条

既然我们已经建立了总需求模型，那么就让我们用它来讨论激发了凯恩斯的问题：是什么引起了大萧条？即使在今天，这个事件已经过去接近一个世纪，经济学家仍然在争论这次重大经济低迷的原因。大萧条为说明经济学家如何用 IS—LM 模型分析经济波动提供了一个大的案例研究。[1]

在转向经济学家们所提出的解释之前，先看一下表 13-1。该表提供了有关大萧条的一些统计数字。这些统计数字就是关于大萧条的争论的主题。你认为到底发

---

[1] 要想了解这一争论，参见 Milton Friedman and Anna J. Schwartz, *A Monetary History of the United States*, *1867—1960* (Princeton, NJ: Princeton University Press, 1963); Peter Temin, *Did Monetary Forces Cause the Great Depression?* (New York: W. W. Norton, 1976); Karl Brunner, ed., *The Great Depression Revisited* (Boston: Martinus Nijhoff, 1981) 论文集收录的论文；以及《经济展望杂志》1993 年春季刊关于大萧条的专题论文集。

生了什么？IS 曲线移动了？LM 曲线移动了？还是发生了其他情况？

表 13-1　　　　　　　　　　　大萧条时期发生了什么？

年份	失业率 (1)	实际 GNP (2)	消费 (2)	投资 (2)	政府购买 (2)	名义利率 (3)	货币供给 (4)	价格水平 (5)	通货膨胀率 (6)	实际货币余额 (7)
1929	3.2	203.6	139.4	40.4	22.0	5.9	26.6	50.6	—	52.6
1930	8.9	183.5	130.4	27.4	24.3	3.6	25.8	49.3	−2.6	52.3
1931	16.3	169.5	126.1	16.8	25.4	2.6	24.1	44.8	−10.1	54.5
1932	24.1	144.2	114.8	4.7	24.2	2.7	21.1	40.2	−9.3	52.5
1933	25.2	141.5	112.8	5.3	23.3	1.7	19.9	39.3	−2.2	50.7
1934	22.0	154.3	118.1	9.4	26.6	1.0	21.9	42.2	7.4	51.8
1935	20.3	169.5	125.5	18.0	27.0	0.8	25.9	42.6	0.9	60.8
1936	17.0	193.2	138.4	24.0	31.8	0.8	29.6	42.7	0.2	62.9
1937	14.3	203.2	143.1	29.9	30.8	0.9	30.9	44.5	4.2	69.5
1938	19.1	192.9	140.2	17.0	33.9	0.8	30.5	43.9	−1.3	69.5
1939	17.2	209.4	148.2	24.7	35.2	0.6	34.2	43.2	−1.6	79.1
1940	14.6	227.2	155.7	33.0	36.4	0.6	39.7	43.9	1.6	90.3

说明：(1) 失业率是 D9 系列。(2) 实际 GNP、消费、投资和政府购买是 F3、F48、F52 和 F66 系列，单位为 10 亿 1958 年不变美元。(3) 利率是 4~6 个月期基准商业票据利率，×445 系列。(4) 货币供给是×414 系列，现金加活期存款，单位为 10 亿美元。(5) 价格水平是 GNP 平减指数（1958 年＝100），E1 系列。(6) 通货膨胀率是价格水平系列的百分比变动。(7) 实际货币余额的计算方法是：货币供给除以价格水平乘以 100，单位为 10 亿 1958 年不变美元。

资料来源：*Historical Statistics of the United States*，*Colonial Times to 1970*，*Parts* Ⅰ *and* Ⅱ（Washington，DC：U. S. Department of Commerce，Bureau of Census，1975）.

支出假说：对 IS 曲线的冲击

表 13-1 显示了 20 世纪 30 年代初的收入减少与利率下降是同时发生的。这个事实促使一些经济学家提出，收入减少的原因可能是 IS 曲线的紧缩性移动。这一观点有时被称为支出假说（spending hypothesis），因为它把萧条的罪魁祸首归结为在产品与服务上支出的外生下降。

经济学家已经对这一支出的减少提出了几种解释。一些经济学家认为，消费函数的向下移动引起了 IS 曲线的紧缩性移动。1929 年的股市崩盘可能要对这种移动承担部分责任：通过减少消费者的财富和增加消费者对美国经济前景的不确定性，这次崩盘使消费者把更多的收入用于储蓄而不是消费。

另一些经济学家用住房投资的大幅度下降来解释支出的减少。一些经济学家相信，20 世纪 20 年代的住房投资过度高涨，一旦这种"过度建设"变得显而易见，住房投资需求就大幅度减少了。对住房投资减少的另一种可能解释是 20 世纪 30 年代移民的减少：随着人口增长减速，对新住房的需求减少了。

一旦大萧条开始，许多可以进一步降低支出的事件就发生了。一个是 20 世纪 30 年代初期许多银行的破产，个中原因一是对银行的监管不足，二是美联储不愿意在这些银行发生挤兑时积极地行使最后贷款者的角色。正如我们将在第 19 章更充分地讨论的那样，银行在使最好地运用资金的家庭和企业获得投资所需资金上起着关键作用。20 世纪 30 年代初许多银行的倒闭可能使一些企业得不到资本投资所需要的资金，从而可能导致投资支出的进一步紧缩。①

20 世纪 30 年代的财政政策也造成了 IS 曲线的紧缩性移动。当时的政治家更关注平衡预算，而不太关心用财政政策将生产和就业维持在自然水平。1932 年的《岁入法》（Revenue Act）增加了若干种税收，特别是那些影响中低收入消费者的税收。② 那一年的民主党施政纲领表达了对预算赤字的关注，建议"立即并大幅度减少政府支出"。虽然当时出现了历史上最高的失业，政策制定者却在寻求增加税收和减少政府支出的方法。

因此，有若干解释 IS 曲线的紧缩性移动的方法。谨记，这些不同的观点可能都是正确的。支出的大量减少没有单一的解释，它可能是同时打击经济的多种紧缩性力量导致的结果。

货币假说：对 LM 曲线的冲击

表 13-1 显示，从 1929 年到 1933 年货币供给减少了 25%，在这一期间，失业率从 3.2% 上升到 25.2%。这一事实为所谓的货币假说（money hypothesis）提供了动机与支持，这种假说把大萧条的罪魁祸首归结为美联储允许货币供给下降如此之多。③ 这种解释最著名的倡导者是米尔顿·弗里德曼和安娜·施瓦茨，他们在 1963 年出版的论著《美国货币史（1867—1960 年）》（*A Monetary History of the United States, 1867—1960*）中为这种观点辩护。弗里德曼和施瓦茨认为，货币供给的紧缩造成了大部分经济低迷，大萧条是其中一个引人注目的例子。

利用 IS—LM 模型，我们可以把货币假说解释为用 LM 曲线的紧缩性移动来解释大萧条。然而，在这样解释时，货币假说遇到了两个问题。

第一个问题是实际货币余额的行为。只有在实际货币余额下降时，货币政策才能引起 LM 曲线的紧缩性移动。然而，因为货币供给的下降伴随着价格水平更大的下降，所以 1929—1931 年实际货币余额还略有上升。虽然货币紧缩可能要对 1931—1933 年的失业率上升负责（这一时期的实际货币余额减少了），但是，货币

---

① Ben Bernanke, "Non-Monetary Effects of the Financial Crisis in the Propagation of the Great Depression," *American Economic Review* 73 (June 1983): 257 – 276.

② E. Cary Brown, "Fiscal Policy in the Thirties: A Reappraisal," *American Economic Review* 46 (December 1956): 857 – 879.

③ 我们在第 4 章中讨论了这次货币供给大幅度减少的原因，在那一章我们更详细地考察了货币供给过程。特别地，参见案例研究"20 世纪 30 年代的银行倒闭与货币供给"。

紧缩很难解释 1929—1931 年最初的经济低迷（这一时期的实际货币余额增加了）。

货币假说的第二个问题是利率的行为。如果 LM 曲线的紧缩性移动引起了大萧条，那么，我们应该观察到了更高的利率。然而，1929—1933 年的名义利率在持续下降。

这两个原因看来足以拒绝"大萧条是由 LM 曲线的紧缩性移动引起的"这一观点。但货币存量的下降与大萧条无关吗？下面我们转向另一种机制——20 世纪 30 年代的通货紧缩，货币政策可能通过这种机制引起了严重的大萧条。

再论货币假说：价格下降的效应

1929—1933 年，价格水平下降了 22%。许多经济学家把大萧条如此严重归罪于通货紧缩。他们认为，通货紧缩可能使得 1931 年的一次普通的经济低迷演变成了一段空前的高失业与低收入的时期。如果这种观点正确，它就赋予了货币假说新的生命力。由于有理由认为货币供给的减少引起价格水平的下降，所以可以把大萧条的严重性归罪于货币供给的减少。为了评价这种观点，我们必须讨论在 IS—LM 模型中价格水平的变动如何影响收入。

通货紧缩的稳定效应　在我们迄今所建立的 IS—LM 模型中，价格的下降提高了收入。对任何给定的货币供给 M 而言，更低的价格水平意味着更高的实际货币余额 M/P。实际货币余额的增加引起 LM 曲线的扩张性移动，这导致了更高的收入。

价格的下降使收入增加的另一条渠道被称为**庇古效应**（Pigou effect）。20 世纪 30 年代著名的经济学家阿瑟·庇古（Arthur Pigou）指出，实际货币余额是家庭财富的一部分。随着价格下降和实际货币余额增加，消费者应当感到更加富有和支出更多。消费者支出的增加应该引起 IS 曲线的扩张性移动，也导致了更高的收入。

这两个原因使 20 世纪 30 年代的一些经济学家相信，价格下降有助于稳定经济。也就是说，他们认为价格水平的下降会把经济推回到充分就业水平。然而其他经济学家对经济的自我校正能力就不那么有信心了。他们指出了价格下跌的其他效应，我们现在转向这些效应。

通货紧缩的不稳定效应　经济学家提出了两种理论来解释价格下降如何抑制而不是增加收入。第一种称为**债务—通货紧缩理论**（debt-deflation theory），它描述了未预期到的价格下降的效应。第二种理论解释了预期到的通货紧缩的效应。

债务—通货紧缩理论从第 5 章的一个观察开始：未预期到的价格水平变动在债务人与债权人之间再分配财富。如果债务人欠债权人 1 000 美元，那么，这笔债务的实际量是 1 000 美元/P，这里 P 是价格水平。价格水平的下降提高了债务的实际价值；债务人必须向债权人偿还的债务实际值就更大了。因此，未预期到的通货紧缩使债权人变富而使债务人变穷。

接着债务—通货紧缩理论假定这种财富再分配影响在产品与服务上的支出。作为对从债务人向债权人的再分配的反应，债务人的支出更少了，债权人的支出更多了。如果这两组人有相同的支出倾向，则不存在总体影响。但是，债务人的支出倾向可能高于债权人；确实，如果债务人的支出倾向更高，那么，这可以解释债务人最初借债的原因。在这种情况下，债务人减少的支出比债权人增加的支出多。净效应是总体支出的减少，导致 IS 曲线的紧缩性移动和国民收入的减少。

为了理解预期的价格变动如何影响收入，我们需要在 IS—LM 模型中增加一个新的变量。到现在为止，我们对这个模型的讨论还没有区分名义利率与实际利率。但我们从之前的章节中得知，投资取决于实际利率，而货币需求取决于名义利率。如果 i 是名义利率，而 $E\pi$ 是预期的通货膨胀率，那么，事前的实际利率是 $i-E\pi$。我们现在可以把 IS—LM 模型写为

$$Y = C(Y-T) + I(i-E\pi) + G \qquad \text{IS}$$
$$M/P = L(i,Y) \qquad \text{LM}$$

预期通货膨胀率作为 IS 曲线方程的一个变量进入模型。因此，预期通货膨胀率的变动使 IS 曲线移动。

让我们用这个扩展的 IS—LM 模型来考察预期通货膨胀率的变动如何影响收入。我们一开始假设每个人都预期价格水平保持不变。在这种情况下，没有预期通货膨胀率（$E\pi=0$），从而这两个方程正是我们所熟悉的 IS—LM 模型。图 13-8 描绘了这种初始情况；LM 曲线和标记为 IS_1 的 IS 曲线的交点决定了名义利率与实际利率，这两种利率起初是相同的。

现在假定每个人突然都预期未来的价格水平将下降，这使 $E\pi$ 变为负数。在任何给定的名义利率上，实际利率现在都更高了。实际利率的这一上升抑制了计划的投资支出，使 IS 曲线从 IS_1 移动到 IS_2。（IS 曲线向下移动的垂直距离等于预期的通货紧缩。）因此，预期的通货紧缩使国民收入从 Y_1 减少到 Y_2。名义利率从 i_1 下降到 i_2，而实际利率从 r_1 上升到 r_2。

图 13-8 背后的故事如下。当企业预期通货紧缩时，它们不愿意借款购买投资品，因为它们相信以后不得不用更值钱的美元来偿还这些贷款。投资的下降抑制了计划支出，从而又抑制了收入。收入的下降减少了货币需求，从而降低了使货币市场达到均衡的名义利率。名义利率的下降小于预期的通货紧缩，因此，实际利率上升了。

注意，这两种通货紧缩不稳定效应的理论有一条共同的主线。在这两种理论中，价格的下降都通过引起 IS 曲线的紧缩性移动而抑制了国民收入。由于除非存在货币供给的大幅紧缩，1929—1933 年观察到的那种程度的通货紧缩是不可能出现的，所以这两种解释把大萧条的一部分责任——特别是其严重性——归咎于美联储。换言之，如果价格的下降有着不稳定的效应，那么，即使没有实际货币余额的减少或名义利率的上升，货币供给的紧缩也能导致收入下降。

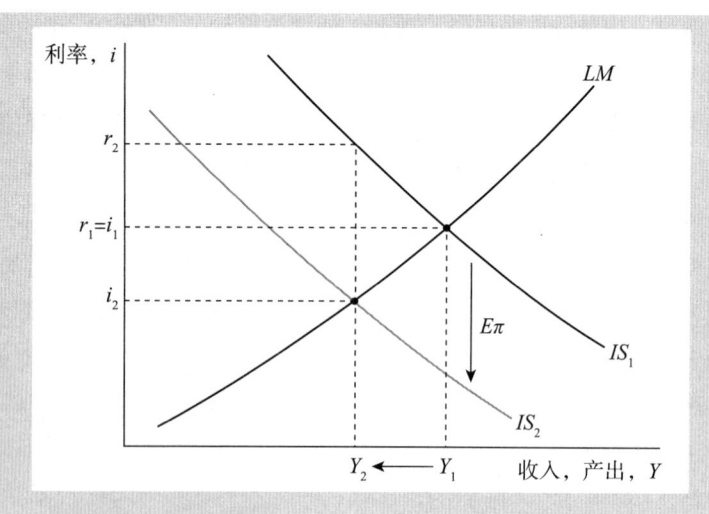

图 13-8　IS—LM 模型中预期的通货紧缩

对于任何给定的名义利率，预期的通货紧缩（$E\pi$ 为负值）提高了实际利率，从而抑制了投资支出。投资的减少使 IS 曲线向下移动。收入从 Y_1 下降到 Y_2。名义利率从 i_1 下降到 i_2，而实际利率从 r_1 上升到 r_2。

大萧条会重演吗？

经济学家之所以研究大萧条，既是为了理解一个重大历史事件，也是为了帮助政策制定者确保大萧条不会重演。要有信心地说这一事件是否会重演，我们需要了解它发生的原因。由于关于大萧条的起因尚未达成共识，所以，尚无法确定地排除这种规模的萧条重演的可能性。

但大多数经济学家相信，导致大萧条的错误不可能再犯。当经济螺旋式下行时，美联储似乎不会允许货币供给减少 25%。许多经济学家相信，20 世纪 30 年代初的通货紧缩要对大萧条的严重性负责。这种长时期的通货紧缩看起来只有在货币供给减少时才有可能。

大萧条时期的财政政策错误也不可能再犯。20 世纪 30 年代的财政政策不仅不利于增加总需求，反而实际上进一步抑制了总需求。现在很少有经济学家在面临大规模失业时还支持严格地坚持平衡预算。

此外，许多现代制度有助于防止 20 世纪 30 年代的事件重演。联邦存款保险体系使大面积的银行倒闭的可能性降低了。所得税制使税收在收入下降时自动减少，这起到了稳定经济的作用。最后，今天的经济学家比 20 世纪 30 年代的经济学家知道得更多：尽管我们对经济如何运行的知识仍然有限，但这些知识应当有助于政策制定者制定更好的政策来对付大规模的失业。

案例研究

2008—2009 年的金融危机和大衰退

2008 年美国经济经历了一次金融危机，随后出现了深度经济低迷。这段时期内的一些状况让人想起20世纪30年代的事件,许多观察家担心美国经济可能经历另一次大萧条。

2008年危机的故事始于几年前房地产市场的高度繁荣。该繁荣有几个源泉。部分地是由于低利率的推波助澜。正如我们在本章前面的一个案例研究中看到的,美联储在2001年的衰退之后将利率降到了历史上的低水平。低利率有助于经济复苏,但是,通过使获得抵押贷款和买房变得更便宜,低利率也促进了住宅价格的上涨。

此外,抵押市场上的新情况使次级借款人(subprime borrowers)——那些基于自身收入和信用历史来看具有更高违约风险的借款人——更容易获得抵押贷款来买房。这些新情况之一是证券化(securitization)。证券化是指这样一个过程:抵押发起人发放贷款,然后把这些贷款卖给投资银行,投资银行又把这些贷款打包变成各种"抵押担保证券"(mortgage-backed securities)再卖给另一家金融机构(如银行、养老基金或保险公司)。只要房主继续偿还贷款,这些证券就会支付回报,但是,如果房主拖欠贷款,这些证券就丧失价值了。不幸的是,这些抵押担保证券的最终持有者有时没有充分了解到他们承担的风险。一些经济学家谴责了对这些高风险贷款的不充分的监管。其他经济学家则相信,问题不是监管太少,而是监管的类型错误:一些旨在促进低收入家庭"居者有其屋"的政府政策导致银行给那些信用风险较大的人发放贷款。

这些力量综合在一起推高了住宅需求和住宅价格。从1995年到2006年,美国的平均住宅价格不止翻了一番。有些观察家认为住房价格的这一上升是一个投机泡沫,因为越来越多购买住房的人希望并预期价格继续上升。

可是,高的住宅价格被证明是不可持续的。从2006年到2009年,全国的住宅价格下降了大约30%。这样的价格波动在市场经济中应该并非一定是个问题。毕竟,价格运动对使供给和需求达到均衡是必要的。但是,住宅价格的大幅下跌导致了几个恶劣的后果。

第一个后果是拖欠抵押贷款和取消住房赎回权出现了大幅上升。在房地产繁荣期间,许多房主用贷款和最低限度的首付买了房。当房地产价格下跌时,这些房主发现资不抵债了:他们欠的抵押贷款比住房的价值还多。结果,这些房主中有很多人停止还贷。提供抵押贷款的银行对这种拖欠做出的反应是,通过取消赎回权的程序拿回住房,然后把房子卖掉。银行想尽可能地弥补损失。可是,待售住房数量的增加恶化了住宅价格的螺旋式下跌。

第二个后果是拥有抵押担保证券的各种金融机构出现了巨额损失。通过大量借款来购买高风险的抵押担保证券,这些公司在赌住宅价格将会保持上涨;当这场赌博输了时,它们发现自身破产了或者濒临破产。甚至运营状况健康的银行也不再彼此信任和避免银行间借贷,因为它们难以识别哪家机构将会成为下一家破产的机构。由于金融机构的这些巨额损失和四处弥漫的恐慌与不信任,金融系统向值得信任的客户发放贷款的能力甚至也受到了损害。第19章将更详细地讨论金融危机,也包括这次金融危机。

第三个后果是股票市场波动性的大幅上升。许多公司依赖金融系统来获得它们业务扩展所需的资源并帮助它们管理短期现金流。在金融系统开展正常业务的能力受到削弱的情况下,许多公司的盈利能力出现了问题。由于难以知道情况会变得有多坏,股票市场波动性达到了20世纪30年代以来从未有过的水平。

不断下降的住房价格、不断增加的取消住房赎回权、金融不稳定性以及更高的波动性共同导致了第四个后果：消费者信心的下降。处于巨大不确定性之中的家庭开始推迟支出计划。汽车和家用电器等耐用品上的支出出现了急速下降。

作为所有这些事件的结果，经济经历了一次大的 IS 曲线收缩性移动。生产、收入和就业都减少了。失业率从 2007 年 10 月的 4.7% 上升到 2009 年 10 月的 10.0%。

当危机逐步展现时，政策制定者做出了强有力的反应。第一，美联储将它的联邦基金利率目标从 2007 年 9 月的 5.25% 下降到了 2008 年 12 月的大约为 0。第二，2008 年 10 月，国会给财政部拨款 7 000 亿美元用于救援金融系统。这些资金的大部分都作为股权注入银行了。也就是说，财政部把资金注入银行系统，银行可以用这些资金来发放贷款；作为对这些资金的交换，美国政府至少是暂时性地成为这些银行部分的所有者。第三，正如第 12 章讨论过的，奥巴马就任总统后的首批举措之一就是支持大幅增加政府支出以扩大总需求。第四，美联储采取了各种非常规货币政策（如购买长期债券）来降低长期利率从而鼓励借款和私人支出。

最终，由于政策制定者的积极应对，另一次萧条被成功地避免了。失业率只上升到 10%，而 1933 年达到了 25%。其他数据也告诉了我们一个相似的故事。图 13-9 比较了 20 世纪 30 年代大萧条期间和 2008—2009 年大衰退期间的工业生产路径。（工业生产衡量了一国的制造商、矿山和公用事业的产出。由于数据来源的一致性，对于短期波动的历史比较而言，它是最可靠的时间序列之一。）该图显示，在大萧条期间，工业生产下降了大约 3 年，下降的幅度超过 50%，回到之前的峰值花了 7 年多时间。与此形成对照的是，在大衰退期间，工业生产只下降了一年半，下降的幅度只有 17%，复苏也只花了不到 6 年。

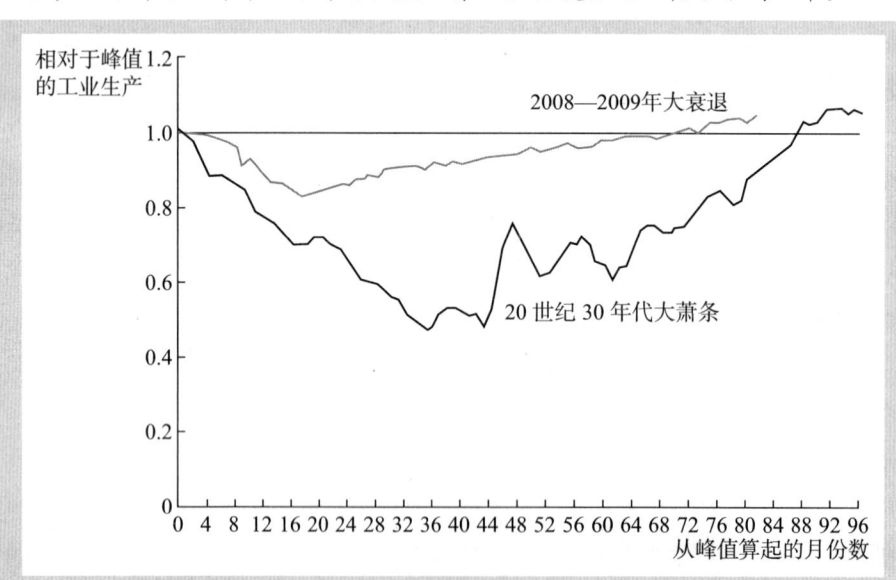

图 13-9　大衰退和大萧条

本图比较了 2008—2009 年大衰退期间和 20 世纪 30 年代大萧条期间的工业生产。对每次经济低迷，工业生产都是相对于该次经济低迷之前达到的峰值（分别为 2007 年 12 月和 1929 年 8 月）水平来呈现的。数据显示，较近的这次低迷比大萧条要浅得多，时间也短得多。

资料来源：Board of Governors of the Federal Reserve System.

不过，这一比较也只给我们带来了有限的慰藉。尽管2008—2009年大衰退的时间比大萧条要短，也没那么严重，但是，它对许多家庭来说是一个毁灭性事件。

流动性陷阱和非常规货币政策

在20世纪30年代的美国，利率达到了很低的水平。如表13-1所示，在20世纪30年代的整个后半期，美国的利率都低于1%。类似的局面在2008—2009年经济衰退期间又出现了。2008年12月，美联储将它的联邦基金利率目标降低到0~0.25%的区间，并且直到2015年12月一直将目标保持在该区间。

一些经济学家把这种情况描述为**流动性陷阱**（liquidity trap）。根据IS—LM模型，扩张性货币政策通过降低利率和刺激投资支出来发生作用。但是，如果利率已经下降到几乎为零，那么也许货币政策就不再有效了。名义利率不可能下降到零以下：一个人与其以负的名义利率放贷，还不如就持有现金。在这种环境下，扩张性货币政策增加了货币供给，使公众的资产组合更具流动性，但是由于利率不能进一步下降，增加的流动性可能没有任何效应。总需求、生产和就业可能被限制于低水平。流动性陷阱有时候被称为零下限（zero lower bound）问题。

其他经济学家对流动性陷阱的重要性持怀疑态度，他们指出，中央银行拥有扩张经济的其他工具。中央银行瞄准的利率通常是某个很短期的利率。例如，联邦基金利率就是一个隔夜利率。一旦这个利率达到零下限，中央银行可以用两种方式力图降低更长期的利率。第一，中央银行可以承诺在很长一段时期将目标利率维持在低位。宣布未来的货币行动这种政策被称为前瞻指引（forward guidance）。第二，中央银行可以在比正常情况下更多种类的金融工具中实施公开市场操作。例如，它可以购买长期政府债券、抵押贷款担保证券甚至公司债券，从而降低这些种类贷款的利率。这项政策被称为量化宽松（quantitative easing）。一些评论员把前瞻指引和量化宽松称为非常规货币政策，原因是中央银行为了影响经济所使用的工具范围比过去所使用的更广泛。在大衰退期间和之后的时期里，美联储采取了既有前瞻指引又有量化宽松的政策。

一些经济学家认为，流动性陷阱的可能性证明了通货膨胀率目标应该大于零的正当性。在零通货膨胀率下，实际利率和名义利率一样，永远不会低于零。但是，如果名义通货膨胀率是（比如说）4%，那么，中央银行就可以通过把名义利率降到零来把实际利率降为-4%。换言之，更高的通货膨胀率目标在正常时期意味着更高的名义利率（回忆费雪效应），给了中央银行在经济经历衰退性冲击时更多降低利率的空间。因此，更高的通货膨胀目标使货币政策制定者在必要时有更多刺激经济的空间，降低了经济将达到零下限和陷入流动性陷阱的可能性。①

> **参考资料　　负利率的奇妙原因**
>
> 经济学家一般认为零是利率的下限。毕竟，当你可以持有现金时为什么以负利率把钱借给别人呢？现金的利率为零：今天的一块钱到了明天还是一块钱。回报率为零比为负更好。
>
> 然而，近些年里，世界上有几个国家的中央银行已经尝试通过将利率降到零以下来刺激经济。例如，在2019年的瑞士，3月期利率为－0.74%。这意味着，如果某人出借1 000瑞士法郎，那么，三个月后他只被偿还998瑞士法郎。
>
> 这怎么可能呢？原因是存储现金是有成本的。如果你是一个普通人，那么，在床垫下放1 000法郎没什么问题。但是，假定你是一家公司的执行官，有10亿法郎需要保管。由于有盗窃或物理破损的可能性，存储这么多钱不是一件简单的事。[在电视剧《毒枭》(*Narcos*)的某一情节，毒枭巴勃罗·埃斯科巴（Pablo Escobar）挖开他存钱的密窖，不料这些钱竟然已经腐烂得一文不值。]结果，你可能乐于支付一小笔费用以确保你的钱能够安全返还。负利率代表了那笔费用。
>
> 然而，利率能够降到比零低多少是有限制的。如果负得太多，那么，购买安全的金库就会是一种更加便宜的存储现金的方法了。因此，尽管利率下限并非恰好是零，但利率不能下降到低于零很多。

13.4　结论

本章和前一章的目的是加深我们对总需求的理解。我们现在有了分析货币政策和财政政策的长期与短期效应的工具。在长期，价格是有弹性的，我们使用本书第二篇和第三篇中的古典分析。在短期，价格是有黏性的，我们使用IS—LM模型来考察政策变动如何影响经济。

本章和前一章的模型为分析短期经济提供了基本框架，但这并不是故事的全部。在第14章我们考察国际相互作用如何影响总需求理论。在第15章我们考察短期总供给背后的理论。接下来的各章进一步精炼该理论并考察该理论应用于制定宏观经济政策时产生的各种议题。本章和前一章介绍的IS—LM模型为进一步的分析提供了起点。

---

① 要阅读更多关于流动性陷阱的文献，参见 Paul R. Krugman, "It's Baaack：Japan's Slump and the Return of the Liquidity Trap," *Brookings Papers on Economic Activity* no. 2 (1998)：137－205；Gauti B. Eggertsson and Michael Woodford, "The Zero Bound on Interest Rates and Optimal Monetary Policy," *Brookings Papers on Economic Activity* no. 1 (2003)：139－233。要想更多地了解支持把提高通货膨胀作为一种避免流动性陷阱的方法的理由，参见 Laurence M. Ball, "The Case for Four Percent Inflation," *Central Bank Review* 13 (May 2013)：17－31。

快速测验

1. 在 IS—LM 模型中，以下哪项导致收入下降和利率上升？
   A. 税收的增加　　B. 税收的减少
   C. 货币供给的增加　D. 货币供给的减少

2. 在 IS—LM 模型中，以下哪项导致收入和利率都下降？
   A. 税收的增加　　B. 税收的减少
   C. 货币供给的增加　D. 货币供给的减少

3. 如果美联储对政府购买的增加做出的应对是维持利率不变，那么，货币供给将_____，对收入的影响将比维持货币供给不变的情形_____。
   A. 增加，更大　　B. 增加，更小
   C. 减少，更大　　D. 减少，更小

4. 假定恐怖袭击可能性的提高降低了消费者的信心，导致人们更多地储蓄。为了稳定总需求，美联储应该_____。
   A. 增加货币供给以提高利率
   B. 增加货币供给以降低利率
   C. 减少货币供给以提高利率
   D. 减少货币供给以降低利率

5. 如果产出高于其自然水平，那么，随着时间的推移，价格水平将_____，这会移动_____曲线，使经济向其长期均衡运动。
   A. 上升，IS　　B. 上升，LM
   C. 下降，IS　　D. 下降，LM

6. 大萧条的严重性可以部分地这样解释：_____。
   A. 预期通货膨胀的增加将名义利率提高到实际利率之上
   B. 预期通货膨胀的增加将实际利率提高到名义利率之上
   C. 预期通货紧缩的增加将名义利率提高到实际利率之上
   D. 预期通货紧缩的增加将实际利率提高到名义利率之上

内容提要

1. IS—LM 模型是关于产品与服务总需求的一般理论。该模型的外生变量是财政政策、货币政策和价格水平。这个模型解释了两个内生变量：利率和国民收入。

2. IS 曲线表示产品与服务市场的均衡所产生的利率与收入之间的负相关关系。LM 曲线代表实际货币余额市场的均衡所产生的利率与收入之间的正相关关系。IS—LM 模型的均衡——IS 曲线与 LM 曲线的交点——代表产品与服务市场和实际货币余额市场的同时均衡。

3. 总需求曲线通过表示任何给定价格水平上的均衡收入概括了 IS—LM 模型的结果。总需求曲线向右下方倾斜是因为更低的价格水平增加了实际货币余额，降低了利率，刺激了投资支出，从而提高了均衡收入。

4. 扩张性财政政策——政府购买的增加或税收的减少——使 IS 曲线向右移动。IS 曲线的这种移动增加了利率和收入。收入的增加表示为总需求曲线向右移动。类似地，紧缩性财政政策使 IS 曲线向左移动，降低了利率和收入，使总需求曲线向左移动。

5. 扩张性货币政策使 LM 曲线向下移动。LM 曲线的这种移动降低了利率并提高了收入。收入的增加表示为总需求曲线向右移动。类似地，紧缩性货币政策使 LM 曲线向上移动，提高了利率，降低了收入，使总需求曲线向左移动。

关键概念

货币传导机制　　　　　庇古效应　　　　　债务—通货紧缩理论　　　　流动性陷阱

复习题

1. 解释总需求曲线向右下方倾斜的原因。

2. 税收增加对利率、收入、消费和投资的影响是什么?

3. 货币供给减少对利率、收入、消费和投资的影响是什么?

4. 描述价格的下降对均衡收入可能的效应。

问题与应用

1. 根据 IS—LM 模型,在下列情况下,利率、收入、消费和投资在短期会发生什么变动?你的答案应该包括一幅合适的图形。

   a. 中央银行增加货币供给。
   b. 政府增加政府购买。
   c. 政府增加税收。
   d. 政府等量地增加政府购买和税收。

2. 用 IS—LM 模型预测下列每一项冲击对收入、利率、消费和投资的影响。在每种情况下,解释美联储为了把收入维持在初始水平上应该采取什么措施。你的答案要求使用图形。

   a. 在一种新的高速电脑芯片发明之后,许多企业决定把各自的电脑系统升级。
   b. 信用卡诈骗浪潮提高了人们用现金进行交易的频率。
   c. 一本名为《做一个富裕的退休人》(Retire Rich)的畅销书说服公众增加收入中用于储蓄的百分比。
   d. 新任命的美联储主席是一个鸽派人士,这项任命增加了预期的通货膨胀。

3. (Work It Out)考虑 Hicksonia 经济体。

   a. 消费函数给定为
   $$C = 300 + 0.6(Y-T)$$
   投资函数是
   $$I = 700 - 80r$$
   政府购买和税收都是 500。画出这个经济体的 IS 曲线,图中 r 的取值范围为 0 和 8(单位为 1%)。

   b. Hicksonia 的货币需求函数是
   $$(M/P)^d = Y - 200r$$
   货币供给 M 是 3 000,价格水平 P 是 3。画出这个经济体的 LM 曲线,图中 r 的取值范围为 0 和 8(单位为 1%)。

   c. 找出均衡利率 r 和均衡收入 Y。

   d. 假定政府购买从 500 增加到 700,IS 曲线会如何移动?移动多少?新的均衡利率和收入是多少?

   e. 假定货币供给从 3 000 增加到 4 500(政府购买仍为 500),LM 曲线会如何移动?移动多少?新的均衡利率和收入是多少?

   f. 使用货币政策和财政政策的初始值,假定价格水平从 3 上升到 5。会发生什么变化?新的均衡利率和收入是多少?

   g. 使用货币政策和财政政策的初始值,推导总需求曲线的方程并绘出其图形。如果财政政策或货币政策像 d 小问和 e 小问那样变动,这条总需求曲线会发生什么变动?

4. (Work It Out)某经济体的初始状态由

如下方程描述：

$$C = 500 + 0.75(Y - T)$$
$$I = 1\,000 - 50r$$
$$M/P = Y - 200r$$
$$G = 1\,000$$
$$T = 1\,000$$
$$M = 6\,000$$
$$P = 2$$

a. 推导并绘图表示 IS 曲线和 LM 曲线。计算均衡利率和收入。把该均衡标记为 A 点。

b. 假定新当选的总统减税 20%。假设货币供给保持不变，新的均衡利率和收入是多少？税收乘数是多少？

c. 现在假设中央银行调整货币供给以保持利率不变。新的均衡收入是多少？新的货币供给必须是多少？税收乘数是多少？

d. 现在假设中央银行调整货币供给以保持收入不变。新的均衡利率是多少？新的货币供给必须是多少？税收乘数是多少？

e. 在你在 a 小问绘制的图形中表示出你计算出的 b、c 和 d 小问的均衡，把这些均衡标记为 B、C 和 D 点。

5. 判断以下每句陈述的对错并解释原因。对于正确的陈述，讨论货币政策与财政政策在该特例下的影响是否有不寻常之处。

a. 如果投资并不取决于利率，那么 LM 曲线是水平的。

b. 如果投资并不取决于利率，那么 IS 曲线是垂直的。

c. 如果货币需求并不取决于利率，那么 IS 曲线是水平的。

d. 如果货币需求并不取决于利率，那么 LM 曲线是垂直的。

e. 如果货币需求并不取决于收入，那么 LM 曲线是水平的。

f. 如果货币需求对利率极其敏感，那么 LM 曲线是水平的。

6. 货币政策和财政政策常常同时变动。

a. 假定政府想提高投资但保持产出不变。在 IS—LM 模型中，什么样的货币政策与财政政策组合能实现这一目标？

b. 在 20 世纪 80 年代初，美国政府减税并实施预算赤字，而美联储实施紧缩性货币政策。这种政策组合应该有什么影响？

7. 用 IS—LM 图形描述下列变动对国民收入、利率、价格水平、消费、投资以及实际货币余额的短期与长期影响。

a. 货币供给增加。

b. 政府购买增加。

c. 税收增加。

8. 美联储正在考虑两种可供选择的货币政策：

● 保持货币供给不变和调整利率；

● 调整货币供给以保持利率不变。

在 IS—LM 模型中，哪一种政策能在以下条件下更好地稳定产出？请解释。

a. 所有对经济的冲击都来自产品与服务需求的外生变动。

b. 所有对经济的冲击都来自货币需求的外生变动。

9. 假定实际货币余额需求取决于可支配收入。也就是说，货币需求函数是

$$M/P = L(r, Y - T)$$

运用 IS—LM 模型，讨论货币需求函数的这种变化是否改变以下两项。

a. 对政府购买变动的分析。

b. 对税收变动的分析。

10. 本题要求你对 IS—LM 模型进行代数分析。假定消费是可支配收入的线性函数：

$$C(Y - T) = a + b(Y - T)$$

式中，$a > 0$，$0 < b < 1$。参数 b 是边际消费倾向，参数 a 是有时被称为自主消费的常数。还假定投资是利率的线性函数：

$$I(r) = c - dr$$

式中，$c > 0$，$d > 0$。参数 d 衡量投资对利率的敏感程度，参数 c 是有时被称为自主投资的常数。

a. 求出 Y，将其表示成 r、外生变量 G 和 T

以及模型参数 a、b、c 和 d 的函数。

b. IS 曲线的斜率如何取决于参数 d，即投资的利率敏感程度？参考 a 小问的答案，给出直观解释。

c. 100 美元的减税和 100 美元的政府购买增加，哪一个引起的 IS 曲线水平移动更大？参考 a 小问的答案，给出直观解释。

现在假定实际货币余额需求是收入和利率的线性函数：

$$L(r,Y) = eY - fr$$

式中，$e>0$，$f>0$。参数 e 衡量货币需求对收入的敏感程度，参数 f 衡量货币需求对利率的敏感程度。

d. 求出 r，将其表示成 Y、M 和 P 以及参数 e 和 f 的函数。

e. 利用 d 小问的答案，确定 LM 曲线是在 f 值大的时候还是小的时候更陡，并给出直观解释。

f. M 增加 100 美元引起的 LM 曲线移动的程度如何取决于

(i) 参数 e（货币需求对收入的敏感程度）的值？

(ii) 参数 f（货币需求对利率的敏感程度）的值？

g. 利用 a 和 d 小问的答案，推导总需求曲线的表达式。你的表达式应该将 Y 表示成 P、外生政策变量 M、G 和 T 以及模型参数的函数，不应包含 r。

h. 利用 g 小问的答案，证明总需求曲线的斜率为负。

i. 利用 g 小问的答案，证明 G 和 M 的增加以及 T 的减少使总需求曲线向右移动。如果参数 f（货币需求对利率的敏感程度）等于零，这一结果如何改变？对你的答案提供直观解释。

对于标有 ⓦ Work It Out 的题目，网上有答案并且给出了类似题目的在线指导。为了得到这些答案以及其他学习资源，请访问 Achieve for Macroeconomics，11e：https://achieve.macmillanlearning.com。

快速测验答案

1. D　　2. A　　3. A　　4. B　　5. B　　6. D

第14章 重访开放经济：蒙代尔-弗莱明模型与汇率制度

> 世界仍然是一个封闭经济，但世界上的地区和国家正变得日益开放……国际经济气候已经转向金融一体化，这对经济政策有着重要的启示。
>
> ——罗伯特·蒙代尔（Robert Mundell），1963年

在实施货币政策与财政政策时，政策制定者的眼光常常需要超越本国国境。即使国内繁荣是他们的目标，他们也必须考虑国外，原因在于产品与服务的国际流动和资本的国际流动都会深刻地影响一国经济。

在本章中，我们把对总需求的分析拓展到包括国际贸易和国际金融。本章建立的模型被称为**蒙代尔-弗莱明模型**（Mundell-Fleming model）。该模型被描述为"研究开放经济下货币政策和财政政策的主导政策范式"。1999年，罗伯特·蒙代尔由于在开放经济宏观经济学方面的研究（包括本模型在内）获得诺贝尔经济学奖。①

蒙代尔-弗莱明模型是 IS—LM 模型的近亲。这两个模型都强调了产品市场与货币市场之间的相互作用。这两个模型都假设价格水平是固定的，然后说明是什么引起国民收入的短期波动（或者，等价地，是什么引起总需求曲线的移动）。它们的关键区别是，IS—LM 模型假设一个封闭经济，而蒙代尔-弗莱明模型假设一个开放经济。通过把第6章讨论的国际贸易和国际金融的影响包括进来，蒙代尔-弗莱明模型拓展了第12章和第13章中的短期国民收入模型。

蒙代尔-弗莱明模型做出了一个重要而极端的假设：它假设所研究的经济是一个资本完全流动的小型开放经济。也就是说，该经济可以在世界金融市场上借入或

---

① 本段中的引文来自 Maurice Obstfeld and Kenneth Rogoff, *Foundations of International Macroeconomics* (Cambridge, Mass.: MIT Press, 1996)——一本主要的研究生水平的开放经济宏观经济学教科书。蒙代尔-弗莱明模型是在20世纪60年代初建立起来的。蒙代尔的贡献收集在 Robert A. Mundell, *International Economics* (New York: Macmillan, 1968)。弗莱明的贡献可以参见 J. Marcus Fleming, "Domestic Financial Policies Under Fixed and Under Floating Exchange Rates," IMF Staff Papers 9 (November 1962): 367-380。弗莱明于1976年逝世，因此他没有机会分享诺贝尔经济学奖。

借出它想要的任意数量，因此，该经济的利率是由世界利率——该模型将其视为外生给定——决定的。蒙代尔本人在他1963年的研究论文中是这样解释他为什么要做出这一假设的：

> 为了用可能的最简单的方式呈现我的结论和使政策启示最为鲜明，我假设，当一国无法维持不同于国外流行的普遍的利率水平时，那么，就存在极端程度的流动性。这一假设夸大了实际情况，但其优点是提出了一个国际金融关系看似正在向其发展的模式。同时，还可以这样论证：这一假设距苏黎世、阿姆斯特丹和布鲁塞尔等金融中心的现实并不遥远；在这些金融中心，当局已经认识到，他们控制货币市场状况和阻断外国影响的能力正在削弱。这个假设对加拿大这样的国家也高度适用，该国的金融市场在很大程度上被巨大的纽约市场所支配。

正如我们将看到的，蒙代尔关于资本完全流动的小型开放经济的假设对于建立一个易处理和具有启发性的模型是有益的。①

从蒙代尔-弗莱明模型中得到的一个启示是：一个开放经济的行为取决于它的汇率制度。确实，这个模型的建立最初是为了理解不同的汇率制度是如何运行的以及汇率制度的选择是如何影响货币政策和财政政策的效果的。我们从假设经济采用浮动汇率开始。也就是说，我们假设中央银行允许汇率根据经济状况的变动进行调整。然后我们考察经济如何在固定汇率下运行。在建立了模型之后，我们将讨论一个重要的政策问题：一国应当采取什么样的汇率制度？

这些开放经济宏观经济学议题在新闻中很突出。从2009年开始，欧盟的一些国家（最突出的是希腊）遭受了严重的财政困难，这导致许多观察家怀疑一个大陆的诸多国家和地区采用统一货币——这是固定汇率的最极端形式——是否明智。如果每个国家都有自己的货币，那么，货币政策和汇率可以更容易地针对每个国家自身需要的变化做出调整。同时，美国的许多政策制定者，包括小布什总统、奥巴马总统和特朗普总统，抱怨中国不允许人民币相对于美元的价值自由浮动以及中国为了使其产品在世界市场上更具竞争力而人为地将人民币的价值保持在低位。蒙代尔-弗莱明模型为理解这些政策争论提供了一个框架。

14.1 蒙代尔-弗莱明模型

在本节我们构造蒙代尔-弗莱明模型，在接下来几节中我们运用该模型来分析多种不同的政策。该模型是用前几章的部件建立起来的，但这些部件以一种新的方式组合在一起，以解决一组新问题。

---

① 这一假设——从而蒙代尔-弗莱明模型——并不完全适用于美国这样的大型开放经济。在本章结论中我们考虑在资本国际流动不完全或一国大到足以影响世界金融市场这种更复杂的情况下会发生什么（在本章附录中我们更完全地考虑了这个问题）。

关键假设：资本完全流动的小型开放经济

让我们从资本完全流动的小型开放经济这一假设开始。正如我们在第 6 章中所看到的，这个假设意味着该经济中的利率 r 由世界利率 r^* 决定。数学上，我们可以把这个假设写为

$$r = r^*$$

这一世界利率被假设成外生固定的，其原因在于，这个经济相对于世界经济而言规模小，这使它可以在世界金融市场上借进或借出任意它想要的数量，而不会影响世界利率。

虽然资本完全流动的思想表示为一个简单的方程，但是，不要忽略这个方程所代表的复杂过程，这一点很重要。设想通常会提高利率的某一事件发生了（例如国内储蓄下降）。在一个小型开放经济中，国内利率在短时间内可能略有上升，但一旦出现利率上升，更高的利率将吸引外国人开始向该国贷款（例如，通过购买该国的债券）。资本的流入将迅速使国内利率回落到 r^*。类似地，如果任何事件开始推动国内利率下降，资本就会流出该国到国外去赚取更高的回报，这种资本流出将使国内利率回升到 r^*。因此，$r = r^*$ 这个方程代表着如下假设：资本的国际流动之迅速足以使国内利率等于世界利率。

产品市场与 IS^* 曲线

蒙代尔-弗莱明模型对产品与服务市场的描述与 IS—LM 模型大致相同，但它新增加了净出口这一项。特别地，产品市场用如下方程来代表：

$$Y = C(Y - T) + I(r) + G + NX(e)$$

这个方程是说，收入 Y 是消费 C、投资 I、政府购买 G 和净出口 NX 之和。消费正向地取决于可支配收入 $Y - T$。投资反向地取决于利率。净出口反向地取决于汇率 e。与以前一样，我们把汇率 e 定义为每一单位国内通货所能兑换到的外国通货量；例如，e 可以是每 1 美元兑 100 日元。

你可能还记得在第 6 章中我们把净出口与实际汇率（国内与国外产品的相对价格）而不是名义汇率（国内与国外通货的相对价格）联系在一起。如果 e 是名义汇率，那么，实际汇率 ϵ 等于 eP/P^*，其中，P 是国内价格水平，P^* 是国外价格水平。然而，蒙代尔-弗莱明模型假设国内和国外价格水平都是固定的，因此，实际汇率与名义汇率成比例。也就是说，当国内通货升值和名义汇率上升（比如说，从每 1 美元兑 100 日元上升到 120 日元）时，实际汇率也上升；因此，外国产品相对于国内产品更便宜，引起出口下降和进口上升。

以上的产品市场均衡条件有两个影响在产品和服务上的支出的金融变量——利率和汇率，但我们可以通过使用完全资本流动的假设 $r = r^*$ 来简化：

$$Y = C(Y - T) + I(r^*) + G + NX(e)$$

我们把它称为 IS^* 方程。星号提醒我们，利率保持在世界利率 r^* 的水平。我

们可以用图形表示这一方程。这一曲线表示在图 14-1（c）中，图中横轴表示收入，纵轴表示汇率。

IS^* 曲线向右下方倾斜，这是因为更高的汇率减少了净出口，净出口的减少又降低了收入。为了说明其中的机制，图 14-1 的其他部分，即图（a）和（b），把净出口曲线和凯恩斯交叉结合在一起推导出 IS^* 曲线。在图（a）中，汇率从 e_1 到 e_2 的上升使净出口从 $NX(e_1)$ 减少为 $NX(e_2)$。在图（b）中，净出口的减少使计划支出曲线向下移动，从而使收入从 Y_1 减少为 Y_2。IS^* 曲线概括了汇率 e 和收入 Y 之间的这种关系。

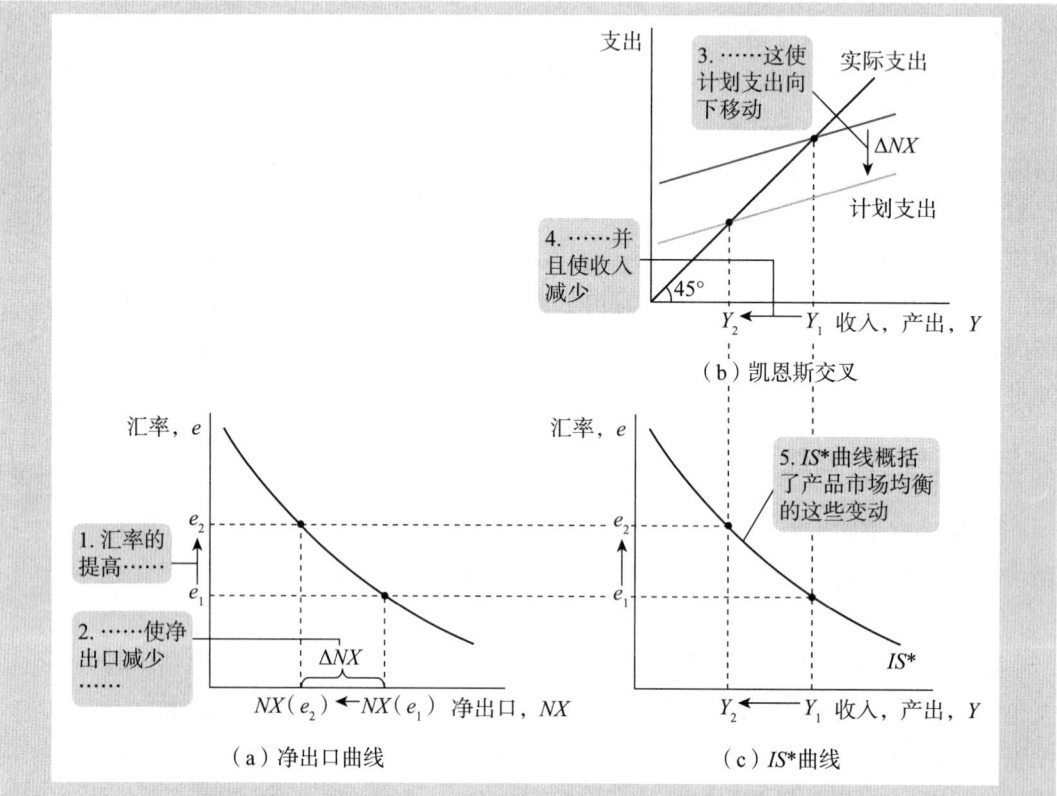

图 14-1　IS^* 曲线

IS^* 曲线是从净出口曲线和凯恩斯交叉中推导出来的。图（a）表示净出口曲线：汇率从 e_1 到 e_2 的上升使净出口从 $NX(e_1)$ 减少为 $NX(e_2)$。图（b）表示凯恩斯交叉：净出口从 $NX(e_1)$ 到 $NX(e_2)$ 的减少使计划支出曲线向下移动，使收入从 Y_1 减少为 Y_2。图（c）表示概括汇率与收入之间关系的 IS^* 曲线：汇率越高，收入水平越低。

货币市场与 LM^* 曲线

蒙代尔-弗莱明模型用如下方程来代表货币市场：

$$M/P = L(r, Y)$$

该方程在 $IS-LM$ 模型中已经为我们所熟悉了。它是说，实际货币余额的供给 M/P 等于需求 $L(r, Y)$。实际货币余额的需求反向地取决于利率、正向地取决于收入 Y。货币供给 M 是由中央银行控制的外生变量，由于蒙代尔-弗莱明模型被设计用来分析短期波动,所以价格水平也被假设为外生固定的。

我们再次加上国内利率等于世界利率的假设,即 $r=r^*$:

$$M/P = L(r^*, Y)$$

我们把它称为 LM^* 方程。我们可以用一条垂线来表示这个方程,如图 14-2(b)所示。LM^* 曲线之所以垂直是因为汇率并没有进入 LM^* 方程。给定世界利率,无论汇率如何,LM^* 方程决定了收入。图 14-2 显示了 LM^* 曲线是如何从世界利率和将利率与收入联系起来的 LM 曲线得到的。

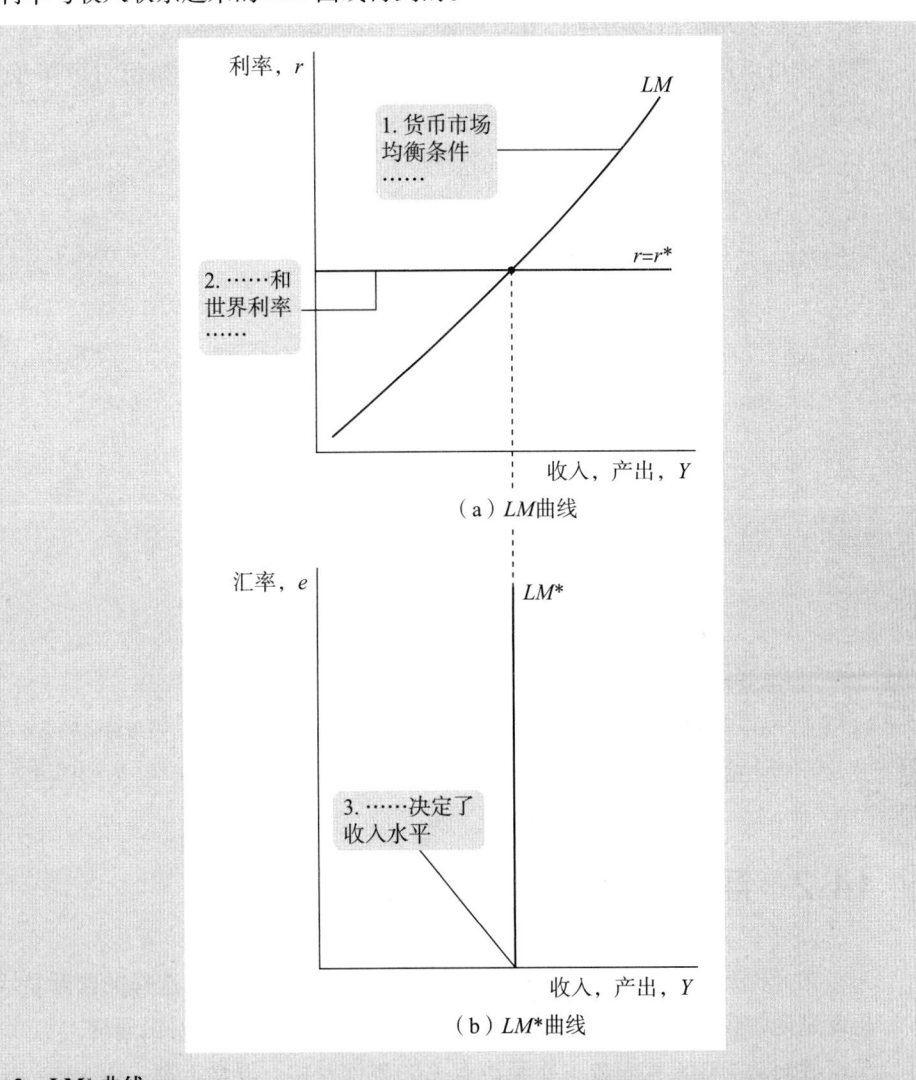

图 14-2 LM^* 曲线

图(a)表示标准的 LM 曲线〔它是方程 $M/P = L(r, Y)$ 的图形表示〕和代表世界利率 r^* 的水平线。无论汇率如何,这两条曲线的交点决定了收入。因此,正如图(b)所示,LM^* 曲线是垂直的。

把各部分整合在一起

根据蒙代尔-弗莱明模型,资本完全流动的小型开放经济可以用两个方程来描述：

$$Y = C(Y-T) + I(r^*) + G + NX(e) \quad \quad IS^*$$
$$M/P = L(r^*, Y) \quad \quad LM^*$$

第一个方程描述了产品市场的均衡，第二个方程描述了货币市场的均衡。外生变量是财政政策 G 和 T、货币政策 M、价格水平 P 以及世界利率 r^*。内生变量是收入 Y 和汇率 e。

图 14-3 显示了这两种关系。经济的均衡处于 IS^* 曲线和 LM^* 曲线的交点。这一交点表示产品市场与货币市场都处于均衡时的汇率与收入。有了这个图形，我们就可以用蒙代尔-弗莱明模型来说明收入 Y 和汇率 e 如何对政策变动做出反应。

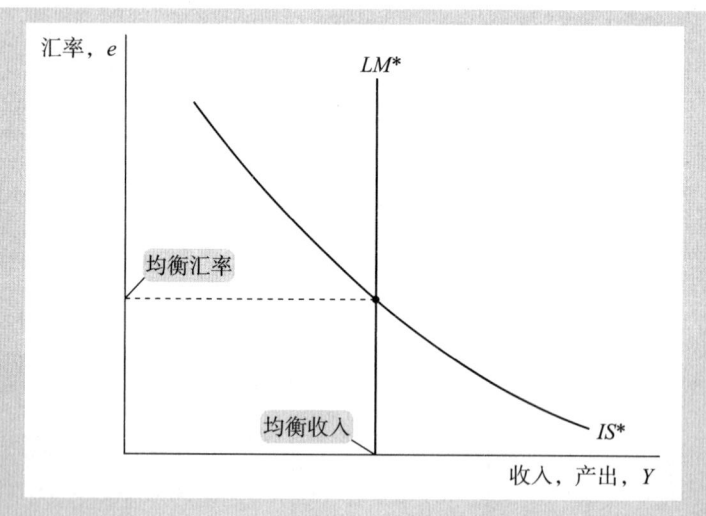

图 14-3 蒙代尔-弗莱明模型

蒙代尔-弗莱明模型的这一图形画出了产品市场均衡条件 IS^* 与货币市场均衡条件 LM^*。两条曲线都是将利率固定在世界利率水平的条件下做出的。这两条曲线的交点表示满足产品市场与货币市场均衡的收入水平和汇率。

14.2 浮动汇率下的小型开放经济

在分析开放经济的政策之前，我们必须明确说明一国所选择的国际货币制度。也就是说，我们必须考虑人们可以如何把一国通货兑换为另一国通货。

我们从与今天大多数主要经济有关的制度开始：**浮动汇率**（floating exchange rate）。在浮动汇率制下，汇率由市场力量决定，可以随着经济状况的变动而波动。在这种情况下，汇率 e 进行调整以达到产品市场与货币市场的同时均衡。当某样东西偶然改变该均衡时，汇率运动到新的均衡值。

我们考虑能够改变均衡的三种政策：财政政策、货币政策和贸易政策。我们的目标是用蒙代尔-弗莱明模型说明政策变动的影响和理解当经济从一个均衡向另一个均衡运动时起作用的力量。

财政政策

假定政府通过增加政府购买或减税刺激国内支出。由于这种扩张性财政政策增加了计划支出,它使 IS^* 曲线向右移动,如图 14-4 所示。结果,汇率上升了,而收入保持不变。

注意财政政策在小型开放经济中的影响与在封闭经济中差别很大。在封闭经济的 IS—LM 模型中,财政扩张提高了收入,而在浮动汇率的小型开放经济中,财政扩张使收入保持不变。从机制上来说,这种差异的产生是因为 LM^* 是垂直的,而我们用来研究封闭经济的 LM 曲线是向上倾斜的。但这个解释不能令人满意。不同结果背后的经济力量是什么呢?要回答这个问题,我们必须仔细考虑资本的国际流动发生了什么,以及这些资本流动对国内经济的启示。

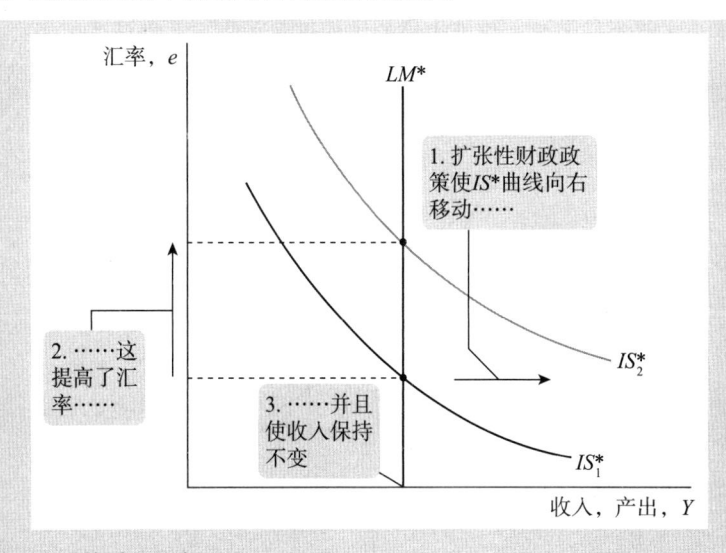

图 14-4 浮动汇率下的财政扩张
政府购买的增加或税收的减少使 IS^* 曲线向右移动。这提高了汇率,但对收入没有影响。

利率和汇率是这个故事中的关键变量。在一个封闭经济中,当收入上升时,利率上升,这是因为更高的收入增加了对货币的需求。在一个小型开放经济中,这种情况是不可能的,这是因为只要利率上升到世界利率 r^* 以上,资本就从国外流入以追求更高的回报。随着这一资本流入将利率推回到 r^*,它还产生了另外一种效应:由于国外投资者为了投资于国内经济需要买进本币,资本流入增加了外汇市场上对本币的需求,这抬高了本币价值。本币的升值使国内产品相对于外国产品变得昂贵,从而降低了净出口。净出口的下降正好抵消了扩张性财政政策对收入的影响。

为什么净出口下降得如此之多,以致使财政政策失去了影响收入的能力呢?为了回答这个问题,考虑描述货币市场的方程:

$$M/P = L(r,Y)$$

在封闭经济和开放经济中,实际货币余额的供给量 M/P 都被中央银行(确定

M)和黏性价格假设(固定 P)固定了。需求量(由 r 与 Y 决定)必须等于这一固定供给。在一个封闭经济中,财政扩张引起均衡利率上升。伴随着利率的上升(它减少了货币需求量),均衡收入必须增加(它提高了货币需求量);这两种效应共同维持了货币市场的均衡。与此相反,在一个小型开放经济中,r 固定在 r^*,因此,可以满足这个方程的收入水平只有一个;当财政政策变动时,这一收入水平保持不变。因此,当政府增加支出或减税时,通货的升值和净出口的下降必须大到足以完全抵消该政策对收入的扩张效应。

货币政策

现在假定中央银行增加了货币供给。由于价格水平被假设为固定的,货币供给的增加意味着实际货币余额的增加。实际货币余额的增加使 LM^* 曲线向右移动,如图 14-5 所示。因此,货币供给的增加提高了收入,降低了汇率。

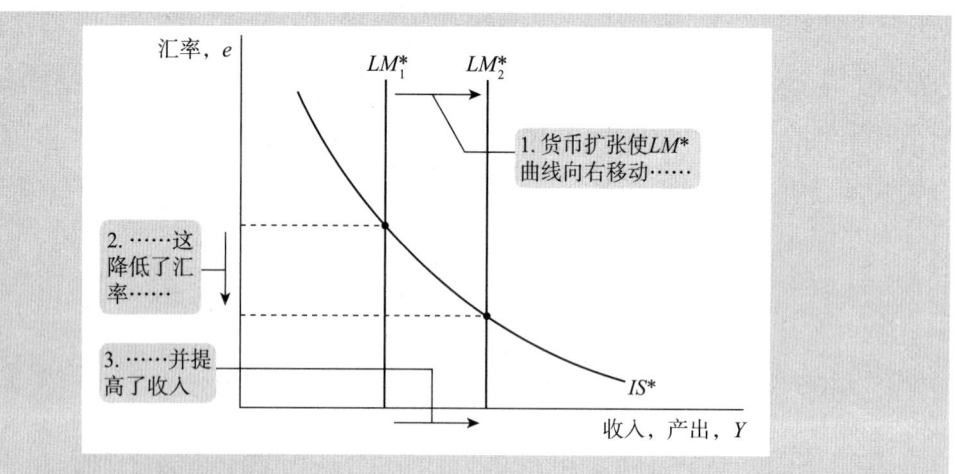

图 14-5　浮动汇率下的货币扩张

货币供给的增加使 LM^* 曲线向右移动。这降低了汇率,提高了收入。

虽然货币政策在开放经济中与在封闭经济中一样影响收入,但货币传导机制是不同的。回想一下,在一个封闭经济中货币供给的增加使支出增加,这是因为它降低了利率并刺激了投资。在一个小型开放经济中,由于利率是由世界利率固定的,所以这一货币传导渠道无法获得。那么,货币政策是如何影响支出的呢?要回答这一问题,再次地,我们需要考虑资本的国际流动及其对国内经济的启示。

利率和汇率仍然是关键变量。一旦货币供给的增加开始给国内利率以向下的压力,由于投资者会到其他地方寻求更高的回报,所以,资本从该经济流出。这种资本流出阻止了国内利率下降到世界利率 r^* 以下。此外,由于投资于海外需要把本币兑换成外币,资本的流出增加了国内通货在外汇市场上的供给,从而降低了本币的价值。这一贬值使国内产品相对于国外产品更为便宜,刺激了净出口,从而增加了收入。因此,在一个小型开放经济中,货币政策通过改变汇率而不是利率来影响收入。

贸易政策

假定政府通过设置进口配额或征收关税来减少对进口产品的需求。收入和汇率会发生什么变动？经济会如何达到新的均衡呢？

由于净出口等于出口减去进口，所以，进口的减少意味着净出口的增加。也就是说，净出口曲线向右移动，如图 14-6 所示。净出口曲线的这种移动增加了计划支出，从而使 IS^* 曲线向右移动。由于 LM^* 曲线是垂直的，贸易限制提高了汇率，但并不影响收入。这一转变背后的经济力量与扩张性财政政策的情况类似。由于净出口是 GDP 的组成部分，在其他条件不变的情况下，净出口曲线的右移对收入 Y 产生了向上的压力；Y 的增加又提高了货币需求，对利率 r 产生了向上的压力。国外资本对此做出的反应是流入国内经济，这把利率推回世界利率水平 r^*，增加了本币的价值。这一升值使国内产品相对于国外产品更昂贵，这减少了净出口 NX，使收入 Y 回到其初始水平。

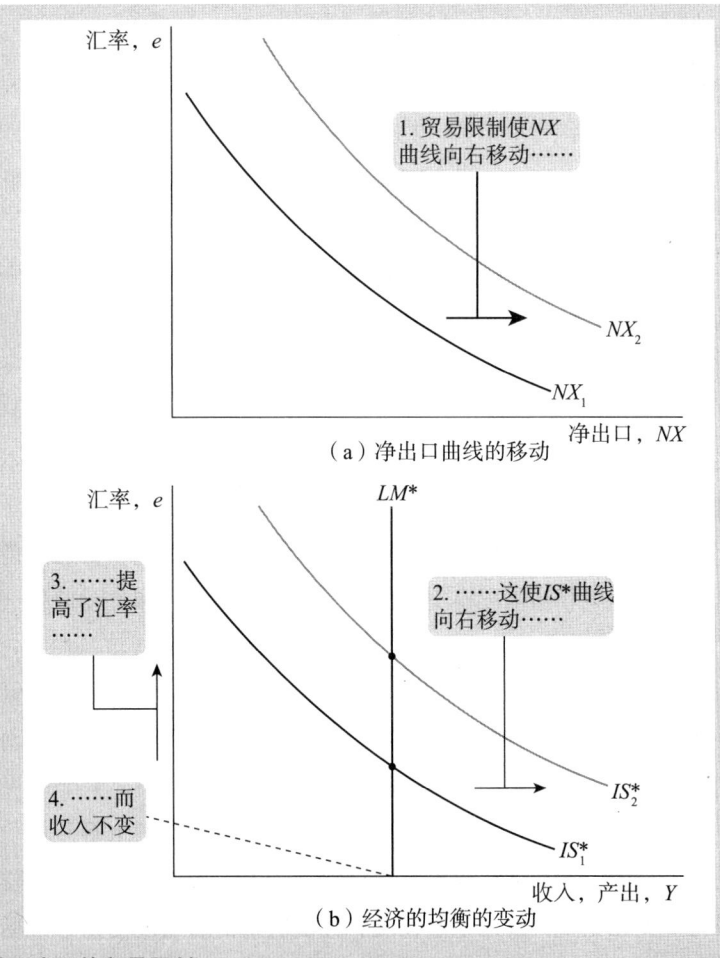

图 14-6　浮动汇率下的贸易限制

关税或进口配额使图（a）中的净出口曲线向右移动。结果，图（b）中的 IS^* 曲线向右移动，这提高了汇率，而收入保持不变。

限制性贸易政策常常有改变贸易余额 NX 这样一个目标。然而，正如我们在第 6 章中最早看到的，这样的政策并不一定会有那种效应。同样的结论在浮动汇率下的蒙代尔-弗莱明模型中也成立。回想一下，

$$NX(e) = Y - C(Y-T) - I(r^*) - G$$

由于贸易限制并不影响收入、消费、投资或政府购买，所以，它不影响贸易余额。尽管净出口曲线的移动增加了 NX，但汇率上升又等量地减少了 NX。总体效应仅仅是贸易减少了。国内经济比实行贸易限制前进口得更少了，但出口也更少了。

14.3 固定汇率下的小型开放经济

我们现在转向第二种汇率制度：**固定汇率**（fixed exchange rates）。在固定汇率制度下，中央银行宣布一个汇率值，并且为了将汇率保持在宣布的水平而买进和卖出本币。这种汇率制度在许多历史时期得到了采用。从 1944 年到 1971 年，包括美国在内的世界上大部分主要经济体都在布雷顿森林体系（Bretton Woods system）——一种国际货币制度，在该制度下大多数政府同意将汇率固定——之内运行。从 1995 年到 2005 年，中国实行钉住美元的汇率制度——正如我们将会看到的，这一政策成为两国之间某些紧张关系的源泉。

在本节，我们讨论这种制度如何运行以及政策如何影响固定汇率下的经济。本章稍后我们将考察固定汇率的优缺点。

固定汇率制度是如何运行的？

在固定汇率制度下，中央银行随时准备按事先决定的价格进行本币与外币的买卖。例如，假定美联储宣布它要把美元与日元之间的汇率固定在每 1 美元兑 100 日元。那么，它就随时准备以 1 美元交换 100 日元，或以 100 日元交换 1 美元。为了实行这种政策，美联储需要有美元储备（它可以发行）和日元储备（它必然事先就购买了）。

固定汇率决定了一国的货币政策只致力于唯一的目的：使汇率保持在所宣布的水平。换言之，固定汇率制度的实质是中央银行承诺允许货币供给调整到保证外汇市场的均衡汇率等于所宣布的汇率所需的任何水平。而且，只要中央银行随时准备按固定汇率买卖外汇，货币供给就会自动地调整到必要的水平。

为了看出固定汇率如何决定货币供给，考虑一个例子。假定美联储决定将汇率固定在每 1 美元兑 100 日元，但在现有货币供给下的当前均衡，市场汇率是每 1 美元兑 150 日元。图 14-7 (a) 说明了这种情况。注意存在一个赚取利润的机会：套利者可以在外汇市场上用 2 美元购买 300 日元，然后以 3 美元卖给美联储，获利 1 美元。当美联储从套利者手中购买这些日元时，它为此支付的美元增加了货币供

给。货币供给的增加使 LM^* 曲线向右移动，降低了均衡汇率。通过这种方式，货币供给继续增加，直到均衡汇率下降到美联储宣布的水平。

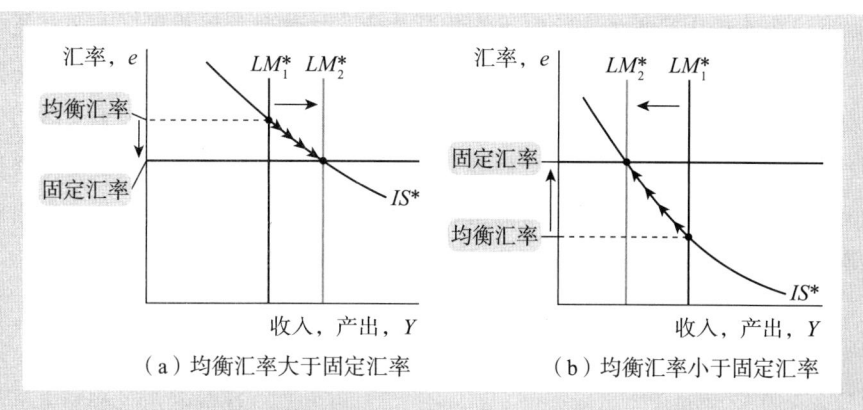

图 14-7 固定汇率是如何支配货币供给的

在图（a）中，均衡汇率最初大于固定汇率水平。套利者将在外汇市场上购买外国通货，然后把它卖给美联储以获利。这个过程增加了货币供给，使 LM^* 曲线向右移动，降低了汇率。在图（b）中，均衡汇率最初低于固定汇率水平。套利者将从美联储购买外国通货，然后在外汇市场上出售以获利。这个过程减少了货币供给，使 LM^* 曲线向左移动，提高了汇率。

相反，假定当美联储决定将汇率固定在每 1 美元兑 100 日元时，均衡的市场汇率是每 1 美元兑 50 日元。图 14-7（b）显示了这种情况。在这种情况下，套利者可以通过用 1 美元从美联储购买 100 日元然后在市场上以 2 美元卖出而获利。当美联储卖出这些日元时，它所收到的 1 美元就减少了货币供给。货币供给的下降使 LM^* 曲线向左移动，提高了均衡汇率。货币供给继续下降，直到均衡汇率上升到所宣布的水平。

注意这种汇率制度固定的是名义汇率。它是否也固定了实际汇率取决于所考虑的时间范围。如果价格像在长期中那样是有弹性的，那么，即使名义汇率是固定的，实际汇率也可能变动。因此，在第 6 章所描述的长期中，将名义汇率固定的政策并不影响任何实际变量，包括实际汇率在内。固定的名义汇率只影响货币供给与价格水平。然而，在蒙代尔-弗莱明模型所描述的短期中，价格是固定的，因此，固定的名义汇率也意味着固定的实际汇率。

案例研究

国际金本位

在 19 世纪末和 20 世纪初，世界上大多数主要经济体在金本位制下运行。每个国家都维持黄金储备，同意一单位本国通货兑换某一规定数量的黄金。通过金本位，世界各经济体保持了固定汇率制度。

要了解国际金本位是如何固定汇率的，假定美国财政部随时准备以 1 盎司黄金买卖 100 美元，而英格兰银行随时准备以 1 盎司黄金买卖 100 英镑。这些政策的共同作用固定了美元和英镑之间的汇率：1 美元必定交换 1 英镑，否则就违背了一价定律，在一个国家购买黄金然后在另一个国家卖出就是有利可图的。

例如，假定市场汇率是每1美元兑2英镑。在这种情况下，套利者可以用100美元购买200英镑，用这些英镑从英格兰银行购买2盎司黄金，把黄金带到美国，以200美元卖给美国财政部——获利100美元。而且，通过把黄金从英国带到美国，套利者将增加美国的货币供给和减少英国的货币供给。

因此，在金本位时代，套利者进行的黄金国际运输是调整货币供给和稳定汇率的自动机制。这种制度并没有完全固定汇率，因为横跨大西洋运送黄金是成本高昂的。但国际金本位确实把汇率保持在运输成本决定的范围内，从而防止了大且持久的汇率变动。①

财政政策

现在我们考察政策如何影响实行固定汇率的小型开放经济。假定政府通过增加政府购买或减税刺激国内支出。这种政策使 IS^* 曲线向右移动，如图14-8所示，对市场汇率产生了向上的压力。但是，由于中央银行随时准备按固定汇率交易外币与本币，套利者通过把外汇卖给中央银行来对汇率上升做出反应，导致自动的货币扩张。货币供给的增加使 LM^* 曲线向右移动。因此，在固定汇率下财政扩张增加了收入。

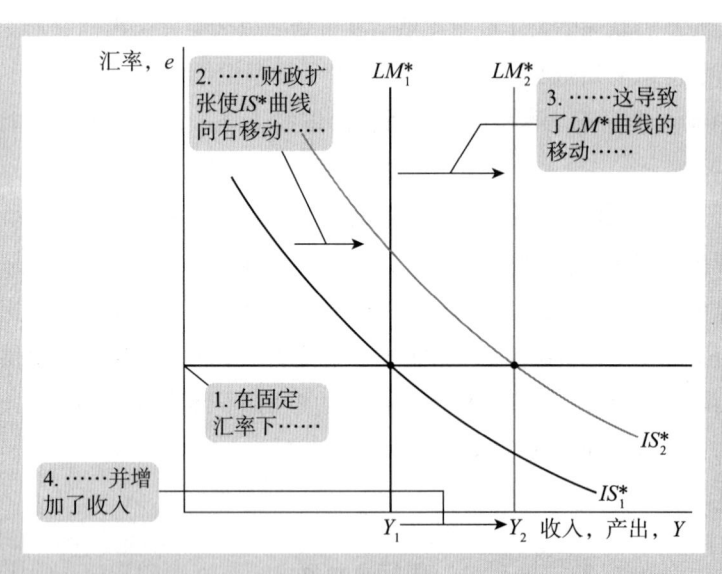

图14-8 固定汇率下的财政扩张

财政扩张使 IS^* 曲线向右移动。为了维持固定汇率，美联储增加货币供给，从而使 LM^* 曲线向右移动。因此，与浮动汇率的情况相反，在固定汇率下，财政扩张增加了收入。

---

① 要想更多地了解金本位如何发挥作用，参见 Barry Eichengreen, ed., *The Gold Standard in Theory and History* (New York: Methuen, 1985) 所收录的论文。

货币政策

设想实行固定汇率的中央银行力图增加货币供给——例如，通过从公众手中购买债券。接下来会发生什么呢？这种政策的初始影响是使 LM^* 曲线向右移动，这降低了汇率，如图 14-9 所示。但是，由于中央银行承诺按固定汇率交易本币与外币，套利者通过向中央银行出售本币对汇率下降做出反应，导致货币供给和 LM^* 曲线回到它们的初始位置。因此，通常实施的货币政策在固定汇率下是无效的。通过同意实行固定汇率，中央银行放弃了它对货币供给的控制。

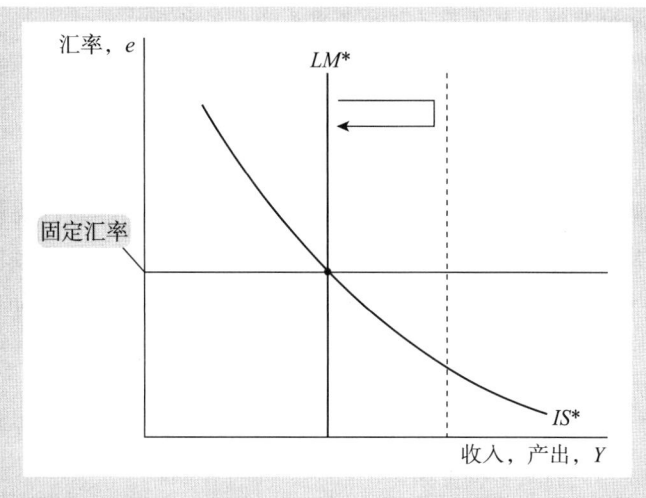

图 14-9 固定汇率下的货币扩张

如果美联储力图增加货币供给——例如，通过从公众手中购买债券——它就对汇率施加了向下的压力。为了维持固定汇率，货币供给和 LM^* 曲线必须回到它们的初始位置。因此，在固定汇率下，正常的货币政策是无效的。

然而，一个采用固定汇率的国家也可以实施一类货币政策：它可以决定改变所固定的汇率水平。通货的官方价值的下降被称为**法定贬值**（devaluation），通货的官方价值的上升被称为**法定升值**（revaluation）。在蒙代尔-弗莱明模型中，法定贬值使 LM^* 曲线向右移动；其作用类似于浮动汇率下货币供给的增加。因此，法定贬值增加了净出口和收入。相反，法定升值使 LM^* 曲线向左移动，减少了净出口和收入。

案例研究

法定贬值与从大萧条中的复苏

20 世纪 30 年代的大萧条是一个全球性问题。尽管发生在美国的事件可能加速了这次经济低迷的来临，但所有世界主要经济体都经历了生产和就业的巨大下降。但并不是所有政府都以同样的方式对这场灾难做出反应。

各国政府之间的一个关键区别是它们对由国际金本位确定的固定汇率的坚持程度。一些国家，例如法国、德国、意大利和荷兰，维持了黄金与通货之间原有的汇率。另一些国家，例如丹麦、芬兰、挪威、瑞典和英国，将它们为每单位通货支付的黄金量减少了大约 50%。

通过减少本国通货的含金量,这些政府对本国通货(相对于其他国家的通货)实行了法定贬值。

这两类国家此后的经历证明了蒙代尔-弗莱明模型的预测。那些实行法定贬值政策的国家迅速从大萧条中复苏。更低的通货价值增加了货币供给,刺激了出口,扩大了生产。与此相反,那些维持原有汇率的国家受经济活动水平低下之苦的时间更长。

美国呢?赫伯特·胡佛总统治下的美国维持了金本位,但富兰克林·罗斯福总统在入主白宫仅3个月后,也就是1933年6月,放弃了金本位。这一举动当时充满争议。但是,也正是在1933年6月前后,美国的通货紧缩结束了,复苏开始了。许多经济史学家认为,美国放弃金本位是罗斯福总统为结束大萧条采取的最重要的政策行动。①

贸易政策

假定政府通过设置进口配额或征收关税来减少进口。这种政策使净出口曲线向右移动,从而使 IS^* 曲线向右移动,如图 14-10 所示。IS^* 曲线的移动倾向于提高汇率。为了将汇率保持在固定水平,货币供给必须上升,这使得 LM^* 曲线向右移动。

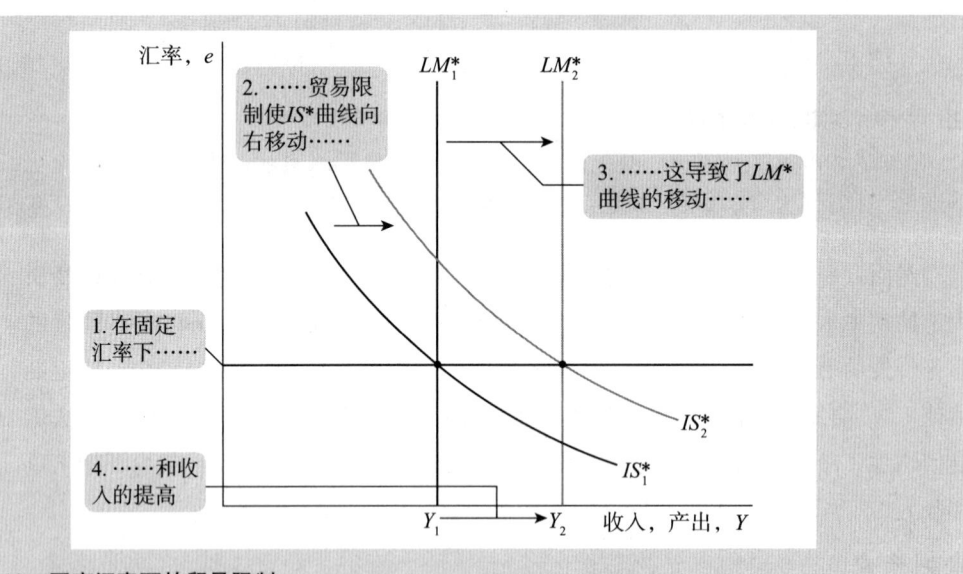

图 14-10 固定汇率下的贸易限制

关税或进口配额使 IS^* 曲线向右移动。为了维持固定汇率,这引起了货币供给的增加。因此,收入增加了。

固定汇率下贸易限制的结果与浮动汇率下非常不同。在这两种情况下,贸易限制都使净出口曲线向右移动,但只有在固定汇率下,贸易限制才增加了净出口

---

① Barry Eichengreen and Jeffrey Sachs, "Exchange Rates and Economic Recovery in the 1930s," *Journal of Economic History* 45 (December 1985): 925-946.

（NX）。原因是固定汇率下贸易限制引起了货币扩张而不是汇率升值。货币扩张又提高了收入。回忆国民收入核算恒等式：

$$NX = S - I$$

当收入上升时，储蓄也上升了，这意味着净出口的增加。

蒙代尔-弗莱明模型中的政策：总结

蒙代尔-弗莱明模型说明，几乎任何政策对小型开放经济的影响都取决于汇率是浮动的还是固定的。表14-1概括了我们关于财政政策、货币政策和贸易政策对收入、汇率和贸易余额的短期影响的分析。注意在浮动汇率和固定汇率下所有结果都不同。

表14-1　蒙代尔-弗莱明模型：政策效应的总结

政策	汇率制度					
	浮动汇率			固定汇率		
	对以下各项的影响					
	Y	e	NX	Y	e	NX
财政扩张	0	↑	↓	↑	0	0
货币扩张	↑	↓	↑	0	0	0
进口限制	0	↑	0	↑	0	↑

说明：本表展示了各种经济政策对收入Y、汇率e和贸易余额NX的影响的方向。"↑"表示变量增加；"↓"表示变量减少；"0"表示无影响。记住汇率定义为每单位本国通货兑换外国通货的量（例如，每1美元兑100日元）。

特别地，蒙代尔-弗莱明模型说明，货币政策与财政政策影响国民收入的效力取决于汇率制度。在浮动汇率下，只有货币政策影响收入。财政政策通常的扩张性影响被通货的升值和净出口的减少抵消了。在固定汇率下，只有财政政策影响收入。因为货币供给致力于把汇率维持在所宣布的水平，货币政策的正常能力丧失了。

14.4　利率差别

到现在为止，我们的分析假设一个小型开放经济的利率等于世界利率：$r = r^*$。然而，世界各国的利率有某种程度的差别。现在我们通过考虑国际利率差别的原因和影响来扩展我们的分析。

国家风险与汇率预期

在前面假设小型开放经济中的利率由世界利率决定时，我们运用了一价定律。我们的推理是：如果国内利率高于世界利率，国外的人们就会借贷给这个国家，迫使国内利率下降。如果国内利率低于世界利率，国内居民就会向外国贷款以赚取更高的回报，使国内利率上升。最后，国内利率等于世界利率。

为什么这一逻辑并不总是适用呢？有两个原因。

一个原因是国家风险。当投资者购买美国政府债券或向美国公司贷款时，他们相信其本金和利息会得到偿还。与此相反，在一些不发达国家中，投资者有理由担心糟糕的财政管理或政治革命会引起对贷款偿还的拖欠。这些国家的债务人往往不得不支付更高的利率，以补偿债权人对这种风险的承担。

各国之间利率不同的另一个原因是预期的汇率变动。例如，假定人们预期墨西哥比索相对于美元会贬值。那么，与美元贷款相比，墨西哥比索贷款被偿还时收到的通货价值会更低。为了补偿这种预期的墨西哥通货价值的下降，墨西哥的利率就必须高于美国的利率。

因此，由于国家风险和对未来汇率变动的预期，一个小型开放经济中的利率可能不同于世界其他经济体的利率。现在我们来说明这一事实如何影响我们的分析。

蒙代尔-弗莱明模型中的利率差别

再次考虑浮动汇率下的蒙代尔-弗莱明模型。为了把利率差别纳入该模型，假设我们的小型开放经济中的利率是由世界利率加一个风险贴水 θ 决定的：

$$r = r^* + \theta$$

风险贴水反映了在一国发放贷款感知的政治风险和预期的实际汇率变动。就我们这里的目的而言，我们可以把风险贴水看作外生的，考察风险贴水的变动如何影响经济。

模型大体上与以前相同。两个方程是：

$$Y = C(Y - T) + I(r^* + \theta) + G + NX(e) \qquad IS^*$$
$$M/P = L(r^* + \theta, Y) \qquad LM^*$$

对于任何给定的财政政策、货币政策、价格水平以及风险贴水，这两个方程决定了使产品市场与货币市场实现均衡的收入水平和汇率。在风险贴水不变的条件下，货币政策、财政政策和贸易政策工具就像我们已经看到的那样发挥作用。

现在假定政治动乱引起一国的风险贴水 θ 上升。由于 $r = r^* + \theta$，最直接的影响是国内利率 r 上升。更高的利率又有两种影响。第一，因为更高的利率减少了投资，所以，IS^* 曲线向左移动。第二，因为更高的利率减少了货币需求，这意味着对于任何给定的货币供给，收入都更高了，所以，LM^* 曲线向右移动。[回想一下，Y 必须满足方程 $M/P = L(r^* + \theta, Y)$。] 正如图 14-11 所示，这两种移动引起收入上升和货币贬值。*

---

* 虽然在宏观经济学中"货币"与"通货"的含义不同，但"货币贬值/升值"与"通货贬值/升值"经常交换使用，这并不会引起误解。——译者注

这种分析有一个重要的启示：关于汇率的预期部分地是自我实现的。例如，假定由于某种原因人们开始相信墨西哥比索未来价值会下降。由于这种信念，投资者将给墨西哥资产一个更大的风险贴水（墨西哥的 θ 将增加）。墨西哥利率将上升，并且，正如我们刚刚看到的，墨西哥通货的价值将下降。因此，通货未来将贬值这一预期会引起该通货现在贬值。

这种分析的一个惊人的——也许是不确切的——预测是，用 θ 衡量的一国风险的增加会引起该国收入的增加。因为 LM^* 曲线向右移动，图 14-11 中出现了这种情况。尽管更高的利率抑制了投资，但货币贬值刺激了净出口更大数量的上升。因此，在理论上，收入增加了。

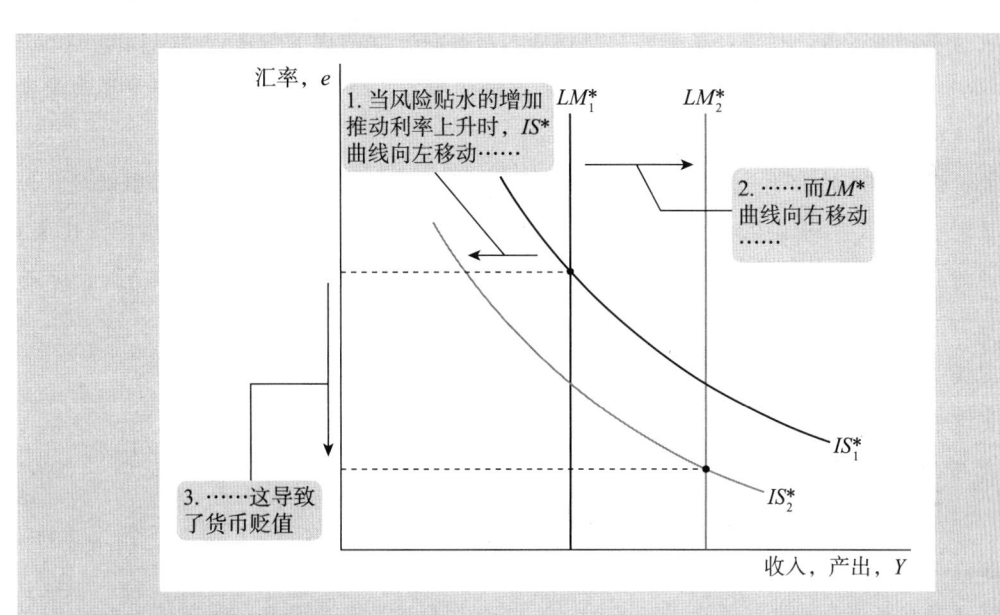

图 14-11 风险贴水的增加

国家风险贴水的增加推动其利率上升。由于更高的利率减少了投资，IS^* 曲线向左移动。由于它也减少了货币需求，LM^* 曲线向右移动。收入上升，货币贬值。

但是，在实践中，由于三个原因，这种收入增加一般不会出现。第一，由于中央银行可能想避免本国通货的大幅度贬值，所以可能通过减少货币供给 M 对国家风险贴水 θ 的增加做出反应。第二，国内货币贬值可能使得进口产品的价格提高，这提高了价格水平 P。第三，当某一事件提高了该国的风险贴水 θ 时，本国居民可能通过（对于任何给定的收入与利率）增加他们的货币需求对该事件做出反应，因为货币常常是可得的最安全的资产。所有这三种变动都使 LM^* 曲线向左移动，这减缓了汇率的下降，但也降低了收入。

因此，国家风险的增加并不是合意的。在短期，国家风险的增加会使货币贬值，并通过刚刚描述的三个渠道使收入减少。此外，由于更高的利率减少了投资，所以国家风险的增加在长期减少了资本积累和经济增长。

案例研究

国际金融危机：墨西哥 1994—1995 年

1994 年 8 月，1 墨西哥比索值 30 美分。一年后，它只值 16 美分。什么解释了墨西哥通货价值的这种巨大下降呢？国家风险是主要因素。

1994 年初，墨西哥还是一个蒸蒸日上的国家。由于此前不久通过的《北美自由贸易协定》(North American Free Trade Agreement，NAFTA) 减少了美国、加拿大和墨西哥三国之间的贸易壁垒，许多人对墨西哥经济的未来充满了信心。世界各地的投资者热衷于向墨西哥政府和墨西哥公司发放贷款。

政治上的新发展很快改变了人们的这种认识。墨西哥恰帕斯州的暴力起义使墨西哥的政治形势变得不确定起来。接着，主要的总统候选人路易斯·唐纳德·卡洛西奥（Luis Donaldo Colosio）被谋杀了。墨西哥的政治前景看来不那么确定，许多投资者开始给予墨西哥资产更大的风险贴水。

最初，风险贴水的上升并没有影响比索的价值，因为墨西哥实行的是固定汇率制度。正如我们已经了解的，在固定汇率下，中央银行同意按预先确定的汇率交易国内通货（比索）和外国通货（美元）。因此，当该国风险贴水的增加对比索的价值产生向下的压力时，墨西哥中央银行不得不买入比索并卖出美元。当墨西哥的通货本来会贬值时，这种外汇市场干预减少了墨西哥的货币供给（使 LM^* 曲线向左移动）。

然而墨西哥的外汇储备太少，无法维持其固定汇率。当墨西哥在 1994 年底美元储备告罄时，墨西哥政府对比索法定贬值。但是，因为政府曾经承诺不会法定贬值，所以这一决定引发了以下后果：投资者对墨西哥的政策制定者甚至更不信任了，担心墨西哥比索会进一步法定贬值。

世界各地的投资者（包括墨西哥的投资者）都避免购买墨西哥资产。该国风险贴水再次上升，这增加了利率上升的压力和比索贬值的压力。墨西哥股市暴跌。当墨西哥政府需要通过滚动还债来归还一些到期债务时，投资者不愿意购买新债券。拖欠看来是政府的唯一选择。仅仅在几个月后，墨西哥就从一个有前途的新兴经济体变成一个政府处于破产边缘的危险经济体。

这时美国介入了。美国政府有三种动机：帮助自己南边的邻国，防止墨西哥政府拖欠债务和经济崩溃后可能涌入美国的大量非法移民，以及防止投资者对墨西哥的悲观情绪扩散到其他发展中国家。美国政府和国际货币基金组织（International Monetary Fund，IMF）一起领导了对墨西哥政府提供紧急援助的国际努力。特别地，美国为墨西哥政府的债务提供贷款担保，这就使墨西哥政府可以为即将到期的债务再融资。这些贷款担保有助于恢复对墨西哥经济的信心，从而在某种程度上降低了该国的风险贴水。

虽然美国的贷款担保可能阻止了糟糕的形势进一步恶化，但没有阻止 1994—1995 年墨西哥的金融危机成为墨西哥人民的痛苦经历。墨西哥比索的价值大幅度下降了，墨西哥的经济陷入了深度衰退。幸运的是，到 20 世纪 90 年代后期，最坏的时刻过去了，收入又开始增长。

这次经历的教训是显而易见的：感知的国家风险的变动——常常是由于政治不稳定所引起的——是小型开放经济中利率和汇率的一个重要决定因素。

案例研究

国际金融危机：亚洲 1997—1998 年

1997 年，当墨西哥经济正在从金融危机中恢复时，类似的事件又开始在一些亚洲国家发生，包括泰国、韩国，特别是印度尼西亚。症状是熟悉的：高利率、资产价值下降以及货币贬值。例如，在印度尼西亚，短期名义利率上升到 50% 以上，股市价值缩水了大约 90%（以美元衡量），印度尼西亚卢比相对美元贬值 80% 以上。这场危机引起了这些国家通货膨胀的上升（由于通货的贬值使进口品更为昂贵）和 GDP 的下降（由于高利率和信心的下降抑制了支出）。印度尼西亚的实际 GDP 在 1998 年下降了大约 13%。

是什么引起了这场风暴呢？问题始于亚洲的银行业系统。许多年来，这些亚洲国家的政府介入金融资源配置的程度要比美国和其他发达国家的政府更高。此前，一些评论家对这种政府与私人企业之间的"合伙制"大加赞赏，甚至建议美国也应该以它们为榜样。然而，随着时间的推移，如下的事实变得很清楚了：许多亚洲银行将贷款贷给那些有政治影响力的企业，而不是那些有着最具盈利能力的投资项目的企业。一旦上升的拖欠率开始将所谓的"官僚资本主义"暴露出来，国际投资者就开始对这些经济的未来失去信心。亚洲资产的风险贴水上升，导致利率大幅度上升和通货暴跌。

正如我们将在第 19 章更充分地讨论的那样，金融危机常常包含能够将初始问题放大的恶性循环。这里是有关亚洲所发生情况的一份简短描述：

1. 银行业系统的问题削弱了国际投资者对这些经济的信心。
2. 信心的丧失提高了风险贴水和利率。
3. 利率的上升与信心的丧失共同抑制了股票和其他资产的价格。
4. 资产价格的下降降低了用于银行贷款的抵押品的价值。
5. 抵押品价值的减少增加了银行贷款的拖欠率。
6. 越来越多的拖欠加剧了银行业系统的问题，这使局面回到第一步。

一些经济学家使用这种恶性循环的推理，暗示亚洲危机是一种自我实现的预言：坏事的发生是因为人们预期坏事要发生。然而，大多数经济学家认为，银行业系统的政治腐败是一个真实的问题，这个问题又因为上述这种信心减少的恶性循环而恶化了。

加剧这种局面的是金融机构的资产和负债之间的通货不匹配。这些新兴经济体的银行从国外借款往往是以外币（如美元）为单位的，而给本国居民发放的贷款是以本币（如印度尼西亚卢比）为单位的。结果，它们的资产是以本币计价的，而负债是以外币计价的。当本币在外汇市场上贬值时，银行的资产相对于负债的价值下降，这使银行业系统的问题进一步恶化了。

随着亚洲危机的发展，IMF 和美国力图恢复信心，这与它们几年前对墨西哥所做的一样。特别地，IMF 向亚洲国家发放贷款以帮助它们渡过危机；作为对这些贷款的交换，它要求这些国家的政府承诺改革银行业系统和消除官僚资本主义。IMF 希望短期贷款和长期改革能够恢复信心，降低风险贴水，使恶性循环变为良性循环。这一政策看来起了作用：亚洲经济迅速地从危机中复苏。

14.5 汇率应该浮动还是固定？

在明白了浮动与固定汇率下经济如何运行之后，让我们考虑一下哪种汇率制度更好。

赞成与反对不同汇率制度的观点

支持浮动汇率的主要观点是：浮动汇率允许一国使用货币政策更灵活地应对形势的变化。在固定汇率下，货币政策致力于唯一的目标：把汇率维持在所宣布的水平上。浮动汇率制度允许货币政策制定者追求其他目标，比如稳定就业或价格。

固定汇率的支持者认为，汇率的不确定性使国际贸易更为困难。在世界于 20 世纪 70 年代初放弃了固定汇率的布雷顿森林体系之后，实际汇率和名义汇率的波动性变得比任何人预期的都大得多（并且一直是这样）。一些经济学家把这种波动性归因于国际投资者非理性的和破坏稳定的投机。企业高级管理人员往往声称，这种波动性之所以有害，是因为它增加了伴随国际商务交易的不确定性。然而，尽管存在这种汇率的波动性，在浮动汇率下世界贸易量仍然持续增加。

固定汇率的支持者有时认为，对固定汇率的承诺是约束一国货币当局和防止货币供给过度增长的一种方式。然而，可供中央银行做出承诺的还有许多其他政策规则。例如，在第 17 章中，我们要讨论诸如名义 GDP 目标或通货膨胀率目标等政策规则。与这些其他政策规则相比，因为货币供给是自动调整的，所以，固定汇率的优势是实施起来更为简单，但这一政策可能引起收入和就业的更大波动。

在实践中，浮动与固定汇率之间的选择并不像乍看起来那么鲜明。在固定汇率制度下，如果维持汇率与其他目标的冲突过于严重，各国可以改变其通货的价值。在浮动汇率制度下，各国在设定货币政策时常常使用正式或非正式的汇率目标。我们很少看到完全固定或完全浮动的汇率。相反，在这两种制度下，汇率稳定通常是中央银行许多目标中的一个。

案例研究

关于欧元的争论

如果你曾经驱车 3 000 英里从纽约到旧金山，你可能记得，你绝不需要把你的货币从一种通货形式换为另一种。在美国所有50个州中，当地居民都乐于接受你买东西所付的美元。这种货币联盟（monetary union）是固定汇率制度的最极端的形式。纽约美元和旧金山美元之间的汇率是如此不可变动地固定，以至你可能根本不知道两者的差别。（差别在哪里？每张美元钞票都是由12个地区联储银行之一发行的。虽然可以根据票面上的标记判断是哪个地区联储银行发行的，但你不用关心你所持有的是哪一种美元，因为其他每一个人，包括联储系统在内，都随时准备一对一地交换不同的地区联储银行发行的美元。）

然而，如果你在20世纪90年代穿越欧洲进行类似的3 000英里的旅行，你的经历就十分不同了。走不了多远，你就需要用你的法国法郎兑换德国马克、荷兰盾、西班牙比塞塔或意大利里拉。欧洲的大量通货使旅行的便利性下降而且更加昂贵。每次你经过边界的时候，你都不得不在银行排队兑换当地货币并支付货币兑换手续费。

然而，在今天，欧洲的情况更像美国了。许多欧洲国家放弃了自己的通货，组成了一个使用被称为欧元的统一通货的货币联盟。结果，法国与德国之间的汇率现在也像纽约和加利福尼亚州之间的汇率一样固定。

引进共同的通货是有成本的。最重要的是，欧元区各国将不能再实施各自的货币政策。相反，由所有成员国参加的欧洲中央银行将制定全欧元区统一的单一货币政策。各个国家的中央银行起到的作用类似于地区联邦储备银行：它们监控当地的状况，但并不能控制货币供给或利率。批评通货共同化的人认为，失去本国货币政策的代价是巨大的。如果一次衰退只发生在一个国家而没有发生在欧洲其他国家，那么，这个国家就没有能对付衰退的货币政策工具。这一论点是一些欧洲国家，如英国和瑞典，选择不放弃自己的货币和不加入欧元区的一个原因。

与放弃本国的货币政策相联系的问题在十年前变得非常明显了。2008—2013年，有几个南欧的经济体经历了显著的低迷。意大利的失业率从6.7%上升到了12.2%，葡萄牙的失业率从8.5%上升到了16.5%，西班牙的失业率从11.3%上升到了26.1%，希腊的失业率从7.7%上升到了27.3%。与此相对，在此期间，德国这个欧元区最大的国家的失业率从7.5%下降到了5.3%。欧元的批评者声称，如果这些南欧国家有自己的货币，而不是包含德国在内的欧元区的一部分，那么，它们本来是可以采用更具扩张性的货币政策的。更具扩张性的货币政策本来会降低其货币的价值，从而使它们的出口在世界市场上更为便宜；净出口的增加本来会帮助维持总需求和减轻衰退。

根据这些欧元批评家的看法，如果货币联盟在美国运行良好，为什么它对欧洲是一个坏主意呢？这些经济学家认为，美国与欧洲在两个重要的方面存在差别。第一，美国各州之间劳动力的流动性大于欧洲各国之间，这部分地是因为美国有共同的语言。因此，当地区性衰退发生时，美国工人更可能从高失业的州迁移到低失业的州。第二，美国有强大的中央政府，可以运用财政政策——如联邦税收和转移支付体系——在各地区之间重新分配资源，但欧洲没有类似的非常重要的机构帮助苦苦挣扎的国家。由于欧洲并没有这两个优势，所以，当它采用单一货币政策时，就会承担更大的成本。

共同通货的支持者认为，失去国家货币政策的损失足以被其他好处所抵消。在欧洲使用单一通货的情况下，旅行者和企业对汇率的担心减少了，这鼓励了更多的国际贸易。共同的通货可能还有使欧洲人感到联系得更紧密的政治优势。作为20世纪标志的两次世界大战都是由于欧洲的纷争引起的。从共同通货加强了欧洲的团结这个意义上说，全世界都获益了。

投机性攻击、货币局制度与美元化

设想你是一个小国的中央银行行长。你和你的政策制定者同事决定固定你的通货——我们把它称为比索——对美元的汇率。从现在起，1比索兑换1美元。

如我们早些时候讨论过的，你现在必须随时准备以每比索1美元的价格买卖比索。货币供给将自动调整，使均衡汇率等于你的目标。然而，这一计划有一个潜在的问题：你的美元有可能花光。如果人们向中央银行出售大量比索，中央银行的美元储备可能消耗殆尽。在这种情况下，中央银行别无选择，只能放弃固定汇率，让比索贬值。

这一事实提出了投机性攻击（speculative attack）——使固定汇率无法维持的投资者认知的变化——的可能性。假定由于子虚乌有的原因，中央银行即将放弃汇率挂钩这样一种谣言传播开来。人们将会做出的反应是：在比索价值下降之前，马上到中央银行把比索换成美元。这一挤兑将耗尽中央银行的储备，可能迫使中央银行放弃钉住美元。在这种情况下，结果证明谣言是自我实现的。

为了避免这种可能性，一些经济学家认为固定汇率应该辅以货币局制度（currency board），就像阿根廷在20世纪90年代所做的那样。货币局制度是这样一种安排：中央银行持有足够的外国通货来支持每一单位本国通货。在我们的例子中，中央银行将对每一比索都持有1美元（或投资在美国政府债券上的1美元）。不管到中央银行进行兑换的比索有多少，中央银行的美元永远不会耗尽。

一旦中央银行采用了货币局制度，它可能会考虑自然而然的下一步：索性放弃比索，让本国使用美元。这一方案被称为美元化（dollarization）。它在高通货膨胀经济体中自行产生，在高通货膨胀经济体中，外国通货比本国通货提供了更可靠的价值储藏手段。但它也可以作为公共政策事项而发生，例如在巴拿马就是这样。如果一国想让其通货不可变更地与美元固定，最可靠的方法就是使用美元作为其官方通货。美元化的唯一损失是政府通过放弃印钞权而放弃的铸币税。美国政府则得到了货币供给增长所产生的收入。①

不可能三角形

对汇率制度的分析导致了一个简单的结论：你不能什么都拥有。更准确地说，

---

① 美元化也可能导致由于看到货币上的美国人肖像而丧失民族自豪感。美国政府可以通过将现在印有乔治·华盛顿（George Washington）、亚伯拉罕·林肯（Abraham Lincoln）和其他人肖像的中间位置留出空白来解决这一问题。使用美元的每个国家都可以插入本国英雄的肖像。

一国（或地区）不可能同时拥有自由的资本流动、固定汇率和独立的货币政策。这一事实表示在图 14-12 中，它常常被称为**不可能三角形**（impossible trinity），有时也被称为国际金融三难困境（trilemma of international finance）。一国（或地区）必须选择这个三角形的一边，放弃对角的制度特征。

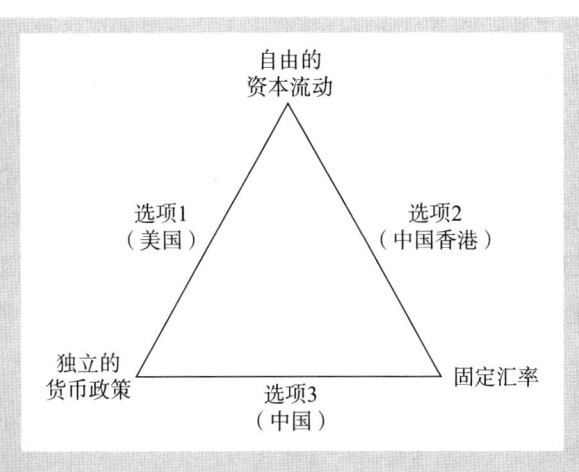

图 14-12 不可能三角形
一国（或地区）不可能同时拥有自由的资本流动、固定汇率和独立的货币政策。一国（或地区）必须选择这个三角形的一边，放弃对角。

第一个选项是允许资本自由流动和实行独立的货币政策，就像美国近些年来所做的那样。在这种情况下，不可能拥有固定汇率制度。相反，汇率必须浮动以平衡外汇市场。

第二个选项是允许资本自由流动和固定汇率，就像中国香港近些年来所做的那样。在这种情况下，国家或地区就失去了实行独立的货币政策的能力。货币供给必须调整以把汇率保持在其前定的水平上。在某种意义上，当一国（或地区）将其通货钉住另一国（或地区）的通货时，它就是在采用被钉住国（或地区）的货币政策。

第三个选项是通过限制国际资本流入和流出该国（或地区）而实行固定汇率和独立的货币政策。正如下面的案例研究所讨论的，中国采取的就是这样的政策。当一国（或地区）选择这个选项时，其利率不再由世界利率水平固定，而是由国内（或境内）力量决定，与封闭经济的情况一样。

历史已经显示，各国（或地区）能够而且确实选择了三角形的不同边。每个国家（或地区）的政策制定者必须回答一个重要问题：他们想接受汇率波动（选项1），还是想放弃使用货币政策作为国内（境内）稳定化政策（选项2），抑或想限制其公民参与世界金融市场（选项3）？每个国家（或地区）都必须选择三者之一。

案例研究

人民币争论

1995—2005 年中国的通货——人民币——以 8.28 元兑 1 美元的汇率与美元挂钩。换言之，中国的中央银行随时准备以该价格买卖人民币。这一固定汇率的政策与限制资本国际流动的政策相结合。中国公民不被允许将储蓄换成美元或欧元和在海外投资。

21世纪初之前，许多观察家相信人民币的价值被明显低估。他们认为，如果允许人民币浮动，人民币将对美元升值。支持这一假说的证据是，中国为了维持固定汇率积累了大额美元储备。也就是说，为了把人民币保持在钉住的水平，中国人民银行不得不在外汇市场供给人民币和买入美元。如果外汇市场上的这种干预停止了，人民币将对美元升值。

与美元挂钩的人民币在美国成为一个有争议的政治问题。与来自中国的进口品相互竞争的美国生产者抱怨说，低估的人民币使中国产品更便宜，使美国生产者处于不利地位。（当然，美国消费者从便宜的进口品上受益，但在国际贸易政治中，生产者的声音通常比消费者更大。）作为对这些关切的回应，许多美国政策制定者呼吁中国允许其通货浮动。

中国不再完全固定其汇率了。2005年7月中国宣布了一项新政策：中国仍将干预外汇市场以防止汇率的大规模和突然性变动，但将允许人民币有管理的浮动。此外，中国对人民币价值的判断将不只相对于美元，而是相对于一大篮子通货。在接下来十年里，人民币相对于美元升值了大约25%。批评中国的人，包括特朗普总统在内，有时仍然抱怨中国对外汇市场的干预。但是，与过去相比，中国的汇率政策在国际经济议程上现在不再是那么迫切的议题。

14.6 从短期到长期：价格水平变动的蒙代尔-弗莱明模型

到现在为止，我们一直用蒙代尔-弗莱明模型来研究价格水平固定的短期的小型开放经济。我们现在考虑当价格水平变动时会发生什么。这样做将说明蒙代尔-弗莱明模型如何提供了小型开放经济的总需求曲线理论。它还将说明这一短期模型是如何与我们在第6章考察的开放经济的长期模型相联系的。

因为我们现在要考虑价格水平的变动，经济中的名义汇率和实际汇率不再同步变动。于是，我们必须区分这两个变量。名义汇率为 e，实际汇率为 ϵ，它等于 eP/P^*，如同你应该从第6章回想起来的那样。我们可以把蒙代尔-弗莱明模型写为

$$Y = C(Y-T) + I(r^*) + G + NX(\epsilon) \qquad IS^*$$

$$M/P = L(r^*, Y) \qquad LM^*$$

现在我们对这两个方程应该已经熟悉了。第一个方程描述了 IS^* 曲线，第二个方程描述了 LM^* 曲线。注意净出口取决于实际汇率。

图14-13显示了当国内价格水平下降时所发生的情况。由于更低的价格水平提高了实际货币余额，LM^* 曲线向右移动，如图14-13（a）所示。实际汇率下降，收入上升。总需求曲线概括了价格水平和收入之间的这种负相关关系，如图14-13（b）所示。

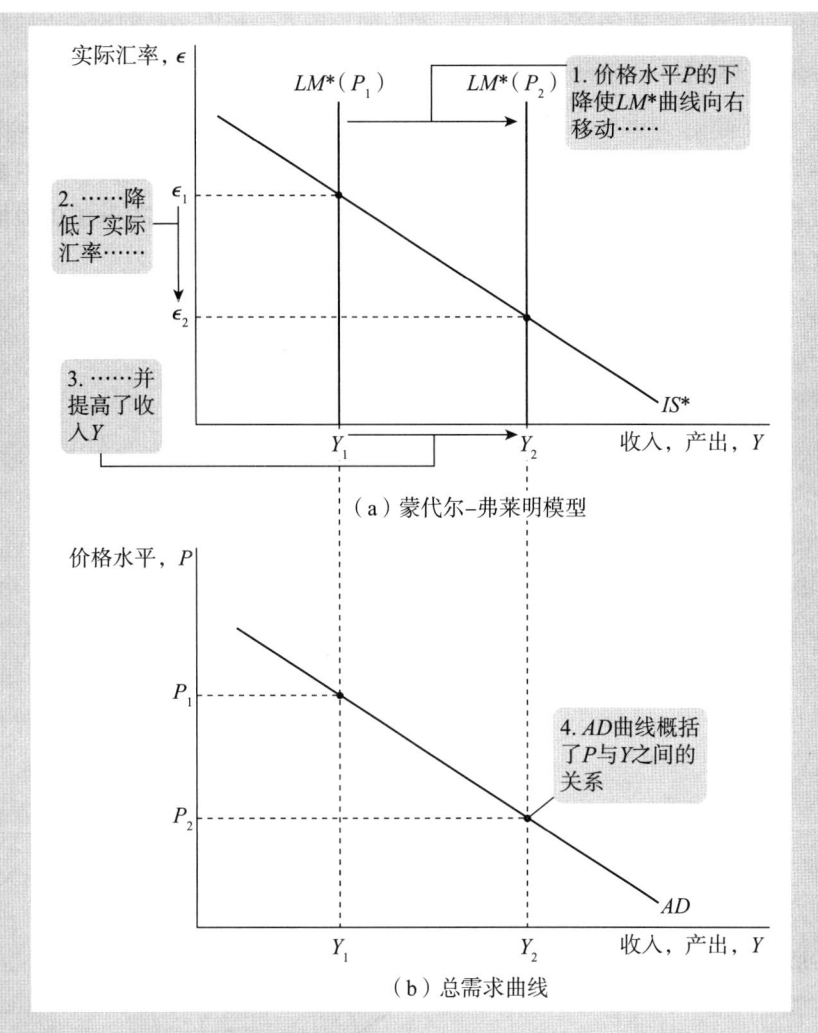

图 14-13 作为一种总需求理论的蒙代尔-弗莱明模型

图 (a) 表示当价格水平下降时，LM^* 曲线向右移动。结果，均衡收入上升。图 (b) 表示总需求曲线概括了 P 与 Y 之间的这种负相关关系。

因此，如同 IS—LM 模型解释了封闭经济中的总需求曲线一样，蒙代尔-弗莱明模型解释了小型开放经济中的总需求曲线。在这两种情况下，总需求曲线都表示了当价格水平变动时产品和货币市场均衡的集合。在这两种情况下，除了价格水平的变动外，任何改变均衡收入的因素都会使总需求曲线发生移动。提高给定价格水平下收入的政策和事件使总需求曲线向右移动；降低给定价格水平下收入的政策和事件使总需求曲线向左移动。

我们可以用这幅图来说明本章的短期模型与第 6 章中的长期模型是如何相关的。图 14-14 表示了短期与长期均衡。在 (a)、(b) 两图中，K 点都描述了短期均衡，因为它假设了一个固定的价格水平。在这一均衡，产品与服务需求太低了，而不能使经济在其自然水平生产。随着时间的推移，低需求导致价格水平下降。价格水平的下降提高了实际货币余额，使 LM^* 曲线向右移动。实际汇率贬值，因而净出口增加。最终经济达到 C 点，即长期均衡点。短期与长期均衡之间过渡的速度取决于价格水平调整使经济恢复自然产出水平的速度有多快。

K 点和 C 点的收入水平都是令人感兴趣的。我们在本章的关注中心是政策如何影响短期均衡 K 点。在第 6 章中，我们考察了长期均衡 C 点的决定因素。无论何时，只要政策制定者考虑任何政策变动，他们就需要既考虑其决策的短期影响，又考虑长期影响。

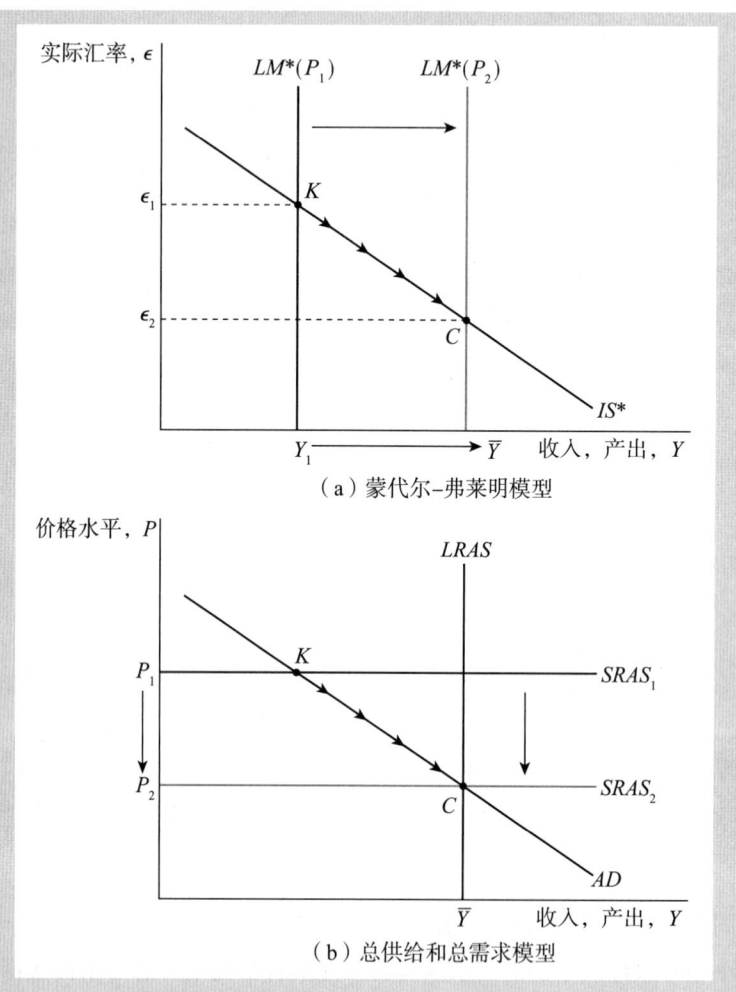

图 14-14 小型开放经济中的短期与长期均衡

两图中的 K 点都表示凯恩斯主义假设（价格水平固定在 P_1）下的均衡。两图中的 C 点都表示古典假设（价格水平进行调整以使收入保持在其自然水平 $\bar{Y}$）下的均衡。

14.7 结论性提示

本章我们考察了小型开放经济在价格为黏性的短期是如何运行的。我们已经看到了货币政策、财政政策和贸易政策如何影响收入与汇率，以及经济的行为如何取决于汇率是固定的还是浮动的。最后，重复第 6 章中学到的一个启示是值得的。包括美国在内的许多国家,既不是封闭经济,又不是小型开放经济;它们介于两者之间。

像美国这样的大型开放经济结合了封闭经济的行为与小型开放经济的行为。当分析大型开放经济的政策时,我们既要考虑第13章中封闭经济的逻辑,又要考虑本章阐释的开放经济的逻辑。本章的附录介绍了一个大型开放经济的模型。正如你将猜到的,这个模型的结果是我们已经考察过的两种极端情况的混合。

为了了解我们可以如何利用封闭和小型开放经济的逻辑以及把这些见解运用于美国,考虑货币紧缩在短期内如何影响经济。在一个封闭经济中,货币紧缩提高了利率,降低了投资,从而降低了收入。在一个实行浮动汇率的小型开放经济中,货币紧缩提高了汇率,降低了净出口,从而降低了收入。然而,利率不受影响,因为利率是由世界金融市场决定的。

美国经济兼具这两种情况的元素。由于美国大到足以影响世界利率,而且由于资本不能在各国间完全流动,所以,货币紧缩提高了利率,并抑制了投资。同时,货币紧缩也提高了美元的价值,从而抑制了净出口。因此,尽管蒙代尔-弗莱明模型并没有精确地描述像美国这样的经济,但它正确预测了汇率这样的国际变量会发生什么变动,并且说明了国际相互作用如何改变了货币政策与财政政策的影响。

快速测验

1. 在浮动汇率下的蒙代尔-弗莱明模型中,下列哪项会使收入增加?

 A. 货币供给的增加　　B. 货币供给的减少
 C. 税收的增加　　　　D. 税收的减少

2. 在固定汇率下的蒙代尔-弗莱明模型中,下列哪项会使收入增加?

 A. 货币供给的增加　　B. 货币供给的减少
 C. 税收的增加　　　　D. 税收的减少

3. 在浮动汇率下的蒙代尔-弗莱明模型中,如果一国限制进口,其通货的价值将_____,而其净出口将_____。

 A. 上升,下降　　　　B. 上升,不变
 C. 下降,上升　　　　D. 下降,不变

4. 实行固定汇率的国家可以通过对其通货实行_____来扩大总需求,这将_____其出口。

 A. 法定升值,增加　　B. 法定升值,减少
 C. 法定贬值,增加　　D. 法定贬值,减少

5. 如果一国实行浮动汇率且某个事件导致人们相信其货币未来将贬值,那么,该国的利率现在将_____,货币将_____。

 A. 增加,升值　　　　B. 增加,贬值
 C. 减少,升值　　　　D. 减少,贬值

6. 如果某个开放经济拥有独立的货币政策,那么,它就不能同时拥有_____资本流动和_____汇率。

 A. 受限制的,浮动　　B. 受限制的,固定
 C. 自由的,浮动　　　D. 自由的,固定

内容提要

1. 蒙代尔-弗莱明模型是 IS—LM 模型在小型开放经济的同类。它把价格水平视为给定,然后

说明什么引起了收入和汇率的波动。

2. 蒙代尔-弗莱明模型说明了在浮动汇率下，财政政策并不影响国民收入。财政扩张引起本币升值，减少了净出口并抵消了通常的对收入的扩张性影响。在固定汇率下，财政政策确实影响收入。

3. 蒙代尔-弗莱明模型说明了在固定汇率下货币政策并不影响国民收入。任何扩大货币供给的企图都是徒劳无功的，因为货币供给必须调整，以确保汇率处于所宣布的水平。在浮动汇率下，货币政策确实影响收入。

4. 如果投资者对持有一个国家的资产小心谨慎，该国的利率可能比世界利率高出一个风险贴水。根据蒙代尔-弗莱明模型，风险贴水的提高引起利率的上升和该国通货的贬值。

5. 浮动汇率和固定汇率都各有优点。浮动汇率使货币政策制定者可以自由地追求汇率稳定之外的目标。固定汇率减少了国际商务交易中的一些不确定性，但是，如果国际投资者认为中央银行没有足够的外汇储备来捍卫固定汇率，那么，固定汇率可能遭受投机性攻击。在选择汇率制度时，政策制定者受制于如下事实：一国不能同时拥有资本自由流动、固定汇率和独立的货币政策。

关键概念

蒙代尔-弗莱明模型　　浮动汇率　　法定升值　　不可能三角形
固定汇率　　法定贬值

复习题

1. 在浮动汇率下的蒙代尔-弗莱明模型中，解释当税收增加时，收入、汇率和贸易余额会发生什么变动？如果汇率是固定的而不是浮动的呢？

2. 在浮动汇率下的蒙代尔-弗莱明模型中，解释当货币供给减少时，收入、汇率和贸易余额会发生什么变动？如果汇率是固定的而不是浮动的呢？

3. 在浮动汇率下的蒙代尔-弗莱明模型中，解释当进口汽车的配额被取消时，收入、汇率和贸易余额会发生什么变动？如果汇率是固定的而不是浮动的呢？

4. 浮动汇率与固定汇率各有什么优缺点？

5. 描述不可能三角形。

问题与应用

1. 用蒙代尔-弗莱明模型预测在浮动和固定汇率下，作为对下面每一种冲击的反应，收入、汇率和贸易余额会发生什么变动？答案需包括一幅合适的图形。

　　a. 消费者对未来的信心下降导致消费者减少支出和增加储蓄。

　　b. 丰田新推出一款时尚车型使一部分消费者偏好外国汽车而不是本国汽车。

　　c. 自动取款机的采用减少了货币需求。

2. (Work It Out) 某小型开放经济由如下方程描述：

$$C = 50 + 0.75(Y - T)$$

$$I = 200 - 20r$$

$$NX = 200 - 50\epsilon$$

$M/P = Y - 40r$

$G = 200$

$T = 200$

$M = 3\,000$

$P = 3$

$r^* = 5$

a. 推导 IS^* 曲线和 LM^* 曲线并绘图。

b. 计算均衡汇率、收入和净出口。

c. 假设经济实行浮动汇率。计算如果政府支出增加 50，汇率、收入、净出口和货币供给会发生什么变动。用图形表示你的结果。

d. 现在假设经济实行固定汇率。计算如果政府支出增加 50，汇率、收入、净出口和货币供给会发生什么变动。用图形表示你的结果。

3. 一个实行浮动汇率的小型开放经济处于衰退但实现了贸易平衡。如果政策制定者希望达到充分就业同时保持贸易平衡，他们应选择什么样的货币政策和财政政策组合？要求使用图形，并指出每种政策的影响。

4. 蒙代尔-弗莱明模型把世界利率 r^* 视为外生变量。让我们考虑当这一变量变动时会发生什么。

a. 什么可能引起世界利率上升？（提示：世界是一个封闭经济。）

b. 如果经济实行浮动汇率，当世界利率上升时，收入、汇率和贸易余额会发生什么变动？

c. 如果经济实行固定汇率，当世界利率上升时，收入、汇率和贸易余额会发生什么变动？

5. 企业高管和政策制定者往往关心美国产业的"竞争力"（美国产业在世界市场上有盈利地销售产品的能力）。

a. 在价格具有黏性的短期，名义汇率的变动如何影响竞争力？

b. 假定你想使国内产业更具竞争力，但不想改变国民收入。根据蒙代尔-弗莱明模型，你应该采用什么样的货币政策与财政政策组合？要求使用图形，并指出每种政策的影响。

6. 假定更高的收入意味着更多的进口，从而意味着更低的净出口。也就是说，净出口函数是

$NX = NX(e, Y)$

考察在以下汇率制度下的小型开放经济中财政扩张对收入和贸易余额的影响：

a. 浮动汇率。

b. 固定汇率。

你的答案与表 14-1 中的结果相比有什么不同？

7. 假定货币需求取决于可支配收入，因此，货币市场方程变为

$M/P = L(r, Y - T)$

分析在浮动汇率和固定汇率两种制度下的小型开放经济中减税对汇率和收入的影响。

8. 假定与货币需求有关的价格水平包括进口产品的价格，并假定进口产品的价格取决于汇率。也就是说，货币市场可以这样描述：

$M/P = L(r, Y)$

式中，

$P = \lambda P_d + (1-\lambda) P_f / e$

式中，P_d 是国内产品的价格，P_f 是用外国通货表示的外国产品的价格，e 是汇率。因此，P_f/e 是用国内通货表示的外国产品的价格。参数 λ 是国内产品在价格指数 P 中的份额。假设国内产品价格 P_d 和用外国通货表示的外国产品价格 P_f 在短期是有黏性的。

a. 假定我们针对 P_d 与 P_f 的给定值（而不是通常所用的 P）画出 LM^* 曲线。这条 LM^* 曲线还是垂直的吗？请解释。

b. 在这个模型中，在浮动汇率下，扩张性财政政策的影响是什么？请解释。与标准的蒙代尔-弗莱明模型进行比较。

c. 假定政治不稳定提高了该国的风险贴水，从而使利率上升。在这个模型中，对汇率、价格水平和收入的影响是什么？与标准的蒙代尔-弗莱明模型进行对比。

9. 用蒙代尔-弗莱明模型回答下列有关加利福尼亚州（一个小型开放经济）的问题。

a. 加利福尼亚州和它的主要贸易伙伴（亚拉

巴马州、阿拉斯加州、亚利桑那州……)之间的汇率制度属于哪一类？

b. 如果加利福尼亚州遭受衰退，州政府应该用货币政策还是财政政策刺激就业？请解释。（注意：对这个问题，假设州政府可以印发美元钞票。）

c. 如果加利福尼亚州禁止从华盛顿州进口红酒，收入、汇率和贸易余额会发生什么变动？考虑短期与长期影响。

d. 你认为加利福尼亚州的经济与（比如说）加拿大的经济有什么重要方面的差别可能使蒙代尔-弗莱明模型应用于加利福尼亚州时不如应用于加拿大时有用？

> 对于标有 Work It Out 的题目，网上有答案并且给出了类似题目的在线指导。为了得到这些答案以及其他学习资源，请访问 Achieve for Macroeconomics，11e：https://achieve.macmillanlearning.com。

快速测验答案

1. A　　2. D　　3. B　　4. C　　5. B　　6. D

附录　大型开放经济的短期模型

当我们分析美国这类经济中的政策时，我们需要把 IS—LM 模型的封闭经济逻辑与蒙代尔-弗莱明模型的小型开放经济逻辑相结合。本附录介绍一个大型开放经济这种中间情形的模型。

正如我们在第 6 章附录中所讨论的，大型开放经济不同于小型开放经济是因为它的利率并不由世界金融市场所固定。在一个大型开放经济中，我们必须考虑利率和资本净流出之间的关系。资本净流出是国内投资者贷款给国外的数额减去外国投资者贷款给国内的数额。当国内利率下降时，国内投资者发现贷款给国外更有吸引力，外国投资者发现贷款给该国的吸引力减小。因此，资本净流出与利率负相关。这里我们把这种关系加到国民收入的短期模型中。

该模型的三个方程是：

$$Y = C(Y-T) + I(r) + G + NX(e)$$

$$M/P = L(r, Y)$$

$$NX(e) = CF(r)$$

前两个方程和我们在本章的蒙代尔-弗莱明模型中所使用的一样。第三个方程取自第 6 章附录，它是说，贸易余额 NX 等于资本净流出 CF，资本净流出又取决于国内利率。

为了看出这个模型蕴涵着什么，把第三个方程代入第一个方程，因此，该模型变成：

$$Y = C(Y-T) + I(r) + G + CF(r) \qquad IS$$

$$M/P = L(r, Y) \qquad LM$$

这两个方程与封闭经济 IS—LM 模型的两个方程非常相似。唯一的差别是现在支出取决于利率。这有两个原因。与以前一样，更高的利率减少了投资。但现在，更高的利率还减少了资本净流出，从而降低了净出口。

我们可以用图 14-15 的三幅图来分析这个模型，图 14-15（a）显示了 IS—LM 图。与第 12 章和第 13 章的封闭经济模型一样，纵轴代表利率 r，横轴代表收入 Y。IS 曲线和 LM 曲线共同决定了均衡收入和均衡利率。

IS 方程中新的资本净流出项 $CF(r)$ 使这条 IS 曲线比在封闭经济中更平坦。资本国际流动对利率越敏感，IS 曲线就越平坦。你可能从第 6 章附录回忆起来，小型开放经济代表资本净流出在世界利率水平有无限弹性的极端情况。在这种极端情况下，IS 曲线是完全平坦的。因此，小型开放经济在本图中将用水平的 IS 曲线来描述。

图 14-15（b）和（c）表示从 IS—LM 模型得出的均衡如何决定资本净流出、贸易余额和汇率。在图（b）中，我们看到利率决定资本净流出。这条曲线向右下方倾斜，这是因为更高的利率抑制了国内投资者向国外贷款，鼓励了外国投资者来国内投资。在图（c）中，我们看到，汇率将进行调整，以保证产品与服务的净出口等于资本净流出。

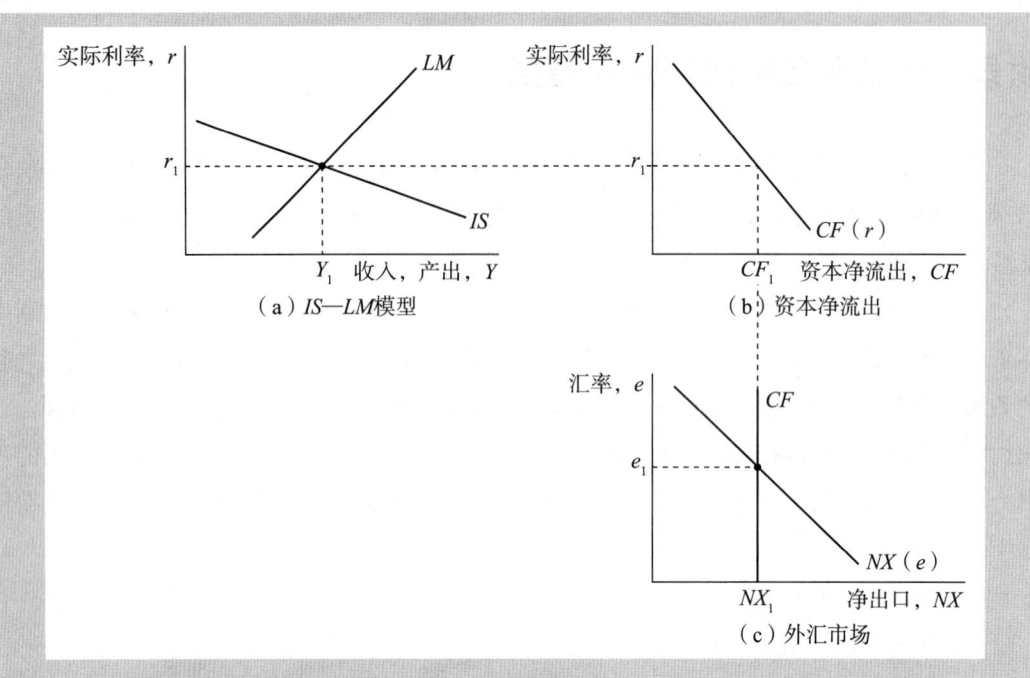

图 14-15 大型开放经济的短期模型

图（a）表示 IS 曲线和 LM 曲线决定了利率 r_1 和收入 Y_1。图（b）表示 r_1 决定了资本净流出 CF_1。图（c）表示 CF_1 和净出口曲线决定了汇率 e_1。

下面我们用这个模型考察各种政策的影响。我们假设经济实行浮动汇率制度，因为这一假设对大多数像美国这样的大型开放经济是正确的。

财政政策

图 14-16 考察了财政扩张的影响。政府购买增加或减税使 IS 曲线向右移动。正如图 14-16（a）所示，IS 曲线的这种移动使收入增加和利率上升。这两种影响类似于封闭经济的情况。

但在大型开放经济中，更高的利率减少了资本净流出，如图 14-16（b）所示。资本净流出的降低减少了外汇市场上的美元供给。汇率升值，如图 14-16（c）所示。由于国内产品相对于国外产品变得更昂贵了，所以净出口下降了。

图 14-16 显示，与浮动汇率下的小型开放经济不同，在大型开放经济中，财政扩张增加了收入。然而，对收入的影响小于封闭经济的情况。在封闭经济中，财政政策的扩张性影响部分地被投资的挤出所抵消：当利率上升时，投资下降，减小了财政政策乘数。在大型开放经济中，还有另一种抵消因素：当利率上升时，资本净流出减少，通货升值，净出口下降。这进一步减小了财政政策乘数。（在图中，这一额外的渠道体现为前面提到的更平坦的 IS 曲线：对于任何给定的 IS 曲线右移，更平坦的曲线意味着收入增加得更少。）这些影响加在一起也不足以像小型开放经济那样使财政政策无效，但它们确实降低了财政政策的影响。

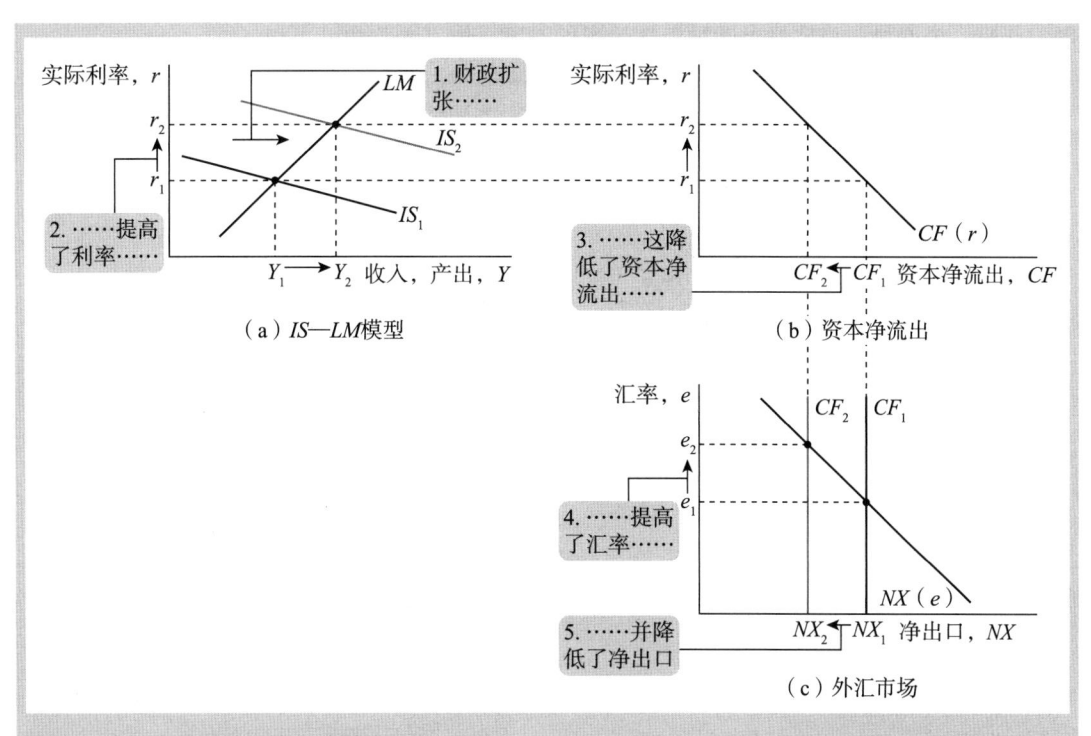

图 14-16　大型开放经济中的财政扩张

图（a）表示财政扩张使 IS 曲线向右移动。收入从 Y_1 增加到 Y_2，而利率从 r_1 上升为 r_2。图（b）表示利率的上升引起资本净流出从 CF_1 下降到 CF_2。图（c）表示资本净流出的下降减少了美元的供给，使汇率从 e_1 上升为 e_2。

货币政策

图 14-17 考察了货币扩张的影响。货币供给的增加使 LM 曲线向右移动，如图 14-17（a）所示。收入上升，利率下降。再一次地，这些影响与封闭经济的情况类似。

然而，如图 14-17（b）所示，更低的利率导致了更高的资本净流出。CF 的增加提高了外汇市场上的美元供给。汇率下降了，如图 14-17（c）所示。随着国内产品相对于国外产品变得更便宜，净出口增加了。

现在我们可以看到，在大型开放经济中，货币传导机制通过两个渠道起作用。与封闭经济中一样，货币扩张降低了利率，这刺激了投资。与小型开放经济中一样，货币扩张导致通货的贬值，这刺激了净出口。这两种影响都导致了更高的收入。确实，由于这里的 IS 曲线比封闭经济中更平坦，所以，LM 曲线的任何给定移动对收入都有更大的影响。

概算法

这一大型开放经济模型很好地描述了今天的美国经济。然而它比我们在第 12 章和第 13 章研究的封闭经济模型以及在本章建立的小型开放经济模型多少更为复杂和难以处理。幸运的是，有一种有用的概算法有助于你确定政策如何影响大型开放经济而不必记住这个模型的全部细节：大型开放经济是封闭经济和小型开放经济的一种平均。要找出任何一种政策如何影响任何一个变量，只要找出两种极端情况的答案，取其平均值就可以了。

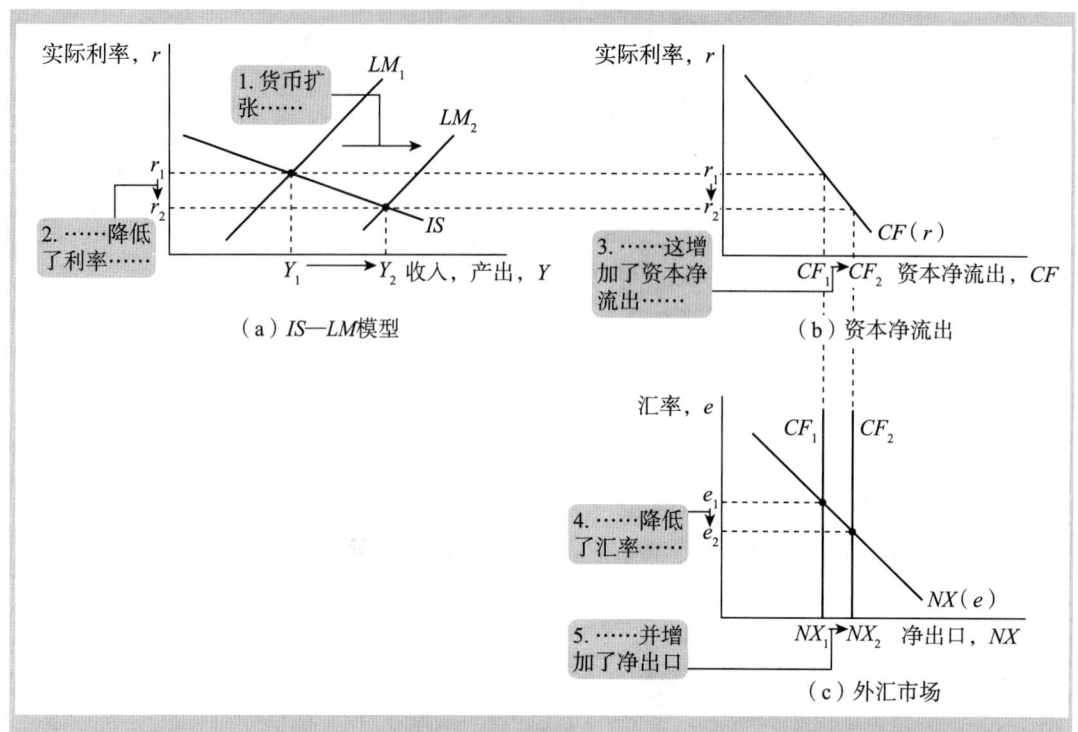

图 14-17　大型开放经济中的货币扩张

图(a)表示货币扩张使 LM 曲线向右移动。收入从 Y_1 增加到 Y_2，利率从 r_1 下降为 r_2。图(b)表示利率的下降使资本净流出从 CF_1 增加到 CF_2。图(c)表示资本净流出的增加提高了美元的净供给，这导致汇率从 e_1 下降到 e_2。

例如，货币紧缩在短期如何影响利率和投资呢？在封闭经济中，利率上升，投资下降。在小型开放经济中，利率和投资都不变动。大型开放经济中的影响是这两种情况的平均：货币紧缩提高了利率并减少了投资，但仅仅是少量地。资本净流出的下降减缓了封闭经济中将会出现的利率上升和投资下降。但与小型开放经济不同，资本国际流动还没有大到完全消除这些影响。

这一概算法使简单的模型更有价值了。虽然这些简单模型并没有完美地描述我们所生活的世界，但它们确实对经济政策的影响提供了一个有用的指南。

更多的问题与应用

1. 设想你管理一个实行浮动汇率制度的大型开放经济的中央银行。你的目标是稳定收入，你相应地调整货币供给。在你的政策之下，作为对下列每一种冲击的反应，货币供给、利率、汇率和贸易余额会发生什么变动？

   a. 政府提高税收以减少预算赤字。

   b. 政府限制对外国汽车的进口。

2. 在过去几十年间，世界上各经济体在金融上日益融合。也就是说，各国的投资者变得更加愿意和能够利用国外的金融机会。考虑这种新发展对货币政策影响经济的能力有何影响。

a. 如果投资者变得更加愿意和能够在外国与本国资产之间进行替代，CF 函数的斜率会发生什么变动？

b. 如果 CF 函数这样变动，IS 曲线的斜率会发生什么变动？

c. IS 曲线的这种变动如何影响美联储控制利率的能力？

d. IS 曲线的这种变动如何影响美联储控制国民收入的能力？

3. 假定一个大型开放经济的政策制定者想提高投资而不改变收入或汇率。

a. 存在能达到这一目标的国内货币与财政政策的任何组合吗？

b. 存在能达到这一目标的国内货币、财政与贸易政策的任何组合吗？

c. 存在能达到这一目标的国内外货币与财政政策的任何组合吗？

4. 本附录考虑了一个实行浮动汇率制度的大型开放经济。现在假定该大型开放经济实行固定汇率。也就是说，中央银行宣布一个汇率目标并承诺调整货币供给以确保均衡汇率等于其目标。

a. 描述财政扩张（例如政府购买增加）会导致收入、利率和贸易余额如何变动。把你的答案与实行固定汇率的小型开放经济的情况进行比较。

b. 描述如果中央银行通过从公众手里购买债券来扩大货币供给会导致收入、利率和贸易余额如何变动。把你的答案与实行固定汇率的小型开放经济的情况进行比较。

第 15 章 总供给与通货膨胀和失业之间的短期权衡

> 菲利普斯曲线很可能是唯一最重要的宏观经济关系。
>
> ——乔治·阿克洛夫（George Akerlof）

> 通货膨胀和失业之间总是存在一种暂时的取舍；不存在永久的取舍。这种暂时的取舍并不是来自通货膨胀本身，而是来自未预期到的通货膨胀，这通常意味着来自通货膨胀率的上升。
>
> ——米尔顿·弗里德曼

大多数经济学家用总需求与总供给模型分析国民收入和价格水平的短期波动。在之前的三章中，我们比较详细地考察了总需求。IS—LM 模型（和它在开放经济中的同类，即蒙代尔-弗莱明模型）说明了货币政策与财政政策的变动以及对货币和产品市场的冲击如何使总需求曲线移动。在本章，我们考虑什么决定了总供给曲线的位置和斜率。

当我们在第 11 章中介绍总供给曲线时，我们证明了短期与长期的总供给的行为方式是不同的。在长期，价格具有弹性，总供给曲线是垂直的。当总供给曲线垂直时，总需求曲线的移动影响价格水平，但经济的产出仍然保持在其自然水平上。与此相反，在短期，价格具有黏性，总供给曲线不是垂直的。在这种情况下，总需求曲线的移动引起了产出的波动。第 11 章提供了一个对价格黏性的简化处理：短期总供给曲线是一条水平直线，代表所有价格都固定的极端情况。现在我们的任务是精炼对短期总供给的理解，以更好地反映只有部分价格具有黏性的现实世界。

在考察了短期总供给曲线的基本理论之后，我们确立了一个关键的启示。我们说明，这条曲线意味着经济表现的两个衡量指标——通货膨胀和失业——之间存在取舍关系。这种取舍关系被称为菲利普斯曲线（Phillips curve），它告诉我们，为了降低通货膨胀，政策制定者必须暂时增加失业；为了减少失业，他们必须接受更高的通货膨胀。正如本章开篇米尔顿·弗里德曼的引语所指出的，通货膨胀与失业之间的取舍关系只是暂时的。本章的目标之一是要解释为什么政策制定者在短期面临这种取舍关系但在长期则不面临这种取舍关系。

15.1 总供给的基本理论

当物理学课堂研究从斜面滚下的球体时，它们从假设不存在摩擦力开始。这一简化是个很好的起点，但从来没有一个工程师会把无摩擦力假设作为对世界运行的真实描述。类似地，本书从古典宏观经济理论开始，但是，如果假设这个模型总是正确，那就错了。现在我们的工作是更深入地考察宏观经济学中的"摩擦力"。

我们通过考察两个总供给模型来完成此项工作。在这两个模型中，某种市场不完美性（即某种类型的摩擦力）导致短期总供给曲线向右上方倾斜而不是垂直的。结果，总需求曲线的移动能够引起经济的产出波动，产出能够偏离其自然水平。产出的这些波动代表了经济周期的大部分繁荣与萧条。

虽然这两个模型所采取的理论路线不同，但是，两种路线的终点相同。最终的目的地是如下形式的短期总供给方程：

$$Y = \bar{Y} + \alpha(P - EP), \quad \alpha > 0$$

式中，Y 为经济的产出（也是国民收入）；$\bar{Y}$ 为自然产出水平；P 为价格水平；而 EP 为预期的价格水平。这个方程是说，只要价格水平偏离预期的价格水平，产出就会偏其自然水平。参数 α 表明产出对未预期到的价格水平变动做出的反应有多大，$1/\alpha$ 是总供给曲线的斜率。

这两个模型给我们讲述的短期总供给方程背后的故事是不同的。换言之，关于未预期到的价格水平变动为什么与产出波动相联系，它们提供了不同的原因。

黏性价格模型

对向右上方倾斜的短期总供给曲线的最广为接受的解释是**黏性价格模型**（sticky-price model）。该模型强调了企业不能针对需求变动即刻调整它们索取的价格。有时价格是由企业与顾客之间的长期合约决定的。甚至在没有正式协议时，企业也可能保持价格的稳定，以避免频繁的价格变动给自己的长期顾客造成困扰。一些价格有黏性是因为某些市场的组织方式：如果改变价格要求印制和分发新的产品目录或价格单，那么改变起来就成本高昂。有时黏性价格是黏性工资的反映：企业基于生产成本来定价，工资可能依赖于随着时间缓慢演变的社会规范和公平观念。

有多种方法可以正式表达黏性价格是向右上方倾斜的总供给曲线的根据这一思想。这里我们考察一个特别简单的模型。我们首先考虑个体企业的定价决策，然后把许多企业的决策加总来解释作为一个整体的经济的行为。为了建立该模型，我们偏离我们从第3章起一直使用的完全竞争假设。完全竞争企业是价格接受者，而非价格设定者。当考虑企业如何设定价格时，我们现在假设这些企业对它们收取的价格有某种程度的市场势力。

考虑一个典型企业所面临的定价决策。企业的合意价格 p 取决于两个宏观经济变量：

- 价格总体水平 P。更高的价格水平意味着更高的企业成本。因此，价格总体水平越高，企业对自己的产品想要收取的价格也越高。
- 国民收入水平 Y。更高的收入提高了对企业产品的需求。由于在更高的生产水平上边际成本增加，所以，需求越大，企业的合意价格也越高。

我们把企业的合意价格写为

$$p = P + a(Y - \overline{Y}), \quad a > 0$$

该式说明，合意价格 p 取决于价格总体水平 P 和国民收入与其自然水平之差 $Y - \overline{Y}$。参数 a 衡量企业的合意价格对国民收入的反应有多大。[①]

现在假设有两种类型的企业。一些企业的价格有弹性，它们总是根据上式来设定其价格。另一些企业的价格是黏性的，它们根据自己预期的经济状况事先宣布自己的价格。具有黏性价格的企业根据下式设定价格：

$$p = EP + a(EY - E\overline{Y})$$

式中，E 代表一个变量的预期值。为了简化起见，假设这些企业预期产出处于其自然水平，因此最后一项 $a(EY - E\overline{Y})$ 为零。这样，这些企业设定的价格是：

$$p = EP$$

也就是说，具有黏性价格的企业根据自己对其他企业收取价格的预期设定自己的价格。

我们可以用这两类企业的定价规则来推导总供给方程。为此，我们找到经济的价格总体水平，它是这两类企业所设定的价格的加权平均。如果 s 是具有黏性价格的企业所占的比例，$1-s$ 是具有弹性价格的企业所占的比例，那么，价格水平是

$$P = sEP + (1-s)[P + a(Y - \overline{Y})]$$

第一项是具有黏性价格的企业的价格乘以这些企业在经济中的比例，第二项是具有弹性价格的企业的价格乘以这些企业的比例。现在从这个方程的两边同时减去 $(1-s)P$，得到

$$sP = sEP + (1-s)[a(Y - \overline{Y})]$$

两边同时除以 s，解出价格水平：

$$P = EP + \left[\frac{(1-s)a}{s}\right](Y - \overline{Y})$$

这个方程的两项可以解释如下：

- 当企业预期高价格水平时，它们也预期高成本。事前将价格固定的企业设定

[①] 数学注释：企业最关心其相对价格，即它的名义价格与价格水平之比。如果我们把 p 和 P 解释为企业的价格和价格水平的对数，那么，这个方程是说，合意的相对价格取决于产出对其自然水平的偏离。

高的价格。这些高价格引起其他企业也设定高价格。因此，高的预期价格水平 EP 导致高的现实价格水平 P。这种影响不取决于具有黏性价格的企业的比例。

● 当产出高时，对产品的需求也高。那些价格有弹性的企业设定高的价格，这就导致高价格水平。产出对价格水平的影响取决于具有黏性价格的企业的比例。具有黏性价格的企业越多，价格水平对经济活动水平做出的反应越小。

因此，价格水平取决于预期的价格水平和产出。

经过代数整理，这个总定价方程可以写成我们更加熟悉的形式：

$$Y = \bar{Y} + \alpha(P - EP)$$

式中，$\alpha = \dfrac{s}{(1-s)a}$。价格黏性模型告诉我们，产出对自然水平的偏离与价格水平对预期价格水平的偏离呈正相关。[①]

另一种理论：不完美信息模型

对短期总供给曲线向右上方倾斜的另一种解释被称为**不完美信息模型**（imperfect-information model）。与黏性价格模型不同，这个模型假设市场出清——也就是说，所有价格都自由调整，以平衡供给和需求。在这一模型中，短期与长期总供给曲线的不同是因为对价格暂时的错误认知。

不完美信息模型假设经济中的每个供给者只生产一种产品和消费许多产品。由于产品种类如此之多，供给者无法总是观察到所有价格。他们密切监控他们所生产的产品的价格，但对他们消费的所有产品的价格的监控就没那么密切了。由于信息不完美，他们有时混淆了价格水平的变动与相对价格的变动。这种混淆影响了供给多少的决策，导致价格水平与产出之间在短期存在正相关关系。

例如，考察一个供给者——一个种植芦笋的农民——所面临的决策。由于农民从出售芦笋中得到收入并用这一收入来购买产品与服务，他选择生产的芦笋量取决于芦笋相对于其他产品与服务的价格。如果芦笋的相对价格高，农民就有动力努力工作和生产更多芦笋，因为回报高。如果芦笋的相对价格低，农民宁愿享受闲暇和少生产芦笋。

遗憾的是，当农民做出生产决策时，他并不知道芦笋的相对价格。作为一个芦笋生产者，他密切监控芦笋市场，总是知道芦笋的名义价格，但他并不知道经济中所有其他产品的价格。因此，他必须用芦笋的名义价格和他对价格总体水平的预期来估算芦笋的相对价格。

考虑一下如果经济中包括芦笋在内的所有价格都上升了，农民会做出什么反应。一种可能是他预期到了这种价格变动。当他观察到芦笋价格的上升时，他对芦笋相对价格的估计保持不变。他不会更努力地工作。

[①] 关于黏性价格模型更高级的发展，可以参见 Julio Rotemberg, "Monopolistic Price Adjustment and Aggregate Output," *Review of Economic Studies* 49 (1982): 517-531; and Guillermo Calvo, "Staggered Prices in a Utility-Maximizing Framework," *Journal of Monetary Economics* 12 (1983): 383-398。

另一种可能是农民没有预期到价格水平的上升（或者没有预期到价格上升这么多）。当他观察到芦笋价格的上升时，他不确定其他价格也上升了（在这种情况下芦笋的相对价格不变），还是只有芦笋的价格上升了（在这种情况下芦笋的相对价格更高了）。理性的推理是：每一种情况都部分地发生了。换言之，农民从芦笋名义价格的上升推断：其相对价格有某种程度的上升。他更努力地工作和生产得更多。

我们这位种植芦笋的农民并不是独一无二的。他的决策与生产西兰花、菜花、茴香、苦苣、西葫芦等等的邻居相似。当价格水平发生了未预期到的上升时，经济中所有供给者都观察到了自己所生产的产品价格的上升。他们都理性但是却错误地推断：他们生产的产品的相对价格上升了。他们更努力地工作和生产得更多。

概括而言，不完美信息模型说明，当价格超过预期价格时，供给者提高他们的产出。该模型意味着一条形式为我们所熟悉的总供给曲线：

$$Y = \bar{Y} + \alpha(P - EP)$$

当现实价格水平偏离预期价格水平时，产出偏离其自然水平。

上面所描述的不完美信息模型是诺贝尔经济学奖获得者小罗伯特·卢卡斯在20世纪70年代最早建立的版本。关于总供给的不完美信息模型近来的研究采用的方法多少有些不同。新的研究并没有像卢卡斯那样强调相对价格和绝对价格水平之间的混淆，而是强调关于经济的信息被纳入决策的速度。在这种情况下，引起总供给曲线向右上方倾斜的摩擦力不是信息的可获得性有限，而是人们对广泛可获得的信息加以吸收和处理的能力有限。这种信息处理约束使得价格设定者对宏观经济新闻反应缓慢。这种方法得到的短期总供给方程与我们已经看到的两个模型中的方程相似，尽管微观经济基础多少有些不同。①

案例研究

总供给曲线的国际差别

尽管所有国家都经历了经济波动，但并非每个地方的波动都相同。国际差别本身是令人好奇的谜团，它们常常提供了一种检验不同经济理论的方法。在总供给的研究中，考察国际差别尤其成果丰硕。

当小罗伯特·卢卡斯提出不完美信息模型时，他推导出了总需求与总供给之间一种惊人

---

① 要想阅读卢卡斯对其模型的描述，参见 Robert E. Lucas, Jr., "Understanding Business Cycles," *Carnegie-Rochester Conference Series on Public Policy* 5 (1977): 7-29. 卢卡斯的模型建立在另一个诺贝尔经济学奖得主米尔顿·弗里德曼的研究基础之上。参见 Milton Friedman, "The Role of Monetary Policy," *American Economic Review* 58 (March 1968): 1-17. 关于强调信息处理约束作用的近期研究，参见 Michael Woodford, "Imperfect Common Knowledge and the Effects of Monetary Policy," in P. Aghion, R. Frydman, J. Stiglitz, and M. Woodford, eds., *Knowledge, Information, and Expectations in Modern Macroeconomics* (Princeton, NJ: Princeton University Press, 2003); N. Gregory Mankiw and Richardo Reis, "Sticky Information Versus Sticky Prices: A Proposal to Replace the New Keynesian Phillips Curve," *The Quarterly Journal of Economics* 117 (November 2002): 1295-1328; and Olivier Coibion and Yuriy Gorodnichenko, "What Can Survey Forecasts Tell Us about Information Rigidities?" *Journal of Political Economy* 120, no. 1 (February 2012): 116-159.

的相互作用：根据他的模型，总供给曲线的斜率应该取决于总需求的波动。在那些总需求大幅度波动的国家里，价格总体水平也大幅度波动。由于这些国家的大部分价格变动并不代表相对价格的变动，供给者不应当对未预期到的价格水平的变动做出很大反应。因此，总供给曲线应当是相对陡峭的（也就是说，α 的值应该小）。相反，在那些总需求相对稳定的国家里，供给者应当已经知道大多数价格变动是相对价格的变动。因此，在这些国家里，供给者对未预期到的价格变动做出的反应更大，这就使总供给曲线相对平坦（也就是说，α 的值应该大）。

卢卡斯利用产出和价格的国际数据检验了这一预测。他发现，在那些总需求和价格更稳定的国家里，总需求变动对产出的影响更大。卢卡斯得出结论：证据支持不完美信息模型。[①]

黏性价格模型也对短期总供给曲线的斜率做出了预测。特别地，它预测，平均通货膨胀率影响短期总供给曲线的斜率。当平均通货膨胀率高时，企业要长时期保持价格固定的成本很高。因此，企业应该更频繁地调整价格。更频繁的价格调整又使价格水平对总需求冲击更快地做出反应。因此，高通货膨胀率应当使短期总供给曲线更为陡峭。

国际数据支持黏性价格模型的这种预测。在平均通货膨胀率低的国家，短期总供给曲线相对平坦：总需求波动对产出的影响大，总需求波动仅仅缓慢地反映在价格上。高通货膨胀国家的短期总供给曲线陡峭。换言之，高通货膨胀看来消除了造成价格黏性的摩擦力。[②]

注意黏性价格模型也可以解释卢卡斯关于总需求变动大的国家有着陡峭的总供给曲线这一发现。如果价格水平大幅波动，就很少有企业提前对价格做出承诺（s 就小）。因此，总供给曲线将是陡峭的（α 就小）。

启 示

我们已经看到了两个总供给模型，每个模型依赖某种市场不完美性来解释短期总供给曲线向右上方倾斜。第一个模型假设一些产品的价格是黏性的；第二个模型假设关于价格的信息是不完美的。这些模型并不一定是互相排斥的。这两种市场不完美性可能都对短期总供给的行为有作用。

尽管这两个总供给模型在其假设和重点上不同，但是，它们对产出的启示是相似的。两个模型都得到了下式：

$$Y = \bar{Y} + \alpha(P - EP)$$

这个方程是说，只要价格水平偏离了其预期水平，那么，产出就会偏离其自然产出水平。如果价格水平高于预期价格水平，产出超过其自然产出水平；如果价格水平低于预期价格水平，产出低于其自然产出水平。图 15-1 表示了这个方程。注意短期

---

① Robert E. Lucas, Jr., "Some International Evidence on Output-Inflation Tradeoffs," *American Economic Review* 63 (June 1973): 326-334.

② Laurence Ball, N. Gregory Mankiw, and David Romer, "The New Keynesian Economics and the Output-Inflation Tradeoff," *Brookings Papers on Economic Activity* no. 1 (1988): 1-65.

总供给曲线是根据一个给定的预期价格水平 EP 画出的，EP 的变动将使该曲线移动。

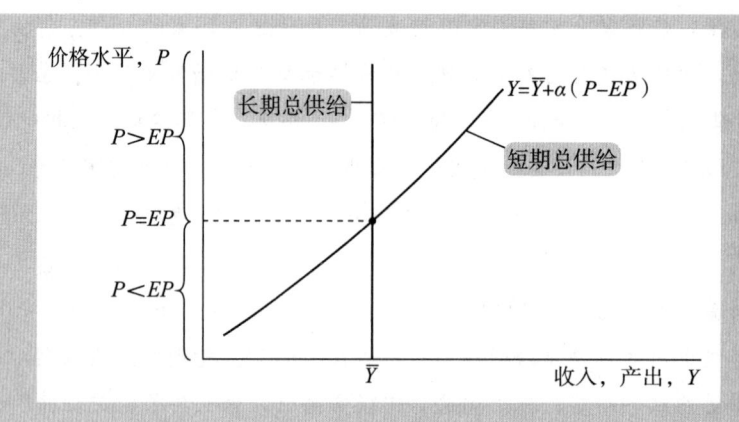

图 15-1　短期总供给曲线

如果价格水平 P 偏离了预期价格水平 EP，产出就偏离自然产出水平 $\bar{Y}$。

既然我们对总供给有了更好的理解，下面我们把总供给与总需求放到一起。图 15-2 用总供给方程说明经济如何对未预期到的总需求增加（比如说，由未预期到的货币扩张引起的总需求增加）做出反应。在短期，均衡从 A 点移动到 B 点。总需求的增加使现实价格水平从 P_1 上升到 P_2。由于人们并没有预期到价格水平的这一上升，预期的价格水平仍然在 EP_2，产出从 Y_1 增加到 Y_2，这超过了自然产出水平 $\bar{Y}$。因此，未预期到的总需求扩张使经济出现繁荣。

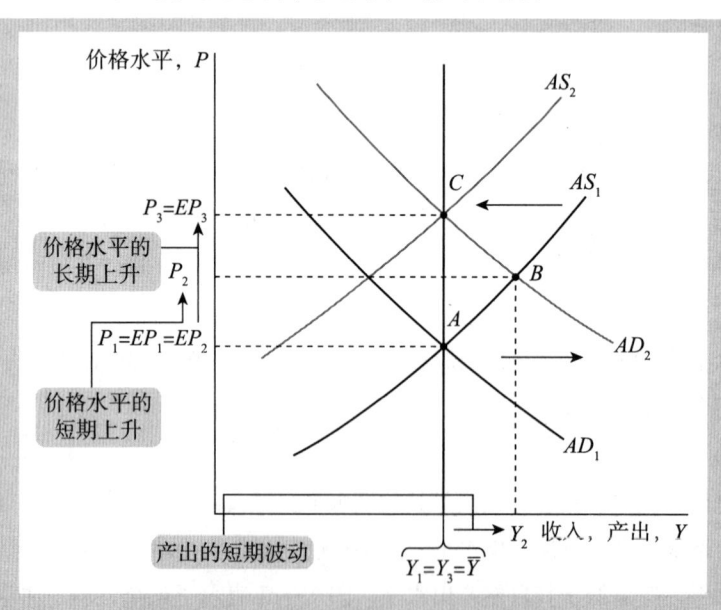

图 15-2　总需求的移动如何导致短期波动

经济开始时处于长期均衡，即 A 点。当总需求出现未预期到的增加时，价格水平从 P_1 上升到 P_2。由于价格水平 P_2 高于预期的价格水平 EP_2，随着经济沿着短期总供给曲线从 A 点移动到 B 点，产出暂时增加到高于自然产出水平。在长期，预期的价格水平上升到 EP_3，这导致短期总供给曲线向左移动。经济回到新的长期均衡，C 点，在该点，产出回到其自然产出水平。

然而繁荣不会永远持续下去。在长期，预期的价格水平上升到现实水平，导致短期总供给曲线向左移动。随着预期的价格水平从 EP_2 上升到 EP_3，经济的均衡从 B 点移动到 C 点。现实的价格水平从 P_2 上升到 P_3，产出从 Y_2 下降到 Y_3。换言之，经济又回到了长期的自然产出水平，但是价格水平比原来高得多了。

这一分析证明了一个重要原理，它对两个总供给模型都适用：长期的货币中性与短期的货币非中性是相容的。在这里，短期的非中性由从 A 点到 B 点的运动来代表，产出随着价格水平的上升而上升。长期的货币中性则由从 A 点到 C 点的运动来代表，产出在价格水平上升时保持在自然产出水平。我们通过强调价格水平预期的调整把货币的短期和长期影响统一起来了。

15.2 通货膨胀、失业和菲利普斯曲线

经济政策制定者的两个目标是低通货膨胀和低失业，但这两个目标可能有冲突。例如，假定政策制定者想用货币政策或财政政策扩大总需求。这一政策将使经济沿着短期总供给曲线移动到更高产出和更高价格水平的一点。（图 15-2 把这种移动表示为从 A 点变动到 B 点。）更高的产出意味着更低的失业，因为当企业生产更多时，雇用的工人更多。给定前一年的价格水平，更高的价格水平意味着更高的通货膨胀。因此，当政策制定者使经济沿着短期总供给曲线向上运动时，他们降低了失业率，提高了通货膨胀率。反过来，当他们紧缩总需求和使经济沿着短期总供给曲线向下运动时，失业增加了，通货膨胀下降了。

通货膨胀与失业之间的这种取舍关系体现在菲利普斯曲线上，这是本节的主题。正如我们刚刚看到的（以及即将更正式地推导的），菲利普斯曲线体现了短期总供给曲线的本质：当政策制定者使经济沿着短期总供给曲线运动时，失业与通货膨胀反方向变动。由于通货膨胀和失业是如此重要的经济表现衡量指标，所以，菲利普斯曲线是表示总供给的一种有用的方式。

从总供给曲线推导出菲利普斯曲线

现代形式的**菲利普斯曲线**（Phillips curve）告诉我们，通货膨胀率取决于三种力量：

- 预期的通货膨胀率；
- 失业对自然率的偏离，被称为周期性失业（cyclical unemployment）；
- 供给冲击。

这三种力量可以用下式表述：

$$\pi = E\pi - \beta(u - u^n) + v$$

通货膨胀率 ＝ 预期的通货膨胀率 －（β×周期性失业）＋供给冲击

式中，β 为衡量通货膨胀率对周期性失业的敏感度的参数。注意在周期性失业这一

项前带有负号：在其他条件相同的情况下，高失业与低通货膨胀相联系。

这个菲利普斯曲线方程从何而来呢？我们可以从总供给方程推导出来。为了看出推导过程，把总供给方程写为

$$P = EP + \left(\frac{1}{\alpha}\right)(Y - \bar{Y})$$

通过一加、一减和一次替换，我们可以把这个方程变成通货膨胀与失业之间的菲利普斯曲线关系。

这三个步骤如下。第一步，方程右边加上一项供给冲击 v，它代表改变价格水平和使短期总供给曲线移动的外生事件（例如，世界石油价格的变动）：

$$P = EP + \left(\frac{1}{\alpha}\right)(Y - \bar{Y}) + v$$

第二步，为了从价格水平转向通货膨胀率，方程两边同时减去上一年价格水平 P_{-1}，得到

$$(P - P_{-1}) = (EP - P_{-1}) + \left(\frac{1}{\alpha}\right)(Y - \bar{Y}) + v$$

左边的项 $P - P_{-1}$ 是当年价格水平与上年价格水平之差，即通货膨胀率 π。① 右边的 $EP - P_{-1}$ 这一项是预期价格水平与上年价格水平之差，即预期通货膨胀率 $E\pi$。因此，我们可以用 π 替换 $P - P_{-1}$，用 $E\pi$ 替换 $EP - P_{-1}$：

$$\pi = E\pi + \left(\frac{1}{\alpha}\right)(Y - \bar{Y}) + v$$

第三步，为了从产出转向失业率，回忆第 11 章中的奥肯定律提供了这两个变量之间的一种关系。奥肯定律的一种形式是说，产出对其自然水平的偏离和失业对其自然率的偏离负相关；也就是说，当产出高于自然产出水平时，失业低于自然失业率。我们可以把这种关系写为

$$\left(\frac{1}{\alpha}\right)(Y - \bar{Y}) = -\beta(u - u^n)$$

运用奥肯定律所说的这种关系，我们可以用 $-\beta(u - u^n)$ 来替换前面方程中的 $\left(\frac{1}{\alpha}\right)(Y - \bar{Y})$，得到

$$\pi = E\pi - \beta(u - u^n) + v$$

这样，我们就可以从总供给方程中推导出菲利普斯曲线方程。

以上所有这些代数都是要说明一件事：菲利普斯曲线方程和短期总供给方程代表了同样的经济思想。这两个方程都说明了实际变量与名义变量之间的一种联系，这种联系使得古典二分法（实际变量与名义变量在理论上的分离）在短期中被打破

---

① 数学注释：这一表述并不准确，因为通货膨胀率实际上是价格水平的百分比变动。为了使该表述更为准确，把 P 解释为价格水平的对数。根据对数的性质，P 的变动大体上是通货膨胀率。原因是 $dP = d(\log$ 价格水平$) = d($价格水平$)/$价格水平。

了。根据短期总供给方程，产出与未预期到的价格水平的变动相关。根据菲利普斯曲线方程，失业与未预期到的通货膨胀率的变动相关。研究产出与价格水平时，短期总供给曲线更方便，而研究失业与通货膨胀时，菲利普斯曲线更方便。但是，你应该总是记得：菲利普斯曲线和短期总供给曲线是同一枚硬币的两面。

> **参考资料　　现代菲利普斯曲线的历史**
>
> 　　菲利普斯曲线是以经济学家 A. W. 菲利普斯（A. W. Phillips）的名字命名的。1958年，菲利普斯观察到英国的失业率和工资膨胀率之间存在一种负相关关系。[①] 今天经济学家所使用的菲利普斯曲线与菲利普斯所考察的关系在三个方面存在不同。
>
> 　　第一，现代菲利普斯曲线用价格的膨胀代替工资膨胀。这一差别并不是至关重要的，因为价格膨胀与工资膨胀是密切相关的。在工资迅速上升的时期，价格通常也迅速上升。
>
> 　　第二，现代菲利普斯曲线包括了预期的通货膨胀。这一增加源于米尔顿·弗里德曼和埃德蒙德·费尔普斯的研究。这两位经济学家在 20 世纪 60 年代建立早期版本的不完美信息模型时，强调了预期对总供给的重要性。
>
> 　　第三，现代菲利普斯曲线包含了供给冲击。这一增加要归因于欧佩克，即石油输出国组织。20 世纪 70 年代，欧佩克引起世界石油价格大幅度上升，这使经济学家更加认识到总供给冲击的重要性。

适应性预期与通货膨胀惯性

　　为了使菲利普斯曲线对分析政策制定者所面临的选择有用，我们需要说明是什么决定了预期通货膨胀。一个简单又往往合理的假设是，人们根据最近观察到的通货膨胀来形成他们的通货膨胀预期。这种假设被称为**适应性预期**（adaptive expectations）。例如，如果人们预期今年的价格以与去年相同的比率上升，那么，预期通货膨胀率 $E\pi$ 等于去年的通货膨胀率 π_{-1}：

$$E\pi = \pi_{-1}$$

在这种情况下，我们可以把菲利普斯曲线写为

$$\pi = \pi_{-1} - \beta(u - u^n) + v$$

这个方程是说，通货膨胀 π 取决于过去的通货膨胀 π_{-1}、周期性失业 $(u-u^n)$ 和供给冲击 v。参数 β 衡量了通货膨胀率对周期性失业的敏感度。当菲利普斯曲线写成这种形式时，自然失业率有时被称为非加速通货膨胀的失业率（non-accelerating inflation rate of unemployment），或 NAIRU。

　　这种形式的菲利普斯曲线的第一项 π_{-1} 意味着通货膨胀有惯性。也就是说，与

[①] A. W. Phillips, "The Relationship Between Unemployment and the Rate of Change of Money Wages in the United Kingdom, 1861 – 1957," *Economica* 25 (November 1958): 283 – 299.

一个在空间中运动的物体一样,除非某样东西做出阻止它的行动,否则通货膨胀就会继续下去。特别地,如果失业率等于非加速通货膨胀的失业率,而且如果没有供给冲击,价格水平的上升就既不会加速也不会减缓。这种惯性的产生是因为过去的通货膨胀影响对未来通货膨胀的预期,这些预期又影响人们设定的工资与价格。在20世纪70年代高通货膨胀时期,罗伯特·索洛对通货膨胀惯性做了这样一个简洁的总结:"为什么我们的货币总是越来越不值钱了呢?也许很简单,我们有通货膨胀是因为我们预期有通货膨胀,我们预期有通货膨胀是因为我们有过通货膨胀。"

在总供给与总需求模型中,通货膨胀惯性被解释为总供给曲线与总需求曲线两者的持续向上移动。首先考虑总供给。如果价格一直迅速上升,人们就会预期价格将继续迅速上升。由于短期总供给曲线的位置取决于预期的价格水平,短期总供给曲线就会随时间的推移向上移动。它将继续向上移动,直到有某一事件,例如衰退或供给冲击改变了通货膨胀,从而改变了通货膨胀预期为止。

总需求曲线也必须向上移动以证实通货膨胀的预期。最常见的情况是,总需求的持续上升是由于货币供给的持续增长。如果美联储突然停止货币增长,总需求就会稳定,总供给的向上移动就引起衰退。衰退时的高失业率将降低通货膨胀和预期的通货膨胀,导致通货膨胀惯性的减弱。

通货膨胀上升与下降的两个原因

菲利普斯曲线方程的第二项与第三项表示可以改变通货膨胀率的两种力量。

第二项 $\beta(u - u^n)$ 表示周期性失业——失业对其自然率的偏离——对通货膨胀施加向上或向下的压力。低失业率向上拉动了通货膨胀率。因为高的总需求造成了这种类型的通货膨胀,这被称为**需求拉动型通货膨胀**(demand-pull inflation)。反之,高失业率向下拉动了通货膨胀率。参数 β 衡量通货膨胀对周期性失业的敏感度,它取决于诸多经济特征,如黏性价格有多常见和企业的边际成本随生产水平的提高增加有多快。

第三项 v 表示通货膨胀也会由于供给冲击而上升或下降。不利的供给冲击意味着 v 值为正,引起通货膨胀上升。因为不利的供给冲击是推动生产成本上升的事件,这被称为**成本推动型通货膨胀**(cost-push inflation)。有利的供给冲击降低了生产成本,使 v 值为负,引起通货膨胀下降。

正如下面的案例研究所表明的,历史充满了需求拉动型和成本推动型通货膨胀的例子。

案例研究

美国的通货膨胀与失业

由于通货膨胀与失业是重要的经济表现衡量指标,所以人们常常通过菲利普斯曲线来透视宏观经济的发展。图15-3展示了美国1960—2019年通货膨胀与失业的历史。这些数据说明了通货膨胀上升与下降的一些原因。

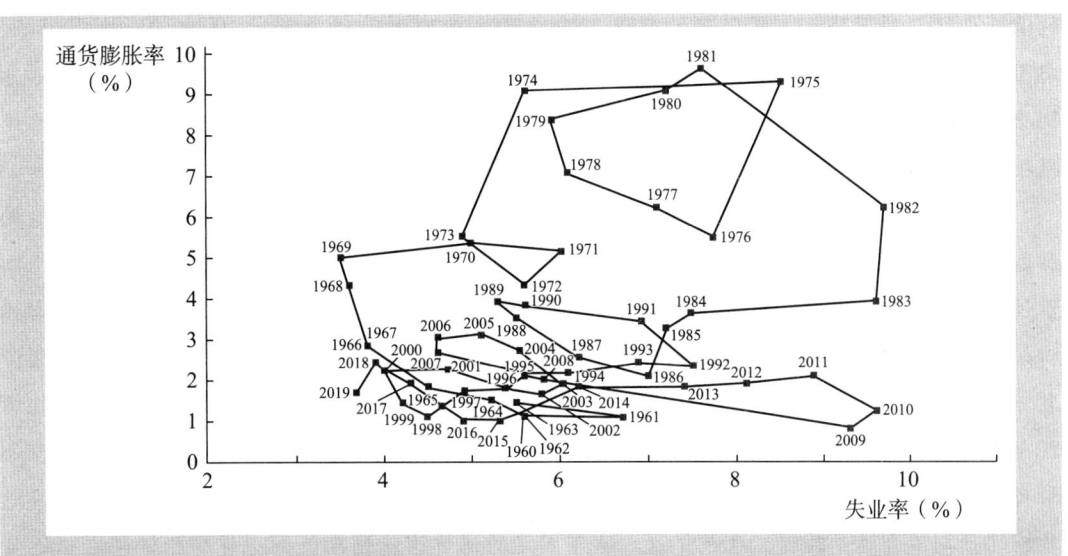

图15-3 1960—2019年美国的通货膨胀与失业

本图用失业率和通货膨胀率（GDP平减指数的百分比变动）的年度数据说明了美国历史上跨度超过半个世纪的宏观经济发展情况。

资料来源：U. S. Department of Commerce 和 U. S. Department of Labor.

20世纪60年代的情况说明了政策制定者在短期如何能够降低失业并导致需求拉动型通货膨胀。1964年的减税与扩张性货币政策共同扩大了总需求，推动失业率下降到5%以下。这种总需求的扩张一直持续到20世纪60年代后期，它是政府在越南战争上的支出的副产品。失业的下降低于政策制定者的意图，通货膨胀的上升高于政策制定者的意图。

20世纪70年代是经济混乱的时期。70年代初，政策制定者力图降低60年代遗留下来的通货膨胀。尼克松总统对工资和价格实行了暂时的控制，美联储通过紧缩性货币政策制造了一次衰退，但通货膨胀率仅稍稍下降。工资和价格控制的影响在这些控制取消后结束了，美联储制造出来的衰退太小而抵消不了此前繁荣带来的膨胀性影响。到1972年，失业率与10年前相同，而通货膨胀率高出了大约3个百分点。

从1973年开始，政策制定者不得不应付大规模供给冲击和成本推动型通货膨胀。20世纪70年代中期欧佩克第一次提高油价，这使通货膨胀率上升到9%以上。这一不利的供给冲击与暂时的紧缩性货币政策一起，导致了1975年的衰退。衰退期间的高失业在某种程度上降低了通货膨胀，但70年代末欧佩克进一步提高油价推动通货膨胀再次上升。

20世纪80年代是从高通货膨胀和高通货膨胀预期开始的。在保罗·沃尔克主席的领导下，美联储顽强地推行旨在降低通货膨胀的货币政策。在1982年和1983年，失业率达到了40年来的最高水平。高失业，加上1986年石油价格的辅助作用，将通货膨胀率从约9%拉低到约2%。到1987年，大约6%的失业率已接近于自然率的大多数估计值。然而，整个80年代失业率持续下降，1989年降低到5.3%，开始了新一轮的需求拉动型通货膨胀。

与之前的30年相比，20世纪90年代和21世纪初是相对平静的。90年代开始于几次紧缩性总需求冲击——紧缩性货币政策、储蓄与贷款危机（储贷危机）、与海湾战争同时发生的消费者信心的下降——所引起的衰退。1992年失业率上升到7.5%，通货膨胀略有下降。与1982年的衰退不同，1990年衰退期间的失业率从未上升到高于自然失业率，因此对通货膨胀的影响很小。类似地，2001年的衰退（在第13章讨论过）提高了失业率，但这次衰退根据历史标准来看是温和的，再一次地，对通货膨胀的影响是轻微的。

从2008年开始出现了一次更加严重的衰退。正如我们在第13章讨论过的，这次衰退的原因是一场金融危机，它导致了总需求大幅下降。2009年失业率大幅上升，通货膨胀下降到低位，正如传统的菲利普斯曲线预测的那样。由于失业率持续维持在高位，一些经济学家担心经济会经历通货紧缩（通货膨胀率为负）。但是，这种情况并没有出现。相反，随着经济复苏，失业率在2018年和2019年下降到低位，一些经济学家担心通货膨胀可能加速，就像20世纪60年代后期那样。这种情况也没有出现。这一期间通货膨胀的稳定性有点神秘。一种可能的解释是，美联储近来控制通货膨胀的历史使得它的通货膨胀率目标可信，这使得通货膨胀预期不会迅速改变。也就是说，牢牢固定的通货膨胀预期使得通货膨胀保持在接近美联储2%的目标。

因此，美国的宏观经济史阐释了对通货膨胀起作用的诸多力量，正如菲利普斯曲线方程所描述的那样。20世纪60年代和80年代的情况说明了需求拉动型通货膨胀的两面：在60年代，低失业拉高了通货膨胀；而在80年代，高失业拉低了通货膨胀。20世纪70年代的石油价格上涨显示了成本推动型通货膨胀的影响。2008—2009年大衰退后的情况说明，通货膨胀可以非常稳定，部分地是因为几十年的货币政策已经塑造了我们对通货膨胀的预期。[①]

通货膨胀与失业之间的短期权衡

考虑菲利普斯曲线给能够运用货币政策或财政政策来影响总需求的政策制定者提供的选择。在任何时候，预期的通货膨胀和供给冲击都是该政策制定者无法直接控制的。然而他可以通过改变总需求来改变产出、失业和通货膨胀。他可以扩大总需求来降低失业和提高通货膨胀。或者他也可以压低总需求来提高失业和降低通货膨胀。

图15-4画出了菲利普斯曲线方程，显示了通货膨胀与失业之间的短期权衡。当失业处于其自然率（$u=u^n$）时，通货膨胀取决于预期通货膨胀和供给冲击（$\pi = E\pi + v$）。参数β决定了通货膨胀与失业之间取舍的斜率。在短期，对于给定的预期通货膨胀水平，政策制定者可以调节总需求来选择这条曲线上通货膨胀与失业的任意组合，这条曲线被称为短期菲利普斯曲线（short-run Phillips curve）。

[①] 以下是一项关于2008—2009年深度衰退期间的通货膨胀的研究：Laurence Ball and Sandep Mazumder, "Inflation Dynamics and the Great Recession," *Brookings Papers on Economic Activity* no. 2 (2011): 337-381.

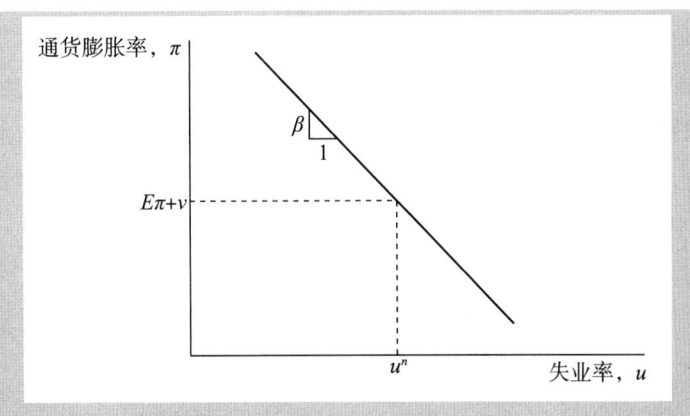

图 15-4 通货膨胀与失业之间的短期权衡

在短期，通货膨胀与失业之间负相关。在任何时点，控制着总需求的政策制定者可以在这条短期菲利普斯曲线上选择一个通货膨胀与失业的组合。

注意，短期菲利普斯曲线的位置取决于预期的通货膨胀率。如果预期通货膨胀上升，该曲线向上移动，政策制定者面临的权衡变得更不利了：在任何一个失业水平，通货膨胀更高了。图 15-5 显示了这种权衡如何取决于预期的通货膨胀。

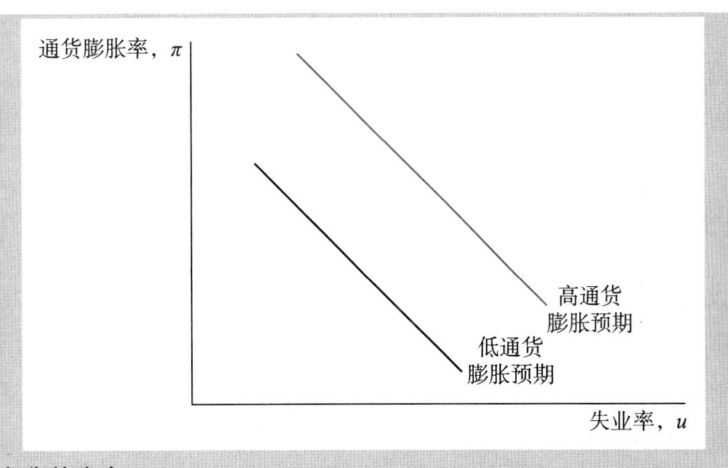

图 15-5 短期权衡的移动

通货膨胀与失业之间的短期权衡取决于预期的通货膨胀。当预期通货膨胀更高时，该曲线也更高。

由于人们随着时间的推移调整他们的通货膨胀预期，通货膨胀与失业之间的权衡只在短期成立。政策制定者不能使通货膨胀永远保持在预期通货膨胀之上（从而也不能使失业率永远低于其自然率）。最终，预期会适应政策制定者所选择的任何通货膨胀率。在长期，古典二分法成立，失业回到其自然水平，通货膨胀与失业之间不存在权衡。

参考资料　对自然失业率的估计有多精确？

如果你问一位天文学家某一颗星星与太阳的距离，他会给你一个数字，但这个数字是不精确的。人类衡量天文距离的能力是有限的。这位天文学家可能进行一次更精确的度量，得出结论说,那颗星星与太阳的距离实际上是他先前所认为的两倍或一半。

对自然失业率或 NAIRU 的估计也远谈不上精确。一个问题是供给冲击。对石油供给、庄稼收成或技术进步的冲击能够导致通货膨胀在短期上升或下降。因此,当我们观察到上升的通货膨胀时,我们不能确定这是失业率低于自然率的证据,还是经济正在经历不利供给冲击的证据。

第二个问题是自然失业率随着时间的推移而变动。人口结构的变动(例如"婴儿潮"一代的老龄化)、政策变动(例如最低工资法)和制度变动(例如工会作用的下降)都影响正常失业水平。估计自然失业率就像射击一个移动的目标。

经济学家运用统计技术来处理这些问题,所用的统计技术能够得到对自然失业率的最佳估计并使经济学家能衡量他们得到的估计值的不确定性。在一项研究中,道格拉斯·斯泰格(Douglas Staiger)、詹姆斯·斯托克(James Stock)和马克·沃森(Mark Watson)估计 1990 年的自然失业率为 6.2%,其 95% 置信区间为 5.1%～7.7%。一个 95% 置信区间是这样一个区间:统计学家有 95% 的把握相信真实值落在该区间。美联储的经济学家所做的一项时间更近的研究得到的 2013 年自然失业率的估计值为 5.8%,其 95% 置信区间为 4.5%～7%。这些大的置信区间表明对自然失业率的估计一点儿也不精确。

这一结论有着深刻的启示。政策制定者可能希望失业接近其自然率,但是,他们不能肯定自然失业率是多少这一事实限制了他们这样做的能力。①

反通货膨胀与牺牲率

设想一个失业率为其自然率和通货膨胀率为 6% 的经济。如果中央银行实施把通货膨胀率从 6% 降到 2% 的政策,失业和产出会发生什么变动呢?

菲利普斯曲线说明,在不存在有利的供给冲击的条件下,降低通货膨胀要求有一个高失业和低产出的时期。但是,失业需要比自然率高多少和多长时间呢?在决定是否降低通货膨胀前,政策制定者必须知道在向更低的通货膨胀过渡的过程中将会损失多少产出。然后,这些成本就可以与更低通货膨胀的好处相比较。

许多研究用可获得的数据来定量地考察菲利普斯曲线。这些研究的结果常常用一个被称为**牺牲率**(sacrifice ratio)的数字来概括,它是为了使通货膨胀率降低一个百分点而必须放弃的一年实际 GDP 的百分比。尽管牺牲率的估计值差别很大,但典型的估计值大约为 5%:也就是说,要降低通货膨胀率 1 个百分点,就必须牺

---

① Douglas Staiger, James H. Stock, and Mark W. Watson, "How Precise Are Estimates of the Natural Rate of Unemployment?" in Christina D. Romer and David H. Romer, eds., *Reducing Inflation: Motivation and Strategy* (Chicago: University of Chicago Press, 1997), 195 – 246; Dave Reifschneider, William Wascher, and David Wilcox, "Aggregate Supply in the United States: Recent Developments and Implications for the Conduct of Monetary Policy," Federal Reserve Working Paper, 2013.

牲一年 GDP 的 5%。[1]

我们也可以用失业来表示牺牲率。奥肯定律告诉我们，失业率变动 1 个百分点会使得 GDP 变动 2 个百分点。因此，通货膨胀率降低 1 个百分点要求周期性失业上升大约 2.5 个百分点。

我们可以用牺牲率来估算，为了把通货膨胀率从 6% 降到 2%，失业率必须上升多少和上升多长时间。如果通货膨胀率降低 1 个百分点要求牺牲一年 GDP 的 5%，通货膨胀率降低 4 个百分点就要求牺牲一年 GDP 的 20%。等价地，通货膨胀下降这么多要求周期性失业上升 10 个百分点。

这种反通货膨胀可以采用多种形式，每种形式导致的牺牲总量都是一年 GDP 的 20%。例如，迅速的反通货膨胀——有时被称为通货膨胀的激进式解决方案——将连续 2 年每年使产出降低 10%。温和的反通货膨胀会在 4 年中每年使产出降低 5%。一个甚至更加渐进的反通货膨胀会在 10 年中每年使产出降低 2%。

理性预期与无痛苦反通货膨胀的可能性

由于通货膨胀预期影响通货膨胀与失业之间的短期权衡，理解人们如何形成预期就显得至关重要。到现在为止，我们一直假设预期通货膨胀取决于人们最近所观察到的通货膨胀。尽管这种适应性预期的假设是有道理的，但它也许太简单了而不能适用于所有情况。

另一种可供选择的方法是假设人们有**理性预期**（rational expectation）。也就是说，我们可以假设，人们可以最优地利用所有可获得的信息（包括关于政府政策的信息）来预测未来。由于货币政策与财政政策影响通货膨胀，预期通货膨胀也应该取决于实际的货币政策与财政政策。根据理性预期理论，货币政策或财政政策的变动会改变预期，因而对任何政策变动的评价都必须考虑对预期的这种影响。如果人们确实理性地形成他们的预期，那么，通货膨胀的惯性就会比看起来要小。

理性预期的倡导者之一、诺贝尔经济学奖得主托马斯·萨金特（Thomas Sargent）这样描述理性预期对菲利普斯曲线的启示：

> "理性预期"观点否认了存在任何导致目前通货膨胀过程的内在动力。这种观点认为，企业和工人现在预期到了未来的高通货膨胀率，他们根据这些预期来达成通货膨胀化的协议。然而，可以认为，人们预期未来有高通货膨胀率正是因为政府现在与未来的货币政策与财政政策成为那些预期的依据……因此，通货膨胀只是看起来有其内在动力；实际上，正是持续实行巨额赤字和高速创造货币的长期政府政策产生了通货膨胀动力。这种观点的一个启示是，制

---

[1] 以下是关于牺牲率的两项经典研究：Arthur M. Okun, "Efficient Disinflationary Policies," *American Economic Review* 68 (May 1978): 348-352; and Robert J. Gordon and Stephen R. King, "The Output Cost of Disinflation in Traditional and Vector Autoregressive Models," *Brookings Papers on Economic Activity* no. 1 (1982): 205-242.

止通货膨胀可以比"动力论"支持者所指出的快得多,"动力论"支持者对制止通货膨胀的时间长度与(用所放弃的产出来度量的)代价的估计是错误的……(制止通货膨胀)要求政策制度的变动:现在和未来确定赤字所使用的一贯的政府政策或战略必须断然改变,这种政策改变必须具有充分的约束力从而被广泛地相信……用放弃的产出来衡量的这种变动的成本有多大以及这种变动需要多长时间才能起作用,将部分地取决于政府承诺的坚定和可信程度。①

因此,理性预期的倡导者认为,短期菲利普斯曲线并没有正确地代表政策制定者可用的选项单。他们相信,如果政策制定者可信地承诺降低通货膨胀,理性人就会理解这一承诺,迅速降低他们的通货膨胀预期。然后,通货膨胀就会下降,而不会引起失业的增加和产出的下降。根据理性预期理论,传统的牺牲率估计值对评估不同政策的影响是没用的。在一种可信任的政策之下,降低通货膨胀的成本可能比牺牲率估计值所暗示的低得多。

在最极端的情况下,政策制定者可以降低通货膨胀率而根本不引起任何衰退。无痛苦的反通货膨胀有两个要求。第一,降低通货膨胀的计划必须在设定工资与价格的工人和企业形成他们的预期之前公告。第二,工人和企业必须相信这种公告,否则他们的通货膨胀预期就不会下降。如果这两个要求都得到满足,这种公告就将迅速使通货膨胀与失业之间的短期权衡向下移动,允许在不提高失业的情况下降低通货膨胀率。

虽然理性预期方法仍然充满争议,但大多数经济学家都同意,通货膨胀预期影响通货膨胀与失业之间的短期权衡。因此,降低通货膨胀政策的可信性是这种政策代价有多大的一个决定因素。由于很难知道公众是否认为新政策的公告可信,所以,预期的中心作用使得不同政策的结果更加难以预测。

案例研究

实践中的牺牲率

带有适应性预期的菲利普斯曲线意味着降低通货膨胀要求有一个高失业和低产出的时期。与此相反,理性预期方法认为,降低通货膨胀的代价可以小得多。实际反通货膨胀时期的情况如何呢?

考虑 20 世纪 80 年代初美国的反通货膨胀。80 年代初的通货膨胀率位居美国历史上最高之列。但由于保罗·沃尔克主席领导下的美联储实行了紧缩性货币政策,在这十年的前几年中通货膨胀率大幅度下降。这一段历史为估算在反通货膨胀过程中产出的损失提供了一个自然的实验。

通货膨胀下降了多少?按 GDP 平减指数衡量,1981 年通货膨胀率达到了 9.3% 的峰值。

---

① Thomas J. Sargent, "The Ends of Four Big Inflations," in Robert E. Hall, ed., *Inflation: Causes and Effects* (Chicago: University of Chicago Press, 1982), 41-98.

将 1985 年作为这一历史时期的结束是自然而然的,因为 1986 年石油价格出现了暴跌——这是与美联储政策无关的大而有利的供给冲击。在 1985 年,通货膨胀率为 3.2%。因此,我们可以估算出美联储在 4 年间使通货膨胀率下降了 6.1 个百分点。

在这一时期产出损失了多少?表 15-1 显示了 1982—1985 年的失业率。假设自然失业率是 6%,我们可以计算出每年的周期性失业率。在这个时期周期性失业率总计为 10.0%。奥肯定律告诉我们,失业率增加 1 个百分点会使得 GDP 损失 2 个百分点。因此,在这段反通货膨胀期间,有 20.0% 的年度 GDP 损失。

现在我们可以计算这一历史时期的牺牲率。我们知道 GDP 损失了 20.0%,通货膨胀率下降了 6.1 个百分点。因此,通货膨胀率每下降 1 个百分点所损失的 GDP 为 20.0/6.1=3.3 个百分点。沃尔克反通货膨胀的这段时期的牺牲率估计值为 3.3。

表 15-1　　沃尔克反通货膨胀时期的失业率 (%)

年份	失业率,u	自然失业率,u^n	周期性失业率,$u-u^n$
1982	9.7	6.0	3.7
1983	9.6	6.0	3.6
1984	7.5	6.0	1.5
1985	7.2	6.0	1.2
			总计 10.0

这个牺牲率的估计值小于沃尔克被任命为美联储主席之前的估计值。换言之,沃尔克降低通货膨胀的代价比许多经济学家所预测的要小。一种解释是:沃尔克坚定立场的可信性足以直接影响通货膨胀预期。但预期的变动还没有大到足以使反通货膨胀无痛苦。1982 年 11 月失业达到了 10.8%,这在当时是自大萧条以来的最高水平。

虽然沃尔克的反通货膨胀仅仅是一个历史事件,但这种分析可以适用于其他反通货膨胀。一项综合研究记载了 19 个国家 65 次反通货膨胀的结果。在几乎所有案例中,降低通货膨胀都以产出的暂时减少为代价,但不同案例中产出损失的大小各异。迅速的反通货膨胀通常比缓慢的反通货膨胀有着更小的牺牲率。也就是说,与适应性预期下的菲利普斯曲线所表明的相反,激进式方法比渐进式方法的代价要小。而且,那些有着更灵活的工资设定制度——例如更短的劳动合约时间——的国家有着更小的牺牲率。这些发现表明,降低通货膨胀总是有某种代价的,但政策和制度可以影响代价的大小。[①]

滞后作用和对自然率假说的挑战

我们对反通货膨胀代价的讨论——和我们在前面四章中对经济波动的全部讨

---

① Laurence Ball, "What Determines the Sacrifice Ratio?" in N. Gregory Mankiw, ed., *Monetary Policy* (Chicago: University of Chicago Press, 1994), 155-193.

论——都是基于一种称为**自然率假说**（natural-rate hypothesis）的假设。以下这段话概括了这个假说：

> 总需求的波动仅仅在短期影响产出与就业。在长期，经济回到古典模型所描述的产出、就业和失业水平。

自然率假说使宏观经济学家可以分别研究经济的短期和长期发展。它是古典二分法的一种表达方式。

可是，一些经济学家通过提出总需求甚至在长期也可以影响产出和就业而向自然率假说发起了挑战。他们指出了若干机制，经由这些机制，衰退可能通过改变自然失业率而给经济留下永久的伤害。**滞后作用**（hysteresis）就是用来描述历史对自然率的长期持续影响的术语。

如果衰退改变了由此失业的人，那么，它就有长期影响。例如，失业时工人可能失去有价值的工作技能，这就降低了他们寻找工作的能力，甚至在衰退结束后也是如此。或者，长期失业可能改变一个人对工作的态度和降低他寻找工作的愿望。在任何一种情况下，衰退都永久地抑制了工作搜寻的过程，增加了摩擦性失业的数量。

衰退能够永久性影响经济的另一种方式是改变工资设定的方式。那些成为失业者的工人可能失去他们对工资设定过程的影响力。例如，失业工人可能失去了工会会员的身份。更一般地说，工资设定过程中的一些局内人变成局外人。如果人数更少的局内人群体更多地关心高实际工资而更少关心高就业，那么，衰退就可能永久性地使实际工资进一步高于均衡水平，增加结构性失业的数量。

滞后作用仍然是有争议的。一些经济学家相信，这种理论有助于解释欧洲持久的高失业。始于20世纪80年代初的欧洲失业的上升与反通货膨胀是同时发生的，但在通货膨胀稳定后，失业的上升仍在继续。而且，那些经历了通货膨胀最大幅度下降的国家，例如爱尔兰、意大利和西班牙，失业的增加往往更大。正如这些历史情节所显示的，由于甚至在反通货膨胀时期结束后产出还有损失，滞后作用会增加牺牲率。但是，关于滞后作用现象是否显著以及这种现象为什么在一些国家比在另一些国家更显著还没有达成共识。（第7章中讨论的欧洲高失业的其他解释提及了反通货膨胀以外的力量。）然而，如果这种理论是正确的，那它就很重要，因为滞后作用大大增加了衰退的代价。①

---

① Olivier J. Blanchard and Lawrence H. Summers, "Beyond the Natural Rate Hypothesis," *American Economic Review* 78 (May 1988): 182–187; and Laurence Ball, "Disinflation and the NAIRU," in Christina D. Romer and David H. Romer, eds., *Reducing Inflation: Motivation and Strategy* (Chicago: University of Chicago Press, 1997): 167–185; Laurence Ball, "Long-Term Damage from the Great Recession in OECD Countries," NBER Working Paper No. 20185, 2014.

15.3 结论

我们从讨论两个总供给模型开始本章，每个模型都解释了为什么当价格水平上升到人们预期的水平以上时短期的产出上升到其自然水平之上。这两个模型都得到了向右上方倾斜的短期总供给曲线，以及通货膨胀与失业之间的短期权衡。表述这一权衡的一种便利方法是使用菲利普斯曲线方程，根据这个方程，通货膨胀取决于预期通货膨胀、周期性失业以及供给冲击。

不是所有的经济学家都同意这里所讨论的每个观点。例如，关于理性预期和滞后作用在实践中的重要性就存在分歧。如果你发现要使本章所有内容相互适合有困难，并不止你有这种看法。对总供给的研究仍然是宏观经济学中最没有定论的从而也是最令人兴奋的研究领域之一。

快速测验

1. 黏性价格总供给模型解释了_____。
   A. 为什么当价格下降到预期价格以下时产出下降
   B. 为什么通货膨胀对政策变动做出的反应缓慢
   C. 为什么衰退给失业者带来了永久性伤害
   D. 为什么自然失业率取决于通货膨胀

2. 预期价格水平的增加使_____总供给曲线向_____移动。
   A. 长期，左   B. 长期，右
   C. 短期，左   D. 短期，右

3. 由于总需求的缩减，_____下降，但是随着时间的推移，当预期价格水平_____时，它回到其之前的水平。
   A. 价格水平，上升   B. 价格水平，下降
   C. 产出水平，上升   D. 产出水平，下降

4. 总_____曲线的向右移动使经济沿着短期菲利普斯曲线运动到一个通货膨胀_____的点。
   A. 供给，更高   B. 供给，更低
   C. 需求，更高   D. 需求，更低

5. 总_____曲线的向右移动使菲利普斯曲线发生移动，因此，对于任何失业水平，经济都经历_____的通货膨胀。
   A. 供给，更高   B. 供给，更低
   C. 需求，更高   D. 需求，更低

6. 如果人们的通货膨胀预期_____，那么，中央银行降低通货膨胀的成本就会最低。
   A. 对新的政策体制迅速做出反应
   B. 对政策的变动缓慢做出调整
   C. 认为政策声明不可信
   D. 适应性地取决于过去的通货膨胀

内容提要

1. 两种总供给理论——黏性价格和不完美信息模型——把产出和就业对其自然水平的偏离归因于各种市场不完美性。根据这两种理论，当价格水平高于预期的价格水平时，产出上升到自然产出水平之上；当价格水平低于预期的价格水平时，产出下降到自然产出水平之下。

2. 经济学家常常用被称为菲利普斯曲线的关系来表示总供给。菲利普斯曲线说明，通货膨胀取决于预期的通货膨胀、失业对其自然率的偏离以及供给冲击。根据菲利普斯曲线，控制总需求的政策制定者面临通货膨胀与失业之间的短期取舍关系。

3. 如果预期通货膨胀取决于近期观察到的通货膨胀，那么，通货膨胀就有惯性。降低通货膨胀要求要么出现有利的供给冲击，要么有一段失业上升和产出减少的时期。然而，如果人们有理性预期，那么，政策改变的一纸可信公告可能会直接影响预期，从而降低通货膨胀而不引起衰退。

4. 大多数经济学家接受自然率假说，根据这种假说，总需求的波动对产出和失业只有短期影响。但一些经济学家提出了衰退可能通过提高自然失业率而给经济留下永久性伤害的方式。

关键概念

黏性价格模型　　　不完美信息模型　　　牺牲率　　　理性预期
菲利普斯曲线　　　适应性预期　　　　自然率假说　　　滞后作用
需求拉动型通货膨胀　成本推动型通货膨胀

复习题

1. 解释两种总供给理论。每一种理论依赖于什么样的市场不完美性？两种理论有什么共同之处？

2. 菲利普斯曲线与总供给是怎样相关的？

3. 为什么通货膨胀会有惯性？

4. 解释需求拉动型通货膨胀与成本推动型通货膨胀之间的差别。

5. 在什么情况下降低通货膨胀而不引起衰退是可能的？

6. 解释衰退可能提高自然失业率的两种方式。

问题与应用

1. 利用黏性价格模型描述下列特殊情况下的总供给曲线。与在第11章中的短期总供给曲线相比，这些特例有何不同？

   a. 没有一家企业有弹性价格（$s=1$）。

   b. 合意价格不取决于国民收入（$a=0$）。

2. 假定一个经济的菲利普斯曲线如下：

   $$\pi = \pi_{-1} - 0.5(u-5)$$

   a. 自然失业率是多少？

   b. 作图表示通货膨胀与失业之间的短期关系与长期关系。

   c. 为了使通货膨胀率减少4个百分点，必须有多少周期性失业？用奥肯定律计算牺牲率。

   d. 现在的通货膨胀率为6%，中央银行想把它降到2%。给出两种能实现该目标的方案。

3. （Work It Out）一个经济的菲利普斯曲线如下：

   $$\pi = E\pi - 0.5(u-6)$$

   人们形成通货膨胀预期的方式是取前两年通货膨胀的加权平均值：

   $$E\pi = 0.7\pi_{-1} + 0.3\pi_{-2}$$

   该经济的奥肯定律为

   $$(Y-Y_{-1})/Y_{-1} = 3.0 - 2.0(u-u_{-1})$$

   该经济开始时的失业率等于自然失业率，通货膨胀率稳定在5%。

a. 该经济的自然失业率是多少？

b. 作图表示该经济面临的通货膨胀与失业之间的短期权衡。标出该经济的初始位置，标为 A 点。给出 A 点的坐标。

c. 经济中总需求出现了下降，这导致了衰退，使失业率上升到高出自然失业率 4 个百分点。在 b 小问答案的图中，标出那一年该经济所处的位置，标为 B 点。给出 B 点的坐标。

d. 失业连续两年（c 小问所描述的初始年份和下一年）处于这么高的水平。制作一张表格列出 10 年期间（从衰退前两年开始算起）每年的失业率、通货膨胀率、预期通货膨胀率和产出增长率。（这些计算最好在电子表格中进行。）

e. 在 b 小问答案的图中，画出这 10 年结束时该经济面临的短期权衡。标出该经济所处的位置，标为 C 点。给出 C 点的坐标。

f. 比较衰退前的均衡和新的长期（时期 10）均衡。通货膨胀变动了多少？在过渡期间有多少个百分点的产出损失了？该经济的牺牲率是多少？

4. 根据理性预期方法，如果每个人都相信政策制定者致力于降低通货膨胀，那么，降低通货膨胀的代价——牺牲率——将低于如果公众怀疑政策制定者的意图的情形。为什么可能是这样？可信性如何获得？

5. 假定经济初始处于长期均衡位置。然后，美联储增加了货币供给。

a. 假设产生的任何通货膨胀都没有被预期到，描述这一货币扩张引起的 GDP、失业和通货膨胀的任何变化。用三幅图——IS—LM 模型、AD—AS 模型和菲利普斯曲线各一幅——来解释你的结论。

b. 假设产生的任何通货膨胀都被预期到了，描述这一货币扩张引起的 GDP、失业和通货膨胀的任何变化。再次地，用三幅图——IS—LM 模型、AD—AS 模型和菲利普斯曲线各一幅——来解释你的结论。

6. 假设人们有理性预期，经济由黏性价格模型所描述。解释为什么以下每一命题都是正确的：

a. 只有未预期到的货币供给的变动影响实际 GDP。在价格设定时预期到的货币供给的变动没有任何实际影响。

b. 如果美联储在人们设定价格的同时选择货币供给，从而每个人对经济状况都有同样的信息，那么，货币政策就不能系统地运用于稳定产出。因此，保持货币供给不变的政策与根据经济状况调整货币供给的政策有同样的实际影响。[这被称为政策无关论（policy irrelevance proposition）。]

c. 如果美联储在人们已经设定价格之后设定货币供给，从而美联储收集了有关经济状况的更多信息，那么，货币政策就可以被系统地运用于稳定产出。

7. 假定经济的菲利普斯曲线是

$$\pi = \pi_{-1} - 0.5(u - u^n)$$

自然失业率是过去两年失业率的平均数：

$$u^n = 0.5(u_{-1} + u_{-2})$$

a. 为什么自然失业率可能取决于最近的失业（如前面方程中所假设的那样）？

b. 假定美联储遵循永久性地降低通货膨胀 1 个百分点的政策。随着时间的推移，该政策对失业率有什么影响？

c. 这个经济中的牺牲率是多少？请解释。

d. 这些方程对通货膨胀与失业之间的短期和长期权衡意味着什么？

8. 一些经济学家相信税收对劳动供给有重要的影响。他们认为，更高的税收使人们工作得更少，更低的税收使人们工作得更多。考虑这种影响如何改变税收变动的宏观经济分析。

a. 如果这种观点正确，减税如何影响自然产出水平？

b. 减税如何影响总需求曲线？如何影响长期总供给曲线？如何影响短期总供给曲线？

c. 减税对产出和价格水平的短期影响是什么？你的回答与税收对劳动供给缺乏影响的情况有什么不同？

d. 减税对产出和价格水平的长期影响是什么？你的回答与税收对劳动供给缺乏影响的情况有什么不同？

9. 登录劳工统计局网站（www.bls.gov）。找出过去 5 年的每一年用包括所有产品的消费者价格指数（the consumer price index for all items）衡量的通货膨胀率［有时被称为整体通货膨胀（headline inflation）］与用剔除食品和能源的 CPI（the CPI excluding food and energy）衡量的通货膨胀率［有时被称为核心通货膨胀（core inflation）］。比较通货膨胀的这两个衡量指标。为什么它们可能不同？关于总供给曲线的移动和短期菲利普斯曲线的移动，这一差别可能告诉你些什么？

> 对于标有 Work It Out 的题目，网上有答案并且给出了类似题目的在线指导。为了得到这些答案以及其他学习资源，请访问 Achieve for Macroeconomics, 11e：https://achieve.macmillanlearning.com。

快速测验答案

1. A   2. C   3. D   4. C   5. B   6. A

附录　所有模型之母

在前面各章，我们已经看到了关于经济如何运行的许多模型。在学习这些模型时，可能难以看出它们是如何相互联系的。既然我们已经完成了建立总需求与总供给模型，现在是回顾我们都已经学习了什么的好时机。本附录概述了一个大型模型，该模型整合了我们已经看到的许多理论，包括第二篇介绍的古典理论和第四篇介绍的经济周期理论。符号和方程应当已经为我们熟悉了。我们的目的是把我们前面的许多分析置于一个通用框架以解释各种模型之间的关系。

这个综合模型有 7 个方程：

$$Y = C(Y-T) + I(r) + G + NX(\epsilon) \quad\quad IS：产品市场均衡$$

$$\frac{M}{P} = L(i, Y) \quad\quad LM：货币市场均衡$$

$$NX(\epsilon) = CF(r - r^*) \quad\quad 外汇市场均衡$$

$$i = r + E\pi \quad\quad 实际利率与名义利率之间的关系$$

$$\epsilon = \frac{eP}{P^*} \quad\quad 实际汇率与名义汇率之间的关系$$

$$Y = \bar{Y} + \alpha(P - EP) \quad\quad 总供给$$

$$\bar{Y} = F(\bar{K}, \bar{L}) \quad\quad 自然产出水平$$

这 7 个方程决定了如下 7 个内生变量的均衡值：产出 Y、自然产出水平 $\bar{Y}$、实际利率 r、名义利率 i、实际汇率 ϵ、名义汇率 e 及价格水平 P。

许多外生变量影响这些内生变量。包括货币供给 M、政府购买 G、税收 T、资本存量 K、劳动力 L、世界价格水平 P^* 以及世界实际利率 r^*。此外，有两个预期变量：对未来通货膨胀的预期 $E\pi$ 和过去形成的对现期价格水平的预期 EP。像以上方程写出的那样，模型把这些预期变量作为外生的，尽管可以增加方程使它们成为内生的。

可用于分析这一包括 7 个方程的模型所需的数学技术超出了本书的范围。不过这一大型模型仍然是有用的，因为它表明了我们考察过的那些更小的模型是如何相互联系的。特别地，我们已经学习的许多模型是这一大型模型的特例。下面我们特别考察 6 个特例。(本附录末尾的一个问题要求你考察更多特例。)

特例 1：古典封闭经济　假定 $EP = P$，$L(i, Y) = (1/V)Y$，$CF(r-r^*) = 0$。用文字表述，这些方程意味着，价格水平预期的调整使得预期是正确的，货币需求与收入成比例，没有国际资本流动。在这种情况下，产出总是处于其自然水平，实际利率的调整使产品市场实现均衡，价格水平与货币供给平行运动，名义利率随着预期通货膨胀做出一对一的调整。这一特例对应于第 3 章和第 5 章所分析的经济。

特例 2：古典小型开放经济　假定 $EP = P$，$L(i, Y) = (1/V)Y$，$CF(r-r^*)$ 有无限弹性。现在，国际资本流动对国内与世界利率之间的任何差别反应都很大。这意味着 $r = r^*$ 和

贸易余额 NX 等于世界利率下的储蓄与投资之差。这一特例对应于第 6 章所分析的经济。

特例 3：总需求与总供给的基本模型 假定 α 无穷大和 $L(i, Y) = (1/V)Y$。在这种情况下，短期总供给曲线是水平的，总需求曲线仅仅由数量方程决定。这一特例对应于第 11 章所分析的经济。

特例 4：IS—LM 模型 假定 α 无穷大，$CF(r-r^*) = 0$。在这种情况下，短期总供给曲线是水平的，不存在国际资本流动。对于任何给定的预期通货膨胀水平 $E\pi$，收入和利率必须调整以使产品市场和货币市场达到均衡。这一特例对应于第 12 章和第 13 章所分析的经济。

特例 5：浮动汇率下的蒙代尔-弗莱明模型 假定 α 无穷大，$CF(r-r^*)$ 有无限弹性。在这种情况下，短期总供给曲线是水平的，国际资本流动如此之大以确保 $r=r^*$。汇率自由浮动，达到其均衡水平。这一特例对应于第 14 章所分析的第一个经济。

特例 6：固定汇率下的蒙代尔-弗莱明模型 假定 α 无穷大，$CF(r-r^*)$ 有无限弹性，名义汇率 e 固定不变。在这种情况下，短期总供给曲线是水平的，巨大的国际资本流动确保 $r=r^*$，但汇率是由中央银行设定的。汇率现在是一个外生的政策变量，但货币供给 M 是内生变量，它必须调整以保证汇率达到其固定水平。这一特例对应于第 14 章所分析的第二个经济。

你现在应该理解这一大型模型的价值了。即使该模型太大而对形成关于经济如何运行的直觉理解没有什么用处，它还是说明了我们已经学过的不同模型是紧密联系的。在每一章，我们都做了一些简化假设来使这个大模型变得更小和更易于理解。

图 15-6 说明了不同的模型是如何相互联系的，它还说明了从上面的大型综合模型开始，你可以如何得到前面各章考察的一些模型。步骤如下：

1. 古典或凯恩斯主义？你决定你是要一个古典的特例（当 $EP=P$ 或 α 为零时就是这种情况，因此产出处于自然水平）还是凯恩斯主义的特例（当 α 为无穷大时就是这种情况，因此价格水平完全固定）？

2. 封闭还是开放？你决定你是要一个封闭经济（当资本流动 CF 总是为零时就是这种情况）还是开放经济（允许 CF 不为零）？

3. 小型还是大型？如果你要一个开放经济，你决定你是要一个小型经济（CF 在世界利率 r^* 上具有无限弹性）还是大型经济（国内利率不由世界利率所固定）？

4. 浮动还是固定？如果你考察一个小型开放经济，你决定汇率是浮动的（中央银行固定货币供给）还是固定的（中央银行允许货币供给调整）？

5. 流通速度固定？如果你考察一个满足价格固定这一凯恩斯假设的封闭经济，你决定你是否要集中讨论流通速度外生固定的特例。

通过做出这一系列的模型化假设，你就将一个更加完整和复杂的模型转变成了一个更加简单和范围更窄的特例，这样的特例更加容易理解和使用。

在思考现实世界时，你应该谨记所有模型及其简化性假设。每个模型都对经济的某个方面提供了见解。

图15-6　模型如何相关

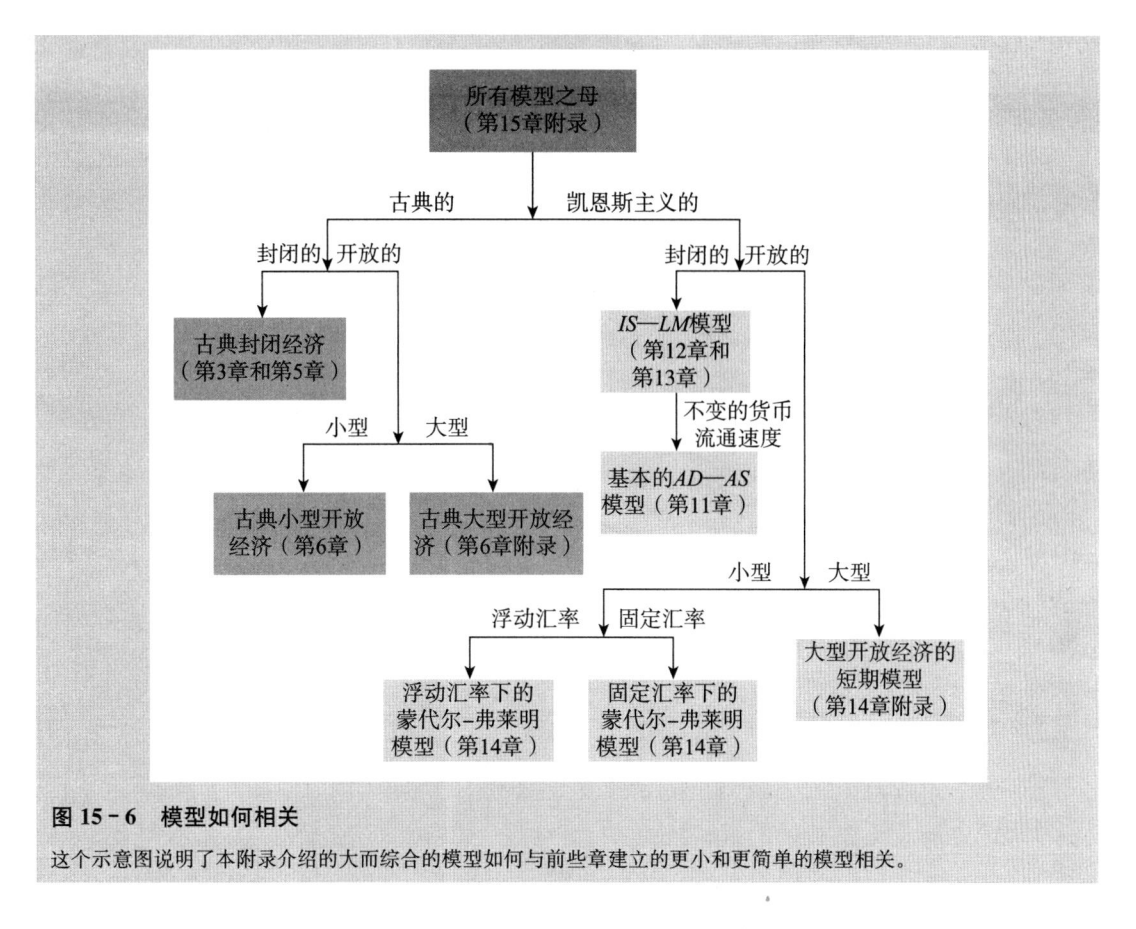

这个示意图说明了本附录介绍的大而综合的模型如何与前些章建立的更小和更简单的模型相关。

更多的问题与应用

1. 让我们考虑所有模型之母这一大型模型的更多特例。从这个综合模型开始，你需要做出哪些额外的假设才能得到以下每一个模型？

   a. 第6章附录中的古典大型开放经济模型。

   b. 第12章前半部分的凯恩斯交叉。

   c. 第14章附录中的大型开放经济的 IS—LM 模型。

第五篇

宏观经济理论和政策专题

第16章 一个经济波动的动态模型

> 科学上，获知新的事实固然重要，但更重要的是找出思考这些事实的新方法。
>
> ——威廉·布拉格（William Bragg）

本章开篇的威廉·布拉格（一位生活在大约一个世纪前的物理学家）的引语不但适用于自然科学，也同样适用于经济学。经济学家研究的许多事实是媒体每天报道的——GDP、通货膨胀、失业、贸易余额，等等。经济学家建立模型来提供思考这些熟知事实的新方法。一个好的模型不但符合事实，而且提供了对事实的新见解。

在之前的章节里，我们建立了解释长期和短期中经济的模型。在某种意义上，我们对宏观经济学的学习可能看似完整了。但是，和所有其他科学家一样，经济学家永不停歇。总是有更多的问题需要回答，总是需要不断地精炼。在本章和接下来的四章，我们来看一些宏观经济理论和政策专题，这些专题扩充了我们对经济的理解和对政策制定者面临的选择的理解。

本章介绍了一个模型，我们将其称为动态总需求和总供给模型。这个模型给我们提供了看待产出和通货膨胀的短期波动以及货币政策和财政政策对这些波动的影响的另一个视角。正如模型的名字所表明的那样，这个新模型强调经济波动的动态属性。词典将单词"动态"定义为"与活力或运动中的物体有关，以连续改变或活动为特征"。这一定义很容易应用于经济活动。经济不断地遭受到各种各样的冲击。这些冲击不但对经济的短期均衡有立即的影响，而且影响产出、通货膨胀和许多其他变量的后续路径。动态总需求—总供给（AD—AS）模型着眼于产出和通货膨胀随着时间的推移如何对经济环境的变化做出反应。

除了更加强调动力学之外，这个模型与我们前面的模型还有一个重大的区别：它明确地纳入了货币政策对经济状况的反应。在前面的章节，我们遵照惯例做了这样的简化：中央银行设定货币供给，货币供给又是均衡利率的一个决定因素。可是，在现实世界中，许多中央银行设定利率目标，允许货币供给调整到为实现该目标所需要的任何水平。而且，中央银行设定的目标利率取决于既包括通货膨胀又包括产出在内的经济状况。动态 $AD-AS$ 模型包括了货币政策的这些现实特征。

动态 $AD-AS$ 模型的许多组成部分在学习了前面的章节后就已经为读者所熟悉了，即使有时候它们的形式与前面章节中的略有差异。更重要的是，这些组成部分以新的方式组合在一起。你可以把这个模型看作把熟悉的原料混合在一起以烹饪出一种令人称奇的新式菜肴的一份食谱。在这个模型中，我们将以一种新的方式把熟悉的经济关系混合在一起，以得到对短期经济波动本质的更深刻的见解。

与前面章节中的模型相比，动态 $AD-AS$ 模型与处于研究前沿的经济学家所做的研究更为接近。而且，参与制定宏观经济政策的经济学家，包括在世界各地中央银行工作的经济学家，在分析经济事件对产出和通货膨胀的影响时经常采用这一模型的各种版本。

16.1 模型的要素

在考察动态 $AD-AS$ 模型的组成部分之前，我们需要引入一个符号：在本章，变量的下标 t 代表时间。例如，Y 继续代表总产出和国民收入，但是，现在它的形式是 Y_t，代表时期 t 的产出。类似地，Y_{t-1} 代表时期 $t-1$ 的产出，Y_{t+1} 代表时期 $t+1$ 的产出。这一新的符号使得我们能够跟踪变量随时间推移发生的变化。

现在，让我们看一下构成动态 $AD-AS$ 模型的五个方程。

产出：产品与服务需求

产品与服务需求由下面的方程给出：

$$Y_t = \bar{Y}_t - \alpha(r_t - \rho) + \varepsilon_t$$

式中，Y_t 为产品与服务的总产出；$\bar{Y}_t$ 为经济的自然产出水平；r_t 为实际利率；ε_t 为随机的需求冲击；α 和 ρ 为大于零的参数（稍后会解释）。这个方程在本质上与第 3 章的产品与服务需求方程以及第 12 章的 IS 方程相似。由于这一方程在动态 $AD-AS$ 模型中处于如此重要的位置，所以仔细考察它的每一项是很重要的。

方程右边的第一项，$\bar{Y}_t$，意味着产品与服务需求 Y_t 随经济的自然产出水平 $\bar{Y}_t$ 的增加而增加。在大部分情况下，我们可以通过假设 $\bar{Y}_t$ 为常数（也就是说，它在每个时期 t 的值相等）来简化问题。可是，在本章后面，我们将考察这一模型如何能够纳入用 $\bar{Y}_t$ 随时间的外生增长来代表的长期增长。在所有其他因素不变的条件下，由于长期增长提高了经济供给产品与服务的能力（用自然产出水平 $\bar{Y}_t$ 来衡量），它也使得经济更加富有，增加了产品与服务需求。

方程右边的第二项表达了实际利率 r_t 和产品与服务需求 Y_t 之间的负相关关系。

当实际利率增加时，借款变得更加昂贵，储蓄则得到更多的回报。因此，企业的投资项目减少，消费者储蓄得更多、花费得更少。这两种影响都减少了产品与服务需求。参数 α 告诉我们需求对实际利率的变化有多敏感。α 的值越大，产品与服务需求对一个给定的实际利率变化所做出的反应就越大。注意利率进入该方程的形式是 $r_t - \rho$，即实际利率与参数 ρ 之差，我们稍后就会解释参数 ρ。

需求方程的最后一项，ε_t，代表了需求的外生移动。将 ε_t 看作一个随机变量——其值被偶然因素决定的变量。它的均值为零，但是随时间波动。例如，如果（像凯恩斯著名的观点所认为的那样）投资者部分地受到"动物精神"——非理性的乐观主义和悲观主义情绪——的驱动，那么那些情绪的变化将体现在 ε_t 中。当投资者变得乐观时，他们增加产品与服务需求，这里用一个正的 ε_t 值来代表。当他们变得悲观时，他们削减支出，ε_t 为负值。

现在考虑参数 ρ。我们把 ρ 称为自然利率（natural rate of interest），这是因为它是在没有任何冲击的情况下产品与服务需求等于自然产出水平所对应的实际利率。也就是说，如果 $\varepsilon_t = 0$ 和 $r_t = \rho$，那么，$Y_t = \bar{Y}_t$。在本章稍后，我们将会看到，实际利率 r_t 在长期往往向自然利率 ρ 运动。我们在本章一律假设自然利率为常数（也就是说，在各期相等）。本章末尾的"问题与应用"第 7 题考察了如果自然利率变化会发生什么。

最后，我们说说货币政策和财政政策如何影响产品与服务需求。货币政策制定者通过改变实际利率 r_t 影响需求。因此，他们的行动通过方程的第二项起作用。与此形成对照的是，当财政政策制定者改变税收或政府支出时，他们改变了任何给定利率下的需求。因此，变量 ε_t 体现了财政政策的变化。政府支出的增加或（刺激了消费者支出的）减税意味着 ε_t 的值是正的。政府支出的削减或增税意味着 ε_t 的值是负的。正如我们将会看到的，这个模型的目的之一就是考察货币政策和财政政策变化的动态影响。

实际利率：费雪方程

动态 $AD-AS$ 模型中实际利率的定义和前面章节中相同。实际利率 r_t 等于名义利率 i_t 减去预期通货膨胀率 $E_t\pi_{t+1}$。也就是说，

$$r_t = i_t - E_t\pi_{t+1}$$

这个费雪方程与我们在第 5 章见到的费雪方程相似。这里，$E_t\pi_{t+1}$ 代表时期 t 形成的对时期 $t+1$ 的通货膨胀的预期。变量 r_t 是事前实际利率：人们基于他们的通货膨胀预期所预计的实际利率。

我们对符号和时间表示的惯例稍作说明以明了这些变量的意义。变量 r_t 和 i_t 是时间 t 的利率，因此，它们代表了时期 t 和 $t+1$ 之间的回报率。变量 π_t 表示当前的通货膨胀率，它是时期 $t-1$ 和 t 之间价格水平的百分比变化。类似地，π_{t+1} 是

将要发生的时期 t 和 $t+1$ 之间价格水平的百分比变化。截至时期 t，π_{t+1} 代表未来的通货膨胀率，从而还是未知的。在时期 t，人们可以形成对 π_{t+1} 的期望（写成 $E_t\pi_{t+1}$），但是，他们只有等到时期 $t+1$ 才知道 π_{t+1} 的现实值以及他们的预期是否正确。

注意，一个变量的下标告诉我们这个变量是什么时候决定的。时期 t 和 $t+1$ 之间的名义和事前实际利率在时期 t 是已知的，因此它们被写为 i_t 和 r_t。与此相对，时期 t 和 $t+1$ 之间的通货膨胀率要到时期 $t+1$ 才知道，因此它被写为 π_{t+1}。

当一个变量前面有期望算子 E 时，这一下标规则也适用，但是，这里你需要特别小心。和前面的章节一样，一个变量前面的算子 E 表示这个变量在其值实现之前的期望。期望算子的下标告诉我们该期望是什么时候形成的。因此，$E_t\pi_{t+1}$ 是基于时期 t（E 的下标）的可得信息对时期 $t+1$（π 的下标）的通货膨胀率的期望。尽管通货膨胀率 π_{t+1} 要到时期 $t+1$ 才知道，但是，对未来通货膨胀的期望，$E_t\pi_{t+1}$，是在时期 t 形成的。结果，尽管由 $i_t - \pi_{t+1}$ 给出的事后实际利率要到时期 $t+1$ 才知道，但是，事前实际利率，$r_t = i_t - E_t\pi_{t+1}$，在时期 t 就已经知道了。

通货膨胀：菲利普斯曲线

这个经济中的通货膨胀由传统的菲利普斯曲线经过扩充以包括预期通货膨胀和外生供给冲击的作用后得到的菲利普斯曲线决定。通货膨胀的方程是：

$$\pi_t = E_{t-1}\pi_t + \varphi(Y_t - \bar{Y}_t) + v_t$$

动态 $AD-AS$ 模型的这一部分与在第 15 章引入的菲利普斯曲线和短期总供给方程相似。根据这个方程，通货膨胀率 π_t 取决于前一期的预期通货膨胀率 $E_{t-1}\pi_t$、产出对其自然水平的偏离 $(Y_t - \bar{Y}_t)$，以及外生供给冲击 v_t。

通货膨胀之所以取决于预期通货膨胀是因为有些企业预先设定价格。当这些企业预期高通货膨胀时，它们预计自己的成本会迅速上升并且它们的竞争者会大幅涨价。高通货膨胀的预期诱使这些企业宣布自己的产品大幅涨价。这些价格增加导致了高的现实通货膨胀。反之，当企业预期低通货膨胀时，它们预测自己的成本和竞争者的价格仅仅会适度地上升。在这种情况下，它们小幅提高自己产品的价格，导致了低的现实通货膨胀。

参数 φ 大于零，它告诉我们当产出在其自然水平附近波动时通货膨胀的反应有多大。在其他条件相同的情况下，当经济繁荣和产出上升到其自然水平以上（$Y_t > \bar{Y}_t$）时，企业的边际成本递增，因此它们涨价；这些价格上涨提高了通货膨胀率 π_t。当经济不景气和产出在其自然水平以下（$Y_t < \bar{Y}_t$）时，边际成本下降，企业降价；这些价格下降降低了通货膨胀率 π_t。参数 φ 既反映了边际成本对经济活动状态的反应有多大，又反映了企业调整价格以应对成本变化的速度有多快。

在这个模型中，经济周期的状态由产出对其自然水平的偏离 $(Y_t - \bar{Y}_t)$ 来衡量。第 15 章中的菲利普斯曲线强调失业率对其自然水平的偏离。不过这一差别并不重要。回忆奥肯定律：产出和失业的短期波动之间有着强的负相关性。当产出在其自然水平之上时，失业在其自然水平之下，反之亦然。在我们继续建立这个模型时，牢记失业和产出一起波动，只不过方向相反。

供给冲击 v_t 是一个均值为零的随机变量，但是，在任意给定时期，它可以为正也可以为负。这个变量体现了除预期通货膨胀（体现在第一项 $E_{t-1}\pi_t$）和短期经济状况 [体现在第二项 $\varphi(Y_t - \bar{Y}_t)$] 以外的所有影响通货膨胀的因素。例如，如果一个激进的石油卡特尔推高了世界石油价格，从而提高了全面的通货膨胀，那么，这一事件将用一个正的 v_t 值来代表。如果该石油卡特尔内部的合作破裂和世界石油价格暴跌，从而引起通货膨胀下降，那么，v_t 就是负的。一句话，v_t 反映了所有直接影响通货膨胀的外生事件。

预期的通货膨胀：适应性预期

正如我们已经看到的，预期的通货膨胀在决定通货膨胀的菲利普斯曲线方程和联系名义利率与实际利率的费雪方程中起着关键作用。为了保持动态 AD — AS 模型的简单性，我们假设人们基于他们近来观察到的通货膨胀形成对通货膨胀的预期。也就是说，人们预期价格会以与近来相等的速率继续上升。这个行为被称为适应性预期（adaptive expectations），它可以被表达成

$$E_t \pi_{t+1} = \pi_t$$

当人们在时期 t 预测时期 $t+1$ 将会出现的通货膨胀率时，他们看一下时期 t 的通货膨胀率并推测下一期还是这么多。

同样的假设适用于每个时期。因此，当人们在时期 $t-1$ 预测时期 t 的通货膨胀率时，人们预期时期 $t-1$ 的通货膨胀率会持续。这意味着 $E_{t-1}\pi_t = \pi_{t-1}$。

不可否认，关于通货膨胀预期的这个假设很粗略。许多人在形成他们的预期时很可能更加精明。正如我们在第 15 章所讨论的，一些经济学家提倡一种称为理性预期的方法。根据理性预期，人们在预测未来时最优地使用所有可得的信息。但是，将理性预期纳入这个模型超出了本书的范围。（而且，理性预期的有效性在实证上存在争议。）适应性预期的假设简化了这个理论而且不会丧失该理论的许多见解。

名义利率：货币政策规则

本模型的最后一个部分是货币政策方程。我们假设中央银行采用下面的规则基于通货膨胀和产出来设定名义利率 i_t 的目标：

$$i_t = \pi_t + \rho + \theta_\pi(\pi_t - \pi_t^*) + \theta_Y(Y_t - \bar{Y}_t)$$

在这个方程中，π_t^* 是中央银行的通货膨胀率目标。（对于大部分目的而言，通

货膨胀率目标可以被假设为常数，但是我们将保留这个变量的时间下标，以便我们后面能够分析中央银行改变其通货膨胀目标时会发生什么。）θ_π 和 θ_Y 是两个关键的政策参数，均被假设为大于零。它们表明中央银行在经济状况变化时对其利率目标的调整有多大。θ_π 的值越大，中央银行对通货膨胀偏离目标值的反应越敏感；θ_Y 的值越大，中央银行对产出偏离其自然水平的反应越敏感。回忆方程中的常数 ρ 是自然利率（在没有任何冲击的情况下，产品与服务需求正好等于自然产出水平所对应的实际利率）。这个方程描述了中央银行如何采用货币政策来对它面临的任何局面做出反应。特别地，它告诉我们通货膨胀和产出如何决定中央银行的名义利率目标。

为了解释这一方程，最好不但要着眼于名义利率 i_t，而且要着眼于实际利率 r_t。回忆一下，产品与服务需求取决于实际利率而不是名义利率。因此，尽管中央银行为名义利率 i_t 设定了目标，但是，中央银行对经济的影响是通过实际利率 r_t 起作用的。根据定义，实际利率是 $r_t = i_t - E_t\pi_{t+1}$，但是，有了我们的预期方程 $E_t\pi_{t+1} = \pi_t$ 后，我们也可以将实际利率写为 $r_t = i_t - \pi_t$。根据货币政策方程，如果通货膨胀在其目标水平（$\pi_t = \pi_t^*$）且产出在其自然水平（$Y_t = \bar{Y}_t$），那么，该方程的最后两项为零，因此，实际利率等于自然利率 ρ。当通货膨胀率上升到目标水平以上（$\pi_t > \pi_t^*$）或者产出上升到其自然水平以上（$Y_t > \bar{Y}_t$）时，实际利率上升。当通货膨胀率下降到目标水平以下（$\pi_t < \pi_t^*$）或者产出下降到其自然水平以下（$Y_t < \bar{Y}_t$）时，实际利率下降。

此时，有人可能很自然地会问："货币供给会如何变动呢？"在前面的章节里，比如说第12章和第13章，货币供给常常被作为中央银行的政策工具，利率调整以实现货币供给和货币需求的均衡。这里，我们的逻辑截然相反。中央银行被假设为设定名义利率目标。然后，它将货币供给调整到确保（使货币供给和货币需求达到平衡的）均衡利率等于目标值所需要的任何水平。

使用利率而不是货币供给作为动态 $AD-AS$ 模型中政策工具的优势是：它更加具有现实性。今天，包括美联储在内的大多数中央银行都为名义利率设定短期目标。但是，牢记实现该目标要求对货币供给进行调整。对于本模型，我们不需要详细说明货币市场的均衡条件，但是它潜藏在模型的背景里。当中央银行决定改变利率时，它也就同时要致力于相应地调整货币供给。

案例研究

泰勒规则

如果你想设定利率以达到低且稳定的通货膨胀同时又避免产出和就业的大幅度波动，你会怎么做？美联储理事们每天必须思考这个问题。美联储现在设定的短期政策工具是联邦基金利率——银行间相互拆借的短期利率。联邦公开市场委员会每次开会时，都会选择一个联邦基金利率目标。然后美联储的债券交易员接到指令，进行公开市场操作以实现合意的目标。

美联储工作的难处是选择联邦基金利率目标。有两条通用准则是清晰的。第一，当通货膨胀加剧时，联邦基金利率应该上升。该利率的上升意味着更少的货币供给，最终意味着更低的投资、更低的产出、更高的失业和更低的通货膨胀。第二，当实际经济活动减缓时——如同实际GDP增长率低或失业上升所体现的那样，联邦基金利率应该下降。该利率的下降将意味着更多的货币供给，最终意味着更高的投资、更高的产出和更低的失业。这两条准则由动态 AD—AS 模型中的货币政策方程来代表。

不过，美联储需要超越这些通用准则，需要决定对通货膨胀和实际经济活动的变化到底做出多大的反应。经济学家约翰·泰勒（John Taylor）为联邦基金利率提出了如下规则[①]：

名义联邦基金利率＝通货膨胀率＋2.0＋0.5×（通货膨胀率－2.0）
＋0.5×GDP 缺口

GDP 缺口是实际GDP 偏离其自然水平的估计值的百分比。（为了与我们的动态 AD—AS 模型保持一致，如果GDP 超出其自然水平，那么GDP 缺口为正；如果低于其自然水平则为负。）

根据**泰勒规则**（Taylor rule），实际联邦基金利率——名义联邦基金利率减去通货膨胀率——应该对通货膨胀率和GDP 缺口做出反应，就像我们的动态模型中货币政策方程所表示的那样。泰勒对参数的值也有具体的建议。他估计，自然利率 ρ 和美联储的通货膨胀目标 π_t^* 都是2%。泰勒还建议，通货膨胀或GDP 缺口增加1个百分点应该导致实际联邦基金利率增加0.5个百分点，这意味着 θ_π 和 θ_Y 都等于0.5。类似地，通货膨胀或GDP 缺口减少1个百分点应该导致实际联邦基金利率减少0.5个百分点。

除了简单和合理以外，货币政策的泰勒规则也与某些时期现实的美联储行为相似。图16-1显示了现实的名义联邦基金利率和由泰勒提出的规则所决定的目标利率。注意这两个序列是如何趋于一起运动的。约翰·泰勒的货币规则可能不只是一个学术性建议。在某种程度上，它可能是美联储理事们潜意识地遵从的规则。

注意，如果通货膨胀和产出都足够低，那么，泰勒规则可以规定负的名义利率。事实上，这种局势在2008—2009年大衰退期间出现了。但是，这样的政策是不可行的。正如我们在第13章所讨论的那样，由于人们宁愿持有通货（名义回报为零）也不愿意以负利率借出，所以，中央银行不能设定负的名义利率。在这样的局势下，泰勒规则不能被严格地遵从。中央银行最接近于遵从泰勒规则的做法就是将利率设定为约等于零，如同美联储在此期间所做的那样。

在2011年左右，泰勒规则开始建议提高联邦基金利率。然而，美联储继续将利率保持在约等于零。这一出入引发了争论。一些经济学家认为，为了对利率高于泰勒规则建议的负值那段时期进行弥补，美联储的政策是适当的。也就是说，他们相信，为了帮助经济从大衰退中复苏，需要有一段低于规则利率的时期以对之前高于规则利率的时期进行补偿。

---

① John B. Taylor, "Discretion Versus Policy Rules in Practice," Carnegie-Rochester Conference Series on Public Policy 39 (1993): 195-214.

另外一些经济学家这么解释该出入。他们认为，自然利率已经下降了，因此泰勒规则中的常数项需要下降。现实的联邦基金利率在大衰退后很长时间仍然远远低于泰勒规则所建议的水平，而通货膨胀仍然温和，这样的事实与自然利率下降的假说是一致的。对自然利率下降的解释有：(1) 国外储蓄过剩降低了世界利率，(2) 技术进步使得创办新企业需要的资本投资减少了。

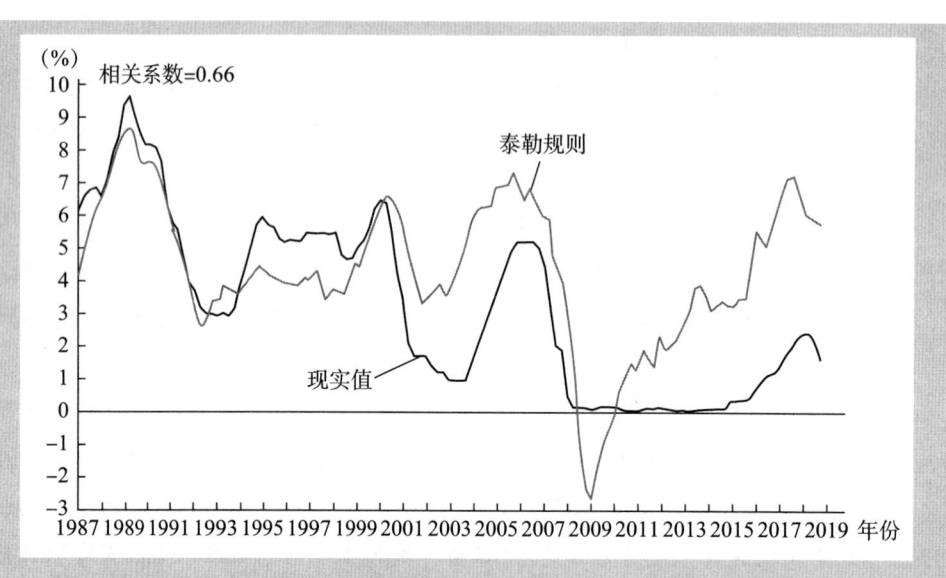

图 16-1　联邦基金利率：现实值和建议值

本图显示了美联储设定的联邦基金利率和泰勒的货币政策规则建议的目标利率。注意这两个序列移动的轨迹很接近。

资料来源：Federal Reserve Board，U.S. Department of Commerce，U.S. Department of Labor 以及作者的计算。为了使用泰勒规则，通货膨胀率用过去四个季度 GDP 平减指数的百分比变化来衡量，GDP 缺口用失业率对其自然水平（如图 7-1 所示）的偏离的 -2 倍来衡量。

16.2　模型求解

现在我们已经考察了动态 AD—AS 模型的每一个部分。作为总结，表 16-1 列出了这个模型的所有方程、变量和参数。根据变量是内生的（由模型决定）还是外生的（被模型视为给定），表中对模型中的变量进行了分组。

表 16-1　动态 AD—AS 模型中的方程、变量和参数

方程	
$Y_t = \overline{Y}_t - \alpha(r_t - \rho) + \varepsilon_t$	产品与服务需求
$r_t = i_t - E_t \pi_{t+1}$	费雪方程
$\pi_t = E_{t-1}\pi_t + \varphi(Y_t - \overline{Y}_t) + v_t$	菲利普斯曲线
$E_t \pi_{t+1} = \pi_t$	适应性预期
$i_t = \pi_t + \rho + \theta_\pi(\pi_t - \pi_t^*) + \theta_Y(Y_t - \overline{Y}_t)$	货币政策规则

续表

内生变量	
Y_t	产出
π_t	通货膨胀率
r_t	实际利率
i_t	名义利率
$E_t\pi_{t+1}$	预期的通货膨胀率
外生变量	
$\overline{Y}_t$	自然产出水平
π_t^*	中央银行的通货膨胀目标
ε_t	对产品与服务需求的冲击
v_t	对菲利普斯曲线的冲击（供给冲击）
前定变量	
π_{t-1}	前一时期的通货膨胀率
参数	
α	产品与服务需求对实际利率的敏感度
ρ	自然利率
φ	菲利普斯曲线中通货膨胀率对产出的敏感度
θ_π	货币政策规则中名义利率对通货膨胀率的敏感度
θ_Y	货币政策规则中名义利率对产出的敏感度

模型的五个方程决定了五个内生变量的路径：产出 Y_t、实际利率 r_t、通货膨胀率 π_t、预期的通货膨胀率 $E_t\pi_{t+1}$ 和名义利率 i_t。在任何时期，这五个内生变量都受到方程中的四个外生变量以及前一时期的通货膨胀率的影响。滞后的通货膨胀率 π_{t-1} 被称为前定变量（predetermined variable）。也就是说，它在过去是内生变量，但是，由于它在我们到达时期 t 时已经固定，所以，对于找到现期均衡这一目的来说，它在本质上是外生的。

我们几乎已经为将模型的这些部分放在一起来分析对经济的各种冲击如何影响这些变量随着时间的变化路径做好准备了。可是，在此之前，我们需要确立我们分析的起点：经济的长期均衡。

长期均衡

长期均衡代表经济围绕其波动的正常状态，也就是没有冲击（$\varepsilon_t = v_t = 0$）并且通货膨胀稳定（$\pi_t = \pi_{t-1}$）时的状态。

将简单的代数应用于模型的五个方程就可以得到五个内生变量的长期值：

$Y_t = \overline{Y}_t$

$r_t = \rho$

$\pi_t = \pi_t^*$

$$E_t \pi_{t+1} = \pi_t^*$$
$$i_t = \rho + \pi_t^*$$

长期均衡可以用如下文字描述：产出和实际利率等于它们的自然水平，通货膨胀和预期的通货膨胀等于通货膨胀的目标值，名义利率等于自然利率加上目标通货膨胀。

这个模型的长期均衡反映了两个相关的原理：古典二分法和货币中性。回忆古典二分法是实际变量和名义变量的分离，货币中性认为货币政策不影响实际变量。上面的方程表明，中央银行的目标通货膨胀率 π_t^* 只影响通货膨胀率 π_t、预期的通货膨胀率 $E_t\pi_{t+1}$ 和名义利率 i_t。如果中央银行提高它的通货膨胀目标，那么，通货膨胀率、预期的通货膨胀率和名义利率都增加相等的数量。货币政策不影响实际变量——产出 Y_t 和实际利率 r_t。在这些方面，动态 AD—AS 模型的长期均衡就像是我们在第3～10章考察的古典模型的镜像。

动态总供给曲线

为了研究在短期中经济的行为，用图形来分析模型是有用的。由于图形有两根轴，我们需要聚焦于两个变量。由于产出 Y_t 和通货膨胀率 π_t 是我们最感兴趣的变量，所以我们将使用这两个变量。与在传统的 AD—AS 模型中一样，产出将位于横轴。但是，由于价格水平现在已经隐没到本模型的背景之中，所以我们图形中的纵轴现在将代表通货膨胀率。

为了绘出图形，我们需要两个总结产出 Y_t 和通货膨胀率 π_t 之间关系的方程。这些方程将从我们已经看到的模型的五个方程中推导出来。不过，为了分离出 Y_t 和 π_t 之间的关系，我们需要用到一点代数来消除其他三个内生变量（r_t，i_t 和 $E_t\pi_{t+1}$）。

产出和通货膨胀的第一个关系几乎直接来自菲利普斯曲线方程。通过使用关于通货膨胀预期的方程（$E_{t-1}\pi_t = \pi_{t-1}$）把预期的通货膨胀率 $E_{t-1}\pi_t$ 用过去的通货膨胀率 π_{t-1} 来代替，我们可以消除菲利普斯曲线方程中的一个内生变量（$E_{t-1}\pi_t$）。这样替代以后，菲利普斯曲线方程变成

$$\pi_t = \pi_{t-1} + \varphi(Y_t - \bar{Y}_t) + v_t \qquad (DAS)$$

当两个外生变量（自然产出 $\bar{Y}_t$ 和供给冲击 v_t）以及一个前定变量（前一时期的通货膨胀率 π_{t-1}）的取值给定时，这个方程将通货膨胀率 π_t 和产出 Y_t 联系起来了。

图16-2绘出了这个方程所描述的通货膨胀率 π_t 和产出 Y_t 之间的关系。我们把这条向上倾斜的曲线叫做动态总供给曲线（dynamic aggregate supply curve），或者 DAS 曲线。动态总供给曲线和第15章的总供给曲线相似，区别在于纵轴表示的是通货膨胀而不是价格水平。DAS 曲线表明通货膨胀和产出在短期是如何相关的。它向上的斜率反映了菲利普斯曲线：在其他条件相同的情况下，更高的经济活动水平与更高的边际生产成本从而更高的通货膨胀相联系。

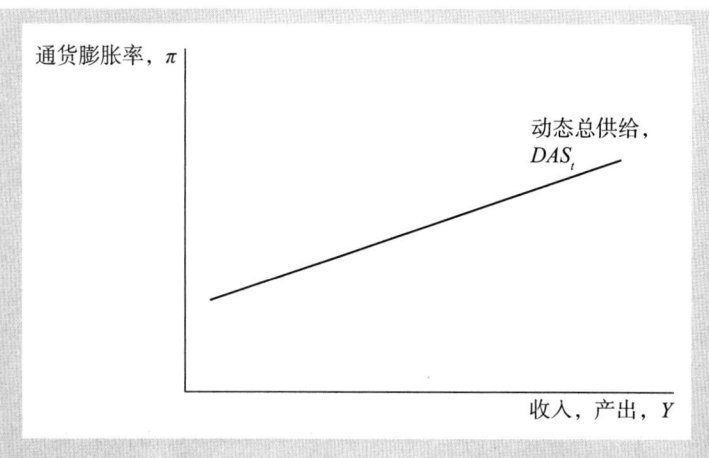

图 16-2 动态总供给曲线

动态总供给曲线 DAS_t 表明了产出 Y_t 和通货膨胀率 π_t 之间的正相关关系。它向上的斜率反映了菲利普斯曲线所表示的关系：在其他条件相同的情况下，高的经济活动水平与高的通货膨胀相联系。动态总供给曲线是在过去的通货膨胀率 π_{t-1}、自然产出水平 $\bar{Y}_t$ 和供给冲击 v_t 的取值给定的情况下绘制的。当这些变量变化时，该曲线就会移动。

DAS 曲线是在过去的通货膨胀率 π_{t-1}、自然产出水平 $\bar{Y}_t$ 和供给冲击 v_t 的取值给定的情况下绘制的。如果这三个变量中的任何一个改变了，DAS 曲线就会移动。我们接下来的任务之一就是探寻出这种移动的启示。但是，在此之前，我们需要另一条曲线。

动态总需求曲线

动态总供给曲线是决定经济的短期均衡的产出与通货膨胀之间关系的两个关系之一。另一个关系是动态总需求曲线（毫不奇怪）。通过联合本模型的四个方程，然后消除产出和通货膨胀之外的所有内生变量，我们得到动态总需求曲线。一旦我们有了一个只有两个内生变量（Y_t 和 π_t）的方程，我们就可以在二维图形上绘出这一关系。

我们从产品与服务需求开始：

$$Y_t = \bar{Y}_t - \alpha(r_t - \rho) + \varepsilon_t$$

为了消除内生变量 r_t，即实际利率，我们应用费雪方程，将 r_t 用 $i_t - E_t \pi_{t+1}$ 来代替：

$$Y_t = \bar{Y}_t - \alpha(i_t - E_t \pi_{t+1} - \rho) + \varepsilon_t$$

为了消除另一个内生变量，即名义利率 i_t，我们用货币政策方程来代替 i_t：

$$Y_t = \bar{Y}_t - \alpha[\pi_t + \rho + \theta_\pi(\pi_t - \pi_t^*) + \theta_Y(Y_t - \bar{Y}_t) - E_t \pi_{t+1} - \rho] + \varepsilon_t$$

接下来，为了消除预期的通货膨胀率 $E_t \pi_{t+1}$ 这一内生变量，我们应用通货膨胀预期的方程，用 π_t 来代替 $E_t \pi_{t+1}$：

$$Y_t = \bar{Y}_t - \alpha[\pi_t + \rho + \theta_\pi(\pi_t - \pi_t^*) + \theta_Y(Y_t - \bar{Y}_t) - \pi_t - \rho] + \varepsilon_t$$

就像我们的目标那样，这个方程只有两个内生变量：产出 Y_t 和通货膨胀 π_t。我们现在可以将其简化。注意到括号中正的 π_t 和 ρ 与负的 π_t 和 ρ 相互抵消了。于是，

这一方程变为

$$Y_t = \bar{Y}_t - \alpha[\theta_\pi(\pi_t - \pi_t^*) + \theta_Y(Y_t - \bar{Y}_t)] + \varepsilon_t$$

如果我们现在合并同类项并求解 Y_t，可以得到

$$Y_t = \bar{Y}_t - \frac{\alpha\theta_\pi}{1+\alpha\theta_Y}(\pi_t - \pi_t^*) + \frac{1}{1+\alpha\theta_Y}\varepsilon_t \qquad (DAD)$$

当三个外生变量（$\bar{Y}_t$，π_t^* 和 ε_t）的取值给定时，这个方程将产出 Y_t 和通货膨胀率 π_t 联系起来了。该方程是说，当通货膨胀率在其目标水平（$\pi_t = \pi_t^*$）且没有需求冲击（$\varepsilon_t = 0$）时，产出等于其自然水平。如果通货膨胀率在其目标水平以下（$\pi_t < \pi_t^*$）或者需求冲击为正（$\varepsilon_t > 0$），那么，产出上升到其自然水平以上。如果通货膨胀率在其目标水平以上（$\pi_t > \pi_t^*$）或者需求冲击为负（$\varepsilon_t < 0$），那么，产出下降到其自然水平以下。

图 16-3 绘出了这个方程所描述的通货膨胀率 π_t 和产出 Y_t 之间的关系。我们把这条向下倾斜的曲线叫做动态总需求曲线（dynamic aggregate demand curve），或者 DAD 曲线。DAD 曲线表明产出的需求量与通货膨胀在短期内是如何相关的。它是在该方程中自然产出水平 $\bar{Y}_t$、通货膨胀目标 π_t^* 和需求冲击 ε_t 这三个外生变量为常数的情况下绘制的。如果这三个外生变量的任何一个改变了，DAD 曲线就会移动。我们马上就会考察这种移动的影响。

有人可能会认为动态总需求曲线与第 13 章中的标准总需求曲线没有多大区别，只不过纵轴是通货膨胀率而不是价格水平。在某些方面，它们确实相似：它们都体现了利率和产品与服务需求之间的联系。但是，两者有一个重要的差别。第 13 章中的传统总需求曲线是相对于给定的货币供给绘制的。与此相反，由于推导动态总需求方程的过程中用到了货币政策规则，动态总需求曲线是相对于给定的货币政策规则绘制的。在该规则下，中央银行基于宏观经济状况设定利率，允许货币供给相应地调整。

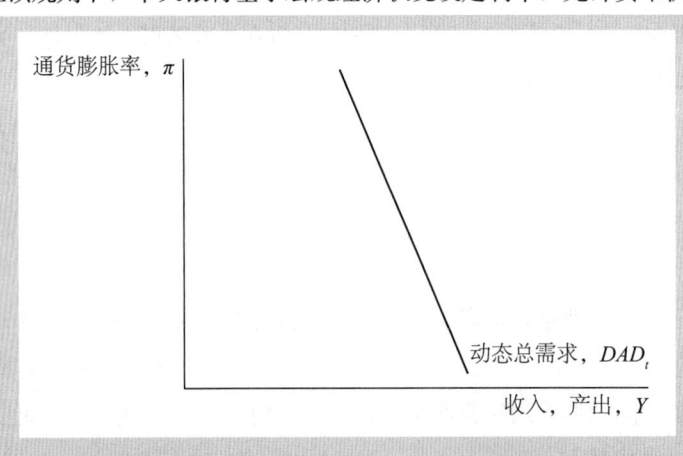

图 16-3 动态总需求曲线

动态总需求曲线表明了产出与通货膨胀率之间的负相关关系。它向下的斜率反映了货币政策和产品与服务需求：高通货膨胀水平导致中央银行提高名义利率和实际利率，这又减少了产品与服务需求。动态总需求曲线是在自然产出水平 $\bar{Y}_t$、通货膨胀目标 π_t^* 和需求冲击 ε_t 的取值给定的情况下绘制的。当这些外生变量改变时，该曲线就会移动。

由于如下机制，动态总需求曲线向下倾斜。当通货膨胀上升时，中央银行做出的反应是：遵循其货币政策规则，提高名义利率。由于该规则规定中央银行提高的名义利率的量要超过通货膨胀增加的量，所以实际利率也上升。实际利率的上升降低了产品与服务的需求量。通过中央银行政策起作用的通货膨胀和需求量之间的这种负相关关系使得动态总需求曲线向下倾斜。

作为对财政政策和货币政策变动的反应，动态总需求曲线发生移动。正如我们前面所指出的，冲击变量 ε_t 反映了政府支出和税收的变化（还反映了其他东西）。财政政策的任何改变如果导致产品与服务需求增加，那就意味着正的 ε_t 值和 DAD 曲线的右移；如果导致产品与服务需求减少，那就意味着负的 ε_t 值和 DAD 曲线的左移。

货币政策通过目标通货膨胀率 π_t^* 进入动态总需求曲线。DAD 方程表明，在其他条件相同的情况下，π_t^* 的增加提高了产出的需求量。（π_t^* 前面有两个负号，因此效果是正的。）这一结果背后的机制如下：当中央银行提高其通货膨胀目标时，它通过降低名义利率（如同货币政策规则规定的那样）实行了一种更具扩张性的货币政策。对于任何给定的通货膨胀率，更低的名义利率导致了更低的实际利率，而更低的实际利率刺激了在产品与服务上的支出。于是，对于任何给定的通货膨胀率，产出更高了，因此，动态总需求曲线右移。相反，当中央银行降低其通货膨胀目标时，它提高了名义利率和实际利率，从而抑制了产品与服务的需求，使得动态总需求曲线左移。

短期均衡

经济的短期均衡由动态总需求曲线和动态总供给曲线的交点决定。经济可以用我们刚刚得到的两个方程来进行代数表示：

$$Y_t = \overline{Y}_t - \frac{\alpha\theta_\pi}{1+\alpha\theta_Y}(\pi_t - \pi_t^*) + \frac{1}{1+\alpha\theta_Y}\varepsilon_t \quad (DAD)$$

$$\pi_t = \pi_{t-1} + \varphi(Y_t - \overline{Y}_t) + v_t \quad (DAS)$$

在任意时期 t，这两个方程共同决定了两个内生变量：通货膨胀率 π_t 和产出 Y_t。方程组的解取决于五个其他的外生变量（或者至少是在时期 t 之前就决定了的）。这些外生变量（和前定变量）是自然产出水平 $\overline{Y}_t$、中央银行的目标通货膨胀率 π_t^*、需求冲击 ε_t、供给冲击 v_t 和前一时期的通货膨胀率 π_{t-1}。

将这些外生变量视为给定，我们可以将经济的短期均衡图示成动态总需求曲线和动态总供给曲线的交点，如图 16-4 所示。短期均衡的产出水平 Y_t 可能低于其自然水平 $\overline{Y}_t$（如图中所示的那样），也可能高于其自然水平，或者正好与其相等。正如我们已经看到的，当经济处于长期均衡时，产出等于其自然水平（$Y_t = \overline{Y}_t$）。

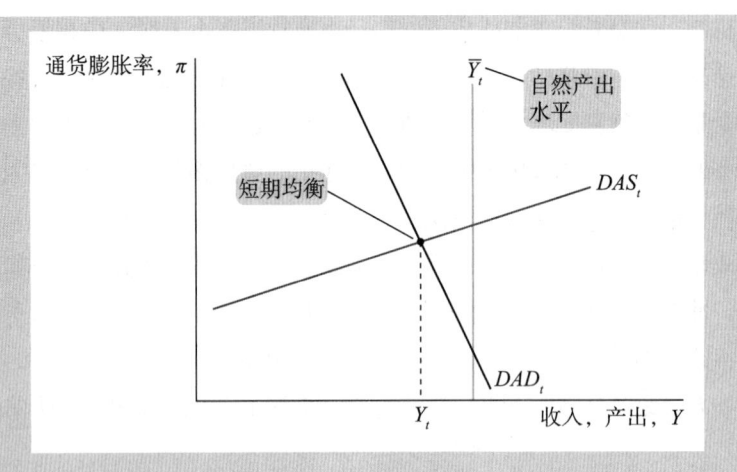

图 16-4　短期均衡

短期均衡由动态总需求曲线和动态总供给曲线的交点决定。这一均衡决定了时期 t 的通货膨胀率和产出水平。在图中所示的均衡，短期均衡产出水平 Y_t 低于经济的自然产出水平 $\bar{Y}_t$。

短期均衡不仅决定了产出水平 Y_t，还决定了通货膨胀率 π_t。在随后的时期（$t+1$），这一通货膨胀率将变成滞后的通货膨胀率，影响动态总供给曲线的位置。这种跨期关联产生了我们下一节要考察的动态模式。也就是说，通过关于通货膨胀的预期，一个时期与下一时期联系起来了。时期 t 的冲击影响时期 t 的通货膨胀，时期 t 的通货膨胀又影响人们对时期 $t+1$ 的通货膨胀的预期。预期的时期 $t+1$ 的通货膨胀又影响该期动态总供给曲线的位置，这又影响时期 $t+1$ 的产出和通货膨胀，时期 $t+1$ 的通货膨胀又影响对时期 $t+2$ 的通货膨胀的预期，等等。

通过后面一系列例子的讲解，经济结果的这些跨期联系将变得清晰起来。

16.3　运用模型

现在让我们运用动态 $AD-AS$ 模型来分析经济如何对外生变量的变化做出反应。本模型的四个外生变量是自然产出水平 $\bar{Y}_t$、供给冲击 v_t、需求冲击 ε_t 和中央银行的目标通货膨胀率 π_t^*。为简单起见，我们将假设经济开始总是处于长期均衡，然后其中一个外生变量发生了变化。我们也假设其他外生变量保持不变。

长期增长

正如第 8、9、10 章所讨论的，由于人口增长、资本积累和技术进步，经济的自然产出水平 $\bar{Y}_t$ 随着时间推移而增长。就我们此处的目的而言，我们可以把这样的增长视为外生——也就是说，在本模型以外决定。图 16-5 表示了 $\bar{Y}_t$ 外生增加的影响。由于自然产出水平既影响动态总需求曲线又影响动态总供给曲线，所以，两条曲线都发生了移动。实际上，它们都向右移动，移动的距离正好是 $\bar{Y}_t$ 增加的数量。

这些曲线的移动使经济的均衡从图中的 A 点移动到 B 点。产出 Y_t 增加的数量正好等于自然产出水平 $\bar{Y}_t$ 增加的数量。通货膨胀保持不变。

这些结论背后的故事如下：当自然产出水平增加时，经济能够生产出更多的产品与服务。这由动态总供给曲线的右移来代表。与此同时，自然产出水平的增加使人们变得更加富裕。在其他条件相同的情况下，他们要购买更多的产品与服务。这由动态总需求曲线的右移来代表。供给和需求的同时移动增加了经济的产出，而没有给通货膨胀施加向上或向下的压力。以这样的方式，经济能够实现长期增长并保持稳定的通货膨胀率。

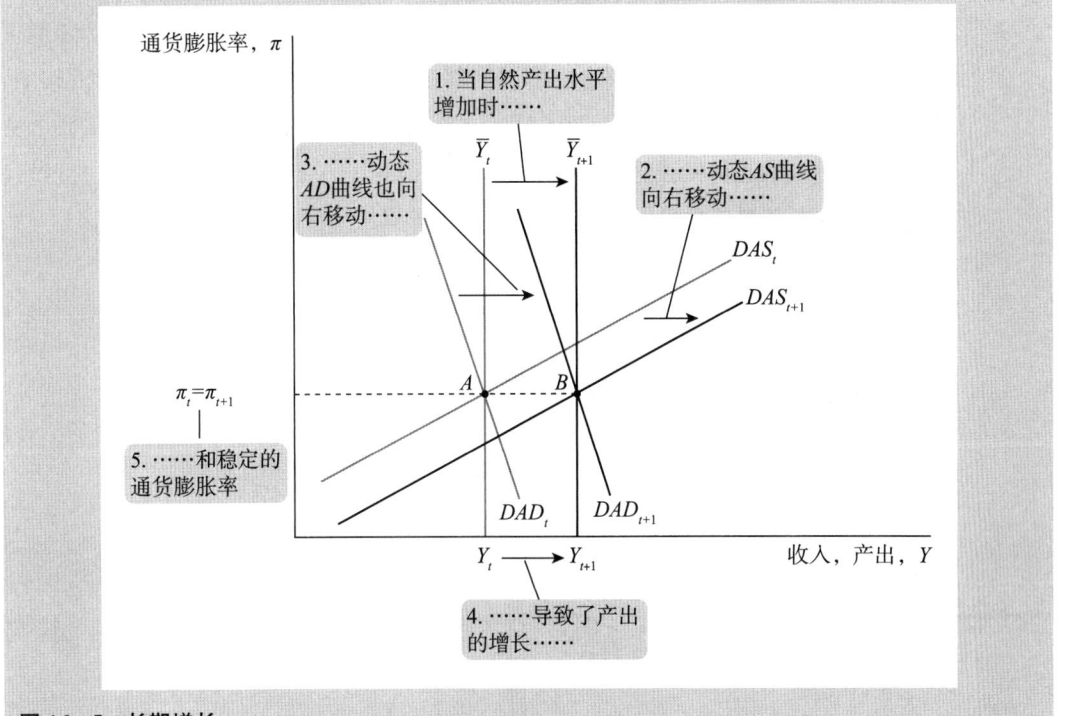

图 16-5　长期增长

当长期增长导致自然产出水平 $\bar{Y}_t$ 增加时，动态总需求曲线和动态总供给曲线都向右移动相同的数量。产出 Y_t 增加，但通货膨胀率 π_t 保持不变。

总供给冲击

现在考虑总供给冲击。假定 v_t 在某一时期上升到 1%，随后回到零。可能出现这种对菲利普斯曲线的冲击的原因有很多，例如，由于中东局势的动荡推高了石油价格或者由于干旱推高了食品价格。一般地，供给冲击 v_t 体现了除了预期的通货膨胀率 $E_{t-1}\pi_t$ 和由 $Y_t - \bar{Y}_t$ 衡量的现期经济活动之外的影响通货膨胀的任何事件。

图 16-6 显示了结果。在时期 t，当冲击发生时，动态总供给曲线从 DAS_{t-1} 上移到 DAS_t。确切地说，该曲线向上移动的距离正好等于冲击的大小，我们假设它为 1 个百分点。由于供给冲击 v_t 并非动态总需求方程中的变量，所以，DAD 曲线

保持不变。因此，经济沿着动态总需求曲线从 A 点移动到 B 点。正如该图所显示的，时期 t 的供给冲击导致通货膨胀率上升到 π_t 和产出下降到 Y_t。

这些影响部分地通过货币政策对冲击的反应而产生。当供给冲击增加了通货膨胀时，中央银行通过遵循其政策规则和提高名义与实际利率做出反应。更高的实际利率降低了产品与服务的需求量，这使得产出降至自然水平以下。（这一系列事件由沿着 DAD 曲线从 A 点到 B 点的运动来代表。）更低的产出水平在某种程度上减弱了通货膨胀的压力，因此，通货膨胀上升得比初始的冲击要少。

在冲击发生以后的时期里，预期的通货膨胀变得更高，这是由于预期依赖于过去的通货膨胀。例如，在时期 $t+1$，经济在 C 点。即使冲击变量 v_t 回到值为零的正常水平，动态总供给曲线也不会立即回到其初始位置。相反，它缓慢地向下移动，逐渐回到其初始位置 DAS_{t-1}，这是因为更低的经济活动水平降低了通货膨胀，从而降低了对未来通货膨胀的预期。最终，经济回到了 A 点。但是，在整个过渡过程中，产出都在其自然水平以下。

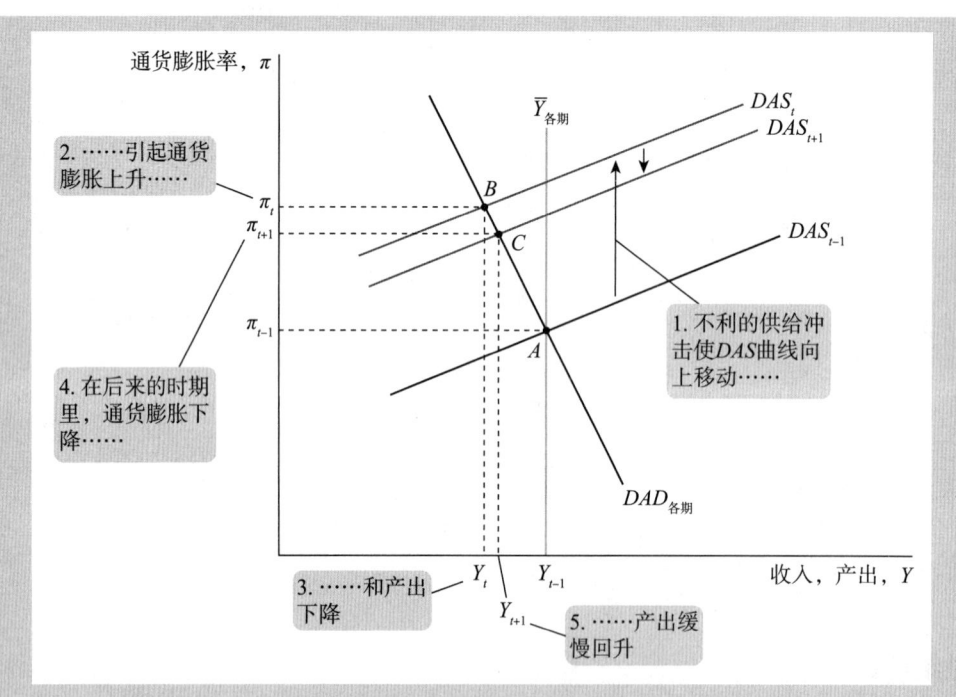

图 16-6 供给冲击

时期 t 的供给冲击使得动态总供给曲线从 DAS_{t-1} 上移到 DAS_t。动态总需求曲线保持不变。经济的短期均衡从 A 点移动到 B 点。通货膨胀上升，产出下降。在随后的时期 $t+1$，动态总供给曲线移动到 DAS_{t+1}，经济移动到 C 点。供给冲击回到了值为零的正常水平，但是通货膨胀预期仍高。结果，经济只是逐渐回到初始均衡 A 点。

当经济对供给冲击做出反应时，即从图 16-6 中的 A 点移动到 B 点再移动到 C 点然后逐渐回到 A 点，模型中的所有变量都相应地做出反应。图 16-7 显示了关键变量的时间路径。（这些模拟是基于现实的参数值而得到的：其描述参见参考资料"数值校准和模拟"。）如图 16-7（a）所示，冲击 v_t 在时期 t 上升了 1 个百分点，然后在随后的各期里回到零。如图16-7（d）所示，通货膨胀率上升0.9个百分点，然后在一段长时期内逐渐回到其目标值2%。如图16-7（b）所示，作为对供给冲击的反应，产出一开始下降了，但是也逐渐回到其自然水平。

图16-7也显示了名义利率和实际利率的路径。在供给冲击发生当期，如图16-7（e）所示，名义利率上升了1.2个百分点，实际利率则如图16-7（c）所示上升了0.3个百分点。随着经济回到其长期均衡，两种利率也回到它们的正常水平。

这些图形阐释了动态AD—AS模型中的滞胀（stagflation）现象。供给冲击引起通货膨胀上升，这又提高了预期的通货膨胀。当中央银行应用其货币政策规则，通过提高利率来做出反应时，中央银行逐渐地从经济系统中挤出了通货膨胀，但其成本是经济活动的持久低迷。

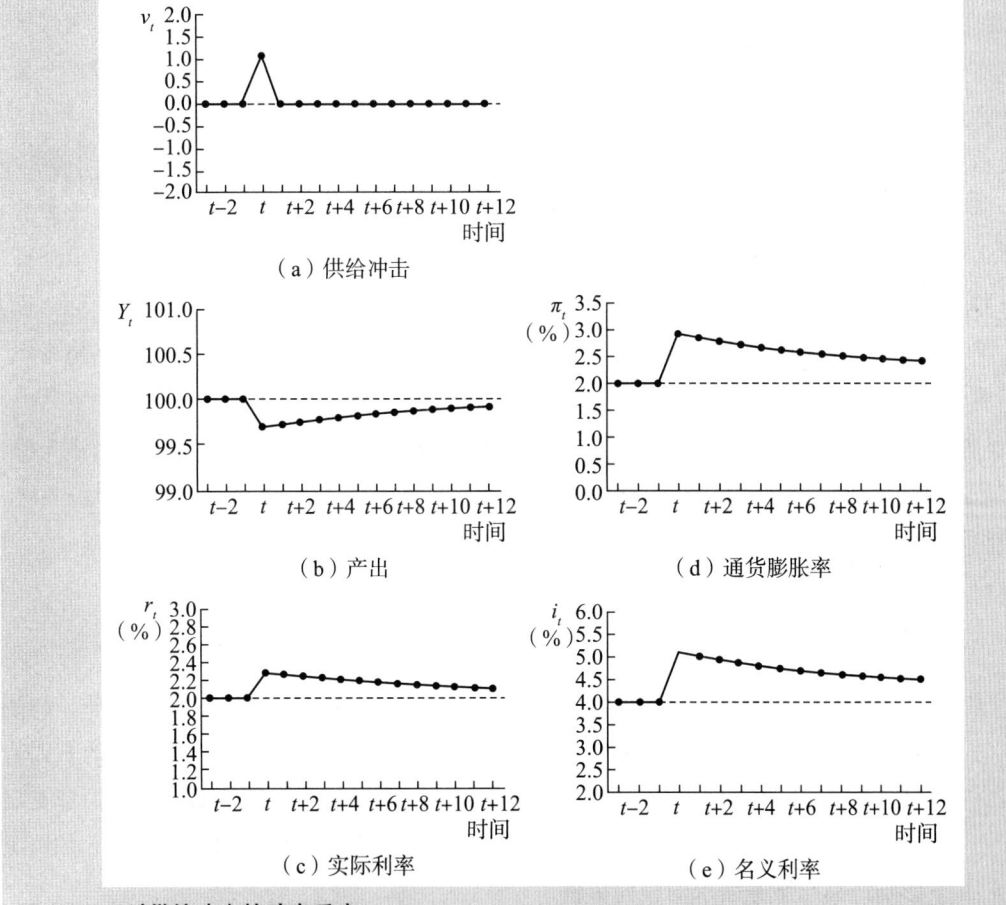

图16-7 对供给冲击的动态反应

本图显示了关键变量随着时间的推移对一次性供给冲击的反应。

参考资料　数值校准和模拟

正文呈现了动态AD—AS模型的一些数值模拟。在解释这些结果时，将每个时期看成代表一年是最容易的。我们考察冲击在冲击发生当年（时期t）和接下来12年的影响。

模拟采用的参数值如下：

$\bar{Y}_t = 100$

$\pi_t^* = 2.0$

$\alpha = 1.0$

$\rho = 2.0$

$\varphi = 0.25$

$\theta_\pi = 0.5$

$\theta_Y = 0.5$

下面是对这些数字的解释。自然产出水平 $\bar{Y}_t$ 是100；通过选择这个数字，我们可以方便地把产出的波动 $Y_t - \bar{Y}_t$ 看作产出偏离其自然水平的百分比。中央银行的通货膨胀目标 π_t^* 是2%。参数 $\alpha = 1.0$ 意味着，实际利率每增加1个百分点，产出需求就减少1，即自然产出水平的1%。经济的自然利率 ρ 为2%。菲利普斯曲线参数 $\varphi = 0.25$ 意味着，当产出高出其自然水平1%时，通货膨胀率上升0.25个百分点。货币政策参数 $\theta_\pi = 0.5$ 和 $\theta_Y = 0.5$ 是约翰·泰勒建议的取值，它们是美联储行为的合理近似。

正文中呈现的所有模拟都假设感兴趣的外生变量变化1个百分点。更大的冲击将会有性质上相似的影响，但是规模也会成比例地变大。例如，3个百分点的冲击将会和1个百分点的冲击以相同的方式影响所有变量，但是这些变量的变化将会是模拟所呈现的三倍。

冲击发生后变量的时间路径图形（如图16-7、图16-9和图16-11所示）被称为脉冲响应函数（impulse response function）。"脉冲"（impulse）这个词是指冲击，"响应函数"（response function）是指内生变量随着时间的推移如何对冲击做出反应。这些模拟的脉冲响应函数是阐述模型如何起作用的一种方法。它们显示了当经济遭受冲击时内生变量如何运动，它们在随后的时期里如何调整，以及随着时间的推移它们如何相互关联。

总需求冲击

现在考虑总需求冲击。为了具有现实性，冲击被假设为持续几个时期。特别地，假定 $\varepsilon_t = 1$ 持续了五个时期，然后回到正常值零。这一正的冲击代表的东西有多种可能，如一场增加了政府购买的战争或者一个增加了财富从而增加了消费支出的股市泡沫。一般地，需求冲击体现了在给定自然产出水平 $\bar{Y}_t$ 和实际利率 r_t 的情况下影响产品与服务需求的任何事件。

图16-8显示了结果。在时期 t，当冲击发生时，动态总需求曲线从 DAD_{t-1} 右移到 DAD_t。由于需求冲击 ε_t 并非动态总供给方程中的变量，所以 DAS 曲线从时期 $t-1$ 到时期 t 保持不变。经济沿着动态总供给曲线从 A 点移动到 B 点。产出和通货膨胀都上升。

再一次地，这些影响部分地通过货币政策对冲击的反应而产生。当需求冲击引起产出和通货膨胀上升时，中央银行通过提高名义与实际利率做出反应。由于更高的实际利率降低了产品与服务的需求量,它部分地抵消了需求冲击的扩张性影响。

在冲击发生以后的时期里,预期的通货膨胀变得更高,这是由于预期依赖于过去的通货膨胀。结果,动态总供给曲线反复向上移动;随着动态总供给曲线的这种移动,产出下降,通货膨胀上升。在图 16-8 中,经济从冲击初始期的 B 点在随后各期移动到 C、D、E 和 F 点。

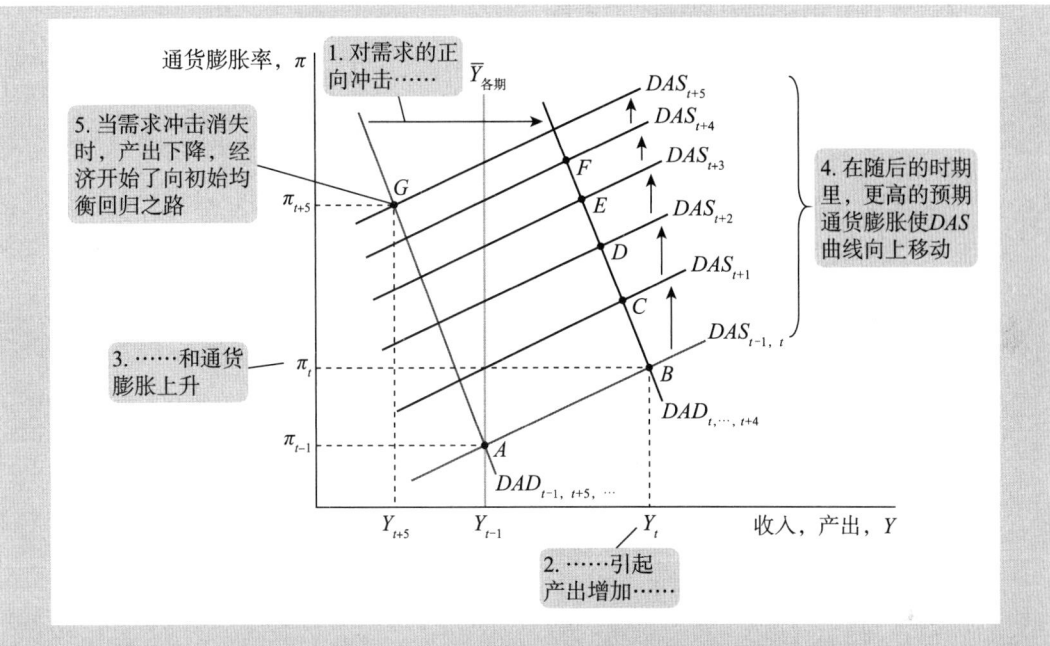

图 16-8　需求冲击

本图显示了从时期 t 开始持续五个时期的正向需求冲击的影响。这一冲击使得动态总需求曲线立即从 DAD_{t-1} 右移到 DAD_t。经济从 A 点移动到 B 点。通货膨胀和产出都上升了。在下一时期,由于预期的通货膨胀上升,动态总供给曲线移动到 DAS_{t+1}。经济从 B 点移动到 C 点,接着在随后的时期里移动到 D、E、F 点。当需求冲击在五个时期后消失时,动态总需求曲线往回移动到其初始位置,经济从 F 点移动到 G 点。产出下降到其自然水平以下,通货膨胀开始下降。随着时间的推移,动态总供给曲线开始向下移动,经济逐渐回到初始均衡 A 点。

在第六个时期,即时期 $t+5$,需求冲击消失了。这时,动态总需求曲线回到其初始位置。但是,经济不会立即回到其初始均衡,即 A 点。高需求的时期提高了通货膨胀,从而提高了预期的通货膨胀。高预期通货膨胀使得动态总供给曲线处于比初始位置更高的位置。结果,当需求下降到初始水平时,经济的均衡移动到 G 点,产出下降到 Y_{t+5},低于其自然水平。然后,随着低产出水平将高于目标的通货膨胀部分挤出经济系统,经济逐渐复苏。随着时间的推移,通货膨胀和预期通货膨胀下降,经济也缓慢地回到 A 点。

图 16-9 显示了模型中关键变量对需求冲击做出反应的时间路径。注意正向需求冲击提高了实际利率和名义利率。当需求冲击消失时,两种利率都下降了。由于当中央银行设定名义利率时,它既考虑通货膨胀率,又考虑产出对其自然水平的偏离,所以这样的反应就发生了。

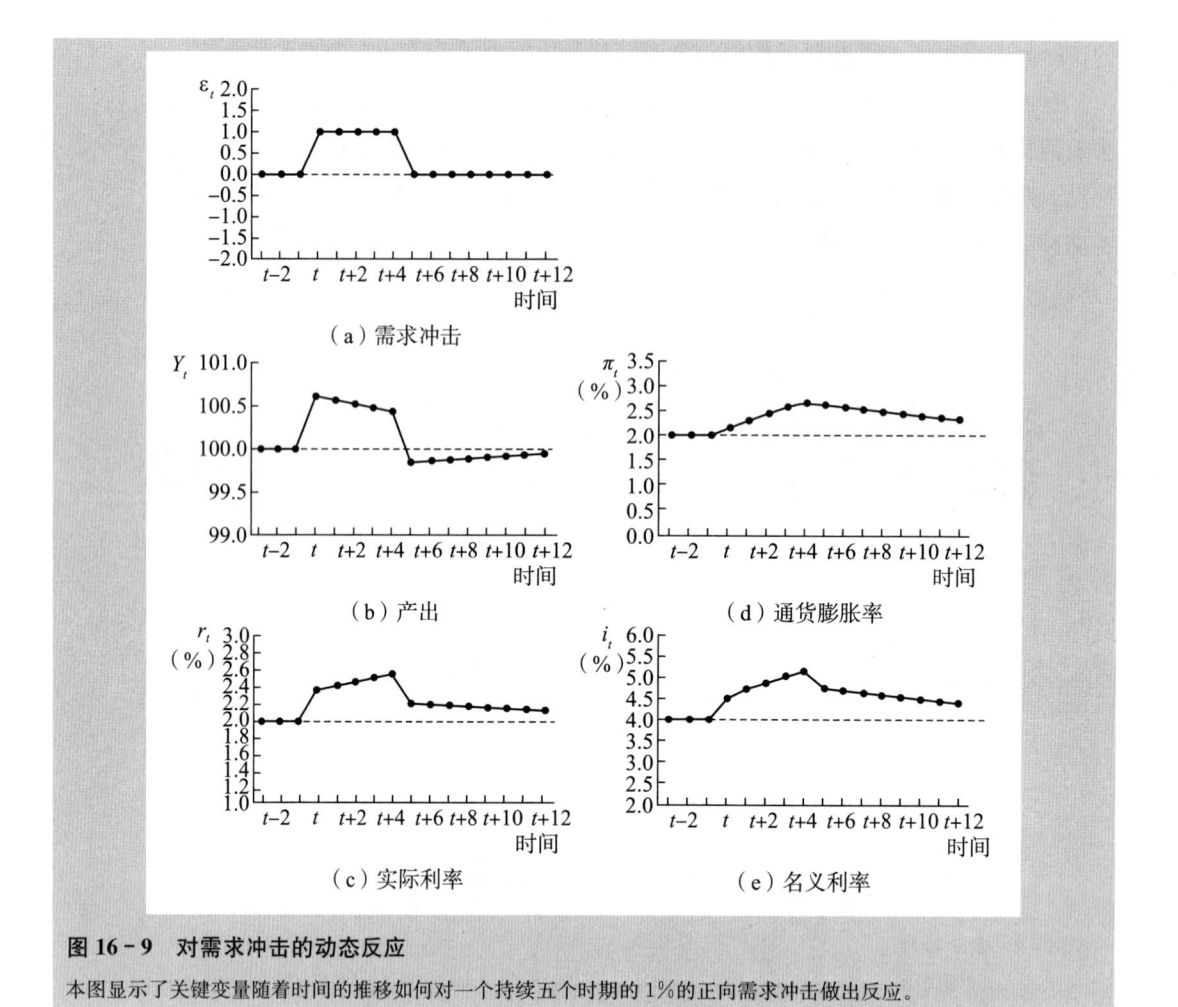

图 16 - 9 对需求冲击的动态反应

本图显示了关键变量随着时间的推移如何对一个持续五个时期的 1% 的正向需求冲击做出反应。

货币政策的变动

假定中央银行决定降低其通货膨胀率目标。具体来说，想象 π_t^* 在时期 t 从 2% 下降到 1%，随后保持在 1% 的水平。让我们考虑经济对货币政策的这一变化会如何做出反应。

回忆通货膨胀目标是本模型中动态总需求曲线的一个外生变量。当通货膨胀目标下降时，DAD 曲线向左移动，如图 16 - 10 所示。（确切地说，该曲线向下移动的距离为 1 个百分点。）由于目标通货膨胀没有进入动态总供给方程，所以 DAS 曲线初始时不会移动。经济从其初始均衡的 A 点移动到一个新的均衡 B 点。产出下降到其自然水平以下。通货膨胀也下降，但它下降的量少于中央银行通货膨胀目标下降的量，即不到 1 个百分点。

货币政策是解释这一结果的关键。由于中央银行刚刚降低了其通货膨胀目标，所以，当前的通货膨胀高于新的目标。中央银行做出的反应是：遵循其政策规则，提高实际利率和名义利率。更高的实际利率降低了产品与服务需求。菲利普斯曲线告诉我们,当产出下降时,通货膨胀也下降。

更低的通货膨胀又降低了人们预期下一时期会出现的通货膨胀率。在时期 $t+1$,更低的预期通货膨胀使得动态总供给曲线下移到 DAS_{t+1}。(确切地说,该曲线向下移动的距离正好等于预期通货膨胀下降的量。)这一移动使得经济从 B 点移动到 C 点,进一步降低了通货膨胀并增加了产量。随着时间的推移,通货膨胀继续朝着 1% 的新目标下降,DAS 曲线继续向 $DAS_{最终}$ 下移,经济最终达到了一个新的长期均衡,即 Z 点,产出回到了其自然水平($Y_{最终} = \bar{Y}_{各期}$),通货膨胀等于新的更低的目标($\pi_{最终} = 1\%$)。

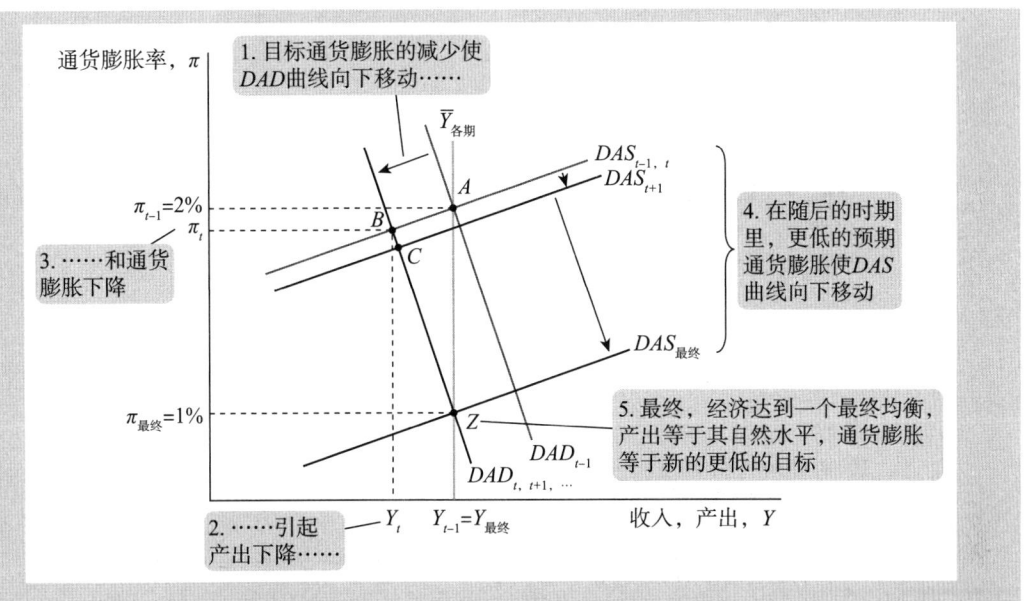

图 16-10　目标通货膨胀的降低

目标通货膨胀在时期 t 的永久降低使得动态总需求曲线从 DAD_{t-1} 左移到 DAD_t,之后一直停留在该位置。初始时,经济从 A 点移动到 B 点。产出和通货膨胀都下降。在接下来的一个时期,由于预期的通货膨胀下降,动态总供给曲线下移。经济在时期 $t+1$ 从 B 点移动到 C 点。随着时间的推移,预期的通货膨胀反复下降和动态总供给曲线反复下移,经济最终达到一个新的长期均衡,即 Z 点。产出回到其自然水平 $\bar{Y}_{各期}$,通货膨胀等于新的更低的目标(1%)。

图 16-11 显示了各变量随着时间的推移对目标通货膨胀的降低做出的反应。注意图 16-11(e)所显示的名义利率 i_t 的时间路径。在政策变化前,名义利率等于其长期值 4.0%(它等于自然实际利率 ρ,2%,加上目标通货膨胀率 π^*_{t-1},2%)。当目标通货膨胀率降为 1% 时,名义利率上升到 4.2%。可是,随着时间的推移,由于通货膨胀和预期的通货膨胀向着新的目标水平下降,名义利率也下降;最终,i_t 达到其新的长期值 3.0%。于是,通货膨胀目标的降低这一政策变动在短期提高了名义利率,但在长期则降低了名义利率。

我们用一个附加说明来结束本小节:在本章的分析中,我们自始至终采用了适应性预期的假设。也就是说,我们假设人们基于他们近来经历的通货膨胀来形成他们的通货膨胀预期。可是，如下情况也是可能的：如果中央银行对其更低的目标通货膨胀这一新政策做一个可信的公告，那么，人们会通过立即改变他们的通货膨胀预期来做出反应。也就是说，他们可能会基于政策公告理性地形成预期，而不是基于他们所经历的通货膨胀适应性地形成预期。（我们在第 15 章讨论了这种可能性。）如果是这样的话，动态总供给曲线会在政策改变时，即在动态总需求曲线向下移动时，立即向下移动。在这种情况下，经济会即刻达到它的新的长期均衡。与此相对，如果人们在看到低通货膨胀之前不相信这样的政策公告，那么，适应性预期的假设就是合适的，向更低的通货膨胀过渡的路径会包含一段产出损失（指低于自然水平）的时期，如图 16-11 所示。

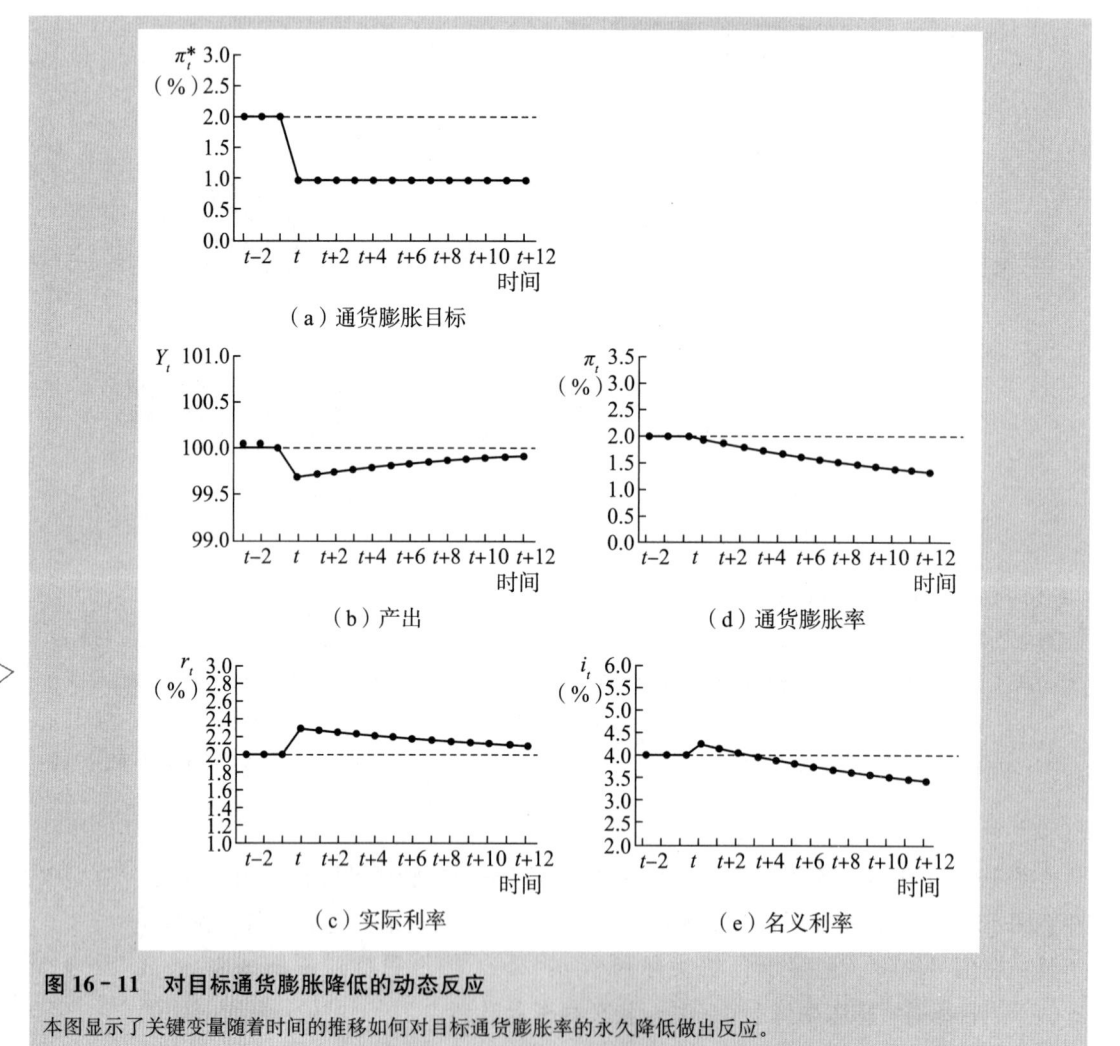

图 16-11 对目标通货膨胀降低的动态反应

本图显示了关键变量随着时间的推移如何对目标通货膨胀率的永久降低做出反应。

16.4 两个应用：对货币政策的启示

本章到目前为止，我们构建了一个通货膨胀和产出的动态模型并运用该模型来说明各种冲击是如何影响产出、通货膨胀和利率的时间路径的。现在我们用该模型来为货币政策的设计提供一些启示。

现在稍作停顿来考虑我们所说的"货币政策的设计"的含义是有价值的。到目前为止，在我们的分析里，中央银行的角色很简单：它只是调整货币供给以确保名义利率达到货币政策规则所规定的目标水平。该货币政策规则有两个关键变量：θ_π（目标利率对通货膨胀的敏感度）和 θ_Y（目标利率对产出的敏感度）。我们在前面把这些参数视为给定而没有讨论它们是怎么选择的。既然我们知道了本模型是如何起作用的，我们就能够考虑一个更深层次的问题：货币政策规则的参数应该是多少？

产出可变性和通货膨胀可变性之间的权衡

考虑供给冲击对产出和通货膨胀的影响。根据动态 AD—AS 模型，这一冲击的影响关键取决于动态总需求曲线的斜率。特别地，DAD 曲线的斜率决定了供给冲击对产出和通货膨胀的影响是大还是小。

这一现象在图 16-12 中得到了阐释。在图 16-12（a）和图 16-12（b）中，经济经历着相同的供给冲击。在图 16-12（a）中，动态总需求曲线近乎水平，因此，该冲击对通货膨胀的影响小而对产出的影响大。在图 16-12（b）中，动态总需求曲线陡峭，因此，该冲击对通货膨胀的影响大而对产出的影响小。

为什么这对货币政策很重要呢？这是因为中央银行能够影响动态总需求曲线的斜率。回忆 DAD 曲线的方程：

$$Y_t = \bar{Y}_t - \frac{\alpha \theta_\pi}{1+\alpha \theta_Y}(\pi_t - \pi_t^*) + \frac{1}{1+\alpha \theta_Y}\varepsilon_t$$

式中，θ_π 和 θ_Y 是两个关键的参数，它们决定了中央银行的利率目标对通货膨胀和产出的变化做出的反应有多大。当中央银行选择这些政策参数时，它决定了 DAD 曲线的斜率，从而决定了经济对供给冲击的短期反应。

一方面，假定中央银行对通货膨胀的反应强（θ_π 大）而对产出的反应弱（θ_Y 小）。在这种情况下，上述方程中通货膨胀的系数大。也就是说，小的通货膨胀变动对产出就有大的影响。因此，动态总需求曲线相对平缓，供给冲击对产出的影响大而对通货膨胀的影响小。这里的故事是这样的：当经济经历一个推高通货膨胀的供给冲击时，中央银行的政策规则要求它用更高的利率做出有力的反应。急剧升高的利率显著地降低了产品与服务的需求量，从而导致了大的衰退，衰退又抑制了冲击对通货膨胀的影响（这正是货币政策反应的目标）。

另一方面，假定中央银行对通货膨胀的反应弱（θ_π 小）而对产出的反应强（θ_Y 大）。在这种情况下，上述方程中通货膨胀的系数小，这意味着哪怕是大的通货膨胀变动对产出也只有小的影响。结果，动态总需求曲线相对陡峭，供给冲击对产出的影响小而对通货膨胀的影响大。这里的故事和前面的正好相反：现在，当经济经历一个推高通货膨胀的供给冲击时，中央银行的政策规则要求它用稍高一点的利率做出反应。这种小的政策反应防止了大的衰退，但是包容了这一推高通货膨胀的冲击。

在货币政策的选择中，中央银行决定这两种情形中的哪一种会出现。也就是说，当中央银行设定政策规则参数 θ_π 和 θ_Y 时，它隐含地选择使得经济运行更像图 16-12（a）还是更像图 16-12（b）。中央银行在做出这个选择时面临着产出可变性和通货膨胀可变性之间的权衡。中央银行可能是一个强硬的反通货膨胀者，如图 16-12（a）所示，在这种情况下，通货膨胀较稳定但产出容易变动。或者，它可能对通货膨胀更加包容，如图 16-12（b）所示，在这种情况下，通货膨胀容易变动但产出更加稳定。中央银行也可以选择这两个极端之间的某个位置。

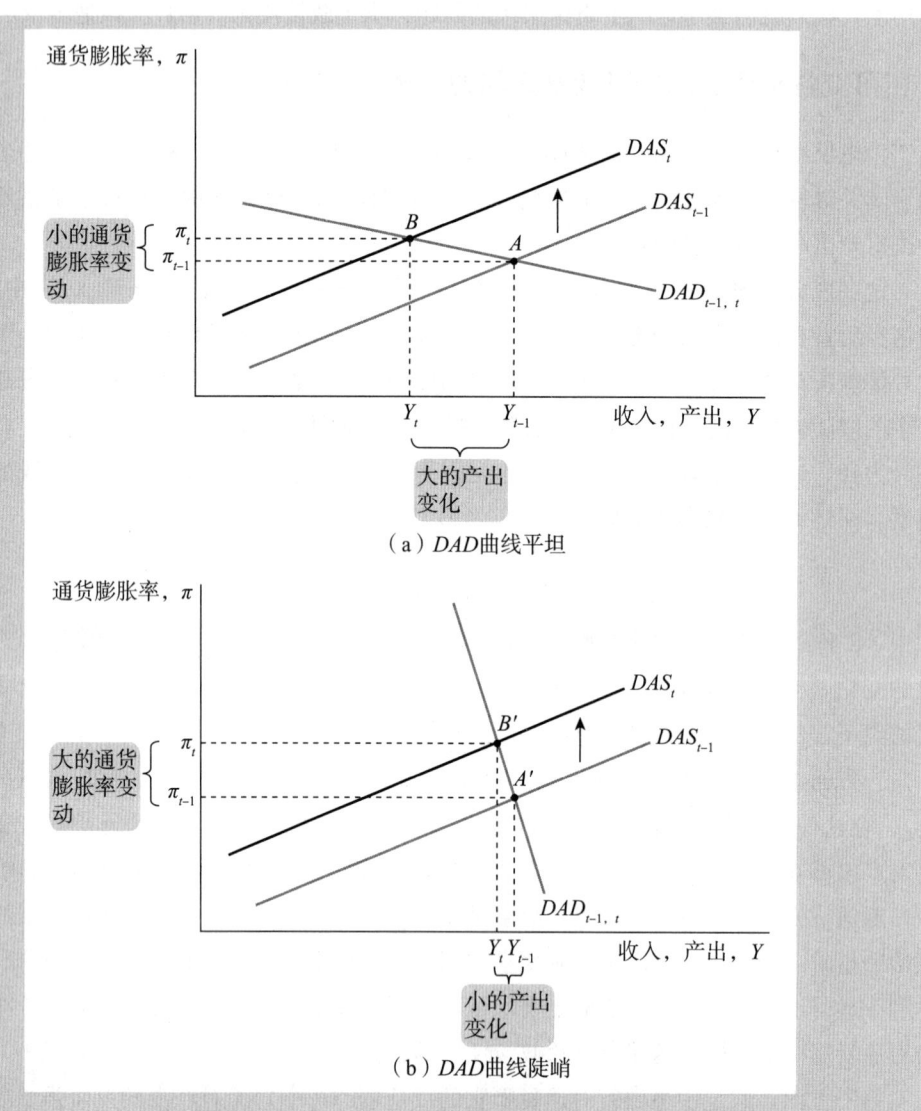

图 16-12　对供给冲击的两种可能的反应

当动态总需求曲线相对平坦时，如图 16-12（a）所示，供给冲击对通货膨胀的影响小而对产出的影响大。当动态总需求曲线相对陡峭时，如图 16-12（b）所示，同样的供给冲击对通货膨胀有很大的影响而对产出的影响小。动态总需求曲线的斜率部分地基于货币政策的参数（θ_π 和 θ_Y），它们描述了利率对通货膨胀和产出的变化做出的反应有多大。中央银行在选择这些参数时面临着通货膨胀可变性和产出可变性之间的权衡。

中央银行的任务之一是促进经济的稳定性。可是，这一目的有多种维度，这就要求中央银行决定强调哪一种稳定性。动态 AD—AS 模型表明，一个根本的权衡是通货膨胀的可变性和产出的可变性两者之间的权衡。

注意，这一权衡与通货膨胀和产出之间的简单权衡是截然不同的。在这个模型的长期均衡，通货膨胀达到其目标水平，产出达到其自然水平。与经典的宏观理论一致，政策制定者并没有面临通货膨胀和产出之间的长期权衡。相反，他们面临的选择是要稳定这两个宏观经济表现衡量指标中的哪一个。当决定货币政策规则的参数时，他们决定供给冲击导致通货膨胀可变性还是产出可变性或者两者的某种结合。

案例研究

不同的使命，不同的现实：美联储 vs. 欧洲中央银行

根据动态 AD—AS 模型，任何中央银行面临的一个关键政策选择都涉及其政策规则中的参数。货币政策规则参数 θ_π 和 θ_Y 决定着利率对宏观经济状况做出的反应有多大，因此决定着通货膨胀和产出的可变性。

美联储和欧洲中央银行（European Central Bank，ECB）看起来对这个决策有着不同的方法。创立美联储的法律明确规定其目标是"有效地促进充分就业、价格稳定、长期利率平稳等"。由于美联储被期望既要稳定就业也要稳定价格，因此人们说它肩负双重使命。（有了稳定的价格，应该自然就实现了第三个目标——长期利率平稳。）与此形成对照的是，欧洲中央银行在其官方网站上说："欧洲中央银行货币政策的首要目标是维持价格稳定。欧洲中央银行致力于使通货膨胀率在中期低于但是接近于 2%。"所有其他的宏观经济目标，包括产出和就业的稳定，看起来都是次要的。

我们可以根据我们的模型来解释这些差别。与美联储相比，欧洲中央银行看起来赋予了通货膨胀稳定更多的权重，而赋予了产出稳定更少的权重。目标的这一差别应该反映在货币政策规则的参数上。为了实现其双重使命，美联储对产出做出的反应比欧洲中央银行要大，而对通货膨胀做出的反应则要小。

2008—2009 年金融危机说明了这些差别。2008 年，世界经济正经历着石油价格上升、金融危机和经济活动放缓。美联储对这些事件的反应是将目标利率从年初的 4.25% 降低到年末的 0~0.25% 的范围。面临相似的局面，欧洲中央银行也降低了利率，但是降幅要小得多——从 3% 降到了 2%。欧洲中央银行只是在 2009 年把利率降到了 0.25%，当时这次衰退的深度已经显而易见，对通货膨胀的担心已经消退。在这次金融危机期间，欧洲中央银行自始至终对衰退的关注要少一些，对保持通货膨胀可控的关注要多一些。

动态 AD—AS 模型预测，在其他条件相同的情况下，欧洲中央银行的政策应该导致产出波动更大和通货膨胀更稳定。不过，要检验这一预测是困难的。在实践中，其他条件几乎不会相同。除了中央银行的政策外，欧洲和美国在许多方面都不相同。例如，在 2010 年，几个欧洲国家——最突出的是希腊——曾经濒临政府债务违约。这场欧元区危机降低了全世

界的信心,减少了世界各地的总需求,但是,它对欧洲的影响比对美国的要大得多。因此,欧洲和美国不仅有着不同的货币政策,而且面临不同的冲击。

泰勒原理

中央银行设定的名义利率应该对通货膨胀的变化做出多大的反应呢?动态 AD—AS 模型没有给出一个明确的答案,但是它确实提供了一个重要的准则。

回忆货币政策的方程:

$$i_t = \pi_t + \rho + \theta_\pi(\pi_t - \pi_t^*) + \theta_Y(Y_t - \bar{Y}_t)$$

式中,θ_π 和 θ_Y 是衡量中央银行设定的利率对通货膨胀和产出的反应大小的参数。根据这个方程,通货膨胀 π_t 上升 1 个百分点引发名义利率 i_t 上升 $1+\theta_\pi$ 个百分点。由于我们假设 θ_π 大于零,所以,在通货膨胀上升的任何时候,中央银行提高名义利率的量都更大。

$\theta_\pi > 0$ 这个假设对实际利率的行为有着重要的启示。回忆实际利率为 $r_t = i_t - E_t\pi_{t+1}$。在我们的适应性预期假设下,它也可以被写为 $r_t = i_t - \pi_t$。结果,如果通货膨胀 π_t 的增加导致名义利率 i_t 的更大增加,那么,它就导致实际利率 r_t 也增加。正如你可以从本章早前的内容回忆起来的,这一事实是我们对动态总需求曲线向下倾斜所做解释的一个关键部分。

然而,设想中央银行采取不同的行为,即名义利率提高的量低于通货膨胀上升的量。在这种情况下,货币政策参数 θ_π 将小于零。这一变化将深刻地改变动态 AD—AS 模型。回忆动态总需求方程为

$$Y_t = \bar{Y}_t - \frac{\alpha\theta_\pi}{1+\alpha\theta_Y}(\pi_t - \pi_t^*) + \frac{1}{1+\alpha\theta_Y}\varepsilon_t$$

如果 θ_π 为负,那么,通货膨胀的增加将增加产出的需求量。为了理解其原因,记住实际利率在发生什么变动。如果通货膨胀的增加导致名义利率的更小增加(由于 $\theta_\pi < 0$),那么,实际利率就下降。更低的实际利率降低了借款的成本,这又增加了产品和服务的需求量。因此,负的 θ_π 值意味着动态总需求曲线向上倾斜。

有着负的 θ_π 值($\theta_\pi < 0$)和向上倾斜的 DAD 曲线的经济可能碰到一些严重的问题。特别地,通货膨胀可能变得不稳定。例如,假定有一个仅维持一个时期的正向总需求冲击。一般地,这样一个事件对经济将只会有暂时的影响,通货膨胀率将随着时间的推移回到其目标(与图 16-9 所示的分析相似)。但是,如果 $\theta_\pi < 0$,那么,事件的发展就会迥异:

1. 正向需求冲击在其发生当期增加了产出和通货膨胀。
2. 由于预期的决定是适应性的,所以更高的通货膨胀增加了预期通货膨胀。
3. 由于企业部分地基于预期通货膨胀设定价格,更高的预期通货膨胀导致在随后的时期里更高的现实通货膨胀(甚至在该需求冲击消失以后还是如此)。
4. 更高的通货膨胀导致中央银行提高名义利率。但是,由于 $\theta_\pi < 0$,中央银行名义利率的增加量低于通货膨胀的增加量,因此,实际利率下降。

5. 更低的实际利率使产品与服务的需求量增加到自然产出水平之上。
6. 由于产出高于其自然水平，企业面临更高的边际成本，通货膨胀再次上升。
7. 经济回到了步骤 2。

经济陷入了通货膨胀和预期通货膨胀越来越高的恶性循环。通货膨胀螺旋式上升，失去了控制。

图 16-13 显示了这个过程。假定在时期 t 出现了一次性正向总需求冲击。也就是说，动态总需求曲线向右移动至 DAD_t，但仅仅维持一个时期；下一时期它就回到初始位置。在时期 t，经济从 A 点移动到 B 点。产出和通货膨胀都上升。在下一时期，由于更高的通货膨胀提高了预期通货膨胀，动态总供给曲线向上移动到 DAS_{t+1}。经济从 B 点移动到 C 点。但是，由于动态总需求曲线现在向上倾斜，即使需求冲击已经消失，产出仍然高于其自然水平。因此，通货膨胀再次上升，使得 DAS 曲线在下一时期进一步向上移动，经济移动到 D 点。依此类推。通货膨胀继续上升，看不到尽头。

动态 AD—AS 模型得出了一个很强的结论：为了稳定通货膨胀，中央银行对通货膨胀的上升做出的应对必须是将名义利率提高更多。这一结论有时候被称为**泰勒原理**（Taylor principle）。这是以经济学家约翰·泰勒的名字来命名的，他强调了这一原理在货币政策设计中的重要性。（正如我们早前看到的，泰勒在他提出的泰勒规则中建议 θ_π 应该等于 0.5。）本章我们的大多数分析都假设泰勒原理成立；也就是说，我们假设 $\theta_\pi > 0$。现在我们能够明白中央银行有充足的理由要坚持这一准则。

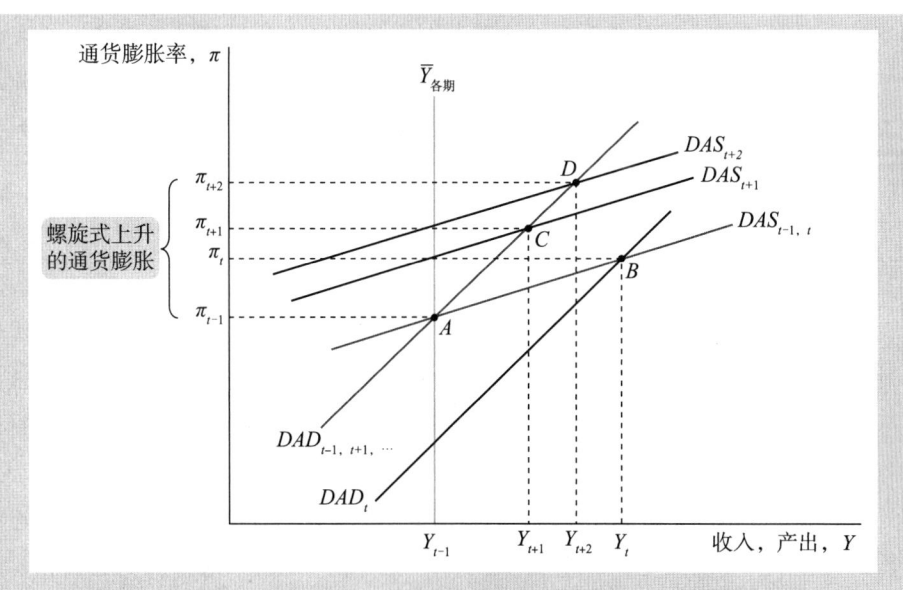

图 16-13 泰勒原理的重要性

本图显示了在一个由于货币政策不满足泰勒原理从而动态总需求曲线向上倾斜的经济中需求冲击的影响。需求冲击使 DAD 曲线向右移动到 DAD_t，但只维持一个时期，经济从 A 点移动到 B 点。产出和通货膨胀都上升。通货膨胀的上升增加了预期通货膨胀，在下一时期，预期通货膨胀的上升使动态总供给曲线向上移动到 DAS_{t+1}。因此，在时期 $t+1$，经济就从 B 点移动到 C 点。由于 DAD 曲线向上倾斜，产出仍然高于其自然水平，因此通货膨胀继续上升。在时期 $t+2$，经济移动到 D 点，该点的产出和通货膨胀甚至更高。通货膨胀螺旋式上升，失去了控制。

案例研究

什么导致了大通胀?

在 20 世纪 70 年代,美国的通货膨胀失去了控制。正如我们在前面的章节所看到的,这十年间通货膨胀率达到了两位数的水平。价格上涨被广泛认为是那个时代的主要经济问题。1979 年,刚刚被任命为美联储主席的保罗·沃尔克宣布改变货币政策,这一改变最终使通货膨胀回到了可以控制的水平。此后,沃尔克和他的继任者艾伦·格林斯潘(Alan Greenspan)在接下来 1/4 个世纪的时间里成功地将通货膨胀稳定在低位。

动态 AD—AS 模型提供了一个看待这些事件的新视角。根据经济学家理查德·克拉雷达(Richard Clarida)、乔蒂·盖里(Jordi Gali)和马克·格特勒(Mark Gertler)的研究,泰勒原理是关键。克拉雷达及其同事使用利率、产出和通货膨胀数据估计了货币政策规则的参数。他们发现,沃尔克和格林斯潘的货币政策符合泰勒原理,而更早期的货币政策则不符合。特别地,参数 θ_π(它衡量货币政策规则中利率对通货膨胀的反应大小)的估计值在 1979 年后的沃尔克-格林斯潘时代是 0.72,与泰勒提议的值 0.5 接近,而在 1960—1978 年的沃尔克之前的时代,该参数的估计值是 -0.14。①沃尔克之前的时代里负的 θ_π 值意味着货币政策不满足泰勒原理。换言之,沃尔克之前的美联储应对通货膨胀不够强硬。

这一发现表明了 20 世纪 70 年代高通货膨胀的一个原因。当美国经济遭受需求冲击(如政府在越南战争上的支出)和供给冲击(如欧佩克提高石油价格)时,美联储提高名义利率来应对通货膨胀上升,但是提高得还不够。因此,尽管名义利率上升了,实际利率却有所下降。这种不够充分的货币反应未能抑制由这些冲击产生的通货膨胀。确实,实际利率的下降增加了产品和服务的需求量,从而加重了通货膨胀压力。通货膨胀螺旋式上升的问题没有得到解决,直到货币政策规则做出改变以规定利率对通货膨胀做出更加强有力的反应。

为什么更早期的政策制定者如此消极?这是一个尚无定论的问题。下面是克拉雷达、盖里和格特勒的一些推测:

> 为什么 1979 年之前的时期里美联储采用了明显更差的规则呢?考虑这一问题的另一种方式是思考为什么美联储在面临高通货膨胀或通货膨胀上升时持续地维持低的短期实际利率。一种可能性是……美联储认为当时的自然失业率比其实际水平要低得多(或者等价地,产出缺口要小得多)……
>
> 另一种多少有些相关的可能性是,当时的美联储和经济学界都没有很好地理解通货膨胀的动力学。确实,直到 20 世纪 70 年代中后期,中级教科书才开始强调在长期不存在通货膨胀和产出之间的权衡。预期对于产生通货膨胀可能很重要以及可信性在政策制定中很重要等思想在那个时代还没有被完全确立。所有这些都表明,对于历史上经济行

---

① 这些估计是从如下论文的表六(Table Ⅵ)得到的:Richard Clarida, Jordi Gali, and Mark Gertler, "Monetary Policy Rules and Macroeconomics Stability: Evidence and Some Theory," *The Quarterly Journal of Economics* 115, no. 1 (February 2000): 147-180。

为的理解，重要的是考虑政策制定者具备的经济知识之状况和政策制定者具备的经济知识可能会随着时间的推移如何演化。

16.5 结论：向着 DSGE 模型迈进

如果你接着学习更高级的宏观经济学课程，你可能会学到一类被称为动态随机一般均衡模型（dynamic, stochastic, general equilibrium model，DSGE 模型）的模型。由于这些模型跟踪了变量的时间路径，因此它们是动态（dynamic）的。由于它们纳入了经济生活固有的随机性，因此它们是随机（stochastic）的。由于它们考虑到了万事皆依赖于所有其他事情这一事实，因此它们是一般均衡（general equilibrium）的模型。在许多方面，它们是分析短期经济波动的最先进的模型。

本章的动态 AD—AS 模型是这些 DSGE 模型的一个简化版本。不同于那些采用高级 DSGE 模型的分析家，我们没有从家庭和企业的优化决策出发，这些优化决策是宏观经济关系的基础。但是，本章假定的宏观关系与更高深的 DSGE 模型所发现的宏观关系相似。动态 AD—AS 模型是我们在前面的章节里看到的基本的总需求和总供给模型与你可能会在更高级课程看到的更复杂的 DSGE 模型之间的一个很好的阶梯。[①]

动态 AD—AS 模型也带来了一些重要的启示。它显示了各种宏观经济变量——产出、通货膨胀、实际利率和名义利率——是如何对冲击做出反应的以及它们之间随着时间的推移是如何相互作用的。它表明，在货币政策的设计中，中央银行面临着通货膨胀可变性和产出可变性之间的权衡。最后，它还表明，中央银行需要对通货膨胀做出有力的反应以防止通货膨胀失控。如果你有机会去管理中央银行，谨记这些启示是有益的。

快速测验

1. 在本章介绍的动态总需求和总供给模型中，中央银行_____。

A. 确保货币供给以恒定的速率增长

B. 保持实际利率等于自然利率

C. 在经济状况变化时调整名义利率

D. 在货币政策上斟酌处置而非使用规则

[①] 关于这个主题的简介，可参见 Argia Sbordone, Andrea Tambalotti, Krishna Rao, and Kieran Walsh, "Policy Analysis Using DSGE Models: An Introduction," *Federal Reserve Bank of New York Economic Policy Review* 16, no. 2 (2010): 23–43。Julio Rotemberg and Michael Woodford, "An Optimization-Based Econometric Framework for the Evaluation of Monetary Policy," *NBER Macroeconomics Annual* 12 (1997): 297–346 是 DSGE 模型发展过程中一篇重要的早期论文。Jordi Gali, *Monetary Policy, Inflation, and the Business Cycle* (Princeton, NJ: Princeton University Press, 2008) 是对这方面的文献做了介绍的一本很好的教科书。

2. 在动态总需求和总供给模型的长期均衡处，自然利率等于_____。

　　A. 通货膨胀率　　B. 预期的通货膨胀率
　　C. 名义利率　　　D. 实际利率

3. 中央银行的通货膨胀目标的增加在短期使名义利率_____，在长期使名义利率_____。

　　A. 上升，下降　　B. 上升，保持不变
　　C. 下降，上升　　D. 下降，保持不变

4. 如果中央银行对产出缺口做出更激进的应对，那么，供给冲击将_____。

　　A. 对通货膨胀有更大的影响而对产出有更小的影响
　　B. 对通货膨胀有更小的影响而对产出有更大的影响
　　C. 对通货膨胀和产出都有更大的影响
　　D. 对通货膨胀和产出都有更小的影响

5. 在动态总需求和总供给模型中，当中央银行设定其政策参数时，它在_____之间进行选择。

　　A. 低通货膨胀目标和强劲的长期增长
　　B. 稳定的通货膨胀和稳定的产出
　　C. 低通货膨胀和低名义利率
　　D. 陡峭的需求曲线和陡峭的供给曲线

6. 根据泰勒原理，为了确保通货膨胀稳定，中央银行对_____1个百分点的上升所做出的应对应该是将名义利率提高_____1个百分点。

　　A. 产出缺口，超过
　　B. 通货膨胀率，超过
　　C. 产出缺口，少于
　　D. 通货膨胀率，少于

内容提要

1. 动态总需求和总供给模型融合了五种经济关系：一个产品市场的方程，它将需求量与实际利率联系起来；费雪方程，它将实际利率和名义利率联系起来；菲利普斯曲线方程，它决定着通货膨胀；预期通货膨胀方程；一个货币政策规则，中央银行根据这一规则将名义利率设定为通货膨胀和产出的函数。

2. 动态 AD—AS 模型的长期均衡是古典的。产出和实际利率处于它们的自然水平，独立于货币政策。中央银行的通货膨胀目标决定了通货膨胀、预期通货膨胀和名义利率。

3. 动态 AD—AS 模型可以被用于决定任何冲击对经济的即刻影响，也可以被用于描绘冲击随着时间的推移所产生的影响。

4. 由于货币政策规则的参数影响着动态总需求曲线的斜率，所以它们决定了供给冲击对产出有更大的影响还是对通货膨胀有更大的影响。中央银行选择货币政策参数时面临着通货膨胀可变性和产出可变性之间的权衡。

5. 动态 AD—AS 模型一般假设中央银行对通货膨胀1个百分点的上升所做出的应对是将名义利率提高超过1个百分点，因此实际利率也上升。如果中央银行对通货膨胀做出的反应不够有力，经济会变得不稳定。冲击会使得通货膨胀螺旋式上升，失去控制。

关键概念

泰勒规则　　　　　　泰勒原理

复习题

1. 在一幅仔细标记横轴和纵轴的图上画出动态总供给曲线。解释为什么它的斜率是向右上方倾斜的。

2. 在一幅仔细标记横轴和纵轴的图上画出动态总需求曲线。解释为什么它的斜率是向右下方倾斜的。

3. 中央银行新行长决定将目标通货膨胀率从2%提高到3%。用一幅动态 AD—AS 模型的图形来表示这一变化的影响。这一政策变动刚刚发生时，名义利率会发生什么变化？在长期，名义利率会发生什么变化？请解释。

4. 中央银行新行长决定增加利率对通货膨胀率的敏感度。这一政策变动会如何改变经济对供给冲击的反应？通过图形来回答并给出更加直观的经济学解释。

问题与应用

1. 推导动态 AD—AS 模型的长期均衡。假设没有需求冲击和供给冲击（$\varepsilon_t = v_t = 0$），通货膨胀率稳定（$\pi_t = \pi_{t-1}$），利用表 16-1 的五个方程求出模型中每个变量的值。写出每一步骤。

2. 假定某中央银行在其货币政策规则中使用了一个错误的自然利率数值，因此，它采用的规则是：

$$i_t = \pi_t + \rho' + \theta_\pi(\pi_t - \pi_t^*) + \theta_Y(Y_t - \bar{Y}_t)$$

式中，ρ' 不等于产品需求方程中的自然利率 ρ。动态 AD—AS 模型的其他部分都和本章的相同。求出这一政策规则下的长期均衡。用文字解释你的答案背后的直觉。

3. "为了实现更低的名义利率，中央银行就不得不提高名义利率。"解释这一说法在哪方面是有道理的。

4. 牺牲率是中央银行降低通货膨胀目标 1 个百分点所造成的产出累计损失。对于正文中模拟部分采用的参数（参见本章"参考资料"），所隐含的牺牲率是多少？请解释。

5. 正文分析了对产品与服务需求的暂时冲击的情况。但是，现在假定 ε_t 增加然后永久维持在增加后的水平。随着时间的推移，经济会发生什么变化？通货膨胀率在长期会回到其目标吗？为什么？（提示：求出没有 $\varepsilon_t = 0$ 的假设下的长期均衡可能是有帮助的。）中央银行可能会如何改变它的政策规则来应对这一问题？

6. 假定中央银行不满足泰勒原理；特别地，假设 θ_π 略小于零，从而，虽然名义利率随通货膨胀上升而上升，但它上升的量小于通货膨胀上升的量。用一幅类似于图 16-13 的图分析供给冲击的影响。这一分析与作为货币政策设计准则的泰勒原理相互矛盾还是强化了该原理？

7. 正文假设自然利率 ρ 是一个常数。假定与之相反，它随着时间的推移而变化，因此现在不得不将它写成 ρ_t。

a. 这一改变会如何影响动态总需求方程和动态总供给方程？

b. 对 ρ_t 的冲击会如何影响产出、通货膨胀、名义利率和实际利率？

c. 如果 ρ_t 随着时间的推移而变化，你认为中央银行可能会面临什么样的实际困难？

8. 假定人们的通货膨胀预期受到随机冲击的影响。也就是说，不再是简单的适应性预期，时期 t 对时期 $t+1$ 的通货膨胀的预期是 $E_t\pi_{t+1} = \pi_t + \eta_t$，式中，$\eta_t$ 是一个随机冲击。这一冲击一般为零，但是，当过去的通货膨胀以外的某事件引起预期的通货膨胀变化时，它就会偏离零。类似地，$E_{t-1}\pi_t = \pi_{t-1} + \eta_{t-1}$。

a. 推导这个稍微一般化的模型中的动态总需求（DAD）方程和动态总供给（DAS）方程。

b. 假定经济经历了一场通货膨胀恐慌（inflation scare）。也就是说，在时期 t，由于某些原因，人们开始相信时期 $t+1$ 的通货膨胀将会更高，因此 η_t 大于零（只是在这个时期）。时期 t 的 DAD 曲线和 DAS 曲线会发生什么变化？该时期的产出、通货膨胀、名义利率和实际利率会发生什么变化？请解释。

c. 时期 $t+1$ 的 DAD 曲线和 DAS 曲线会发生什么变化？该时期的产出、通货膨胀、名义利率和实际利率会发生什么变化？请解释。

d. 在接下来的（多个）时期里经济会发生什么变化？

e. 在何种意义上通货膨胀恐慌自我实现了？

9. 利用动态 AD—AS 模型将通货膨胀表示成只包含滞后通货膨胀和供给与需求冲击的函数。（假设目标通货膨胀为常数。）

a. 根据你得到的方程，通货膨胀在冲击之后会回到其目标值吗？请解释。（提示：看一下滞后通货膨胀的系数。）

b. 假定中央银行不对产出的变化做出反应而只对通货膨胀的变化做出反应，从而 $\theta_Y = 0$。这一事实会怎样改变 a 小问的答案（如果会改变的话）？

c. 假定中央银行不对通货膨胀的变化做出反应而只对产出的变化做出反应，从而 $\theta_\pi = 0$。这一事实会怎样改变 a 小问的答案（如果会改变的话）？

d. 假定中央银行不遵从泰勒原理，而是对于通货膨胀每增加 1 个百分点只将名义利率提高 0.8 个百分点。在这种情况下，θ_π 的值是多少？需求冲击或供给冲击会如何影响通货膨胀的路径？

为了得到在线学习资源，请访问 Achieve for Macroeconomics，11e：https：//achieve.macmillanlearning.com。

快速测验答案

1. C 2. D 3. C 4. A 5. B 6. B

第17章 关于稳定化政策的不同观点

> 美联储的工作就是在宴会正在进行时拿走盛满酒的大酒杯。
>
> ——威廉·麦克切斯尼·马丁（William McChesney Martin）

> 我们所需要的不是不断地转动经济之车的方向盘以便对路线上未预期到的颠簸进行调整的技术娴熟的货币司机，而是需要一些手段，避免使作为镇重物坐在后座上的货币乘客不时俯过身来猛拉方向盘，使汽车面临翻车的危险。
>
> ——米尔顿·弗里德曼

政府的政策制定者应该如何对经济周期做出反应呢？以上两段引语——第一段来自一位美联储前主席，第二段来自一位著名的美联储批评者——表明了在这个问题上观点的多样性。

一些经济学家，如威廉·麦克切斯尼·马丁，认为经济天生就是不稳定的。他们认为，经济频繁经历对总需求和总供给的冲击。除非政策制定者用货币政策与财政政策稳定经济，否则这些冲击将会引起产出、失业和通货膨胀不必要和无效率的波动。用一句俗话说，宏观经济政策应该"逆风而上"，当经济萧条时刺激经济和当经济过热时给经济降温。

其他经济学家，如米尔顿·弗里德曼，认为经济天生是稳定的。他们把有时候发生的大且无效率的波动归罪于错误的经济政策。他们认为，政策制定者不应该力图"微调经济"而应该承认他们的能力有限，只要不伤害经济就应该满足了。

这场争论已经持续了几十年，许多参与者提出了各种支持自己立场的观点。基本问题是政策制定者应该如何运用我们在前几章中建立的短期经济波动理论。这里我们讨论在这场争论中提出的两个问题。第一，货币政策与财政政策应该在努力稳定经济中积极作为，还是应当采取更为消极的态度？第二，政策制定者在应对经济状况时应该自由地斟酌处置还是应该承诺遵循政策规则？

17.1 政策应该是积极的还是消极的？

政策制定者把经济稳定作为他们的一项职责。宏观经济政策分析是美联储、经济顾问委员会、国会预算办公室和其他政府机构的一项经常性工作。正像我们在前面几章看到的，货币政策和财政政策能够对总需求从而对通货膨胀和失业产生有力的影响。因此，当国会考虑财政政策的变动时，或者当美联储考虑货币政策的变动时，讨论的首要议题是总需求是需要刺激还是需要抑制。

虽然政府实施货币政策与财政政策有了很长的历史，但政府应当用这些政策工具来稳定经济的观点是近年来才出现的。1946 年的《就业法案》（Employment Act）是一个标志性立法，在该法案中政府第一次宣称对宏观经济表现负责。这个法案规定："促进充分就业和生产……是联邦政府持续不变的政策和职责"。这一法案是在人们对大萧条仍然记忆犹新时制定的。像许多经济学家一样，这个法案的制定者相信，政府如果不在经济中积极地有所作为，那么像大萧条那样的事件就会经常发生。

在许多经济学家看来，支持积极的政府政策的论据明显且简单。衰退是高失业、低收入和经济困苦增加的时期。总需求与总供给模型说明了对经济的冲击如何能够引起衰退。它也说明了货币政策和财政政策如何能够对这些冲击做出反应和防止或至少减轻衰退。这些经济学家认为，不用这些政策工具去稳定经济是一种浪费。

其他经济学家对政府稳定经济的企图持怀疑态度。这些怀疑者认为，政府应该对宏观经济政策更多地采取不干涉的方法。乍一看，这种观点可能令人吃惊。如果我们的模型说明了如何防止衰退或减轻衰退的严重性，为什么这些怀疑者限制政府采取货币政策与财政政策来稳定经济呢？为了找出答案，让我们考虑他们的观点。

政策实施和效应的时滞

如果政策的效应是即时的，经济稳定应该是轻而易举的。制定政策将会像驾驶汽车一样：政策制定者只要简单地调整他们的工具，以使经济保持在合意的路径上。

然而，制定经济政策不像驾驶汽车，更像驾驶一艘大船。汽车在转动方向盘之后几乎马上改变方向。但船在舵手转舵以后还要很长一段时间才能改变航向。而且，一旦船开始转向，在方向舵调回正常状态之后船只转向还要持续一段时间。一个新舵手可能会转向过度以及在注意到错误之后反应过度，在相反方向上过度转向。当新舵手通过越来越大的矫正来对过去的错误做出反应时，船的航线可能变得不稳定。

像船的舵手一样，经济政策制定者也面临较长时滞的问题。确实，政策制定者的问题甚至更为困难，因为时滞的长度难以预测。这些长且变动的时滞使实施货币政策与财政政策变得复杂了。

经济学家区分了与稳定化政策的实施相关的两个时滞：内在时滞与外在时滞。**内在时滞**（inside lag）是经济冲击与应对该冲击的政策行动之间的时间。这种时滞的产生是因为政策制定者认识到冲击已经发生和实施适当的政策都需要时间。**外在时滞**（outside lag）是政策行动与其对经济产生影响之间的时间。这种时滞的产生是因为政策并不能立即影响支出、收入和就业。

长的内在时滞是运用财政政策稳定经济的核心问题。在美国尤其如此。在美国，支出或税收变动需要总统和国会参众两院的批准。有时候，政策制定者行动迅速。例如，作为对2020年新冠疫情衰退的反应，规模达2万亿美元的《新冠病毒援助、救济和经济安全法案》在危机开始大约一个月后就获得了通过。然而，在大多数情况下，缓慢而烦琐的立法过程引起了延误，这使财政政策成为一种不精确的经济稳定工具。在执政党可以更迅速地实施政策变动的议会制国家，如英国，内在时滞更短。

货币政策的内在时滞比财政政策更短，因为中央银行可以在不到一天的时间内决定并实施政策变动，但货币政策的外在时滞更长。货币政策通过改变货币供给和利率起作用，货币供给和利率的变动又影响投资和总需求。由于许多企业提前做出投资计划，因此，货币政策的变动被认为要在实施6个月后才会影响经济活动。

与货币政策和财政政策相关的长且变动的时滞使稳定经济更加困难了。消极政策的支持者认为，由于这些时滞，成功的稳定化政策几乎是不可能的。确实，稳定经济的努力可能会破坏稳定。假定在政策行动开始和它对经济产生影响之间经济状况改变了。在这种情况下，积极政策的结果可能是在经济过热时刺激了经济，或者在经济冷却时抑制了经济。积极政策的支持者承认这些时滞的确要求政策制定者审慎行事。但是，他们认为，这些时滞并不意味着政策应该是完全消极的，特别是在面临较严重而持久的经济低迷时。

一些被称为**自动稳定器**（automatic stabilizers）的政策被设计用来减少与稳定化政策相联系的时滞。自动稳定器是不用采取任何有意的政策变动就可以在必要时刺激或抑制经济的政策。例如，所得税制在经济进入衰退时自动减少了税收：不用对税法做出任何变动，当个人和企业的收入减少时，他们交纳的税也少了。类似地，当经济进入衰退时，因为更多的人申请津贴，失业保障和福利制度自动增加了转移支付。我们可以把这些自动稳定器看作一种没有任何时滞的财政政策。

棘手的经济预测工作

由于政策只有在长久的时滞之后才影响经济，成功的稳定化政策要求有准确预测未来经济状况的能力。如果我们不能预测6个月或1年之后经济将是繁荣还是衰退，我们就不能评价货币政策与财政政策现在应该试图扩大还是紧缩总需求。遗憾的是，经济发展常常是无法预测的。

预测者试图做出前瞻的一种方法是监测领先指标。正如我们在第 11 章中讨论过的，领先指标是先于经济而波动的数据系列。领先指标的大幅度下降预示未来几个月很可能会发生衰退。

预测者做出前瞻的另一种方法是使用宏观计量经济模型，政府机构和私人企业都建立了这样的模型。宏观计量经济模型是定量而不只是定性描述经济的模型。许多这样的模型是第 16 章中学到的动态总需求和总供给模型的更复杂和更现实的版本。建立宏观计量经济模型的经济学家使用历史数据估计模型的参数。一旦模型建立了，经济学家就能模拟不同政策的效应。该模型也可以用于预测。在模型的用户对货币政策、财政政策和石油价格等外生变量的路径做出假设之后，该模型得出关于失业、通货膨胀以及其他内生变量的预测。但是，要记住，这些预测的准确性取决于模型和预测者所做出的关于外生变量的假设的准确性。

案例研究

预测的错误

"小阵雨，间晴，微风"。这是享有盛誉的英国国家气象服务中心在 1987 年 10 月 14 日提供的天气预报。第二天英国遭受了两个多世纪中最严重的暴风雨袭击。

与天气预报一样，经济预测是私人与公共决策的投入。企业高管在决定生产多少及投资多少于工厂和设备时依靠经济预测。政府政策制定者在制定经济政策时也依靠经济预测。遗憾的是，与天气预报一样，经济预测远远不够准确。

美国历史上最严重的经济低迷——20 世纪 30 年代的大萧条——完全出乎经济预测者的意料。甚至在 1929 年股市崩盘之后，他们仍然相信经济不会遭受严重的挫折。在 1931 年底，当经济形势显然已经糟糕时，著名经济学家欧文·费雪还预测经济很快就会复苏。随后的事件说明，这些预测都太乐观了：失业率继续上升，到 1933 年达到了 25%，并且在 30 年代的余下年份里，失业率仍然居高不下。[①]

2008—2009 年衰退是当时看来自大萧条以来美国最严重的经济低迷。图 17-1 显示了这次衰退期间预测者预测得如何。该图显示了现实失业率（黑线）和对接下来 5 个季度失业率进行预测的几次尝试（灰线）。你可以看到，预测者对接下来一个或两个季度的失业预测得很好。但是，对更往后时期的预测往往是不准确的。2007 年 11 月对专业预测者的调查预测显示会出现一次温和的经济衰退：美国的失业率预计将从 2007 年第 4 季度的 4.7% 上升到 2008 年第 4 季度的 5.0%。而在 2008 年 5 月的调查中，预测者提高了对该年末失业率的预测，但也只提高到 5.5%。事实上，2008 年第 4 季度失业率达到了 6.9%。随着衰退逐步发展，预测者变得更加悲观——但仍不够悲观。在 2008 年 11 月，他们预测到 2009 年第 4 季度

---

① Kathryn M. Dominguez, Ray C. Fair, and Matthew D. Shapiro, "Forecasting the Depression: Harvard Versus Yale," *American Economic Review* 78 (September 1988): 595-612. 这篇文章说明了在大萧条期间经济预测者做得何其糟糕。该文认为，就算那些经济预测者用现在可以得到的现代预测技巧也不会做得更好。

失业率将上升到 7.7%。事实上，失业率上升到了约 10%。

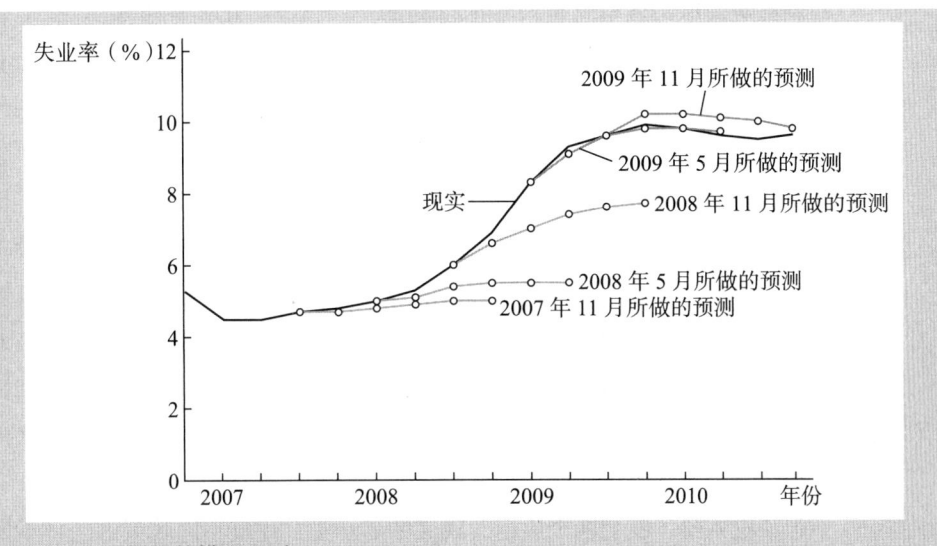

图 17-1　大衰退期间的错误预测

黑线表示 2007—2010 年的现实失业率。灰线表示在几个不同时点上预测的失业率。对每一次预测，都用符号标记了现期失业率和对随后 5 个季度的预测。注意预测者没有预测到失业率的大幅上升。

资料来源：失业率来自美国劳工部（U. S. Department of Labor）。预测的失业率是专业预测者调查得到的不同预测者预测值的中位数。

20 世纪 30 年代的大萧条和 2008—2009 年大衰退表明，最严重的经济事件是无法预测的。私人与公共决策者除了依靠经济预测之外没有多少选择，但他们必须记住，这些预测有很大的误差幅度。

无知、预期和卢卡斯批判

著名的经济学家罗伯特·卢卡斯曾经写道："作为专业的咨询顾问，我们常常感觉力不从心。"甚至许多为政策制定者提供咨询的人也同意这种判断。经济学是一门年轻的学科，我们不知道的东西还很多。当经济学家评价不同政策的影响时，他们并没有完全的把握，这表明经济学家在提供政策建议时应该谨慎行事。

在卢卡斯关于宏观经济政策制定的著作中，他强调经济学家需要更多地注意人们如何形成对未来的预期这一问题。预期在经济中起着至关重要的作用，因为预期影响着各种经济行为。例如，家庭根据对未来收入的预期决定消费多少，企业根据对未来盈利的预期决定投资多少。预期取决于许多因素，但是卢卡斯认为其中一个因素非常重要：政府所实行的经济政策。当政策制定者估计任何一种政策变动的影响时，他们需要知道人们的预期会如何对政策变动做出反应。卢卡斯认为，传统的政策评估方法——例如依靠标准宏观计量经济模型的方法——没有充分考虑到政策对预期的这种影响。这种对传统政策评估的评价就是著名的**卢卡斯批判**（Lucas critique)。①

对反通货膨胀的分析就是卢卡斯批判的一个例子。正如你可能从第15章回忆起来的，降低通货膨胀的成本通常用牺牲率衡量，它是通货膨胀每降低1个百分点所必须放弃的GDP百分点数。由于牺牲率的估计值往往很大，它们使一些经济学家认为，政策制定者应该学会忍受通货膨胀，而不是以高代价来降低通货膨胀。

然而，在理性预期方法的支持者看来，牺牲率的这些估计值并不可靠，因为它们受到卢卡斯批判这样的批评。传统的牺牲率估计值基于适应性预期，即预期通货膨胀取决于过去通货膨胀的假设。在某些情况下，适应性预期可能是一个合理的前提，但如果政策制定者做出了可信的政策变动，那么设定工资和价格的工人和企业应该会通过适当地调整他们的通货膨胀预期而做出理性反应。通货膨胀预期的这种变动将迅速改变通货膨胀与失业之间的短期取舍关系。因此，降低通货膨胀的成本可能比传统牺牲率估计值所表明的低得多。

卢卡斯批判了我们两个启示。狭义的启示是：评价不同政策的经济学家需要考虑政策如何影响预期，从而影响行为。广义的启示是：政策评估是困难的，所以，从事这项工作的经济学家应该表现出必要的谦虚。

历史记录

在判断政府政策在经济中应该起积极还是消极作用时，我们必须考察历史记录。如果经济经历了许多大的总供给和总需求冲击而且熟练的政策成功地使经济免受这些冲击的伤害，那么，支持积极政策的论据就是清楚的。相反，如果经济经历的大冲击很少而且我们所观察到的波动可以追溯到不适当的政策，那么，支持消极政策的论据就是清楚的。换言之，我们关于稳定化政策的观点要受历史上政策起到了稳定还是破坏稳定的作用的影响。由于这个原因，关于宏观经济政策的争论往往变成关于宏观经济历史的争论。

然而历史并没有解决有关稳定化政策的争论。由于确定经济波动的来源并不容易，所以对历史的分歧就产生了。历史记录往往有不止一种解释。

大萧条正是这样一个例子。经济学家关于稳定化政策的观点往往与他们关于大萧条起因的观点相关。一些经济学家相信，对私人支出的一次大的紧缩性冲击引起了大萧条。他们断言，政策制定者本来应该通过使用货币政策和财政政策工具以刺激总需求做出反应。另一些经济学家相信，货币供给的大幅度下降导致了大萧条。他们断言，如果美联储实行了按稳定速率增加货币供给的消极货币政策，大萧条本来是可以避免的。因此，根据一个人关于大萧条起因的信念，大萧条既可以被看作为什么积极的货币政策和财政政策有其必要性的例子，也可以被看作为什么积极的

---

① Robert E. Lucas, Jr., "Econometric Policy Evaluation: A Critique," Carnegie Rochester Conference Series on Public Policy 1 (1976): 19-46. 卢卡斯由于这一研究和其他研究在1995年获得了诺贝尔经济学奖。

货币政策与财政政策有危险的例子。

案例研究

政策不确定性如何影响经济？

当货币政策和财政政策制定者积极地力图控制经济时，经济政策未来的发展方向常常是不确定的。政策制定者并非总是清楚地表达他们的意图。而且，由于政策结果可能是一个充满争吵和争议且不可预测的政治过程的产物，因此，公众有充分的理由不能确定最终的政策决定会成为什么样子。

在 2016 年的一项研究中，斯科特·贝克（Scott Baker）、尼古拉斯·布鲁姆（Nicholas Bloom）和史蒂文·戴维斯（Steven Davis）这三位经济学家研究了政策不确定性的影响。贝克、布鲁姆和戴维斯首先构建了一个衡量不同时期的政策不确定性的指数。他们的指数有三个组成部分。

第一个组成部分是从报纸上的文章文本里得到的。贝克、布鲁姆和戴维斯仔细搜索了十种主要报纸。他们从 1985 年以来的这些报纸上搜索包含"不确定性"（uncertainty）或"不确定的"（uncertain）、"经济的"（economic）或"经济"（economy）以及至少包括"国会"（Congress）、"立法"（legislation）、"白宫"（White House）、"管制"（regulation）、"美联储"（Federal Reserve）、"赤字"（deficit）等几个术语之一的文章。包括所有这三类术语的文章越多，政策不确定性指数就越高。

这个指数的第二个组成部分基于联邦税法中临时性规定的数量。贝克、布鲁姆和戴维斯是这样推理的："对企业和家庭来说，临时性税收措施是不确定性的一个来源，这是因为国会常常在最后一分钟延长这些措施，这削弱了税法的稳定性和关于税法的确定性。"临时性税收规定的数量越多和规定涉及的美元规模越大，政策不确定性指数就越高。

这个指数的第三个组成部分基于各个私人预测者之间对几个与宏观经济政策相关的重要变量的分歧数量。贝克、布鲁姆和戴维斯做了这样的假设：私人预测者对未来的价格水平和未来的政府支出水平分歧越多，关于货币和财政政策的不确定性就越大。也就是说，这些私人预测的分散度越高，政策不确定性指数就越高。

图 17-2 显示了从这三个组成部分得到的指数。当发生了重大的外交政策事件（如战争或恐怖袭击）时，当发生经济危机（如黑色星期一股市崩盘或新冠疫情大流行和大停摆）时，或当发生重大政治事件（如选举新总统）时，这个指数上升，表明政策不确定性增加了。

有了这个指数之后，贝克、布鲁姆和戴维斯接着探究政策不确定性与宏观经济表现如何相关。他们发现，不确定性的增加抑制了经济。特别地，当经济政策不确定性上升时，下一年的投资、生产和就业可能会下降（相对于它们的正常增长而言）。

对这一影响的一个可能的解释是，不确定性可能抑制产品和服务的总需求。当政策不确定性增加时，家庭和企业可能会将大额购买推迟到不确定性消除之时。例如，如果一家企业决定建一个新工厂而且该项投资的盈利能力取决于政府实行的政策，那么，该企业可能等到政策出台之时。这样的延迟对该企业而言是理性的，但是，它促成了总需求的下降，而总需求的下降又减少了经济的产出并增加了失业。

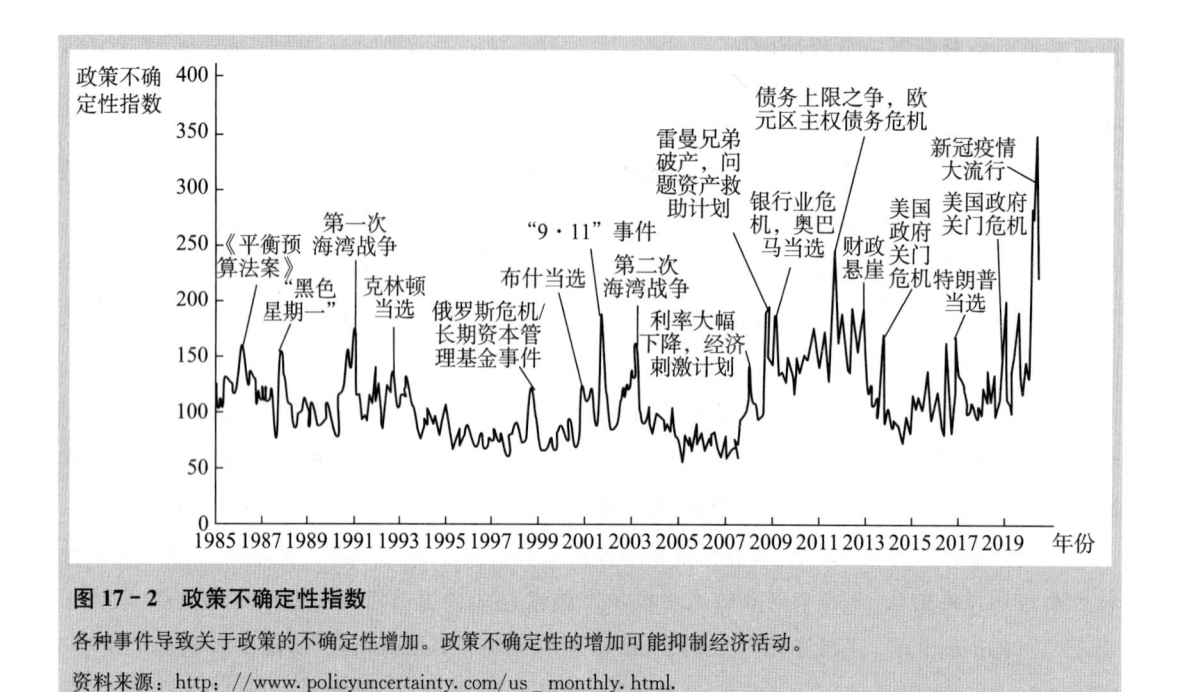

图 17-2　政策不确定性指数

各种事件导致关于政策的不确定性增加。政策不确定性的增加可能抑制经济活动。

资料来源：http://www.policyuncertainty.com/us_monthly.html。

诚然，有些政策不确定性是不可避免的。但是，政策制定者应该谨记，不确定性的数量在某种程度上是受他们控制的，而且，不确定性的增加看似有着不利的经济影响。[①]

17.2　政策应该按规则实施还是斟酌处置？

经济学家之间争论的第二个主题是：经济政策应该根据规则实施还是斟酌处置？如果政策制定者提前公告政策如何对各种情况做出反应并承诺始终遵循其公告，那么，政策就是按规则实施的。如果政策制定者在事件发生时自由地评估并选择他们当时认为合适的政策，那么，政策就是斟酌处置的。

关于按规则实施还是斟酌处置的争论不同于关于积极政策还是消极政策的争论。政策可以根据规则实施，但仍然既可以是消极的，也可以是积极的。例如，一个消极的政策规则可能规定货币供给每年稳定增长 3%。一个积极的政策规则可能规定

货币增长＝3%＋(失业率－6%)

在这一规则下，如果失业率是 6%，货币供给按 3% 增长，但失业率超过 6% 的

---

① 这个案例研究基于 Scott R. Baker, Nicholas Bloom, and Steven J. Davis, "Measuring Economic Policy Uncertainty," *The Quarterly Journal of Economics* 131（November 2016）：1593-1636。关于该研究的更新，见 http://www.policyuncertainty.com。关于不确定性的宏观经济学的其他研究，参见 Nicholas Bloom, "Fluctuations in Uncertainty," *Journal of Economic Perspectives* 28（2014）：153-176；Susanto Basu and Brent Bundick, "Uncertainty Shocks in a Model of Effective Demand," *Econometrica* 85（May 2017）：937-958。

每 1 个百分点都使得货币供给多增长 1 个百分点。这一规则力图通过在衰退期间提高货币增长来稳定经济。

本节我们首先讨论为什么承诺遵循一个政策规则可能会使政策得到改善，然后考察几个可能的政策规则。

对政策制定者和政治过程的不信任

一些经济学家相信，经济政策十分重要，不能让政策制定者斟酌处置。虽然这种观点更加具有政治含义而不是经济含义，但是，评价这种观点对我们如何判断经济政策的作用至关重要。如果政治家是无能的或机会主义的，那么，我们可能就不想给他们运用强有力的货币政策与财政政策工具的斟酌处置权。

经济政策中的无能产生于几个原因。一些经济学家认为政治过程是反复无常的，这也许是因为它反映了特殊利益集团的力量变化。此外，宏观经济学是复杂的，政治家往往没有足够的宏观经济学知识来做出有根据的判断。这种无知使得冒充内行的平庸之辈有机会提出错误的但表面看来有吸引力的解决复杂问题的办法。政治过程往往不能把平庸之辈的建议与有能力的经济学家的建议分开。

当政策制定者的目标与公众福利发生冲突时，经济政策中的机会主义就产生了。一些经济学家担心，政治家用宏观经济政策来帮助他们竞选。如果公民根据选举时的经济状况投票，那么，政治家就有动机在选举年实施使经济表面上好看的政策。总统可能在上任后很快就为了降低通货膨胀而引起衰退，然后在下一次大选来临时刺激经济以降低失业；这将确保选举日（Election Day）的通货膨胀率和失业率都低。为选举利益而操纵经济被称为**政治性经济周期**（political business cycle），它是经济学家和政治学家广泛研究的课题。[①]

对政治过程的不信任导致一些经济学家提倡把经济政策放在政治领域之外。例如，美联储的组织就是为了使货币政策部分地摆脱政治压力。此外，一些经济学家提出了《宪法修正案》，如《平衡预算修正案》，这将约束立法者，使财政政策免受无能和机会主义的危害。我们在下一章将讨论《平衡预算修正案》的一些潜在的问题。

斟酌处置政策的时间不一致性

如果我们假设可以信任我们的政策制定者，乍一看斟酌处置似乎优于固定政策规则。斟酌处置政策是灵活的。只要政策制定者明智且仁慈，看来可能没有什么原因能阻止他们对变化的状况做出灵活反应。

然而，固定政策规则优于斟酌处置政策的一个论据是政策的**时间不一致性**

[①] William Nordhaus, "The Political Business Cycle," *Review of Economic Studies* 42 (1975): 169–190; Edward Tufte, *Political Control of the Economy* (Princeton, NJ: Princeton University Press, 1978).

（time inconsistency）问题。在某些情况下，政策制定者可能愿意提前公告他们将遵循的政策，以影响私人决策者的预期。但是，后来，在私人决策者根据他们的预期行事之后，这些政策制定者可能会受到某种诱惑而违背自己的公告。了解到政策制定者随着时间的推移可能会不一致，私人决策者就不会相信政策公告。在这种情况下，为了使他们的公告可信，政策制定者可能想承诺遵循一个政策规则。

时间不一致性可以用一个非经济学范畴的例子——具体来说，有关与劫持者就释放人质进行谈判的公共政策——来最简洁地说明。许多国家公告的政策是它们不就人质问题与恐怖分子进行谈判。这个公告的意图是阻止恐怖分子：如果从劫持人质中得不到什么利益，理性的恐怖分子就不再劫持任何人了。换言之，公告的目的是为了影响劫持者的预期，从而影响他们的行为。

但是，事实上，除非政策制定者可信地对这个政策做出承诺，否则这一公告就没有什么影响。恐怖分子知道，一旦抓住了人质，政策制定者面临着极大的诱惑来做出某种让步，以使人质获释。阻止理性的恐怖分子的唯一方法是取消政策制定者的斟酌处置权和对绝不谈判的规则做出承诺。如果政策制定者真的不能做出让步，恐怖分子劫持人质的激励也就基本消除了。

在货币政策的实施中产生了同样的问题，只不过程度较轻而已。考虑既关心通货膨胀又关心失业的中央银行的两难困境。根据菲利普斯曲线，通货膨胀与失业之间的权衡取决于预期的通货膨胀。中央银行希望每个人都预期低通货膨胀，以便它面临一种有利的权衡。为了降低预期的通货膨胀，中央银行可能会公告宣称低通货膨胀是其首要目标。

但是，低通货膨胀政策的公告本身并不可信。一旦家庭和企业形成了自己的通货膨胀预期并相应地设定了工资和价格，中央银行就有激励违背自己的公告和实施扩张性货币政策以降低失业。人们知道中央银行有违背公告的激励，可能在一开始就不相信它的公告。正如面临人质危机的总统想就释放人质进行谈判一样，有斟酌处置权的中央银行也想为了减少失业而制造通货膨胀。正如恐怖分子不相信政府公告的绝不谈判的政策一样，家庭和企业也不相信中央银行公告的低通货膨胀政策。

这一分析得出的令人惊讶的结果是：有时政策制定者可以通过放弃斟酌处置权更好地达到其目标。在理性恐怖分子的例子中，如果政策制定者承诺遵循拒绝就释放人质进行谈判这一似乎无情的规则，那么，被劫为人质并被杀害的人就会更少。在货币政策的例子中，如果中央银行承诺零通货膨胀政策，那么，就会有更低的通货膨胀而不会引起更高的失业。（在本章附录中，关于货币政策的这个结论被更加正式地模型化了。）

在其他许多情况下，政策的时间不一致性也产生了：

● 为了鼓励投资，政府宣布它将不对资本利得征税。但在工厂建成之后，政府很想放弃承诺以征收到更多的税收收入。

● 为了鼓励研究，政府宣布它将给予开发新药品的公司以暂时的垄断权。但在新药研制成功之后，政府很想取消专利或管制价格，以便药品价格更容易承受。

● 为了鼓励良好的行为，父母宣布只要孩子违反了规则就要惩罚孩子。但在孩子做错事后，父母很想原谅孩子的过失，因为惩罚对父母和孩子都是不愉快的。

● 为了鼓励你们努力学习，你们的教授宣布，这门课程结束时要考试。但在你们学过和学会了全部内容之后，教授很想取消考试，这样就不必阅卷了。

在每一个例子中，理性主体都了解政策制定者食言的激励，这种预期会影响他们的行为。解决办法是取消政策制定者的斟酌处置权，代之以对政策规则的可信承诺。

案例研究

亚历山大·汉密尔顿 vs. 时间不一致性

时间不一致性早就是一个与斟酌处置政策相联系的问题。事实上，这也是亚历山大·汉密尔顿在1789年被乔治·华盛顿总统任命为美国财政部长时最先遇到的问题之一。

汉密尔顿面临的问题是如何处理新国家在从英国独立出来的战争中所积累的债务。当革命政府发行债券时，它承诺战争结束时偿还这些债务。但在战后，许多美国人建议不偿还债务，因为偿还债务就要征税，而税收总是有代价的，也是不受欢迎的。

汉密尔顿反对拒付债务的时间不一致性政策。他意识到国家在未来某个时候需要再次借款。在他的《第一份公共信用报告》(First Report on the Public Credit)——1790年他向议会所做的报告——中，他写道：

> 如果公共信用的维护的确如此重要，那么，下一个问题自然而然就是：用什么手段使之实现？对这个问题现成的回答是：凭借良好的信用；凭借合约的准时执行。与个人一样，那些信守承诺的国家得到尊重和信任，而那些不信守承诺的国家的命运正好相反。

因此，汉密尔顿建议国家对偿还其债务的政策规则做出承诺。

汉密尔顿倡导的政策规则已经持续了两个多世纪。今天，与汉密尔顿的时代不同了，当国会争论支出的优先顺序时，没有一个人严肃地建议把拖欠公共债务作为一种减税的方法。就公共债务而言，现在每一个人都同意，政府应该对政策规则做出承诺。

货币政策规则

即使我们被说服了从而相信政策规则优于斟酌处置，关于宏观经济政策的争论也没有结束。如果美联储对货币政策规则做出承诺，那么，它应该选择什么规则呢？让我们讨论一下不同经济学家提倡的三种政策规则。

一些被称为**货币主义者**（monetarists）的经济学家建议美联储按一个稳定的比率增加货币供给。本章开头米尔顿·弗里德曼——最著名的货币主义者——的引语说明了这种货币政策观点。货币主义者相信，货币供给的波动要对经济中大多数大波动负责。他们认为，缓慢和稳定的货币供给增长会产生稳定的产出、就业与价格。

货币主义的政策规则也许能够防止我们在历史上经历过的许多经济波动，但大多数经济学家相信，它不是最好的政策规则。只有在货币流通速度稳定时，货币供给的稳定增长才能稳定总需求。但有时经济经历着引起货币流通速度不稳定的冲击，如货币需求的移动。大多数经济学家相信，政策规则需要允许货币供给对各种经济冲击做出调整。

许多经济学家提倡的第二种政策规则是名义 GDP 目标制。根据这种规则，美联储宣布一个名义 GDP 的计划路径。如果名义 GDP 上升到这个目标之上，美联储就调整货币政策以抑制总需求。如果名义 GDP 降低到这个目标之下，美联储就调整货币政策以刺激总需求。由于名义 GDP 目标允许货币政策对货币流通速度的变动做出调整，所以，大多数经济学家相信，与货币主义政策规则相比，它会导致产出和价格更高的稳定性。

常常被提议的第三种政策规则是**通货膨胀目标制**（inflation targeting）。根据这种规则，美联储将宣布通货膨胀率目标（通常是低的），然后在现实通货膨胀率偏离目标时调整货币供给。与名义 GDP 目标制一样，通货膨胀率目标制也把经济与货币流通速度的变动区分开。此外，通货膨胀率目标还具有政治上的优势：易于向公众做出解释。

注意，所有这些规则都是用某种名义变量——货币供给、名义 GDP 或价格水平——来表示的。人们也可以设想出用实际变量表示的政策目标。例如，美联储可能力图把失业率目标定为 5％。这一规则存在的问题是：没有人确切知道自然失业率是多少。如果美联储选择的失业率目标低于自然率，结果就会是加速通货膨胀。相反，如果美联储选择的失业率目标高于自然率，结果就会是加速通货紧缩。由于这个原因，尽管失业率和实际 GDP 这类实际变量是最好的经济表现衡量指标，但很少有经济学家建议仅仅用实际变量表示的货币政策规则。

案例研究

通货膨胀目标制：规则还是有约束的斟酌处置？

始于 20 世纪 80 年代末，世界上许多国家的中央银行——包括澳大利亚、加拿大、芬兰、以色列、新西兰、西班牙、瑞典和英国的中央银行——开始采用某种形式的通货膨胀目标制。有时候，通货膨胀目标制的形式是中央银行宣布其政策意图，有时候其形式是对货币政策目标详加说明的国家法律。例如，1989 年的《新西兰储备银行法》（the Reserve Bank of New Zealand Act）要求中央银行"制定和实施旨在实现和保持价格总体水平稳定的经济目标的货币政策"。该法案没有提其他竞争性目标，例如，产出、就业、利率或汇率的稳定。

我们应该把通货膨胀目标制解释为一种对政策规则的承诺吗？并非完全如此。在采用了通货膨胀目标制的国家，中央银行仍保有某种程度的斟酌处置权。通货膨胀目标往往是设定一个范围——例如，1％～3％的通货膨胀率——而不是一个具体的数字。中央银行可以在这个范围内根据意愿做出选择：它可以刺激经济和使通货膨胀接近上限，也可以抑制经济和使通货膨胀接近下限。此外，如果某一外生事件（例如，一次很容易确定的供给冲击）推动通货膨胀偏离所宣布的目标，那么，中央银行有时也可以至少暂时错过其通货膨胀目标。

考虑到这种灵活性，通货膨胀目标制的目的是什么呢？尽管通货膨胀目标给中央银行留下了某些斟酌处置权，但这种政策限制了这一斟酌处置权的运用。当中央银行仅仅被要求"正确行事"时，很难让中央银行自负其责，因为人们总可以对在某种特定环境下何为正确争论不休。与此相反，当中央银行宣布了一个通货膨胀目标时，公众可以更容易地判断中央银行是否在实现这个目标。因此，尽管通货膨胀目标制并没有捆住中央银行的手脚，但它提高了货币政策的透明度，从而使得中央银行对其行动更加负责。①

与其他中央银行相比，美联储在采取通货膨胀目标制政策上行动迟缓，但在2012年它给自己设定了值为2%的通货膨胀目标。美联储提供了如下解释：

> 联邦公开市场委员会（FOMC）判断，在长期，2%的通货膨胀率（用个人消费支出价格指数的年度变化衡量）与联储的价格稳定和充分就业使命是最一致的。一方面，随着时间的推移，不断上升的通货膨胀率将降低公众做出精确的长期经济和金融决策的能力。另一方面，不断下降的通货膨胀率也会提高陷入通货紧缩的概率。通货紧缩的意思是价格，也许还有工资，平均而言在下降；这是一种与非常疲软的经济状况相联系的现象。通货膨胀降低了经济状况变得疲软时经济中出现有害的通货紧缩的可能性（至少低通货膨胀是如此）。联邦公开市场委员会执行货币政策以帮助维持在中期内2%的通货膨胀目标。

更近些年来出现了关于2%的通货膨胀率目标是否合适的争论。2008—2009年大衰退后的六年时间里，美联储将联邦基金利率保持为零，也就是它的下限。（第13章讨论过零下限。）在2020年新冠疫情衰退期间，联邦基金利率又达到了零下限。有些经济学家认为，如果美联储有更高的通货膨胀率目标，比如说4%，那么，正常的利率水平就会更高（经由费雪效应），美联储在必要时就会有更多的弹药对付经济低迷。现行政策的捍卫者则认为，如果美联储在说服公众相信其对2%的通货膨胀率目标的承诺后将目标改为4%，那么它将损失太多的可信性。至少到目前为止，美联储还没有显示出任何提高其通货膨胀率目标的兴趣。

案例研究

中央银行的独立性

假定让你起草一国的宪法与法律。你会赋予该国总统控制中央银行政策的权力吗？或者你会允许中央银行免于政治影响进行决策吗？换言之，假设货币政策根据斟酌处置做出而不是根据规则做出，那么谁应该运用这种斟酌处置权呢？

---

① 参见 Ben S. Bernanke and Frederic S. Mishkin, "Inflation Targeting: A New Framework for Monetary Policy?" *Journal of Economic Perspectives* 11 (Spring 1997): 97-116。

各国在这个问题的回答上各不相同。在一些国家，中央银行是政府的一个部门；在另一些国家，中央银行则大体上是独立的。在美国，美联储理事由总统任命，任期达14年，而且，如果总统不满意他们的决策，也不能撤他们的职。这种制度性结构赋予美联储类似于美国最高法院那样的独立性。

许多研究者研究了宪法设计对货币政策的影响。他们考察了不同国家的法律来构造一个中央银行独立性指数。这个指数的基础是各种特性，例如，银行行长的任职年限，政府官员在银行理事会中的角色，以及政府与中央银行之间接触的频繁程度。研究者也考察了中央银行独立性与宏观经济表现之间的关系。

这些研究的结果是惊人的：更高的中央银行独立性与更低和更稳定的通货膨胀强烈相关。图17-3显示了1955—1988年期间中央银行独立性和平均通货膨胀率的散点图。有独立的中央银行的国家，例如联邦德国、瑞士和美国，往往有低的平均通货膨胀率。中央银行独立性更低的国家，例如新西兰和西班牙，往往有更高的平均通货膨胀率。

研究者还发现，中央银行独立性与实际经济活动之间是无关的。中央银行的独立性与平均失业、失业的波动性、实际GDP的平均增长或实际GDP的波动性无关。中央银行的独立性看来为各国提供了"免费午餐"：它有降低通货膨胀的好处而没有任何明显的代价。这一发现导致一些国家，如新西兰，修订了法律，以赋予其中央银行更大的独立性。①

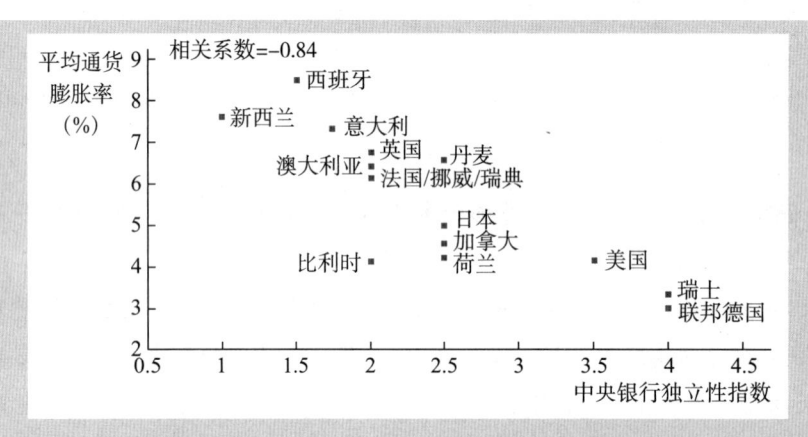

图17-3 通货膨胀与中央银行的独立性
这幅散点图呈现了中央银行独立性的国际经验。证据表明，更独立的中央银行往往会产生更低的通货膨胀。
资料来源：Figure 1a, page 155, of Alberto Alesina and Lawrence H. Summers, "Central Bank Independence and Macroeconomic Performance: Some Comparative Evidence," *Journal of Money, Credit, and Banking* 25 (May 1993): 151-162. 平均通货膨胀率是对1955—1988年这一时期进行平均。

---

① 要想了解这些发现更完整的介绍和关于中央银行独立性的大量参考文献，参见 Alberto Alesina and Lawrence H. Summers, "Central Bank Independence and Macroeconomic Performance: Some Comparative Evidence," *Journal of Money, Credit, and Banking* 25 (May 1993): 151-162. 要想了解一项质疑通货膨胀与中央银行独立性之间联系的研究，参见 Marta Campillo and Jeffrey A. Miron, "Why Does Inflation Differ Across Countries?" in Christina D. Romer and David H. Romer, eds., *Reducing Inflation: Motivation and Strategy* (Chicago: University of Chicago Press, 1997), 335-362。

17.3 结论：在一个不确定的世界中制定政策

在本章中，我们考察了在对经济波动做出反应时政策应该起到积极作用还是消极作用，以及政策应该根据规则还是根据斟酌处置来实施。这些问题的双方都有许多论据。也许唯一明确的结论是：关于宏观经济政策的任何特定观点都没有简单而绝对的论据。最终，你必须从经济和政治上权衡各种论据，并自己决定政府在试图稳定经济中应该发挥什么样的作用。

快速测验

1. _____时滞是冲击发生与政策做出反应之间的时间间隔。对于_____政策，这种时滞特别长。
   A. 内部，货币
   B. 内部，财政
   C. 外部，货币
   D. 外部，财政

2. _____时滞是政策行动付诸实施与它对经济产生影响之间的时间间隔。对于_____政策，这种时滞特别长。
   A. 内部，货币
   B. 内部，财政
   C. 外部，货币
   D. 外部，财政

3. 根据卢卡斯批判，宏观经济政策评估的传统方法是有缺陷的，原因是它们未能考虑_____。
   A. 政策制定过程固有的时滞
   B. 政策变动如何影响预期
   C. 政策制定者为了选举利益如何操纵经济
   D. 政策制定者时间不一致的激励

4. 斟酌行事政策的时间不一致性之所以会产生，是因为政策制定者_____。
   A. 在人们按照预期采取行动后想违背宣布的计划
   B. 相信他们比实际情况更擅长预测经济状况
   C. 未能充分预计对经济的所有冲击
   D. 认为人们适应性地而非理性地形成预期

5. 20 世纪 80 年代以来，世界上许多中央银行采用了_____目标制的政策。
   A. 名义 GDP
   B. 实际 GDP
   C. 货币供给
   D. 通货膨胀率

6. 国际证据表明，中央银行越独立的国家_____。
   A. 平均通货膨胀率越低
   B. 失业波动越大
   C. 货币铸造税收益越多
   D. 支付给中央银行行长的工资越高

内容提要

1. 积极政策的提倡者认为经济遭受频繁的冲击。除非货币政策或财政政策做出反应，否则这些冲击将导致产出和就业的不必要的波动。许多人相信，经济政策在稳定经济上是成功的。

2. 消极政策的提倡者认为，由于货币政策及财政政策在起作用时伴随着长且可变的时滞，稳定经济的尝试很可能以破坏稳定而告终。他们还相信，我们现在对经济的了解极为有限，以致无助于制定成功的稳定化政策；他们还相信，拙劣的政策往往是经济波动的源泉。

3. 斟酌处置政策的提倡者认为，斟酌处置使政策制定者在对各种不可预期的情况做出反应时有更大的灵活性。

4. 政策规则的提倡者认为，政治过程是不可信任的。他们相信，政治家在实施经济政策中经常犯错误，有时还为自己的政治目的而使用经济政策。此外，政策规则的提倡者还认为，承诺遵循政策规则是解决时间不一致性问题所必需的。

关键概念

内在时滞　　　　外在时滞　　　　政治性经济周期　　　　时间不一致性

自动稳定器　　　卢卡斯批判　　　货币主义者　　　　　　通货膨胀目标制

复习题

1. 什么是内在时滞与外在时滞？货币政策和财政政策两者中哪种政策内在时滞更长？哪种政策外在时滞更长？为什么？

2. 为什么更准确的经济预测使政策制定者稳定经济更为容易？描述经济学家力图预测经济发展的两种方法。

3. 叙述卢卡斯批判。

4. 一个人对宏观经济历史的解释如何影响他对宏观经济政策的观点？

5. 经济政策的"时间不一致性"指什么？为什么政策制定者可能很想违背他们以前所做的公告？在这种情况下，政策规则的优点是什么？

6. 列出美联储可能遵循的三个政策规则。在这些规则中你支持哪一个？为什么？

问题与应用

1. 假定失业与通货膨胀之间的权衡由菲利普斯曲线决定：

$$u = u^n - \alpha(\pi - E\pi)$$

式中，u 为失业率；u^n 为自然失业率；π 为通货膨胀率；$E\pi$ 为预期的通货膨胀率。此外，假定民主党总是遵循高货币增长的政策，共和党总是遵循低货币增长的政策。你预测在以下条件下会出现什么样的通货膨胀和失业的"政治性经济周期"？

a. 每4年，根据随机抛掷硬币的结果，其中一个政党执政。（提示：在大选之前预期的通货膨胀将是多少？）

b. 两党轮流执政。

c. 你上面的答案支持"货币政策应该由独立的中央银行设定"这个结论吗？

2. 当城市通过限制房东收取的公寓租金的法律时，这些法律通常适用于已有的房屋，而不适用于任何还没有建的房屋。租金控制的提倡者认为，这种免除保证了租金控制不会抑制新房建设。根据时间不一致性问题评价这种观点。

3. 某中央银行决定采用通货膨胀目标制，现在正在争论把通货膨胀率目标设定为5%还是0。该经济由如下菲利普斯曲线描述：

$$u = 5 - 0.5(\pi - E\pi)$$

式中，u 和 π 为失业率和通货膨胀率（单位为1%）。失业和通货膨胀的社会成本由如下损失函数描述：

$$L = u + 0.05\,\pi^2$$

中央银行希望最小化损失。

a. 如果该中央银行致力于实现5%的通货膨胀目标，预期通货膨胀率为多少？如果该中央银行坚决执行计划，失业率为多少？通货膨胀和失业造成的损失为多少？

b. 如果该中央银行致力于实现零通货膨胀目标，预期通货膨胀率为多少？如果该中央银行坚决执行计划，失业率为多少？通货膨胀和失业造成的损失为多少？

c. 基于 a 和 b 两小问的答案，你推荐哪个通货膨胀目标？为什么？

d. 假定该中央银行选择零通货膨胀目标，预期通货膨胀率为 0。但是，该中央银行突然出乎意料地选择了 5% 的通货膨胀率。在这个未预期到的通货膨胀时期，失业率为多少？通货膨胀和失业造成的损失为多少？

e. d 小问的答案说明了什么问题？

4. 每次政策会议之后，美联储都会发布一个声明（有时候称为新闻稿），这些声明可以在美联储的网站（http：//www.federalreserve.gov/monetarypolicy/fomccalendars.htm）找到。阅读最新的声明。它说了些什么？美联储在做什么？为什么？你对美联储最近的政策决定有何看法？

为了得到在线学习资源，请访问 Achieve for Macroeconomics，11e：https：//achieve.macmillanlearning.com。

快速测验答案

1. B   2. C   3. B   4. A   5. D   6. A

附录　时间不一致性和通货膨胀与失业之间的权衡

在本附录中，我们将更正式地考察支持规则而不支持斟酌处置的时间不一致性论据。之所以把这部分内容归入附录，是因为它需要使用一些微积分。①

假定菲利普斯曲线描述了通货膨胀与失业之间的关系。用 u 代表失业率，u^n 代表自然失业率，π 代表通货膨胀率，$E\pi$ 代表预期通货膨胀率，失业由下式决定：

$$u = u^n - \alpha(\pi - E\pi)$$

当通货膨胀率高于预期通货膨胀率时失业低，当通货膨胀率低于预期通货膨胀率时失业高。参数 α 决定了失业对出乎预期的通货膨胀做出多大的反应。

再假定中央银行选择通货膨胀率。在现实中，中央银行使用货币政策工具不完美地控制通货膨胀。但假设中央银行完美地控制通货膨胀是一个有益的简化。

中央银行想要低失业与低通货膨胀。我们将失业与通货膨胀的成本表示为：

$$L(u, \pi) = u + \gamma \pi^2$$

式中，参数 γ 为相对于失业而言中央银行对通货膨胀的厌恶程度。$L(u, \pi)$ 被称为损失函数（loss function）。中央银行的目标是最小化损失。

在说明了经济如何运行以及中央银行的目标之后，下面我们来比较规则和斟酌处置两种情况下制定的货币政策。

我们首先考虑规则情况下的政策。规则要求中央银行将通货膨胀固定在某一特定水平。只要私人主体知道中央银行承诺该规则，预期的通货膨胀水平就将是中央银行所承诺的水平。由于预期的通货膨胀率等于现实的通货膨胀率（$E\pi = \pi$），所以，失业率将处于其自然水平（$u = u^n$）。

什么是最优规则呢？因为无论规则确定的通货膨胀水平是多少，失业都处于其自然水平，所以，任何通货膨胀都没有一点好处。因此，最优规则要求中央银行规定零通货膨胀。

现在我们来考虑斟酌处置的货币政策。在斟酌处置情况下，经济运行方式如下：

1. 私人主体形成其通货膨胀预期 $E\pi$。
2. 中央银行选择现实的通货膨胀水平 π。
3. 失业由预期与现实通货膨胀决定。

在这种安排之下，中央银行在菲利普斯曲线施加的约束下，最小化它的损失 $L(u, \pi)$。当中央银行做出通货膨胀率决策时，它把预期通货膨胀视为既定的。

为了找到在斟酌处置情况下我们将得到的结果，我们必须考察中央银行会选择什么通货膨胀水平。把菲利普斯曲线代入中央银行的损失函数，我们得到：

---

① 本附录的内容来自 Finn E. Kydland and Edward C. Prescott,"Rules Rather Than Discretion：The Inconsistency of Optimal Plans," *Journal of Political Economy* 85（June 1977）：473-492; and Robert J. Barro and David Gordon,"A Positive Theory of Monetary Policy in a Natural Rate Model," *Journal of Political Economy* 91（August 1983）：589-610。基德兰德（Kydland）和普雷斯科特由于这一研究和其他研究在 2004 年获得了诺贝尔经济学奖。

$$L(u,\pi) = u^n - \alpha(\pi - E\pi) + \gamma\pi^2$$

注意中央银行的损失与未预期到的通货膨胀负相关（方程中的第二项），与现实通货膨胀正相关（方程中的第三项）。为了找到最小化这一损失的通货膨胀水平，对 π 求导，得到

$$\frac{dL}{d\pi} = -\alpha + 2\gamma\pi$$

当这一导数等于零时，损失最小。① 解 π，我们得到

$$\pi = \frac{\alpha}{2\gamma}$$

无论私人主体预期的通货膨胀水平是多少，这都是中央银行选择的最优通货膨胀水平。理性的私人主体了解中央银行的目标与菲利普斯曲线施加的约束。因此，他们预期中央银行将选择这一通货膨胀水平。预期的通货膨胀率等于现实的通货膨胀率（$E\pi = \pi = \frac{\alpha}{2\gamma}$），失业率等于其自然水平（$u = u^n$）。

现在，比较最优斟酌处置下的结果和最优规则下的结果。在这两种情况下，失业都处于其自然水平。但斟酌处置政策比规则下的政策产生了更高的通货膨胀。因此，最优斟酌处置比最优规则差。即使中央银行在斟酌处置下试图最小化损失 $L(u,\pi)$，这一结论也同样正确。

中央银行通过对规则做出承诺得到了一个更好的结果，这看起来可能很奇怪。为什么拥有斟酌处置权的中央银行不能模仿承诺零通货膨胀规则的中央银行呢？答案是，中央银行在与那些有理性预期的私人决策者进行博弈。除非中央银行承诺零通货膨胀的规则，否则它就不能使私人主体预期零通货膨胀。

例如，假定中央银行只是公告它将遵循零通货膨胀的政策。这一公告不会是可信的。在私人主体形成他们的通货膨胀预期之后，为了降低失业，中央银行有违背其公告的激励。正如我们刚刚看到的，一旦预期决定了，无论 $E\pi$ 为多少，中央银行的最优政策都是将通货膨胀设定为 $\pi = \frac{\alpha}{2\gamma}$。私人主体了解中央银行违背公告的激励，从而一开始就不相信公告。

这个货币政策理论有一个重要的推论。在一种情况下，拥有斟酌处置权的中央银行实现了与承诺零通货膨胀规则的中央银行相同的结果。如果中央银行对通货膨胀的厌恶远远大于它对失业的厌恶（从而 γ 非常大），那么，斟酌处置下的通货膨胀接近零，因为中央银行几乎没有制造通货膨胀的激励。这一发现为那些任命中央银行行长的人提供了某种指导。施加规则的一种替代方式是任命一个极其厌恶通货膨胀的人来当中央银行行长。也许这就是甚至那些关注失业超过关注通货膨胀的自由派政治家（吉米·卡特、比尔·克林顿）有时也任命更关注通货膨胀的保守派中央银行行长（保罗·沃尔克、艾伦·格林斯潘）的原因。②

---

① 数学注释：二阶导数 $d^2L/d\pi^2 = 2\gamma$ 为正，这确保我们得到的是损失函数的最小值而不是最大值！

② 这个推论基于如下论文：Kenneth Rogoff, "The Optimal Degree of Commitment to an Intermediate Target," *The Quarterly Journal of Economics* 100（November 1985）：1169-1189。

更多的问题与应用

1. 在 20 世纪 70 年代的美国，通货膨胀率和自然失业率都上升了。让我们用下面的时间不一致性模型来考察这一现象。假设政策是斟酌处置的。

   a. 在到现在为止所建立的模型中，当自然失业率上升时，通货膨胀率会发生什么变动？

   b. 现在，让我们通过假定美联储的损失函数是通货膨胀和失业的二次函数来略微改变模型。也就是说，

   $$L(u,\pi) = u^2 + \gamma\pi^2$$

   按照与正文中相似的步骤解出斟酌处置政策下的通货膨胀率。

   c. 现在，当自然失业率上升时，通货膨胀率会发生什么变动？

   d. 1979 年，吉米·卡特总统任命了保罗·沃尔克为美联储主席。沃尔克极度厌恶通货膨胀。根据这个模型，通货膨胀和失业应该发生什么变动？比较该模型的预测和实际发生的情况。

第 18 章 政府债务和预算赤字

> 愿上帝保佑青年人,因为他们将继承国债。
>
> ——赫伯特·胡佛(Herbert Hoover)

> 我认为我们应该就这样继续下去,制造出"zillion"这个实实在在的数。还有"gazillion"。一个"zillion"可以是1千万个万亿,一个"gazillion"可以是一万亿个"zillion"。在我看来,是时候这么做了。
>
> ——乔治·卡林(George Carlin)

当一个政府的支出大于它征收的税收时,它就是在实施预算赤字,它通过向私人部门或外国政府借贷来为预算赤字融资。未清偿的过往借贷的积累就是政府债务。

在美国,关于政府适度债务量的争论与这个国家本身一样古老。亚历山大·汉密尔顿相信,"国债如果不过多的话,对我们而言将是国家的福祉",而詹姆斯·麦迪逊(James Madison)则认为,"公共债务是公共祸害"。甚至美国首都的选址就是联邦政府承担各州独立战争债务这一协议的一部分,由于北方各州有更多的未偿还债务,因此将首都定在南方。

本章考虑关于政府债务的争论的方方面面。我们首先来看数字。18.1节考察美国政府债务的规模,并进行历史比较和国际比较。该节还简单地展望了未来可能的情况。18.2节讨论为什么衡量政府债务的变动并不像看起来那么直截了当。

然后我们考察政府债务如何影响经济。18.3节描述了传统的政府债务观点,根据这种观点,政府借债减少了国民储蓄,挤出了资本积累。这种观点为大多数经济学家所持有,并隐含在贯穿于全书的对财政政策的讨论中。18.4节讨论了被称为李嘉图等价的另一种观点。根据李嘉图学派的观点,政府债务并不影响国民储蓄和资本积累。正如我们将要看到的,传统的和李嘉图学派的政府债务观点之间的争论产生于有关消费者如何对政府债务政策做出反应的分歧。

接下来,18.5节考察关于政府债务争论的其他方面。该节首先讨论政府是否应当总是试图平衡其预算,如果不是,什么时候预算赤字或盈余是合意的。该节还考察了政府债务对货币政策、政治过程以及一国在世界经济中作用的影响。

尽管本章为理解政府债务和预算赤字提供了基础，但是，整个故事要到下一章才会完整。在那一章，我们将更广泛地考察金融系统，包括金融危机的起因。正如我们将看到的，过多的政府债务可能在这样的危机中处于中心地位，这是几个欧洲国家在 2010 年学到的一个惨痛教训。

18.1 政府债务的规模

让我们从透视政府债务开始。在 2019 年，美国联邦政府的债务是 16.8 万亿美元。如果我们把这个数字除以美国的人口 3.28 亿，那么我们发现，人均政府债务为大约 51 000 美元。显而易见，这并不是一个无关紧要的数字——很少有人会对 51 000 美元不屑一顾。但是，如果把这一债务与普通人在其一生工作时期将赚到的约 200 万美元相比，政府债务看来并不像有时被描绘的那样是个灾难。

评价政府债务规模的一种方法是把它与其他国家的债务进行比较。表 18 - 1 显示了一些主要国家政府债务占本国 GDP 的百分比。此处的数字是净债务：政府的金融负债减去它持有的任何金融资产。列在最上端的是债务很多的国家：希腊、日本、意大利和葡萄牙，每个国家积累的债务都超过了该国一年的 GDP。最下端的是瑞士和澳大利亚，它们的负值表明其政府持有的金融资产超过了其债务。美国处于表中中间靠上位置。按国际标准，美国政府既不是过分挥霍，也不是特别节俭。

表 18 - 1　　　　　　　　　世界各国政府负债程度有多高？

国家	政府债务占本国 GDP 的百分比（%）
希腊	139.2
日本	125.2
意大利	121.7
葡萄牙	100.3
美国	84.5
比利时	83.9
英国	79.9
西班牙	78.3
法国	77.5
荷兰	31.6
德国	29.9
加拿大	23.0
澳大利亚	−11.5
瑞士	−12.4

资料来源：OECD Economic Outlook. 数据是 2019 年净金融债务占 GDP 的百分比。

在美国的历史进程中，联邦政府的负债程度变动很大。图 18-1 显示了自 1791 年以来联邦政府债务占 GDP 的比例。相对于经济规模而言的政府债务在 19 世纪 30 年代的接近于 0 到 1946 年最高达到 GDP 的 106% 之间变动。

历史上，政府债务增加的主要原因是战争。债务—GDP 之比在主要军事冲突期间急剧上升，如南北战争、第一次世界大战、第二次世界大战。然后在和平时期缓慢下降。许多经济学家认为，这种历史模式是管理财政政策的适当方法。正如我们在本章后面将讨论的，为了保持税率稳定和将部分税收负担从当代人转移到子孙后代身上，战争的赤字融资看来是最优的。

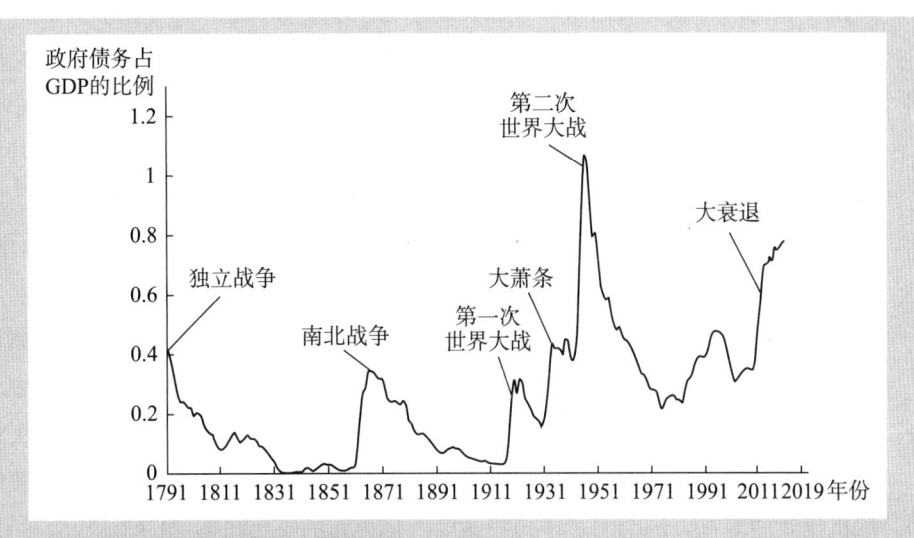

图 18-1　1791 年以来政府债务占 GDP 的比例

相对于美国经济的规模而言，公众所持有的美国联邦政府债务在战争期间急剧上升，原因是政府举债为战时支出融资。它在 20 世纪 30 年代的大萧条和 2008—2009 年大衰退等重大经济低迷期间也上升。债务—GDP 之比在和平和繁荣时期通常缓慢下降。

资料来源：U. S. Department of the Treasury, U. S. Department of Commerce, and T. S. Berry, "Production and Population Since 1789," Bostwick Paper No. 6, Richmond, 1988.

政府债务增加的另一个主要原因是深度经济低迷及其后的时期，如 20 世纪 30 年代的大萧条和 2008—2009 年大衰退。由于在那些时期里失业率高，所以这些债务的增加被认为是合理的。要减缓债务的上升将要求增加税收或削减政府支出，无论哪一个都会抑制总需求和进一步增加失业。

政府债务的其他变动有更多的争议。20 世纪 80 年代罗纳德·里根担任总统期间政府债务大幅增加就是一个例子。里根总统的拥护者指出，里根总统面临着始于 1981 年的深度衰退，而且他致力于赢得冷战，这要求增加军事支出。他的批评者则说，里根总统的减税和增加军事支出的政策给未来各代增加了不适当的负担。用政府债务占 GDP 的比例从 1980 年的 25% 上升到了 1991 年的 44%。

20 世纪 80 年代下半期——一段和平繁荣时期——政府债务的增加引起了许多

政策制定者的关注。1990 年,老布什(乔治·H. W. 布什)总统增税以减少赤字。根据一些政治评论家的说法,老布什的做法违背了他的竞选承诺:"我保证,不会有新税",这导致他 1992 年没能连任。1993 年,克林顿总统入主白宫时,再度增税。税收增加,加上控制支出和由于信息技术的蓬勃发展带来的经济快速增长,使得预算赤字减少,最终变为预算盈余。2001 年,政府债务下降到占 GDP 的 31%。

当小布什(乔治·W. 布什)总统在 2001 年开始执政时,互联网繁荣引起的股市泡沫正在破灭,经济正在进入衰退。经济低迷自动减少了税收收入,推动预算走向赤字。由于为对抗衰退而通过的减税法案、"9·11"恐怖袭击后因国土安全以及阿富汗和伊拉克战争支出增加,预算赤字进一步增加。从 2001 年到 2008 年,政府债务占 GDP 的比例从 31% 上升到 39%。

当贝拉克·奥巴马总统于 2009 年入主白宫时,经济正处于大衰退之中。经济萎缩导致的税收收入减少加上为了增加总需求实施的财政刺激(第 12 章讨论过)导致了高预算赤字的出现。到了 2016 年,债务—GDP 之比上升到了 76%。

当 2017 年唐纳德·特朗普总统入主白宫时,经济大体上已经从大衰退中复苏,债务—GDP 之比稳定在历史高位。他的第一个重大经济举措是 2018 年生效的减税,特别是针对公司收入的减税。该项政策的支持者认为它将促进资本积累和经济增长,而批评者则相信它对增长的效果将很小而且将导致政府债务过度增加。

然后,在 2020 年,当本书即将付梓之时,新冠疫情大流行导致了一次重大的经济低迷(第 11 章讨论过)。随着国民收入下降,税收收入也下降。为了缓解这场危机导致的困难,国会通过了规模达 2 万亿美元的支出法案(CARES 法案)。政府预算赤字急剧增加。虽然图 18-1 中没有表示出来(图中最后一年是 2019 年),但债务—GDP 之比预计将大幅增加。根据国会预算办公室的估计,2023 年的政府债务占 GDP 的比例将达到 107%,这将是美国历史上的最高水平。

案例研究

财政政策令人烦恼的长期前景

美国未来的预算赤字和政府债务会是什么情况?当经济学家预测美国接下来几十年的财政政策路径时,他们描绘了一幅令人烦恼的图画。

一个原因是人口统计学上的。医疗技术的进步增加了预期寿命,而生育控制技术的提高和社会规范的变化减少了人们生育子女的数量。由于这些新情况,老年人在人口中的比重更大了。1950 年,老年人口(65 岁及以上)只占人口总量的 8%。到 2020 年,老年人口的比例上升到了 17%,预计在 2050 年将上升到大约 22%。超过 1/3 的联邦预算用于老年人的退休金(通过社会保障项目)和卫生保健(通过医疗保健)。随着越来越多的人有资格从这些项目领取资助,政府支出自动增加了。

与令人烦恼的财政前景有关的第二个原因是卫生保健费用的上升。政府通过医疗保健(Medicare)和医疗补助(Medicaid)分别向老年人和穷人提供卫生保健,自 2010 年《平价

《医疗法案》通过以来，政府还要补贴低收入家庭购买私人医疗保险。随着卫生保健成本的上升，政府在这些项目上的支出也增加了。政策制定者已经提出各种方法来抑制医疗保健成本的上升，例如减轻诉讼负担，鼓励医疗保健提供者之间更多的竞争，促进更多地使用信息技术，以及通过改变医生报酬的支付方式来减少不必要的检查和治疗。然而，许多卫生经济学家相信这些措施的影响有限。医疗保健费用上升的主要原因是医学的进步，这些进步为延长和改善我们的生命提供了新的、更好的但常常也是更昂贵的方法。

人口老龄化和医疗保健费用的上升都将对联邦预算产生重要的影响。在社会保障、医疗保健、医疗补助以及其他政府卫生保健项目上的政府支出已经从1950年的不到GDP的1%上升到2020年的10%。国会预算办公室估计，如果不加以改变，到2050年，在这些项目上的支出将上升为GDP的大约16%。

美国如何处理这些支出压力是一个悬而未决的问题。关键的议题是：所需要的财政调整如何在增税和削减支出之间分摊？一些经济学家相信，为了给这些福利项目买单，我们将需要把税收占GDP的百分比提高到大幅高于历史水平。其他经济学家相信，如此高的税率将给年轻工人带来太大的负担。他们建议，政策制定者应当减少对未来的老年人做出的现有承诺，人们应当被鼓励为自己老年的生活支出承担更大的责任。有些经济学家提议延长正常的退休年龄和促进增加个人储蓄，这样人们就能更好地为其退休和保健费用做好资金上的准备。

为这一争论寻找答案是未来几十年重要的政策挑战之一。大幅增税和大幅削减支出在政治上都是不受欢迎的，这正是这个问题尚未解决的原因。然而，唯一的替代方案是继续维持大量预算赤字和增加政府债务。在某一时刻，随着政府债务占GDP的份额上升，政府支付债息和偿还这些债务的能力或意愿就会成为问题。

18.2 衡量问题

政府预算赤字等于政府支出减去政府收入，它是政府为其运转而融资所需要发行的新债务量。这个定义听起来简单，但关于财政政策的争论有时就是产生于应该如何衡量预算赤字。一些经济学家相信，传统上衡量的赤字并不是财政政策状态的一个好的指示器。也就是说，他们相信预算赤字既不能准确地衡量财政政策对当前经济的影响，也不能准确地衡量它加在未来各代纳税人身上的负担。在本节，我们讨论通常的预算赤字衡量指标存在的四个问题。

问题1：通货膨胀

衡量问题中争议最少的一个涉及通货膨胀。几乎所有经济学家都同意，应该用实际值而非名义值来衡量政府的负债。所衡量的赤字应该等于政府实际债务的变动,而不是其名义债务的变动。

然而,一般所衡量的预算赤字并没有对通货膨胀进行校正。为了说明这导致的误差的大小,考虑下面的例子。假定实际政府债务不变,换言之,以实际值衡量,预算是平衡的。在这种情况下,名义债务必定按通货膨胀率增加。也就是说,

$$\Delta D/D = \pi$$

式中,π 为通货膨胀率;D 为政府债务存量。这就意味着

$$\Delta D = \pi D$$

政府将看到名义债务的变动 ΔD 和报告的预算赤字 πD。因此,大多数经济学家相信,所报告的预算赤字被高估了 πD 这么多。

我们可以用另一种方法做出同样的推理。赤字是政府支出减政府收入。一部分支出是为政府债务所支付的利息。支出应该只包括为债务支付的实际利息 rD,而不是支付的名义利息 iD。由于名义利率 i 与实际利率 r 之间的差额是通货膨胀率 π,所以,预算赤字被夸大了 πD。

当通货膨胀率高时,这种对通货膨胀的校正可能很大,它往往会改变我们对财政政策的评估。例如,1979 年联邦政府报告的预算赤字是 280 亿美元。通货膨胀率是 8.6%,在这一年年初公众所持有的政府债务是 4 950 亿美元。因此,赤字被夸大的规模是

$$\pi D = 0.086 \times 4\,950 \text{ 亿美元}$$
$$= 425.7 \text{ 亿美元}$$

对通货膨胀进行校正之后,所报告的 280 亿美元预算赤字变成了 145.7 亿美元预算盈余!换言之,即使名义政府债务在增长,但实际政府债务却在下降。由于近些年的通货膨胀低,所以,这一校正的重要性下降了。

问题 2:资本资产

许多经济学家相信,准确评估政府的预算赤字要求既考虑政府的负债又考虑其资产。特别地,在衡量政府的综合负债程度时,我们应该从政府债务中减去政府资产。因此,应该用债务变动减去资产变动来衡量预算赤字。

当然,个人和企业是对称地看待资产与负债的。当一个人借款买房子时,我们不说他实施预算赤字;相反,我们用资产的增加(房子)抵消债务的增加(抵押贷款),做出"没有净财富变动"的记录。也许我们应该用同样的方法来处理政府财政。

一种既考虑负债又考虑资产的预算程序被称为**资本预算**(capital budgeting),因为它考虑到了资本的变动。例如,假设政府卖掉它的一栋办公楼或一些土地并用所得收入来减少政府债务。按常规的预算程序,所报告的赤字会更低。按照资本预算,从出售得到的收入将不会降低赤字,因为债务的减少将被资产的减少所抵消。类似地,按照资本预算,政府为购买资本品融资而借款将不会增加赤字。

资本预算最主要的困难是难以确定哪些政府支出应该被算作资本支出。例如，州际高速公路体系应该被算作政府的资产吗？如果应该的话，它的价值是多少？核武器库呢？教育支出应该被视为人力资本支出吗？如果政府采用资本预算，这些问题必须要回答。

有判断力的人对联邦政府是否应该采用资本预算看法不一。（许多州政府已经采用了资本预算。）资本预算的反对者认为，虽然这个体系在原理上优于现行体系，但它实施起来太困难了。资本预算的支持者则认为，甚至对资本资产的不完美处理也比完全忽略资本资产好。

问题3：未计算的负债

一些经济学家认为，所衡量的预算赤字具有误导性，因为它没有包括一些重要的政府负债。例如，考虑一下政府工作人员的养老金。这些工作人员现在向政府提供劳动服务，但他们的部分报酬要延期到未来支付。从本质上说，这些工作人员向政府提供了贷款。他们未来的养老金津贴是政府的负债，这与政府债务类似。然而这种负债没有包括在政府债务中，而且这种负债的积累也没有包括在预算赤字中。根据某些估算，这一隐含的负债几乎与官方的政府债务一样大。

类似地，考虑社会保障体系。在某些方面，这个体系就像一个养老金计划。人们在年轻时把他们的部分收入存入这个体系，期望在老年时得到津贴。也许积累的未来社会保障津贴也应该包括在政府的负债中。估算表明，政府未来的社会保障负债（减去未来的社会保障税收）是官方衡量的政府债务的三倍以上。

有人可能认为，社会保障负债不同于政府债务，因为政府可以改变决定社会保障津贴的法律。然而，从原则上说，政府总是可以选择不偿还其全部债务；政府偿还其债务只是因为它选择这样做。对政府债务持有人的支付承诺与对未来社会保障领取者的支付承诺可能没有根本的区别。

一种特别难以衡量的政府负债形式是或有负债（contingent liability）——只有在某个特定事件发生时才应支付的负债。例如，政府为许多形式的私人信贷提供担保，诸如学生贷款、中低收入家庭住房抵押贷款以及银行和储蓄与贷款机构的存款。如果借款人偿还了贷款，政府不用支付；如果借款人拖欠贷款，政府就要偿还。当政府提供了这种担保时，它承担了视债务人拖欠与否而定的负债。但这种或有负债没有反映在预算赤字中，部分地是因为不清楚应赋予其多少美元价值。

问题4：经济周期

政府预算赤字中的许多变动是作为对经济活动波动的反应而自发地产生的。衰退期间，收入下降，因此人们支付的个人所得税减少了。利润下降，因此公司支付的公司所得税减少了。有工作的人更少了，因此，工资税收收入下降。更多的人变得有资格领取福利与失业保障等政府转移支付款项，因此政府支出增加了。甚至在关于税收与支出的法律没有任何变动的情况下，预算赤字也增加了。

赤字的这些自发变动并不是衡量的失误，因为当衰退减少了税收收入和刺激了政府支出时，政府的确增加了借债。但这些变动使得用赤字来监控财政政策的变动变得更为困难。赤字的上升或下降既可能是因为政府改变了政策，也可能是因为经济改变了方向。就某些目的而言，了解哪种情形发生了是有益的。

为了解决这个问题，政府计算了一种**周期调整性预算赤字**［cyclically adjusted budget deficit，有时称为充分就业预算赤字（full-employment budget deficit）］。周期调整性预算赤字的计算基于对经济在其产出和就业的自然水平运行时政府支出与税收收入的估算。周期调整性预算赤字是一个有用的衡量指标，因为它反映了关于财政政策的决策而不是经济周期的当前阶段。

总　　结

经济学家对这些衡量问题的重要性的评价存在差异。一些经济学家相信，这些问题是如此严重，以至通常衡量的预算赤字几乎毫无意义。大多数经济学家认为这些衡量问题很严重，但仍然把所衡量的预算赤字看作财政政策的一个有用指示器。

一个无可争议的启示是，为了充分地评价财政政策，经济学家和政策制定者必须考虑的不只是所衡量的财政赤字。事实上，他们也正是这样做的。管理与预算办公室（Office of Management and Budget）每年所准备的预算文件包含有关政府财政的详细信息，包括关于资本支出与信贷项目的数据。

没有一种经济统计是完美的。每当我们看到新闻媒体报道的一个数字，我们需要知道它所衡量的是什么和它遗漏了什么。对政府债务和预算赤字的数据来说，这一点尤其正确。

18.3　传统的政府债务观点

设想你是一个为国会预算办公室工作的经济学家。你收到了参议院预算委员会主席的一封信：

> 亲爱的国会预算办公室经济学家：
>
> 国会将考虑总统提出的将所有税收削减20%的要求。在决定是否批准这项要求之前，我的委员会希望看到你的分析。我们看不到任何降低政府支出的希望，因此，减税就意味着预算赤字的增加。减税和预算赤字将如何影响国家的经济和经济福利呢？
>
> 你真诚的委员会主席

在答复该参议员之前，你打开你特别喜爱的经济学教科书——当然，就是本书——看看这些模型预测会发生什么。

为了分析这一政策变动的长期影响，你求助于第 3～10 章的模型。第 3 章的模型表明，减税刺激了消费者支出和减少了国民储蓄。储蓄的减少提高了利率，这挤出了投资。第 8 章介绍的索洛增长模型说明，更低的投资最终会导致更低的稳态资本存量和更低的产出水平。由于我们在第 10 章中得出的结论是：美国经济的资本小于黄金律稳态（最大化消费的稳态），所以，稳态资本的减少意味着消费的减少和经济福利的下降。

为了分析这一政策变动的短期影响，你求助于第 12 章和第 13 章的 IS—LM 模型。该模型表明，减税导致消费者支出增加，这体现在 IS 曲线的扩张性移动中。如果货币政策没有变动，IS 曲线的移动就会引起总需求曲线的扩张性移动。在短期，当价格有黏性时，总需求的扩张导致更高的产出和更低的失业。随着时间的推移，由于价格的调整，经济又回到自然产出水平，更高的总需求导致了更高的价格水平。

为了了解国际贸易如何影响你的分析，你求助于第 6 章和第 14 章的开放经济模型。第 6 章的模型说明，当国民储蓄下降时，人们开始通过从国外借贷来为投资融资，导致贸易赤字。尽管从国外流入的资本减轻了财政政策变动对美国资本积累的影响，但美国欠了外国的债务。财政政策的变动还导致了美元升值，这使外国产品在美国变得更为便宜，而国内产品在国外变得更为昂贵。第 14 章的蒙代尔-弗莱明模型说明，美元的升值和所引起的净出口的下降减少了财政政策变动对产出和就业的短期扩张性影响。

把所有这些模型铭记在心，你起草了回信：

> 亲爱的参议员先生：
>
> 减税，进而通过政府借贷来融资，对经济有许多影响。减税的直接影响将是刺激消费者支出。更高的消费者支出在短期和长期都影响经济。
>
> 在短期，更高的消费者支出将提高产品和服务的需求，从而增加产出和就业。然而，由于投资者为更少的储蓄流量而竞争，利率也会上升。更高的利率将抑制投资和鼓励国外资本流入。美元相对于外国通货将升值，这将降低美国企业在世界市场的竞争力。
>
> 在长期，减税所引起的国民储蓄的减少意味着更少的资本存量和更多的外债。因此，国家的产出会更少，产出中应归于外国人的比例会更高。
>
> 减税对经济福利的整体影响难以判断。尽管通货膨胀可能会更高，但现在的几代人会从更高的消费和更高的就业中获益。子孙后代将要承担今天预算赤字的很多负担：他们将出生在一个资本存量更小而外债更多的国家。
>
> 你忠实的雇员、国会预算办公室经济学家

该参议员的答复是：

亲爱的国会预算办公室经济学家：

感谢你的来信。你的答复我认为是有道理的。但昨天我们委员会听取了一个自称"李嘉图主义者"的经济学家的证词，她得出了一个不同的结论。她认为，减税本身并不会刺激消费者的支出。因此，她的结论是：预算赤字并没有你所列出的所有影响。这是怎么回事？

你真诚的委员会主席

在学习了下一节以后，你再给该参议员回信，解释关于李嘉图等价的争论。

参考资料　税收与激励

在整本书中，我们把税收体系概括为一个单一变量 T。在我们的模型中，政策工具是政府选择的税收水平，我们忽略了政府如何提高税收收入的问题。然而，在实践中，税收不是一次性支付的款项，而是对某种类型的经济活动征收的。美国联邦政府的税收来源包括个人所得税（2019年占税收收入的50%）、工薪税（占税收收入的36%）、公司利润税（占税收收入的7%）和几个其他来源（占税收收入的7%）。

公共财政课程将大量时间用于学习不同税种的利弊。这些课程强调的一个启示是：税收影响激励。当人们的劳动收入被征税时，他们努力工作的激励就少了。当人们自有资本的收入被征税时，他们储蓄和对资本投资的激励就少了。因此，税收变动时，激励就会变动，这可能具有宏观经济影响。如果更低的税率鼓励工作和投资的增加，产品和服务的总供给就会增加。

一些被称为"供给学派"（supply-siders）的经济学家相信税收的激励效应很大。其中一些甚至认为减税可以自融资（self-financing）：尽管税率低了，但税率下降引起总供给如此大幅度增加，以致税收收入增加。虽然所有经济学家都同意税收影响激励以及激励在某种程度上影响总供给，但大多数经济学家相信，激励效应通常没有大到足以使减税自融资。①

18.4　李嘉图学派的政府债务观点

传统的政府债务观点假设，当政府减税和实施预算赤字时，消费者对他们税后收入增加的反应是花费更多。另一种被称为**李嘉图等价**（Ricardian equivalence）的观点对这一假设提出了质疑。根据李嘉图学派的观点，消费者具有前瞻性，因此，他们的支出决策不仅基于其现期收入，而且基于其预期的未来收入。正如我们将在第20章中看到的，具有前瞻性的消费者是许多现代消费理论的中心。李嘉图学派

---

① 要想阅读更多关于税收如何通过激励影响经济的参考书，最好的起点是公共财政的本科教科书，例如 Harvey S. Rosen and Ted Gayer, *Public Finance*, 10th ed. (New York: McGraw-Hill, 2014).

的政府债务观点运用具有前瞻性的消费者的逻辑来分析财政政策。

李嘉图等价的基本逻辑

考虑一个具有前瞻性的消费者如何对参议院预算委员会正在考虑的减税做出反应。该消费者可能做如下推理：

> 政府正在减税而没有任何减少政府支出的计划。这种政策会改变我的机会集吗？我会因为这种减税更富有吗？我应该更多地消费吗？
>
> 也许不会。政府用预算赤字为减税融资。在未来某个时点，政府将不得不增加税收，以便支付债务和积累的利息。因此，这种政策实际上包括现在的减税与未来的增税。减税仅仅给了我最终要交回去的暂时收入。我的境况不会变得更好，因此，我将保持我的消费不变。

具有前瞻性的消费者知道，政府今天借债意味着未来更高的税收。用政府债务融资的减税并没有减少税收负担，它仅仅是重新安排税收的时间。因此，它不应该鼓励消费者花费更多。

我们可以用另一种方式来看待这一论点。假定政府为了给一位典型的公民减税1 000美元，从该公民那里借贷1 000美元。这种政策与给该公民1 000美元政府债券作为礼品相同。债券的一面写着："作为债券持有者，政府欠你1 000美元及其利息"。另一面写着："作为纳税人，你欠政府1 000美元及其利息"。整体而言，政府给典型公民的债券礼品并不会使该公民更富或更穷，因为债券的价值被未来纳税义务的价值抵消了。

普遍的原理是政府债务等价于未来税收，如果消费者具有足够的前瞻性，未来税收等价于现期税收。因此，用借债为政府融资等价于用税收融资。这种观点被称为李嘉图等价，它以最先提出这一理论观点的19世纪的经济学家大卫·李嘉图的名字命名。

李嘉图等价的启示是：用债务融资的减税并不会影响消费。家庭把额外的可支配收入储蓄起来，以支付减税所蕴含的未来税收责任。这种私人储蓄的增加正好抵消了公共储蓄的减少。国民储蓄——私人储蓄与公共储蓄之和——保持不变。因此，减税并没有传统分析所预测的影响。

李嘉图等价的逻辑并不意味着财政政策的所有变动都是无关的。如果财政政策的变动影响现在或未来的政府购买，那么就会影响消费者的支出。例如，假定政府现在减税是因为它计划减少未来的政府购买。如果消费者认识到这种减税并不要求未来的税收增加，她就会感到更富有并增加自己的消费。但是，是政府购买的减少而非税收的减少刺激了消费：即使当前的税收保持不变，未来减少政府购买的公告也会增加现在的消费，因为这意味着在未来某个时间政府会降低税收。

消费者与未来税收

李嘉图学派观点的本质是：当人们决定消费多少时，他们理性地前瞻到政府债务所暗示的未来税收。但是，消费者的前瞻性如何呢？传统政府债务观点的捍卫者相信，未来税收的前景对现期消费的影响并不像李嘉图学派观点所假设的那么大。他们的部分理由如下。①

目光短浅 李嘉图学派财政政策观点的支持者假设人们在决定多少收入用于消费和多少收入用于储蓄时是理性的。当政府借贷以支付现期支出时，理性的消费者前瞻到支持这一债务所需要的未来税收。因此，李嘉图学派的观点假定人们具有充足的知识和远见。

传统减税观点的一个论据是人们目光短浅，这也许是因为他们没有充分理解政府预算赤字的启示。一些人在选择储蓄多少时可能遵循简单而并非完全理性的概算规则。例如，假定某人假设未来税收将与现在税收相同。这个人将忽略当前政府政策所要求的未来税收变动。用债务融资的减税将使这个人相信她的一生收入增加了，尽管情况并非如此。这一减税将会增加消费和降低国民储蓄。

借款约束 李嘉图学派的政府债务观点假设消费者的支出不是基于现期收入，而是基于其一生收入，既包括现期收入又包括预期的未来收入。根据李嘉图学派的观点，用债务融资的减税增加了现期收入，但并没有改变一生收入或消费。传统政府债务观点的支持者认为，对那些面临紧的借款约束的消费者来说，现期收入比一生收入更重要。借款约束是对个人能从银行或其他金融机构借款数额的限制。

考虑一个人想消费得比其现期收入和财富所允许的更多，也许是因为她预期未来能赚取更高的收入。她能这么做的唯一方法是借贷。如果她无法借到资金来为现期消费融资，或者如果她只能借到有限的金额，那么，无论她一生的收入可能有多少，她的现期收入都决定了她的支出。在这种情况下，即使未来的收入会更低，用债务来融资的减税增加了现期收入，从而增加了消费。从本质上说，当政府减少当前税收和增加未来税收时，它给纳税人提供了一笔贷款。对一个想得到贷款但又无法得到的人来说，减税扩大了她的机会，刺激了消费。

案例研究

乔治·布什所得税扣除的实验

1992 年初，乔治·H. W. 布什总统实施了一项新政策来对付美国徘徊已久的衰退。通过行政命令，他降低了从工人工资中扣除的所得税额。这项命令并没有减少工人应付的所得税额，它仅仅延迟了缴税。1992 年工人得到的更高的实得工资，将被 1993 年 4 月交纳所得税时更高的纳税额或更少的退税所抵消。

你预测这种政策会有什么影响？根据李嘉图等价的逻辑，消费者本应该认识到他们一生

---

① 关于李嘉图等价争论的概述，可以参见 B. Douglas Bernheim, "Ricardian Equivalence: An Evaluation of Theory and Evidence," *NBER Macroeconomics Annual* (1987): 263 - 304；还可以参见《经济展望杂志》1989 年春季刊关于预算赤字的专题论文集。

的资源并没有变，因此，他们会把额外的实得工资储蓄起来以应付即将到来的税收责任。但是，乔治·布什宣称他的政策将提供"人们可以用来支付买衣服、上大学或购买一辆新汽车的钱"。也就是说，他相信，消费者会花费额外的收入，从而刺激总需求和帮助经济从衰退中复苏。看起来布什假设消费者目光短浅或面临紧的借款约束。

用总体数据来衡量这一政策的实际影响是困难的，因为许多其他事情同时也在发生。但从两位经济学家在政策宣布后不久进行的调查中可以找到一些证据。这个调查询问人们想如何使用他们额外的收入。57%的回答者说，他们将把钱储蓄起来，用它偿还债务，或调整他们的扣税额，以便抵消布什的行政命令的影响。43%的回答者说，他们将花掉额外的收入。因此，对这一政策变动，大部分人计划像李嘉图理论所断言的那样行事。但是，布什的判断是部分正确的：尽管许多人知道下一年的税单金额会更高，但他们仍计划花掉额外的收入。[①]

子孙后代 除了目光短浅和借款约束之外，支持传统政府债务观点的第三个论据是消费者预期隐含的未来税收不会落在他们身上，而是落在子孙后代身上。例如，假定政府今天减税，发行 30 年期的债券为预算赤字融资，然后在 30 年后增加税收来偿还贷款。在这种情况下，政府债务代表财富从下一代纳税人（他们面临税收增加）向当前一代纳税人（他们得到了减税）的转移。这种转移增加了当前一代人的一生资源，从而提高了他们的消费。换句话说，用债务融资的减税刺激了消费，因为它以下一代的损失为代价给当前一代提供消费的机会。

经济学家罗伯特·巴罗对这种观点做了机智的反驳，以支持李嘉图的观点。巴罗认为，因为子孙后代是当前一代的儿孙，我们不应该把他们看作独立的经济活动参与者。相反，他声称，合适的假设是当前各代关心子孙后代。人们常常以遗产的形式给孩子礼物，就是这种代际利他主义的证据。许多人为了提高后代的消费机会，在世时有意识地没有尽情消费。换句话说，遗产的存在表明，许多人不情愿以自己孩子的损失为代价来利用消费的机会。

根据巴罗的分析，相关的决策单位并不是生命有限的个人，而是无限延续的家庭。个人决定消费多少不仅根据自己的收入，而且根据未来家庭成员的收入。用债务融资的减税可以增加个人在其一生中得到的收入，但不会增加其家庭的总资源。个人不是把因为减税而得到的额外收入消费掉，而是把它储蓄起来，作为遗产留给将承担未来税负的孩子。

现在我们可以看到，关于政府债务的争论实际上是关于消费者行为的争论。李嘉图学派的观点假设消费者有长的时间跨度。巴罗对家庭的分析意味着，消费者的时间跨度与政府一样，实际上是无限的。然而，也有可能消费者不会前瞻到子孙后代的税收责任。也许他们预期自己的子女会比自己更富裕，因此，对以子女受损失为代价的消费机会持欢迎态度。许多人不给子女留遗产或只留少量遗产的事实与这

---

① Matthew D. Shapiro and Joel Slemrod, "Consumer Response to the Timing of Income: Evidence From a Change in Tax Withholding," *American Economic Review* 85 (March 1995): 274-283.

种假说一致。对这些不留遗产的家庭而言，用债务融资的减税通过在各代人之间重新分配财富而改变了消费。①

做出选择

在明白了传统的政府债务观点与李嘉图学派的政府债务观点之后，你应该思考两组问题。

第一，你同意哪一种观点？如果政府今天减税，实施预算赤字，并在未来增税，这种政策对经济有什么影响？它会像传统观点所认为的那样刺激消费吗？还是消费者知道自己一生的收入不变，从而用更高的私人储蓄来抵消预算赤字呢？

第二，为什么你持有这种观点？如果你同意传统的政府债务观点，理由是什么？难道消费者不知道今天更多的政府借贷意味着明天更高的税收吗？或者说，由于面临借款约束，或由于他们并没有感到与承担未来税收的子孙后代之间的经济联系，他们忽略了未来的税收？如果你持有李嘉图学派的观点，你相信消费者具有远见，并且能够理解今天的政府借贷将导致自己或后代在未来被征收更多税收吗？你相信消费者将把额外收入储蓄起来以抵消未来的税务负担吗？

我们可能希望有证据帮助我们在政府债务的这两种观点中做出选择。然而当经济学家考察有巨额预算赤字的历史情节的时候，证据是模棱两可的。

例如，考虑20世纪80年代的经验。部分地由于1981年的里根减税所引起的巨额预算赤字，为检验关于政府债务的这两种观点提供了一个自然的实验。乍一看，这个情节似乎支持传统观点。巨额预算赤字与低国民储蓄、高实际利率和巨额贸易赤字同时发生。传统政府债务观点的支持者经常声称这一经验证实了他们的观点。

然而，那些坚持李嘉图学派的政府债务观点的人对这些事件做出了不同的解释。也许20世纪80年代的低储蓄是由于人们对未来经济增长的乐观——这种乐观也反映在股市繁荣上。或者也许低储蓄是因为人们预期减税最终不会导致更高的税收，而是导致更低的政府支出，正如里根所承诺的那样。由于难以排除这些解释中的任何一种，所以，政府债务的两种观点都没有被驳倒。

参考资料　李嘉图论李嘉图等价

大卫·李嘉图是一个家产百万英镑的股票经纪人，也是历史上著名的经济学家之一。他对经济学领域最重要的贡献是1817年出版的著作《政治经济学及赋税原理》(*Principles of Political Economy and Taxation*)，在该书中他提出了比较优势理论，经济学家现在仍然用这种理论来解释从国际贸易中获取的好处。李嘉图还是英国议会议员；在英国议会，他把他的理论用于实践，反对限制谷物国际贸易的《谷物法》。

---

① Robert J. Barro, "Are Government Bonds Net Wealth?" *Journal of Political Economy* 82 (1974): 1095 - 1117.

李嘉图对政府为其支出买单的多种可能方式感兴趣。在1820年一篇题为《论融资体系》（Essay on the Funding System）的论文中，他考虑了一个例子：一场耗资2 000万英镑的战争。他指出，如果利率是5%，这笔支出可以用2 000万英镑的一次性税收，或者每年100万英镑的永久性税收，或者连续45年每年120万英镑的税收来融资。他写道：

> 就经济而言，任何一种做法都没有实质性差别；一次性支付2 000万英镑，永久性地每年支付100万英镑，或者连续45年每年支付120万英镑，价值正好相等。

李嘉图认识到这个问题涉及各代人之间的联系：

> 要说服一个拥有20 000英镑或任何其他总金额的人相信每年50英镑的永久性支付和1 000英镑的一次性税收负担相同是困难的。他会有某种模糊的观念：每年50英镑要由他的后人支付，而不由他支付；但是如果他把自己的财产留给儿子，同时把这种永久性税负留给儿子，给儿子留下20 000英镑连同永久性税负与没有税负的19 000英镑，区别在哪里呢？

尽管李嘉图认为政府的这些不同融资方式是等价的，但他并不认为其他人也会这样看：

> 那些纳税的人……并不据此管理自己的私人事务。我们太容易认为，战争的负担只与我们当下被要求为它付税的多少成比例，而不会考虑这些税收可能的期限。

因此，李嘉图怀疑人们的理性和远见足以完全前瞻到他们未来的税收负担。

作为一个政策制定者，李嘉图严肃地对待政府债务。在英国议会上，他曾宣称：

> 如果我们摆脱了两个恶魔——国债和《谷物法》，那么英国就是世界上最幸福的国家，它的繁荣程度的发展就会超乎想象。

李嘉图否定了现在以他的名字命名的理论，这是经济思想史上一个极大的讽刺！

18.5 关于政府债务的其他观点

关于政府债务的政策争论包括许多方面。到现在为止，我们已经考虑了传统的和李嘉图学派的政府债务观点。根据传统观点，政府预算赤字在短期中扩大了总需求并刺激了产出，但在长期中挤出了资本并抑制了经济增长。根据李嘉图学派的观点，政府预算赤字没有这些影响，因为消费者知道预算赤字仅仅代表税收负担的延迟。以这两种理论作为背景，我们现在考虑有关政府债务的其他观点。

平衡预算 vs. 最优财政政策

在美国，许多州的宪法要求州政府实施平衡预算。一个重新提起的政治争论话题是联邦宪法是不是也应当要求联邦政府实施平衡预算。大多数经济学家反对要求政府平衡其预算的严格规定。最优财政政策有时可能要求预算赤字或盈余，其原因有如下三个。

稳定化　预算赤字或盈余可以帮助稳定经济。当经济陷入衰退时，税收自动下降，转移支付自动上升。尽管这些自动的反应有助于稳定经济，但它们推动了预算赤字的出现。严格的平衡预算规则将要求政府通过增加税收或减少支出来应对衰退，这将抑制总需求和加深经济低迷。换句话说，严格的平衡预算规则将会使税收和转移支付体系的自动稳定能力失效。

税收平滑　预算赤字或盈余可以用于降低税收体系引起的激励扭曲。正如我们前面所讨论的，高税率通过抑制经济活动给社会造成了损失。例如，对劳动收入征税降低了人们工作的激励。由于对经济活动的这种抑制在税率很高时特别大，通过保持税率稳定而不是使税率某些年份高、某些年份低，税收的总社会成本最小化了。经济学家把这一政策称为**税收平滑**（tax smoothing）。为了保持税收平滑，在收入不寻常地低（衰退）或支出不寻常地高（战争）的年份，赤字是必要的。

代际再分配　预算赤字可以被用于把税收负担从当前一代转移到子孙后代。例如，一些经济学家认为，如果当前一代为维护自由而进行战争，子孙后代也会受益，应该承担一些负担。为了传递部分战争成本，当前一代可以通过预算赤字来为战争融资。政府可以通过以后对下一代征税来偿还债务。

这些考虑导致大多数经济学家反对严格的平衡预算规则。至少，一项财政政策的规则应该考虑诸如衰退和战争等重复出现的事件和情节，在这些时期政府实施预算赤字政策是合理的。

财政状况对货币政策的影响

1985年，美联储主席保罗·沃尔克告诉国会："现实的和潜在的预算赤字规模……加深了对我们控制货币供给和抑制通货膨胀能力的怀疑"。10年后，他的继任者艾伦·格林斯潘宣称："美国长期的潜在赤字的大幅度减少将在很长一段时期内大大降低通货膨胀预期"。这两位中央银行行长都看到了财政政策与货币政策之间的联系。

我们在第5章首先讨论了这种可能性。正如我们所看到的，政府为预算赤字融资的一种方法是简单地发行货币——一种导致更高通货膨胀的政策。确实，当一国经历恶性通货膨胀时，典型的原因是财政政策制定者依靠通货膨胀税来支付他们的部分支出。恶性通货膨胀的结束几乎总是与财政改革同时发生的，这些财政改革包括大幅度削减政府支出从而减少对货币铸造税的需要。

除了预算赤字与通货膨胀之间的这种联系之外，一些经济学家还提出，高的债务水平也可能鼓励政府制造通货膨胀。因为大部分政府债务是按名义值标明的，当价格水平上升时，债务的实际价值下降。这就是由未预期到的通货膨胀所引起的通常的债权人与债务人之间的再分配——在这里债务人是政府，债权人是私人部门。但这个债务人不同于其他债务人，它可以印发货币。高的债务水平会鼓励政府发行货币，从而提高价格水平，降低其债务的实际价值。

尽管有关于政府债务与货币政策之间可能存在某种联系的忧虑，但很少有证据表明这种联系在大多数发达国家是重要的。例如，在美国，20 世纪 70 年代，即使政府债务相对于 GDP 而言低，但通货膨胀高。20 世纪 80 年代初期，就在财政政策制定者刚开始实施巨额预算赤字和增加政府债务政策时，货币政策制定者控制住了通货膨胀。2019 年，债务—GDP 之比按历史标准来看很高，但通货膨胀比美联储宣布的 2% 的目标还要低一点。因此，虽然有时候，例如经典的恶性通货膨胀时期，货币政策可能受到财政政策的驱动，但是，这种情况在现在大多数国家并不是常态。这有几个原因。第一，大多数政府可以通过出售债券来为赤字融资，而不需要依靠货币铸造税。第二，中央银行常常有足够的独立性来抵制政治压力。第三，大多数政策制定者都知道，通货膨胀是一种糟糕的财政问题解决方案。①

债务与政治过程

财政政策并不是由仁慈的、无所不知的天使制定的，而是由置身于不完美的政治过程的政府官员制定的。一些经济学家担心，通过发行债券为政府支出融资的可能性会使该政治过程更糟糕。

这种思想历史悠久。19 世纪的瑞典经济学家克努特·威克塞尔（Knut Wicksell）声称，如果某项政府支出的收益大于其成本，那么，以一种获得选民一致支持的方式为该项支出融资就应该是可能的。他得出的结论是：只有事实上获得几乎一致的支持时，政府支出才应该发生。然而，在债务融资的情况下，威克塞尔担忧的是："在批准税收的立法机构中，（未来纳税人的）利益根本没有得到代表或者代表得不充分。"

更近些年来，许多经济学家重提这一主题。詹姆斯·布坎南（James Buchanan）和理查德·瓦格纳（Richard Wagner）在他们 1977 年的著作《赤字中的民主》（*Democracy in Deficit*）中支持财政政策的平衡预算规则，其依据是这个规则"将使政策制定者认识到公共支出的实际成本；它将倾向于消除财政选择'无须代价'的错觉"。类似地，马丁·费尔德斯坦（Martin Feldstein，曾任罗纳德·里根的经济顾问，预算赤字长期以来的批评者）认为，"只有必须平衡预算的'硬预算约束'"才能迫使政治家判断支出的"收益是否真正能够证明其成本的正当性"。

这些论据导致一些经济学家支持一项要求国会通过的《平衡预算修正案》。这些提案通常有国家紧急时期（例如战争和萧条）的例外条款，在紧急时期，预算赤字是一种合理的政策反应。这些提案的一些批评者认为，就算有例外条款，这一《平衡预算修正案》也将过于严重地束缚政策制定者的手脚。另一些批评者声称，国会将用会计技巧来逃避平衡预算的要求。正如这一讨论清楚地表明的，关于《平衡预算修正案》合意性的争论，其经济色彩和政治色彩同样浓厚。

---

① 关于价格水平的财政理论的最近的研究重新强调了货币政策和财政政策之间的联系。Christopher A. Sims, "Paper Money," *American Economic Review* 103（April 2013）：563-584 提供了一个介绍。

国际维度

政府债务可能影响一国在世界经济中的作用。正如我们在第 6 章中初次看到的,当政府预算赤字减少了国民储蓄时,它往往会导致贸易赤字,这又要通过从国外借贷来融资。确实,许多观察家将美国从世界经济中的主要债权国向主要债务国的转变归咎于美国的财政政策。预算赤字和贸易赤字之间的这种联系导致了政府债务的两种进一步的影响。

第一,高的政府债务水平可能增加经济发生资本外逃的风险——世界金融市场上对一国资产需求的突然减少。国际投资者认识到,政府总是可以简单地用拖欠来处理自己的债务。这种方法的使用可以追溯到 1335 年,当时英国国王爱德华三世(Edward Ⅲ)拖欠了对意大利银行家的债务。更近的例子是,1998 年的俄罗斯和 2001 年的阿根廷都拖欠了债务。政府债务水平越高,拖欠债务的诱惑也越大。因此,随着政府债务的增加,国际投资者可能会担心拖欠,从而减少贷款数量。如果这种信心的丧失突然发生,结果就可能是资本外逃的典型症状:通货价值的狂跌和利率的上升。正如我们在第 14 章中所讨论的,这正是 20 世纪 90 年代初当拖欠看起来可能发生时墨西哥出现的局势。

第二,用从国外借贷为高水平的政府债务融资可能降低一国在世界事务中的政治影响。经济学家本杰明·弗里德曼(Benjamin Friedman)在他 1988 年的著作《清算日》(*Day of Reckoning*)中强调了这种担心。他写道:"历史上,世界的权力和影响属于债权国。美国成为一股世界势力与我们从债务国转变为……为世界其他国家提供投资资本的债权国同时发生,这并不是巧合。"弗里德曼暗示,如果美国继续实施巨额贸易赤字政策,那么,它最终会失去部分国际影响力。最近几十年的现实还没有证明这种假说:美国现在是世界金融市场的一个主要的债务国,但仍然是一个主要的超级大国。但是,也许其他事件——例如苏联解体——抵消了美国由于债务增长本来可能经历的政治影响力的下降。

18.6 结论

财政政策和政府债务是全世界政治和经济争论的中心。本章讨论了这些政策决定背后的一些议题。正如我们所看到的,经济学家对于政府债务的影响和什么是最好的财政政策并没有一致的看法。当然,经济学家并不负责设计和实施财政政策。这一任务落到了我们选举出的领导人的肩上,他们并不总是采纳经济学家所提的建议。

快速测验

1. 在美国历史上,政府债务大量增加的最常见原因是_____。

A. 导致税收收入下降的衰退
B. 用减税促进增长的供给侧政策
C. 导致政府支出大量增加的战争
D. 为老年人提供收入和卫生保健的政府资助项目

2. 在通货膨胀时期，政府的预算赤字被_____，原因是政府支出包括了政府债务的_____利息付款。

A. 高估，名义　　B. 高估，实际
C. 低估，名义　　D. 低估，实际

3. 根据传统的政府债务观点，用债务融资的减税_____。

A. 在长期和短期都增加了产出
B. 在长期和短期都减少了产出
C. 在短期增加了产出，但在长期减少了产出
D. 在短期减少了产出，但在长期增加了产出

4. 根据李嘉图学派的政府债务观点，用债务融资的减税_____。

A. 增加了私人储蓄，但减少了国民储蓄
B. 增加了私人储蓄，但对国民储蓄没有影响
C. 对私人储蓄没有影响，但减少了国民储蓄
D. 对私人储蓄和国民储蓄都没有影响

5. 如果_____，那么李嘉图等价可能不成立。

A. 政府采用资本预算
B. 人们具有前瞻性而非短视
C. 父母想给子女留遗产
D. 消费者面临紧的借款约束

6. 如果财政政策制定者受到税收平滑的驱动，那么，在收入异常_____或政府支出异常_____时，有预算盈余是适当的。

A. 高，高　　B. 高，低
C. 低，高　　D. 低，低

内容提要

1. 与其他国家的债务规模相比，美国联邦政府 2019 年的债务规模并不是特别高，但与美国政府债务的历史水平相比则很高。债务—GDP 之比在 2008—2009 年大衰退期间陡然上升，原因是自动稳定器和斟酌处置的财政措施增加了政府的预算赤字。据预测，2020 年新冠疫情衰退后，债务—GDP 之比进一步上升。

2. 预算赤字的标准衡量指标是不完美的财政政策衡量指标，因为这些指标没有对通货膨胀的影响进行校正，没有用政府资产的变动来抵消政府负债的变动，完全遗漏了一些负债，也没有对经济周期的影响进行校正。

3. 根据传统的政府债务观点，用债务融资的减税刺激了消费者支出并降低了国民储蓄。消费者支出的增加在短期导致了更大的总需求和更高的收入，但在长期导致了更低的资本存量和更低的收入。

4. 根据李嘉图学派的政府债务观点，用债务融资的减税没有刺激消费者支出，因为它并没有增加消费者的总资源——它仅仅是将税收从现在重新安排到未来。传统的政府债务观点与李嘉图学派的政府债务观点之间的争论归根结底是关于消费者如何行为的争论。消费者是理性的还是目光短浅的？他们面临着紧的借款约束吗？他们是通过利他主义的遗产与子孙后代发生经济联系的吗？经济学家关于政府债务的观点取决于他们对这些问题的回答。

5. 大多数经济学家反对严格的平衡预算规则。预算赤字的正当性有时可以基于短期稳定、税收平滑或税负的代际再分配等来证明。

6. 政府债务可能潜在地具有其他影响。巨额政府债务或预算赤字可能鼓励过度的货币扩张，从而导致更高的通货膨胀。实施预算赤字的可能性会鼓励政治家在设定政府支出与税收时把过多的负担放在子孙后代身上。高的政府债务水平可能增加资本外逃的风险，减轻一国在世界上的影响力。关于这些影响中哪一个最重要，经济学家看法各异。

关键概念

资本预算　　　　周期调整性预算赤字　　　　李嘉图等价　　　　税收平滑

复习题

1. 1980—1995 年美国财政政策的不寻常之处在哪里？

2. 为什么许多经济学家预测在接下来几十年中预算赤字和政府债务会增加？

3. 描述影响政府预算赤字衡量的四个问题。

4. 根据传统的政府债务观点，用债务融资的减税如何影响公共储蓄、私人储蓄和国民储蓄？

5. 根据李嘉图学派的政府债务观点，用债务融资的减税如何影响公共储蓄、私人储蓄和国民储蓄？

6. 你认为传统的政府债务观点还是李嘉图学派的政府债务观点更可信？为什么？

7. 给出预算赤字可能是好的政策选择的三个原因。

8. 为什么政府债务水平会影响政府发行货币的激励？

问题与应用

1. 1996 年 4 月 1 日，快餐连锁店塔可钟（Taco Bell）通过如下的新闻在《纽约时报》上做了一整版的广告："为了努力帮助国家减少国债，塔可钟愉快地宣布，我们已经同意购买我国最具历史意义的国宝之一：自由钟。现在它将更名为塔可自由钟，仍然向美国公众开放参观，我们希望我们的举动会促使其他公司采取类似的行动，以减少国家的债务。"按照现在的衡量方法，美国公司的这种行动实际上减少了国债吗？如果美国政府采用资本预算，你的回答有什么改变？你认为这些行动代表了政府负债的真正减少吗？你认为塔可钟对这个计划是认真的吗？（提示：注意日期。）解释你的答案。

2. 起草一封给 18.3 节中所描述的参议员的信，解释李嘉图学派的政府债务观点并评价它的实用性。

3. 社会保障体系向工人征税并给老年人支付津贴。假定国会既增加税收又增加津贴。为了简单起见，假设国会宣布，税收和津贴的增加只持续一年。

a. 这种变动将如何影响经济？（提示：考虑年轻人和老年人的边际消费倾向。）

b. 你的回答取决于各代人之间是否有利他主义的联系吗？请解释。

4. 一些经济学家提议周期调整性预算赤字应该永远保持平衡的规则。将这一提议与严格的预算平衡规则相比较。哪一种更可取？你认为要求平衡的周期性调整预算这一规则有什么问题吗？

5. 找到一些近年来关于美国政府债务占 GDP 百分比的未来路径的预测。关于政府支出、税收和经济增长做出了哪些假设？你认为这些假设是合理的吗？如果美国经历了生产率的减缓，实际情况与这一预测会有什么不同？（提示：可以找到这些预测的一个好地方是 www.cbo.gov。）

为了得到在线学习资源，请访问 Achieve for Macroeconomics, 11e：https：//achieve.macmillanlearning.com。

快速测验答案

1. C   2. A   3. C   4. B   5. D   6. B

第19章　金融系统：机会与危险

> 单词"crisis"用中文说是"危机"，第一个字代表"危险"，第二个字代表"机会"。
>
> ——约翰·F. 肯尼迪

2008年和2009年，美国经济经历了一次足以载入史册的危机。正如我们在之前的章节里讨论过的，房价的大跌导致许多金融机构出现问题，这导致了当时来看是20世纪30年代大萧条以来最严重的经济低迷。这一事件生动地提醒我们金融系统和更大范围的经济之间有着不可分割的联系。当华尔街打喷嚏时，老百姓也会得感冒。

在本章，我们将更透彻地考察经济和金融系统之间的联系。我们将讨论金融系统是什么以及它如何运行。我们还将讨论金融系统给对促进短期经济稳定和长期经济增长负责的政策制定者提出的新挑战。

在我们本书从头到尾建立的诸多宏观经济理论中都存在金融系统的身影。在第3章中，我们讨论了一个可贷资金市场模型。在那里我们看到，利率调整使可贷资金的供给（来自一国的储蓄）和可贷资金的需求（出于投资的目的）达到平衡。在第8章和第9章中，我们使用索洛模型考察长期经济增长的源泉。在该模型中，金融系统是模型的背景，它确保经济中的储蓄被引导到投资和资本积累。

金融系统也存在于我们的短期分析中。在第12章和第13章的 *IS—LM* 模型中，利率是连接产品市场和货币市场的纽带。在该模型中，利率既决定持有货币的成本，又决定为投资支出而融资的借贷成本。因此，它是货币政策影响产品和服务总需求所经由的关键变量。

通过更详细地研究金融系统，我们可以精炼我们对经济增长和波动的分析。金融系统不是一个单一的可贷资金市场，它包含的价格也不是一个单一的利率。确实，金融系统的复杂性是如此之大，以至有一整个经济学的子领域专门研究它，这个子领域称为金融学。本章聚焦于金融学内部对宏观经济学很关键的两个主题。我们首先考察金融系统在经济中的作用，然后考察金融危机的起因及对金融危机的政策反应。

19.1 金融系统是做什么的?

萨姆*是一个具有前瞻性的消费者。他一年有 200 000 美元的可观收入,但并不计划当年全部花光。他要把部分收入存起来,也许是为了退休,为了以后去度假,为了给孩子攒大学学费,或者仅仅是为未来的不确定性做准备。萨姆当期没花掉的那部分收入是国家储蓄的一部分。

艾薇是一个想创办一家新企业的企业家。她有一个生产某种玩偶的创意,她相信这种玩偶会令世界各地的孩子着迷,因而是非常有利可图的。为了把她的创意付诸行动,她需要获得一些资源:塑料、模子、纤维、缝纫机以及制造玩偶的厂房。艾薇对这些资本品的购买是国家投资的一部分。

简而言之,萨姆有一些收入要储蓄起来,艾薇有创意需要投资但可能没有投资所需的资金。解决方案是显而易见的:萨姆可以为艾薇的商业活动提供资金。**金融系统**(financial system)是指代经济中促进储蓄者和投资者之间资金流动的机构的术语。也就是说,金融系统把像萨姆这样的人和像艾薇这样的人连接起来。

为投资融资

在本书的很多内容中,金融系统被描述为一个单一市场:可贷资金市场。像萨姆这样的人有一些不想立即消费掉的收入,他们把储蓄带到这个市场,从而能够把这些资金借给其他人。像艾薇这样的人有想从事的投资项目,他们通过在这个市场借款来为投资融资。在这个简单的模型中,只有一个单一的利率,该利率不断进行调整以使储蓄和投资达到平衡。

现实的金融系统更为复杂。与在上述简单模型中一样,金融系统的主要职能是将储蓄引导到各种形式的投资中。但是,金融系统包括许多种促进这种资源转移的机制。

金融系统的一个部分是**金融市场**(financial markets)的集合,通过金融市场,家庭能够直接为投资提供资源。两个重要的金融市场是**债券**(bonds)市场和**股票**(stocks)市场。债券代表债券持有人给企业的贷款;股票代表企业股东的所有权要求。也就是说,从(比如说)苹果公司(Apple Corporation)购买了债券的人成为该公司的债权人,而购买了苹果公司新发行股票的人则成为公司的所有者之一。(可是,在股票交易所的股票购买代表了所有权份额在不同人之间的转移,并没有给投资项目提供新资金。)通过发行债券来筹集投资资金称为**债券融资**(debt fi-

---

* 人名"萨姆"(Sam)的首字母为 S,对应"储蓄者"(saver);下一段的人名"艾薇"(Ivy)的首字母为 I,对应"投资者"(investor)。——译者注

nance)，通过发行股票来筹集资金称为**股权融资**（equity finance）。债券和股票都是直接融资形式，这是因为储蓄者知道他们的资金在为谁的投资融资。

金融系统的另一个部分是**金融中介**（financial intermediaries）的集合，通过金融中介，家庭能够间接地为投资提供资源。正如这一术语所暗示的，金融中介连接市场的两端，帮助金融资源流向它们的最佳用途。商业银行是最广为人知的金融中介类型。① 它们从储蓄者那里吸收存款，用这些存款给那些需要为投资项目融资的人放贷。其他金融中介的例子包括共同基金、养老基金和保险公司。当金融中介介入时，储蓄者不知道他们的资金在为谁的投资融资，因此，这样的融资被认为是间接融资。

继续使用我们的例子，萨姆和艾薇能够利用以上任何机会。如果艾薇和萨姆认识，那么，艾薇可以直接从萨姆那儿借钱并为此支付利息。在这种情况下，艾薇实质上将卖给萨姆一份债券。或者，艾薇也可以把她的新企业的一部分股权提供给萨姆，以此来交换萨姆的钱，而萨姆就可以分享新企业未来的利润。在这种情况下，艾薇将卖给萨姆一些股份。或者萨姆可以把他的储蓄存到一家本地银行，然后该银行可以把资金借给艾薇。在最后一种情况下，艾薇将为其新企业间接融资；他们也许永远不会碰面，甚至不知道彼此的存在。在所有这些情况下，萨姆和艾薇参与了一笔互惠互利的交换。萨姆找到了一种在储蓄上赚取回报的方式，艾薇则找到了一种为其投资项目融资的方式。

风险分担

投资天生是有风险的。艾薇的新玩偶也许会成为风靡一时的下一代玩具，也有可能会失败。和所有其他企业家一样，艾薇是因为预期其新企业有利可图才创办新企业，但是她无法确定这样的结果一定会出现。

金融系统的功能之一就是配置风险。当艾薇卖股份给萨姆时，她是在和萨姆分担其企业的风险。如果她的玩偶生意赚钱了，萨姆将享有部分利润。如果亏钱了，萨姆将分摊损失。艾薇也许很想分担风险而不是独自承担所有风险，原因是她**厌恶风险**（risk averse）。也就是说，在其他条件相同的情况下，她不喜欢关于她的未来经济结果的不确定性。如果萨姆预期在这个项目上的回报高于把储蓄投资于更安全资产将会获得的回报，那么，萨姆或许愿意接受其中部分风险。因此，股票融资为企业家和储蓄者提供了一种分担与企业家的投资创意相联系的风险和回报的方式。

此外，金融系统还使得储蓄者可以通过将他们的财富分散于许多企业来降低他们的风险。萨姆知道艾薇的玩偶企业是有风险的，因此他只会用部分储蓄来购买艾

---

① 在本章通篇，"银行"一词正常情况下应该被认为是指商业银行，这是最常见的银行类型。相反，投资银行是帮助企业和政府发行股票和债券并为公司提供兼并和收购建议的金融机构。投资银行不但与商业银行的功能不同，而且，由于它们不接受受保存款，因而受到的监管也更少。

薇的企业的股票。他还可以从他开冰激凌店的朋友埃斯特班那儿购买股票。他也还可以购买埃克森（Exxon）、苹果、脸书（Facebook）等著名公司的股票。由于艾薇的玩偶企业的成功与埃斯特班的冰激凌店的成功并不完全相关，也与埃克森、苹果、脸书等公司的盈利性不完全相关，因此，萨姆在将其财富分散投资时降低了他面临的风险。通过持有许多不完全相关的资产来降低风险的做法被称为**多样化**（diversification）。

多种多样的金融机构为多样化投资提供了便利。共同基金是最重要的金融机构之一。**共同基金**（mutual funds）是向储蓄者出售份额然后用储蓄者的资金购买多样化资产池的金融中介。甚至一个小的储蓄者也可以投资（比如说）1 000 美元于一只共同基金，成为数以千计的企业的股东。由于这许多企业的成功并不完全相关，所以，投资 1 000 美元于共同基金的风险比用这 1 000 美元购买一家公司的股票要小。

可是，多样化能降低的风险也是有限的。一些事件同时影响许多企业。这样的风险称为系统性风险（systematic risk）。例如，衰退往往降低了大部分产品的需求，从而降低了大多数企业的盈利能力。多样化不能降低这种风险。但是，它在很大程度上能够消除与个体企业相联系的风险，如艾薇的玩偶或埃斯特班的冰激凌事实上是否真的受欢迎，这种风险称为特质风险（idiosyncratic risk）。由于这个原因，像萨姆这样的储蓄者限制配置于任何一家公司的股票的资金数量是明智的做法。

处理不对称信息

当萨姆考虑为艾薇的商业项目融资时，有一个最重要的问题：她的公司会成功吗？如果萨姆以股票融资的形式为她融资，那么，萨姆可以分享公司的未来利润，因此，公司的成功就很关键。债务融资对萨姆来说更安全，原因是债券持有人会在股票持有人之前得到偿付，但是艾薇的成功仍然很重要。如果玩偶生意失败了，那么，艾薇可能无法偿还贷款。也就是说，她可能拖欠。萨姆不仅可能得不到之前艾薇许诺的利息，而且可能损失本金（贷款的数量）。

使情况变得更糟糕的是艾薇对她自己和她的企业比萨姆知道得更多这一事实。经济学家用**不对称信息**（asymmetric information）这个术语描述经济交易的一方比另一方拥有更多关于该交易的信息这一局面。存在两类不对称信息，两者都可能影响萨姆是否为艾薇的企业融资的决策。

第一类不对称信息与关于属性的隐藏知识（hidden knowledge about attributes）有关。艾薇的玩偶设计是会受到广泛欢迎的设计，还是可能只是一种小众产品？玩偶市场渴望新产品的出现还是已经过度饱和了？艾薇是有天分的女企业家吗？艾薇比萨姆更有可能知道这些问题的可靠答案。情况常常就是如此：企业家比提供融资的人拥有更多关于他们的投资项目好坏的信息。

在这种局面下，萨姆应该担心**逆向选择**（adverse selection）问题。正如我们在第

7章所指出的（虽然是在一个不同的背景中），"逆向选择"这个术语描述了有更多信息的人（此处是企业家）以一种不利于信息更少的人（此处是那些提供融资的人）的方式进行自我选择的倾向。在我们的例子中，萨姆可能担心只有那些不那么合意的商业项目才会给他提供融资机会。如果艾薇对她的创意更有信心，那么，她也许会更多地使用自有资金（自己的储蓄）。她请求萨姆提供融资和分担部分风险这一事实表明，也许她知道一些他不知道的不利的东西。结果，萨姆有理由谨慎行事。

第二类不对称信息与关于行动的隐藏知识（hidden knowledge about actions）有关。一旦艾薇从萨姆那儿获得融资，她就有许多决策要做。她会在工作上花很多时间还是会早些下班去和朋友打网球？她会以最赚钱的方式花费她筹措到的资金还是用钱为自己提供一间舒适的办公室和一辆豪华的公司轿车？艾薇可以承诺其行事处处为公司的最佳利益着想，但是，萨姆难以证实艾薇真的是这么做的，原因是他不会每天在玩偶厂里观察艾薇做的每件事情。

在这种情况下，**道德风险**（moral hazard）问题就产生了。道德风险是无法被完全监督的主体将以一种不诚实或其他不适当的方式行事这样一种风险。特别地，用其他人的钱投资的企业家对投资项目可能不像用自有资金投资的企业家那么关心。一旦艾薇把萨姆的钱拿到手了，她可能很想选择过轻松舒适的生活。如果她经受不住道德风险的诱惑，她就会降低企业的盈利能力，从而增加其企业债务违约的风险。

金融系统包括各种减轻逆向选择和道德风险之影响的机构。银行是其中最重要的类型。当一个人申请银行贷款时，他填写一份申请表，这份申请表会包括许多关于他的商业计划、就业背景、信用历史、犯罪记录以及其他财务和个人特征的详细的问题。由于该申请表随后会由接受过如何对企业进行评估的培训的信贷员审查，所以，银行很有可能发现导致逆向选择的隐藏属性。此外，为了减少道德风险问题，银行贷款可能包含对贷款资金可以如何支出的约束性规定，信贷员可能在贷款发放后对企业进行监督。结果，哪怕萨姆和艾薇互相认识，萨姆这样做仍然可能是明智的：他不直接借钱给艾薇，而是把钱存入一家银行，然后银行把钱贷给像艾薇这样的企业家。银行收取作为中介的服务费，这体现为它收取的贷款利率和它支付的存款利率之差。银行通过减少与不对称信息相联系的问题赚取了服务费。

促进经济增长

在第8章和第9章，我们使用索洛模型考察了支配长期经济增长的力量。我们在该模型中看到，一国储蓄决定了稳态人均资本水平和稳态人均收入水平。一国储蓄得越多，该国劳动力工作可用的资本就越多，该国就生产得越多，其公民的收入也就越高。

索洛模型做了"只有一种单一类型的资本"这样一个简化的假设，但是，现实世界包括成千上万家有着不同投资项目的企业，它们都在为获得经济中有限的资源而展开竞争。萨姆的储蓄可以为艾薇的玩偶企业融资，也可以为埃斯特班的冰激凌店、波音飞机厂或沃尔玛零售店融资。将经济中稀缺的储蓄在许多可能的投资之间进行配置，这是金融系统的工作。

理想情况下，为了将储蓄配置于投资，金融系统需要的只有市场力量和亚当·斯密所说的"看不见的手"的神奇魔力。拥有特别有成效和有利可图的投资机会的企业将比拥有不那么合意的项目的企业愿意支付更高的利率。因此，如果利率调整使可贷资金的供给和需求相平衡，那么，经济中的储蓄将被配置于众多可能投资之中最好的那些投资。

然而，正如我们已经看到的那样，由于金融系统受到不对称信息的妨碍，所以，它会偏离以上所描述的简单的理想情况。银行减轻了逆向选择和道德风险，但是，银行并不能消除这些问题。结果，一些有价值的投资项目可能因为企业家无法为之筹集到资金而得不到开展。如果金融系统未能将经济中的储蓄配置于其最佳用途，那么，该经济的生产率就会低于本来可以达到的水平。

政府政策可以帮助确保金融系统良好地运转。第一，通过起诉欺诈和类似的不当行为，它可以减少道德风险问题。法律不能确保艾薇会最佳地使用萨姆的钱，但是，如果她把公司资金用于个人生活开支，那么法律可以让她坐牢。第二，通过要求进行某些种类的披露，政府可以减少逆向选择问题。如果艾薇的玩偶企业成长到足以在公开证券交易所发行股票，那么，政府的证券交易委员会将要求它发布关于其企业的收入和资产的定期报告，而且这些报告还要经过合格会计师的审计。

由于世界各地法律制度的质量存在差别，因此，一些国家比其他国家有着更好的金融系统，这个差别是生活水平国际差别的来源之一。富裕的国家往往比贫穷的国家有更大的股票市场和更大的银行系统（相对于它们的经济规模而言）。当进行跨国比较时，要确定因果关系是很困难的。但是，许多经济学家相信，穷国仍然贫穷的原因之一就是它们的金融系统不能把储蓄引导到最佳的投资上。通过改革其法律制度以改进其金融系统，这些国家能够促进经济增长。如果它们成功了，那么，有好创意的企业家就会发现创业会更容易。

19.2 金融危机

我们在本章到目前为止讨论了金融系统是如何起作用的。现在让我们考察为什么金融系统可能停止起作用以及这种崩溃的宏观经济后果。

当我们在第11~15章学习经济周期理论时，我们看到许多类型的冲击都能导致短期波动。消费者或企业信心的增减、世界石油价格的涨跌和货币政策或财政政策的突然变化都可以改变总需求或总供给（或同时改变两者）。当这样的事情发生时，产出和就业就被推离其产出水平，通货膨胀上升或下降。

我们这里聚焦于一种特别的冲击。**金融危机**（financial crisis）是妨碍经济在想储蓄的人和想借钱投资的人之间充当中间人的能力这样一种重大的金融系统崩溃。

毫不令人奇怪，给定金融系统的重要作用，金融危机有广泛的宏观经济影响。在整个历史上，许多最深度的衰退都发生在金融系统出现问题之后，其中包括20世纪30年代的大萧条和2008—2009年大衰退。

危机剖析

金融危机并非都相同，但它们有一些共同的特征。简而言之，大多数金融危机都有6个最重要的元素。2008—2009年金融危机是一个说明每个元素的好例子。

1. 资产价格的大涨和大跌。在许多情况下，金融危机之前有一段由乐观导致资产价格大涨的时期。有时候人们将资产价格抬高到其基本面价值（也就是基于对该资产将产生的现金流的客观分析确定的真实价值）以上。在这种情况下，我们说该资产的市场受到了**投机性泡沫**（speculative bubble）的支配。后来，当情绪改变也就是乐观变成悲观时，泡沫破灭，价格开始下降。资产价格的下跌是金融危机的催化剂。

在2008年和2009年，关键的资产是住宅房地产。美国的住房平均价格在21世纪头几年里经历了大涨。这一大涨部分地是由宽松的贷款标准驱动的；许多次级借款人——那些有特别高风险的信用档案的人——只付了很少量首付款就轻易得到贷款买了房子。本质上，当金融系统给许多后来被证明是偿还抵押贷款存在困难的借款人发放贷款时，金融系统未能合格地处理不对称信息。住房价格的上涨也得到了政府"居者有其屋"的政策的鼓励，而认为价格会永远上涨的买房人的过度乐观情绪也助长了住房价格的上涨。但是，住房价格的上涨被证明是不可持续的。随着时间的推移，拖欠抵押贷款应还款的房主数量上升了，买房人的情绪变化了。从2006年到2009年，住房价格下降了大约30%。整个国家自20世纪30年代以来从没经历过如此大的住房价格下跌。

参考资料　有效市场假说 vs. 凯恩斯的选美竞赛

一家公司发行股份后，其股票在交易所进行买卖，价格由供给和需求决定。在经济学家之间持续存在着关于股票价格的波动是否理性的争论。

一些经济学家赞成有效市场假说（efficient markets hypothesis），根据这一假说，给定当前有关公司经营前景的信息，公司股票的市场价格是对公司价值的理性估价。这一假说是建立在两个基本原则的基础上的：

1. 在主要股票交易所上市的每一家公司被许多专业的投资组合经理人密切关注。每天，这些经理人跟踪新闻以判断公司的价值。他们的工作是：在价格低于公司的价值时买进股票，在价格高于公司的价值时卖出股票。

2. 股票的价格是由供给与需求的均衡确定的。在市场价格水平上，供出售的股份数量等于人们想购买的股份数量。也就是说，在市场价格水平上，认为股价高估的人数与认为股价低估的人数相互平衡。

根据这一理论,股票市场是信息上有效率的:它反映了关于资产价值的所有可得到的信息。当信息变动时,股票价格也变动。当有关于公司经营前景的好消息时,其股票价格上升;当公司前景恶化时,其股票价格下降。但是在任何时刻,股票价格都是对公司价值的最好猜测。

有效市场假说的一个启示是:股票价格应当遵循随机游走的方式,这意味着股票价格变动是不可能预测的。如果某人使用公开可得的信息能够可靠地预测明天股价将上升10%,那么今天的股票市场一定未能包含这一信息。唯一能够使股价变动的是改变市场对公司价值的看法的消息。但是这样的消息必须是不可预测的,否则它就不是真正的消息。因此,股价的变动应该也是不可预测的。

有效市场假说有什么证据吗?它的支持者指出,战胜市场是很困难的。统计检验显示股价是随机游走的,至少大体是这样。而且,指数基金(它们买进某个股市指数中所有公司的股票)的业绩超过大多数由专业理财经理经营的积极管理的共同基金(这些经理力图买入低于真实价值卖出的股票)。

然而,许多经济学家怀疑股市是理性的。这些持怀疑态度的经济学家指出,股价的很多变动很难归因于消息。他们认为股票投资者在买卖时不是那么关注公司的基本价值,而是更多地关注他们对其他投资者以后支付什么价格的预期。

约翰·梅纳德·凯恩斯提出了一个著名的类比来解释这种投机。在他的时代,一些报纸举行"选美比赛":报纸刊登100位女士的照片,请读者选出5位最美的女士,所做出的选择与其他参加者的共识最接近的读者得到奖金。天真的参加者简单地选出他们认为最美丽的女士。但是,一个老练一点儿的策略是猜测其他人认为哪5位女士最美。然而,其他人可能也会以同样的方式思考。所以一个更老练的策略是猜测其他人认为其他人会认为谁最美。依此类推。在这个过程的最后,对赢得竞赛来说更重要的不是判断真正的美女,而是猜测其他人关于其他人观点的观点。

类似地,凯恩斯推断,由于股市投资者最终将把他们的股票卖给其他投资者,他们更关心其他人对一家公司的估价,而不是该公司的真正价值。他认为,最好的股市投资者是那些善于猜透大众心理的人。他相信,股价变动常常反映了非理性的乐观和悲观情绪的高涨,他把这称为投资者的"动物精神"。

关于股市的这两种观点延续至今。一些经济学家通过有效市场假说的透镜来观察股市。其他经济学家相信非理性投机是常态。在他们看来,股市变动常常没有什么正当理由,由于股市影响总需求,股价的变动是产出和就业的短期波动的一个来源。①

2. 金融机构破产。资产价格的大跌可能引起银行和其他金融机构出现问题。为了确保借款人偿还贷款,银行常常要求他们提供担保物。也就是说,借款人不得

---

① 关于有效市场假说的一篇经典参考文献是 Eugene F. Fama, "Efficient Capital Markets: A Review of Theory and Empirical Work," *Journal of Finance* 25 (1970): 383–417. 关于另一种观点,参见 Robert J. Shiller, "From Efficient Markets Theory to Behavioral Finance," *Journal of Economic Perspectives* 17 (Winter 2003): 83–104.

不抵押资产，倘若借款人拖欠，银行就可以没收这些资产。但是，当资产价格下降时，担保物的价值就下降，也许会下降到贷款数量之下。在这种情况下，如果借款人拖欠贷款，银行可能无法回收它的钱。

正如我们在第 4 章讨论过的，银行高度依赖于**杠杆**（leverage），即出于投资的目的，使用借来的钱补充现有的资金。杠杆放大了资产回报对银行财务状况的积极和消极影响。一个关键数字是杠杆率：银行资产与银行资本之比。例如，20 倍杠杆率意味着对于银行所有者所投入的每 1 美元资本，银行借了 19 美元（通过来自储户的存款和其他形式的贷款），这使得银行持有 20 美元的资产。在这个例子中，如果违约导致银行资产价值下降 2%，那么，银行资本就下降 40%。如果银行资产价值下降超过 5%，那么，银行资产就下降到其债务以下了，就没有资源来偿付其所有储户和其他债权人。我们将这种情形称为银行破产。金融系统内部广泛的破产是金融危机的第二个元素。

在 2008 年和 2009 年，许多金融机构持有房地产担保的抵押贷款，陷入了在房地产价格上的赌博。他们假设住房价格将继续上升或至少保持稳定，因此，这些贷款的担保物将确保他们得到还款。但是，当住房价格下降时，房主常常发现他们资不抵债了。他们欠的抵押贷款金额超过了他们的住房价值。许多房主对此的反应是停止还贷。这时，抵押贷款持有人可以取消住房赎回权，然后把房子卖掉，但是，他们只能回收一部分欠款。这些违约将几家金融机构推向了破产，包括大型投资银行（贝尔斯登和雷曼兄弟）、政府资助的企业（房利美和房地美）和一家大型保险公司[美国国际集团（AIG）]。

3. 信心下降。金融危机的第三个元素是对金融机构的信心下降。尽管银行存款有一部分是受到政府政策保障的，但并不是全部存款都如此。当破产不断增加时，每家金融机构都有可能成为下一家破产的机构。在那些机构有未受保存款的人纷纷去取款。在面临大规模提现的情况下，银行减少放贷，开始变卖部分资产来增加现金储备。

可是，随着银行变卖资产，这些资产的市场价格进一步下降。由于危机期间风险资产的买者很少，所以，这些资产的价格可能会暴跌。这种现象称为**降价销售**（fire sales），与商店在发生火灾后为了迅速处理受损物品降价甩卖相似。但是，这些甩卖价格给其他银行带来了问题。会计师和监管机构可能要求这些银行以市场价格报告其资产负债表上的资产价值。然后，持有价格因降价销售而下降的那些资产的银行必须减记其持有的资产账面价值。就这样，一家银行的问题可能传播到其他银行。

在 2008 年和 2009 年，金融系统笼罩在破产何时才能停止的巨大的不确定性之中。贝尔斯登和雷曼兄弟这些巨人的坍塌使人们怀疑摩根士丹利、高盛、花旗等其他大型金融公司是否也会有类似的命运。这个问题由于这些公司的相互依存而加重了。由于它们相互之间有很多合约，这些机构中任何一家破产都会削弱其他机构。而且，由于金融合约的复杂性，储户无法确定这些公司有多脆弱。透明性的缺乏加深了信心危机。

| 参考资料 | TED 利差 |

一个常见的感知信用风险的指标是到期时间相似的两笔贷款的利率之差。例如，一家名为 Financially Shaky 的财务上不可靠的公司或许不得不为一年期贷款支付 7% 的利息，而一家名为 Safe and Solid 的安全可靠的公司则只需付 3%。这 4 个百分点的利差之所以会出现，是因为出借人担心 Financially Shaky 公司可能违约；他们要求为承担该风险获得补偿。如果 Financially Shaky 公司的财务状况再有什么坏消息，那么，利差可能上升到 5%～6%，甚至更高。因此，对信用风险的感知进行监控的一种方式是跟踪利差。

一种重要的利差是 TED 利差。TED 利差是 3 个月期银行间贷款和 3 个月期美国国债的利差。TED 中的 T 代表国库券（T-bills），ED 代表欧洲美元（Euro Dollars）（这是因为，出于监管原因，这些银行间贷款通常发生在伦敦）。TED 利差是用基点衡量的，1 个基点是 0.01 个百分点（0.01%）。正常情况下，TED 利差大约为 20～40 个基点（0.2%～0.4%）。该利差之所以小，原因是商业银行还很安全，其风险只比政府高一点。与接受政府债务相比，出借人接受银行债务并不要求许多额外的补偿。

但是，在金融危机期间，对银行系统的信心下降了。结果，银行变得不情愿相互放贷，TED 利差大幅上升。图 19-1 显示了 2008—2009 年金融危机之前、期间和之后的 TED 利差。随着这次危机逐步发展，TED 利差大幅上升，在投资银行雷曼兄弟宣布破产后不久的 2008 年 10 月达到了 458 个基点。TED 利差水平是表明人们对银行系统破产担忧程度的一个指标。

该图还显示 TED 利差 2020 年 3 月底猛增到了 142 个基点，当时正接近新冠疫情衰退的开端。投资者显然担心这次深度经济低迷可能危害到银行的偿付能力。可是，TED 利差的这次猛增时间很短：到 2020 年 6 月，TED 利差回到了正常水平。经济活动不景气的时期远远没有结束，但是对银行系统的担心缓和了。

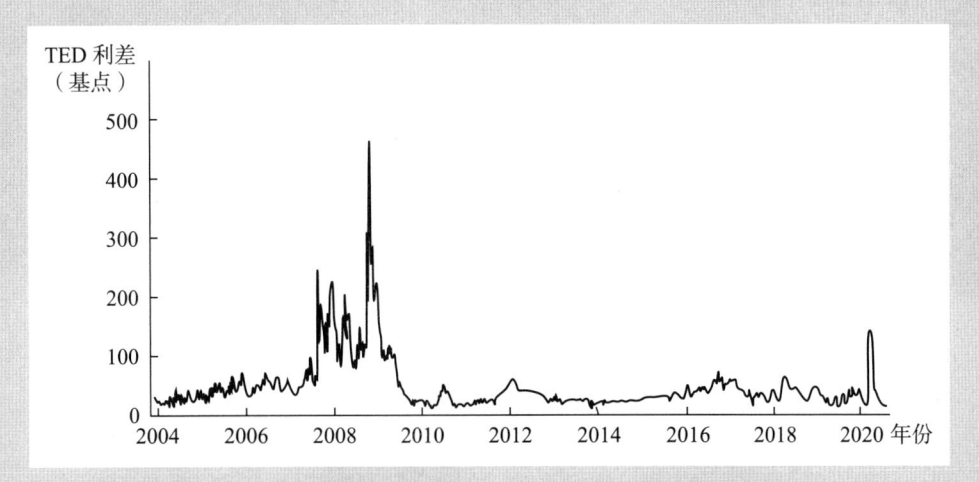

图 19-1 TED 利差

TED 利差是 3 个月期银行间贷款和 3 个月期美国国债的利差。当贷款给银行被认为特别有风险时，TED 利差上升。

资料来源：Federal Reserve Bank of St. Louis.

4. 信贷紧缩。金融危机的第四个元素是信贷紧缩。在许多金融机构面临困难的情况下，那些想借款的人现在很难得到贷款，哪怕他们有可以赚钱的投资项目。实质上，金融系统在履行其将储蓄者的资源引向拥有最佳投资机会的借款人手里的正常职能上遇到了困难。

在 2008—2009 年金融危机期间，信贷紧缩是显而易见的。毫不令人奇怪，当银行意识到住房价格下降和以前的放贷标准过于宽松时，它们开始对那些申请住房抵押贷款的人提高标准。银行要求更高的首付，更严密地审查借款人的财务信息。但是，放贷减少影响的不只是买房人。小企业发现为资本投资融资或为购买存货借款更难了。消费者发现申请信用卡或汽车贷款也更难了。就这样，银行对它们自身的财务问题做出的反应是在各种放贷上都变得更加谨慎了。

5. 衰退。金融危机的第五个元素是经济衰退。在人们无法获得消费信贷和企业无法获得新投资项目所需的融资时，产品和服务的需求下降了。在 $IS—LM$ 模型的框架内，这一事件可以被解释为消费和投资函数的收缩性移动，这导致 IS 曲线和总需求曲线的类似移动。结果，国民收入下降，失业上升。

在 2008—2009 年大衰退期间，这些影响被强烈地感受到了。失业率从 2007 年初的大约 4.5% 上升到 2009 年末的 10%。更糟的是，失业率长时间停留在高位。甚至在 2009 年 6 月官方认定的复苏开始后，GDP 的增长仍然缓慢，失业率也只是轻微下降。直到 2012 年底，失业率仍在 8% 以上。

6. 恶性循环。金融危机的第六个元素也是最后一个元素是恶性循环。经济衰退降低了许多企业的盈利能力和许多资产的价值。股票市场下跌。一些企业破产和拖欠贷款。许多工人失业和拖欠个人贷款。就这样，我们回到了第 1 步（资产价格大跌）和第 2 步（金融机构破产）。金融系统的问题和经济低迷相互强化。图 19-2 表示了这个过程。

2008 年和 2009 年的金融危机显然是一个恶性循环。有些人担心虚弱的金融系

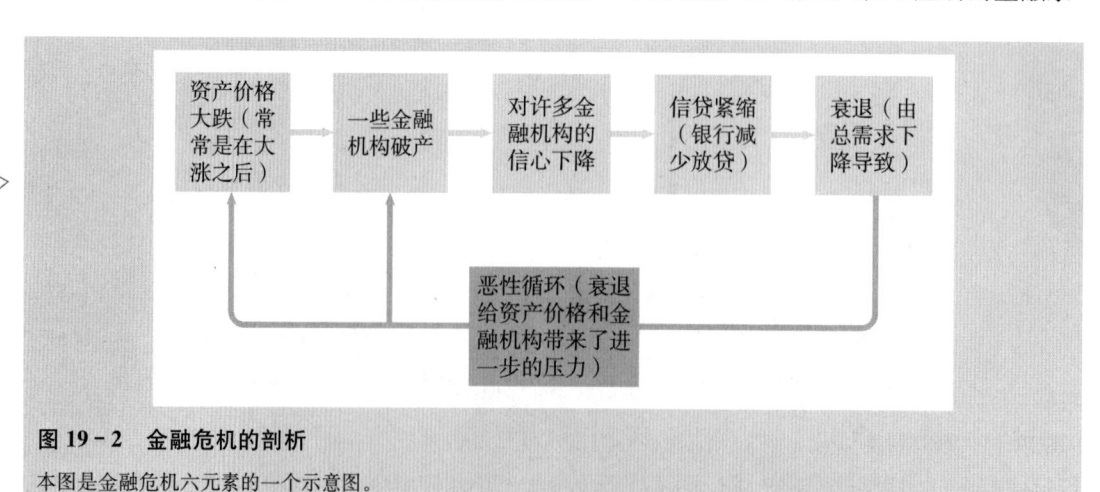

图 19-2　金融危机的剖析

本图是金融危机六元素的一个示意图。

统和疲软的经济这两者的结合将导致经济失去控制，导致又一次大萧条。幸运的是，这样的事情并没有发生，部分地是因为政策制定者下决心要防止其发生。

这给我们带来了下一个问题：面对金融危机，政策制定者能做些什么呢？

案例研究

谁应该对2008—2009年金融危机负责？

"胜利有一千个父亲，而失败却是个孤儿。"约翰·F.肯尼迪的这句名言包含一个亘古不变的真理：事情成功了，每个人都热衷于邀功；失败了，就没有人愿意担责。2008—2009年金融危机之后，许多人都想知道谁应该为此负责。毫不令人奇怪，没有人站出来承担责任。

但是，评论家已经指出了许多可能的罪魁祸首，包括：

● 美联储。美国的中央银行在2001年衰退后就把利率保持在低位。这一政策有助于经济复苏，但是，它也鼓励了家庭借款买房。一些经济学家相信，通过将利率维持在太低的水平太长时间，美联储促进了房地产泡沫的形成，而房地产泡沫又导致了这次金融危机。

● 买房人。许多买房人借的钱超过了自己的偿还能力，这是很鲁莽的。还有些人则把买房当作赌博，寄希望于住房价格继续快速上涨。当住房价格非但没有上涨而是下跌时，许多这样的房主就拖欠债务了。

● 抵押贷款经纪人。许多住房贷款的提供商鼓励家庭过度借款。有时候他们极力推销初始还款低但以后会激增的复杂的抵押贷款产品。有些提供商给那些不具备申请抵押贷款资格的家庭提供了所谓的NINJA贷款（NINJA是"no income, no job or assets"的首字母缩略语，意思是"没收入，没工作，没资产"）。经纪人不持有这些有风险的贷款，但是，在这些抵押贷款产品推出以后，他们销售这些产品以获得佣金。

● 投资银行。许多投资银行把大量有风险的抵押贷款打包成抵押贷款担保证券，然后卖给对将要承担的风险并不完全清楚的买者，如养老基金。

● 评级机构。评估债务工具的风险性的机构给了后来被证明具有高风险的各种抵押贷款担保证券以高评级。事后来看，很清楚，这些机构用来评估风险的模型所基于的假设是不可靠的。

● 监管机构。银行和其他金融机构的监管机构本应该确保这些企业不从事不适当的风险活动。但是，监管机构未能认识到住房价格的大幅下跌可能发生，以及如果这样的事情发生又会对整个金融系统造成什么后果。

● 政府政策制定者。多年来，政治领导人一直采用促进"居者有其屋"的政策，包括住房抵押贷款利息抵税，成立房利美和房地美（它们是促进住房抵押贷款放贷的政府资助的企业），以及制定《社区再投资法案》（Community Reinvestment Act，它鼓励给低收入家庭提供住房抵押贷款）。但是，财务状况不稳定的家庭租房或许是更好的。

● 美联储（又一次）。作为美国的中央银行，美联储的职责之一是担任最后贷款者，在金融机构无法从其他地方获得流动性时给它们提供流动性。根据《美联储和雷曼兄弟》（*The*

Fed and Lehman Brothers)一书的作者、经济学家劳伦斯·鲍尔（Laurence Ball）的观点，美联储在2008年9月未能履行这一职责。当时，金融巨头雷曼兄弟正面临流动性危机，但是，美联储非但没有给它提供贷款，反而允许雷曼兄弟破产。鲍尔相信，如果美联储给雷曼兄弟提供它所寻求的流动性，那么，这场金融危机本来可以避免，或者至少其严重程度可以减轻。

最终，看起来以上每个群体（也许还有一些其他群体）都要承担部分责任。《经济学人》杂志曾经这样表述：这是一个"层层不负责任"（layered irresponsibility）的问题。

最后，记住这场金融危机并不是历史上的第一次。这样的事件尽管罕见（幸亏如此！），但间或发生。也许，为这次不寻常的事件寻找罪魁祸首并不是最重要的，相反，我们应该把过度投机及其后果看作市场经济的一个固有特征。政策制定者可以在金融危机发生时做出应对，他们可以采取措施降低金融危机的可能性和严重性，但是，给定我们当前的知识，完全预防金融危机这个要求可能过高了。[1]

对危机的政策反应

由于金融危机既严重又涉及多个方面，所以宏观经济政策制定者常常同时使用多种工具限制其损害。这里我们讨论三大类政策反应。

传统的货币政策和财政政策　正如我们所看到的，由于金融危机导致了产品和服务总需求的收缩，所以，它提高了失业并降低了收入。政策制定者可以通过使用货币政策和财政政策工具扩大总需求，从而减轻这些影响。中央银行可以增加货币供给和降低利率，政府可以增加政府支出和减税。

政策制定者在2008—2009年金融危机期间正是这么做的。为了扩大总需求，美联储将其联邦基金利率目标从2007年9月的5.25%降到了2008年12月的近似为零，并且在接下来的6年里保持在这一低水平。2008年2月，布什总统签署了一项总额达1 680亿美元的经济刺激方案，该刺激方案给每个纳税人退税300～1 200美元不等。2009年2月，奥巴马总统签署了一项总额达7 870亿美元的经济刺激方案，该刺激方案既包括减税又包括增加政府支出。所有这些行动都旨在推高总需求。

但是，传统的货币政策和财政政策能够采取的行动是有限度的。中央银行不能把其利率目标降到比零低很多。（回忆第13章对流动性陷阱的讨论。）财政政策也是有限的。由于经济低迷自动增加了失业保障津贴的支出和减少了税收收入，政府

---

[1] 要阅读更多关于金融危机历史的文献，参见 Charles P. Kindleberger and Robert Z. Aliber, *Manias, Panics, and Crashes: A History of Financial Crises*, 6th ed. (New York: Palgrave Macmillan, 2011); and Carmen M. Reinhart and Kenneth S. Rogoff, *This Time Is Different: Eight Centuries of Financial Folly* (Princeton, NJ: Princeton University Press, 2009)。

的预算赤字本来就已经扩大了，而刺激方案进一步扩大了政府的预算赤字。政府债务的增加给未来各代纳税人增加了负担并让人怀疑政府自己的偿付能力，因此，这也让人忧虑。在2008—2009年金融危机后，联邦政府的预算赤字达到了在当时来看二战以来的最高水平。美国的财政失衡导致标准普尔公司在2011年8月将美国政府债券的评级降到了最高的AAA水平以下，这种情况在美国历史上还是首次出现，而标准普尔公司的这个决定又使得一些政策制定者不愿意支持额外的财政刺激。

金融危机期间货币政策和财政政策的局限会导致政策制定者考虑其他政策。这些其他类型的政策有着不同的本质。它们不是处理金融危机的症状（总需求的减少），而是旨在处理不能正常运转的金融系统本身。如果正常的金融中介化过程能够恢复，那么，消费者和企业就又能借到钱了，经济的总需求就会恢复。然后，经济就能回到充分就业，收入也会上升。接下来的两大类政策描述了旨在处理金融系统的主要政策。

最后贷款者 当人们对银行失去信心时，他们取出自己的存款。在一个实行部分准备金银行制度的系统中，大量的突然提款可能是一个问题。就算银行有偿付能力（意思是其资产的价值超过其负债的价值），它也难以满足所有储户的取款需求。银行的资产中有许多是缺乏流动性的，也就是说，它们不能容易地卖掉从而变成现金。例如，给本地餐馆的企业贷款、给本地家庭的汽车贷款、给你室友的学生贷款等都可能是银行的有价值的资产，但是它们不能容易地用于满足要求立即取回存款的储户。有偿还能力的银行没有充足的资金满足其储户提现这种局面被称为**流动性危机**（liquidity crisis）。

中央银行可以通过直接贷款给银行来解决这个问题。正如我们在第4章所讨论的，中央银行可以无中生有地，即通过印钞，来创造货币。（或者，更现实地说，在电子时代，它可以创造一个账簿科目用来记录这些创造的货币。）然后，它可以把新创造的货币贷给正在经历高于正常水平的提现情形的银行，并接受该银行的缺乏流动性的资产作为担保物。当中央银行在流动性危机中贷款给银行时，我们就说它在扮演**最后贷款者**（lender of last resort）的角色。

这样一项政策的目标是使得遭受高提款的银行平安度过公众对其信心下降的风暴。如果没有这样的贷款，银行可能被迫降价销售它那些缺乏流动性的资产。如果这种降价销售发生了，那么银行资产价值就会下降，流动性危机就可能威胁银行的偿还能力。通过扮演最后贷款者的角色，中央银行遏制了银行破产的问题，帮助恢复了公众对银行系统的信心。

在2008年和2009年，美联储非常活跃地扮演了最后贷款者的角色。正如我们在第4章所讨论的，传统上，这样的活动发生在美联储的贴现窗口，美联储通过贴现窗口以贴现率（利率）贷款给银行。但是，在这场危机期间，美联储创立了许多新方式来贷款给金融机构。金融机构不仅包括传统的商业银行，还包括影子银行。

影子银行（shadow banks）是指那些行使与银行相似的部分功能但又游离于针对传统银行业的监管系统之外的形形色色的金融机构。由于影子银行在这两年也经受着与商业银行相似的困难，所以美联储也对这些机构保持关注。

例如，从 2008 年 10 月到 2009 年 10 月，美联储愿意给货币市场共同基金放贷。货币市场基金不是银行，它们不提供受保存款。但是，它们行使的功能与银行相似：它们吸收存款，将收益投资于公司发行的商业票据等短期贷款，并向储户保证他们需要时可以赎回他们的存款并获得利息。在金融危机期间，储户对货币市场基金购买的资产的价值心存忧虑，因此，这些基金遭受了大量的赎回。货币市场基金的存款规模减小意味着商业票据的买者减少了，这使那些需要商业票据收益的企业难以为经营融资了。由于美联储愿意贷款给货币市场基金，它帮助维持了这种金融中介化形式。

了解美联储在这次危机期间创建的所有借贷工具的细节并不是关键。随着经济复苏，这些项目中有许多终止了，原因是没有必要再使用它们了。重要的是知道这些项目，不论新的还是老的，都有一个目的：确保金融系统仍然有流动性。正如前面指出的，有些美联储的批评家批评美联储在 2008 年 9 月雷曼兄弟倒闭时过于消极了。但是，在那之后，这次金融危机的严重程度变得很清楚，美联储欣然接受了最后贷款者的角色。如果一家金融机构拥有可以作为可靠担保品的资产，美联储就随时准备贷款给该金融机构，以便它的储户能取回自己的资金。

注入政府资金 对金融危机的最后一种类型的政策反应涉及政府使用公共资金来支持金融系统。

这种类型的最直接的行动是从公共资金中拿钱给那些已经遭受损失的人。存款保险就是一个例子。通过联邦存款保险公司（Federal Deposit Insurance Company, FDIC），联邦政府承诺当银行破产时对储户遭受的损失进行补偿。2008 年，为了让银行储户对他们的资金安全放心，FDIC 把存款保险上限从 10 万美元提高到 25 万美元。

公共资金的直接给予也可能发生在更为斟酌处置的基础上。例如，1984 年，一家名为大陆伊利诺伊银行（Continental Illinois）的大型银行处于破产边缘。由于这家银行与其他银行之间有许多业务往来，监管机构担心允许其破产会威胁整个金融系统。结果，FDIC 承诺保护其所有储户，而不是只有那些在保险限额以下的储户。最终，它从股东手里买下了这家银行，增加了资本，后来卖给了美国银行（Bank of America）。这一政策举措花费了纳税人约 10 亿美元。正是在这一事件期间，国会议员斯图尔特·麦金尼（Stewart McKinney）造出了"大而不倒"（too big to fail）这个短语来描述一家企业对金融系统是如此重要，以致政策制定者不会允许其进入破产程序。

政府给金融系统注入公共资金的另一种方式是发放有风险的贷款。正常情况下，当美联储充当最后贷款者时，它给那些能够提供好的担保物的金融机构提供贷款。但是，如果政府发放可能偿还不了的贷款，那么，它就将公共资金置于风险之中。如果借款者违约，纳税人最终就要遭受损失了。

在 2008—2009 年金融危机期间，美联储发放了许多有风险的贷款。在 2008 年 3 月，它给摩根大通发放了一笔 290 亿美元的贷款，以帮助它收购濒临破产的贝尔斯登。美联储收到的唯一担保物是贝尔斯登持有的抵押贷款担保证券，而这些证券的价值已经没法确定了。类似地，在 2008 年 9 月，为了支持保险业巨头美国国际集团（AIG），美联储给它发放了 850 亿美元贷款。当时的 AIG 由于对一些抵押贷款担保证券的价值提供了保险（通过一个称为信用违约互换的协议）而面临巨额损失。美联储采取这些行动防止了贝尔斯登和 AIG 进入漫长的破产程序，也就避免了对金融系统的进一步威胁。

政府使用公共资金对付金融危机的最后一种方式是政府自己向金融机构注资。在这种情况下，政府不只是一个债权人，而且得到了这些公司的部分所有权。2008 年给 AIG 的贷款就有显著的这种元素：作为贷款合约的一部分，政府得到了认股权证（购买股票的期权），因此最终拥有了这家公司的大部分股权。（几年后，这些股份被卖掉了，给政府带来了利润。）另一个例子是美国财政部 2008 年和 2009 年组织的注资。作为问题资产救助计划（Troubled Assets Relief Program，TARP）的一部分，政府将数以千亿计美元注入多家银行，用以交换那些银行的股份。这个项目的目标是维持银行的偿还能力和保持金融中介化过程完整无损。（再次地，这些股份后来被卖掉了，政府获利了。）

毫不令人奇怪，使用公共资金来支持金融系统，无论是直接给予、风险贷款还是注资，都是有争议的。批评者声称，用纳税人的资源来救援因自己的错误而陷入危机的金融市场参与者这种做法对纳税人是不公平的。而且，救助可能诱发道德风险，这是因为，当人们相信政府会为他们的损失买单时，他们更有可能承担过度的风险。承担金融风险变成"成功了那我就赢了，失败了那就是纳税人的失败"。这些政策的支持者承认的确有这些问题，但是，他们指出，如果经济复苏，那么，风险贷款和注资能为纳税人赚钱，就像 2008—2009 年金融危机结束后所发生的那样。更重要的是，他们相信这些政策的成本低于避免了更深度的危机和更严重的经济低迷所产生的收益。

预防危机的政策

除了政策制定者在面临金融危机时应该如何应对的问题外，还有一个重要的政策争论：政策制定者应该如何预防未来的金融危机？遗憾的是，没有简单的答案。但是，政策制定者一直在以下五个方面考虑他们的选择，在有的方面还在修订他们的政策。

关注影子银行 传统的商业银行受到大量监管。这种监管的一个原因是 FDIC 对商业银行的部分存款提供了保险。如同政策制定者长期以来知道的那样，存款保险通过减少储户监督其存款银行的经营状况的激励，衍生了道德风险问题。结果，银行有激励发放风险过大的贷款，它们知道收益都归自己而存款保险会为损失买单。作为对这一道德风险问题的反应，政府对银行承担的风险进行监管。

但是，2008—2009年金融危机的诸多方面并不是与传统银行有关，而是与影子银行有关。影子银行是指那些处于金融中介化过程中心（与银行相似）但不吸收由FDIC保险的存款（与银行不同）的金融机构。例如，贝尔斯登和雷曼兄弟是投资银行，因此受到的管制比商业银行少。类似地，对冲基金、保险公司和私人股本公司都可以被看作影子银行。这些机构没有传统的源于存款保险的道德风险问题，但是，它们所冒的风险仍然是公共政策的担忧之一，这是因为它们的破产可能有宏观经济后果。

许多政策制定者已经提议应该限制这些银行所冒的风险。一种方式是要求它们持有更多的资本，这将降低这些企业使用杠杆的能力，对他们可能经历的资产损失起到更大的缓冲作用。这种想法的倡导者认为，它将提高金融稳定性。批评者认为，它将限制这些机构扮演金融中介角色的能力。

另一个议题与影子银行陷入麻烦和接近破产时发生的事情有关。2010年通过的《多德-弗兰克法案》(Dodd-Frank Act) 授予了FDIC对影子银行的有序清算权利（orderly liquidation authority），就像它已经拥有的对传统商业银行的有序清算权利一样。基于这个法案，如果FDIC担心某家非银行的金融机构正在陷入困境且认为它会给经济带来系统性风险，那么，FDIC就可以接管和关闭这家金融机构。这一法律的倡导者认为，在一家影子银行破产时，该法律建立了一个更为有序的破产过程，从而能够防止对金融系统的信心下降扩散到更大范围。批评者担心它将使得用纳税人的资金救助这些金融机构变得更为常见和加剧道德风险。

限制规模 2008—2009年金融危机主要与几家大型的金融机构有关。有些经济学家认为，如果金融系统的集中程度不那么高，那么，这个问题本来可以避免，至少不会那么严重。当一家小机构破产时，破产法可以像通常那样接管、裁决各类利益相关者的要求，而不会导致涉及整个经济的问题。这些经济学家提出，如果一家金融机构太大而不能倒闭，那它就真的太大了。

已经有很多限制金融企业规模的想法被提出来了。其中之一是限制银行间的兼并。（在过去的半个世纪，银行业已经在很大程度上变得更加集中了，其方式主要是通过银行兼并。）另一个想法是对更大的银行施加更高的资本要求。这些想法的倡导者认为，由规模更小的企业组成的金融系统会更稳定。批评者认为，这样的政策将妨碍银行利用规模经济，而且更高的成本将被转嫁给银行的客户。

减少过度承担风险 2008—2009年金融危机期间破产的金融企业之所以破产，是因为它们所承担的一些风险导致了巨大的亏损。一些观察家相信，减少未来发生危机的可能性的一种方式是限制过度承担风险。但是，由于承担风险是许多金融机构所从事的业务的实质，因此，并没有容易的方法区分适当和过度的风险。

尽管如此，《多德-弗兰克法案》还是包括了几条旨在限制承担风险的条款。其中最著名的可能是沃尔克规则，它是以首先提出该规则的美联储前主席保罗·沃尔克的名字命名的。根据沃尔克规则，商业银行不被允许从事某些类型的投机性投资。提倡者认为这一规则有助于保护银行。批评者说，通过限制银行的交易活动，该规则使那些投机性金融工具的市场流动性下降。

此外，美联储的银行监管机构现在还要求大银行接受定期的压力测试。为了做这些测试，监管机构提出了一个假想的经济压力场景，例如失业率上升到10%、住房价格下跌20%、股票市场骤跌40%等。然后，每家银行被要求估计在这个场景下其资产价值会发生什么变动。目的是确保每家银行有充足的资本度过这样的风暴。如果某家银行无法度过，那么它必须要么筹集更多的资本要么减少其资产的风险水平。这些压力测试是对银行承担的风险是否过度的评估，但是，由于这样的测试是基于假想的场景的，所以它们的价值受限于监管机构想象可能发生的不利结果的能力。

使监管更好地起作用 金融系统是多种多样的，有许多行使不同的职能并且在不同的历史阶段发展起来的企业。结果，监督这些企业的监管机构是碎片化的。美联储、通货监理署（the Office of the Comptroller）和FDIC都监管商业银行。证券交易委员会监管投资银行和共同基金。各个州的机构监管保险公司。

2008—2009年金融危机之后，政策制定者力图改进监管系统。根据《多德-弗兰克法案》，政府成立了一个新的机构——金融稳定监督委员会（Financial Stability Oversight Council）——来协调各个监管机构，委员长由财政部部长担任。该法案还建立了一个新的信用评级办公室（Office of Credit Ratings）来监督私人评级机构，后者因未能预期许多抵押贷款担保证券的高风险而备受谴责。该法案还建立了一个新的消费者金融保护局（Consumer Financial Protection Bureau），其目标是保证在金融企业如何向消费者推销它们的产品方面的公平性和透明度。由于金融危机的发生并不频繁，相邻两次常常相隔数十年，因此，要判断这一新的监管结构是否比原来的更好地起作用还需要很长时间。①

从宏观角度来看监管 政策制定者越来越认为对金融机构的监管要求更多的宏观经济视角。传统上，金融监管一直是微观审慎的：其目标是降低个体金融机构的困境风险，从而保护这些机构的储户和其他利益相关者。今天，金融监管也是宏观审慎的：其目标是降低全系统范围的困境风险，从而保护总体经济，避免生产和就业的减少。**微观审慎监管**（microprudential regulation）着眼于个体机构和评估每家机构面临的风险，采取的是自下而上的方法。相反，**宏观审慎监管**（macroprudential regulation）着眼于整体情况和评估能够同时影响许多金融机构的风险，采

---

① 一个推论：金融监管是一项吃力不讨好的任务，原因是它越成功，公众越察觉不到它。如果发生了金融危机，我们谴责监管机构。如果没有发生金融危机，没有人认为监管机构预防金融危机有功。

取的是自上而下的方法。

例如，对于引发2008—2009年金融危机的住房价格的大涨和大跌，宏观审慎监管本来是可以采取措施解决的。这种监管的倡导者认为，随着住房价格上升，政策制定者本来应该要求买房人用抵押贷款买房时支付更高的首付款。这个政策本来可以减慢住房价格投机性泡沫的形成，减少后来住房价格下降时抵押贷款违约的数量。更少的抵押贷款违约又本来可以保护许多持有住房相关证券的金融机构。这个政策的批评者质疑政府监管机构是否有足够的能力识别和补救整个经济范围的风险。他们还担心处理风险的努力可能增加监管负担；例如，要求增加首付款将使较贫穷的家庭更难买得起房。

无疑，根据在2008—2009年金融危机期间和之后所学到的东西，金融监管机构正在重新关注宏观经济稳定性，将其作为监管目标之一。但是，对于政策制定者应该多积极地使用宏观审慎监管这一工具这个问题还存在争议。①

案例研究

欧洲主权债务危机

当美国开始从2008—2009年金融危机中复苏时，另一场危机在欧元区（使用欧元作为共同通货的欧洲区域）爆发了。问题起源于政府发行的债券即主权债务（sovereign debt）。许多年以来，银行和银行监管机构都把这些债券看成是无风险的。它们假设欧洲的政府总会兑现它们的责任。由于这一信念，与被认为是信用风险更大的债券的情况相比，这些债券支付的利息更低，从而价格更高。

但是，在2010年，金融市场参与者开始怀疑对欧洲政府的这种乐观看法。问题始于希腊。2010年，希腊政府的债务（净金融负债）已经增加到该国GDP的116%，是欧洲平均水平的两倍。而且，如下的事实也变得很明显了：希腊多年来一直在谎报其财务状况，它也没有计划控制其猛增的债务。2010年4月，标准普尔将希腊主权债务的评级降到了垃圾债券的级别，这表明其信用风险很严重。由于许多人担心违约的可能性，希腊主权债务的价格下降，希腊为新国债支付的利率显著上升。到2011年夏季，希腊国债的利率达到了26%。该年11月上升到了超过100%。

欧洲的政策制定者担心希腊的问题可能在整个欧洲产生影响。许多欧洲的银行持有的资产中包括希腊债务。随着希腊债务的价值下降，银行被推向破产。希腊违约可能将会使许多银行处于破产的边缘，导致更大范围的信任危机。结果，德国和法国等经济更健康的欧洲经济体的政策制定者帮助希腊安排了持续的贷款，以防止希腊立即违约。这些贷款中的一些来自欧洲中央银行（它控制欧元区的货币政策）。

这项政策不受人欢迎。德国和法国的选民感到疑惑：为什么他们缴纳的税收应该帮助救

---

① 要更多地了解宏观审慎政策，参见 Samuel G. Hanson, Anil K. Kashyap, and Jeremy C. Stein, "A Macroprudential Approach to Financial Regulation," *Journal of Economic Perspectives* 25 (Winter 2011): 3-28.

助希腊人，毕竟希腊人面临的困境是他们挥霍无度导致的？与此同时，由于这些贷款带有要求希腊大幅削减政府支出和增加税收的条件，希腊的选民也很愤怒。这些紧缩措施导致了希腊街头的暴乱。

使情况恶化的是希腊并非有这些问题的唯一国家。有人担心，如果希腊被允许违约而不是由其更富裕的邻国救助，那么，葡萄牙、爱尔兰、西班牙和意大利可能会步其后尘。所有这些国家的主权债务的价值普遍下降会使欧洲的银行业系统不堪重负。由于整个世界的银行业系统是互相关联的，它也会给世界上其他地方带来压力。

应对这场危机的政策行动在如下意义上是成功的：尽管存在希腊和其他问题缠身的国家可能停止使用欧元作为通货的预测，但欧元区这个货币联盟仍然得以维持。不过，这场危机还是带来了巨大和持久的痛苦。2013年，希腊、西班牙和葡萄牙的失业率分别高达27%、26%和16%（而在德国这个欧元区人口最多的国家，失业率只有5%）。正如标准的菲利普斯曲线所预测的，经济疲软将欧洲的通货膨胀拉低到远低于目标通货膨胀率2%。从2014年到2016年，欧元区的通货膨胀仅仅略高于零。为了扩大总需求和刺激经济，随着这场危机逐步发展，欧洲中央银行将利率降到了大约为零。此外，在2015年后，欧洲中央银行实施了量化宽松政策，根据这个政策，它购买了大量政府债券，以降低更长时期的利率和进一步扩大总需求。

到2019年末，欧洲已经大体上从其主权债务危机中复苏了。欧元区的失业率为大约7%，这是许多年里的最低水平。通货膨胀仍在目标水平以下，但比以前更接近2%。实际GDP达到了新高。但2020年带来了一场完全不同的新危机：世界范围内的新冠疫情大流行（第11章讨论过）。①

19.3 结论

历史上，金融危机是一个重要的经济波动来源，也是一个主要的经济政策驱动器。1873年沃尔特·白芝浩（Walter Bagehot）出版了一本关于英格兰银行应该如何管理金融危机的著作《伦巴第街》（*Lombard Street*）。随着时间的推移，他所建议的"中央银行应该扮演最后贷款者的角色"已经成为传统智慧。作为1907年银行业危机的后果之一，美国国会于1913年通过了成立美联储的法案。国会希望新的中央银行监督银行业系统，以确保更高的金融和宏观经济稳定性。

美联储在完成这个目标上并非总是成功的。许多经济学家相信，20世纪30年代的大萧条之所以这么严重，就是因为美联储没有遵循白芝浩的建议。如果它更积极地扮演最后贷款者的角色，那么，对银行的信心危机以及由此导致的货币供给和

---

① 要更多地了解这个主题，参见 Philip R. Lane, "The European Sovereign Debt Crisis," *Journal of Economic Perspectives* 26 (Summer 2012): 49-68。

总需求的萎缩本来可以避免。以这段历史为警示，美联储在 2008—2009 年大衰退和 2020 年新冠疫情衰退期间的表现就积极得多了。

在一场危机之后，为金融系统导致的问题感到悲痛是轻而易举的，但是，我们应该记住金融系统带来的好处。金融系统给了储蓄者以最低的风险赚取最高回报的能力。它也给了企业家为新商业项目融资的能力。通过将想储蓄的人和想投资的人联系起来，金融系统促进了经济增长和整体繁荣。

快速测验

1. 福雷斯特正在创办一个草坪护理的企业，但他需要购买割草机。他从珍妮那儿得到一笔钱，承诺将在一段时间后还本付息给珍妮，利率为 6%；他还从丹那儿得到一笔钱，承诺将未来利润的 10% 给丹。在这个例子中，_____ 是一个股权持有者，_____ 是一个债券持有者。

   A. 珍妮，福雷斯特　　B. 珍妮，丹
   C. 丹，福雷斯特　　　D. 丹，珍妮

2. 将你的养老储蓄投资于共同基金比全部投资于 Netflix 股票要好，原因是这么做消除了 _____。

   A. 逆向选择　　　　　B. 道德风险
   C. 系统性风险　　　　D. 特质风险

3. 马克斯·比亚里斯托克将其新剧制作的股份卖给投资者后去度假，而不是勤奋工作以确保新剧成功。这是一个 _____ 的例子。

   A. 逆向选择　　　　　B. 道德风险
   C. 多样化　　　　　　D. 杠杆

4. 根据有效市场假说，_____。

   A. 积极管理的共同基金应该比指数基金提供更高的回报
   B. 过度多样化能够降低一个组合的回报和增加其风险
   C. 股价的变动不可能根据公开信息预测
   D. 股价受到投资者的非理性心理影响

5. 由于银行依赖杠杆，所以一家银行资产价值的变动导致该银行 _____ 成比例的更大的变动。

   A. 资本　　　　　　　B. 存款
   C. 负债　　　　　　　D. 准备金

6. 当银行 _____ 时，中央银行通常扮演最后贷款者的角色。

   A. 报告其资本下降到低于零
   B. 拥有的流动性不足以满足储户提现
   C. 因环境风险太大而停止放贷
   D. 决定增加超额准备金

内容提要

1. 金融系统的中心目的是将储蓄者的资源引导到有投资项目需要融资的借款人手里。有时候这个任务是通过股票和债券市场直接完成的，有时候是通过银行等金融中介间接完成的。

2. 金融系统的另一个目的是在市场参与者之间配置风险。金融系统使得个体能够通过多样化降低他们面临的风险。

3. 金融安排充满不对称信息。由于企业家对他们项目的内在质量比提供融资的人了解得更多，因此存在逆向选择问题。由于企业家对他们做的决策和采取的行动了解得更多，因此存在道德风险问题。银行等金融中介减轻了（但没有消除）不对称信息导致的问题。

4. 由于资本的积累和配置是经济增长的一个

源泉，因此，一个运行良好的金融系统是长期经济繁荣的关键。

5. 当资产价格的下降（常常发生在投机性泡沫之后）导致一些高度杠杆化的金融机构破产时，金融系统的危机就开始了。接着，这些金融机构的破产导致对整个金融系统的信心下降，后者又导致储户提现和银行减少借贷。由此引发的信贷紧缩减少了总需求并导致了衰退，衰退又恶化了破产增加和信心下降的问题，形成了一个恶性循环。

6. 政策制定者有三种方法应对金融危机。第一，他们可以使用传统的货币政策和财政政策扩大总需求。第二，中央银行可以作为最后贷款者提供流动性。第三，政策制定者可以使用公共资金支持金融系统。

7. 预防金融危机是很困难的，但是，政策制定者已经采取各种措施力图降低未来危机的可能性：更多地关注对影子银行的监管，限制金融企业的规模，力图限制过度承担风险，改革对金融系统进行监督的监管机构，监管金融机构时采取更加宏观的视角。

关键概念

金融系统	金融市场	道德风险	金融危机
债券	股票	投机性泡沫	杠杆
债券融资	股权融资	降价销售	流动性危机
金融中介	厌恶风险	最后贷款者	影子银行
多样化	共同基金	微观审慎监管	宏观审慎监管
不对称信息	逆向选择		

复习题

1. 解释债券融资和股票融资之间的差别。

2. 持有股票型共同基金与持有单只股票相比有什么主要优势？

3. 什么是逆向选择和道德风险？银行如何减轻这些问题？

4. 杠杆率如何影响金融机构在应对坏经济消息时的稳定性？

5. 解释金融危机如何减少产品和服务的总需求。

6. 中央银行扮演最后贷款者的角色是什么意思？

7. 在危机中利用公共资金支持金融系统的优点和缺点是什么？

问题与应用

1. 确定以下每种情况中的问题是逆向选择还是道德风险，并解释你的答案。问题可以如何处理？

a. Frederica 得到了写一本教材的一大笔预付款。钱到手了，她就偏好出海扬帆而不是坐在办公室里写教材。

b. Justin 正在争取写一本教材的预付款。他知道他上大学时说明文这门课差点没过，但出版商不知道。

c. Mai 在购买寿险保单。她知道她的家庭成员大都英年早逝。

d. Reginald 有一份金额很大的寿险保单，他度假时喜欢做他最感兴趣的活动：滑雪、蹦极和斗牛。

2. A 国的金融系统很发达，资源能流向边际产量最高的资本投资。B 国的金融系统欠发达，这阻止了一些投资者在该国投资。

a. 你预期哪个国家会有更高的全要素生产率水平？请解释。（提示：全要素生产率的定义见第 10 章。）

b. 假定这两个国家有相同的储蓄率、折旧率和技术进步率。根据索洛增长模型，比较这两个国家的人均产出、人均资本和资本—产出比率。

c. 假设生产函数为柯布-道格拉斯形式。比较两国的实际工资和实际资本价格。

d. 谁从更发达的金融系统中获益？

3. 一些评论员认为，在金融危机中，当一家金融企业受到政府救助时，该企业的股权持有者应该被弃之不顾，但企业的债权人应该受到保护。这解决了道德风险问题吗？为什么？

4. 正如本章所描述的，近些年里，美国和希腊都经历了政府债务的增加和一场严重的经济低迷。这两个国家的局面在哪些方面相似？在哪些方面不同？为什么这两个国家可以支配的政策选项不同？

> 为了得到在线学习资源，请访问 Achieve for Macroeconomics，11e：https://achieve.macmillanlearning.com。

快速测验答案

1. D　　2. D　　3. B　　4. C　　5. A　　6. B

第20章 消费和投资的微观基础

> 消费是所有生产的唯一终点和目的。
>
> ——亚当·斯密

> 有技巧的投资应当以战胜笼罩着我们未来的时间和愚昧无知等黑势力为社会目标。
>
> ——约翰·梅纳德·凯恩斯

家庭如何决定多少收入用于现在消费和多少收入用于储蓄以供未来使用呢？企业如何决定投资多少以扩大其资本存量呢？这些问题探讨的是个体决策者的行为，因而都是微观经济问题。但这些问题的答案有宏观经济后果。正如我们在前面的章节里所看到的，家庭的消费决策和企业的投资决策影响整体经济的行为。

在前面的章节里，我们用简单的函数 $C = C(Y - T)$ 和 $I = I(r)$ 解释消费和投资。这两个函数说明消费取决于可支配收入，投资取决于实际利率，它们使得我们可以建立短期和长期分析所需的模型。但是这两个函数太过简单，以致不能全面地解释消费者和企业行为。在本章中，我们将更加详细地考察消费函数和投资函数，并对决定家庭和企业支出的因素建立一个更为完整的解释。

正如我们在第1章所讨论的，经济学领域被分成两个大的子领域——微观经济学和宏观经济学。但是，有时候我们最好拆掉这两个子领域之间的隔离墙。在本章，我们将会看到，研究消费和投资决策的微观经济基础如何提高我们对宏观经济事件和政策的理解。

20.1 什么决定消费支出？

自从宏观经济学作为一个研究领域诞生以来，很多经济学家提出了解释消费者行为的方法。我们在本节介绍五位著名经济学家的观点。

约翰·梅纳德·凯恩斯与消费函数

我们从约翰·梅纳德·凯恩斯 1936 年出版的《通论》开始。凯恩斯将消费理论作为他的经济波动理论的中心,从那时起消费函数在宏观经济分析中起了关键作用。现在让我们考虑凯恩斯关于消费函数的思想是什么,然后看看当他的思想面对数据时产生了什么消费之谜。

凯恩斯猜测　今天,研究消费的经济学家都依靠复杂的数据分析技术。他们借助于电脑分析从国民收入账户中得到的关于整体经济行为的总量数据和从调查中得到的关于个体家庭行为的详细数据。但是,由于凯恩斯是在 20 世纪 30 年代写作该书的,他既没有这些数据可以利用,又没有分析这么大的数据集所需的电脑。凯恩斯不是依靠统计分析,而是根据内省和偶然的观察做出了有关消费函数的猜测。

首先也是最重要的,凯恩斯猜测**边际消费倾向**(marginal propensity to consume)——额外 1 美元收入中用于消费的数额——在 0 和 1 之间。他写道:"我们能够极有信心地依赖的基本心理法则……是,作为一种规律,平均而言,当收入增加时,人们会增加他们的消费,但增加量不会像收入增加的那么多。"也就是说,当人们赚到额外的 1 美元时,他们一般会花掉一部分和储蓄一部分。正如我们在第 12 章中所看到的,当我们建立凯恩斯交叉模型时,边际消费倾向对凯恩斯关于如何减少普遍失业的建议是至关重要的。财政政策影响经济的力量——用财政乘数表示——产生于收入和消费之间的反馈。

第二,凯恩斯断言,被称为**平均消费倾向**(average propensity to consume)的消费与收入之比随收入的增加而下降。他相信,储蓄是一种奢侈品,因此,他预期富人的收入用于储蓄的比例高于穷人。虽然平均消费倾向随收入增加而下降这个前提对凯恩斯的分析并不是基本的,但它已成为早期凯恩斯主义经济学的一个中心部分。

第三,凯恩斯认为收入是消费的主要决定因素,而利率并不发挥重要作用,这种猜测与在他之前的古典经济学家的信念形成鲜明对比。古典经济学家认为,更高的利率鼓励储蓄和抑制消费。凯恩斯承认,理论上利率可能影响消费。但他写道:"我认为,经验所表明的主要结论是:利率对个体在收入给定时的支出的短期影响是第二位的和相对不重要的。"

为了用数学形式表达这些想法,凯恩斯主义消费函数被写为

$$C = \bar{C} + cY, \quad \bar{C} > 0, \quad 0 < c < 1$$

式中,C 为消费;Y 为可支配收入;$\bar{C}$ 为常数;而 c 为边际消费倾向。这个消费函数被画成一条直线,如图 20-1 所示。$\bar{C}$ 决定了纵轴上的截距,c 决定了斜率。

这个消费函数表现了凯恩斯所猜测的三个性质。通过假设边际消费倾向 c 在 0 和 1 之间,该函数满足了凯恩斯猜测的第一个性质:更高的收入导致更高的消费和更高的储蓄。它还满足了凯恩斯所猜测的第二个性质,因为它意味着平均消费倾向(APC)为

$$APC = C/Y = \bar{C}/Y + c$$

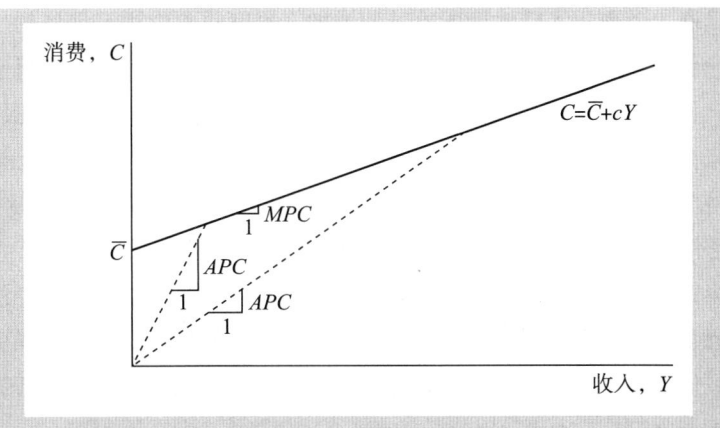

图20-1 凯恩斯消费函数

本图描绘了一个具有凯恩斯猜测的三个性质的消费函数。第一，边际消费倾向 c 在 0 和 1 之间。第二，平均消费倾向随收入的增加而下降。第三，消费由现期收入决定。

说明：边际消费倾向（MPC）是消费函数的斜率。平均消费倾向（APC=C/Y）等于从原点到消费函数上一点的连线的斜率。

当 Y 增加时，$\bar{C}/Y$ 下降，从而平均消费倾向 C/Y 下降。最后，这个消费函数满足了凯恩斯所猜测的第三个性质，因为这个方程并没有把利率作为消费的决定因素。

早期实证上的成功 在凯恩斯提出消费函数后不久，经济学家开始收集和考察数据以检验他的猜测。最早期的研究表明，凯恩斯消费函数对消费者行为提供了一个良好的描述。

在一些这样的研究中，研究者对家庭进行调查，收集了有关消费与收入的数据。他们发现，更高收入的家庭消费更多，这就证实了边际消费倾向大于 0。他们还发现，收入更多的家庭储蓄更多，这就证实了边际消费倾向小于 1。此外，这些研究者还发现，更高收入的家庭将其收入中更大的比例储蓄起来，这证实了平均消费倾向随着收入的增加而下降。因此，这些数据证实了凯恩斯关于边际消费倾向与平均消费倾向的猜测。

在其他研究中，研究者考察了在两次世界大战之间消费与收入的总量数据。这些数据也支持凯恩斯的消费函数。在收入异常低的年份，例如正处于大萧条深渊中的 1932 年和 1933 年，消费和储蓄都低，这表明边际消费倾向在 0 和 1 之间。此外，在那些低收入年份，消费与收入之比高，这就证实了凯恩斯的第二个猜测。最后，由于收入与消费之间的相关性如此之强，看来没有其他变量对解释消费是重要的。因此，数据也证实凯恩斯的第三个猜测，即收入是消费者选择消费多少的主要决定因素，而利率只起次要作用。

消费之谜 尽管在早期的实证研究中凯恩斯消费函数取得了一些成功，但很快便出现了两种无法解释的异常现象。它们都与凯恩斯关于平均消费倾向随收入增加而下降的猜测有关。

在一些经济学家在第二次世界大战期间做出了一个可怕的——结果证明是错误的——预测之后，第一种异常现象变得明显了。根据凯恩斯的消费函数，这些经济学家推断，随着收入随时间的推移而增加，家庭收入中用于消费的比例将下降而储蓄的比例将增加。他们担心，可能没有足够的有利可图的投资项目来吸收所有这些储蓄。如果这样的担心被证明为真，那么，低消费将导致产品与服务的需求不足，一旦来自政府的战时需求停止，就会引起萧条。换言之，根据凯恩斯消费函数，这些经济学家预测，除非政府用财政政策扩大总需求，否则，经济将经历他们所称的长期停滞（secular stagnation）——期限不定的长期萧条。

第二次世界大战的结束并没有使美国陷入另一场萧条，这对经济是幸运的，但对凯恩斯消费函数是不幸的。虽然战后收入比战前高得多，但这些更高的收入并没有导致储蓄率的大幅度上升。凯恩斯关于平均消费倾向随收入的增加而下降的猜测看来不成立。

当20世纪40年代经济学家西蒙·库兹涅茨（Simon Kuznets）构建追溯到1869年的消费与收入的总量数据时，第二种异常现象出现了。库兹涅茨后来因这项工作而获得诺贝尔经济学奖。他发现，尽管在他所研究的时期中收入有大幅度增长，但从一个十年到另一个十年，消费与收入之比是非常稳定的。再次地，凯恩斯关于平均消费倾向随收入增加而下降的猜测看来不成立。

长期停滞假说的失败和库兹涅茨的发现都表明，平均消费倾向在长期是相当稳定的。这个事实产生了一个谜，它激发了很多后续的关于消费的研究。经济学家想知道，为什么一些研究证实了凯恩斯的猜测，而另一些研究拒绝了这些猜测？也就是说，为什么在家庭数据研究和短期时间序列研究中凯恩斯的猜测得以成立，但在考察长期时间序列时失败了？

图20-2说明了这个谜。证据表明，有两种消费函数。对家庭数据和短期时间序列而言，凯恩斯消费函数看起来在起作用。但对长期时间序列而言，消费函数看来有不变的平均消费倾向。在图20-2中，消费与收入之间的这两种关系称为短期消费函数和长期消费函数。经济学家需要解释这两种消费函数如何相互一致。

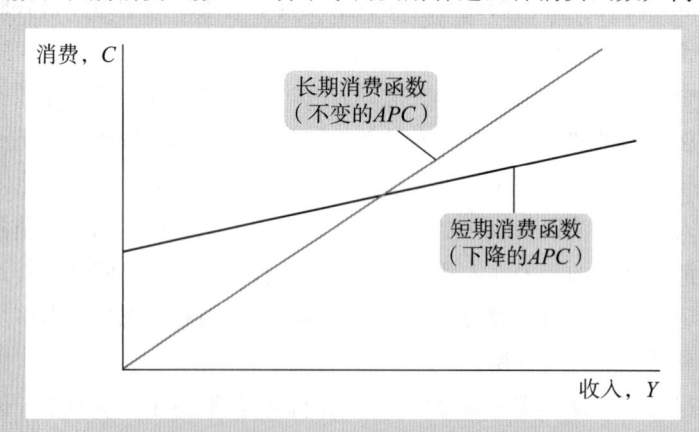

图20-2　消费之谜
家庭数据和短期时间序列的研究发现了一种类似于凯恩斯猜测的消费与收入之间的关系。在图中，这种关系被称为短期消费函数。但长期时间序列研究发现，平均消费倾向并不随收入系统地变动。这种关系被称为长期消费函数。注意，短期消费函数有下降的平均消费倾向，而长期消费函数有不变的平均消费倾向。

在20世纪50年代，弗朗哥·莫迪利亚尼和米尔顿·弗里德曼各自提出了对这些看似矛盾的发现的解释。这两位经济学家后来都获得了诺贝尔经济学奖，部分地是因为他们对消费的研究。莫迪利亚尼和弗里德曼以同一见解为起点：如果人们偏好消费年年平滑而不是大幅波动，那么，他们应该是具有前瞻性的。他们的支出应该不仅取决于现期收入还应该取决于他们预期未来收到的收入。但是，这两个经济学家从这一起点出发走向了不同的方向。

弗朗哥·莫迪利亚尼与生命周期假说

弗朗哥·莫迪利亚尼和他的合作者们在20世纪50年代所写的一系列文章中力图解开消费之谜——也就是说，解释当凯恩斯消费函数面对数据时表现出来的明显相互冲突的证据。莫迪利亚尼推断，如果消费者具有前瞻性，那么消费应该取决于一个人的一生收入。但是，在人们的一生中收入是系统地变动的。储蓄使消费者可以把收入从收入高的时期转移到收入低的时期。这种对消费者行为的解释形成了他的**生命周期假说**（life-cycle hypothesis）的基础。[①]

假说 人的一生中收入发生变动的一个重要原因是退休。大多数人计划在大约65岁停止工作，他们预期当他们退休时收入会下降，但他们并不想经历用消费来衡量的生活水平的大幅度下降。为了在退休后维持消费水平，人们必须在他们工作的年份储蓄。让我们看看这一储蓄动机对消费函数意味着什么。

假定一个消费者预期还要活 T 年，现有财富 W，预期在从现在到退休之间的 R 年每年赚到收入 Y。如果这个消费者希望在一生中保持稳定的消费，他将选择什么样的消费水平呢？

该消费者一生的资源包括初始财富 W 和一生中赚到的收入 $R \times Y$。（为了简单起见，我们假设利率为零；如果利率大于零，我们还需要考虑储蓄所收到的利息。）该消费者可以把他一生中的资源分摊到他余下的 T 年中。为了在一生中实现最平滑的消费路径，他把他的总资源 $W+RY$ 平均地分配到 T 年中，每年消费

$$C = (W+RY)/T$$

我们可以把这个人的消费函数写为

$$C = (1/T)W + (R/T)Y$$

例如，如果该消费者预期再生活50年和工作30年，那么，$T=50$，$R=30$，因此，他的消费函数为

$$C = 0.02W + 0.6Y$$

[①] 要想阅读关于生命周期假说的研究，莫迪利亚尼在他获得诺贝尔经济学奖时的演讲是一个好的出发点：Franco Modigliani, "Life Cycle, Individual Thrift, and the Wealth of Nations," *American Economic Review* 76 (June 1986): 297-313. 这一学说近期研究的一个例子是 Pierre-Olivier Gourinchas and Jonathan A. Parker, "Consumption Over the Life Cycle," *Econometrica* 70 (January 2002): 47-89.

这个方程告诉我们，消费既取决于收入，又取决于财富。每年额外的 1 美元收入使每年的消费增加 0.6 美元，额外的 1 美元财富使每年的消费增加 0.02 美元。

如果每个人都像这样计划消费，那么，总消费函数就和个体消费函数几乎相同：总消费既取决于财富，又取决于收入。这就是说，经济的消费函数是

$$C = \alpha W + \beta Y$$

式中，参数 α 为财富的边际消费倾向；参数 β 为收入的边际消费倾向。

启示 图 20-3 画出了生命周期模型所预测的消费与收入之间的关系。对于任何给定的财富 W，该模型得出了一个与图 20-1 所示的相似的传统消费函数。然而，注意消费函数的截距（它表示如果收入水平降为零，消费为多少）并不是像图 20-1 所示的那样为一个固定值。相反，这里的截距是 αW，因此，它取决于财富。

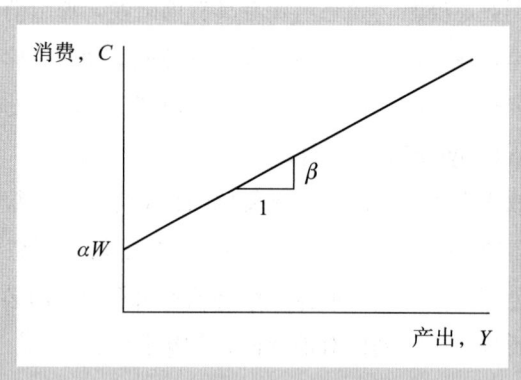

图 20-3 生命周期消费函数

生命周期模型告诉我们，消费既取决于收入，又取决于财富。因此，消费函数的截距 αW 取决于财富。

这个消费者行为的生命周期模型可以解开消费之谜。根据生命周期消费函数，平均消费倾向是

$$C/Y = \alpha(W/Y) + \beta$$

由于不同人或不同年份的财富并不与收入成比例变动，我们应当发现，当观察不同个人或短期数据时，高收入对应着低平均消费倾向。但是，在长期，财富和收入同比例增长，这就导致了不变的 W/Y，从而导致了不变的平均消费倾向。

为了用略微不同的方式说明相同的观点，考虑随着时间的推移消费函数如何变动。正如图 20-3 所示，对于任何给定的财富，生命周期消费函数看起来就像凯恩斯提出的消费函数。但这个函数只在短期财富不变时成立。在长期，随着财富的增加，消费函数向上移动，如图 20-4 所示。这种向上移动阻止了平均消费倾向随收入的增加而下降。莫迪利亚尼正是用这种方式解开了西蒙·库兹涅茨的数据所提出的消费之谜。

生命周期模型还做出了许多其他预测。最重要的是，它预测储蓄在人的一生中会发生变动。如果一个人成年之初没有财富，他将在工作年份期间积累财富，然后在退休期间消耗财富。图 20-5 显示了消费者在其成年后一生中的收入、消费和财

富。根据生命周期假说，由于人们希望在一生中平滑其消费，工作的年轻人储蓄，退休的老年人则负储蓄。

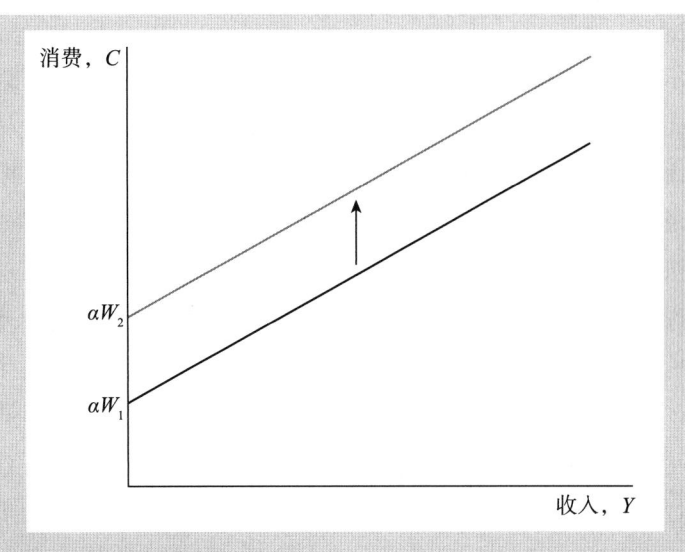

图 20-4 财富变动如何使消费函数移动

如果消费取决于财富，那么财富的增加使消费函数向上移动。因此，短期消费函数（它将财富视为常数）在长期中（当财富随着时间的推移增加时）将不再成立。

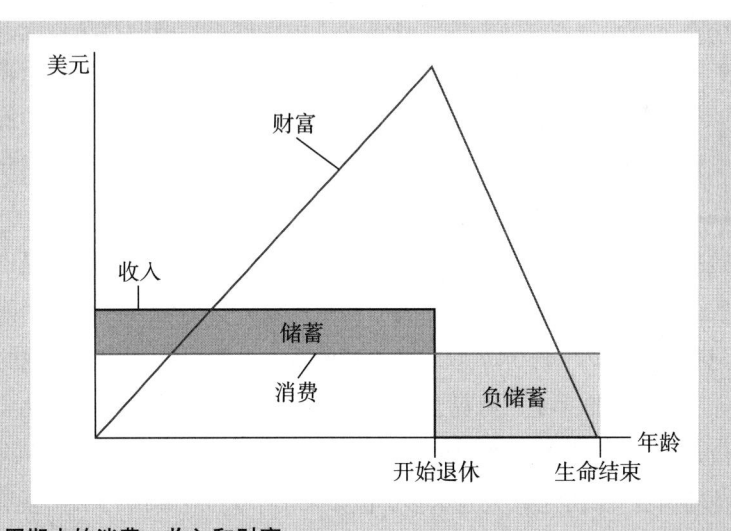

图 20-5 生命周期中的消费、收入和财富

如果消费者想在一生中平滑消费（正如图中水平的消费线所表明的），他将在工作年份储蓄和积累财富，然后在退休期间负储蓄和消耗他的财富。

受生命周期假说的激发，许多经济学家研究了老年人的消费和储蓄。他们常常发现老年人并没有像该模型所预测的那样有那么多的负储蓄。换言之，老年人消耗自己财富的速度并不像人们基于老年人力图在余生平滑消费的观点所预期的那么快。一个原因可能是老年人面临的关于寿命和未来医疗支出的不确定性。另一个原因可能是，他们想给子女留下遗产。为退休做准备是储蓄的一种重要动机，但其他动机看来也是重要的。①

米尔顿·弗里德曼与永久收入假说

米尔顿·弗里德曼在 1957 年出版的一本著作中提出了**永久收入假说**（permanent-income hypothesis）来解释消费者行为。弗里德曼的永久收入假说与莫迪利亚尼的生命周期假说互为补充：两者都认为消费不应该只取决于现期收入。但与生命周期假说强调人一生中的收入遵循一种有规律的模式不同，永久收入假说强调人们经历随机的逐年收入变动。②

假说　弗里德曼提出，我们把现期收入看作两部分——**永久收入**（permanent income）Y^P 与**暂时收入**（transitory income）Y^T——之和。即，

$$Y = Y^P + Y^T$$

永久收入是收入中人们预期持续到未来的那一部分，暂时收入是收入中人们并不预期持续的那一部分。换个说法，永久收入是平均收入，而暂时收入是对平均值的随机偏离。

为了了解我们可以怎样把收入分为这两个部分，考虑这些例子：

● 有法学学位的尼娅今年比高中退学的伊桑收入更高。尼娅的更高收入来自更高的永久收入，因为她受到的教育将继续给她提供更高的薪水。

● 佛罗里达的橘子种植者莉莉今年的收入少于往常，因为一场霜冻摧毁了她的作物。加利福尼亚的橘子种植者胡里奥今年的收入比往常多，因为佛罗里达的霜冻使橘子价格上升。胡里奥的更高收入来自更高的暂时收入，因为明年他有好天气的可能性不见得会比莉莉更大。

这些例子说明不同形式的收入有不同的持续性。良好的教育提供了一种永久的更高收入，而好天气只是提供了暂时的更高收入。尽管可以设想中间情况，但通过假定只有两种收入——永久收入和暂时收入——来进行简化是有用的。

弗里德曼的推理是：消费主要取决于永久收入，这是因为消费者对收入暂时变动的反应是用储蓄和借款来平滑消费。例如，如果一个人得到永久的每年 1 万美元的加薪，他的消费大约也会增加这么多。但如果一个人买彩票中了 1 万美元，他不会在一年中把这笔钱全部消费掉。相反，他将在其余生中分摊额外的消费。如果我们假设利率为零和剩余寿命为 50 年，那么，对 1 万美元奖金的反应是消费每年只增加 200 美

---

① 要更多地了解老年人的消费与储蓄，参见 Albert Ando and Arthur Kennickell, "How Much (or Little) Life Cycle Saving Is There in Micro Data?" in Rudiger Dornbusch, Stanley Fischer, and John Bossons, eds., *Macroeconomics and Finance: Essays in Honor of Franco Modigliani* (Cambridge, Mass: MIT Press, 1986): 159 – 223; and Michael Hurd, "Research on the Elderly: Econometric Status, Retirement, and Consumption and Saving," *Journal of Economic Literature* 28 (June 1990): 565 – 637.

② Milton Friedman, *A Theory of the Consumption Function* (Princeton, NJ: Princeton University Press, 1957).

元。因此，消费者花费他们的永久收入，但他们把大部分暂时收入储蓄起来。

弗里德曼得出结论：我们应该认为消费函数近似为

$$C = \alpha Y^P$$

式中，α 为常数，它衡量永久收入中用于消费的比例。正如这个方程所表示的，永久收入假说是说，消费与永久收入是成比例的。

启示 永久收入假说通过提出标准的凯恩斯消费函数使用错误的变量而解开了消费之谜。尽管许多有关消费函数的研究力图把消费与现期收入 Y 联系起来，但永久收入假说坚称，消费取决于永久收入 Y^P。弗里德曼认为，这种变量错误问题（errors-in-variables problem）解释了看似矛盾的发现。

让我们看看弗里德曼的假说对平均消费倾向意味着什么。把他的消费函数两边同时除以 Y，得到

$$APC = C/Y = \alpha Y^P/Y$$

根据永久收入假说，平均消费倾向取决于永久收入与现期收入的比率。当现期收入暂时性地上升到永久收入以上时，平均消费倾向暂时性地下降；当现期收入暂时性地下降到永久收入以下时，平均消费倾向暂时性地上升。

现在考虑对家庭数据的研究。弗里德曼的推理是：这些数据反映了永久收入与暂时收入的结合。永久收入高的家庭有成比例的更高消费。如果家庭收入的所有变动都来自永久成分，那么，所有家庭的平均消费倾向都应该相同。但是部分收入变动来自暂时成分，暂时收入高的家庭并没有更高的消费。因此，研究者发现，平均而言，高收入家庭的平均消费倾向更低。

类似地，考虑对时间序列数据的研究。弗里德曼的推理是：收入的逐年波动受到暂时收入的控制。因此，高收入年份应该是平均消费倾向低的年份。但是，在长期中——比如每 10 年之间——收入变动来自永久收入。因此，在长期时间序列中，我们应该观察到不变的平均消费倾向，正如库兹涅茨所发现的那样。

案例研究

1964 年的减税和 1968 年的附加税

永久收入假说可以帮助我们解释经济会如何对财政政策的变动做出反应。根据第 12 章与第 13 章描述的 IS—LM 模型，减税刺激消费和增加总需求，增税抑制消费和减少总需求。然而，永久收入假说预测，消费只对永久收入的变动做出反应。因此，税收的暂时变动对消费和总需求应该只有可以忽略不计的影响。

理论上是这样。但是这个预测在实际上是否有数据的支持呢？

有些经济学家说答案是肯定的，为了说明这一原理，他们把证据指向了历史上财政政策的两次变动——1964 年的减税和 1968 年的附加税。1964 年的减税受到了欢迎。这次减税被宣布为大幅度和永久的税率下降。正如我们在第 12 章中所讨论的，这一政策变动产生了刺激经济的预期效果。

1968 年的附加税产生于一种非常不同的政治背景。它成为法律，因为林登·约翰逊（Lyndon Johnson）总统的经济顾问认为，越南战争引起的政府支出的增加过度刺激了总需求。为了抵消这种影响，他们建议增税。但是，认识到这场战争已经不得人心的约翰逊总统担心提高税收会引起政治后果。他最后同意一种暂时的附加税——本质上，是为期一年的税收增加。这一附加税看起来并没有产生减少总需求的合意效应。失业继续下降，通货膨胀继续上升。这个结果与永久收入假说一致：增税只影响暂时收入，因此消费行为和总需求不会受到很大影响。

尽管这两个历史上的例子与永久收入假说一致，但是，要从这两个例子得出确切的推断是困难的。在任何时候都有许多消费者支出的影响因素，包括消费者对自己的前景的总体信心在内。要把税收政策的影响和同时发生的其他事件的影响分离开来是很困难的。幸运的是，近来的研究得到了更加可靠的结论，正如我们下面所讨论的那样。

案例研究

2008 年的退税

当医学研究人员想确定新疗法的效果时，最好的方法是做随机化的受控试验。一群病人被召集起来。其中一半采用新疗法治疗，另一半只采用安慰剂。然后，研究人员对这两组病人进行跟踪和比较以衡量新疗法的效果。

宏观经济学通常不能做随机化的试验，但有时候历史上的意外事件使我们毫不费力就看到了这样的实验。其中一个例子发生在 2008 年。由于该年发生了一场严重的金融危机，经济步入了衰退。为了抵消衰退的力量，国会通过了经济刺激法案，该法案给美国家庭提供了总额达 1 000 亿美元的一次性退税。每个单身人士收到 300~600 美元不等的退税，每对夫妇收到 600~1 200 美元不等的退税，有小孩的家庭额外还收到每个小孩 300 美元的退税。最重要的是，由于派发数以千万计的支票是一个漫长的过程，消费者收到各自退税的时间不同。收到退税的时间顺序是基于个人社会保障号码后两位，而这是随机的。通过比较早收到退税支票的消费者的行为和晚收到退税支票的消费者的行为，研究人员可以使用这种随机的差别来估计暂时性减税的影响。

进行这项研究的研究人员得到的结果如下：

> 我们发现，取决于计量技术的不同，平均而言，家庭在包含收到刺激款时间的那 3 个月期间（注：相邻两次问卷调查的时间间隔为 3 个月）花费了刺激款（即退税额）的 12%~30%于（消费者支出调查问卷中定义的）非耐用消费品和服务。这一反应在统计上和经济上都是显著的。我们还发现，对耐用品和相关服务的购买（主要是汽车购买）有显著的影响，这使在包含收到刺激款时间的那 3 个月期间总消费支出的平均反应达到了刺激款的 50%~90%。[①]

[①] Jonathan A. Parker, Nicholas S. Souleles, David S. Johnson, and Robert McClelland, "Consumer Spending and the Economic Stimulus Payments of 2008," *American Economic Review* 103 (October 2013): 2530-2553.

这项研究的发现与永久收入假说的预测有着鲜明的对比。如果家庭像永久收入假说所假设的那样平滑不同时期的消费，那么，他们在包含收到刺激款时间的那3个月期间的花费本来只会占退税额的一个小百分比，但是，数据显示，退税对支出有大的影响。此外，如果永久收入假说是正确的，那么，由于那些早收到退税支票的人与晚收到退税支票的人有着相同的永久收入，他们的行为本来不会有什么区别。然而数据显示，收到支票的时间顺序对家庭支出的时间顺序有着巨大的影响。

对这些发现的一个可能的解释是许多家庭面临**借款约束**（borrowing constraints）——对他们基于预期的未来收入现在能够借到多少钱的限制。弗里德曼的永久收入假说是基于这样一个前提：家庭能够通过储蓄和借款来平滑不同时期的消费。借款约束阻止了消费平滑，使家庭的支出受制于包括暂时收入在内的现期收入。

永久收入理论在假设永久性税收变动比暂时性税收变动对消费者支出有更大的影响这一点上可能是正确的。但是，根据2008年的经验提供的证据，下结论说暂时性税收变动的影响微不足道看起来是错误的。哪怕只是非常暂时性的税收政策变动也能在一定程度上影响消费者支出。

罗伯特·霍尔与随机游走假说

永久收入假说建立在这样的见解的基础上：具有前瞻性的消费者的消费决策不仅基于现期收入，而且基于他们预期的未来收入。因此，永久收入假说强调了消费取决于人们的预期这一思想。

后来的关于消费的研究把这种关于消费者的观点与理性预期假设结合在一起。理性预期假设是说，人们运用所有可以得到的信息来做出对未来的最优预期。正如我们在第15章所看到的，这种假设对降低通货膨胀的成本有深远的启示。它对研究消费者行为也会有深远的启示。

假说 经济学家罗伯特·霍尔（Robert Hall）是推导出理性预期对消费的启示的第一人。他证明，如果永久收入假说是正确的，而且如果消费者有理性预期，那么，消费随时间推移而发生的变动应该是不可预测的。当一个变量的变动不可预测时，我们就说这个变量遵循**随机游走**（random walk）。根据霍尔的观点，永久收入假说与理性预期的结合意味着消费遵循随机游走。

霍尔的推理如下：根据永久收入假说，消费者面临波动的收入并尽最大努力平滑不同时期的消费。在任何时刻，消费者根据现在对一生收入的预期选择消费。随着时间的推移，由于他们得到了导致他们修正其预期的消息，因此，他们改变自己的消费。例如，一个意外升职的人增加消费，而一个意外降职的人减少消费。换言之，消费的变动反映了其一生收入的"意外变动"。如果消费者最优地利用所有可获得的信息，那么，他们应该只对那些不可预测的事件感到意外。因此，他们的消费的变动也应该是不可预测的。①

启示 消费的理性预期研究方法不仅对预测有启示，而且对经济政策分析也有启示。如果消费者遵循永久收入假说和具有理性预期，那么，只有未预期到的政策变动才会影响消费。当这些政策变动改变了预期时，它们就能产生效果。例如，假定今天国会通过了在下一年生效的增税法案。在这种情况下，消费者在国会通过这项法案时（如果该法案的通过是可以预测的，甚至还会更早）收到了有关其一生收入的消息。这个消息的出现使得消费者可以修正其预期和减少消费。下一年，当增税付诸实施时，由于没有新的消息出现，消费不会改变。

因此，如果消费者有理性预期，政策制定者不仅可以通过自己的行动影响经济，还可以通过公众对政策制定者行动的预期来影响经济。然而，预期是无法直接观察到的。因此，要知道财政政策的变动如何改变和何时改变总需求往往是困难的。

案例研究

可预测的收入变动会引起可预测的消费变动吗？

在有关消费行为的许多事实中，有一个事实是无可争议的：在经济周期中收入与消费同时波动。当经济陷入衰退时，收入和消费同时下降；当经济繁荣时，收入和消费都迅速上升。

关于理性预期版本的永久收入假说，这一事实本身并没有说明多少东西。大多数短期波动都是不可预测的。因此，当经济陷入衰退时，典型消费者得到有关自己一生收入的坏消息，因此消费自然下降；当经济繁荣时，典型消费者得到好消息，因此消费上升。这种行为并不一定违背随机游走假说——消费的变动是不可预测的。

然而，假定我们可以确定某些可预测的收入变动，根据随机游走假说，这些收入变动应该不会使消费者改变他们的支出计划。如果消费者预期收入增加或减少，那么，作为对该信息的反应，他们应该已经调整了自己的消费。因此，可预测的收入变动不应该引起可预测的消费变动。

然而，有关消费和收入的数据看来并不符合随机游走假说的这一启示。当人们预期收入减少1美元时，平均来说，消费将减少50美分。换言之，可预测的收入变动引起大约一半的可预测的消费变动。

为什么会是这样呢？一种可能的解释是：一些消费者并没有理性的预期。相反，他们对未来收入的预期可能过分依据现期收入。因此，当收入增加或减少时（即使是可以预测的），他们所采取的行动就像是得到了有关自己一生资源的信息那样，并据此改变自己的消费。另一种可能的解释是：一些消费者有借款约束，因此他们的消费只能根据现期收入。无论哪一

---

① Robert E. Hall, "Stochastic Implications of the Life Cycle-Permanent Income Hypothesis: Theory and Evidence," *Journal of Political Economy* 86 (December 1978): 971-987.

种解释正确，凯恩斯最初的消费函数都开始看起来更有吸引力了。也就是说，现期收入在决定消费支出中所起的作用比霍尔的随机游走假说暗示的更大。①

戴维·莱布森与即时满足的吸引力

凯恩斯把消费函数称为"基本心理法则"。然而，在此后对消费的研究中，心理学并没有起大的作用。大多数经济学家假设消费者是理性的效用最大化者，他们总是评估其机会和计划以得到最高的一生满足程度。莫迪利亚尼、弗里德曼、霍尔建立各自的消费理论时都依赖这一人类行为模型。

更近些年来，经济学家回归了心理学。他们提出，消费决策不是由极度理性的经济人（homo economicus）而是由行为更复杂的真实人做出的。把心理学注入经济学的子领域被称为行为经济学（behavioral economics）。

戴维·莱布森（David Laibson）是最著名的研究消费的行为经济学家。他指出，许多消费者认为自己是不完美的决策者。在一项对美国公众的调查中，76%的人认为他们没有为退休进行足够的储蓄。在另一项对"婴儿潮"一代的调查中，回答者被问到他们的储蓄占收入的百分比以及他们认为应该储蓄的百分比。储蓄短缺平均为11个百分点。

根据莱布森的说法，储蓄的不足与另一个现象相关：即时满足的吸引力。考虑以下两个问题：

问题1：你愿意要（A）今天的一块糖还是（B）明天的两块糖？

问题2：你愿意要（A）100天后的一块糖还是（B）101天后的两块糖？

许多面对这类选择的人对第一个问题回答A，对第二个问题回答B。在某种意义上，他们在长期比短期更有耐心。

这提出了一种可能性：消费者可能具有**时间不一致偏好**（time-inconsistent preference），即他们可能仅仅因为时间的流逝而改变其决策。一个面对问题2的人可能选择B，为多得一块糖而多等一天。但100天过去以后，他发现自己面临着问题1。即时满足的吸引力可能使他改变想法。

这种行为在生活中经常出现。一个减肥节食者吃饭时可能会多吃一点，同时向自己保证明天将少吃一点。一个人可能多抽一支烟，同时向自己保证这是最后一支。一个消费者可能在购物中心挥霍，同时向自己保证明天将削减开支和为退休储蓄更多。但是明天来到时，承诺成为过去，一个新的自我掌控了决策，而新的自我

---

① John Y. Campbell and N. Gregory Mankiw, "Consumption, Income, and Interest Rates: Reinterpreting the Time-Series Evidence," *NBER Macroeconomics Annual* (1989): 185 – 216; Jonathan A. Parker, "The Reaction of Household Consumption to Predictable Changes in Social Security Taxes," *American Economic Review* 89 (September 1999): 959 – 973; and Nicholas S. Souleles, "The Response of Household Consumption to Income Tax Refunds," *American Economic Review* 89 (September 1999): 947 – 958.

具有自己的即刻满足欲望。

消费者可能偏离传统的理性和展现出时间不一致的行为这种可能性对于设计公共政策具有潜在的重要性，正如下面的案例研究所讨论的那样。①

案例研究

如何使人们更多地储蓄？

许多经济学家相信，美国人需要提高其收入中用于储蓄的份额。这一结论有若干原因。从微观经济的角度看，更多的储蓄为人们退休做了更好的准备；这一目标非常重要，因为据预测，社会保障（提供退休收入的公共项目）在未来若干年将随着人口老龄化陷入财务困难。从宏观经济的角度看，更多的储蓄将增加可用于为投资融资的可贷资金的供给。索洛增长模型表明，资本积累的增加导致了更高的收入。从开放经济的角度看，更多的储蓄意味着需要由国外资本流入融资的国内投资将更少；更少的资本流入推动贸易余额从赤字转向盈余。最后，许多美国人说他们的储蓄不足这一事实可能足以使我们认为增加储蓄应当成为一个国家目标。

政策制定者如何能促进储蓄呢？行为经济学这一蓬勃发展的领域提供了一些答案。

一种方法是使储蓄成为阻力最小的路径。例如，考虑401（k）计划，这是许多工人可以通过其雇主得到的享受税收优惠的退休储蓄账户。在大多数公司中，参加401（k）计划是工人们通过填写简单的表格就可以选择的一个选项。然而，在一些公司中，工人们自动参加该计划，但也可以通过填写简单的表格来退出该计划。研究表明，与第一种情况相比，工人们在第二种情况下参加该计划的可能性大得多。如果工人像经济理论经常假设的那样是理性的利益最大化者，那么，不管他们是不得不选择参加还是自动参加，他们都将选择最优的退休储蓄数量。事实上，由于工人们显示出惰性，默认选项对他们储蓄多少钱有强有力的影响。希望增加储蓄的政策制定者可以通过使自动加入变得更为普遍来利用这种惰性。

增加储蓄的第二种方法是赋予人们控制他们的即时愉快欲望的机会。那正是2017年诺贝尔经济学奖得主理查德·泰勒（Richard Thaler）提出的"明天储蓄更多"项目的目的。这一项目的实质是人们事先承诺把未来工资增长的一部分放入一个退休储蓄账户。当一个工人签约参加该项目时，他没有以减少今天的消费为代价，而是承诺降低未来消费的增长速度。当这一计划在几家公司实施时，它产生了很大的影响。那些被提供了这一计划的人有很高的比例（78%）加入了该计划。此外，大多数参加该计划的人（80%）持续参与该计划到至少第四次年度工资上涨。那些参加该计划的人在40个月内平均储蓄率从3.5%上升到13.6%。

---

① 要更多地了解这个主题，参见 David I. Laibson, "Golden Eggs and Hyperbolic Discounting," *The Quarterly Journal of Economics* 62 (May 1997): 443–477; George-Marios Angeletos, David Laibson, Andrea Repetto, Jeremy Tobacman, and Stephen Weinberg, "The Hyperbolic Consumption Model: Calibration, Simulation, and Empirical Evaluation," *Journal of Economic Perspectives* 15 (Summer 2001): 47–68.

这些想法更广泛的应用对提高美国的国民储蓄率将会有多成功呢？难以知道。但是，给定储蓄对个人和国家经济繁荣的重要性，许多经济学家相信这些建议值得一试。[1]

关于消费的概要

在五位经济学家的研究中，我们已经看到了一系列关于消费者行为的观点。凯恩斯提出，消费主要取决于现期收入。他提出了一个如下形式的消费函数：

消费 $= f($现期收入$)$

更近期以来，经济学家认为消费者能够前瞻他们未来的资源和需要，这意味着一个比凯恩斯所提出的消费函数更为复杂的消费函数。这些研究提出了不同于凯恩斯形式的消费函数：

消费 $= f($现期收入，财富，预期未来收入，利率，自我控制机制$)$

换言之，现期收入仅仅是总消费的一个决定因素。

经济学家对消费的这些决定因素的重要性争论不休。分歧仍然存在，例如，关于利率对消费者支出的影响、借款约束的普遍性和心理效应的重要性仍然存在分歧。重要的是，不同的消费函数会导致经济学家得到不同的关于经济政策的结论。

20.2 什么决定投资支出？

在消费品上的支出现在给家庭提供了效用，而在投资品上的支出则是为了在日后提供更高的生活水平。投资是 GDP 中联系当前与未来的一个组成部分。

投资支出也是 GDP 中波动最大的组成部分。在衰退时期产品与服务支出下降时，很多下降通常都是由于投资减少引起的。例如，在 2008—2009 年大衰退期间，从 2007 年第四季度的顶峰到 2009 年第二季度的谷底，美国的实际 GDP 减少了 6 280 亿美元，同一时期投资支出减少了 7 810 亿美元，这比整个支出的减少还要多。

正如我们在第 2 章看到的，有三种类型的投资支出：企业固定投资、住房投资和存货投资。这里我们聚焦于企业固定投资，它约占总投资支出的 3/4。"企业"一词是指这些资本品是企业买来用于未来生产的。"固定"一词是指与短时间内就会使用或出售的存货投资相反，这种支出用于购买一段时期内将留在原处的资本品。企业固定投资包括从办公家具到工厂、从电脑到公司汽车的一切东西。

---

[1] James J. Choi, David I. Laibson, Brigitte C. Madrian, and Andrew Metrick, "Defined Contribution Pensions: Plan Rules, Participant Decisions, and the Path of Least Resistance," *Tax Policy and the Economy* 16 (2002): 67 - 113; Richard H. Thaler and Shlomo Benartzi, "Save More Tomorrow: Using Behavioral Economics to Increase Employee Saving," *Journal of Political Economy* 112 (2004): S164 - S187.

企业固定投资的标准模型被称为**新古典投资模型**（neoclassical model of investment）。新古典投资模型考察了企业拥有资本品的收益与成本。这个模型说明了投资——资本存量的增加——如何与资本的边际产量、利率以及影响企业的税收规则相关。

为了建立这个模型，我们将设想有两种企业。生产企业（production firms）用它们租来的资本生产产品与服务（就像第 3 章的模型里那样）。租赁企业（rental firms）进行经济中的全部投资；它们购买资本品，并把资本租给生产企业。在现实中，大多数真实的企业既生产产品与服务，又为未来生产而进行资本投资。然而，如果我们通过设想这两种活动发生在不同企业而把这两种活动分开，我们就能够阐明我们的思考。

资本的租赁价格

我们首先考虑典型的生产企业。正如我们在第 3 章中所看到的，这种企业通过比较每单位资本的成本与收益来决定租用多少资本。生产企业按租金率 R 租赁资本，以价格 P 出售其产品；因此，一单位资本的实际成本是 R/P。一单位资本的实际收益是资本的边际产量（MPK）——多用一单位资本生产的额外产出。资本的边际产量随资本量的增加而递减：企业拥有的资本越多，额外一单位资本所增加的产出就越少。第 3 章的结论是：为了实现利润最大化，企业租赁资本直至资本的边际产量减少到等于实际租赁价格时为止。

图 20-6 显示了资本租赁市场上的均衡。由于刚刚讨论的原因，资本的边际产量决定了需求曲线。需求曲线向右下方倾斜，因为当资本存量更多时，资本的边际产量更低。在任何一个时点上，经济中的资本量是固定的，因此供给曲线是垂直的。资本的实际租赁价格调整到使供求达到均衡。

为了弄清楚有哪些变量影响均衡的租赁价格，让我们考虑一个特定的生产函

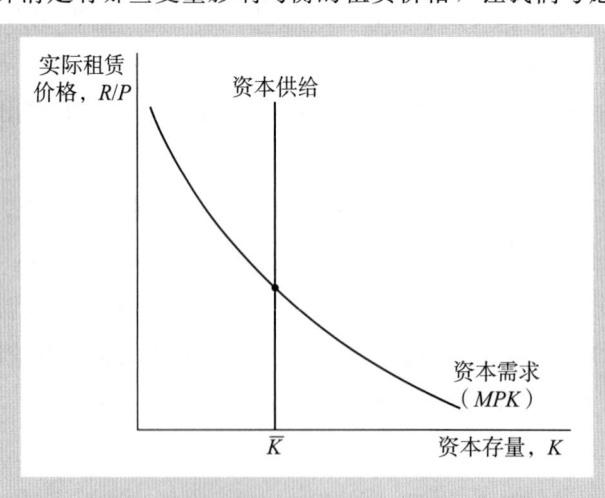

图 20-6 资本的租赁价格
资本的实际租赁价格调整到使资本需求（由资本的边际产量决定）与固定的供给达到均衡。

数。正如我们在第 3 章所看到的,许多经济学家认为柯布-道格拉斯生产函数是现实经济如何把资本和劳动转变为产品与服务的一个好的近似。柯布-道格拉斯生产函数是

$$Y = AK^{\alpha}L^{1-\alpha}$$

式中,Y 为产出;K 为资本;L 为劳动;A 为一个衡量技术水平的参数;而 α 为一个衡量资本在产出中份额的参数,它介于 0 和 1 之间。柯布-道格拉斯生产函数中资本的边际产量是

$$MPK = \alpha A(L/K)^{1-\alpha}$$

由于在均衡时,实际租赁价格 R/P 等于资本的边际产量,我们可以写为

$$R/P = \alpha A(L/K)^{1-\alpha}$$

这一表达式表明了决定实际租赁价格的变量。我们得到了以下结论:

- 资本存量越低,资本的实际租赁价格越高。
- 所雇用的劳动量越多,资本的实际租赁价格越高。
- 技术越好,资本的实际租赁价格越高。

减少资本存量、增加就业或提高技术的事件(例如,龙卷风、总需求的扩张、工程学的突破)提高了资本的均衡实际租赁价格。

资本成本

接下来考虑租赁企业。这些企业,就像汽车租赁公司一样,购买资本品并把它们租出去。由于我们的目的是解释租赁企业进行的投资,我们从考虑拥有资本的收益与成本开始。

拥有资本的收益是把它租给生产企业得到的收入。租赁企业从它拥有并出租的每单位资本得到的实际租赁价格为 R/P。

拥有资本的成本更为复杂。对于租出一单位资本的每个时期,租赁企业承担三种成本:

1. 当一个租赁企业借款购买一单位资本时,它必须为贷款支付利息。如果 P_K 是一单位资本的购买价格,i 是名义利率,那么,iP_K 就是利息成本。注意,即使租赁企业不必借款,它也承受着这一利息成本:如果租赁企业用自己拥有的现金购买一单位资本,它就损失了把这些现金存入银行可以赚到的利息。在任何一种情况下,利息成本都等于 iP_K。

2. 当租赁企业租出资本时,资本的价格会变动。如果资本价格下降,企业就有损失,因为企业资产的价值下降了。如果资本价格上升,企业就获益,因为企业资产的价值上升了。这种损失或收益的成本是 $-\Delta P_K$。(这里的负号是因为我们在衡量成本而不是衡量收益。)

3. 当资本租出时,它会磨损和消耗,这被称为**折旧**(depreciation)。如果 δ 是折旧率——每个时期由于磨损和消耗资本价值损失的比例,那么,折旧的美元成本

是 δP_K。

因此，租出一单位资本一个时期的总成本是

$$资本成本 = iP_K - \Delta P_K + \delta P_K$$
$$= P_K(i - \Delta P_K/P_K + \delta)$$

资本成本取决于资本的价格、利率、资本价格变动率以及折旧率。

例如，考虑一家汽车租赁企业的资本成本。企业以每辆 3 万美元的价格购买汽车，把它们出租给其他企业。企业面临的利率 i 是每年 10%。因此，企业拥有的每辆汽车的利息成本 iP_K 是每年 3 000 美元。汽车价格每年上升 6%，因此，不考虑磨损和消耗，企业得到的资本收益 ΔP_K 为每年 1 800 美元。汽车折旧为每年 20%。因此，由于磨损和消耗而产生的损失 δP_K 是每年 6 000 美元。这样，企业的资本成本是：

$$资本成本 = 3\,000 \text{ 美元} - 1\,800 \text{ 美元} + 6\,000 \text{ 美元}$$
$$= 7\,200 \text{ 美元}$$

汽车租赁企业在其资本存量中持有一辆汽车每年的成本是 7 200 美元。

为了使资本成本的表述更为简化和更易于解释，我们假设资本品的价格与其他产品的价格一起上升。在这种情况下，$\Delta P_K/P_K$ 等于整体通货膨胀率 π。由于 $i-\pi$ 等于实际利率 r，我们可以把资本成本写为

$$资本成本 = P_K(r+\delta)$$

这个方程是说，资本成本取决于资本的价格、实际利率以及折旧率。

最后，我们想把资本成本表示成相对于经济中其他产品的量。**资本的实际成本**（real cost of capital）——用经济的产出单位数来衡量的购买并出租一单位资本的成本——是：

$$资本的实际成本 = (P_K/P)(r+\delta)$$

这个方程是说，资本的实际成本取决于资本品的相对价格 P_K/P、实际利率 r 和折旧率 δ。

投资的成本-收益微积分

现在考虑一个租赁企业增加还是减少其资本存量的决策。对每单位资本，企业赚到实际收益 R/P，并承担实际成本 $(P_K/P)(r+\delta)$。每单位资本的实际利润是：

$$利润率 = 收益 - 成本$$
$$= R/P - (P_K/P)(r+\delta)$$

由于均衡时实际租赁价格等于资本的边际产量，我们可以把利润率写为

$$利润率 = MPK - (P_K/P)(r+\delta)$$

如果资本的边际产量大于资本成本，租赁企业就赚到了利润；如果资本的边际产量小于资本成本，它就发生了亏损。

现在我们可以看出租赁企业投资决策背后的激励了。企业关于其资本存量的决

策——增加资本存量还是让它贬值——取决于拥有并出租资本是否有利可图。资本存量的变动，称为**净投资**（net investment），取决于资本的边际产量与资本成本之差。如果资本的边际产量大于资本成本，企业发现增加其资本存量是有利可图的；如果资本的边际产量小于资本成本，企业就减少自己的资本存量。

现在我们还可以看到，把经济活动在生产企业与租赁企业之间分离尽管对阐述我们的思考是有用的，但对我们关于企业如何选择投资多少的结论并不是必要的。对一个既使用资本又拥有资本的企业来说，额外一单位资本的收益是资本的边际产量，成本是资本成本。与一个拥有并出租资本的企业一样，如果边际产量超过资本成本，那么这家企业就要增加自己的资本存量。因此，我们可以写出如下方程：

$$\Delta K = I_n[MPK - (P_K/P)(r+\delta)]$$

式中，$I_n(\cdot)$ 为表示净投资如何对投资激励做出反应的函数。资本存量做出多大反应（从而这个函数的确切形式）取决于这个调整过程的成本有多高。

现在我们可以来推导投资函数。投资总支出是净投资与折旧资本的更换之和。投资函数为

$$I = I_n[MPK - (P_K/P)(r+\delta)] + \delta K$$

投资取决于资本的边际产量、资本成本和折旧额。

这个模型说明了为什么投资取决于利率。实际利率下降减少了资本成本，从而提高了从拥有资本赚到的利润，增加了积累更多资本的激励。类似地，实际利率的上升提高了资本成本，导致企业减少其投资。由于这个原因，联系投资与利率的投资曲线向右下方倾斜，如图 20-7（a）所示。

这个模型还说明了是什么引起投资曲线的移动。任何一个提高资本的边际产量的事件都增加了投资的获利性，使投资曲线向外移动，如图 20-7（b）所示。例如，增加生产函数参数 A 的技术创新提高了资本的边际产量，对于任何给定的利率，增加了租赁企业希望购买的资本品数量。

最后，考虑当资本存量的这种调整随时间的推移而继续时会出现什么情况。如果资本的边际产量开始时大于资本成本，那么，资本存量将上升，边际产量将下降；如果资本的边际产量开始时小于资本成本，那么，资本存量将下降，边际产量将上升。最终，随着资本存量的调整，资本的边际产量趋近于资本成本。当资本存量达到稳态水平时，我们可以写出

$$MPK = (P_K/P)(r+\delta)$$

因此，在长期，资本的边际产量等于资本的实际成本。向稳态调整的速度取决于企业调整其资本存量有多快，而这又取决于建造、交付、安装新资本的成本有多高。①

---

① 经济学家常用这样的方法来衡量资本品，使一单位资本的价格等于一单位其他产品与服务的价格（$P_K = P$）。例如，在第 8 章和第 9 章中就隐含地采用了这种方法。在这种情况下，稳态条件是说，资本的边际产量减去折旧，$MPK - \delta$，等于实际利率 r。

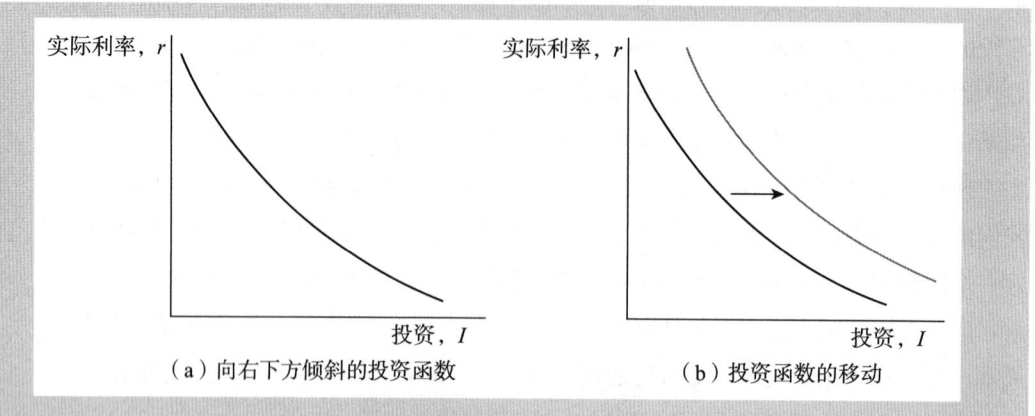

图 20-7　投资函数

图（a）表示当利率下降时，投资增加。更低的利率减少了资本成本，从而使拥有资本更有利可图。图（b）显示了投资函数的向外移动，这可能是由于资本边际产量的增加引起的。

税收与投资

税法以多种方式影响企业积累资本的激励。有时政策制定者改变税法以移动投资函数并影响总需求。这里，我们考虑两种最重要的公司赋税条款：公司所得税和投资税收抵免。

公司所得税（corporate income tax）是对公司利润征收的税。在美国历史上很多时候，美国联邦政府征收的公司所得税税率是46%。1986年这一税率降低到34%，此后1993年又上升到35%，到2017年仍然保持在这一水平。许多州也征收额外的公司税，这使美国的公司税率总计达到了约40%。作为对比，2017年，欧洲的公司税率平均为20%，亚洲平均为21%。为了使美国的公司税率更接近国际标准，特朗普总统在2017年底签署了法律，将联邦公司税率从35%降到了21%，该法律从2018年起生效。

公司所得税对投资的影响取决于税法如何定义"利润"。首先，假定法律像我们前面所做的那样定义利润——资本的租赁价格减去资本成本。在这种情况下，即使公司要与政府分享其部分利润，公司的理性做法仍然是，如果资本的租赁价格高于资本成本就投资，如果租赁价格低于资本成本就负投资。对用这种方法衡量的利润征税不会改变投资的激励。

然而，由于税法对利润的定义，公司所得税确实影响了投资决策。税法对利润的定义与我们的定义之间有很大的差别。例如，差别之一是对折旧的处理。我们对利润的定义把折旧的当期价值作为成本扣除了。也就是说，根据替代损耗的资本现在需要花费多少来折旧。相反，根据现行公司税法，公司用历史成本扣除折旧。也就是说，折旧的扣除是基于资本在最初购买时的价格。在通货膨胀时期，重置成本大于历史成本，因此，公司所得税会低估折旧的成本和高估利润。结果，甚至在经济利润为零时，税法也会认为有利润并对其征税，这就使拥有资本不那么有吸引力了。由于这个原因和其他原因，许多经济学家相信，公司所得税抑制了投资。

政策制定者常常改变支配公司所得税的税则以试图鼓励投资或至少减轻税收提供的负激励。**投资税收抵免**（investment tax credit）就是一个例子。对在投资品上支出的每一美元，这一税收条款减少了公司一定量的税负。由于公司通过更低的税收收回了新资本上的部分支出，所以，这种税收抵免减少了一单位资本的实际购买价格 P_K。这样，投资税收抵免降低了资本成本并提高了投资。

1985 年，投资税收抵免为 10%。1986 年的《税收改革法案》（Tax Reform Act）在降低了公司所得税税率的同时，也取消了投资税收抵免。当比尔·克林顿 1992 年竞选美国总统时，他以恢复投资税收抵免为竞选纲领，然而他没能成功地让国会通过这一提案。可是，恢复投资税收抵免的想法仍然不时出现。

有关折旧的税收规则是政策制定者如何能够影响投资激励的另一个例子。当乔治·W. 布什 2001 年成为美国总统时，美国经济正陷入衰退，这在很大程度上是由于企业投资的显著下降。布什在他的第一个任期中签署的减税法案包括暂时的"红利折旧"（bonus depreciation）的条款。这意味着为了计算公司所得税应纳税款，公司可以在投资项目的生命周期中更早地扣除折旧成本。然而，这一红利只适用于 2004 年年底之前进行的投资。这一政策的目标是在经济需要刺激总需求时鼓励投资。根据经济学家克里斯托弗·豪斯（Christopher House）和马修·夏皮罗（Matthew Shapiro）的一项研究，这一目标在一定程度上实现了。他们写道：

> 尽管其总效果可能是温和的，但 2002 年和 2003 年红利折旧政策对经济产生了显著的效果。对美国的整体经济来说，这些政策可能使 GDP 提高 100 亿～200 亿美元，由此还可能创造了 100 000～200 000 个就业岗位。

在 2011 年，当经济从下一次衰退中复苏时，奥巴马总统签署法案，出台了一个相似的暂时性红利折旧措施。[①]

股票市场与托宾 q 值

许多经济学家看到了投资波动与股票市场波动之间的联系。回忆股票这个词是指在公司所有权中的份额，股票市场是这些股份交易的市场。当企业有许多盈利的投资机会时，股票价格上升，因为这些利润机会对股东来说意味着更高的未来收入。因此，股票价格反映了投资的激励。

诺贝尔经济学奖获得者詹姆斯·托宾提出，企业根据以下比率做出投资决策，这一比率现在被称为**托宾 q 值**（Tobin's q）：

[①] 税收如何影响投资的一项经典研究是 Robert E. Hall and Dale W. Jorgenson, "Tax Policy and Investment Behavior," *American Economic Review* 57（June 1967）：391-414。如下论文是一项关于近期公司税变动的研究：Christopher L. House and Matthew D. Shapiro, "Temporary Investment Tax Incentives: Theory with Evidence from Bonus Depreciation," *American Economic Review* 98（June 2008）：737-768。

$$q = \frac{\text{资本的市场价值}}{\text{资本的重置成本}}$$

托宾 q 值的分子是由股票市场决定的经济中资本的价值。分母是现在购买这些资本的价格。

托宾的推理是：净投资应该取决于 q 大于 1 还是小于 1。如果 q 大于 1，那么股票市场对资本的估价就大于其重置资本。在这种情况下，经理们可以通过购买更多的资本来提高其企业股票的市场价值。相反，如果 q 小于 1，那么股票市场对资本的估价就小于其重置成本。在这种情况下，当资本损耗时，经理们不会更换资本。

尽管乍一看投资的 q 理论似乎与前面建立的新古典模型完全不同，但是，这两种理论是密切相关的。为了看出它们之间的关系，注意托宾 q 值取决于从资本获得的现期与未来的预期利润。如果一家企业的资本的边际产量大于其资本成本，那么，它就从资本上赚到利润。这一利润使该企业更愿意拥有资本，这就提高了该企业股票的市场价值，导致更高的 q 值。类似地，如果一家企业的资本的边际产量小于其资本成本，那么，它就从资本上招致损失，这意味着低的市场价值和低的 q 值。

托宾 q 值作为对投资激励的一个衡量指标的优点在于，它既反映了资本的现期获利性，也反映了预期的未来获利性。例如，假定国会通过了立法，从下一年开始降低公司所得税。这种预期的公司所得税减少意味着资本所有者未来的利润更多。更高的预期利润提高了股票价格，提高了托宾 q 值，鼓励了投资。这样，托宾 q 值投资理论强调了投资决策不仅取决于现在的经济政策，还取决于预期的未来政策。[①]

案例研究

作为一个经济指示器的股票市场

"在最近的 5 次衰退中，股票市场已经预测出了 9 次"，这是保罗·萨缪尔森对股票市场作为一个经济指示器的可靠性的嘲讽。实际上，股票市场的波动是极大的，它可能对经济的未来给出错误的信号。但是，人们不应该忽视股票市场与经济之间的联系。图 20-8 显示，股票市场的变动往往反映了实际 GDP 的变动。只要股票市场经历了大幅下跌，就有理由担心衰退即将来临。

为什么股票价格与经济活动会同时波动呢？托宾 q 理论和总需求与总供给模型共同给出了一个理由。例如，假定你观察到股票价格的下跌。由于资本的重置成本是相当稳定的，所以，股票市场的下跌往往与托宾 q 值的下降相联系。q 值的下降反映了投资者对资本现期或未来获利性的悲观。这就意味着投资函数已经向内移动：在任何一个给定的利率，投资更少了。因此，产品与服务的总需求减少了，导致产出和就业的减少。

[①] 要想更多地了解新古典投资模型与托宾 q 理论之间的关系，参见 Fumio Hayashi, "Tobin's Marginal q and Average q: A Neoclassical Approach," *Econometrica* 50 (January 1982): 213-224; and Lawrence H. Summers, "Taxation and Corporate Investment: A q-Theory Approach," *Brookings Papers on Economic Activity* no. 1 (1981): 67-140.

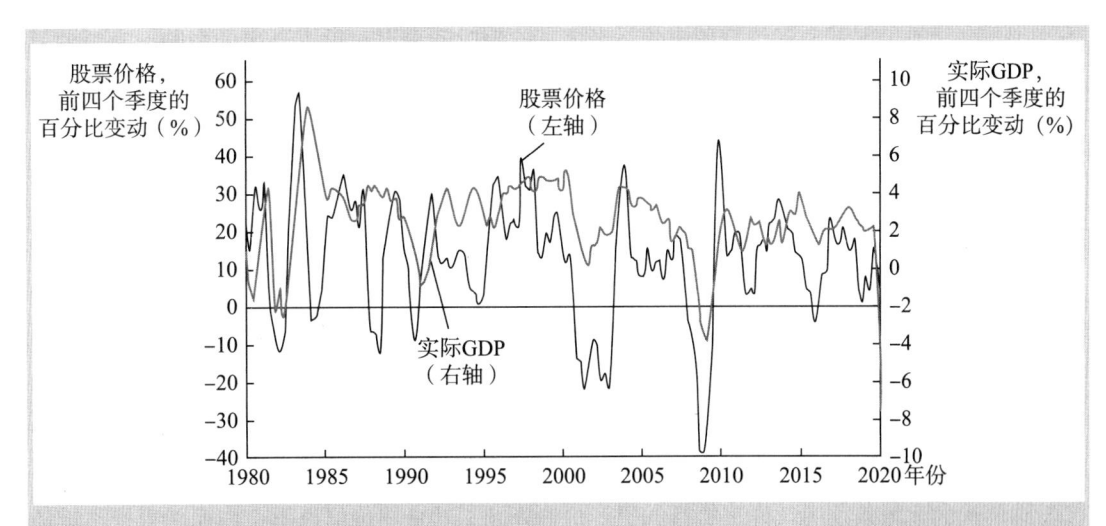

图 20-8 股票市场与经济

本图显示了股票市场与实际经济活动之间的联系。本图使用 1980—2020 年的季度数据，展示了 Wilshire 5000 指数（一个股票价格指数）和实际 GDP 与一年前相比的百分比变动。本图显示，股票市场与 GDP 往往同时变动，但这种联系远非精确。

资料来源：U. S. Department of Commerce and Wilshire Association.

还有两个理由说明为什么股票价格与经济活动相联系。第一，由于股票是家庭财富的一部分，所以股票价格的下跌使人们变穷，这抑制了消费者支出和总需求。第二，股票价格的下跌可能反映了有关技术进步和长期经济增长的坏消息。如果是这样，它表明自然产出水平——从而总供给——未来的增长将比此前所预期的更慢。

政策制定者，例如联邦储备委员会的政策制定者，并没有忽视股票市场与经济之间的这些联系。实际上，由于股票市场往往预示着实际 GDP 的变动，且股票市场的数据要比 GDP 的数据更快获得，因此股票市场是一个受到密切关注的经济指示器。

融资约束

当一家企业想投资于新资本——比如说建设一个新工厂——时，它常常在金融市场上筹集必要的资金。正如我们在第 19 章所讨论的，这种融资可以采取若干形式：从银行得到贷款，向公众出售债券，或在股票市场上出售未来利润的股份。新古典模型假设，如果一家企业愿意支付资本成本，金融市场就会提供资金。

但企业有时面临**融资约束**（financing constraints）——对它们在金融市场上能够筹集到的资金数额的限制。融资约束阻止了企业进行有利可图的投资。当一家企业无法在金融市场上筹集到资金时，它能在新资本品上支出的数额就受到了它于现期赚到的资金额的限制。融资约束影响企业的投资行为，正如借款约束影响家庭的消费行为一样。借款约束使家庭根据现期而不是持久收入来决定自己的消费；融资约束使企业根据其现期的现金流量而不是预期获利性来决定自己的投资。

为了理解融资约束的影响，考虑一次短时间衰退对投资支出的影响。衰退使就业、资本的租赁价格和利润下降。然而，如果企业预期衰退是短暂的，就会继续投资，因为它们知道其投资在未来将是盈利的。也就是说，短暂的衰退对托宾 q 值只有轻微的影响。对那些能在金融市场上筹集资金的企业来说，衰退对投资应该只有小的影响。

对于那些面临融资约束的企业，情况完全相反。现期利润的减少限制了这些企业在新资本品上支出的数额，可能阻止它们进行盈利的投资。因此，融资约束使投资对现期经济状况更为敏感。[①]

取决于金融系统的健康程度，融资约束妨碍投资支出的程度随时间而变化，可能成为短期波动的来源之一。例如，正如我们在第 13 章讨论的，在 20 世纪 30 年代的大萧条期间，许多银行的资产价值降到了其负债价值以下，因而变得资不抵债了。这些银行被迫中止营业，这使得它们的客户更难为投资项目融资。许多经济学家相信，这一时期大范围的银行破产有助于解释大萧条的深度和持久性。类似地，正如我们在第 13 章和第 19 章讨论的，2008—2009 年的大衰退紧接着一场金融危机而来。

关于投资的概要

本节的目的是考察企业固定投资的决定因素。我们可以得到三个广泛的结论。

第一，由于更高的利率提高了资本成本，因此，投资支出与实际利率负相关。从而，新古典投资模型证明了我们在全书中一直使用的投资函数的合理性。

第二，多种事件会引起投资函数的移动。可获得技术的改进提高了资本的边际产量和投资。多种政策，例如公司所得税的变动，改变了投资的激励，从而使投资函数移动。

第三，因为投资支出既取决于经济状况，也取决于利率，所以投资在经济周期中自然而然地起起伏伏。在投资的新古典模型中，更高的就业提高了资本的边际产量和投资的激励。更高的产出也提高了企业的利润，从而放宽了一些企业面临的融资约束。我们的分析预测经济高涨应该会刺激投资，而衰退应该会抑制投资。这正是我们所观察到的。

20.3 结论：预期的关键作用

在我们对消费和投资的微观经济基础所做的所有分析中，一个主题浮现出来

[①] 关于支持这些融资约束的重要性的实证研究，参见 Steven M. Fazzari, R. Glenn Hubbard, and Bruce C. Petersen, "Financing Constraints and Corporate Investment," *Brookings Papers on Economic Activity* no. 1 (1988): 141–195.

了：由于家庭和企业具有前瞻性，所以，他们对未来的预期影响他们今天做的决策。人们通过前瞻他们预期赚取的收入和渴望达到的生活水平决定消费多少。企业经理们通过前瞻新资本可能提供的利润，决定投资多少。

一个推论是：公共政策不仅通过其直接影响还通过改变预期影响消费和投资。当决定对增税或减税做出多大的反应时，消费者要预测该变化是暂时的还是永久的。在做关于资产配置的决策时，企业经理们考虑他们预期的在投资寿命期间的税法。结果，政策制定者必须考虑他们的言论和行动会如何影响那些进行消费和投资决策的人的预期。

在更高级的宏观经济学课程中，对预期的建模起到更大的作用。有些经济学家提倡理性预期假设，根据该假设，决策者在预测未来时最优地使用所有可获得的信息，包括关于公共政策的信息。另一些经济学家建议，对传统理性的偏离，如疏忽和惰性，有助于解释人们如何预测事件。但是，有一个广泛的共识：无论预期是如何形成的，它们对理解经济行为和政策影响都是重要的。

快速测验

1. 凯恩斯消费函数预测，随着经济逐渐变得更加富裕，储蓄率应该_____，但是，西蒙·库兹涅茨构建的数据表明的却是储蓄率_____。

   A. 增加，减少　　　　B. 增加，稳定
   C. 减少，增加　　　　D. 减少，稳定

2. 偏好在各个时期平滑消费的人们应该_____。

   A. 基于现期收入而不是一生资源进行消费
   B. 当现期收入下降到永久收入以下时增加储蓄
   C. 在收入暂时增加时储蓄更多
   D. 消费更大比例的暂时性减税（与永久性减税相比）

3. 罗伯特·霍尔的随机游走假说表明，当人们_____时，税收政策的变动对消费的影响最大。

   A. 听到一位立法者提议改变税收政策
   B. 得出"税收政策的变动很可能要发生"的结论
   C. 观察到税收政策的变动被制定成法律
   D. 看到他们的薪水支票体现出税收政策的变动

4. 根据具有时间不一致偏好的家庭的模型，人们愿意选择在未来_____更多，但是，当未来来到时，他们又想比之前所计划的_____更多。

   A. 消费，储蓄　　　　B. 消费，工作
   C. 储蓄，消费　　　　D. 储蓄，工作

5. 如果在一场衰退中就业和实际利率都下降，那么，资本的边际产量_____，资本成本_____。

   A. 增加，增加　　　　D. 增加，减少
   C. 减少，增加　　　　D. 减少，减少

6. 如果投资者预期国会将在未来削减企业税，那么，现在产生的影响将会是_____。

   A. 更高的托宾 q 值和更多的投资
   B. 更高的托宾 q 值和更少的投资
   C. 更低的托宾 q 值和更多的投资
   D. 更低的托宾 q 值和更少的投资

内容提要

1. 凯恩斯猜测，边际消费倾向在 0 和 1 之间，平均消费倾向随收入的上升而下降，现期收入是消费的主要决定因素。对家庭数据和短期时间序列的研究证实了凯恩斯的猜测。但长期时间序列研究没有发现平均消费倾向随着时间的推移随收入增加而下降的趋势。

2. 莫迪利亚尼的生命周期假说强调了人一生中收入的变动在某种程度上是可预测的，以及消费者用储蓄和借款去平滑他们一生的消费。根据这一假说，消费既取决于收入，又取决于财富。

3. 弗里德曼的永久收入假说强调了个人的收入既有持久波动，又有暂时波动。由于消费者可以储蓄和借款，而且，由于他们想平滑自己的消费，消费对暂时收入不会做出多少反应。相反，消费主要取决于永久收入。

4. 霍尔的随机游走假说把永久收入假说与消费者对未来收入有着理性预期的假设结合起来。它意味着消费的变动是不可预测的，因为消费者只有在收到关于其一生资源的消息时才会改变其消费。

5. 莱布森提出，心理效应对理解消费者的行为是重要的。特别地，由于人们对即时满足有着强烈的欲望，他们可能显示出时间不一致性的行为，结果储蓄得过少。

6. 资本的边际产量决定了资本的实际租赁价格。实际利率、折旧率以及资本品的相对价格决定了资本成本。根据新古典模型，如果租赁价格高于资本成本，企业就投资；如果租赁价格低于资本成本，企业就负投资。

7. 联邦税法影响投资的激励。公司所得税抑制投资，而投资税收抵免——在美国现在已经被取消——鼓励投资。

8. 表达新古典模型的另一个办法是将其表述成投资取决于托宾 q 值，即资本的市场价值与其重置成本的比率。这个比率反映了资本现期的获利性和预期的未来获利性。q 值越高，资本的市场价值相对于其重置成本越大，投资的激励也就越大。

9. 与新古典模型的假设相反，企业并不总是能够为投资筹集到资金。融资约束使投资对企业的现期现金流量敏感。

10. 消费和投资的微观经济模型强调家庭和企业经理是具有前瞻性的。结果，预期举足轻重，政策部分地通过改变预期影响经济。

关键概念

边际消费倾向	平均消费倾向	折旧	资本的实际成本
生命周期假说	永久收入假说	净投资	公司所得税
永久收入	暂时收入	投资税收抵免	托宾 q 值
借款约束	随机游走	融资约束	时间不一致偏好
新古典投资模型			

复习题

1. 凯恩斯关于消费函数的三个猜测是什么？

2. 描述与凯恩斯的猜测一致的证据，以及与凯恩斯的猜测不一致的证据。

3. 生命周期假说和永久收入假说如何解释有关消费行为看似相互矛盾的证据？

4. 解释为什么如果消费者遵循永久收入假说和有理性预期，消费的变动就是不可预测的。

5. 举例说明某人可能显示出时间不一致偏好。

6. 在新古典投资模型中，在什么条件下企业发现增加自己的资本存量是有利可图的？

7. 什么是托宾 q 值？它与投资有什么关系？

问题与应用

1. 阿尔伯特和弗朗哥都遵循生命周期假说：他们尽可能平滑消费。他们每人生活 5 个时期，最后 2 个时期为退休状态。他们各期赚取的收入如下，单位为美元：

时期	阿尔伯特	弗朗哥
1	100 000	40 000
2	100 000	100 000
3	100 000	160 000
4	0	0
5	0	0

为了简单起见，假设储蓄和借款的利率都为零，且寿命是完全可预测的。

a. 计算每人活着时每期的消费和储蓄。

b. 计算每人每期（包括时期 6）开始时的财富（也就是累积的储蓄）。

c. 以时期为横轴，画出每人的消费、收入和财富。将你画的图与图 20-5 进行比较。

d. 现在假定消费者不能借款，因此其财富不能为负。你上面各小问的答案会如何改变？如果有必要，重画 c 小问的图形。

2. 人口学家预测老年人在人口中的比例在未来 20 年中将上升。生命周期模型预测这种人口统计上的变化对国民储蓄率会有什么影响？

3. 本章表明，老年人的负储蓄并没有生命周期模型所预测的那么多。

a. 描述对这种现象的两种可能的解释。

b. 一项研究发现，那些没有子女的老年人负储蓄的速率与那些有子女的老年人大体相等。这一发现对这两种解释的正确性可能意味着什么？为什么它可能是模棱两可的？

4. 解释下列两种情况中每一种情况下借款约束增加还是减少了财政政策影响总需求的效力：

a. 暂时减税。

b. 宣布未来减税。

5. 考虑支付相同利率的两个储蓄账户。第一个账户允许你需要时随时提款。第二个账户要求你提款前提前 30 天通知。

a. 你偏好哪一个账户？

b. 你可以想象有人可能做出相反的选择吗？请解释。

c. 关于本章讨论的消费函数理论，这些选择说明了什么？

6. 本题运用微积分比较消费者最优化的两种情形。

a. 尼娜的效用函数如下：

$$U = \ln(C_1) + \ln(C_2) + \ln(C_3)$$

她的初始财富为 120 000 美元，没有任何额外收入，所面临的利率为零。三个时期中每期她消费多少？

b. 大卫总是从当前消费得到更多的效用，除此以外，他和尼娜没什么不同。从时期 1 的视角来看，他的效用函数为

$$U = 2\ln(C_1) + \ln(C_2) + \ln(C_3)$$

在时期 1，大卫决定每期消费多少？时期 1 过后他剩下多少财富？

c. 当大卫进入时期 2 时，他的效用函数变为

$$U = \ln(C_1) + 2\ln(C_2) + \ln(C_3)$$

在时期 2 和时期 3，他每期消费多少？你此处

的答案与 b 小问中大卫的决策有何不同？

d. 如果大卫在时期 1 能够限制他在时期 2 的选择，他会怎么做？把这个例子与本章讨论的某个消费理论联系起来。

7. 用新古典投资模型解释下列每个事件对资本的租赁价格、资本成本以及投资的影响：

a. 反通货膨胀的货币政策提高了实际利率。

b. 一次地震摧毁了部分资本存量。

c. 外国移民增加了劳动力规模。

d. 计算机技术的进步提高了生产效率。

8. 假定政府对石油公司征收的税等于该公司石油储量价值的一个比例。（政府向企业保证，这一税收是一次性的。）根据新古典模型，这次征税对这些企业的投资有什么影响？如果这些企业面临融资约束呢？

9. 在第 12 章与第 13 章中建立的 IS—LM 模型假设投资只取决于利率。然而我们的投资理论提出，投资可能还取决于国民收入：更高的收入可能促使企业投资更多。

a. 解释为什么投资可能取决于国民收入。

b. 假定投资由下式决定：

$$I = \bar{I} + aY$$

式中，a 为介于 0 和 1 之间的常数，它衡量国民收入对投资的影响。在投资如此决定的情况下，凯恩斯交叉图模型中的财政政策乘数是多少？请解释。

c. 假定投资既取决于收入又取决于利率。也就是说，投资函数是

$$I = \bar{I} + aY - br$$

式中，a 为介于 0 和 1 之间的常数，它衡量国民收入对投资的影响；b 为一个大于零的常数，它衡量利率对投资的影响。用 IS—LM 模型考虑政府购买的增加对国民收入 Y、利率 r、消费 C 和投资 I 的短期影响。这个投资函数如何改变基本 IS—LM 模型所蕴含的结论？

10. 当股票市场崩盘时，它对投资、消费和总需求有什么影响？为什么？美联储应该如何应对？为什么？

11. 这是一个选举年，经济处于衰退中。反对党总统候选人以通过投资税收抵免作为竞选纲领，投资税收抵免将在她当选的下一年生效。这种竞选承诺对当年的经济状况会有什么影响？

为了得到在线学习资源，请访问 Achieve for Macroeconomics，11e：https://achieve.macmillanlearning.com。

快速测验答案

1. B   2. C   3. B   4. C   5. D   6. A

结束语 我们知道什么,我们不知道什么

> 如果把所有经济学家摞在一起,他们也得不出一个结论。
>
> ——乔治·伯纳德·肖(George Bernard Shaw,萧伯纳)

> 经济学的理论并没有提供一个可直接用于政策的无可争议的结论体系。它是一种方法而不是一种教条,它是一种思维工具,可以帮助掌握了这种工具的人得出正确结论。
>
> ——约翰·梅纳德·凯恩斯

本书的第 1 章指出,宏观经济学的目的是理解经济事件和改善经济政策。在学习了宏观经济学家工具箱中许多最重要的模型后,现在我们可以评价这一领域是否达到了这些目的。

当今任何一种对宏观经济学公正的评价都必须承认,这门学科是不完善的。有一些几乎是所有宏观经济学家分析事件或制定政策时都接受和依赖的原理,但还有许多关于经济的问题仍然是有争议的。在本书结束语部分,我们回顾宏观经济学的中心启示和一些最迫切的、尚未解决的问题。

宏观经济学最重要的四个启示

让我们从本书多次提及而且现在大多数经济学家都赞同的四个启示开始。每个启示都告诉我们政策在长期或短期会如何影响一个关键的经济变量——产出、通货膨胀或失业。

启示 1:在长期,一国生产产品与服务的能力决定了其国民的生活标准

在第 2 章中所介绍并运用于全书的所有统计量中,最好地体现了经济福利的指标是 GDP。实际 GDP 衡量了经济中产品与服务的总产出,因此,也就衡量了一国

满足其公民的需要和欲望的能力。人均 GDP 更高的国家几乎任何水平都更高——更大的住房、更多的汽车、更高的文化水平、更好的医疗保健、更长的预期寿命和更容易的互联网接入。也许宏观经济学中最重要的问题是什么决定了 GDP 的水平和增长。

第 3 章、第 8 章和第 9 章中的模型确定了 GDP 的长期决定因素。在长期，GDP 取决于生产要素——资本和劳动——以及把资本与劳动变为产出所使用的技术。当生产要素增加或当经济把这些投入变为产品和服务的产出的效率提高时，GDP 就增长了。

这一启示有一个重要的推论：在长期中公共政策只有通过改善经济的生产能力才能提高 GDP。政策制定者可以用许多方法尝试这么做。提高国民储蓄的政策——无论是通过提高公共储蓄还是提高私人储蓄——会导致更大的资本存量。提高劳动效率的政策——通过支持教育或促进技术进步——导致资本与劳动的使用更具生产性。改进一国制度的政策——例如对官场腐败的严厉惩治——促进资本积累和稀缺资源的有效使用。通过增加经济中产品与服务的产出，这些政策提高了生活水平。

启示 2：在短期，总需求影响一国生产的产品与服务的数量

尽管经济供给产品与服务的能力是长期中 GDP 的唯一决定因素，但在短期，GDP 还取决于产品与服务的总需求。因为短期中价格是有黏性的，所以总需求至关重要。第 12 章和第 13 章建立的 IS—LM 模型，加上第 14 章建立的开放经济蒙代尔-弗莱明模型，说明了什么引起总需求的变动，从而引起了 GDP 的短期波动。

由于总需求在短期影响产出，所以，所有影响总需求的变量都能够影响经济波动。货币政策、财政政策以及对货币与产品市场的冲击往往要对产出与就业的逐年变动负责。由于总需求的变动对短期波动是至关重要的，政策制定者对经济进行密切的监控。在改变货币政策或财政政策之前，他们想知道经济是处于繁荣，还是走向衰退。

启示 3：在长期，货币增长率决定通货膨胀率，但它并不影响失业率

除了 GDP 之外，通货膨胀和失业也属于受到最密切观察的经济表现衡量指标。第 2 章讨论了如何衡量这两个变量，后面各章建立了模型来解释它们是如何被决定的。

第 5 章的长期分析强调了货币供给的增长是通货膨胀的最终决定因素。也就是说，在长期，当且仅当中央银行发行了越来越多的货币时，通货的实际价值才会随着时间的推移而下降。这个启示可以解释在美国观察到的不同年代通货膨胀率的变动，以及多个国家不时经历的更为严重的恶性通货膨胀。

我们也讨论了高通货膨胀的许多长期影响。在第 5 章中我们看到，根据费雪效

应，高通货膨胀提高了名义利率（从而使实际利率不受影响）。在第 6 章中我们看到，高通货膨胀导致了外汇市场上的货币贬值。

失业的长期决定因素不同。根据古典二分法，名义变量对实际变量的决定无关。结果，货币供给的增长在长期中并不影响失业。正如我们在第 7 章中所看到的，自然失业率由离职率与入职率决定，离职率与入职率又由工作搜寻的过程和工资刚性决定。

因此，我们得出结论：在长期，持久的通货膨胀与持久的失业是不相关的问题。为了对抗长期通货膨胀，政策制定者必须限制货币供给的增长。为了对抗失业，他们必须改善劳动市场的结构。在长期，不存在通货膨胀与失业之间的权衡。

启示 4：在短期，控制货币政策与财政政策的政策制定者面临通货膨胀与失业之间的权衡

尽管通货膨胀与失业在长期不相关，但是在短期，两者之间存在着短期菲利普斯曲线所表示的权衡。正如我们在第 15 章中所讨论的，政策制定者可以用货币政策与财政政策扩大总需求，减少失业并提高通货膨胀。或者，他们也可以用这些政策紧缩总需求，增加失业和降低通货膨胀。

只有在短期中政策制定者才面临着通货膨胀与失业之间的固定权衡。随着时间的推移，短期菲利普斯曲线由于两个原因而发生移动。第一，诸如石油价格变动之类的供给冲击改变了短期权衡；不利的供给冲击使得政策制定者面临更高的通货膨胀或更高的失业的困难选择。第二，当人们调整通货膨胀预期时，通货膨胀与失业之间的短期权衡发生移动。预期的调整保证这种权衡是暂时的。也就是说，只有在短期失业才偏离其自然水平，只有在短期货币政策才有实际影响。在长期，第 3～10 章的古典模型最好地描述了我们的世界。

宏观经济学最重要的四个未解决的问题

到现在为止，我们已经讨论了大多数经济学家都同意的启示。现在让我们转向仍在持续争论的四个问题。一些分歧关系到不同经济理论的正确性；另一些分歧涉及经济理论应该如何运用于经济政策。

问题 1：政策制定者应该如何尽力促进经济的自然产出水平的增长？

由于经济的自然产出水平取决于资本、劳动以及技术，所以，任何为提高长期产出而设计的政策都必须以增加资本积累、改善劳动的使用或提高可获得的技术为目标。然而，并没有一种容易的方法达到这些目标。

第 8 章与第 9 章中的索洛增长模型说明，增加资本量要求提高经济的储蓄率与投资率。因此，许多经济学家建议能够增加国民储蓄的政策。但索洛模型还说明，

增加资本存量要求当前各代人经历一个消费减少的时期。一些人认为,由于技术进步将保证子孙后代比当前各代人生活得更好,当前各代人不应该被要求做出这种牺牲。(一位诙谐的经济学家问道:"子孙后代为我做了什么?")对于如何鼓励额外的储蓄、应该投资于私人拥有的工厂和设备还是投资于道路和学校之类的公共基础设施,甚至那些主张增加储蓄和投资的人们也没有一致的看法。

为了改善经济对其劳动力的使用,大多数政策制定者都愿意降低自然失业率。正如我们在第 7 章中所讨论的,我们观察到的国家与国家之间失业的差异和随着时间的推移失业的变化表明,自然失业率不是不变,而是取决于一国的政策和制度。然而,劳动市场的政策常常会产生困难的权衡。降低自然失业率可以通过减少失业保障津贴(从而增加失业者的工作搜寻努力程度)或降低最低工资(从而使工资更接近于均衡水平)来实现。但这些措施也会伤害一些最需要帮助的社会成员。在2008—2009 年大衰退期间,美国国会临时性地把失业保障津贴的领取时间延长到史无前例的 99 周,这引发了关于该项政策是对非常局面的适当反应还是过度反应的争论。类似地,在 2020 年新冠疫情衰退期间,国会大幅提高了失业保障提供的替代率,再次引发了很多争论。

在许多国家,由于缺乏发达国家的人们认为理所当然的制度,自然产出水平受到了抑制。美国公民今天不担心革命、政变或内战。他们通常信任警察和司法系统会尊重法律,维护秩序,保护财产权和执行私人合同。在缺乏这些制度基础的国家,人们面临错误的激励:如果创造具有价值的事物是一条比从邻居家偷窃更不可靠的致富之路,经济就不会繁荣昌盛。所有经济学家都同意,建立正确的制度是世界上最穷困的国家促进增长的先决条件,但力图改变一国制度的那些经济学家常常面临让人望而生畏的政治障碍。

根据一些经济学家的看法,促进技术进步是公共政策最重要的目标。索洛增长模型说明,只有技术进步才能使生活水平持续提高。尽管有许多关于强调影响技术进步的社会决策的内生增长理论的研究,但经济学家仍不能提出可靠的灵丹妙药来保证技术高速增长。有些经济学家建议政府促进对技术进步关键的特定行业的发展;另外的经济学家则要政府创造公平竞争的环境,让市场力量决定哪些部门增长、哪些部门萎缩。正如某个经济学家所提出的如下问题所说的那样,计算机芯片和薯片之间有经济学上的区别吗?

问题 2:稳定经济的最佳方法是什么?

第 11~16 章建立的总供给与总需求模型说明了对经济的冲击如何引起经济波动,以及货币政策与财政政策如何影响这些波动。许多经济学家认为,政策制定者应该使用这种分析去稳定经济。他们相信,为了保持产出和就业接近其自然水平,货币政策与财政政策应尝试抵消这些冲击。

然而,正如我们在第 17 章中所讨论的,其他经济学家怀疑我们稳定经济的能力，他们援引了政策制定中固有的长而多变的时滞、经济预测的糟糕记录以及我们对经济仍然有限的了解作为证据。这些经济学家得出结论：政策应该更加消极。此外，一些经济学家相信，政策制定者往往是机会主义者，或想采用时间不一致的政策。他们得出结论：政策制定者不应该对货币政策与财政政策有斟酌处置权，而应该承诺遵循政策规则。或者，至少他们的斟酌处置权应当受到限制，就像中央银行采取通货膨胀目标制的情况那样。

关于哪些宏观经济工具最适合用于稳定经济，经济学家之间也存在争论。一般地，货币政策处于对抗经济低迷的前沿阵地。然而，在2008—2009年大衰退和2020年新冠疫情衰退期间，美联储把利率降到了它们的下限——零，焦点转到了财政政策。关于财政政策应该在何种程度上用于刺激处于低迷中的经济以及财政刺激在减税和增加支出之间的最优分配，经济学家各持己见。

一个相关的问题是：经济稳定的好处（如果可以实现）是大还是小？许多经济学家指出了在深度低迷期间所经历的艰难困苦，认为稳定经济应该是政策制定者最重要的关切。然而，其他经济学家指出，在自然失业率没有任何变动的情况下，稳定化政策仅仅是减少了围绕自然率发生的波动的幅度。如果成功的稳定化政策既消除了衰退也消除了繁荣，那么，稳定的平均收益可能很小。

最后，在2008—2009年金融危机和大衰退后，经济学家质疑通过避免未来出现这样的冲击能否稳定经济。正如我们在第19章中所讨论的，金融系统的问题能导致遍及整个经济的问题。确实，历史上，金融危机已经导致了一些最深度的经济低迷。遗憾的是，为了预防这样的危机要怎么做才最好尚不明晰。

一个争论点集中在货币政策应该如何对资产价格中的投机性泡沫做出反应。一些经济学家认为，中央银行应该监控金融市场，力图防止投机性泡沫的产生。例如，美联储可以更早地提高利率而不是等到泡沫开始形成时才觉得有必要去挤压泡沫。另一些经济学家相信中央银行行长并不比市场参与者更善于确定什么时候资产价格的上升反映了非理性的投机泡沫而非对发生变化的基本面的理性评估。而且，他们认为，货币政策工具太过粗鲁而不能刺破泡沫，力图这么使用货币政策工具可能会损害中央银行实现其主要目标——稳定价格和充分就业——的能力。

另一个争论点涉及监管。一些经济学家认为，对金融机构更警觉的监管能够减少轻率的风险承担和金融危机发生的可能性。另一些经济学家相信，金融监管难以执行、易于规避，并且很可能导致公众错误地以为金融系统比其实际上更加安全。此外，他们认为，过多的监管可能妨碍金融系统履行其有效地配置资本和风险的职能，从而妨碍长期经济增长。

问题3：通货膨胀的成本有多大？降低通货膨胀的成本有多大？

每当价格上升时，政策制定者就面临着是否要实施降低通货膨胀率的政策的问题。要做出这一决策，他们必须比较允许通货膨胀以现有比率持续下去的成本与降低通货膨胀的成本。不幸的是，经济学家对这两种成本都不能提供一个准确的估计值。

通货膨胀的成本是经济学家和外行往往无法达成一致的一个主题。当20世纪70年代后期通货膨胀率达到每年10%时，民意调查表明，公众把通货膨胀看作一个主要的经济问题。然而，正如我们在第5章中所看到的，当经济学家力图确定通货膨胀的社会成本时，他们仅仅指出了鞋底成本、菜单成本、非指数化税收体系的成本等几种成本。在通货膨胀高的时候，这些成本很大，但对于近些年里大多数主要经济体所经历的适度通货膨胀率（如2%~4%）而言，这些成本看来不大。一些经济学家认为，公众混淆了通货膨胀与同时出现的其他经济问题。例如，当20世纪70年代生产率和实际工资的增长减缓时，一些外行把通货膨胀视为实际工资增长放慢的原因。然而经济学家犯错误也是可能的：也许通货膨胀成本极为高昂，只是我们还没有弄清楚原因。

也有可能一定数量的通货膨胀是合意的。如果工人抵制削减名义工资，那么，通货膨胀使实际工资在必要时更容易下降以使劳动供求平衡。也就是说，通货膨胀可以"润滑劳动市场的车轮"。此外，更高的通货膨胀将通过费雪效应提高名义利率，更高的名义利率使中央银行在必要时有更大的空间降低利率以刺激经济。换言之，更高的通货膨胀将使得中央银行达到名义利率零下限的可能性下降，降低流动性陷阱的风险。一些经济学家使用这些论据建议美联储将通货膨胀目标设为4%，而不是现在的2%。

降低通货膨胀的成本是经济学家之间常常存在分歧的一个主题。正如我们在第15章中所讨论的，标准的观点——如短期菲利普斯曲线所描述的那样——是，降低通货膨胀要求一个低产出和高失业的时期。根据这种观点，降低通货膨胀的成本由牺牲率来衡量（牺牲率是为了使通货膨胀下降1个百分点所必须放弃的一年GDP的百分点数）。但是，一些经济学家认为，降低通货膨胀的成本可能比牺牲率的估计值所表明的低。根据第15章所讨论的理性预期方法，如果反通货膨胀政策被提前公告并且具有可信性，那么，人们就将很快调整自己的预期，因此反通货膨胀就不需要导致衰退。

另一些经济学家认为，降低通货膨胀的成本比牺牲率的估计值所表明的高。第15章所讨论的滞后作用理论提出，反通货膨胀政策所引起的衰退可能提高自然失业率。如果是这样的话，那么反通货膨胀的成本就不仅仅是暂时的衰退，而是持续的更高的失业水平。

由于对通货膨胀与反通货膨胀的成本尚有争议，所以，经济学家有时向政策制定者提出的建议存在冲突。也许通过进一步研究，我们可以对最优的通货膨胀率和实现它的最好方法达成共识。

问题 4：政府预算赤字是一个大问题吗？

政府债务是一个永恒的争论主题，特别是在近些年里。在 2020 年新冠疫情衰退期间，美国的预算赤字增加到了 3.3 万亿美元，大约为 GDP 的 16%，这是二战以来从未见过的水平。长期财政前景甚至更为令人烦恼。尽管预算赤字将随着经济从衰退中复苏而减少，但是，随着更多的庞大"婴儿潮"一代达到退休年龄和开始领取政府给老年人提供的津贴，据预测预算赤字将再次上升。

大多数经济学家都持有传统的政府债务观点。根据这个观点，当政府实施预算赤字和发行债券时，它降低了国民储蓄，这导致了更低的投资和贸易赤字。在长期，这导致了更低的稳态资本存量和更多的外债。那些持有传统观点的人得出结论：政府债务给子孙后代带来了负担。

然而，正如我们在第 18 章所讨论的，一些经济学家对这一看法持怀疑态度。李嘉图学派的政府债务观点的支持者强调，预算赤字仅仅代表了未来税收对现期税收的替代。如果消费者具有前瞻性，如同第 20 章介绍的许多消费理论所假设的那样，他们今天就将储蓄更多以满足他们或其子女未来的税收责任。这些经济学家相信，政府债务对经济只有很小的影响。他们断言政府的支出决策举足轻重，但支出是通过税收还是通过出售政府债券来融资的重要性是第二位的。

还有一些经济学家断言，财政政策的传统衡量指标缺陷太多，以致用处不大。尽管政府有关税收与支出的选择对不同世代的福利有着重大的影响，然而并非所有选择都反映在了政府债务的衡量指标上。例如，社会保障福利和税收的水平对老年受益人与工作年龄的纳税人的福利有着不同的启示，但预算赤字的规模没有反映这些差别。也许我们应当把注意力少集中在预算赤字上，而多集中于财政决策的更广泛的代际影响上。

在近些年里，几个著名经济学家建议政策制定者应该减少对政府债务的关切，原因是利率如此之低。例如，在 2020 年，美国的 10 年期国债利率降到了 1% 以下；在通货膨胀率为大约 2% 的情况下，实际利率是负的。在这种环境下，对私人投资的挤出可能不是什么问题。也许政府应该利用这个机会借更多的款来为基础设施和教育等公共投资融资。

不过，有些经济学家还是担忧政府违约的可能性。在 18 世纪，亚历山大·汉密尔顿成功地论证了美国政府应该总是偿还其债务。但是，在 21 世纪 10 年代初，希腊和其他几个欧洲国家在偿还其债务上遇到了很大的困难。2011 年 8 月，标准普尔把美国债券的信用评级降到了最高的 AAA 水平以下，在 2020 年仍然维持在这一较低的评级，这表明甚至有一天美国也可能违背汉密尔顿定下的规则。在美国的政治系统与预算赤字做斗争的同时，经济学家和公众都对应该做些什么来使财政政策回到可持续的路径上产生了分歧。有判断力的人对财政调整有多少应该来自税收收入的增加和有多少应该来自政府支出的下降也看法不一。

结　论

　　经济学家和政策制定者必须处理模棱两可的状况。现有水平的宏观经济学提供了许多见解，但它也留下了许多未解决的问题。对经济学家的挑战是回答这些问题和扩展我们的知识。对政策制定者的挑战是用我们现在所拥有的知识去改善经济表现。这两种挑战都是令人畏惧的，但都没有超出我们的能力范围。

术语表

适应性政策（Accommodating policy） 屈服于冲击的影响从而防止冲击变得具有破坏性的政策，例如，增加总需求以应对不利的供给冲击的政策，它承受了冲击对价格的影响，但使产出保持在自然水平。

会计利润（Accounting profit） 企业所有者在支付了除资本以外所有生产要素报酬之后剩下的收益量。[参看"经济利润"（Economic profit）、"利润"（Profit）。]

非周期的（Acyclical） 在整个经济周期期间，没有一致方向的运动。[参看"逆周期的"（Countercyclical）、"顺周期的"（Procyclical）。]

适应性预期（Adaptive expectations） 假设人们基于近期观察到的变量值形成自己对该变量的预期的一种方法。[参看"理性预期"（Rational expectations）。]

逆向选择（Adverse selection） 有更多信息的人以一种不利于信息更少的人的方式进行自我选择的倾向。例如，在效率工资理论中，当工资的下降导致好工人离职而差工人留在企业时，逆向选择就发生了。

总量（Aggregate） 整个经济的总和。

总需求（Aggregate demand） 产品市场与货币市场相互作用所产生的价格水平与产出总需求量之间的负相关关系。

总供给（Aggregate supply） 价格水平与企业生产的总产出量之间的关系。

动物精神（Animal spirits） 外生的和也许是自我实现的对经济状况的乐观与悲观情绪的波动。根据一些经济学家的观点，它会影响投资水平。

升值（Appreciation） 在外汇市场上一种通货相对于其他通货的价值上升。[参看"贬值"（Depreciation）。]

套利（Arbitrage） 在一个市场上购买某种商品并在另一个市场上以更高的价格出售以便从两个市场之间的价差中获利的行为。

不对称信息（Asymmetric information） 经济交易的一方拥有另一方得不到的一些相关信息这一局面。

自动稳定器（Automatic stabilizer） 无须斟酌处置的经济政策变动就可以减小经济波动幅度的政策。例如，当收入减少时自动减少税收的所得税制度。

平均消费倾向（Average propensity to consume，APC） 消费与收入的比率（C/Y）。

资产负债表（Balance sheet） 显示资产与负

债的会计报表。

平衡预算（Balanced budget） 收入等于支出的预算。

平衡增长（Balanced growth） 诸如人均收入、人均资本和实际工资等许多经济变量都以相同的速率增长这样一种状态。

平衡贸易（Balanced trade） 进口的价值等于出口的价值，从而净出口等于零的状态。

银行资本（Bank capital） 银行所有者投入银行的资源。

债券（Bond） 代表发行者的生息债务的证明文件，发行者通常是公司或政府。

借款约束（Borrowing constraint） 对一个人能从金融机构借款的金额的约束，它限制了这个人在现在花费其未来收入的能力。也称为流动性约束。

预算赤字（Budget deficit） 收入相对于支出的缺口。

预算盈余（Budget surplus） 收入超过支出。

经济周期（Business cycle） 整个经济范围内产出、收入与就业的波动。

资本（Capital） （1）用于生产的设备与建筑物的存量。（2）为设备与建筑物的积累而筹集的资金。

资本预算（Capital budgeting） 一种既衡量资产又衡量负债的会计程序。

资本要求（Capital requirement） 监管机构规定的最低银行资本量。

中央银行（Central bank） 负责货币政策实施的机构，例如，美联储。

古典二分法（Classical dichotomy） 古典模型中名义变量与实际变量在理论上的分离，它意味着名义变量不影响实际变量。[参看"货币中性"（Neutrality of money）。]

古典模型（Classical model） 从古典经济学家（或称为前凯恩斯主义经济学家）的思想中推导出的一个经济模型；这个模型基于的假设是：工资和价格的调整使市场出清和货币政策不影响实际变量。[参看"凯恩斯主义模型"（Keynesian model）。]

封闭经济（Closed economy） 一个不进行国际贸易的经济。[参看"开放经济"（Open economy）。]

柯布－道格拉斯生产函数（Cobb-Douglas production function） 形式为 $F(K, L) = AK^{\alpha}L^{1-\alpha}$ 的生产函数，式中，K 为资本，L 为劳动，A 和 α 为参数。

商品货币（Commodity money） 本质上有用的货币，即使不作为货币也会受珍视的物品。[参看"法定货币"（Fiat money）、"货币"（Money）。]

竞争（Competition） 有许多个人和企业以致任何单个个人或企业的行为都不影响市场价格这样一种状态。

条件趋同（Conditional convergence） 具有不同的初始收入水平但有相似的经济政策和制度的经济随着时间的推移在收入上变得更加相似的趋势。

规模报酬不变（Constant returns to scale） 某些生产函数具有如下性质：所有生产要素成比例的增加引起产出同比例增加。

消费者价格指数（Consumer price index, CPI） 价格总体水平的一个衡量指标，它表示固定的一篮子消费品的成本相对于同样一篮子消费品在基年的成本的值。

消费（Consumption） 消费者购买的产品与服务。

消费函数（Consumption function） 一种显示了消费决定因素的关系；例如，消费与可支配收入之间的关系，$C = C(Y-T)$。

紧缩性政策（Contractionary policy） 降低总需求、实际收入和就业的政策。[参看

"扩张性政策"（Expansionary policy）。]

趋同（Convergence） 具有不同的初始收入水平的经济随着时间的推移在收入上变得更加相似的趋势。

公司所得税（Corporate income tax） 对公司的会计利润征收的税收。

资本成本（Cost of capital） 持有一单位资本一个时期所放弃的金额，包括利息、折旧和来自资本价格变动的收益或亏损。

成本推动型通货膨胀（Cost-push inflation） 产生于总供给冲击的通货膨胀。[参看"需求拉动型通货膨胀"（Demand-pull inflation）。]

逆周期的（Countercyclical） 经济周期中与产出、收入和就业相反方向的变动；在衰退期间上升而在复苏期间下降。[参看"非周期的"（Acyclical）、"顺周期的"（Procyclical）。]

CPI 参看"消费者价格指数"（Consumer price index）。

创造性毁灭（Creative destruction） 企业家引入那些在促进整体经济增长的同时致使一些现有生产者无利可图的创新这样一个过程。

信贷紧缩（Credit crunch） 金融机构状况的一种使潜在借款者难以获得贷款的变化。

挤出（Crowding out） 当扩张性财政政策提高利率时所引起的投资减少。

通货（Currency） 未清偿的纸币与硬币之和。

货币局制度（Currency board） 中央银行用另一个国家的通货对本国的所有通货提供支持这样一种固定汇率制度。

通货存款比（Currency-deposit ratio） 人们选择持有的通货量与他们在银行持有的活期存款量的比例。

周期性失业（Cyclical unemployment） 与短期经济波动相联系的失业；失业率对自然失业率的偏离。

周期调整性预算赤字（Cyclically adjusted budget deficit） 根据经济周期对政府支出与税收收入的影响做出调整的预算赤字；即如果经济的生产与就业处于其自然水平时将会出现的预算赤字，也称充分就业的预算赤字。

债务-通货紧缩理论（Debt-deflation theory） 根据这种理论，价格水平未预期到的下降使实际财富从债务人再分配给债权人，从而减少了经济中的总支出。

债券融资（Debt finance） 企业通过借款来筹集资金的过程，例如通过债券市场。

通货紧缩（Deflation） 价格总水平的下降。[参看"反通货膨胀"（Disinflation）、"通货膨胀"（Inflation）。]

平减指数（Deflator） 参看"GDP 平减指数"（GDP deflator）、"PCE 平减指数"（PCE deflator）。

活期存款（Demand deposits） 存入银行，一旦有需要就可以随时用于交易的资产，例如，支票账户。

需求拉动型通货膨胀（Demand-pull inflation） 总需求冲击引起的通货膨胀。[参看"成本推动型通货膨胀"（Cost-push inflation）。]

需求冲击（Demand shocks） 使总需求曲线移动的外生事件。

折旧（Depreciation） 由于老化与磨损而随着时间的推移发生的资本存量减少。

贬值（Depreciation） 外汇交易市场上一种通货相对于其他通货的价值下降。[参看"升值"（Appreciation）。]

萧条（Depression） 非常严重的衰退。

法定贬值（Devaluation） 在固定汇率制下中央银行降低通货的价值的行为。[参看"法定升值"（Revaluation）。]

边际产量递减（Diminishing marginal product） 生产函数的一个特征：在所有其他要素的数量不变的条件下，一种要素的边际产量随着该要素量的增加而减少。

贴现率（Discount rate） 美联储贷款给银行时收取的利率。

丧失信心的工人（Discouraged workers） 由于认为自己找到工作的希望很小而退出劳动市场的人。

反通货膨胀（Disinflation） 价格上升的速率下降。[参看"通货紧缩"（Deflation）、"通货膨胀"（Inflation）。]

可支配收入（Disposable income） 税后收入。

多样化（Diversification） 通过持有回报不完全相关的资产来降低风险的做法。

美元化（Dollarization） 另一个国家采用美元作为通货。

需求的双向一致性（Double coincidence of wants） 两个人各自正好有对方想要的物品的情况。

经济利润（Economic profit） 企业所有者在支付了所有生产要素报酬后剩余的收益量。[参看"会计利润"（Accounting profit）、"利润"（Profit）。]

劳动的有效单位（Effective units of labor） 一个把工人数量与每个工人的效率都纳入进来的劳动力的衡量指标。

劳动效率（Efficiency of labor） 索洛增长模型中一个衡量劳动力的健康、教育、技能和知识的变量。

效率工资理论（Efficiency-wage theories） 有关实际工资刚性与失业的理论，根据该理论，通过保持实际工资高于均衡水平，企业可以提高劳动生产率和利润。

有效市场假说（Efficient markets hypothesis） 资产价格反映了所有关于该资产价值的公开可获得信息这一理论。

弹性（Elasticity） 由另一个变量变动1%引起的一个变量变动的百分比。

内生增长理论（Endogenous growth theory） 试图解释技术变动率的经济增长模型。

内生变量（Endogenous variable） 由特定模型解释的变量；其数值由模型的解所决定的变量。[参看"外生变量"（Exogenous variable）。]

均衡（Equilibrium） 相反力量之间达到平衡的状态，例如，市场上供给与需求的平衡。

股权融资（Equity finance） 企业通过发行所有权份额来筹集资金，例如通过股票市场。

欧拉定理（Euler's theorem） 经济学家用来表示如果生产函数为规模报酬不变并且生产要素的报酬为各自的边际产量则经济利润必定为零的数学结论。

事前实际利率（Ex ante real interest rate） 发放贷款时预期的实际利率；名义利率减去预期通货膨胀率。[参看"事后实际利率"（Ex post real interest rate）。]

事后实际利率（Ex post real interest rate） 现实中实现的实际利率；名义利率减去现实通货膨胀率。[参看"事前实际利率"（Ex ante real interest rate）。]

超额准备金（Excess reserves） 银行持有的在法定准备率规定数量之上的准备金。

汇率（Exchange rate） 在世界市场上一国通货与别国通货进行交换的比率。[参看"名义汇率"（Nominal exchange rate）、"实际汇率"（Real exchange rate）。]

外生变量（Exogenous variable） 一个特定模型视为给定的变量；其数值与模型的解无关的变量。[参看"内生变量"（Endogenous variable）。]

扩张性政策（Expansionary policy） 增加总需求、实际收入和就业的政策。[参看"紧缩性政策"（Contractionary policy）。]

出口（Exports） 出售给其他国家的产品与服务。

生产要素（Factor of production） 用于生产产品与服务的投入，例如，资本或劳动。

要素价格（Factor price） 为一单位生产要素所支付的数量。

要素份额（Factor share） 支付给一种生产要素的报酬占总收入的比例。

联邦基金利率（Federal funds rate） 银行相互拆借的隔夜利率。

联邦储备委员会，美联储（Federal Reserve, the Fed） 美国的中央银行。

法定货币（Fiat money） 本质上无用而是由于用作货币才有价值的货币。[参看"商品货币"（Commodity money）、"货币"（Money）。]

金融危机（Financial crisis） 妨碍经济在想储蓄的人和想借钱投资的人之间充当中间人的能力这样一种重大的金融系统崩溃。

金融中介（Financial intermediaries） 为匹配储蓄者和借款人提供便利的机构，如银行。

金融中介化（Financial intermediation） 把资源从那些希望把一部分收入储蓄起来以供未来消费的个体配置到那些希望借款购买投资品用于未来生产的个体和企业的过程。

金融市场（Financial markets） 储蓄者直接为借款人提供资源所经由的市场，如股票市场和债券市场。

金融系统（Financial system） 储蓄者的资源配置给借款者这个过程所经由的机构的集合。

融资约束（Financing constraint） 企业为购买资本品而能筹集到的资金量（例如通过借贷）所受到的限制。

降价销售（Fire sale） 金融危机期间出现的金融机构迅速出售其资产导致那些资产价格暴跌这样一种局面。

财政政策（Fiscal policy） 政府关于支出与税收水平的选择。

费雪效应（Fisher effect） 预期通货膨胀对名义利率一对一的影响。

费雪方程（Fisher equation） 这一方程规定，名义利率是实际利率与预期通货膨胀率之和（$i=r+E\pi$）。

固定汇率（Fixed exchange rate） 由中央银行按事先确定的价格进行本国通货与外国通货之间的买卖的意愿所设定的汇率。[参看"浮动汇率"（Floating exchange rate）。]

弹性价格（Flexible prices） 迅速调整使供求平衡的价格。[参看"黏性价格"（Sticky prices）。]

浮动汇率（Floating exchange rate） 中央银行允许根据经济状况和经济政策的变动而变动的汇率。[参看"固定汇率"（Fixed exchange rate）。]

流量（Flow） 用单位时间内的数量来衡量的变量。[参看"存量"（Stock）。]

前瞻指引（Forward guidance） 宣布未来的货币行动以影响长期利率的这种中央银行政策。

部分准备金银行制度（Fractional-reserve banking） 银行只把自己的部分存款作为准备金的制度。[参看"百分之百准备金银行制度"（100-percent-reserve banking）。]

摩擦性失业（Frictional unemployment） 因工人寻找最适合自己技能和偏好的工作需要时间而引起的失业。[参看"结构性失业"（Structural unemployment）。]

充分就业预算赤字（Full-employment budget deficit） 参看"周期调整性预算赤字"（Cyclically adjusted budget deficit）。

GDP 参看"国内生产总值"（Gross domestic product）。

GDP平减指数（GDP deflator） 名义GDP与实际GDP的比率；衡量总体价格水平的指标，表示现期生产的一篮子物品的成本相对于基年生产的同一篮子物品的成本的值。

一般均衡（General equilibrium） 经济中所有市场的同时均衡。

GNP 参看"国民生产总值"（gross national product）。

金本位（Gold standard） 黄金作为货币或者所有货币都可以用固定比率兑换为黄金的货币系统。

黄金律（Golden rule） 索洛增长模型中导致工人人均消费（或每一劳动效率单位的消费）最大化的稳定状态的储蓄率。

政府购买（Government purchases） 政府购买的产品与服务。[参看"转移支付"（Transfer payments）。]

政府购买乘数（Government-purchases multiplier） 政府购买变动1美元所引起的总收入变动。

国内生产总值（Gross domestic product, GDP） 国内所获得的总收入，包括外国拥有的生产要素获得的收入；在国内生产的产品与服务上的总支出。

国民生产总值（Gross national product, GNP） 一国所有居民的总收入，包括在国外使用的生产要素带来的收入；在一国居民生产的产品与服务产出上的总支出。

增长核算（Growth accounting） 为了衡量技术进步率对增长源泉进行分解的实证方法。

高能货币（High-powered money） 通货与银行准备金之和；也称为基础货币。

人力资本（Human capital） 在人们身上的投资——如教育——的积累。

恶性通货膨胀（Hyperinflation） 极高的通货膨胀，通常定义为每月超过50%的通货膨胀。

滞后作用（Hysteresis） 历史对诸如自然失业率等的持续长时间的影响。

不完美信息模型（Imperfect-information model） 强调个人由于不能观察到经济中所有产品与服务的价格因而并不总是知道总体价格水平的总供给模型。

进口配额（Import quota） 对可以进口的产品数量的法定限制。

进口（Imports） 从其他国家购买的产品与服务。

不可能三角形（Impossible trinity） 一国（或地区）不可能同时拥有自由的资本流动、固定汇率和独立的货币政策这一事实。有时也被称为国际金融三难困境。

估算价值（Imputed value） 对不在市场上销售从而没有市场价格的产品或服务的价值的估计。

货币的收入流通速度（Income velocity of money） 用GDP衡量的国民收入与货币供给之比。

领先指标指数（Index of leading indicators） 参看"领先指标"（Leading indicators）。

无差异曲线（Indifference curves） 偏好的图形表示，它表示了产生同样满足程度的不同商品组合。

通货膨胀（Inflation） 价格总体水平的上升。［参看"通货紧缩"（Deflation）、"反通货膨胀"（Disinflation）。］

通货膨胀率（Inflation rate） 价格上升的速率。

通货膨胀目标制（Inflation targeting） 中央银行宣布一个具体的通货膨胀率目标或目标范围这样一种货币政策。

通货膨胀税（Inflation tax） 政府通过创造货币而筹集的收入，又称货币铸造税。

内在时滞（Inside lag） 经济遭受冲击与采取应对该冲击的政策措施之间的时间。［参看"外在时滞"（Outside lag）。］

局内人（Insiders） 已经就业从而对工资谈判具有影响的工人。［参看"局外人"（Outsiders）。］

准备金利息（Interest on reserve） 中央银行对银行作为准备金持有的存款支付利息这样一种政策。

利率（Interest rate） 资源在现在与未来之间转移的市场价格；储蓄的回报和借款的成本。

中介化（Intermediation） 参看"金融中介化"（Financial intermediation）。

投资（Investment） 个体或企业为增加其资本存量所购买的产品。

投资税收抵免（Investment tax credit） 当企业购买新资本品时减少企业税收的这样一条有关公司所得税的规定。

IS 曲线（IS curve） 产生于产品与服务市场中的利率与收入水平之间的负相关关系。［参看"IS—LM 模型"（IS—LM model）、"LM 曲线"（LM curve）。］

IS—LM 模型（IS—LM model） 一个总需求模型，通过分析产品市场与货币市场之间的相互作用，它说明了在价格水平给定的情况下什么决定了总收入。［参看"IS 曲线"（IS curve）、"LM 曲线"（LM curve）。］

凯恩斯交叉（Keynesian cross） 一个基于凯恩斯《通论》中思想的简单的收入决定模型，它表明支出的变动如何对总收入产生乘数效应。

凯恩斯模型（Keynesian model） 一个从凯恩斯《通论》中的思想推导出来的模型；它基于两个假设：工资与价格的调整并不能使市场出清，总需求决定了经济的产出与就业。［参看"古典模型"（Classical model）。］

劳动改善型技术进步（Labor-augmenting technological progress） 提高了劳动效率的生产能力的进步。

劳动力（Labor force） 有工作或正在找工作的人。

劳动力参与率（Labor-force participation rate） 成年人口中劳动力的百分比。

劳动储备（Labor hoarding） 企业在其产品需求低时雇用它们并不需要的工人以便当需求恢复时它们仍然拥有这些工人的现象。

大型开放经济（Large open economy） 可以影响其国内利率的开放经济；由于其规模可以对世界市场和（特别是）世界利率有举足轻重的影响的经济。［参看"小型开放经济"（Small open economy）。］

拉氏价格指数（Laspeyres price index） 一个基于固定一篮子商品的价格水平衡量指标。［参看"帕氏价格指数"（Paasche price index）。］

领先指标（Leading indicators） 先于经济的产出而波动从而作为经济的产出波动信号的经济变量。

最后贷款者（Lender of last resort） 中央银行在流动性危机中贷款给金融机构时所扮演的角色。

杠杆（Leverage） 出于投资的目的，使用借来的钱补充已有的资金。

生命周期假说（Life-cycle hypothesis） 一种消费理论，它强调储蓄和借贷在把资源从一生中收入高的时候转移到一生中收入低的时候——例如，从工作年份转移到退休时——中所起的作用。

流动性（Liquid） 易于转换为交换媒介，易于进行交易。

流动性约束（Liquidity constraint） 对一个人可以从金融机构借款的金额的约束，它限制了一个人现在花费其未来收入的能力，又称为借款约束。

流动性危机（Liquidity crisis） 有偿还能力的银行手头没有足够现金来满足储户取现需求这样一种局面。

流动性偏好理论（Liquidity-preference theory） 参看"流动性偏好理论"（Theory of liquidity preference）。

流动性陷阱（Liquidity trap） 名义利率已经下降到零下限从而限制了货币政策进一步刺激经济的能力这样一种局面。

LM曲线（LM curve） 产生于实际货币余额市场中的（在保持价格水平不变的情况下）利率与收入水平之间的正相关关系。[参看"IS曲线"（IS curve）、"IS—LM模型"（IS—LM model）。]

可贷资金（Loanable funds） 可用于为资本积累融资的资源流量。

卢卡斯批判（Lucas critique） 一种认为传统政策分析没有充分考虑到政策变动对人们预期的影响的观点。

M1，M2 货币存量的不同衡量指标，数字越大，表示货币定义的范围越宽。

宏观计量经济模型（Macroeconometric model） 运用数据和统计技术定量地而不仅仅是定性地描述经济的模型。

宏观经济学（Macroeconomics） 把经济视为一个整体而进行的研究。[参看"微观经济学"（Microeconomics）。]

宏观审慎监管（Macroprudential regulation） 对金融机构的聚焦于系统风险的监管。

资本的边际产量（Marginal product of capital，MPK） 额外一单位资本所生产的额外产出的数量。

劳动的边际产量（Marginal product of labor，MPL） 额外一单位劳动所生产的额外产出的数量。

边际消费倾向（Marginal propensity to consume，MPC） 可支配收入增加1美元所引起的消费增加。

市场出清模型（Market-clearing model） 假设价格自由调整以使供求均衡的模型。

交换媒介（Medium of exchange） 在产品与服务交易中普遍接受的东西；货币的职能之一。[参看"价值储藏手段"（Store of value）、"计价单位"（Unit of account）。]

菜单成本（Menu cost） 价格调整的成本。

微观经济学（Microeconomics） 对个体市场和决策者的研究。[参看"宏观经济学"（Macroeconomics）。]

微观审慎监管（Microprudential regulation） 对金融机构的聚焦于单个金融机构所面临的风险的监管。

模型（Model） 对现实的一种简化表述，常使用图形或方程来说明变量如何相互作用。

货币主义（Monetarism） 一种学说，根据这种学说，货币供给的变动是经济波动的主要原因。这意味着稳定的货币供给将导致稳定的经济。

基础货币（Monetary base） 通货与银行准

备金之和；又称高能货币。

货币中性（Monetary neutrality） 参看"货币中性"（neutrality of money）。

货币政策（Monetary policy） 中央银行有关货币供给的选择。

货币传导机制（Monetary transmission mechanism） 货币供给的变动影响家庭和企业希望用于产品与服务的支出数量的过程。

货币联盟（Monetary union） 决定使用共同的通货从而使用共同的货币政策的一组经济体。

货币（Money） 用于交易的资产存量。[参看"商品货币"（Commodity money）、"法定货币"（Fiat money）。]

货币需求函数（Money demand function） 表示实际货币余额决定因素的函数；例如，$(M/P)^d = L(i, Y)$。

货币乘数（Money multiplier） 基础货币增加1美元所引起的货币供给的增加。

货币供给（Money supply） 可用的货币数量，通常由中央银行和银行业系统决定。

道德风险（Moral hazard） 在行为无法被完全监督的情况下发生不诚实或其他不当行为的可能性；例如，在效率工资理论中，低工资工人玩忽职守并冒被逮着和被解雇风险的可能性。

乘数（Multiplier） 参看"政府购买乘数"（Government-purchases multiplier）、"货币乘数"（Money multiplier）、"税收乘数"（Tax multiplier）。

蒙代尔-弗莱明模型（Mundell-Fleming model） 小型开放经济的 LS—LM 模型。

共同基金（Mutual fund） 持有多样化的股票或债券组合的金融中介。

NAIRU Non-accelerating inflation rate of unemployment 的首字母缩写，意为非加速通货膨胀的失业率。

国民收入核算（National income accounting） 衡量 GDP 和许多其他相关统计指标的核算体系。

国民收入核算恒等式（National income accounts identity） 表示 GDP 是消费、投资、政府购买和净出口之和的方程。

国民储蓄（National saving） 一国的收入减去消费和政府购买；私人储蓄与公共储蓄之和。

自然率假说（Natural-rate hypothesis） 总需求的波动只在短期中影响产出、就业与失业，而在长期中这些变量会回到古典模型所隐含的水平这样一个假设。

自然失业率（Natural rate of unemployment） 稳定状态的失业率；经济在长期中趋近的失业率。

新古典投资模型（Neoclassical model of investment） 一种理论，根据这种理论，投资取决于资本边际产量与资本成本之差。

资本净流出（Net capital outflow） 投资于国外的净资金流；国内储蓄减去国内投资；又称国外净投资。

净出口（Net exports） 出口减去进口。

国外净投资（Net foreign investment） 参看"资本净流出"（Net capital outflow）。

净投资（Net investment） 扣除折旧资本的替换后的投资量；资本存量的变动。

货币中性（Neutrality of money） 货币供给变动不影响实际变量这样一条性质。[参看"古典二分法"（Classical dichotomy）。]

名义的（Nominal） 用现期美元衡量的；没有根据通货膨胀进行调整的。[参看"实际的"（Real）。]

名义汇率（Nominal exchange rate） 一国通货与另一国通货交换的比率。[参看"汇率"

(Exchange rate)、"实际汇率"(Real exchange rate)。]

名义利率(Nominal interest rate) 没有根据通货膨胀进行调整的储蓄的回报和借款的成本。[参看"实际利率"(Real interest rate)。]

奥肯定律(Okun's law) 失业与实际GDP之间的负相关关系。根据奥肯定律,失业每减少1%与实际GDP增长提高约2%相联系。

百分之百准备金银行制度(100-percent-reserve banking) 银行把所有存款都作为准备金的制度。[参看"部分准备金银行制度"(Fractional-reserve banking)。]

开放经济(Open economy) 人们可以自由地进行产品与资本的国际贸易的经济。[参看"封闭经济"(Closed economy)。]

公开市场操作(Open-market operations) 中央银行为增加或减少货币供给的目的而买卖政府债券。

最优化(Optimize) 在一些约束下实现最好的结果。

外在时滞(Outside lag) 一种政策行动和它对经济产生影响之间的时间。[参看"内在时滞"(Inside lag)。]

局外人(Outsiders) 未就业从而对工资谈判没有影响的工人。[参看"局内人"(Insiders)。]

帕氏价格指数(Paasche price index) 一个基于变动的一篮子物品的价格水平衡量指标。[参看"拉氏价格指数"(Laspeyres price index)。]

个人消费支出(PCE)平减指数(PCE deflator) 名义个人消费支出与实际个人消费支出之比;价格总体水平的一个衡量指标,它表示了当前消费的产品篮子的成本相对于该篮子在基年的成本的值。

永久收入(Permanent income) 人们预期可以持续到未来的收入;正常收入。[参看"暂时收入"(Transitory income)。]

永久收入假说(Permanent-income hypothesis) 一种消费理论,根据这种理论,人们基于他们的永久收入来选择消费,并用储蓄和借贷来应对收入的暂时变动以平滑消费。

菲利普斯曲线(Phillips curve) 通货膨胀与失业之间的一种负相关关系;它的现代形式是从短期总供给曲线中推导出的通货膨胀、周期性失业、预期的通货膨胀以及供给冲击之间的一种关系。

庇古效应(Pigou effect) 当价格水平下降使实际货币余额增加从而使消费者财富增加时所引起的消费者支出的增加。

政治性经济周期(Political business cycle) 为选举利益而操纵经济所引起的产出与就业的波动。

前定变量(Predetermined variable) 其值在前一个时期固定下来的变量。

私人储蓄(Private saving) 可支配收入减去消费。

顺周期的(Procyclical) 经济周期中与产出、收入和就业同方向变动;衰退期间下降,复苏期间上升。[参看"非周期的"(Acyclical)、"反周期的"(Countercyclical)。]

生产函数(Production function) 表示生产要素的数量如何决定产品与服务的产量的数学关系。例如,$Y=F(K, L)$。

利润(Profit) 企业所有者得到的收入;企业的收益减去企业的成本。[参看"会计利润"(Accounting profit)、"经济利润"(Economic profit)。]

公共储蓄(Public saving) 政府收入减去政府支出;预算盈余。

购买力平价（Purchasing-power parity） 一种学说，根据这种学说，在所有国家中（相同的）物品必定以相同的价格出售，这意味着名义汇率反映了价格水平的差别。

投资的 q 理论（q theory of investment） 一种理论，根据这种理论，资本品支出取决于资本的市场价值与其重置成本的比率。

量化宽松（Quantitative easing） 通过购买长期债券增加货币供给以降低长期利率的这种中央银行政策。

数量方程（Quantity equation） 规定货币供给与货币流通速度的乘积等于名义支出的恒等式（$MV=PY$）；加上稳定的货币流通速度这一假设，这一方程对名义支出的解释称为货币数量论。

货币数量论（Quantity theory of money） 一种强调货币量的变动引起名义支出的变动的学说。

配额（Quota） 参看"进口配额"（Import quota）。

随机变量（Random variable） 其值偶然决定的变量。

随机游走（Random walk） 随着时间的推移其变动不可预测的变量所遵循的路径。

理性预期（Rational expectations） 假设人们最优地利用所有可获得的信息——包括关于现在与未来政策的信息——来预测未来的一种方法。[参看"适应性预期"（Adaptive expectations）。]

实际的（Real） 用不变美元来衡量的；根据通货膨胀进行了调整的。[参看"名义的"（Nominal）。]

真实经济周期理论（Real business cycle theory） 一种理论，根据这种理论，经济周期可以用经济中的实际变动（如技术的变动）来解释，而名义变量（如货币供给）没有任何作用。

资本的实际成本（Real cost of capital） 对总体价格水平进行了调整的资本成本。

实际汇率（Real exchange rate） 一国商品与另一国商品交换的比率。[参看"汇率"（Exchange rate）、"名义汇率"（Nominal exchange rate）。]

实际利率（Real interest rate） 根据通货膨胀调整之后的储蓄的回报和借款的成本。[参看"名义利率"（Nominal interest rate）。]

实际货币余额（Real money balances） 用能购买的产品与服务的数量来表示的货币量；货币量除以价格水平（M/P）。

衰退（Recession） 实际收入持续下降的时期。

资本的租赁价格（Rental price of capital） 为租用一单位资本所支付的金额。

存款准备金率（Reserve-deposit ratio） 银行选择持有的准备金量与它们拥有的活期存款量之比。

法定准备金率（Reserve requirements） 中央银行对银行最低存款准备金率的管制。

准备金（Reserves） 银行从储户手中得到但尚未用于发放贷款的货币。

法定升值（Revaluation） 在固定汇率制度下中央银行为了提高通货价值而采取的行动。[参看"法定贬值"（Devaluation）。]

李嘉图等价（Ricardian equivalence） 一种理论，根据这种理论，具有前瞻性的消费者完全预见到了政府债务所隐含的未来税收，这意味着政府现在借贷并在未来增税以偿还债务与现在增税对经济有同样的影响。

风险厌恶（Risk aversion） 厌恶不确定性。

牺牲率（Sacrifice ratio） 为了使通货膨胀降低一个百分点而必须放弃的一年实际GDP的百分点数。

储蓄（Saving） 参看"国民储蓄"（National saving）、"私人储蓄"（Private saving）、"公共储蓄"（Public saving）。

季节性调整（Seasonal adjustment） 对一个经济变量作为一年各个时节的函数所发生的有规律波动的剔除。

部门转移（Sectoral shift） 劳动需求构成在行业或地区间的变动。

货币铸造税（Seigniorage） 政府通过创造货币而筹集到的收入；又称"通货膨胀税"（Inflation tax）。

影子银行（Shadow bank） 处于金融中介化过程中心（与银行相似）但不吸收由联邦存款保险公司保险的存款（与银行不同）的金融机构。

冲击（Shock） 经济关系——如总需求曲线或总供给曲线——的外生变动。

鞋底成本（Shoeleather cost） 减少实际货币余额引起的通货膨胀成本，例如，需要更频繁地光顾银行带来的不方便。

小型开放经济（Small open economy） 将其利率视为由世界金融市场给定的开放经济；由于其本身规模对世界市场和（特别是）世界利率的影响可以忽略不计的经济。[参看"大型开放经济"（Large open economy）。]

索洛增长模型（Solow growth model） 表明储蓄、人口增长和技术进步如何决定生活水平及其增长的模型。

索洛残差（Solow residual） 全要素生产率的增长，用产出变动百分比减去投入变动百分比来衡量，此处各投入是根据其要素份额加权的。[参看"全要素生产率"（Total factor productivity）。]

投机性攻击（Speculative attack） 一国通货的大量抛售，常常是由于使固定汇率不可持续的投资者认知的变化引起的。

投机性泡沫（Speculative bubble） 资产价格上涨到其基本面价值以上。

稳定化政策（Stabilization policy） 旨在减少短期经济波动严重性的公共政策。

滞胀（Stagflation） 产出下降与价格上升的状况；停滞与通货膨胀的结合。

稳定状态，稳态（Steady state） 关键变量不发生变动的状态。

黏性价格模型（Sticky-price model） 强调产品与服务价格的缓慢调整的总供给模型。

黏性价格（Sticky prices） 调整缓慢，从而并不总能使供求平衡的价格。[参看"弹性价格"（Flexible prices）。]

存量（Stock） 用某一时点的数量来衡量的变量。[参看"流量"（Flow）。]

股票（Stock） 在公司所有权中的份额。

股票市场（Stock market） 买卖公司所有权份额的市场。

价值储藏手段（Store of value） 把购买力从现在转移到未来的一种方法；货币的职能之一。[参看"交换媒介"（Medium of exchange）、"计价单位"（Unit of account）。]

结构性失业（Structural unemployment） 工资刚性和工作岗位配给所造成的失业。[参看"摩擦性失业"（Frictional unemployment）。]

次级借款人（Sub-prime borrower） 收入和资产较少从而拖欠风险较高的借款人。

供给冲击（Supply shocks） 使总供给曲线移动的外生事件。

关税（Tariff） 对进口品征收的税收。

税收乘数（Tax multiplier） 1美元税收变动所引起的总收入的变动。

税收平滑（Tax smoothing） 通过在政府支出暂时性高或国民收入暂时性低时实行预算赤字政策，旨在维持税率稳定的一种财政政策。

泰勒原理（Taylor principle） 中央银行应该将名义利率提高更多来应对通货膨胀的增加这样一项主张。

泰勒规则（Taylor rule） 一个货币政策规则，根据该规则，中央银行将利率设定为通货膨胀和产出对其自然水平的偏离的函数。

流动性偏好理论（Theory of liquidity preference） 一个基于凯恩斯《通论》中的思想的简单的利率模型，它的内容为：利率调整使得实际货币余额的供求达到均衡。

时间不一致性（Time inconsistency） 政策制定者事先宣布政策以影响私人决策者的预期，然后在这些预期形成并且私人决策者据此采取行动后又采用不同政策的倾向。

时间不一致偏好（Time inconsistent preference） 消费者的目标随着时间的流逝发生变化从而他们不会按原定计划行事的可能性。

托宾 q 值（Tobin's q） 资本的市场价值与其重置成本的比率。

全要素生产率（Total factor productivity） 技术水平的一个衡量指标。［参看"索洛残差"（Solow residual）。］

贸易余额（Trade balance） 出口收入减去进口支出。

贸易赤字（Trade deficit） 进口超过出口的部分。

贸易盈余（Trade surplus） 出口超过进口的部分。

货币的交易流通速度（Transactions velocity of money） 所有交易的价值与货币供给之比。

转移支付（Transfer payments） 政府给个人的不以交换产品与服务为目的的支付，例如，社会保障支出。［参看"政府购买"（Government purchases）。］

暂时收入（Transitory income） 人们不预期持续到未来的收入；现期收入减去正常收入。［参看"永久收入"（Permanent income）。］

地下经济（Underground economy） 为了逃避税收或掩盖非法活动而隐蔽起来的经济交易。

失业保障（Unemployment insurance） 一个政府项目。根据该项目，失业者在失去工作后的一段时期可以领取补贴。

失业率（Unemployment rate） 劳动力中没有工作的人所占的百分比。

计价单位（Unit of account） 记录价格和其他会计记录所用的度量单位；货币的职能之一。［参看"交换媒介"（Medium of exchange）、"价值储藏手段"（Store of value）。］

效用（Utility） 家庭满意度的测度。

增加值（Value added） 企业产出的价值减去企业购买的中间产品的价值。

货币流通速度（Velocity of money） 名义支出与货币供给的比率；货币转手的速度。

工资（Wage） 支付给一单位劳动的金额。

工资刚性（Wage rigidity） 工资不能调整到使劳动供给与劳动需求达到均衡。

世界利率（World interest rate） 世界金融市场通行的利率。

译后记

《宏观经济学》的作者 N. 格里高利·曼昆是哈佛大学教授，2003—2005 年期间曾任美国总统经济顾问委员会主席。本书英文版自 1991 年出版以来，至今已是第十一版，是美国最受欢迎的经济学教科书之一，被各大院校经济系广泛采用。本书在世界范围内也被广泛用作教材，英文版被几十个国家采用，而且，有近 20 种非英文语言译本。本书以前各版的中译本在中国也产生了广泛的影响，被许多高校经济学专业用作教材。

本书的语言简洁明快、清晰易懂，内容深入浅出。本书涵盖了当代宏观经济学的几乎所有主要领域，准确、公平地介绍了在经济学界达成共识的主要观点，以及存在分歧的不同学派。各章的案例研究和参考资料极大地方便了读者的阅读，有助于读者加深对理论的理解。本书是一本全面、公正、简洁明快、深浅适度的宏观经济学教科书，适合广大的读者群，包括高年级本科生、研究人员、政府和企业决策者，也可以作为研究生的参考读物。

本书第十一版主要修订如下：

- 对关于长期经济增长的内容进行了重新安排，从两章（上一版第 8、9 章）延展到三章（第 8、9、10 章），作者把相关的主题更紧密地整合在一起了，从而使对长期经济增长这一主题的介绍更易于被学生理解。
- 第 11 章包含了关于 2020 年新冠疫情衰退的新的一节。
- 第 3 章包含了一个对收入不平等进行了延伸讨论的新附录。
- 第 6 章包含了一个关于特朗普总统的贸易政策的新案例研究，第 7 章包含了一个关于 2020 年新冠疫情大流行期间的失业保障的新案例研究，第 10 章包含了一个关于印度和中国的资本和劳动错配的新案例研究。

作者对所有的数据都尽量做了更新。新冠疫情引起的衰退和大停摆在本书中出现了多次。作者撰写前言的时间为 2020 年 9 月，可见当时新冠疫情衰退的发展趋势还不甚明了。相信在未来的第 12 版中作者会对新冠疫情衰退着墨更多。

本书由卢远瞩翻译。北京科技大学经济管理学院 2023 级博士研究生张志强和北京大学光华管理学院金融系 2022 级直博生杜灵珊等人阅读了本书的一些章节，提出了不少有价值的修改意见和建议,为保证译本语言的准确性做了大量工作。在此次翻译的过程中,我对已经发现的第十版中译本中的错误做了改正,并力求文字表述更加准确。在此诚挚感谢曾经将过去几版的错误反馈给我的读者,并就出现的错误向读者致歉。本版中译本可能存在的错误都由本人承担,敬请读者将发现的错误发到我的邮箱 luyuanzhu@hotmail.com。

最后,感谢中国人民大学出版社将翻译本书的任务交给我,感谢中国人民大学出版社的信任和帮助。

卢远瞩

宏观经济学的八个重要变量

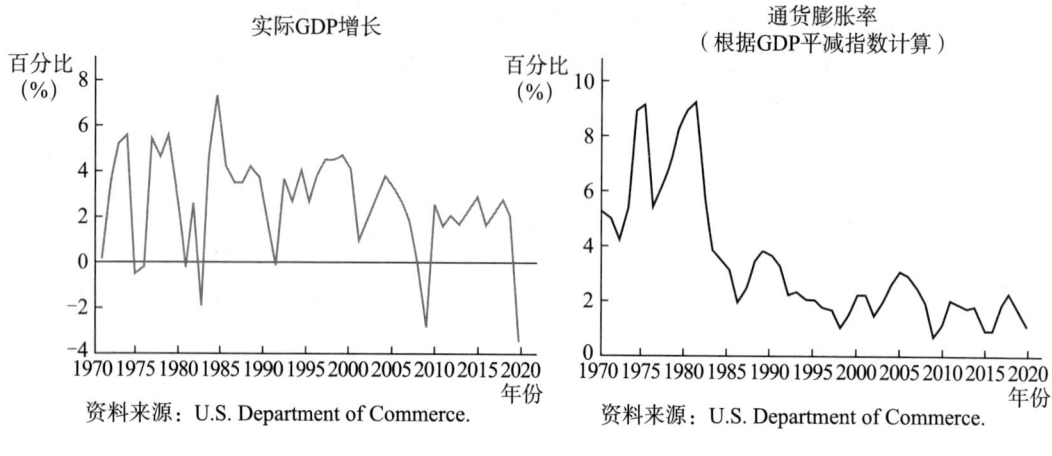

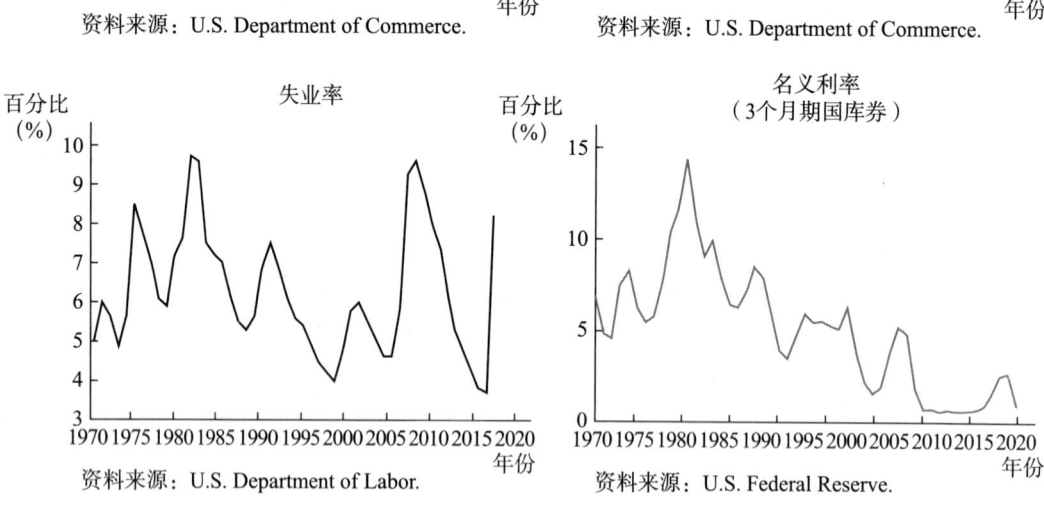

实际GDP增长

百分比(%)

1970 1975 1980 1985 1990 1995 2000 2005 2010 2015 2020 年份

资料来源：U.S. Department of Commerce.

通货膨胀率
（根据GDP平减指数计算）

百分比(%)

1970 1975 1980 1985 1990 1995 2000 2005 2010 2015 2020 年份

资料来源：U.S. Department of Commerce.

失业率

百分比(%)

1970 1975 1980 1985 1990 1995 2000 2005 2010 2015 2020 年份

资料来源：U.S. Department of Labor.

名义利率
（3个月期国库券）

百分比(%)

1970 1975 1980 1985 1990 1995 2000 2005 2010 2015 2020 年份

资料来源：U.S. Federal Reserve.

美国联邦政府预算赤字

占GDP的百分比（%）

盈余 / 赤字

资料来源：Office of Management and Budget and U.S. Department of Commerce.

美国产品和服务净出口

占GDP的百分比（%）

资料来源：U.S. Department of Commerce.

货币增长（M2）

百分比（%）

资料来源：U.S. Federal Reserve.

美国贸易加权实际汇率

指数

资料来源：U.S. Federal Reserve.

中国人民大学出版社经济类引进版教材推荐

双语教学用书

为适应培养国际化复合型人才的需求，中国人民大学出版社联合众多国际知名出版公司，打造"高等学校经济类双语教学用书"，该系列聘请国内外著名经济学家、学者及一线教师进行审核，努力做到把国外真正高水平的适合国内实际教学需求的优秀教材引进来，供国内外读者参考、研究和学习。

中国人民大学出版社将陆续修订出版该系列丛书中的经典之作，以飨读者。想要了解更多图书具体信息，可扫描下方二维码。

高等学校经济类双语教学用书书目

经济科学译丛

20世纪90年代中期，中国人民大学出版社推出了"经济科学译丛"系列丛书，引领了国内经济学汉译的第二次浪潮。"经济科学译丛"出版了上百种经济学教材，克鲁格曼《国际经济学》、曼昆《宏观经济学》、平狄克《微观经济学》、博迪《金融学》、米什金《货币金融学》等顶尖经济学教材的出版深受国内经济学专家和读者好评，已经成为中国经济学专业学生的必读教材。

中国人民大学出版社将陆续修订出版该系列丛书中的经典之作，以飨读者。想要了解更多图书具体信息，可扫描下方二维码。

经济科学译丛书目

金融学译丛

21世纪初，中国人民大学出版社推出了"金融学译丛"系列丛书，引进金融体系相对完善的国家最权威、最具代表性的金融学著作，将实践证明最有效的金融理论和实用操作方法介绍给中国的广大读者，帮助中国金融界相关人士更好、更快地了解西方金融学的最新动态，寻求建立并完善中国金融体系的新思路，促进具有中国特色的现代金融体系的建立和完善。

中国人民大学出版社将陆续修订出版该系列丛书中的经典之作，以飨读者。想要了解更多图书具体信息，可扫描下方二维码。

金融学译丛书目

Macroeconomics, Eleventh Edition

First published in the United States by Worth Publishers

Copyright © 2022, 2019, 2016 and 2013 by Worth Publishers

Simplified Chinese translation copyright © 2024 by China Renmin University Press Co., Ltd.

All Rights Reserved.

本书由 Worth Publishers 于美国首次出版

© 2022, 2019, 2016, 2013 Worth Publishers

简体中文翻译版权© 2024 中国人民大学出版社有限公司

版权所有，侵权必究。

图书在版编目（CIP）数据

宏观经济学：第十一版 /（美）N. 格里高利·曼昆著；卢远瞩译. --北京：中国人民大学出版社，2024.2

（经济科学译丛）

书名原文：Macroeconomics，eleventh edition

ISBN 978-7-300-32130-1

Ⅰ.①宏… Ⅱ.①N… ②卢… Ⅲ.①宏观经济学 Ⅳ.①F015

中国国家版本馆 CIP 数据核字（2023）第 162483 号

"十三五"国家重点出版物出版规划项目
经济科学译丛

宏观经济学（第十一版）

N. 格里高利·曼昆　著

卢远瞩　译

Hongguan Jingjixue

出版发行	中国人民大学出版社			
社　　址	北京中关村大街 31 号	邮政编码	100080	
电　　话	010 - 62511242（总编室）	010 - 62511770（质管部）		
	010 - 82501766（邮购部）	010 - 62514148（门市部）		
	010 - 62515195（发行公司）	010 - 62515275（盗版举报）		
网　　址	http://www.crup.com.cn			
经　　销	新华书店			
印　　刷	涿州市星河印刷有限公司			
开　　本	787 mm×1092 mm　1/16	版　次	2024 年 2 月第 1 版	
印　　张	34.75 插页 2	印　次	2024 年 4 月第 2 次印刷	
字　　数	765 000	定　价	118.00 元	

版权所有　侵权必究　印装差错　负责调换